UTB **3180**

Eine Arbeitsgemeinschaft der Verlage

Böhlau Verlag · Köln · Weimar · Wien
Verlag Barbara Budrich · Opladen · Farmington Hills
facultas.wuv · Wien
Wilhelm Fink · München
A. Francke Verlag · Tübingen und Basel
Haupt Verlag · Bern · Stuttgart · Wien
Julius Klinkhardt Verlagsbuchhandlung · Bad Heilbrunn
Lucius & Lucius Verlagsgesellschaft · Stuttgart
Mohr Siebeck · Tübingen
Orell Füssli Verlag · Zürich
Ernst Reinhardt Verlag · München · Basel
Ferdinand Schöningh · Paderborn · München · Wien · Zürich
Eugen Ulmer Verlag · Stuttgart
UVK Verlagsgesellschaft · Konstanz
Vandenhoeck & Ruprecht · Göttingen
vdf Hochschulverlag AG an der ETH Zürich

Albrecht Beutel

Kirchengeschichte im Zeitalter der Aufklärung

Ein Kompendium

Vandenhoeck & Ruprecht

Dr. Albrecht Beutel ist Professor für Kirchengeschichte
an der Universität Münster.

Der vorliegende Band ist unter dem Titel „Aufklärung in Deutschland" als Faszikel
für das kirchengeschichtliche Handbuch „Die Kirche in ihrer Geschichte"
(hg. v. Bernd Moeller, Band 4, Lieferung O 2, Göttingen 2006) erschienen.

Bibliografische Information der Deutschen Nationalbibliothek

Die Deutsche Nationalbibliothek verzeichnet diese Publikation in der
Deutschen Nationalbibliografie; detaillierte bibliografische Daten sind
im Internet über http://dnb.d-nb.de abrufbar.

© 2009, Vandenhoeck & Ruprecht GmbH & Co. KG, Göttingen
Internet: www.v-r.de
ISBN 978-3-525-03717-1

Alle Rechte vorbehalten. Das Werk und seine Teile sind urheberrechtlich
geschützt. Jede Verwertung in anderen als den gesetzlich zugelassenen
Fällen bedarf der vorherigen schriftlichen Einwilligung des Verlages.
Hinweis zu § 52a UrhG: Weder das Werk noch seine Teile dürfen ohne
vorherige schriftliche Einwilligung des Verlages öffentlich zugänglich
gemacht werden. Dies gilt auch bei einer entsprechenden Nutzung für
Lehr- und Unterrichtszwecke. Printed in Germany.

Umschlaggestaltung: Atelier Reichert, Stuttgart
Satzherstellung: ⊕ Hubert & Co, Göttingen
Druck und Bindung: CPI – Ebner & Spiegel, Ulm

UTB Bestellnummer
ISBN 978-3-8252-3180-4

Inhalt

Vorwort 8
Literatur 9
Abkürzungen 14
Kapitel 1: Was ist Aufklärung? 15
§ 1: Begriff 15
§ 2: Umfang 24
§ 3: Forschung 28

A. Horizonte

Kapitel 2: Das Profil der Epoche 35
§ 4: Politik 35
§ 5: Wirtschaft 38
§ 6: Gesellschaft 41
§ 7: Wissenschaft 46
    1. Naturwissenschaft 46
    2. Staatslehre 49
§ 8: Philosophie 52
§ 9: Literatur 56
§ 10: Religion 61

Kapitel 3: Voraussetzungen 66
§ 11: Renaissance und Humanismus 66
§ 12: Reformation 70
§ 13: Konfessionelles Zeitalter und Pietismus 75
    1. Konfessionelles Zeitalter 75
    2. Pietismus 77
§ 14: Sozinianismus 79
§ 15: Westeuropäische Religionsphilosophie 81

B. Erscheinungsformen

Kapitel 4: Frühformen 89

§ 16: Physikotheologie 89
§ 17: Pietismus 92
§ 18: Übergangstheologie 96
    1. Terminologische Verständigung 96
    2. Buddeus und Walch 98
    3. Pfaff 101
    4. Mosheim 102
§ 19: Christian Wolff und seine Schule 104
    1. Wolff 104
    2. Theologischer Wolffianismus 107
    3. Baumgarten 109

Kapitel 5: Neologie 112

§ 20: Begriff und geschichtlicher Umriß 112
§ 21: Kirchliche Hauptvertreter 115
    1. A.F.W. Sack 116
    2. Jerusalem 118
    3. Spalding 121
    4. Lüdke 123
    5. Teller 125
    6. F.S.G. Sack 127
§ 22: Akademische Hauptvertreter 128
    1. Halle (Semler, Nösselt, Gruner, Niemeyer) 129
    2. Frankfurt/O. (Toellner, Steinbart) 134
    3. Leipzig (Ernesti) 137
    4. Jena (Griesbach, Eichhorn, Döderlein, Gabler) 139
    5. Göttingen (Michaelis, Ch.W.F. Walch, Planck, Stäudlin) 142
§ 23: Volksaufklärung 146

Kapitel 6: Rationalismus 151

§ 24: Vorkantischer Rationalismus 151
    1. Erste Generation (Dippel, Edelmann, J.L. Schmidt) 152
    2. Zweite Generation (Reimarus, Bahrdt, Henke) 155
§ 25: Nachkantischer Rationalismus 160
    1. Kirchliche Hauptvertreter (Bretschneider, Röhr) 161
    2. Akademische Hauptvertreter (Paulus, Wegscheider) 163
§ 26: Supranaturalismus 166

Kapitel 7: Katholische Aufklärung 170

§ 27: Staatskirchentum 171

§ 28: Episkopalistische Reformimpulse 174
§ 29: Universitätstheologie 177

Kapitel 8: Individuationen 181
§ 30: Lessing 181
§ 31: Lichtenberg 186
§ 32: Religiöser Antirationalismus (Hamann, Lavater, Claudius) 190

Kapitel 9: Metamorphosen 194
§ 33: Herder 194
§ 34: Kant 198
§ 35: Fichte 201
§ 36: Frühromantik 204

C. Niederschläge

Kapitel 10: Theologie 209
§ 37: Enzyklopädie 209
§ 38: Exegese 212
§ 39: Kirchengeschichte 215
§ 40: Dogmatik 220

Kapitel 11: Kirche 223
§ 41: Verfassung 223
§ 42: Gottesdienst 225
§ 43: Unterricht 230
§ 44: Pfarrerstand 233
§ 45: Kirchliches Leben 237

Kapitel 12: Debatten 239
§ 46: Religionstheologie 240
§ 47: Menschenbild 246
§ 48: Unionsbestrebungen 250

Kapitel 13: Konflikte 254
§ 49: Richtungsstreit (Goeze, Jung-Stilling) 254
§ 50: Lehrstreit 258
§ 51: Kirchenpolitischer Streit (Woellner) 262

Personenregister 267

Vorwort

Seit etlichen Jahren hat sich das theologische Interesse an der Aufklärung nachhaltig intensiviert. Wenn diese Entwicklung auch weniger als ein Ausdruck innovativer Forschungsstrategie, um so mehr hingegen als der überfällige Aufholprozeß in einem literatur-, philosophie- und geistesgeschichtlich längst in hoher Differenzierung erschlossenen Forschungsbereich zu verstehen ist, läßt sich der damit verbundene Erkenntnisfortschritt in seiner historiographischen Bedeutung kaum überschätzen. Denn auch für Frömmigkeit, Kirche und Theologie kommt mit dem 18. Jahrhundert die entscheidende neuzeitliche Umbruchs- und Übergangszeit in den Blick, in der sich die altprotestantischen Denk- und Lebensformen in modernitätsträchtige, pluralitätsfähige und subjektivitätstheoretisch begründete Gestalten transformiert haben.

Das vorliegende Kompendium erschien im Sommer 2006 als Faszikel des Handbuchs „Die Kirche in ihrer Geschichte" (hg. v. Bernd Moeller, Band 4, Lieferung O 2). Viele Studierende haben darin ein nützliches Hilfsmittel zu eigener Erschließungs- und Repetitionsarbeit gefunden. Deshalb ist bereits nach kurzer Zeit ein separater Nachdruck möglich geworden. Der neu hinzugefügte Untertitel ersetzt die mit dem ursprünglichen Handbuchnamen angezeigte Spezifizierung.

Außer der Berichtigung einzelner Versehen ist die Textgestalt unverändert geblieben. Aus der seit Sommer 2006 erschienenen Forschungsliteratur sei stellvertretend auf den Sammelband „Christentum im Übergang. Neue Studien zu Kirche und Religion in der Aufklärungszeit" (hg. v. Albrecht Beutel, Volker Leppin u. Udo Sträter, AKThG 19, 2006) verwiesen, der auch das kirchenhistorische Kabinettstück von Christopher Spehr „Das Magdeburger Neologentreffen im Jahre 1770" (aaO 87–102) enthält.

Dem Verlagshaus Vandenhoeck & Ruprecht und namentlich Daniel Sander, M. A., der diese Neuausgabe maßgeblich betreut hat, gilt mein herzlicher Dank.

Münster, den 27. September 2008   Albrecht Beutel

Aufklärung in Deutschland

ALBRECHT BEUTEL

Literatur

Zeitschriften und Nachschlagewerke:
Das Achtzehnte Jahrhundert. Mitteilungen der Deutschen Gesellschaft für die Erforschung des Achtzehnten Jahrhunderts, 1977 ff. – Aufklärung. Interdisziplinäre Halbjahresschrift (ab 2001: Interdisziplinäres Jahrbuch) zur Erforschung des 18. Jahrhunderts und seiner Wirkungsgeschichte, 1986 ff. – DELON, M. (Hg.): Dictionnaire européen des lumières, 1997. – Dix-huitième siècle. Revue annuelle, 1969 ff. – The Eighteenth Century. A Current Bibliography, 1971 ff. – Eighteenth Century Studies, 1967 ff. – Lumen. Selected Proceedings from the Canadian Society for Eighteenth-century Studies, (1982 ff) 1993 ff. – Lumières. Publication du Centre interdisciplinaire bordelais d'études des Lumières, 2001 ff. – Pietismus und Neuzeit. Ein Jahrbuch zur Geschichte des neueren Protestantismus, 1974 ff. – REILL, P.H./WILSON, E.J. (Hg.): Encyclopedia of the Enlightenment, ²2004. – SCHNEIDERS, W. (Hg.): Lexikon der Aufklärung. Deutschland und Europa, 1995. – Studies on Voltaire and the Eighteenth Century / Travaux sur Voltaire et le dix-huitième siècle, 1955 ff. – VIERHAUS, R./BÖDEKER, H.E. (Hg.): Biographische Enzyklopädie der deutschsprachigen Aufklärung, 2002. – Zeitschrift für neuere Theologiegeschichte / Journal for the History of Modern Theology, 1994 ff.

Allgemeine Darstellungen:
ALT, P.-A.: Aufklärung, ²2001. – BACHMANN-MEDICK, D.: Die ästhetische Ordnung des Handelns. Moralphilosophie und Ästhetik in der Popularphilosophie des 18. Jahrhunderts, 1989. – BAHNER, W.: Aufklärung als europäisches Phänomen. Überblick und Einzeldarstellungen, 1985. – BALÁZS, E.H. u.a. (Hg.): Beförderer der Aufklärung in Mittel- und Osteuropa. Freimaurer, Gesellschaften, Clubs, 1979. – BARUDIO, G.: Das Zeitalter des Absolutismus und der Aufklärung: 1648–1779, 2003. – BAUSINGER, H.: Aufklärung und Aberglaube (in: MOSER, D.-R. [Hg.]: Glaube im Abseits. Beiträge zur Erforschung des Aberglaubens, 1992, 269–290). – BEUTEL, A.: Art. Aufklärung I. Geistesgeschichtlich (RGG[4] I, 1998, 929–941). – BLANKE, H.W.: Politische Herrschaft und soziale Ungleichheit im Spiegel des Anderen. Untersuchungen zu den deutschsprachigen Reisebeschreibungen vornehmlich im Zeitalter der Aufklärung, 2 Bde., 1997. – DERS./FLEISCHER, D.: Aufklärung und Historik. Aufsätze zur Entwicklung der Geschichtswissenschaft, Kirchengeschichte und Geschichtstheorie in der deutschen Aufklärung, 1991. – BÖDEKER, H.E./HERRMANN, U. (Hg.): Über den Prozeß der Aufklärung in Deutschland im 18. Jahrhundert. Personen, Institutionen und Medien (VMPIG 85), 1987. – DERS./FRANCOIS, E. (Hg.): Aufklärung/Lumières und Politik. Zur politischen Kultur der deutschen und französischen Aufklärung, 1996. – BORGSTEDT, A.: Das Zeitalter der Aufklärung, 2004. – BRAUN, R.: Das ausgehende Ancien Régime in der Schweiz. Aufriß einer Sozial- und Wirtschaftsgeschichte des 18. Jahrhunderts, 1984. – BREIDERT, W. (Hg.): Die Erschütterung der vollkommenen Welt. Die Wirkung des Erdbebens von Lissabon im Spiegel europäischer Zeitgenossen, 1994. – BREWER, J.: The Pleasures of the Imagination. English culture in the eighteenth century, 1997. – BÜRGER, Ch. u. a. (Hg.): Aufklärung und literarische Öffentlichkeit, 1980. – CHITNIS, A.C.: The Scottish Enlightenment. A Social History, 1976. – DAINAT, H./VOSSKAMP, W. (Hg.): Aufklärungsforschung in

Deutschland, 1999. – DEMEL, W.: Reich, Reformen und sozialer Wandel 1763–1806 (HDtG 12), [10]2005. – Der Traum der Vernunft. Vom Elend der Aufklärung. Eine Veranstaltungsreihe der Akademie der Künste (Berlin), 1985. – DÖRING, D./NOWAK, K. (Hg.): Gelehrte Gesellschaften im mitteldeutschen Raum (1650–1820), 3 Teile (ASAW. PH 76), 2000–2002. – DONNERT, E.: Rußland im Zeitalter der Aufklärung, 1984. – DUCHHARDT, H.: Altes Reich und europäische Staatenwelt 1648–1806, 1990. – DERS.: Das Zeitalter des Absolutismus, [4]2005. – DERS.: Europa am Vorabend der Moderne 1650–1800, 2003. – DÜLMEN, R. van: Die Gesellschaft der Aufklärer. Zur bürgerlichen Emanzipation und aufklärerischen Kultur in Deutschland, 1986. – DERS.: Kultur und Alltag in der Frühen Neuzeit, 3 Bde., 1990–1994. – ELIAS, O.-H. (Hg.): Aufklärung in den baltischen Provinzen Rußlands. Ideologie und soziale Wirklichkeit, 1996. – ENGEL-JANOSI, F. u.a. (Hg.): Formen der europäischen Aufklärung. Untersuchungen zur Situation von Christentum, Bildung und Wissenschaft im 18. Jahrhundert (WBGN 3), 1976. – FÖRSTER, W. (Hg.): Aufklärung in Berlin, 1989. – GAY, P.: The Enlightenment. An Interpretation, 2 Bde., [3]1979. – GEYER, P. (Hg.): Das 18. Jahrhundert – Aufklärung, 1995. – GOLDENBAUM, U.: Appell an das Publikum. Die öffentliche Debatte in der deutschen Aufklärung 1687–1796, 2 Bde., 2004. – DIES./KOŠENINA, A. (Hg.): Berliner Aufklärung. Kulturwissenschaftliche Studien, 2 Bde., 1999/2003. – GRELL, O./PORTER, R. (Hg.): Toleration in Enlightenment Europe, 2000. – GRUNERT, F./VOLLHARDT, F. (Hg.): Aufklärung als praktische Philosophie. FS Werner Schneiders, 1998. – GUMBRECHT, H.U. (Hg.): Sozialgeschichte der Aufklärung in Frankreich, 2 Bde., 1981. – GUTJAHR, O. u.a. (Hg.): Gesellige Vernunft. Zur Kultur der literarischen Aufklärung, 1993. – HAMMERSTEIN, N. (Hg.): Universitäten und Aufklärung, 1995. – DERS./HERRMANN, U. (Hg.): Handbuch der deutschen Bildungsgeschichte. Band II: 18. Jahrhundert. Vom späten 17. Jahrhundert bis zur Neuordnung Deutschlands um 1800, 2005. – HAY, D./ROGERS, N.: Eighteenth-Century English Society. Shuttles and Swords, 1997. – HERRMANN, U. (Hg.): „Das pädagogische Jahrhundert". Volksaufklärung und Erziehung zur Armut im 18. Jahrhundert in Deutschland, 1981. – IM HOF, U.: Aufklärung in der Schweiz, 1970. – DERS.: Das Europa der Aufklärung, 1993. – JÜTTNER, S./SCHLOBACH, J. (Hg.): Europäische Aufklärung(en). Einheit und nationale Vielfalt (Studien zum achtzehnten Jahrhundert 14), 1992. – KELLETER, F.: Amerikanische Aufklärung. Sprachen der Rationalität im Zeitalter der Revolution, 2002. – KEMPER, H.-G.: Gottebenbildlichkeit und Naturwahrnehmung im Säkularisierungsprozeß. Problemgeschichtliche Studien zur deutschen Lyrik in Barock und Aufklärung, 2 Bde., 1981. – KLEMME, H.F. (Hg.): Reception of the Scottish Enlightenment in Germany. Six Significant Translations, 1755–1782, 7 Bde., 2000. – KOCKA, J.: Geschichte und Aufklärung, 1989. – KONDYLIS, P.: Die Aufklärung im Rahmen des neuzeitlichen Rationalismus, 2002. – KOPITZSCH, F. (Hg.): Aufklärung, Absolutismus und Bürgertum in Deutschland, 1976. – KREIMENDAHL, L. (Hg.): Aufklärung und Skepsis. Studien zur Philosophie und Geistesgeschichte des 17. und 18. Jahrhunderts. FS Günter Gawlick, 1995. – DERS. (Hg.): Philosophen des 17. Jahrhunderts. Eine Einführung, 1999. – DERS. (Hg.): Philosophen des 18. Jahrhunderts. Eine Einführung, 2000. – KREMER, B.M.: Der Westfälische Friede in der Deutung der Aufklärung, 1989. – KUNISCH, J.: Absolutismus. Europäische Geschichte vom Westfälischen Frieden bis zur Krise des Ancien Régime, [2]1999. – LEHMANN, H.: Das Zeitalter des Absolutismus. Gottesgnadentum und Kriegsnot (Christentum und Gesellschaft 9), 1980. – LESKY, E. u.a. (Hg.): Die Aufklärung in Ost- und Südosteuropa, 1972. – LYONS, J.O.: The Invention of the Self. The Hinge of Consciousness in the Eighteenth Century, 1978. – MERKER, N.: Die Aufklärung in Deutschland, 1982. – MÖLLER, H.: Vernunft und Kritik. Deutsche Aufklärung im 17. und 18. Jahrhundert, [4]1997. – DERS.: Fürstenstaat oder Bürgernation. Deutschland 1763–1815, 1994. – MÜLLER, W.: Die Aufklärung (Enzyklopädie deutscher Geschichte 61), 2002. – MULSOW, M.: Moderne aus dem Untergrund. Radikale Frühaufklärung in Deutschland 1680–1720, 2002. – NEUHAUS, H. (Hg.): Aufbruch aus dem Ancien Régime. Beiträge zur Geschichte des 18. Jahrhunderts, 1993. – O'GORMAN, F.: The Long Eighteenth Century. British Political and Social History, 1688–1832, 1997. – OUTRAM, D.: The Enlightenment, 1995. – PIEPMEIER, R.: Art. Aufklärung I. Philosophisch (TRE 4, 1979, 575–594). – POMEAU, R.: L'Europe des Lumières […], 1981. – POTT, M.: Aufklärung und Aberglaube. Die deutsche Frühaufklärung im Spiegel ihrer Aberglaubenskritik, 1992. – Pütz, P.: Erforschung der deutschen Aufklärung, 1980. – Ders.: Die deutsche Aufklärung, ⁴1991. – Reill, P.H.: The German Enlightenment and the Rise of Historicism, 1975. – Reinalter, H. (Hg.): Aufklärungsgesellschaften, 1993. – Roche, D.: La France des Lumières, 1993. – Sauder, G./Schlobach, J. (Hg.): Aufklärungen. Frankreich und Deutschland im 18. Jahrhundert (AUSa. RPF 19), 1985. – Schalk, F./Mahlmann, Th.: Art. Aufklärung (HWPh 1, 1971, 620–635). – Schilling, H.: Höfe und Allianzen. Deutschland 1648–1763, 1994. – Schings, H.-J.: Melancholie und Aufklärung. Melancholiker und ihre Kritiker in Erfahrungsseelenkunde und Literatur des 18. Jahrhunderts, 1977. – Schlereth, Th.J.: The Cosmopolitan Ideal in Enlightenment Thought [...], 1977. – Schmidt, J. (Hg.): Aufklärung und Gegenaufklärung in der europäischen Literatur, Philosophie und Politik von der Antike bis zur Gegenwart, 1989. – Schmidt-Biggemann, W.: Theodizee und Tatsachen. Das philosophische Profil der deutschen Aufklärung, 1988. – Schneiders, W.: Die wahre Aufklärung. Zum Selbstverständnis der deutschen Aufklärung, 1974. – Ders.: Das Zeitalter der Aufklärung, ²2001. – Stollberg-Rilinger, B.: Europa im Jahrhundert der Aufklärung, 2000. – Stephan-Kopitzsch, U.: Die Toleranzdiskussion im Spiegel überregionaler Aufklärungszeitschriften (EHS.G 382), 1989. – Stuke, H.: Aufklärung (in: Ders.: Sozialgeschichte, Begriffsgeschichte, Ideengeschichte. Gesammelte Aufsätze, hg. v. W. Conze/H. Schomerus, 1979, 21–120). – Ueding, G.: Art. Aufklärung (HWRh 1, 1992, 1188–1250). – Valjavec, F.: Geschichte der abendländischen Aufklärung, 1961. – Venturi, F.: Italy and the Enlightenment. Studies in a Cosmopolitan Century, 1972. – Vierhaus, R.: Deutschland im 18. Jahrhundert. Politische Verfassung, soziales Gefüge, geistige Bewegungen. Ausgewählte Aufsätze, 1987. – Ders.: Deutschland im Zeitalter des Absolutismus, ²1984. – Ders. u. a. (Hg.): Frühe Neuzeit – Frühe Moderne? Forschungen zur Vielschichtigkeit von Übergangsprozessen (VMPIG 104), 1992. – Wehler, H.-U.: Deutsche Gesellschaftsgeschichte. Bd. 1: Vom Feudalismus des Alten Reiches bis zur Defensiven Modernisierung der Reformära 1700–1815, ²1989. – Weigl, E.: Schauplätze der deutschen Aufklärung. Ein Städterundgang, 1997. – Winter, E.: E.W. von Tschirnhaus und die Frühaufklärung in Mittel- und Osteuropa, 1960. – Wolff, H.M.: Die Weltanschauung der deutschen Aufklärung in geschichtlicher Entwicklung, ²1963. – Wundt, M.: Die deutsche Schulphilosophie im Zeitalter der Aufklärung, 1945, ND 1964. – Zeeden, E.W.: Europa im Zeitalter des Absolutismus und der Aufklärung, 1981. – Ziechmann, J. (Hg.): Panorama der Fridericianischen Zeit. Friedrich der Große und seine Epoche. Ein Handbuch, 1985.

Darstellungen zur Kirchen- und Theologiegeschichte:
Aner, Karl: Die Theologie der Lessingzeit, 1929, ND 1964. – Ders.: Kirchengeschichte IV: Neuzeit. Erste Hälfte (bis ca. 1830) (SG 988), 1931. – Bantle, F.X.: Unfehlbarkeit der Kirche in Aufklärung und Romantik. Eine dogmengeschichtliche Untersuchung für die Zeit der Wende vom 18. zum 19. Jahrhundert (FThSt 103), 1976. – Barth, K.: Die protestantische Theologie im 19. Jahrhundert. Ihre Vorgeschichte und ihre Geschichte, ⁴1981, 16–378. – Baumotte, M.: Theologie als politische Aufklärung. Studien zur neuzeitlichen Kategorie des Christentums (SEE 12), 1973. – Belaval, Y./Bourel, D. (Hg.): Le siècle des lumières et la Bible, 1986. – Beutel, A.: Art. Aufklärung II. Theologisch-kirchlich (RGG⁴ 1, 1998, 941–948). – Beutel, A./Leppin, V. (Hg.): Religion und Aufklärung. Studien zur neuzeitlichen „Umformung des Christlichen" (AKThG 14), 2004. – Beutel, A./Leppin, V./Sträter, U. (Hg.): Christentum im Übergang. Neue Studien zu Kirche und Religion in der Aufklärungszeit (AKThG 20), 2006. – Brinkmann, F.Th.: Glaubhafte Wahrheit – erlebte Gewißheit. Zur Bedeutung der Erfahrung in der deutschen protestantischen Aufklärungstheologie (Arbeiten zur Theologiegeschichte 2), 1994. – Eijnatten, J. van: History, Reform, and Aufklärung. German Theological Writing and Dutch Literary Publicity in the Eighteenth Century (ZNThG 7, 2000, 173–204). – Gericke, W.: Theologie und Kirche im Zeitalter der Aufklärung (KGE III/2), 1989. – Gierl, M.: Pietismus und Aufklärung. Theologische Polemik und die Kommunikationsreform der Wissenschaft am Ende des 17. Jahrhunderts (VMPIG 129), 1997. – Gräb, W.: Religion der freien Einsicht. Über das unvollendete Projekt der kirchlichen Aufklärung (in: Herms, E. [Hg.]: Menschenbild und Menschenwürde, 2001, 213–

230). – GRAF, F.W. (Hg.): Profile des neuzeitlichen Protestantismus. Bd. 1: Aufklärung, Idealismus, Vormärz, 1990. – GRESCHAT, M.: Die Aufklärung – ein Prozeß gegen das Christentum? (KuD 22, 1976, 299–316). – DERS. (Hg.): Die Aufklärung (GK 8), 1983. – DERS.: Christentumsgeschichte II. Von der Reformation bis zur Gegenwart, 1997, 115–135. – GREYERZ, K.v.: Religion und Kultur. Europa 1500–1800, 2000. – GRÜNDER, K./RENGSTORF, K.H. (Hg.): Religionskritik und Religiosität in der deutschen Aufklärung (WSA 11), 1989. – HARTMANN, P.C. (Hg.): Religion und Kultur im Europa des 17. und 18. Jahrhunderts (Mainzer Studien zur neueren Geschichte 12), ²2006. – HAUSCHILD, W.-D.: Lehrbuch der Kirchen- und Dogmengeschichte. Bd. 2: Reformation und Neuzeit, ³2005. – HEUSSI, K.: Kompendium der Kirchengeschichte, ¹⁶1981, 382–426. – HIRSCH, E.: Geschichte der neuern evangelischen Theologie im Zusammenhang mit den allgemeinen Bewegungen des europäischen Denkens, 5 Bde., neu hg. und eingeleitet von A. BEUTEL, 2000. – HOFFMANN, H.: Die Aufklärung (RV IV, 19), 1912. – HÖLSCHER, L.: Geschichte der protestantischen Frömmigkeit in Deutschland, 2005, 89–174. – HORNIG, G.: Lehre und Bekenntnis im Protestantismus. Erster Abschnitt: Von der Frühorthodoxie bis zur Aufklärungstheologie des 18. Jahrhunderts (in: ANDRESEN, C./RITTER, A.M. [Hg.]: Handbuch der Dogmen- und Theologiegeschichte, Bd. 3, ²1998, 71–146). – HUMMEL, G.: Aufklärerische Theologiekonzepte im 18. Jahrhundert (in: SAUDER, G./SCHLOBACH, J. [Hg.]: Aufklärungen. Frankreich und Deutschland im 18. Jahrhundert (AUSa. RPF 19), 1986, 9–24). – JACOBS, J.: Aporien der Aufklärung. Studien zur Geistes- und Literaturgeschichte des 18. Jahrhunderts, 2001. – KANTZENBACH, F.W.: Protestantisches Christentum im Zeitalter der Aufklärung (EvEnz 5/6), 1965. – DERS.: Die Spätaufklärung. Entwicklung und Stand der Forschung (I) (ThLZ 102, 1977, 337–348). – KOLB, Ch.: Die Aufklärung in der Württembergischen Kirche, 1908. – KRÜGER, G.: Die Religion der Goethezeit, 1931. – KRUMWIEDE, H.-W.: Geschichte des Christentums III. Neuzeit: 17. bis 20. Jahrhundert, 1977, 5–101. – KÜHNERT, W.: Die Krisis des deutschen Protestantismus um 1700 (ZSTh 23, 1956, 259–288). – LEHMANN, H. (Hg.): Säkularisierung, Dechristianisierung, Rechristianisierung im neuzeitlichen Europa. Bilanz und Perspektiven der Forschung (VMPIG 130), 1997. – LEDER, K.: Universität Altdorf. Zur Theologie der Aufklärung in Franken. Die theologische Fakultät in Altdorf 1750–1809, 1965. – LÖFFLER, U.: Lissabons Fall – Europas Schrecken. Die Deutung des Erdbebens von Lissabon im deutschsprachigen Protestantismus des 18. Jahrhunderts (AKG 70), 1999. – MARTENS, W.: Literatur und Frömmigkeit in der Zeit der frühen Aufklärung, 1989. – MAURER, W.: Aufklärung, Idealismus und Restauration. Studien zur Kirchen- und Geistesgeschichte in besonderer Beziehung auf Kurhessen 1780–1850, 2 Bde., 1930. – DERS.: Art. Aufklärung III. Theologisch-kirchlich (RGG³ 1, 1957, 723–730). – MOELLER, B.: Geschichte des Christentums in Grundzügen, ⁸2004, 276–339. – OELMÜLLER, W.: Die Religionen im Prozeß der Aufklärung in Geschichte und Gegenwart (in: HINSKE, N. [Hg.]: Ich handle mit Vernunft ... Moses Mendelssohn und die europäische Aufklärung, 1981, 149–179). – PHILIPP, W. (Hg.): Das Zeitalter der Aufklärung (KlProt 7), 1963. – PICKENHAN, K.: Frömmigkeit im Zeitalter der Aufklärung: Isaac Backus und Magnus Friedrich Roos. Eine vergleichende Studie zu Massachusetts und Württemberg im 18. Jahrhundert, 1999. – PLONGERON, B. (Hg.): Aufklärung, Revolution, Restauration (1750–1830) (Geschichte des Christentums 10), 2000. – ROHLS, J.: Protestantische Theologie der Neuzeit. Bd. 1: Die Voraussetzungen und das 19. Jahrhundert, 1997, 88–253. – RUDOLPH, E. (Hg.): Die Vernunft und ihr Gott. Studien zum Streit zwischen Religion und Aufklärung (FBESG 46), 1992. – SCHLINGENSIEPEN-POGGE, A.: Das Sozialethos der lutherischen Aufklärungstheologie am Vorabend der Industriellen Revolution, 1967. – SCHMIDT, K.D.: Grundriß der Kirchengeschichte, ⁷1979, 431–450. – SCHMIDT, M.: Die Aufklärung (in: KOTTJE, R./MOELLER, B. [Hg.]: Ökumenische Kirchengeschichte. Bd. 3: Neuzeit, 1974, 67–84). – DERS.: Das Geschichtsproblem in der Aufklärung und seine theologische Deutung (in: KAISER, O. [Hg.]: Denkender Glaube. FS Carl-Heinz Ratschow, 1976, 70–100). – DERS.: Art. Aufklärung II. Theologisch (TRE 4, 1979, 596–608). – SCHOLDER, K.: Grundzüge der theologischen Aufklärung in Deutschland (in: LIEBING, H./SCHOLDER, K. [Hg.]: Geist und Geschichte der Reformation. FS Hanns Rückert [AKG 38], 1966, 460–486). – SOMMER, W.: Aufklärung (in: MÜLLER, G. u.a. [Hg.]: Handbuch der Geschichte der Evangelischen Kirche in Bayern, Bd. 1, 2000, 545–573). – SPARN, W.: Vernünftiges Christentum. Über die geschichtliche Aufgabe der theologischen Aufklärung im 18. Jahrhundert in Deutschland (in: VIERHAUS, R. [Hg.]: Wissenschaft im Zeitalter der Aufklärung, 1985, 18–57). – DERS.: Religiöse und theologische Aspekte der Bildungsgeschichte im Zeitalter der Aufklärung (in: HAMMERSTEIN, N./HERRMANN U. [Hg.]: Handbuch der deutschen Bildungsgeschichte. Band II: 18. Jahrhundert. Vom späten 17. Jahrhundert bis zur Neuordnung Deutschlands um 1800, 2005, 134–168). – STEPHAN, H.: Geschichte der deutschen evangelischen Theologie seit dem deutschen Idealismus, 2. neubearbeitete Aufl. von M. SCHMIDT, 1960, 9–74. – DERS./LEUBE, H.: Die Neuzeit (HKG 4), ^{2}1931, 10–187. – STUPPERICH, R.: Religion und Christentum in der deutschen Aufklärung (KGQ 11), 1959. – TROELTSCH, E.: Die Aufklärung (1897) (in: DERS.: Gesammelte Schriften IV, 1925, 338–374). – VENARD, M. (Hg.): Das Zeitalter der Vernunft (1620/30–1750) (Geschichte des Christentums 9), 1998. – WALLMANN, J.: Kirchengeschichte Deutschlands seit der Reformation, ^{5}2000, 147–171. – WALTER, P./JUNG, M.H. (Hg.): Theologen des 17. und 18. Jahrhunderts. Konfessionelles Zeitalter – Pietismus – Aufklärung, 2003. – WERNLE, P.: Der schweizerische Protestantismus im XVIII. Jahrhundert, 3 Bde., 1922–1925. – WÖLFEL, D.: Das zeitgemäße Christentum der protestantischen Spätaufklärung in Deutschland (ZBKG 61, 1992, 119–136). – YOUNG, B.W.: Religion and Enlightenment in Eighteenth-Century England. Theological Debate from Locke to Burke, 1998.

Abkürzungen

Die Abkürzungen folgen: SCHWERTNER, S.M.: Theologische Realenzyklopädie. Abkürzungsverzeichnis, ²1994.

Ferner werden verwendet:

EdF	Erträge der Forschung
EdN	Enzyklopädie der Neuzeit
GdP	Geschichte des Pietismus
HBEA	Hallesche Beiträge zur Europäischen Aufklärung
Hirsch	E. Hirsch: Geschichte der neuern evangelischen Theologie im Zusammenhang mit den allgemeinen Bewegungen des europäischen Denkens, neu hg. und eingeleitet von A. Beutel, 5 Bde., 2000
HWRh	Historisches Wörterbuch der Rhetorik
KpV	I. Kant: Kritik der praktischen Vernunft
KrV	I. Kant: Kritik der reinen Vernunft
KU	I. Kant: Kritik der Urteilskraft
NA	Neuausgabe
ND	Nachdruck
NF	Neue Folge
RKM	Religiöse Kulturen der Moderne
RuA	Religion und Aufklärung
SpKA	J.J. Spalding: Kritische Ausgabe, hg.v. A. Beutel
UeberwegPhilos 17	Grundriß der Geschichte der Philosophie (begründet von Friedrich Ueberweg). Die Philosophie des 17. Jahrhunderts
WSA	Wolfenbütteler Studien zur Aufklärung
ZNThG	Zeitschrift für neuere Theologiegeschichte

Kapitel 1: Was ist Aufklärung?

§ 1: Begriff

BEUTEL, A.: Art. Aufklärung I. Geistesgeschichtlich II. Theologisch-kirchlich (RGG⁴ 1, 1998, 929-948). - HÄGGLUND, B.: „Illuminatio" - „Aufklärung". Ein Beitrag zur Begriffsgeschichte (in: MÜLLER, W.E./SCHULZ, H.H.R. [Hg.]: Theologie und Aufklärung, 1992, 41-50). - HINSKE, N.: Die tragenden Grundideen der deutschen Aufklärung. Versuch einer Typologie (in: CIAFARDONE, R. [Hg.]: Die Philosophie der deutschen Aufklärung, 1990a, 407-458). - DERS. (Hg.): Was ist Aufklärung? Beiträge aus der Berlinischen Monatsschrift, 1990b. - PÜTZ, P.: Die deutsche Aufklärung, ⁴1991, 9-21. - RICKEN, U.: Begriffe und Konzepte für Aufklärung. Zur Problematik einer Begriffsgeschichte als vergleichende Lexikologie der Aufklärung (in: JÜTTNER, S./SCHLOBACH, J. [Hg.]: Europäische Aufklärung(en). Einheit und nationale Vielfalt, 1992, 95-105). - SCHALK, F./MAHLMANN, Th.: Art. Aufklärung (HWPh 1, 1971, 620-635). - STUKE, H.: Aufklärung (in: DERS.: Sozialgeschichte - Begriffsgeschichte - Ideengeschichte. Gesammelte Aufsätze, 1979, 21-120). - VIERHAUS, R.: Was war Aufklärung?, 1995.

1. Begriffsgeschichtliche Orientierung

„Mehr Licht!" soll Goethe sterbend von seinem Diener Krause begehrt haben[1]. Sein „Letztes Wort" war zugleich ein Leitmotiv der Epoche, aus der er hervorging. Das Zeitalter der Aufklärung bildet die entscheidende, sich ihrer selbst bewußt werdende, vom Ausgang des Konfessionellen Zeitalters bis auf die Schwelle zur Moderne reichende Phase des neuzeitlichen Rationalisierungsprozesses. Den zeitdiagnostischen Befund, die „Sonne der Aufklärung" fange „jetzt überall zu leuchten an"[2], teilte G.Ch. Lichtenberg mit den meisten Gebildeten seines Jahrhunderts. Die kulturellen Figurationen, die sich, unbeschadet ihrer chronologischen, regionalen und motivischen Divergenzen, in problemgeschichtlicher Perspektive als das Zeitalter der europäischen Aufklärung begreifen lassen, haben das 18. Jahrhundert nicht überdauert, sind aber in ihren Wirkungen bis heute prägend geblieben[3].

---

1 GUTHKE, K.S.: Letzte Worte. Variationen über ein Thema der Kulturgeschichte des Westens, 1990, 88-94. - Zur postmortalen Entstehungs- und Deutungsgeschichte dieses Sterbeworts vgl. SCHÜDDEKOPF, C.: Goethes Tod, 1907. - 2 LICHTENBERG, G.CH.: Goettinger Taschen Calender 1793, 179; 1788, 194. - 3 VIERHAUS, 23.

Die in dem Begriff Aufklärung anklingende Lichtmetaphorik begegnet in allen wichtigen nationalsprachlichen Äquivalenten (z.B. engl. enlightenment, franz. les lumières, ital. illuminismo, span. ilustración, niederländ. verlichting). Gleichwohl ist der Ausdruck, zumal im Deutschen, von einer bis an die Grenze zur Äquivokation reichenden Mehrdeutigkeit. Das Verbum *aufklären* scheint erstmals 1691 im Sinne von *aufhellen, aufheitern* gebraucht worden zu sein[4]. Der darin aufscheinende meteorologische Sinnbezirk ist für die Wort- und Begriffsgeschichte insofern konstitutiv, als das damit bezeichnete wetterkundliche Phänomen dann für den geistigen und geistesgeschichtlichen Bereich metaphorisiert worden ist. Die Aufklärung, konstatierte Lichtenberg, „hat bis jetzt noch kein allgemeiner verständliches allegorisches Zeichen [...] als die aufgehende Sonne"[5]. Entstanden ist das Wort *aufklären* möglicherweise als eine Übersetzung des von G.W. Leibniz gebrauchten französischen *éclairer* oder des englischen *to enlighten*, das J. Milton in seinem großen Epos „Paradise lost" (1667) als den Inbegriff des Handelns Gottes am Menschen bestimmte[6]. Dahinter steht ebenso der biblische Gebrauch der Lichtmetaphorik (Mt 5, Joh 1 u.ö.), der dann in einer breiten religiösen und zumal mystischen Tradition rezipiert worden ist, wie die philosophische Rede vom *lumen rationale*[7], das freilich seit R. Descartes nicht mehr als von göttlicher Offenbarung gespeist, sondern als autonom gedacht wurde[8].

Das Verbalsubstantiv *Aufklärung*[9] begegnete seit der Mitte des 18. Jahrhunderts immer häufiger in geistigem Sinn, bei Ch.M. Wieland etwa als der Inbegriff eines allgemeinen Fortschritts von Vernunft und Kultur[10]. Seine entscheidende Ausprägung erhielt der Begriff im Verlauf einer durch den Berliner Pfarrer J.F. Zoellner[11] ausgelösten Debatte. Zoellner hatte 1783 in der angesehenen „Berlinischen Monatsschrift" die Frage der Zivilehe erörtert und dabei das beiläufig gebrauchte Wort *Aufklärung* mit der Fußnote versehen: „Was ist Aufklärung? Diese Frage, die beinahe so wichtig ist, als: was ist Wahrheit, sollte doch wol beantwortet werden, ehe man aufzuklären anfinge! Und noch habe ich sie nirgends beantwortet gefunden!"[12] Zoellners Verfahren war dabei insofern selbst aufklärerisch, als er zur Klärung einer strittigen Frage einen öffentlichen Kommunikationsprozeß in Gang setzen wollte. Unter den dadurch ausgelösten Reaktionen ragen die von M. Mendelssohn und I. Kant als bedeutsam hervor. Mendelssohn[13] thematisierte den Zusammenhang der Aufklärung mit Bildung und Kultur, wobei er Aufklärung und Kultur als Unterbegriffe von Bildung verstand und in der Unterscheidung von theoretisch-kritischer Erkenntnis (Aufklärung) und deren praktisch-gesellschaftlicher Realisierung (Kultur) einen doppelten Aufklärungsbegriff postu-

---

4 STIELER, K.: Der Teutschen Stammbaum und Fortwachs oder Teutscher Sprachschatz, 1691, 969. – **5** LICHTENBERG, G.Ch.: Goettinger Taschen Calender 1792, 212f. – **6** ALT, P.-A.: Aufklärung, ²2001, 3. – **7** BEIERWALTES, W. u.a.: Art. Lumen naturale (HWPh 5, 1980, 547–552). – **8** An eine sinnfällige technische Variante des aufklärerischen Erleuchtungspostulats erinnert KOSLOFSKY, C.: The Establishment of Street Lighting in Eighteenth-Century Leipzig. From Court Society to the Public Sphere? (Zeitsprünge 4, 2000, 378–388). – **9** Ebenfalls von Stieler in der Wendung „Aufklär- und Verbesserung des Verstandes" erstmals gebraucht in STIELER, K.: Zeitungs Lust und Nutz, 1695, ND 1969, 122. – **10** WIELAND, CH.M.: Die Bekenntnisse des Abulfauaris (1770) (in: DERS.: Sämmtliche Werke, Bd. 29, 1857, 264). – **11** WIENECKE, F.: Art. Zoellner, Johann Friedrich (ADB 55, 1910, ND 1971, 423–425); vgl. HINSKE 1990b, XXXIXf. – **12** ZOELLNER, J.F.: Ist es rathsam, das Ehebündniß nicht ferner durch die Religion zu sanciren? (HINSKE 1990b, 115). – **13** MENDELSSOHN, M.: Ueber die Frage: Was ist Aufklärung? (1784) (HINSKE 1990b, 444–451).

lierte. Die Antwort Kants[14] beginnt mit der klassisch gewordenen Definition: „Aufklärung ist der Ausgang des Menschen aus seiner selbst verschuldeten Unmündigkeit. Unmündigkeit ist das Unvermögen, sich seines Verstandes ohne Leitung eines anderen zu bedienen. Selbstverschuldet ist diese Unmündigkeit, wenn die Ursache derselben nicht am Mangel des Verstandes, sondern der Entschließung und des Muthes liegt, sich seiner ohne Leitung eines andern zu bedienen. Sapere aude! Habe Muth dich deines eigenen Verstandes zu bedienen! ist also der Wahlspruch der Aufklärung"[15]. Wie Mendelssohn operierte auch Kant mit einer – freilich ganz anders gearteten – kategorialen Differenz, indem er einen historiographischen von einem postulatorischen Aufklärungsbegriff unterschied: Wir leben „in einem Zeitalter der Aufklärung" („das Jahrhundert Friederichs"), nicht aber in dem einstweilen nur als regulative Idee dienenden „aufgeklärten Zeitalter"[16].

Nachdem das Selbstverständnis, in einem „Zeitalter der Aufklärung" zu leben, im (späten) 18. Jahrhundert vielfach, wenn auch längst nicht umfassend ausgebildet war, etablierte sich der Ausdruck als distinkter Epochenbegriff erst zu Beginn des 19. Jahrhunderts, als neue, aufklärungskritische Strömungen (Klassik, Frühromantik, Deutscher Idealismus) das Bewußtsein historischer Distanz hervorgebracht hatten. In dieser Hinsicht gab G.W.F. Hegel dem Terminus wegweisende Prägung, indem er den historiographischen Begriff Aufklärung auf einen Wechselbegriff zu *Rationalismus* reduzierte und damit die der Aufklärung spätestens seit 1740 durchgehend innewohnende empfindsame Komponente sowie die von ihr, jedenfalls in ihrer Spätphase, durchaus reflektierte Wahrnehmung einer „Dialektik der Aufklärung" ganz ausblendete. Anders als in Deutschland hat es weder in England noch in Frankreich das reflektierte Epochenbewußtsein einer den Zeitgeist prägenden allgemeinen Reformbewegung gegeben; die Ausdrücke *age of enlightenment* und *siècle des lumières* entstanden erst in der zweiten Hälfte des 19. Jahrhunderts als Nachbildungen der deutschen Wendung *Zeitalter der Aufklärung*.

Angesichts des heute vielfach diffusen Wortgebrauchs dürfte es sachdienlich sein, drei Sinnebenen des Begriffs Aufklärung zu unterscheiden: als Bezeichnung eines geschichtlichen Strukturmoments, eines geschichtsphilosophischen Postulats sowie einer geistesgeschichtlichen Epoche.

2. Aufklärung als geschichtliches Strukturmoment

Im weitesten Sinn bezeichnet Aufklärung das Phänomen geschichtlicher Rationalisierungsprozesse, die grundsätzlich in allen Kulturen und zu allen Zeiten möglich sind, jedoch in bestimmten Konstellationen in spezifischer Verdichtung hervortreten. Damit wird nicht einer unhistorischen Typisierung des Geschichtsverlaufs das Wort geredet, sondern ein geschichtliches Strukturmoment benannt, das durch einen methodisch herbeigeführten Zuwachs an Wissen, durch programmatische Popularisierung wissenschaftlich-philosophischer Erkenntnisse, durch eine traditionskritische und darin zumeist pädagogisch akzentuierte Geisteshaltung sowie

---

[14] KANT, I.: Beantwortung der Frage: Was ist Aufklärung? (1784) (HINSKE 1990b, 452–465). – [15] Ebd., 452. – [16] Ebd., 462.

durch ein reflektiertes Modernitäts- und Epochenbewußtsein charakterisiert ist. Dieser weite Aufklärungsbegriff hat insofern analogischen Charakter, als erst die abendländische Geschichtsepoche der Aufklärung den Blick für entsprechende geschichtliche Phänomene geschärft hat. So konnten d'Alembert im Vorwort der „Encyclopédie" den Humanismus als „ce premier siècle de lumière"[17] oder Herder und Hegel das Perikleische Athen als die Zeit der „Griechischen Aufklärung" bezeichnen[18], und J.J. Spalding konstatierte 1785 ganz allgemein: „Seit einigen hundert Jahren schon ist doch unstreitig [...] Aufklärung, der Sache nach, wenn gleich ohne dieß neue Wort, im Gange gewesen"[19].

Bereits die ionische Naturphilosophie oder die symbolische und allegorische Mythendeutung der Vorsokratiker hatten aufklärerische Momente enthalten, wenn auch wohl noch ohne ein damit verbundenes reflektiertes Modernitätsbewußtsein. Dagegen kann die Sophistik des 5. Jahrhunderts als das klassische Zeitalter der griechischen Aufklärung gelten. Indem sie die kritischen Ansätze der Naturphilosophie auf die Felder der praktischen Philosophie übertrug, verfolgte sie die bewußte traditionskritische Emanzipation des menschlichen Denkens. Mit ihrer anthropozentrischen Grundlegung verbanden sich ein ganz neues Bildungsideal sowie weitreichende (volks-)pädagogische Reformansätze, ferner die Überzeugung individueller und gesellschaftlicher Perfektibilität und in alldem ein ausgeprägtes Epochenbewußtsein. Diese Impulse wirkten bei Sokrates fort – etwa in seiner Überzeugung, das sittlich Gute sei erkenn- und lehrbar, aber auch in seiner philosophischen Methode der Mäeutik – und haben auch darüber hinaus die griechische Philosophiegeschichte beeinflußt; ihre Spuren finden sich bei Plato und Aristoteles ebenso wie im Kynismus, dem hellenistischen Aufblühen der Einzelwissenschaften, der allegorischen Mythendeutung der Stoa oder der Religionskritik des Epikureismus.

Das noch immer gängige, oft zum Klischee geronnene Bild des Mittelalters als eines Zeitalters der Gegenaufklärung, mit dem die Legitimität einer aus Opposition zum Mittelalter sich konstituierenden Neuzeit begründet werden sollte, läßt sich durch distinkte Wahrnehmung mittelalterlicher Rationalisierungsprozesse nicht unerheblich modifizieren[20]. Dabei sind v.a. in den Funktionen und Manifestationen der Vernunft in den Wissenschaften, Künsten und der Gesellschaft aufklärerische Elemente und Tendenzen auszumachen, die sich, massiv verstärkt seit dem 12. Jahrhundert, unter der Leitdisziplin der Dialektik (Logik) in Philosophie und Theologie ebenso Geltung verschafften wie in Medizin, Magie und Alchemie, unterstützt zudem durch den prägenden Einfluß jüdischer und arabischer Gelehrter. Auch der Aufschwung der Rechtswissenschaften leistete einen erheblichen Beitrag zur Rationalisierung der mittelalterlichen Lebenswelten und ihrer Kultur.

---

17 Discours préliminaire des éditeurs (Encyclopédie, Abt. I, Bd. 1, 1751, ND 1966, XXIII). – 18 SCHMIDT, J.: Einleitung (in: DERS. [Hg.]: Aufklärung und Gegenaufklärung in der europäischen Literatur, Philosophie und Politik von der Antike bis zur Gegenwart, 1989, 1–31), 4. – 19 SPALDING, J.J.: Vertraute Briefe, die Religion betreffend (^{1}1784–^{3}1788), hg.v. A. BEUTEL/D. PRAUSE (SpKA I/4), 2004, 176,1–5. ALBRECHT, M.: Zum Wortgebrauch von „Aufklärung" bei Johann Joachim Spalding (in: OBERHAUSEN, M. [Hg.], Vernunftkritik und Aufklärung. Studien zur Philosophie Kants und seiner Epoche, 2001, 11–40). – 20 REUTER, H.: Geschichte der religiösen Aufklärung im Mittelalter vom Ende des achten Jahrhunderts bis zum Anfange des vierzehnten, 2 Bde., 1875/1877; FLASCH, K./JECK, U.R. (Hg.): Das Licht der Vernunft. Die Anfänge der Aufklärung im Mittelalter, 1997.

Erst recht waren Humanismus und Renaissance (s. § 11) von einem aufklärerischen Grundzug bestimmt. In programmatischem Rückgriff auf die griechisch-römische Antike und in der damit verbundenen emanzipatorischen Abkehr von den kirchlich-theologischen Traditionen des Mittelalters kam es zu einer aus den antiken Quellen gespeisten Neubelebung der *studia humanitatis* und einem Wiederaufleben des (Neu-)Platonismus an der Florentiner Akademie. Entscheidend war dabei gleichermaßen die Entdeckung der Unbegrenztheit des Raumes, die als genuin physikalische Innovation zugleich in enormer Weise bewußtseinsbildend gewirkt hat, wie der sich formierende, reflektierte Anthropozentrismus, der, in Wiederaufnahme des Homo-mensura-Gedankens von Protagoras („Der Mensch ist das Maß aller Dinge"), den Willen zur Bemächtigung der Welt im Wissen wie im (technischen) Handeln freisetzte, verbunden mit dem Bewußtsein einer auf die eigene Gegenwart bezogenen epochalen Übergangszeit. Als das anthropologische Leitmotiv diente der „uomo universale", der umfassend gebildete, zu freiem Denken und Handeln ermächtigte, in der Mitte der Welt stehende Mensch. Dem korrespondierte in kunsthistorischer Hinsicht eine einzigartige Blüte der Portraitkunst wie überhaupt ein naturalistisches, auf anatomische Detailstudien sich stützendes Kunstideal. Das von Brunelleschi entdeckte und von Leonardo da Vinci fortentwickelte System der Zentralperspektive ist zugleich für das Selbstverständnis der gesamten Epoche paradigmatisch.

In gewisser Hinsicht ist auch die Reformation (s. § 12) von diesen Impulsen geprägt: in ihrer exklusiven, traditionskritischen Konzentration auf die Bibel als dem allein normativen Ursprungsdokument christlichen Glaubens („sola scriptura"), ferner in der von ihr programmatisch betriebenen Individualisierung der Religion sowie der damit verbundenen Betonung der Unvertretbarkeit und Freiheit des Gewissens, aber auch in der von ihr in spezifischer Akzentuierung geförderten und teilweise realisierten Studien- und Bildungsreform. Für die reformatorische Rezeption des im Humanismus präsenten aufklärerischen Potentials war Melanchthon von erheblicher, wenn auch nicht singulärer Bedeutung.

3. Aufklärung als geschichtsphilosophisches Postulat

In der kritischen Philosophie Kants hat sich die Epoche der Aufklärungsphilosophie insofern vollendet, als er von ihr zwar das unbedingte Vertrauen in die Kraft der Vernunft sowie die Bestimmung des Menschen zu Freiheit und Autonomie übernahm, jedoch der Vernunft zugleich „das beschwerlichste aller ihrer Geschäfte, nämlich das der Selbsterkenntnis" (KrV A XI), mithin das Reflexivwerden der „Kritik der reinen Vernunft" und damit den Abschied von allen unkritischen Universalitätsansprüchen zumutete. Als Voraussetzungen einer prozessual gedachten Aufklärung galten Kant ebenso die Freiheit, „von seiner Vernunft in allen Stükken öffentlichen Gebrauch zu machen"[21], wie die Toleranz in Sachen der Religion.

Seitdem in der Französischen Revolution gleichsam die geschichtliche Probe darauf gemacht worden war, ob die großen Leitideen der Aufklärung in einer politisch-konstitutionellen Ordnung zu verwirklichen sind, gehörte eine Verhältnisbestimmung zur „Großen Revolution" zu den konstitutiven Elementen jeder Inan-

---

21 KANT, I.: Beantwortung der Frage: Was ist Aufklärung? (1784) (HINSKE 1990b, 455).

spruchnahme der Aufklärung. Hegel hat diesen Zusammenhang von Aufklärung und Revolution mehrfach thematisiert. Die zur Revolution fortgeschrittene Aufklärung habe sich aller positiven Gestaltungsmöglichkeiten entäußert: „Kein positives Werk noch Tat kann [...] die allgemeine Freiheit hervorbringen; es bleibt ihr nur das negative Tun; sie ist nur die Furie des Verschwindens"[22]. Die spezifische Selbstgefährdung der Aufklärung, die mit der reflexiven Radikalisierung der Kritik zugleich sich selbst den Boden entzieht, ist freilich auch schon vor Hegel gesehen und thematisiert worden, etwa von Lessing, Mendelssohn, Lichtenberg oder Wieland.

Anders als in Westeuropa und den USA, wo die Leitideen der Aufklärung eine dauerhafte verfassungs- und menschenrechtliche Fortsetzung erfuhren, wurde das Zeitalter der Aufklärung in Deutschland alsbald historisch distanziert. Hier haben sich die zu Beginn des 19. Jahrhunderts führenden geistigen Bewegungen (Idealismus, Romantik, Historismus) durchweg, wenn auch nicht immer ausdrücklich, als Gegenbewegungen zur Aufklärung formiert; selbst schroff denunziatorische Töne blieben dabei nicht aus.

K. Marx und F. Engels haben das Erbe der Aufklärung v. a. in Gestalt des französischen Materialismus rezipiert, dessen bloß mechanischem Charakter sie die Freilegung des Klassencharakters der Aufklärung entgegenstellten. In eigentümlicher Weise war F. Nietzsche zugleich radikaler Aufklärer und Gegenaufklärer: Während die alte Aufklärung „im Sinne der demokratischen Heerde" eine „Gleichmachung Aller" betrieben habe, wolle „die neue Aufklärung [...] den herrschenden Naturen den Weg zeigen – inwiefern ihnen alles erlaubt ist"[23].

Im Vollzug einer notwendigen Selbstreflexion der Aufklärung legten Th. W. Adorno und M. Horkheimer 1947 unter den geistesgeschichtlichen Bedingungen ihrer Zeit die „Dialektik der Aufklärung" frei. Angesichts der katastrophalen Folgen, die der Siegeszug der instrumentellen Vernunft gezeitigt habe, werde die Hegelsche „Furie des Verschwindens" zur akuten Bedrohung des neuzeitlichen Rationalisierungsprozesses. Freilich sollte die geforderte Selbstreflexion der Aufklärung den Ideengehalt der Aufklärungsepoche nicht diskreditieren, vielmehr der geschichtlichen Verwirklichung näherbringen. Ihm selbst, äußerte Adorno 1969, erscheine die Aufklärungsdefinition Kants „heute noch außerordentlich aktuell"[24].

Ähnlich erklärte auch die Kritische Theorie eine auf ihre eigenen Bedingungen, Grenzen und Folgen reflektierende Aufklärung zur aktuellen Aufgabe kritischer Philosophie. „Aufklärung über die Aufklärer" forderte N. Luhmann, für den sich das Reflexivwerden des Aufklärungsprozesses als der Fortschritt von der Vernunft-Aufklärung über die entlarvende Aufklärung zur soziologischen Aufklärung – R. Dahrendorf nannte sie „Die angewandte Aufklärung"[25] – vollzieht. Demgegenüber entwickelte Habermas seine Sicht der Aufklärung als eine emanzipatorische Theorie kommunikativen Handelns[26].

---

22 HEGEL, G.W.F.: Phänomenologie des Geistes (Werke in zwanzig Bänden, Bd. 3, 1970, 435f). – **23** NIETZSCHE, F.: Nachgelassene Fragmente Sommer/Herbst 1884 (in: DERS.: Sämtliche Werke. Kritische Studienausgabe, hg. v. G. COLLI/M. MONTINARI, Bd. 11, 1980, 295). – **24** Zit. nach RATH, N.: Art. Aufklärung (EKL[3] 1, 1986, 316–320), 320. – **25** DAHRENDORF, R.: Die angewandte Aufklärung, 1963. – **26** HABERMAS, J.: Theorie des kommunikativen Handelns, 1982.

Der postulatorische Charakter von Aufklärung hat sich selbst im vorwissenschaftlichen Gebrauch des Wortes erhalten. Hier wird mit Aufklärung zumeist eine engagierte, enttabuisierende Aufdeckung gefordert: als (sexual-)pädagogische oder militärische Aufklärung, als Aufklärung von Verbrechen und Verbrauchern.

4. Aufklärung als historische Epochenbezeichnung

a) geistesgeschichtlich

Das Zeitalter der Aufklärung, von E. Troeltsch als „Beginn und Grundlage der eigentlich modernen Periode der europäischen Kultur und Geschichte" bestimmt[27], umfaßt eine gesamteuropäische Phase der Geistesgeschichte, die sich etwa von der Mitte des 17. bis zum Ausgang des 18. Jahrhunderts erstreckt. Angesichts der geschichtlichen Komplexität dieses Zeitraums wird sich die Einheit der Epoche schwerlich auf eine einfache Formel reduzieren lassen. Aber auch wenn ihre geschichtlichen Entwicklungsstufen und Konkretionen in den einzelnen Ländern, abhängend von den jeweiligen politischen, gesellschaftlichen, wissenschaftlich-kulturellen und religiös-konfessionellen Umständen, stark variierten und überdies erhebliche materiale Divergenzen, für die der Antagonismus von Rationalismus und Empirismus nur *ein* Beispiel ist, die Epoche bestimmten, lassen sich doch einige ihrer wesentlichen Leitideen und Tendenzen, die den Ruf nach Aufklärung zum intentionalen Fluchtpunkt des ganzen Zeitalters machten, andeutend benennen.

Kritik war ein Leitmotiv der Aufklärungszeit[28]. Auf allen Gebieten stellte es die Bestimmtheit durch ein religiös-dogmatisch gebundenes, supranaturalistisches Wirklichkeitsverständnis in Frage und problematisierte zugleich die legitimatorische Berufung politischer, ethischer, religiöser, theologischer und philosophischer Normen auf die Verbindlichkeit autoritativer Traditionen. Wenn auch die Entfaltungen eines kritischen Verstandesgebrauchs in materialer Hinsicht erheblich differierten, kamen sie im Postulat einer traditionskritischen Autonomie des menschlichen Denkens doch allesamt überein. Darin wurzelt auch die Vorliebe des Jahrhunderts für die Gestalt des Sokrates als dem Inbegriff eines kritischen Verstandesgebrauchs. Gemäß des von ihr reklamierten Universalanspruchs war es nur konsequent, daß die kritische Vernunft schließlich reflexiv und damit auch ihrer eigenen Bedingungen und Grenzen ansichtig wurde.

Kritik meinte freilich nicht prinzipielle Traditions- und Autoritätsfeindlichkeit, sondern vollzog sich, gemäß ihrem Ursprung als philologische Textkritik, in der Ambivalenz von Ablehnung und Bewahrung aufgrund kritischer Prüfung. Das dadurch bestimmte philosophische Verfahren, das, jedem Systemzwang zuwider, das eigene kritische Urteil zur allein ausschlaggebenden Instanz erhebt, läßt sich in materialer Hinsicht als Eklektizismus bestimmen. In ihm erfüllt sich die Maxime der Aufklärung, „jederzeit selbst zu denken"[29]. Die dem 18. Jahrhundert eigene

---

[27] TROELTSCH, E.: Die Aufklärung (1897) (in: DERS.: Gesammelte Schriften, Bd. 4, 1925, 338–374), 338. – [28] „Unser Zeitalter ist das eigentliche Zeitalter der Kritik, der sich alles unterwerfen muß" (KrV A XI Anm.). – [29] „Selbstdenken heißt den obersten Probierstein der Wahrheit in sich selbst (d.i. in seiner eigenen Vernunft) suchen; und die Maxime, jeder-

Neigung zu enzyklopädischer Vergewisserung stimmt damit insofern überein, als sie sich nicht der Herrschaft eines metaphysisch-apriorischen Systems unterwerfen, vielmehr das Wissen der Zeit in empirisch-additiver Ordnung darbieten wollte. Die Bezeichnung des 18. Jahrhunderts als „das philosophische Jahrhundert" ist insofern durchaus angemessen, meint freilich nicht so sehr die Ausbildung abgeschlossener Systeme – darin waren das 17. und das 19. Jahrhundert weit überlegen – als vielmehr eine sich vollziehende „Revolution für die Denkungsart"[30], durch die der philosophische Gedanke praktisch werden, d.h. in allen Bereichen des Lebens gestaltend zur Geltung kommen sollte. Die Frage nach der „Nutzbarkeit", also der lebenspraktischen Relevanz theoretischer Einsichten, aber auch von Institutionen, Phänomenen und Vollzügen, war ein Modethema der Aufklärungszeit.

Aus der Leitidee der Kritik ergab sich zugleich die der Epoche eigene Tendenz zur *Anthropozentrik* (s. § 47). Die Überzeugung von der Autonomie der Vernunft sowie einer prinzipiellen Verstehbarkeit der Welt führte in ihrer Beschränkung auf immanente Erklärungsweisen und Erkenntnismittel zu einer fortschreitenden Säkularisierung des Denkens. Das in der Aufklärung massiv erstarkende Vertrauen in die intellektuellen Kräfte und Fertigkeiten des Menschen erklärt ebenso die Tendenz zur Verwissenschaftlichung wie zu einer rationalen, bisweilen utilitaristisch zugespitzten Durchdringung aller Lebensbereiche. Aufklärung, definierte Lichtenberg, „besteht eigentlich in richtigen Begriffen von unsern wesentlichen Bedürfnissen"[31].

Zudem war die Aufklärung von einem starken *Fortschritts- und Perfektibilitätsglauben* bestimmt[32]. Aufgrund der zunehmenden Beherrschung und Nutzbarmachung der Natur entwickelte der Fortschrittsgedanke eine Dynamik, die bald auch auf politische, gesellschaftliche, ethische und religiöse Bereiche ausgriff und den Gedanken der individuellen und allgemeinen Perfektibilität des Menschen zu einer Leitidee der Epoche werden ließ. Dabei geriet die Lehr- und Lernfähigkeit einer der Vernunft gemäßen Lebensführung in den Mittelpunkt des pädagogischen und ethischen Interesses. In der „Erziehung des Menschengeschlechts" (Lessing) fand das Zeitalter der Aufklärung sein einheitsstiftendes Postulat.

b) kirchengeschichtlich

Die Aufklärung bezeichnet eine wesentliche, die Frühe Neuzeit vollendende, in ihren Fragestellungen und Folgen bis heute fortwirkende Epoche der Kirchen- und Theologiegeschichte. Diese erstreckt sich vom Ausgang des Konfessionellen Zeitalters bis zu der universalen europäischen Umbruchphase, die sich um 1800 in politischer und ökonomischer wie auch in geistesgeschichtlicher Hinsicht vollzog. Abhängend von den jeweiligen nationalen, konfessionellen und wissenschaftlich-phi-

---

zeit selbst zu denken, ist die Aufklärung" (KANT, I.: Was heißt: Sich im Denken orientieren? in: DERS.: Werke in sechs Bänden, hg.v. W. Weischedel, Bd. 3, 1958, 265–283), 283 Anm. – **30** KANT, I.: Die Religion innerhalb der Grenzen der bloßen Vernunft, B 54. – **31** LICHTENBERG, G.CH.: Schriften und Briefe, hg.v. W. PROMIES, Bd. 1, 1968, 688. – **32** HORNIG, G.: Perfektibilität (ABG 24, 1980, 221–257); BEUTEL, A.: Art. Perfektibilität (RGG⁴ 6, 2003, 1105).

losophischen Kontexten, hat sich die kirchlich-theologische Aufklärung in mannigfaltigen, teils höchst disparaten Spielarten niedergeschlagen. Einheitsstiftende, die Epoche konstituierende Motive finden sich etwa in der programmatischen und effektiven Überwindung konfessioneller Polemik und aristotelischer Schultheologie, in der Akzentuierung der lebenspraktischen Relevanz von Religion sowie, damit unmittelbar zusammenhängend, in der konsequenten Kultivierung religiöser Individualität und Innerlichkeit.

Wie für die Epoche insgesamt, lassen sich auch in kirchen- und theologiegeschichtlicher Perspektive Kritik, Anthropozentrik und Perfektibilitätsglaube als Leitgesichtspunkte benennen. Nachdem der Dreißigjährige Krieg 1648 mit einem die religiöse Wahrheitsfrage bewußt suspendierenden politisch-säkularen Friedensschluß beendet worden war, sah sich das konfessionell plurale Christentum zur Ausbildung von transkonfessionell tragfähigen ethischen Grundlagen (Vernunft, Naturrecht, natürliche Religion) gedrängt und ermächtigt. Die Verhältnisbestimmung von Vernunft und Offenbarung, von natürlicher und positiver Religion (s. § 46) wurde zur epochalen Aufgabenstellung der Theologie. In kritischer Absicht befragte man jetzt biblische Überlieferung, dogmatischen Lehrbestand und religiöse Traditionen nach ihrem vernünftigen Gehalt sowie nach ihrer lebenspraktischen Relevanz. Mittels historisch-kritischer Exegese und durch kritisch orientierte Dogmengeschichtsschreibung suchte man den rationalen Kern der theologisch-kirchlichen Tradition herauszuschälen, um ihn für eine neue, zeitgemäße Akkomodation in Gebrauch nehmen zu können. Diese kritische Sichtung des überkommenen Lehrsystems führte zu einer folgenreichen, die neuzeitliche Theologiegeschichte bis heute bestimmenden „Umformung des christlichen Denkens"[33].

Die anthropozentrische Ausrichtung der Aufklärungstheologie äußerte sich in einer Tendenz zur Ethisierung des Christlichen wie überhaupt in der Bemühung, die „theoretischen Kirchenlehren"[34] gegenüber den lebenspraktischen Vollzügen von Religion auf ihre subsidiäre Funktion zu reduzieren. Der damit verbundene Fortschritts- und Perfektibilitätsglaube manifestierte sich nicht nur in einer religionspädagogischen und populartheologischen Ausrichtung der kirchlich-theologischen Arbeit, sondern auch in der dogmatischen, näherhin christologischen Theoriebildung: Die überkommene Satisfaktionslehre geriet zunehmend in Abgang (s. § 50), statt dessen entdeckte man Jesus als das Idealbild sokratischer Mündigkeit und als den Lehrer von Tugend, Freiheit und Glückseligkeit.

---

[33] HIRSCH, E.: Die Umformung des christlichen Denkens in der Neuzeit. Ein Lesebuch, 1938, NA 1985. Vgl. dazu MÜLLER, H.M. (Hg.): Christliche Wahrheit und neuzeitliches Denken. Zu Emanuel Hirschs Leben und Werk, 1984; DERS.: Das Evangelium und die Moderne. Zum Problem der Umformung des christlichen Denkens in der Neuzeit (ZThK 89, 1993, 283–297); NÜSSEL, F.: Die Umformung des Christlichen im Spiegel der Rede vom Wesen des Christentums (in: BEUTEL, A./LEPPIN, V. [Hg.]: Religion und Aufklärung. Studien zur „Umformung des Christlichen" [AKThG 14], 2004, 15–32). – [34] SPALDING, J.J.: Ueber die Nutzbarkeit des Predigtamtes und deren Beförderung (^{1}1772–^{3}1791), hg.v. T. JERSAK (SpKA I/3), 2002, 174,15.

§ 2: Umfang

ANER, K.: Die Theologie der Lessingzeit, 1929, ND 1964, 1–12. – MÖLLER, H.: Vernunft und Kritik. Deutsche Aufklärung im 17. und 18. Jahrhundert, 1986, 19–40. – NOWAK, K.: Epochengrenzen der neuzeitlich-modernen Christentumsgeschichte. Aufklärung und Französische Revolution (VF 47, 2002, 63–81). – VIERHAUS, R.: Was war Aufklärung?, 1995.

„Nie hat die Aufklärung ‚ihr' Zeitalter ausschließlich oder auch nur überwiegend beherrscht"[35]. Diese in geistesgeschichtlicher Gesamtperspektive getroffene Feststellung läßt sich für die Kirchen- und Theologiegeschichte uneingeschränkt übernehmen. Will man in diesem Bereich von einem Zeitalter, einer Epoche oder auch nur einer Phase[36] der Aufklärung reden, setzt dies nicht nur eine Vorverständigung über den Begriff *Aufklärung* (s. § 1), sondern auch eine sorgsam relativierende und differenzierende Bestimmung seiner synchronen und diachronen Grenzen voraus.

Aufklärerisches Denken und Handeln hat sich in der deutschen Kirchen- und Theologiegeschichte auf höchst unterschiedliche Weise zur Geltung gebracht. Die jeweils herrschenden konfessionellen, politischen und sozialen Verhältnisse dürften dabei entscheidende Differenzierungsfaktoren gewesen sein, auch wenn der gegenwärtige Forschungsstand in dieser Hinsicht vorerst nur aus Einzelbeobachtungen sich speisende Mutmaßungen erlaubt. Unbestreitbar ist die Bedeutung des Bekenntnisstandes: Während die evangelisch geprägten Religionskulturen die Aufnahme und Anwendung aufklärerischer Impulse offenbar durchweg begünstigt haben, sind diese auf katholischer Seite oft nur verzögert und abgeschwächt in Erscheinung getreten. Offen ist allerdings einstweilen die Frage, ob und inwiefern auch der Unterschied zwischen lutherischem und reformiertem Bekenntnisstand differenzbildende Bedeutung erlangt hat. Ebenso unzureichend ist die Kenntnis der Gründe, weshalb die religiöse, kirchliche und theologische Aufklärung in manchen Territorien besonders gut gedeihen konnte – etwa in Brandenburg-Preußen auch schon vor dem Regierungsantritt Friedrichs des Großen (1740) –, in anderen dagegen (z. B. Württemberg[37]) deutlich zurückblieb. Und auch hinsichtlich der sozialen Breitenwirkung, die die überwiegend im gebildeten Bürgertum beheimatete Aufklärung gezeigt hat, lassen sich kaum verlässliche Angaben machen. Zwar liegt in der Popularisierung aufklärerischer Einsichten und Praktiken ein Kernmotiv der Bewegung, und die Buch- und Zeitschriftenproduktion hat sich in der zweiten Hälfte des 18. Jahrhunderts nicht zuletzt deshalb explosionsartig vermehrt[38]. Doch bleibt es fraglich, in welchem Ausmaß die programmatisch betriebene Volksaufklärung[39] tatsächlich gehört und rezipiert worden ist. Man wird jedenfalls davon ausgehen müssen, daß die Pfarrerschaft in ihrem Leseverhalten die neuen, aufklärerischen Impulse insgesamt eher zögernd zur Kenntnis genommen hat[40] und „die religiöse Alltagskultur [...] vielfach traditionell geprägt, das kirch-

---

[35] VIERHAUS, 5. – [36] NOWAK, 71. – [37] KOLB, CH.: Die Aufklärung in der Württembergischen Kirche, 1908. – [38] RAABE, P.: Gelehrtenbibliotheken im Zeitalter der Aufklärung, 1987, 21. – [39] BÖNING, H.: Art. Volksaufklärung (in: SCHNEIDERS, W. [Hg.]: Lexikon der Aufklärung. Deutschland und Europa, 1995, 434–437). – [40] KOCH, E.: Dorfpfarrer als Leser. Beobachtungen an Visitationsakten des 18. Jahrhunderts im Herzogtum Sachsen-Gotha (PuN 21, 1995, 274–298).

liche Einstellungsverhalten von der aktuellen Religionsdebatte wohl weithin unbeeinflußt" geblieben ist[41].

Auch in den theologischen und kirchlichen Eliten ist die Aufklärung niemals zur alleinigen Herrschaft gelangt. Bis zum Ende des 18. Jahrhunderts blieb die Spätorthodoxie nicht nur in prägnanten Einzelgestalten (etwa E.S. Cyprian, V.E. Löscher, J.M. Goeze [s. § 49]), sondern auch als Teil des allgemeinen akademisch-theologischen und kirchlich-religiösen Lebens durchaus virulent. Zugleich setzten sich kirchliche und radikal-separatistische Spielarten des Pietismus weit über den Tod Speners (1705) und Franckes (1727) hinaus fort. Andere theologische Richtungen blieben ebenfalls lebendig, etwa in verschiedenen Varianten des Spiritualismus, des Sozinianismus (s. § 14) oder einer oft in ganz schlichten Formen prolongierten reformatorischen Theologie. Mochten sich diese Parallelerscheinungen auch vielfach mit aufklärerischen Motiven berühren, so war für sie ein deutliches Differenzbewußtsein zur Aufklärung doch weithin konstitutiv. Zugleich kamen die aufklärerischen Theologen jener Zeit in der Frage, was Aufklärung ist oder sein sollte, keineswegs überein. Erst recht blieb bei denen, die sich von „sogenannten Aufklärern" oder dem „äußerst gemißbrauchten Namen: *Aufklärung*" (s. § 51) distanzierten, der solche Distanznahme implizit begründende Begriff „wahrer" Aufklärung meist ganz diffus. Die seit dem 17. Jahrhundert sich spürbar beschleunigende Pluralisierung des kirchlichen, erst recht des privaten Christentums hat, zumal sich die mannigfaltigen Tendenzen „oft in demselben Individuum kreuzten", im 18. Jahrhundert „ein Bild äußerster Kompliziertheit"[42] ergeben.

Nun entspricht es dem oben (s. § 1) skizzierten Begriff von Aufklärung, wenn die Aufklärer der Aufklärungszeit in ihren materialen Intentionen bisweilen deutlich differierten. Denn auch in kirchengeschichtlicher Perspektive bezeichnet *Aufklärung* weniger ein „System von Ideen und Lehrmeinungen" als vielmehr „einen lebendigen, unabschließbaren Prozeß in praktischer Absicht"[43]. Als identitätsstiftende Konstitutionsfaktoren dieses Prozesses lassen sich darum in erster Linie *strukturelle* Tendenzen benennen, etwa die Forderung und Anwendung eines uneingeschränkten (also auch und zuerst in der Bibelwissenschaft zu bewährenden), kritischen Verstandesgebrauchs, eine anthropozentrisch orientierte Interessenverlagerung, ein durch den Perfektibilitätsglauben der Zeit genährter Hang zu Pädagogisierung und Popularisierung, eine Gewichtsverlagerung von kontroverstheologischer Selbstbehauptung zur Kultivierung praktischer religiöser Individualität oder auch – die Liste wäre fortzusetzen – die Abkehr von der überkommenen lateinischen zugunsten einer sich ausbildenden deutschen Wissenschaftssprache.

In einem engeren Sinn wird man diejenigen Theologen als Aufklärer ansprechen können, deren Denken und Handeln von solchen Tendenzen dominiert worden ist. In einem weiteren Sinn wird man auch diejenigen Theologen, deren Denken und Handeln von solchen Tendenzen mitbestimmt worden ist, als Repräsentanten der Aufklärungstheologie ansehen und darstellen können. Dieser doppelschichtige Definitionsversuch setzt voraus, daß man Aufklärung primär nicht als einen kirchlich-theologischen Parteinamen versteht, sondern als den Vollzug eines allgemei-

---

[41] NOWAK, 72. „Selbst bei optimistischen Schätzungen ist kaum anzunehmen, daß um 1750 mehr als 10% der Bevölkerung in Europa vom Geist der Aufklärung berührt oder gar erfüllt gewesen wären" (GRESCHAT, M.: Die Aufklärung. Einleitung [in: DERS. (Hg.): Die Aufklärung (GK 8), 1983, 7–41]), 9. – [42] ANER, 1. – [43] NOWAK, 71.

nen geistigen Modernisierungsprozesses im religiösen, kirchlichen und theologischen Raum[44].

Ähnlich kompliziert wie die synchrone ist auch die diachrone Umfangsbestimmung aufklärerischer Theologie. Zwar lassen sich Anfang und Ende relativ klar definieren: Ihre Frühformen bilden sich seit der Mitte, verstärkt seit dem Ende des 17. Jahrhunderts, ihre geschichtliche Prägekraft ist um 1800 erschöpft, ihre – meist rationalistischen – Spätausläufer erstrecken sich bis in das erste Drittel des 19. Jahrhunderts. Doch hat sich einstweilen für die Binnendifferenzierung dieses Zeitraums keine Periodisierung als wirklich schlüssig und praktikabel erwiesen. Die Unzulänglichkeit des gängigen, meist unkritisch fortgeschriebenen Schemas einer Abfolge von Übergangstheologie, Wolffianismus, Neologie und Rationalismus liegt auf der Hand: Die damit genannten Erscheinungsformen haben sich weithin überlappt oder vermischt, und die großräumigere Aufgabenstellung, den Übergang des Alt- in den Neuprotestantismus[45] historiographisch zu lozieren, ist damit nicht kompatibel.

K. Aner[46] hat „drei Etappen der aufklärerischen Theologie Deutschlands" zu unterscheiden versucht: erstens die Etappe des Wolffianismus, der von einem „friedlichen Dualismus" zwischen Vernunft und Offenbarung ausgehe, demgemäß die Offenbarung zwar mitunter „suprarational", aber niemals „contra rationem" sein könne; zweitens die Etappe der Neologie, die noch am Offenbarungsbegriff festhalte, jedoch den „ganze[n] spezifisch-christliche[n] Offenbarungsbestand" durch „die religiösen Vernunftwahrheiten" ersetze; drittens die Etappe des Rationalismus, der „die Idee einer Offenbarung an sich preisgibt und die traditionellen Offenbarungsinhalte in Vernunftwahrheiten umdeutet". Obschon die *typologische* Erschließungskraft dieser Unterscheidung kaum zu bestreiten ist, bleibt ihr *historiographischer* Gebrauchswert äußerst gering: Die von Aner unterschiedenen drei Grundtypen der Aufklärungstheologie stehen keineswegs in einer klaren geschichtlich-chronologischen Abfolge, außerdem würde die dabei obwaltende Engführung auf einen wichtigen Aspekt der Theologiegeschichte – nämlich die Verhältnisbestimmung von Offenbarung und Vernunft – die (von Aner gar nicht intendierte) Anwendung auf das gesamte Gebiet der Kirchengeschichte vereiteln[47].

W. Philipp hat eine andere Dreiteilung vorgelegt und begründet. Wenn es überhaupt möglich sei, eine Binnengliederung der Epoche zu plausibilisieren, dann nicht in der Abfolge verschiedener „Stufen", sondern nur als die Unterscheidung von „Strömungen", die, sich mannigfach überlagernd, jeweils die gesamte Epoche durchziehen. In diesem Sinne nennt er erstens die „biblisch transzendenzgläubige", übrigens gesamteuropäische Strömung der Physikotheologie, zweitens die „plotinisch-scholastisch" genährte Neologie, deren wissenschaftliche und kirchliche Reformarbeit religiöse Erneuerung ermöglichen und befördern sollte, drittens den Rationalismus, der, in Fortführung mittelalterlich-stoischer Mystik, auf konsequente Umformung von Christentum und Kirche abziele „und in den Idealismus

---

44 RÖSSLER, D.: Positionelle und kritische Theologie (ZThK 67, 1970, 215–231). –
45 SCHLOEMANN, M.: Siegmund Jacob Baumgarten. System und Geschichte in der Theologie des Überganges zum Neuprotestantismus, 1974, v.a. 12–19; GRAF, F.W./WOLFES, M.: Art. Neuprotestantismus (RGG⁴ 6, 2003, 239–241). – **46** ANER, 3f. – **47** Von den auf Aner folgenden Kirchenhistorikern hat m.W. nur W. GERICKE (Theologie und Kirche im Zeitalter der Aufklärung [KGE III/2], 1989, 23–34) dessen Problemstellung teilweise übernommen.

des 19. Jahrhunderts mündet"[48]. Auch wenn man seiner epochalen Gewichtung der Physikotheologie sowie den traditionsgeschichtlichen Erbfolgen, in denen er Neologie und Rationalismus verortet, nicht uneingeschränkt folgen kann, verdient der Vorschlag, in der Anordnung des Stoffes vor allem die Gleichzeitigkeit verschiedener Strömungen der Aufklärung hervorzuheben, aufmerksame Beachtung.

Der Dispositionsvorschlag, den W. Schneiders für die Geschichte der deutschen Aufklärungsphilosophie eingebracht hat[49], ist auch in der Theologiegeschichtsschreibung rezipiert worden[50]. Schneiders unterscheidet vier Perioden, indem er auf die Frühaufklärung (ca. 1690 bis 1720) die erste, wissenschaftliche Phase der Hochaufklärung (ca. 1720 bis 1750) folgen läßt, dann die zweite, popularwissenschaftliche Phase der Hochaufklärung (ca. 1750 bis 1780), schließlich die Spätaufklärung (ca. 1780 bis 1800). Dieses an der Generationenfolge der Hauptrepräsentanten orientierte Modell ist in der Tat auch kirchen- und theologiegeschichtlich von erheblicher Erschließungskraft, verstellt jedoch andererseits den von Philipp geschärften Blick für die Kontinuität komplementärer, generationsübergreifender Gesamtströmungen.

Eine Darstellung der vielfältigen Konkretionen, in denen sich die Aufklärungsbewegung kirchen- und theologiegeschichtlich manifestiert hat, wird demnach eine praktikable Kombination synchroner und diachroner Differenzierungen zu leisten haben. Dabei würde es eine wesentliche Entlastung bedeuten, wenn man sich vorab darauf verständigen könnte, daß die überkommenen Phasen- bzw. Richtungsbezeichnungen wie Übergangstheologie, Neologie oder Rationalismus nicht distinkte Wesensbestimmungen darstellen, sondern lediglich in heuristisch-pragmatischem Sinne gebraucht werden sollen. Die Komplexität des Gegenstandes läßt es dabei als ratsam erscheinen, einerseits Einheit und Wandel der wichtigsten geschichtlichen Formationen, in denen die Aufklärung in Deutschland kirchen- und theologiegeschichtliche Gestalt annahm, vorzustellen (Teil B) und andererseits die wesentlichsten Handlungsfelder, auf denen sich die kirchlich-theologische Aufklärung niedergeschlagen hat, zu umreißen (Teil C). Die – notgedrungen diskursive – Darstellung der geschichtlichen Hauptformationen hat zunächst die wichtigsten geistigen Voraussetzungen namhaft zu machen (Kap. 3), sodann einige durchaus parallele und sich teilweise überschneidende Frühformen vorzustellen (Kap. 4), ferner die neologische Reifezeit der kirchlichen und theologischen Aufklärung tiefenscharf kenntlich zu machen (Kap. 5), um schließlich den als eine kontinuierliche, wenn auch durch die kritische Philosophie Kants unumkehrbar gegliederte Komplementärerscheinung zu verstehenden theologischen Rationalismus (Kap. 6) sowie die zeitlich verzögert einsetzende und in konfessionsspezifischen Sonderformen sich manifestierende Katholische Aufklärung einzubeziehen (Kap. 7). Die Übersicht bliebe unvollständig, wenn darüber hinaus nicht auch die Rand- und Übergangsbezirke exemplarisch in den Blick gerückt würden: die pri-

---

48 PHILIPP, W.: Einleitung (in: DERS. [Hg.]: Das Zeitalter der Aufklärung (KlProt 7), 1963, LXXXVII–LXXXIX. „Alle drei Ströme haben eine theologisch tiefere Mitte und breite populäre Randstreifen" (ebd., LXXXVIII). – 49 SCHNEIDERS, W.: Hoffnung auf Vernunft. Aufklärungsphilosophie in Deutschland, 1990, 44f. – 50 SOMMER, A.U.: Sinnstiftung durch Individualgeschichte. Johann Joachim Spaldings ‚Bestimmung des Menschen' (ZNThG 8, 2001, 163–200, v.a. 165f).

vatreligiösen Individuationen, die die Aufklärung freigesetzt hat (Kap. 8), sowie die Metamorphosen, in denen ihr Erbe verwandelt und aufgebraucht worden ist (Kap. 9).

§ 3: Forschung

ALBRECHT, W.: Deutsche Spätaufklärung. Ein interdisziplinärer Forschungsbericht bis 1985, 1987. – KANTZENBACH, F.W.: Die Spätaufklärung. Entwicklung und Stand der Forschung (ThLZ 102, 1977, 337–348). – MAIER, H.: Die Katholiken und die Aufklärung. Ein Gang durch die Forschungsgeschichte (in: KLUETING, H. [Hg.]: Katholische Aufklärung – Aufklärung im katholischen Deutschland, 1993, 40–53). – MEHLHAUSEN, J.: Kirchengeschichte (KG): Zweiter Teil (in: STRECKER, G. [Hg.]: Theologie im 20. Jahrhundert. Stand und Aufgaben, 1983, 203–288, 259–263). – NOWAK, K.: Vernünftiges Christentum? Über die Erforschung der Aufklärung in der evangelischen Theologie Deutschlands seit 1945 (ThLZ. F 2), 1999. – SCHULTZE, H.: Evangelische Frauen in der deutschen Aufklärung. Desiderate kirchengeschichtlicher Forschung (BThZ 8, 1991, 59–75).

„Ein Stiefkind der [...] Kirchengeschichtsschreibung" hat man die Aufklärungsforschung genannt[51]. Trotz einer in den letzten Jahren sich abzeichnenden Trendwende scheint dieser 1991 erhobene Befund insgesamt noch nicht überholt. Das ist, auch wenn dafür benennbare Gründe vorliegen, schon deshalb befremdlich, weil das Zeitalter der Aufklärung in den philosophie- und literaturgeschichtlichen Nachbardisziplinen längst zu den bevorzugten Forschungsschwerpunkten zählt[52]. Nicht weniger als im Bereich des Denkens und Dichtens könnte auch in kirchengeschichtlicher Hinsicht die Aufklärungsforschung einen wesentlichen „Beitrag zur Archäologie der Moderne"[53] erbringen. Ist doch erstmals in der Aufklärung die historische Selbstwahrnehmung von Theologie und Religion, also die Erkenntnis ihres geschichtlichen Gewordenseins und Wandels, konsequent reflektiert[54] und die Aufgabe einer „Umformung des christlichen Denkens"[55] als die epochale Herausforderung erkannt und angenommen worden.

Die Gründe der augenfälligen Vernachlässigung jener Epoche haben sich teilweise daraus ergeben. Vorbereitet waren sie in dem selbstherrlichen Geschichtsbild der Theologie des 19. Jahrhunderts, die ihre Verwurzelung in der Aufklärungstheologie nicht selten verleugnet und diese Vorzeit als peinlichen „Störfall"[56] abgetan, bisweilen auch der Lächerlichkeit preisgegeben hat. Wer seitdem das in der Aufklärung erwachte kritisch-selbstkritische Bewußtsein nicht zu teilen und darum die theologische Arbeit weiterhin nur positionell wahrzunehmen vermochte, der mußte im Rückblick auf die als normativ proklamierten Ursprungsorte des Christentums die Aufklärung notwendig als einen Depravations- und Zerfallsprozeß deuten. Den Höhe- und Endpunkt solcher parteilich-unkritischen Aburteilung markiert das noch immer verbreitete Lehrbuch von K.D. Schmidt[57]. Für ihn ist mit der Aufklärung „die geistige Einheit des Abendlandes" zerbro-

---

51 SCHULTZE, 61. – 52 PÜTZ, P.: Erforschung der deutschen Aufklärung, 1980; DAINAT, H./VOSSKAMP, W. (Hg.): Aufklärungsforschung in Deutschland, 1999. Zur philosophiegeschichtlichen Aufklärungsforschung s. § 8. – 53 NOWAK, 95. – 54 CROUTER, R.E. u.a.: Editorial (ZNThG 1, 1994, 1–8). – 55 Vgl. § 1 Anm. 33. – 56 SCHULTZE, 61. – 57 SCHMIDT, K.D.: Grundriß der Kirchengeschichte, ⁷1979.

chen[58] und die Kirche „der Häresie anheimgefallen". Die Aufklärung habe zwar im Raum der Kirche eine notwendige Frage gestellt, damit aber nur ein „Wirrwarr ohnegleichen" angerichtet. „Ist die Frage nach dem Verhältnis Gottes zur Welt und zur Kultur so wichtig, daß Gott eine ganze Periode der Geschichte für sie bereitstellen mußte? Auch dann, wenn die Antwort, wie geschehen, total unzureichend ausfiel? [...] So kann der Verfasser nur bekennen, daß er zwar Gott auch hinter *dieser* Phase der Kirchengeschichte am Werke glaubt, aber nicht weiß, wozu sie ihm dienen sollte"[59].

Ein weiterer Grund für die Vernachlässigung jener Epoche dürfte darin zu sehen sein, daß die Aufklärung für die historisch-genetische Selbstvergewisserung der verschiedenen religiösen und theologischen Grundtypen insofern am ehesten entbehrlich schien, als die konfessionellen Spielarten in der Reformation, die fundamentalistisch-erwecklichen im Pietismus und die neuprotestantisch-liberalen in der überragenden Gestalt F. Schleiermachers den geschichtlichen Ursprungsort ihrer Orientierungssysteme entdeckten und rekonstruierten.

Gleichwohl sind die Anfänge einer historiographischen Erfassung der Aufklärungstheologie kaum jünger als diese selbst. Nicht selten wurde dabei die gesamte Epoche unter den Begriff *Rationalismus* gefaßt. Doch finden sich auch schon früh Versuche einer differenzierenden Wahrnehmungsweise[60]. Die um 1800 entstandenen Geschichtsdarstellungen blieben weithin der damals gängigen pragmatischen Methode verpflichtet: Sie schilderten v. a. die Aufeinanderfolge von Geschehnissen, suchten aber kaum deren organischen Zusammenhang herauszuarbeiten[61].

Als „der erste wirkliche ‚Historiograph' der Aufklärung"[62] kann A. Tholuck gelten. Nach gründlichen, aus einem umfangreichen Quellenfundus schöpfenden Studien zur „Vorgeschichte des Rationalismus"[63] verfaßte er den ersten Band einer Fragment gebliebenen „Geschichte des Rationalismus"[64]. Diese Arbeiten zeichnen sich durch eine detaillierte und differenzierte, entwicklungsgeschichtlich orientierte Wahrnehmung aus sowie durch die „eingehende Berücksichtigung des soziokulturellen Kontexts der dargestellten Theologen und ihrer Theologien"[65]. Tholucks konsequente Historisierung des theologischen Rationalismus war insofern

---

58 Ebd., 432. – 59 Ebd., 447–449. – 60 [FUHRMANN, W.D.]: Die Aufhellungen der neueren Gotteserkenntnis in der christlichen Glaubenslehre von 1760 bis 1805, 1807. – 61 Z.B. [BRASTBERGER, G.U.]: Erzählung und Beurtheilung der wichtigsten Veränderungen, die vorzüglich in der zweyten Hälfte des gegenwärtigen Jahrhunderts in der gelehrten Darstellung des dogmatischen Lehrbegriffs der Protestanten in Deutschland gemacht worden sind, 1790; TITTMANN, J.A.H.: Pragmatische Geschichte der Theologie und Religion in der protestantischen Kirche während der zweyten Hälfte des achtzehnten Jahrhunderts, 1805. – 62 PHILIPP, W.: Einleitung (in: DERS. [Hg.]: Das Zeitalter der Aufklärung [KlProt 7], 1963, XIII–CIV), IC. – 63 THOLUCK, A.: Vorgeschichte des Rationalismus. Erster Theil: Das akademische Leben des siebzehnten Jahrhunderts mit besonderer Beziehung auf die protestantisch-theologischen Fakultäten Deutschlands, nach handschriftlichen Quellen. Erste Abtheilung: Die akademischen Zustände, 1853; Zweite Abtheilung: Die akademische Geschichte der deutschen, skandinavischen, niederländischen, schweizerischen Hohen Schulen, 1854; Zweiter und letzter Theil: Das kirchliche Leben des siebzehnten Jahrhunderts. Erste Abtheilung: Die erste Hälfte des siebzehnten Jahrhunderts bis zum westphälischen Frieden, 1861; Zweite Abtheilung: Die zweite Hälfte des siebzehnten Jahrhunderts, 1862. – 64 DERS.: Geschichte des Rationalismus. Erste Abtheilung: Geschichte des Pietismus und des ersten Stadiums der Aufklärung, 1865 (mehr nicht erschienen). – 65 WENZ, G.: Art. Tholuck, Friedrich August Gottreu (TRE 33, 2002, 425–429), 427.

einem aktuellen kirchlichen Interesse verpflichtet, als er im Widerspruch gegen die unkritische Idealisierung des 17. Jahrhunderts durch den lutherischen Neokonfessionalismus seiner Zeit die Aufklärung als geschichtlich notwendige Entwicklungsstufe des Protestantismus skizzierte, auf der eine bereits in der Orthodoxie angelegte Krise der Theologie zum offenen Austrag gekommen sei. Dabei gebrauchte Tholuck den Ausdruck *Rationalismus* sowohl als historischen Periodenbegriff – im engeren Sinn für die letzte Phase der Aufklärungstheologie (ca. 1790–1830), im weiteren Sinn für die Aufklärungsbewegung insgesamt[66] – wie auch als „Chiffre für die Ambivalenz einer neuzeitlichen Umformung des Christentums"[67].

In seiner „Geschichte der protestantischen Dogmatik"[68] hat W. Gaß das Zeitalter der Aufklärung ausführlich gewürdigt. „Die Zeit des Uebergangs" (Bd. 3, 1862) schildert er als den Ausklang des Pietismus und den Aufschwung der aus dem „Kampf mit der Philosophie" gewandelt hervorgehenden, vor allem in historische und exegetische Richtung sich entfaltenden theologischen Wissenschaft, als deren stimulierender Horizont die Übernahme und Bekämpfung des in der englischen Theologie entstandenen Deismus kenntlich gemacht wird. Eingehend untersucht Gaß sodann die daraus erwachsene Theologie der Aufklärung und des Rationalismus einschließlich ihrer populartheologischen, kantischen und spekulativen Umsetzungen (Bd. 4, 1867). Damit war zum ersten Mal eine ausführliche historisch-wissenschaftliche, in zahlreichen Beobachtungen und Einsichten bis heute nicht überbotene Würdigung der Aufklärungstheologie vorgelegt worden.

Dagegen bleibt der historiographische Nutzen von I.A. Dorners „Geschichte der protestantischen Theologie"[69] vergleichsweise gering. Indem Dorner nachweisen will, daß die Union von lutherischer und reformierter Kirche die geschichtliche Verwirklichung des dem Protestantismus insgesamt innewohnenden „evangelischen" oder „reformatorischen Princips" darstellt, erscheint ihm die Aufklärung nur als ein die „einseitige Objectivität" der Orthodoxie dialektisch konterkarierender „Subjectivismus"; in völliger Überwindung von „todte[r] Orthodoxie" und „entleerende[r] Aufklärung"[70] habe sich dann die evangelische Theologie im 19. Jahrhundert regeneriert[71]. Der weithin erzählenden, nicht selten ins Anekdotische abgleitenden „Geschichte des Rationalismus und seiner Gegensätze" von G. Frank[72] ist zurecht ein „Rückschritt an Urteilsschärfe" attestiert worden[73].

Einen bemerkenswerten Aufschwung nahm die Aufklärungsforschung im ersten Drittel des 20. Jahrhunderts. In ideengeschichtlicher Perspektive hat E. Troeltsch das Zeitalter in den übergreifenden Zusammenhang der neuzeitlichen Christentumsgeschichte eingebettet und darin als eine entscheidende Gründungsphase der neuprotestantisch-modernen Gestalt des Christentums rehabilitiert[74].

---

66 KIRN, H.-M.: Umkämpfter Glaube – umkämpfte Geschichte: August Tholuck als Kirchenhistoriker (PuN 27, 2001, 118-146), 137. – 67 KAUFMANN, TH.: Tholucks Sicht auf den Rationalismus und seine „Vorgeschichte" (ZThK 99, 2002, 45-75), 47. – 68 GASS, W.: Geschichte der protestantischen Dogmatik in ihrem Zusammenhange mit der Theologie überhaupt, 4 Bde., 1854-1867. – 69 DORNER, I.A.: Geschichte der protestantischen Theologie, besonders in Deutschland, nach ihrer principiellen Bewegung und im Zusammenhang mit dem religiösen, sittlichen und intellectuellen Leben betrachtet, 1867. – 70 Ebd., 714. – 71 Ebd., 769. – 72 FRANK, G.: Geschichte der protestantischen Theologie. Bd. 3: Geschichte des Rationalismus und seiner Gegensätze, 1875. – 73 KANTZENBACH, 339. – 74 TROELTSCH, E.: Art. Aufklärung (RE³ 2, 1897, 225-241) (= DERS.: Gesammelte Schriften, Bd. 4, 1925, 338-374); DERS.: Protestantisches Christentum und Kirche in der Neuzeit

Andere, stärker verlaufsgeschichtlich orientierte Studien ergänzten das Bild. H. Hoffmann untersuchte „Die Frömmigkeit der deutschen Aufklärung"[75], die er, im Unterschied zur englischen und französischen Aufklärung, durch den Erfahrungsbezug entscheidend spezifiziert sah[76], und erarbeitete drei detailliert informierende, verläßlich urteilende Gesamtdarstellungen der Epoche[77]. K. Aner, der sich mit einigen frömmigkeitsgeschichtlichen[78], vor allem aber mit wichtigen biographischen und theologiegeschichtlichen Einzelstudien tief in den Quellenbestand der Aufklärungszeit eingearbeitet hatte, legte 1929 einen Gesamtabriß der Neologie vor, der, wenn auch in manchen Details überholt oder umstritten, an Gründlichkeit und Gelehrsamkeit bis heute nicht überboten ist[79]. Zuverlässige, verstehensfördernde Informationen boten die kompendienhaften Übersichten von H. Stephan[80]. Außerdem ist im ersten Drittel des 20. Jahrhunderts eine stattliche Anzahl grundsolider biographischer und territorialgeschichtlicher Einzelstudien zum 18. Jahrhundert entstanden[81]. Gleichwohl ist das kirchliche und religiöse Klima der 1920er und 1930er Jahre für die theologische Aufklärungsforschung insgesamt wenig günstig gewesen[82].

„Über die Erforschung der Aufklärung in der evangelischen Theologie Deutschlands seit 1945" hat K. Nowak 1999 eingehend Bericht erstattet. Die nachfolgende kurze Vorstellung seines Büchleins[83] soll dessen Lektüre nicht ersetzen, sondern nachdrücklich empfehlen. Nowak erschließt die deutsche protestantische Aufklärungsforschung seit 1945 in zwei komplementär angelegten Durchgängen. Deren erster orientiert in verlaufsgeschichtlicher Perspektive über „Entwicklungsetappen der Forschung". Die Rückkehr des Aufklärungsthemas nach 1945 sieht Nowak maßgeblich durch die „Geschichte der neuern evangelischen Theologie" E. Hirschs initiiert. Die entscheidende Bedeutung dieses Geschichtswerks liege darin, daß Hirsch „die religiöse Aufklärung des 17./18. Jahrhunderts nicht als historisch abgetan und theologisch erledigt betrachtete, sondern sie im Diskurs- und Problemuniversum der neuzeitlichen Umformungskrise des Christentums gegenwärtig hielt"[84].

(in: HINNEBERG, P. [Hg.]: Die Kultur der Gegenwart, Teil I, Abt. IV/1, 1906, 253–458); DERS.: Die Bedeutung des Protestantismus für die Entstehung der modernen Welt (1906/1911) (in: DERS.: Kritische Gesamtausgabe, Bd. 8, 2001, 183–316). – 75 HOFFMANN, H.: Die Frömmigkeit der deutschen Aufklärung (ZThK 16, 1906, 234–250). – 76 Das Motiv ist neuerdings untersucht worden von BRINKMANN, F.TH.: Glaubhafte Wahrheit – erlebte Gewißheit. Zur Bedeutung der Erfahrung in der deutschen protestantischen Aufklärungstheologie, 1994. – 77 HOFFMANN, H.: Die Aufklärung, 1912; DERS.: Art. Aufklärung (RGG 1, 1909, 765–788); DERS.: Art. Aufklärung (RGG^2 1, 1927, 634–648). – 78 ANER, K.: Das Luthervolk. Ein Gang durch die Geschichte seiner Frömmigkeit, 1917. – 79 DERS.: Die Theologie der Lessingzeit, 1929, ND 1964. – 80 STEPHAN, H.: Die Bedeutung des achtzehnten Jahrhunderts für die Systematische Theologie (ZThK 17, 1907, 270–291); DERS.: Die Neuzeit (HKG 4), 1909; DERS./LEUBE, H.: Die Neuzeit (HKG 4), ^{2}1931; DERS.: Geschichte der evangelischen Theologie seit dem Deutschen Idealismus, 1938 (= DERS./SCHMIDT, M.: Geschichte der evangelischen Theologie in Deutschland seit dem Idealismus, ^{3}1973). – 81 Z.B. MAURER, W.: Aufklärung, Idealismus und Restauration. Studien zur Kirchen- und Geistesgeschichte in besonderer Beziehung auf Kurhessen 1780–1850, 2 Bde., 1930. Weitere Literaturhinweise bei STEPHAN, H./LEUBE, H.: Die Neuzeit (HKG 4), ^{2}1931, 2f. 80. – 82 Vgl. dazu NOWAK, 11–15. – 83 Dabei folge ich im wesentlichen meiner Rez. dieser Schrift (ZBKG 69, 2000, 282 f); die bibliographischen Angaben der von Nowak besprochenen Bücher entnehme man seinem Bericht. – 84 NOWAK, 18.

Das seit den 1950er Jahren intensivierte Gespräch zwischen Naturwissenschaften und Theologie beflügelte auch die Erforschung der Aufklärung, zumal ihrer frühen, physikotheologischen Spielart (W. Philipp, M. Büttner u.a.). Bald danach rückte „die Frage nach der Genealogie der Bibelkritik"[85] in das Zentrum des Interesses (G. Hornig, K. Scholder, H. Graf Reventlow u.a.). Neue Zugänge zur Aufklärung eröffneten sodann einige Gesamtdeutungen der Epoche (K. Scholder, F.W. Kantzenbach, W.v. Loewenich u.a.). Auch aus der in den 1960er Jahren einsetzenden Schleiermacher-Renaissance und v.a. aus deren bevorzugter Beachtung des jungen Schleiermacher, der an der damals ganz dem Geist der Aufklärung verpflichteten Universität Halle Philosophie und Theologie studiert hatte, ergaben sich „direkt und indirekt ausgelöste Impulse für die weitere Erforschung der Aufklärung"[86] (E. Herms, G. Meckenstock u.a.). Ein zusätzlicher Auftrieb der historisch-theologischen Aufklärungsforschung gründet für Nowak in den Arbeiten T. Rendtorffs und seiner Schüler: Das dort verfolgte systematische Interesse an der auf die wirkungsgeschichtliche Dimension zielenden Theoriearbeit Troeltschs habe seinen „Widerhall (wenn auch nicht ihre maßgerechte Umsetzung) in der historischen Forschung" gefunden[87] (M. Baumotte, F.W. Graf u.a.).

Ergänzt wird der forschungsgeschichtliche Abriß durch eine systematisch geordnete Darstellung der wichtigsten Problemfelder und Einzelthemen. Der 1980 publizierte Tagungsband „Religion als Problem der Aufklärung" ist für Nowak insofern symptomatisch, als die darin versammelten religionstheoretischen Überlegungen zwar das religiöse Potential der aufklärerischen Religionskritik wahrnahmen und würdigten, in ihrer großräumigen Theoriearbeit aber kaum auf empirische Fragestellungen und Methoden zurückgriffen[88]. Die Nachbarschaft von theologischer Aufklärungs- und Pietismusforschung sieht Nowak, ein wenig pauschalisierend, durch ein Konkurrenzverhältnis bestimmt, da „beide Seiten [...] im Medium der kirchen-, theologie- und frömmigkeitsgeschichtlichen Forschungen den Ehrgeiz [entwickeln], identitätsstiftende Kräfte freizusetzen"[89]. Für das Verhältnis protestantischer Aufklärungstheologen zum Judentum erkennt Nowak noch erheblichen Nachholbedarf[90]. Dagegen habe die Arbeit zu einzelnen Gestalten des Zeitalters mittlerweile eine ansehnliche Ernte eingefahren[91]. Auf ein weiteres Problemfeld zielt die Frage nach den „Lebenswelten der Aufklärung"[92], mit der zugleich die Fortschreibung der für die vorausliegende Epoche bereits weit gediehenen Erforschung der Konfessionskulturen angemahnt ist[93]. Hinsichtlich der religiösen Kommunikationsformen rät Nowak, das historiographische Interesse an der Predigt der Aufklärungszeit zu verstärken und zugleich auf andere Medien – etwa die religiöse Belletristik, die (nicht auf das Kirchenlied beschränkte) Musik oder die Katechismen des 18. Jahrhunderts – auszuweiten[94].

Seit dem Erscheinen dieses Literaturberichts hat sich das Interesse an theologischer Aufklärungsforschung weiter verstärkt: Es entstanden Arbeiten zu einzelnen

---

[85] Ebd., 26. – [86] Ebd., 45. – [87] Ebd., 50. – [88] Ebd., 56: „Die religiöse und kirchliche Physiognomie des Zeitalters der Aufklärung ist gegenwärtig eher eine Domäne der Volkskundler, der historischen Anthropologen und der Alltagshistoriker". – [89] Ebd., 59. – [90] Ebd., 65–71. – [91] NOWAK (ebd., 71–81) exemplifiziert die relativ ausgeprägte personenbezogene Aufklärungsforschung an der reichlichen Literatur zu Semler, Hamann und Jung-Stilling. – [92] Ebd., 81. – [93] Ebd., 82–84. – [94] Ebd., 85–88.

Personen[95] und Institutionen[96], zur Kirchen- und Konfessionspolitik[97], zu traditions-[98] und rezeptionsgeschichtlichen Fragen[99]. Erfreulich ist darüber hinaus die einsetzende Institutionalisierung der theologischen Aufklärungsforschung[100] sowie die fortschreitende Wiedergewinnung der einschlägigen Textbestände nicht allein in – oft vorzüglich eingeleiteten – Reprintausgaben[101], sondern auch in zuverlässigen kritischen Editionen.

---

95 Z.B. Beutel, A.: Herder und Spalding. Ein theologiegeschichtlicher Generationenkonflikt (JGNKG 100, 2002, 119–144); Ders.: Johann Joachim Spalding. Populartheologie und Kirchenreform im Zeitalter der Aufklärung (in: Walter, P./Jung, M.H. [Hg.]: Theologen des 17. und 18. Jahrhunderts. Konfessionelles Zeitalter – Pietismus – Aufklärung, 2003, 226–243); Hoffmann, P.: Anton Friedrich Büsching (1724–1793). Ein Leben im Zeitalter der Aufklärung, 2000; Nüsseler, A.: Dogmatik fürs Volk. Wilhelm Abraham Teller als populärer Aufklärungstheologe, 1999; Pockrandt, M.: Biblische Aufklärung. Biographie und Theologie der Berliner Hofprediger August Friedrich Wilhelm Sack und Friedrich Samuel Gottfried Sack (AKG 86), 2003; Schulz, Ch.: Spätaufklärung und Protestantismus. Heinrich Gottlieb Tzschirner (1778–1828). Studien zu Leben und Werk, 1999; Strassberger, A.: Johann Christoph Gottsched und die „philosophische" Predigt. Studien zur aufklärerischen Transformation der protestantischen Homiletik im Spannungsfeld von Theologie, Philosophie und Rhetorik, Diss., Leipzig 2006. – 96 Z.B. Hammann, K.: Universitätsgottesdienst und Aufklärungspredigt. Die Göttinger Universitätskirche im 18. Jahrhundert und ihr Ort in der Geschichte des Universitätsgottesdienstes im deutschen Protestantismus (BHTh 116), 2000; Kuhn, Th.K.: Religion und neuzeitliche Gesellschaft. Studien zum sozialen und diakonischen Handeln in Pietismus, Aufklärung und Erweckungsbewegung (BHTh 122), 2003. – 97 Z.B. Klueting, H. (Hg.): Irenik und Antikonfessionalismus im 17. und 18. Jahrhundert, 2003; Spehr, Ch.: Aufklärung und Ökumene. Reunionsversuche zwischen Katholiken und Protestanten im deutschsprachigen Raum des späteren 18. Jahrhunderts (BHTh 132), 2005. – 98 Z.B. Schubert, A.: Das Ende der Sünde. Anthropologie und Erbsünde zwischen Reformation und Aufklärung (FKDG 84), 2002; Mulsow, M.: Moderne aus dem Untergrund. Radikale Frühaufklärung in Deutschland 1680–1720, 2002. – 99 Z.B. Voigt, Ch.: Der englische Deismus in Deutschland. Eine Studie zur Rezeption englisch-deistischer Literatur in deutschen Zeitschriften und Kompendien des 18. Jahrhunderts (BHTh 121), 2003. – 100 Z.B. in dem 2001 gegründeten Arbeitskreis „Religion und Aufklärung" (Veranstalter: A.Beutel, V. Leppin, U. Sträter). – 101 Vgl. etwa die in den Verlagen frommann-holzboog, Georg Olms oder Hartmut Spenner besorgten Nachdrucke.

A. Horizonte

Kapitel 2: Das Profil der Epoche

§ 4: Politik

BIRTSCH, G./WILLOWEIT, D. (Hg.): Reformabsolutismus und ständische Gesellschaft, 1998. – DEMEL, W.: Europäische Geschichte des 18. Jahrhunderts, 2000. – DUCHHARDT, H.: Europa am Vorabend der Moderne, 2003. – KLUETING, H./SCHMALE, W. (Hg.): Das Reich und seine Territorialstaaten im 17. und 18. Jahrhundert. Aspekte des Mit-, Neben- und Gegeneinander, 2004. – MALETTKE, K.: Zur „Ausstrahlung" des französischen Absolutismus in Deutschland im 17. und 18. Jahrhundert (in: SAUDER, G./SCHLOBACH, J. [Hg.]: Aufklärungen. Frankreich und Deutschland im 18. Jahrhundert, 1985, 89–116). – REINALTER, H./KLUETING, H. (Hg.): Der Aufgeklärte Absolutismus im europäischen Vergleich, 2002. – VIERHAUS, R.: Deutschland im 18. Jahrhundert. Politische Verfassung, soziales Gefüge, geistige Bewegungen, 1987.

In der politischen Geschichte Europas markiert das Zeitalter der Aufklärung nur eine Etappe des langwierigen modernen Staatsbildungsprozesses. Das universale Ordnungsgefüge des Mittelalters war unwiderruflich zerbrochen, an seine Stelle nicht etwa eine neue, übergeordnete politische Struktur, vielmehr ein heterogenes Konglomerat von souveränen oder zur Souveränität tendierenden Staatswesen getreten. Neben der das europäische Gesamtbild dominierenden Herrschaftsform der (zumeist dynastischen) Monarchie[1] standen kleinere republikanische Gemeinschaftsformen wie die deutschen Reichsstädte oder die Republik Venedig sowie föderale Gebilde wie die Schweizer Eidgenossenschaft oder die Republik der Vereinigten Niederlande.

Unbeschadet solcher Differenzierungen ist es insgesamt sachgemäß, den Zeitraum von der Mitte des 17. bis zum Ausgang des 18. Jahrhunderts *in europäischer Perspektive* als das Zeitalter des Absolutismus anzusprechen[2]. Alle führenden sowie die meisten der nachstehenden Mächte präsentierten sich als dynastische Staatsgebilde, deren Identität weniger durch geographische, ethnische, kulturelle oder verwaltungstechnische Geschlossenheit als vielmehr durch die Macht eines Herrscherhauses gewährleistet wurde. So konnten beispielsweise Kurfürst August von Sachsen seit 1697 zugleich als König von Polen, Kurfürst Georg Ludwig von Hannover seit 1714 zugleich als König von Großbritannien und Irland regieren.

---

1 Eine Ausnahme bildete z.B. Polen, das von einem gewählten König regiert wurde, der jedoch dem vom Adel beschickten Reichstag (Sejm) untergeordnet war. – 2 DUCHHARDT, H.: Das Zeitalter des Absolutismus, [4]2005; LEHMANN, H.: Das Zeitalter des Absolutismus. Gottesgnadentum und Kriegsnot, 1980.

Allenthalben waren die genealogischen Verhältnisse von hoher politischer Relevanz. Je stärker dynastische Eheschließungen und Erbverträge als machtpolitische Instrumente gebraucht wurden, desto konfliktträchtiger gestaltete sich die europaweite Verflechtung der Herrscherfamilien. Daß das Erlöschen einer Linie sogleich die Konkurrenz verschiedener – ob legitimer oder konstruierter – Erbansprüche auslöste, die dann zumeist militärisch ausgetragen und entschieden wurden, bildete im Zeitalter des Absolutismus den europäischen Regelfall.

Das *kontinentale Kräftespiel* ist zu Beginn des 18. Jahrhunderts vornehmlich durch zwei europäische Kriege neu geordnet worden. Am Ende des seit 1701 ausgetragenen Spanischen Erbfolgekriegs sprachen die Friedensschlüsse von Utrecht (1713) und Rastatt/Baden (1714) der Habsburger Dynastie die spanischen Niederlande, ferner Mailand, Neapel und Sardinien zu, während der französische Königsenkel Philipp von Anjou zwar die spanische Krone behielt, jedoch einer politischen Union mit dem französischen Königreich für immer entsagen mußte. Zugleich war England erstmals als ein ponderabler europäischer Machtfaktor in Erscheinung getreten, während die Vereinigten Niederlande ihre Großmachtstellung endgültig verloren. Parallel dazu führte der Ausgang des Nordischen Krieges (1700–1721) insofern zu folgenreichen tektonischen Verschiebungen, als die nordeuropäische Vormachtstellung Schwedens empfindliche Einbußen erlitt, während das russische Zarenreich nun endgültig in das Konzert der europäischen Großmächte eintrat und sich in der Folgezeit nach Westen (zu Lasten von Polen) und Süden (durch die Erfolge gegen das Osmanische Reich) territorial erheblich ausweiten konnte.

Es gehört zu den folgenreichsten Widerfahrnissen der deutschen Geschichte, daß sich die absolutistische Herrschaftsform auf der *Ebene des Reiches* nicht durchsetzen ließ. Der Westfälische Friede (1648) hatte eine machtpolitische Neuformierung Mitteleuropas festgeschrieben, die die Grundordnung Deutschlands bis 1806 bestimmen sollte[3]. Das Heilige Römische Reich Deutscher Nation stellte keinen institutionellen Flächenstaat, sondern nur noch einen zwar altehrwürdigen, aber unflexiblen und kraftlosen rechtlichen Rahmen dar, der um etwa 350 weitgehend souveräne Einzelterritorien gesteckt war, darunter große Länder wie das Habsburgerreich oder die Kurfürstentümer Bayern und Brandenburg, mittlere Länder wie das Herzogtum Württemberg oder das Erzbistum Köln sowie kleinere und kleinste Herrschaften, die manchmal nicht mehr als einige Dörfer umfaßten. Nicht nur der Kaiser als das formale Oberhaupt des Reiches, sondern auch die wichtigsten Reichsorgane waren in ihrer politischen Durchsetzungsfähigkeit empfindlich beschränkt: Der seit 1663 in Regensburg tagende sog. Immerwährende Reichstag kam in seiner umständlich regulierten Arbeit nur schleppend voran, die Reichsarmee entbehrte praktisch jeder militärischen Bedeutung, das Reichskammergericht blieb ein schwerfälliges, wenig effektives Rechtsinstrument.

Insbesondere drei Faktoren trugen darüber hinaus zur dauerhaften Lähmung der Reichspolitik bei: zum einen der absolutistische Herrschaftsausbau der Territorialfürsten, der teilweise zu heftigen Auseinandersetzungen mit den auf ihrem angestammten Mitspracherecht beharrenden Ständen führte (so in Brandenburg, Württemberg oder Mecklenburg) und sich in einer vielfältigen kulturellen Blüte,

---

[3] SCHILLING, H.: Vom Alten Reich zum Fürstenstaat. Deutschland 1648–1763, 1989; VIERHAUS, R.: Deutschland im Zeitalter des Absolutismus (1648–1763) (Deutsche Geschichte 6), ²1984.

freilich auch in notorisch überdimensionierten Finanz- und Abgabelasten manifestierte; zum andern die 1648 festgeschriebene Bi- bzw. Trikonfessionalität des Reiches, die im *Corpus Evangelicorum* bzw. *Catholicorum* alsbald länderübergreifende konfessionelle Fraktionen einschließlich einer verfahrensrechtlich genau fixierten religiösen Friedenspflicht ausbildete; und schließlich der sich größtenteils innerhalb des Reichsverbands entfaltende machtpolitische Antagonismus zwischen den Ländern Österreich und Brandenburg-Preußen, die 1806, als das Reich zu existieren aufhörte, als europäische Großmächte in das neue Jahrhundert eintreten konnten.

Die *Habsburger Dynastie*[4] verfügte über ausgreifende territoriale Besitztümer: Den Kernbestand der österreichischen Länder vermehrten die Königreiche Böhmen und Ungarn, dazu die südlichen Niederlande (das spätere Belgien) sowie Besitzungen in Oberitalien. Die 1713 von Karl VI. erreichte „Pragmatische Sanktion" schrieb die Unteilbarkeit der habsburgischen Länder fest und regulierte die Erbfolge unter Einschluß der weiblichen Linie. Die nach dem Tod Karls VI. (1740) von Bayern und Sachsen gleichwohl erhobenen, von Frankreich und Spanien unterstützten Erbansprüche führten zum Österreichischen Erbfolgekrieg (1741–1748). Im Frieden von Aachen (1748) konnte Maria Theresia zwar ihre Erbfolge gemäß der Pragmatischen Sanktion durchsetzen, mußte aber verschiedene territoriale Einbußen, darunter die Abtretung Schlesiens an Preußen, in Kauf nehmen. Die von Maria Theresia eingeleitete staatskirchliche Reformpraxis[5] begründete den nach ihrem Sohn Joseph II. benannten Josephinismus[6], der in einer ganzen Reihe von Einzelmaßnahmen ein dem Geist des aufgeklärten Absolutismus verpflichtetes Staatskirchentum realisierte.

Die teuer bezahlten Erfolge, die *Friedrich II. (der Große)*[7] in den drei Schlesischen Kriegen (1740–1742, 1744–1745, 1756–1763) für Preußen erringen konnte (Eingliederung von Schlesien und der Grafschaft Glatz), vollendeten den von seinem Vater Friedrich Wilhelm I. (Soldatenkönig) eingeleiteten Ausbau des Landes zu einem modernen Militär- und Verwaltungsstaat[8]. Der von Friedrich praktizierte aufgeklärte Absolutismus hatte auch die völlige Integration der Kirchenorganisation in die Staatsverwaltung zur Folge. Die von ihm verfügte, aber nur eingeschränkt verwirklichte konfessionelle Toleranz, dergemäß in Preußen „jeder nach seiner Façon selig werden" sollte, ergab sich nicht aus religiöser Einsicht, sondern stellte für ihn ein Postulat der „Staatsräson" dar[9]. Im friderizianischen Zeitalter[10] wurde Berlin auch in theologischer Hinsicht zu einem Zentrum der deutschen Aufklärung (s. § 21).

---

4 PLASCHKA, R.G. (Hg.): Österreich im Europa der Aufklärung. Kontinuität und Zäsur in Europa zur Zeit Maria Theresias und Josephs II., 2 Bde., 1985. – 5 REINHARDT, R.: Zur Kirchenreform in Österreich unter Maria Theresia (ZKG 77, 1966, 105–119). – 6 KLUETING, H. (Hg.): Der Josephinismus, 1995; MAASS, E. (Hg.): Josephinismus, 5 Bde., 1951-61; REINALTER, H. (Hg.): Der Josephinismus, 1993. – 7 FONTIUS, M. (Hg.): Friedrich II. und die europäische Aufklärung (Forschungen zur brandenburgischen und preußischen Geschichte, Beiheft 4), 1999; KUNISCH, J.: Friedrich der Große. Der König und seine Zeit, 2004. – 8 BÜSCH, O. (Hg.): Handbuch der Preußischen Geschichte, 3 Bde., 1992-2001. – 9 HAUSCHILD, W.-D.: Religion und Politik bei Friedrich dem Großen (Saec. 51, 2000, 191-211). – 10 GOLDENBAUM, U./KOŠENINA, A. (Hg.): Berliner Aufklärung. Kulturwissenschaftliche Studien, 2 Bde., 1999/2003; ZIECHMANN, J. (Hg.): Panorama der Friderizianischen Zeit. Friedrich der Große und seine Epoche. Ein Handbuch, 1985.

§ 5: Wirtschaft

ABEL, W.: Geschichte der deutschen Landwirtschaft vom frühen Mittelalter bis zum 19. Jahrhundert, ³1978. – DERS.: Massenarmut und Hungerkrisen im vorindustriellen Deutschland, ²1977. – ACHILLES, W.: Deutsche Agrargeschichte im Zeitalter der Reformen und der Industrialisierung, 1993. – ELKAR, R.S. (Hg.): Deutsches Handwerk in Spätmittelalter und Früher Neuzeit. Sozialgeschichte – Volkskunde – Literaturgeschichte, 1983. – KRIEDTE, P.: Spätfeudalismus und Handelskapital. Grundlinien der europäischen Wirtschaftsgeschichte vom 16. bis zum Ausgang des 18. Jahrhunderts, 1980. – OGILVIE, S.C. u.a. (Hg.): European Proto-Industrialization, 1996. – PETERS, J. (Hg.): Gutsherrschaft als soziales Modell. Vergleichende Betrachtungen zur Funktionsweise frühneuzeitlicher Agrargesellschaften, 1995. – SCHREMMER, E.: Standortausweitung der Warenproduktion im langfristigen Wirtschaftswachstum. Zur Stadt-Land-Arbeitsteilung im Gewerbe des 18. Jahrhunderts (VSWG 59, 1972, 1–40). – WEHLER, H.-U.: Deutsche Gesellschaftsgeschichte. Erster Band: Vom Feudalismus des Alten Reiches bis zur Defensiven Modernisierung der Reformära 1700–1815, 1987, 59–123.

Auf den Dreißigjährigen Krieg folgte in Deutschland eine lange anhaltende wirtschaftliche Depression. Sie gründete in dem seit dem ausgehenden Mittelalter eingetretenen ökonomischen und sozialen Strukturwandel, wurde aber in einer ganzen Reihe von Territorien durch die unmittelbaren Folgen des Krieges (Bevölkerungsdezimierung, Verwilderung des urbaren Bodens, Vernachlässigung handwerklicher Fertigkeiten usw.) noch einmal massiv verstärkt. Trotz erheblicher regionaler und sektoraler Unterschiede wird man insgesamt sagen können, daß die wirtschaftliche Entwicklung in Deutschland erst rund ein Jahrhundert nach dem Westfälischen Frieden einen durchgreifenden, nachhaltigen Wandel erlebte.

Erst vor der Mitte des 18. Jahrhunderts hat die Zahl der deutschen *Gesamtbevölkerung* den Vorkriegsstand vom Anfang des 17. Jahrhunderts, der sich auf etwa 15 bis 17 Millionen Menschen belief, wieder erreicht; Epidemien und Hungerkrisen hatten den langsamen Wiederanstieg noch zusätzlich retardiert. Politische Maßnahmen zur „Peuplierung" der Territorien zielten einerseits auf agrarische und gewerbliche Produktionsverbesserung (s.u.) und reizten andererseits zur Immigration, wobei Glaubensflüchtlinge den Hauptstrom der Einwanderer ausmachten: Etwa 150.000 bayerische, österreichische und pfälzische Emigranten zogen nach Franken, böhmische Protestanten nach Sachsen und in die Lausitz, Salzburger Protestanten in die Mark Brandenburg und nach Ostpreußen. Nachdem Ludwig XIV. 1685 das Edikt von Nantes revoziert hatte, kamen zahlreiche französische Réfugiés (Hugenotten) in die deutschen Länder, v.a. nach Brandenburg, Hessen und Braunschweig-Lüneburg[11]. Mit verschiedenen Privilegien wurden zudem Niederländer, die wegen ihrer bewässerungstechnischen Fertigkeiten (Bau von Wasserstraßen, Trockenlegung von Sümpfen) begehrt waren, in die Altmark und ins Havelland angeworben. Parallel dazu kam es aber auch, ausgelöst beispielsweise durch die Folgen der Realteilung in Württemberg, Baden und der Pfalz, zu nennenswerten Abwanderungen, zumal nach Süd- und Südosteuropa sowie nach Übersee; im zweiten Drittel des 18. Jahrhunderts emigrierten jährlich etwa 2.000 Menschen allein nach Nordamerika. An der insgesamt verhaltenen Be-

---

[11] Am Ende des 17. Jahrhunderts dürfte etwa jeder siebte Einwohner Berlins ein französischer Glaubensflüchtling gewesen sein (HEINRICH, G. [Hg.]: Berlin und Brandenburg [Handbuch der historischen Stätten Deutschlands 10], ²1985, LXII).

völkerungsentwicklung partizipierten auch die Städte in Deutschland, von denen keine dem Vergleich mit den europäischen Metropolen standhalten konnte: Auf der Schwelle zum 18. Jahrhundert zählte allein Wien mehr als 100.000 Einwohner, Hamburg und Berlin folgten mit etwa 60.000 (steigerten sich allerdings bis zum Ende des 18. Jahrhunderts auf das Doppelte), Straßburg, Danzig und Breslau mit etwa 40.000 Einwohnern.

Die Basis des ökonomischen Lebens war und blieb die *Landwirtschaft*: Etwa 80% der Erwerbstätigen gehörten ihr zu. Zwei Strukturtypen sind dabei idealtypisch (bei zahllosen Misch- und Übergangsformen) zu unterscheiden. Östlich der Elbe dominierte die sog. Gutsherrschaft, deren Mittelpunkt zumeist ein adliges Rittergut oder das Vorwerk einer Domänenverwaltung bildete. Die Abgabenlast belief sich durchschnittlich auf etwa ein Drittel der Gesamtroherträge, personale Dienstpflichten kamen jeweils hinzu, was sich zumal in Not- und Krisenzeiten als schwer bedrückend erwies. Dagegen herrschte westlich der Elbe die Form der Grundherrschaft vor, in der die praktisch erblich gewordenen Höfe als bäuerliche Familienwirtschaft geführt wurden und die (in der Regel nicht selbst wirtschaftenden) Grundherren lediglich Grundrenten und (Geld-)Abgaben bezogen. Üblich blieb das System der Drei-Felder-Wirtschaft, allerdings bei zunehmender Vielfalt der Früchte. Die ländliche Viehhaltung spielte eine nachgeordnete Rolle, entsprechend niedrig waren die Milch-, Woll- und Fleischerträge. Bessere Absatzmöglichkeiten ergaben sich allein in der Nähe von Städten, die freilich auch ihrerseits namhafte Nutztierbestände in ihren Mauern aufwiesen. Im Lauf des 18. Jahrhunderts kam es zu vielfältigen Verbesserungen in Fruchtwechsel und Anbautechnik, die Erträge konnten um etwa 20% gesteigert werden, die landwirtschaftliche Nutzfläche wuchs zwischen 1648 und 1800 um 60%. Dennoch haben sich bei sinkenden Reallöhnen die Lebensmittel zunehmend verteuert, deren Produktion mit der steigenden Bevölkerungsdichte immer weniger Schritt halten konnte. Die im letzten Drittel des 18. Jahrhunderts zunehmend deutlich werdende landwirtschaftliche Strukturkrise erregte auch bildungsbürgerliche Aufmerksamkeit: Pfarrer[12], Beamte, Gelehrte und Fürsten entfachten und führten in einer Fülle von „ökonomischen", d. h. landwirtschaftlichen Schriften die öffentliche Debatte, zahlreiche „ökonomische Gesellschaften" entfalteten einschlägige Aktivitäten, popularwissenschaftliche Erörterungen der v. a. gegen den Merkantilismus (s. u.) gerichteten physiokratischen Wirtschaftstheorie avancierten zu einer regelrechten intellektuellen Modeerscheinung[13].

Handel und Gewerbe haben die durch den Dreißigjährigen Krieg verursachte Depressionsphase bereits um 1700 und damit bedeutend schneller als etwa die

---

12 SCHRÖDER-LEMBKE, G.: Protestantische Pastoren als Landwirtschaftsreformer (ZfAA 27, 1979, 94–104); KUHN, TH.K.: Religion und neuzeitliche Gesellschaft. Studien zum sozialen und diakonischen Handeln in Pietismus, Aufklärung und Erweckungsbewegung (BHTh 122), 2003, 198–211 u. ö. – **13** PRIDDAT, B.: Bibliographie zur physiokratischen Debatte in Deutschland (Das achtzehnte Jahrhundert 9, 1985, 128–147); BRAUNREUTHER, K.: Die Bedeutung der physiokratischen Bewegung in Deutschland in der zweiten Hälfte des 18. Jahrhunderts. Ein geschichtlich-politökonomischer Beitrag zur „Sturm-und-Drang"-Zeit, Diss., Berlin 1954; GERTEIS, K.: Physiokratismus und aufgeklärte Reformpolitik (in: BIRTSCH, G. [Hg.]: Der Idealtyp des aufgeklärten Herrschers, 1987, 75–94); PAUTLER, S.: Jakob Michael Reinhold Lenz. Pietistische Weltdeutung und bürgerliche Sozialreform im Sturm und Drang (RKM 8), 1999, 398–428.

Landwirtschaft überwunden. Insbesondere auf dem Sektor der Nahrungs- und Genußmittel stieg die Zahl der kleinen Händler alsbald wieder an, desgleichen die Zahl der fahrenden, also mit ihrem Sortiment über Land ziehenden Kaufleute. Allerdings befand sich das deutsche Straßennetz in einem ganz desolaten Zustand. Dieser notorische Mangel sowie die Unzahl der innerdeutschen Zoll- und Münzgrenzen haben die Entwicklung eines einheitlichen Binnenmarktes nachhaltig behindert. Für den Transport von Massengütern waren allein die Wasserwege rentabel: Seit dem ausgehenden 17. Jahrhundert setzte, französischem Vorbild folgend, auch in Deutschland und namentlich in Brandenburg-Preußen ein verstärkter Kanalbau ein, der die gewerbliche Entwicklung spürbar intensivierte. Damit einher ging der Aufschwung der Stapel-, Kontor- und Messezentren, unter denen Leipzig und Frankfurt/Main, für den überseeischen Handel Hamburg und Bremen zentrale Bedeutung gewannen. Trotz etlicher Versuche, die allesamt kläglich gescheitert sind, ist es dem deutschen Außenhandel nicht gelungen, neben den europäischen Großmächten in den Kolonialherrschaftsgebieten Fuß zu fassen.

Das deutsche *Handwerkertum* blieb weithin an der Bedarfsdeckung orientiert, ohne darüber hinaus rentable Exportkapazitäten zu entwickeln. Als Organisationsform des städtischen Gewerbes dominierte das überkommene Zunftwesen, das nun zunehmend in seinen Monopolansprüchen erstarrte: Meisterstellen entwickelten sich praktisch zu Erbhöfen, die Zünfte zu geschlossenen Korporationen. Die auf einige Gesellenaufstände reagierende Reichshandwerksordnung von 1731 – übrigens eines der letzten wirksamen Reichsgesetze – untersagte Streiks, Lohnforderungen sowie die Bildung besonderer Gesellenverbände. Diese insgesamt prohibitiven Tendenzen führten dazu, daß sich innovative Produktionsweisen nur außerhalb des zünftigen Handwerks entwickeln konnten, so bei der meist staatlich privilegierten Herstellung exportträchtiger Luxusgüter wie Porzellan, Seide oder Tapeten. Gleichzeitig verdichtete sich, zumal in Gebieten mit überschüssiger Bevölkerung und schlechten Böden, das zunftfreie ländliche Handwerk. Die hier aufkommenden neuen Arbeitsorganisations- und Kooperationsformen wurden zu Merkmalen der „Proto-Industrie", die sich v.a. in zwei neuartigen Produktionsstrukturen manifestierte: dem sog. Verlagswesen sowie der Manufaktur.

Mit dem frühneuzeitlichen *Verlagswesen* (verlegen = [Geld] auslegen) haben sich erste Formen der kapitalistisch organisierten Arbeitsteilung entwickelt. Kapitalkräftige Großunternehmer (Verleger) belieferten die dezentralisierte Heimproduktion mit den notwendigen Rohmaterialien und teilweise auch Produktionsmitteln und unterstützten sie mit Darlehen, an die die Verpflichtung gebunden war, ihnen die produzierte Ware zum großräumigen Absatz zu überlassen. Namentlich in der Textilproduktion ist diese proto-industrielle Organisationsform weit verbreitet gewesen: in der Leinwand-, mehr noch der Baumwoll-, Woll- und Seidenweberei. Am Ausgang des 18. Jahrhunderts waren in Deutschland 43,1% der gewerblichen Produktion verlagsmäßig organisiert[14]. Im Bereich der Seidenwirkerei (mit Zentren in Krefeld, Berlin und Wien) kam es erstmals zu lokalen Produktionskonzentrationen in sog. Manufakturen.

Manufakturen bildeten im 18. Jahrhundert eine interessante und zukunftsweisende, wenn auch volkswirtschaftlich noch kaum ins Gewicht fallende Produkti-

---

14 VIERHAUS, R.: Deutschland im Zeitalter des Absolutismus (1648–1763) (Deutsche Geschichte 6), ²1984, 40.

onsform. Von Territorialfürsten oder – häufiger – von privaten Unternehmern mit landesherrlicher Unterstützung angelegt, wurden sie als zentrale handwerkliche Produktionsstätten, die v. a. Textil- und Luxusgüter seriell herstellten, organisiert[15]. Die bald einsetzende Aufteilung der Arbeitsgänge war mit weitreichenden Folgen verbunden: Sie ermöglichte es, auch ungelerte Kräfte, Frauen und Kinder einzubinden, setzte den Prozeß der Entpersönlichung und Entfremdung der Arbeit in Gang, transformierte den Arbeiter in einen aus zünftigen, grundherrlichen oder familiären Einbindungen gelösten Lohnempfänger und eröffnete eine stark differenzierte, jedoch insgesamt unter dem Einkommensniveau eines herkömmlichen Handwerkers bleibende Lohnstruktur. Bisweilen sind sogar Insassen von Zucht-, Arbeits-, Armen- und Waisenhäusern zwangsweise und miserabel entlohnt dem manufakturellen Produktionsprozeß zugeführt worden.

Für die ökonomische Entwicklung in Deutschland haben *obrigkeitliche Steuerungsmaßnahmen* eine beträchtliche Rolle gespielt. Aufgrund der politischen Verhältnisse (s. § 4) konnte das als Merkantilismus[16] bezeichnete System einer konsequenten und rationalen, am Staatswohl orientierten Wirtschaftspolitik freilich nicht auf Reichsebene, sondern nur innerhalb der einzelnen Territorialstaaten erfolgreich funktionieren; indirekt wurde dadurch die Ausbildung eines gesamtdeutschen Wirtschaftsraumes sogar verhindert oder erschwert. Die deutsche Spielart des Merkantilismus pflegt als Kameralismus[17] bezeichnet zu werden, weil hier das auf den Nutzen der fürstlichen Schatzkammer (camera) zielende fiskalische Staatsinteresse alle anderen ökonomischen Erwägungen massiv dominierte. An den preußischen Universitäten Halle und Frankfurt/O. entstanden 1727 die ersten beiden Lehrstühle für Kameralistik, eine umfangreiche fachwissenschaftliche Publizistik trat alsbald hinzu. In der zweiten Hälfte des 18. Jahrhunderts ist die merkantilistische Ökonomie vielfach durch physiokratische Theorie- und Lehrbildungen (s. o.) abgelöst worden, die aus Einsicht in die Gesetze des Wirtschaftskreislaufs die ökonomische Aufwertung der Landwirtschaft als der eigentlichen volkswirtschaftlichen Produktionsbasis propagierten[18].

§ 6: Gesellschaft

BAUER, V.: Die höfische Gesellschaft in Deutschland von der Mitte des 17. bis zum Ausgang des 18. Jahrhunderts, 1993. – FEHRENBACH, E. (Hg.): Adel und Bürgertum in Deutschland 1770–1848, 1994. – FRÜHSORGE, G. u. a. (Hg.): Stadt und Bürger im 18. Jahrhundert, 1993. – GALL, L. (Hg.): Stadt und Bürgertum im Übergang von der traditionellen zur modernen Gesellschaft, 1993. – HINRICHS, E./WIEGELMANN, G.: Sozialer und kultureller Wandel in der ländlichen Welt des 18. Jahrhunderts, 1981. – IM HOF, U.: Das gesellige Jahrhundert. Gesellschaft und Gesellschaften im Zeitalter der Aufklärung, 1982. – MAURER, M.: Die Biographie des Bürgers. Lebensformen und Denkweisen in der formativen Phase des deutschen Bürgertums (1680–1815), 1996. – MOHRMANN, R.-E.: Städtische Volkskultur im 18. Jahr-

---

15 So entstand die erste deutsche Porzellanmanufaktur als obrigkeitliche Gründung 1710 in Meißen. – 16 BLAICH, F.: Die Epoche des Merkantilismus, 1973; PRESS, V. (Hg.): Städtewesen und Merkantilismus in Mitteleuropa, 1983. – 17 TAUTSCHER, A.: Staatswirtschaftslehre der Kameralistik, 1947; BRÜCKNER, J.: Staatswissenschaft, Kameralistik und Naturrecht, 1974. – 18 Neben der in Anm. 13 genannten Literatur vgl. noch PETZET, W.: Der Physiokratismus und die Entdeckung des wirtschaftlichen Kreislaufs, 1929; HENSMANN, F.: Staat und Absolutismus im Denken der Physiokraten, 1976.

hundert, 2001. – MÜLLER, R.A.: Der Fürstenhof in der frühen Neuzeit, 1995. – NORTH, M.: Genuß und Glück des Lebens. Kulturkonsum im Zeitalter der Aufklärung, 2003. – RAUSCH, W. (Hg.): Städtische Kultur in der Barockzeit, 1982. – RUPPERT, W.: Bürgerlicher Wandel. Die Geburt der modernen deutschen Gesellschaft im 18. Jahrhundert, 1984. – TROSSBACH, W.: Bauern 1648–1806, 1993. – VIERHAUS, R. (Hg.): Bürger und Bürgerlichkeit im Zeitalter der Aufklärung, 1981. – WEHLER, H.-U.: Deutsche Gesellschaftsgeschichte. Bd. 1: Vom Feudalismus des Alten Reiches bis zur Defensiven Modernisierung der Reformära 1700–1815, 1987.

Die im 17. und 18. Jahrhundert eintretende Verkrustung der gesellschaftlichen Verhältnisse war nicht auf Deutschland beschränkt, ist aber hier aus unterschiedlichen Gründen, insbesondere aufgrund der nach 1648 anhaltenden ökonomischen Schwäche (s. § 5) sowie des vom territorialstaatlichen Absolutismus ausgehenden sozialen Beharrungsinteresses, besonders nachhaltig in Erscheinung getreten. Das vorherrschende Zunft- und Standesdenken führte zu einer peinlich genauen Beachtung der bestehenden sozialen Schichtung, erzeugte einen enormen gesellschaftlichen Anpassungsdruck und ließ namhafte Umformungspotentiale allenfalls in den nebenständischen Gruppen entstehen.

Das *soziale Gefüge* in Deutschland war hierarchisch gegliedert und durchweg obrigkeitlich geprägt. An der Spitze der Gesellschaft rangierte die fürstliche Hofhaltung, und dies nicht nur in den größeren Flächenstaaten wie Bayern, Sachsen oder Brandenburg-Preußen, sondern auch in der zeittypischen, auf Südwest-, Süd- und Mitteldeutschland konzentrierten Kleinstaaterei. Der auf die Person des regierenden Fürsten zentrierte Hofstaat verschlang gewaltige Summen und bildete dadurch einen wichtigen volkswirtschaftlichen Faktor, von dem Gewerbe und Handel in den Residenzstädten erheblich profitierten. Das am burgundischen Vorbild orientierte höfische Zeremoniell diente einerseits der als notwendig empfundenen Repräsentation von Macht und versinnbildlichte andererseits die soziale, aber auch kulturelle Distanz zur Bevölkerung: An den Höfen sprach man zunehmend französisch[19], die italienische Oper florierte, die – im ersten Drittel des 18. Jahrhunderts massiv expandierende – Schloß- und Herrschaftsarchitektur war stark von ausländischen Einflüssen bestimmt.

Unter den regierenden *Fürsten*, die einander reichsrechtlich allesamt ebenbürtig waren, bestand ein erhebliches soziales Gefälle. Erst recht waren bei den Vertretern des nicht-regierenden Adels Besitz, Macht und Ansehen höchst unterschiedlich verteilt. Quer dazu lag die politische Strukturdifferenz zwischen dem reichsunmittelbaren und dem landsässigen, d.h. einem Landesherrn lehenspflichtigen, aber als Teil der Landstände an der öffentlichen Gewalt partizipierenden Adel; Mischformen waren namentlich in der Reichsritterschaft weit verbreitet. Die aristokratische Reputation orientierte sich vornehmlich am Alter des Adels oder der Nobilitierung durch ein Adelspatent. Gesellschaftliche Bedeutung erwuchs darüber hinaus auch aus standesgemäßen politischen Funktionen: Im Zeitalter des Absolutismus blieben die oberen Hof-, Militär- und Verwaltungsämter eine weithin geschlossene Domäne der Nobilität.

---

[19] Demgegenüber dürfte die im 18. Jahrhundert aufblühende Anglophilie auch als ein Ausdruck bildungsbürgerlichen Emanzipationsstrebens zu verstehen sein. Vgl. MAURER, M.: Aufklärung und Anglophilie in Deutschland, 1987.

Auch die *bäuerliche Bevölkerung* war in sich vielfältig differenziert. Tendenziell sind dabei drei Gruppen zu unterscheiden: die Großbauern, deren Realeinkommen in der Regel über den Lebenshaltungskosten lagen, die mittleren Bauern, die normalerweise ein bescheidenes, freilich krisenanfälliges Auskommen erwirtschaften konnten, sowie die auf Nebenverdienstmöglichkeiten angewiesenen Kleinbauern. Hinzu kamen auf dem Lande die unterbäuerlichen Schichten (Heuerleute, Tagelöhner u. ä.) und das besitzlose Gesinde[20], die meist an der Siedlungsperipherie wohnten und von der eigentlichen Dorfgemeinde, mithin auch vom Genuß des Gemeindebesitzes ausgeschlossen blieben. In struktureller Analogie zum Fürstenstand spielten auch bei den (Groß-)Bauern Erbaussichten und Heiratsgut eine wichtige Rolle. Personen ohne Besitz und Erbansprüche waren normalerweise zur Ehelosigkeit verurteilt.

Ebenfalls außerhalb der eigentlichen Dorfgemeinschaft standen die verlagsmäßig organisierten *Gewerbetreibenden* (s. § 5), deren Kinder meist schon früh in den Arbeitsprozeß einbezogen wurden; nicht selten war hier eine ausgeprägte soziale Abschottung zu beobachten (gemeinsame Wohnquartiere, gruppeninterne Heiratspraxis, familiäre Kontinuität der spezifischen Heimproduktion). Dagegen wohnten die Manufakturarbeiter zumeist am Rande oder in der Nähe von Städten, ohne dabei mit der eigentlichen Stadtbevölkerung in gesellschaftliche Verbindung zu kommen.

Innerhalb der *Städte*[21] war das ab- und ausgrenzende Standesbewußtsein besonders ausgeprägt. Unterhalb der Patrizier- und Honoratiorenschicht, die zugleich das politische Leben der Stadt regulierte, rangierte das mittlere Bürgertum, das sich vornehmlich aus Beamten, Kaufleuten, Bankiers, Notaren, Advokaten und Lehrern rekrutierte. In idealtypischer Ordnung folgte das in der Stadtgesellschaft den Mittelstand repräsentierende Kleinbürgertum, dem die in strenger Zunftordnung geschiedenen Handwerker, Kleinhändler, Krämer und Stadtbauern zugehörten und dessen soziales Gebahren in besonderer Weise darauf bedacht war, von den unterbürgerlichen Schichten, also den Handwerksgesellen, Dienstboten und Tagelöhnern, trennscharf unterschieden zu werden, erst recht von der unterständischen Gruppe der sozial Deklassierten (z.B. Bettler, Landstreicher) sowie den Angehörigen der sog. unehrlichen Berufe (z.B. Abdecker, Scharfrichter, Totengräber, Prostituierte).

Die *Ständegliederung* der frühneuzeitlichen Gesellschaft war straff und hat soziale Mobilitäts- und Innovationschancen rigoros eingeschränkt. Insofern nimmt es nicht wunder, daß dynamische Erneuerungen vor allem von den nebenständischen Gruppen ausgehen konnten. Zu ihnen zählten die Angehörigen künstlerischer Berufe, die mitunter, etwa als Opernsänger und -musiker in Residenzstädten, ein gutes soziales Auskommen fanden, öfter jedoch sich in der Nähe des unteren gesellschaftlichen Randes bewegten (Schauspieler[22] und -steller, fahrende Leute). Außerhalb der ständischen Ordnung rangierten auch die Mitglieder der –

---

20 FRÜHSORGE, G. u.a. (Hg.): Gesinde im 18. Jahrhundert (Studien zum achtzehnten Jahrhundert 12), 1995. – 21 GERTEIS, K.: Die deutschen Städte in der Frühen Neuzeit, 1986; SCHILLING, H.: Die Stadt in der Frühen Neuzeit, 1993. – 22 EBERT, G.: Der Schauspieler. Geschichte eines Berufes, 1991; GUTJAHR, O.: Gesellschaftsfähigkeit und gesellige Rolle der Schauspielerin im 18. Jahrhundert (in: DIES. u.a. [Hg.]: Gesellige Vernunft. Zur Kultur der literarischen Aufklärung, 1993, 83–109).

bisweilen mit Privilegien versehenen – religiösen Sondergruppen (s. § 10), so beispielsweise die Hugenottengemeinden, die in Brandenburg-Preußen zeitweise zur wichtigsten Aufsteigergruppe geworden sind, erst recht aber die Juden: In größeren Städten lebten sie in eigenen Gettos, andernorts war ihnen der Aufenthalt durch fürstliche Schutzbriefe gestattet, wenn auch nur in begrenzter Zahl und auf befristete Zeit. Da ihnen Grunderwerb ebenso verwehrt war wie die Zugehörigkeit zu Zünften und Bürgerschaft, blieben ihnen als Erwerbsmöglichkeit meist nur der Handel und das Geldgeschäft. Soziale Dynamik ist insbesondere auch von drei weiteren nebenständischen Gruppen ausgegangen: dem sich formierenden Beamtentum, der Geistlichkeit sowie dem Stand der Gebildeten und Gelehrten.

Der im Zeitalter des Absolutismus sich vollziehende strukturelle Wandel vom herrschaftszentrierten Fürsten- zum funktionalen Anstaltsstaat war begleitet von der Ausbildung einer hochqualifizierten und zugleich obrigkeitsloyalen *Beamtenschaft*. Ihr oblag die Wahrnehmung der sich ständig ausweitenden juristischen, fiskalischen und polizeilichen Ordnungsaufgaben. Die Staatsdiener stammten vornehmlich aus den mittleren Schichten des Stadtbürgertums; vergütet wurden sie (wie auch die Geistlichen [s. § 44]) zumindest teilweise in Naturalien oder durch die Erträge einer kleinen, ihnen zugewiesenen Landwirtschaft. Zur Modernisierung von Staat und Gesellschaft trug die Beamtenschaft insofern nachhaltig bei, als sie ein kontinuierliches, von der Disposition des jeweiligen Herrschers weithin unabhängiges, pragmatisch-rationales Funktionieren des Staatswesens gewährleistete und dadurch gegenüber der Bevölkerung, die ihre Obrigkeit zunehmend in Gestalt von Beamten und Behörden wahrzunehmen lernte, eine Entpersönlichung und Versachlichung des politisch-sozialen Lebens repräsentierte.

Innerhalb der *Geistlichkeit* herrschten beträchtliche, teils konfessionell bedingte soziale Unterschiede. Auf katholischer Seite ragten die Priester, Mönche und Nonnen v.a. durch die ihnen verordnete Ehe- und Besitzlosigkeit aus der übrigen Gesellschaft heraus. Dabei haben die umfangreichen kirchlichen Besitzungen[23] einen ziemlich breiten geistlichen Stand zu alimentieren erlaubt. Die höchsten katholischen Würdenträger (Erzbischöfe, [Fürst-]Bischöfe, Äbte) entstammten in der Regel dem Adel. Dagegen rekrutierte sich der niedere Klerus vornehmlich aus den unteren Schichten, lebte in entsprechend einfachen Verhältnissen und war von dürftiger Bildung. Demgegenüber war die Sozialstruktur der protestantischen Geistlichkeit[24] sehr viel homogener. Unbeschadet aller Bildungs-, Vermögens- und Reputationsunterschiede, die auf der breitgefächerten Skala zwischen dem Oberhofprediger in Dresden und dem Dorfpfarrer in Krummenhennersdorf zu finden waren, galten die protestantischen Geistlichen doch insgesamt als Bildungsträger und Repräsentanten des Bürgertums. Als Landgeistliche waren sie durch ihre akademische Ausbildung und den (begrenzten) gesellschaftlichen Umgang mit ihrer Herrschaft privilegiert, als Stadtpfarrer zählten sie zu den Honoratioren. Als

---

[23] Sie vermehrte sich v.a. durch Zukauf und Schenkungen resp. Erbschaften; z.B. stand in Bayern zeitweise bis zu einem Drittel des Bodens in kirchlichem Besitz. – [24] WERDERMANN, H.: Der evangelische Pfarrer in Geschichte und Gegenwart, ³1940; SCHORN-SCHÜTTE, L.: Evangelische Geistlichkeit in der Frühneuzeit. Deren Anteil an der Entfaltung frühmoderner Staatlichkeit und Gesellschaft. Dargestellt am Beispiel des Fürstentums Braunschweig-Wolfenbüttel, der Landgrafschaft Hessen-Kassel und der Stadt Braunschweig, 1996; DIES./ SPARN, W. (Hg.): Evangelische Pfarrer. Zur sozialen und politischen Rolle einer bürgerlichen Gruppe in der deutschen Gesellschaft des 18. bis 20. Jahrhunderts, 1997.

Funktionäre des landesherrlichen Kirchenregiments waren sie zudem von einer beamtenähnlichen Aura umgeben, die sich in der Bekanntgabe obrigkeitlicher Verordnungen von der Kanzel augenfällig konkretisierte. Das evangelische Pfarrhaus[25] galt vielen als Prototyp der bürgerlichen Familie. Die protestantische Pfarrerschaft reproduzierte sich zu einem beträchtlichen Teil aus den eigenen Reihen, wobei angehende Geistliche oft lange in kargen Inspektoren- und Substitutsstellen auf die Übernahme einer Pfarrei zu warten hatten. Aber nicht nur Pastoren, sondern auch Schriftsteller[26], Juristen und Gelehrte gingen im Zeitalter der Aufklärung vielfach aus einem evangelischen Pfarrhaus hervor (s. § 44).

In eigentümlicher und zugleich nachhaltiger Weise hat im 17. und 18. Jahrhundert der *Gelehrtenstand* zur Dynamisierung der sozialen Verhältnisse beigetragen[27]. Hatte man noch im 17. Jahrhundert die lateinische Gelehrtensprache als exklusives Statussymbol kultiviert, so verlagerte sich im 18. Jahrhundert der gelehrte Disput zunehmend in die Muttersprache und suchte daneben auch andere Standesgrenzen programmatisch zu überschreiten: Bildung und Gelehrsamkeit avancierten zu einem Gegenstand des gesellschaftlichen Interesses und trugen damit zur Entstehung einer literarischen Öffentlichkeit[28] maßgeblich bei. Neben dem Aufblühen einer zunehmend spezifizierten unterhaltsamen und popularwissenschaftlichen Publizistik (Zeitungen, Zeitschriften, Musenalmanache, Kalender, Bücher, Rezensionsorgane)[29] gehört die Entstehung und Ausbreitung von Salons, Sozietäten, Akademien und Gesellschaften (Gelehrte, Patriotische, Lese-, Landwirtschafts-, Geheimgesellschaften)[30] zu den wichtigsten sozialen Innovationen, die „Die Gesellschaft der Aufklärer"[31] hervorgebracht hat. Der Wandel von der ständischen zur bürgerlichen Gesellschaft[32] war damit unumkehrbar in Gang gesetzt worden.

25 BAUR, W.: Das deutsche evangelische Pfarrhaus, [5]1902; GREIFFENHAGEN, M.: Das evangelische Pfarrhaus. Eine Kultur- und Sozialgeschichte, [2]1991; LEHMANN, H.: „Das ewige Haus". Das lutherische Pfarrhaus im Wandel der Zeiten (in: LOOCK, H.-D. [Hg.]: „Gott kumm mir zu hülf". Martin Luther in der Zeitenwende, 1984, 177–200). – 26 SCHÖNE, A.: Säkularisation als sprachbildende Kraft. Studien zur Dichtung deutscher Pfarrersöhne, 1968. – 27 VIERHAUS, R.: Umrisse einer Sozialgeschichte der Gebildeten in Deutschland (in: DERS.: Deutschland im 18. Jahrhundert. Politische Verfassung, soziales Gefüge, geistige Bewegungen. Ausgewählte Aufsätze, 1987, 183–201); NEUMEISTER, S./WIEDEMANN, C. (Hg.): Res publica litteraria. Die Institutionen der Gelehrsamkeit in der frühen Neuzeit, 2 Bde., 1987; HERRMANN, U.: „Die Bildung des Bürgers". Die Formierung der bürgerlichen Gesellschaft und die Gebildeten im 18. Jahrhundert, 1982; RAABE, P.: Gelehrtenbibliotheken im Zeitalter der Aufklärung, 1987. – 28 MANHEIM, E.: Aufklärung und öffentliche Meinung. Studien zur Soziologie der Öffentlichkeit im 18. Jahrhundert, hg.v. N. SCHINDLER, 1979. – 29 WILKE, J.: Literarische Zeitschriften des 18. Jahrhunderts, 2 Bde., 1978. – 30 REINALTER, H. (Hg.): Aufklärungsgesellschaften, 1993; VIERHAUS, R. (Hg.): Deutsche patriotische und gemeinnützige Gesellschaften, 1980; DANN, O. (Hg.): Lesegesellschaften und bürgerliche Emanzipation, 1981; DÖRING, D./NOWAK, K. (Hg.): Gelehrte Gesellschaften im mitteldeutschen Raum (1650–1820), 3 Teile, 2000–2002; ZAUNSTÖCK, H./MEUMANN, M. (Hg.): Sozietäten, Netzwerke, Kommunikation. Neue Forschungen zur Vergesellschaftung im Jahrhundert der Aufklärung, 2003. – 31 DÜLMEN, R. van: Die Gesellschaft der Aufklärer. Zur bürgerlichen Emanzipation und aufklärerischen Kultur in Deutschland, 1986. – 32 BATSCHA, Z./GARBER, J. (Hg.): Von der ständischen zur bürgerlichen Gesellschaft. Politisch-soziale Theorien im Deutschland der zweiten Hälfte des 18. Jahrhunderts, 1981; RIEDEL, M.: Der Begriff der „Bürgerlichen Gesellschaft" und das Problem seines geschichtlichen Ursprungs (in: DERS. [Hg.]: Zwischen Tradition und Revolution. Studien zu Hegels Rechtsphilosophie, 1982, 139–169).

§ 7: Wissenschaft

Seit dem Anfang, verstärkt seit der Mitte des 17. Jahrhunderts ist die intellektuelle Atmosphäre in Deutschland und Europa durch einige neue oder neu akzentuierte Faktoren bestimmt worden, die vielfach ineinander verschränkt sind und sich für den Entstehungsprozeß aufklärerischen Denkens als konstitutiv erwiesen haben. Die durch die Religionskriege und insbesondere den Dreißigjährigen Krieg ausgelöste moralische Erschütterung hat kirchlich-konfessionelle Absolutheitsansprüche politisch zunehmend sistiert; die kontroverstheologischen Leidenschaften kühlten allmählich ab, die überkommenen konfessionellen Gegensätze verloren an staats-, wirtschafts- und bündnispolitischer Relevanz. Damit einher ging die fortschreitende Entgrenzung der politisch-wirtschaftlichen und geistig-kulturellen Horizonte sowie das allenthalben sich festigende Zutrauen in die Leistungsfähigkeit wissenschaftlicher und lebenspraktischer Rationalität. Dieser umfassende geistige Umbruch hat sich in sämtlichen Wissenschaften manifestiert[33], wobei die Wirkungen auf Theologie (s. Kap. 10), Geschichtswissenschaft (s. § 39) und Anthropologie (s. § 47) in kirchengeschichtlicher Perspektive besonders augenfällig, auf Naturwissenschaft und Staatslehre dagegen im Gesamtprofil der Epoche besonders einschneidend gewesen sind.

1. Naturwissenschaft

BLUMENBERG, H.: Die Genesis der kopernikanischen Welt, 1975. – HAMMERSTEIN, N. (Hg.): Universitäten und Aufklärung, 1995. – HIRSCH Bd. 1, 111–157. – KROLZIK, U.: Säkularisierung der Natur. Providentia-Dei-Lehre und Naturverständnis der Frühaufklärung, 1988. – MASON, S.F.: Geschichte der Naturwissenschaften, ^{2}1974. – OMASREITER, R.: Naturwissenschaft und Literaturkritik im England des 18. Jahrhunderts, 1971. – RÜEGG, W. (Hg.): Geschichte der Universität in Europa. Bd. 2: Von der Reformation bis zur Französischen Revolution, 1996. – SCHLOTE, K.-H.: Chronologie der Naturwissenschaften, 2002. – VIERHAUS, R. (Hg.): Wissenschaften im Zeitalter der Aufklärung, 1985.

Im Zeitalter der Aufklärung vollzog sich eine rasante Beschleunigung des naturwissenschaftlichen Erkenntnisprozesses und, komplementär dazu, ein grundsätzlicher Wandel im Selbstverständnis der Naturwissenschaft: Angesichts des zerbrechenden biblischen Weltbildes erfuhr sich die menschliche Erkenntnisfähigkeit als autonom, und die rational geordnete Schöpfung schien nunmehr rational rekonstruierbar zu sein.

An den Unstimmigkeiten des dreischichtigen ptolemäisch-geozentrischen Weltbildes entzündete sich die wissenschaftliche Kritik von *Nikolaus Kopernikus* (1473–1543). Grundstürzend war sein 1514 entstandenes, aber erst 1543 durch Andreas Osiander herausgegebenes Hauptwerk „De revolutionibus orbium coelestium" nicht allein durch neue Einsichten (heliozentrisches Weltsystem, die Erde als ein sich bewegender Planet usw.), sondern auch durch die damit verbundene erkenntnistheoretische Prämisse, die eine Prädominanz von Metaphysik und

---

[33] Eine geraffte, freilich auf Preußen fokussierte Übersicht bietet ZIECHMANN, J. (Hg.): Panorama der Friedericianischen Zeit. Friedrich der Große und seine Epoche. Ein Handbuch, 1985, 67–128.

Theologie in Fragen der Naturwissenschaft grundsätzlich negierte. Indessen blieben kirchliche Inkriminierungen zunächst aus, zumal Osiander in seiner Vorrede des Herausgebers die Überlegungen als bloße Hypothesen klassifiziert hatte. Während Luther trotz einzelner kritischer Bemerkungen gegen Kopernikus im Grunde durchaus anschlußfähig gewesen sein dürfte, hat Melanchthon durch seine faktische Restitution der aristotelisch-ptolemäischen Physik und Astronomie[34] die geozentrisch-antikopernikanische Ausrichtung der lutherischen Orthodoxie dann gleichsam prädestiniert[35].

Der Naturphilosoph *Giordano Bruno* (1548–1600), nach einem langen, zermürbenden Häresieprozeß am 17. Februar 1600 in Rom hingerichtet, hat die Grundeinsichten der kopernikanischen Astronomie konsequent fortentwickelt. Während Kopernikus das Sonnensystem noch von einer starren Fixsternrinde umgeben wähnte, erklärte Bruno die Fixsterne als ihrerseits von Planeten umkreiste Zentralsonnen. Seine daraus resultierende Einsicht, daß der Kosmos nicht mehr nur als unermeßlich, sondern als unendlich zu denken sei, war insofern von höchster theologischer Brisanz, als damit zugleich das klassische Gottesprädikat der *infinitas* kosmologisch adaptiert worden war[36].

Auch *Johannes Kepler* (1571–1630) trug zur Verbesserung des kopernikanischen Systems bei, etwa indem er, unter Verwendung der präzisen Vorarbeiten seines Lehrers Tycho Brahe, die Kinematik der Planetenbewegungen als nicht kreisförmig, sondern elliptisch bestimmte. Mit seinen Einsichten in das „Mysterium cosmographicum" (1595, ²1621) meinte er den Schöpfungsplan Gottes nachzuvollziehen und zum „Priester am Buch der Natur" berufen zu sein. Auf der Grundlage der in den *liber naturae* eingetragenen Offenbarung erhoffte sich Kepler auch eine Überwindung der konfessionellen Verhärtungen, deren Opfer er durch seine Ablehnung der lutherischen Ubiquitätslehre geworden war[37].

Mit entscheidenden astronomischen Entdeckungen (Laufbahn der Venus, Jupitermonde) stabilisierte *Galileo Galilei* (1564–1642) das kopernikanische Weltsystem. Durch die konsequente Anwendung der Mechanik und Mathematik, die ihn beispielsweise die Fall- und Wurfgesetze exakt erfassen ließ, wurde er zum Begründer der experimentellen Naturwissenschaft. Das Buch der Natur schien ihm in mathematischen Lettern geschrieben zu sein. Dagegen konnte er die Bibel lediglich in den christlichen Heilsfragen als autoritativ anerkennen, während sie im übrigen dem Kriterium der Naturtatsachen unterliege, deren Erkenntnis die gesamte Schöpfung mechanisch-kausal erklärbar gemacht habe. Erst 1992 ist der 1633 von einem römischen Inquisitionsgericht verurteilte Galilei kirchenamtlich rehabilitiert worden[38].

---

34 MELANCHTHON, PH.: Initia doctrinae physicae, 1549 (CR 13, 179–412); SCHEIBLE, H.: Melanchthon. Eine Biographie, 1997, 94–99. – **35** ELERT, W.: Morphologie des Luthertums. Bd.1: Theologie und Weltanschauung des Luthertums hauptsächlich im 16. und 17. Jahrhundert, 1931, 363–393; BORNKAMM, H.: Kopernikus im Urteil der Reformatoren (ARG 40, 1943, 171–183). – **36** ULIANICH, B.: Art. Bruno, Giordano (TRE 7, 1981, 242–246); KIRCHHOFF, J.: Giordano Bruno, ⁶2000. – **37** HÜBNER, J.: Die Theologie Johannes Keplers zwischen Orthodoxie und Naturwissenschaft (BHTh 50), 1977; KRAFFT, F.: Art. Kepler, Johannes (TRE 18, 1989, 97–109); KOZHAMTHADAM, J.: The Discovery of Kepler's Laws. The Interaction of Science, Philosophy, and Religion, 1994. – **38** WOHLWILL, E.: Galilei und sein Kampf für die copernicanische Lehre, 2 Bde., 1909/29, ND 1969; LORETZ, O.: Galilei und der Irrtum der Inquisition. Naturwissenschaft – Wahrheit der Bibel – Kirche,

Ältere Impulse aufnehmend und fortführend, wurde *Isaac Newton* (1642–1727), der im Zeitalter der Aufklärung eine überwältigende, europaweite Verehrung erfuhr, zum Gründungsvater der als mathematisch-exakte Wissenschaft auf experimenteller Grundlage konzipierten „klassischen" Physik. Unabhängig von Leibniz entwickelte er die Differential- und Infinitesimalrechnung. Mit dem von ihm entschlüsselten Gravitationsgesetz zeigte er, daß es möglich war, ein auf jede metaphysische Spekulation verzichtendes, experimentell verifizierbares Weltmodell zu entwerfen. Die vier Grundregeln naturwissenschaftlicher Arbeit, die Newton in seinen „Philosophiae naturalis principia mathematica" (1687) formuliert hatte (Einfachheit, Kausalität, Universalität, experimentell-induktive Methode), besiegelten die Emanzipation der Naturwissenschaft von theologisch-metaphysischen Prämissen. Allerdings wollte Newton das naturwissenschaftliche nicht gegen das biblisch-religiöse Weltbild ausspielen, sondern sie miteinander versöhnen: In den Naturgesetzen sah er die *creatio continua* Gottes am Werk. Insofern lassen sich die religiösen Anschauungen Newtons keinesfalls auf einen platten Deismus reduzieren. Seine umfangreichen, erst unlängst erschlossenen theologischen Studien – vorwiegend Beiträge zur historisch-kritischen Exegese und altkirchlichen Dogmengeschichte – suchten die biblisch-kirchliche Lehrbildung aus den Überformungen durch griechische Philosophie zu befreien (Ablehnung der Trinitäts- und Zwei-Naturen-Lehre) und zielten auf ein am Doppelgebot der Liebe orientiertes, humanes, dem Vorbild Jesu gemäßes Christentum[39].

Der Aufschwung der neuzeitlichen, empirischen Naturwissenschaft manifestierte sich auch in anderen Forschungsbereichen wie der von Robert Boyle (1627–1691) begründeten atomistisch-kausalen Chemie oder der nun eigenständig werdenden Biologie (C.v. Linné, J.-B. Lamarck). Zugleich formierte er sich in einer neuen, bald europaweit etablierten Institution: Während die Universitäten vornehmlich der Lehre und Ausbildung, dagegen noch kaum der (experimentellen) Forschung verpflichtet waren, etablierten sich seit dem 17. Jahrhundert, ausgehend von Italien, die Akademien[40] als weit verzweigte, staatlich geförderte *Forschungsorganisationen*. Die römische Accademia dei Lincei (gegr. 1609)[41] hatte auch Galilei zu ihren Mitgliedern gezählt. Prägend wurden v.a. die Londoner Royal Society (gegr. 1662) sowie die auf Mathematik und Naturwissenschaften beschränkte Académie des Sciences in Paris (gegr. 1666). Auch in Deutschland kam es, beginnend mit der von J. Jungius 1662 in Rostock installierten Gelehrten Gesellschaft, zu einer Reihe von Akademiegründungen, darunter die 1700 gestiftete „Brandenburgische Societät der Wissenschaften", der Leibniz als Präsident

---

1966; SHEA, W.R.: Galileo Galilei (UeberwegPhilos 17, Bd. 1/2, 1998, 777–815); WEIZSÄKKER, C.F.v.: Galileo Galilei (in: RECHENBERG, H. [Hg.]: Große Physiker, 1999, 105–121). – **39** BUCHHOLTZ, K.-D.: Isaac Newton als Theologe. Ein Beitrag zum Gespräch zwischen Naturwissenschaft und Theologie, 1965; KARPP, H.: Der Beitrag Keplers und Galileis zum neuzeitlichen Schriftverständnis (ZThK 67, 1970, 40–55); MANUEL, F.: The Religion of Isaac Newton, 1974; CASINI, P.: Isaac Newton (UeberwegPhilos 17, Bd. 3/2, 1988, 454–484); FORCE, J.E./POPKIN, R.H. (Hg.): Newton and Religion: Context, Nature, and Influence, 1999; COHEN, I.B./SMITH, G.E. (Hg.): The Cambridge Companion to Newton, 2002. – **40** GARBER, K./WISMANN, H. (Hg.): Europäische Sozietätsbewegung und demokratische Tradition. Die europäischen Akademien der frühen Neuzeit zwischen Frührenaissance und Spätaufklärung, 2 Bde., 1995. – **41** OLMI, G.: Die Accademia dei Lincei (UeberwegPhilos 17, Bd. 1/2, 1998, 816–822).

vorstand und die bis zur „Königlich Preußischen Akademie der Wissenschaften zu Berlin" manche Metamorphosen erlebte[42]. Doch auch die deutschen Universitäten begannen sich den neuen wissenschaftlichen Methoden und Forschungszweigen zu öffnen, besonders nachhaltig in den aus dem Geist der Aufklärung geborenen Neugründungen der Universitäten Halle (1694) und v.a. Göttingen (1737), wo im 18. Jahrhundert mit A.G. Kästner, J.Ch.P. Erxleben und G.Ch. Lichtenberg ein weit ausstrahlendes Zentrum der experimentellen Naturwissenschaften entstanden war[43].

Der bereits durch den spätmittelalterlichen Nominalismus vorbereitete Aufbruch einer neuartigen Naturwissenschaft, die die Welt nicht mehr teleologisch, sondern mechanisch-kausal geordnet erklärte, hat zwar nicht auf den Systembegriff verzichtet, jedoch die überkommenen metaphysischen Systeme durch eine Vielzahl von (nicht immer kompatiblen) empirisch-induktiven Systemen ersetzt. Dieser Aufschwung der sich nun zunehmend ausdifferenzierenden Naturwissenschaft, die die mathematische Klarheit als das Ideal des Denkens überhaupt hervortreten ließ, hatte, auch wenn er nirgendwo antireligiös motiviert war, doch die Einsicht in die Autonomie aller rationalen Erkenntnis zur Folge. Bereits an der Wende zum 18. Jahrhundert waren Mathematik und Naturwissenschaft als die neuen Leitdisziplinen etabliert und, nicht zuletzt durch eine Vielzahl von (teils popularisierenden) Lehrbüchern, ihr neuer empirisch-induktiver Rationalismus in das allgemeine Bewußtsein gelangt. Die damit einhergehende „Entzauberung der Welt" ließ den alten Teufels- und Dämonenglauben zunehmend obsolet werden und hat den nun auch konfessionskirchlich erhobenen Protest gegen den Hexenwahn nachhaltig verstärkt.

2. Staatslehre

BACHMANN, H.-M.: Zur Wolffschen Naturrechtslehre (in: SCHNEIDERS, W. [Hg.]: Christian Wolff 1679–1854. Interpretationen zu seiner Philosophie und deren Wirkung [Studien zum achtzehnten Jahrhundert 4], ²1986). – DANN, O./KLIPPEL, D. (Hg.): Naturrecht, Spätaufklärung, Revolution, 1995. – HERMS, E.: Art. Staat (RGG⁴ 7, 2004, 1632–1641). – HECKEL, M.: Staat und Kirche nach den Lehren der evangelischen Juristen Deutschlands in der ersten Hälfte des 17. Jahrhunderts (JusEcc 6), 1968. – HIRSCH Bd. 1, 13–63. 77–110. – KRAUSE, P. (Hg.): Vernunftrecht und Rechtsreform (Aufklärung 3/2), 1988. – OTHMER, S.C.: Berlin und die Verbreitung des Naturrechts in Europa, 1970. – VOLLHARDT, F.: Die Grundregel des Naturrechts. Definitionen und Konzepte in der Unterrichts- und Kommentarliteratur der deutschen Aufklärung (in: GRUNERT, F./VOLLHARDT, F. [Hg.]: Aufklärung als praktische Philosophie, 1998, 129–147). – WAGNER, F.: Art. Naturrecht II. Neuzeitliche und evangelische Interpretationen seit der Reformation (TRE 24, 1994, 153–185).

Auch in der Staatslehre machten sich die neuen, säkularen Tendenzen bemerkbar. Während die ältere Naturrechtsdebatte stets einen vom menschlichen Willen unabhängigen, göttlichen Ordnungsrahmen vorausgesetzt hatte, begründete sich das neuzeitliche Naturrechtsdenken auf der Basis voluntaristischer Subjektivität. Au-

---

[42] HARNACK, A.: Geschichte der Königlich Preußischen Akademie der Wissenschaften zu Berlin, 3 Bde., 1900, ND 1970. – [43] SELLE, G.V.: Die Georg-August-Universität zu Göttingen 1737–1937, 1937; HUND, F.: Die Geschichte der Göttinger Physik, 1987; BAASNER, R.: Georg Christoph Lichtenberg (EdF 278), 1992, 146–168.

ßerdem fokussierte es sein Interesse nun nicht mehr auf ethische Belange, sondern auf das Problem, wie die staatliche Rechtsgewalt vernünftig zu legitimieren sei.

Zunächst hatten sich die staatstheoretischen Innovationsimpulse vornehmlich in Gestalt literarischer Utopien artikuliert[44]. Immer stärker regte sich dann aber das Interesse an der wissenschaftlichen Grundlegung eines naturrechtlich fundierten Staats- und Völkerrechts. Der humanistisch geprägte *Hugo Grotius* (1583–1645) konstatierte in seinem Hauptwerk „De jure belli ac pacis" (1625) zwei Quellen des Rechts: den Schöpferwillen Gottes sowie den *sensus communis*, zu dem die Menschen dank ihrer natürlichen Freiheit zusammenfinden und den sie vertraglich kodifizieren (ius civile, ius gentium). Insofern muß die *lex naturae* Geltung beanspruchen können, ohne sich dafür legitimatorisch auf die *lex divina* zu berufen. Wenn Grotius auf jede biblische Begründung des Naturrechts mit dem Argument verzichtet, die *lex naturae* würde selbst dann noch unbedingte Gültigkeit beanspruchen können, wenn es Gott gar nicht gäbe („etiamsi daremus, non esse Deum"), war damit noch nicht eine radikale Säkularisierung des Naturrechts intendiert, vielmehr eine sachimmanente Behandlung der Rechtsfragen gefordert, die Gott in seinem Schöpfungswerk dem freien Verwalten der Menschen anvertraut habe. Der im Konsens autonomer Rechtssubjekte zustandegekommene Vertrag stellt bei Grotius die Grundkategorie der Rechtslehre dar, und dies nicht allein für den bürgerlichen und staatlichen, sondern auch für den internationalen Rechtsverkehr, in dem der Vertragsbruch darum auch zur Kriegsführung legitimiert (bellum iustum). In religionspolitischer Hinsicht umschließt bei Grotius die Staatsgewalt auch eine Schutzpflicht für die äußere, öffentliche Religion[45], die Zwangsmittel allerdings nur zur Bändigung staatsgefährdender Religionskonflikte einsetzen darf[46].

In Fortführung der staatstheoretischen Entwürfe von N. Machiavelli und J. Bodin hat erstmals *Thomas Hobbes* (1588–1679) den Gedanken des säkularen Staates konsequent formuliert. Aus der v. a. in den Schriften „De cive" (1642) und „Leviathan" (1651) dargelegten Auffassung, der natürliche Mensch sei ein Einzelgänger, der sich immer schon gegen eine ihm feindliche Mit- und Umwelt behaupten müsse („homo homini lupus"), entwickelte er seine Vertragstheorie, der gemäß sich die Menge der einzelnen Menschen aus vernünftiger Einsicht zu einer realen Überperson vertraglich vereinigt habe. Dieser mit uneingeschränkter Souveränität ausgestattete Staat kann weder Gewaltenteilung noch ein Mitspracherecht einzelner dulden und setzt eine effektive Sicherung von Recht und Frieden (einschließlich des konfessionellen Friedens!) eben dadurch ins Werk, daß er die individuelle Freiheit kategorisch beschränkt[47].

---

44 Morus, Th.: De optimo reip[ublicae] statu, deque nova insula Utopia, 1566; Campanella, T.: Civitas solis idea republicae philosophiae, 1602/1623; Andreae, J.V.: Reipublicae christianopolitanae descriptio, 1619; Bacon, F.: New Atlantis, 1627. – **45** De imperio summarum potestatum circa sacra, 1647. – **46** Link, Ch.: Hugo Grotius als Staatsdenker, 1983; Schneider, H.-P.: Hugo Grotius (UeberwegPhilos 17, Bd. 2/1, 1993, 91–107); Hofmann, H.: Hugo Grotius (in: Stolleis, M. [Hg.]: Staatsdenker in der frühen Neuzeit, ³1994, 52–77); Khan, D.-E.: Hugo Grotius (1583–1645) (in: Maier, H./Denzer, H. [Hg.]: Klassiker des politischen Denkens. Bd. 1: Von Plato bis Hobbes, 2001, 193–207). – **47** Tricand, F. u.a.: Thomas Hobbes (UeberwegPhilos 17, Bd. 3/1, 1988, 93–177); Hüning, D.: Freiheit und Herrschaft in der Rechtsphilosophie des Thomas Hobbes, 1998; Chwaszcza, Ch.: Thomas Hobbes (in: Maier, H./Denzer, H. [Hg.]: Klassiker des politischen Denkens.

Demgegenüber hat *John Locke* (1632–1704) im Anschluß an Grotius den Gedanken der Volkssouveränität zur Geltung gebracht. Für ihn konstituiert sich der Staat im Zusammentreten freier Menschen zu einem freien Bund, wodurch sie ihre natürlichen Freiheitsrechte zwar einschränken, aber nicht aufgeben. Im Unterschied zu Hobbes gründet hier der Staat also nicht auf einen Unterwerfungsvertrag, sondern auf ein Vertrauensverhältnis, das sich in der Teilung der Gewalten in Legislative und Exekutive[48] sowie der Garantie von Rechtsgleichheit und Freiheitswahrung unter ausdrücklichem Einschluß freier Religionsausübung, von der lediglich die als staatsgefährdend eingeschätzten Sektierer und Atheisten ausgeschlossen sind, manifestiert[49].

In Deutschland haben v. a. *Samuel Freiherr von Pufendorf* (1632–1694) und *Christian Thomasius* (1655–1728) eine neue Staatsrechtstheorie formuliert. Die Entwürfe von Grotius und Hobbes fortschreibend, entwickelte Pufendorf, der 1661 als erster deutscher Professor für Natur- und Völkerrecht nach Heidelberg berufen wurde, ein in sich geschlossenes, rationales System des Naturrechts (De iure naturae et gentium, 1672). Die drei Arten von menschlichen Pflichten, die er dabei unterschied – allgemeine Pflichten gemäß dem Naturrecht, bürgerliche Pflichten gemäß dem positiven Recht, christliche Pflichten gemäß der Offenbarung –, verstand er als komplementär. So konnte er das sich allein aus dem *lumen naturae* speisende natürliche Recht als autonom denken, ohne es in Konkurrenz oder Widerspruch zur christlichen Offenbarungswahrheit zu setzen. Dem Staat schrieb Pufendorf eine Aufsichtspflicht für die Kirche zu, die allerdings die freie Gestaltung des *cultus internus* (Gottesdienst- und Sakramentspraxis) zu respektieren hatte[50].

Der Titel, den Thomasius, auf Pufendorf fußend, seinem 1705 erschienenen naturrechtstheoretischen Hauptwerk gegeben hatte, war programmatisch: „Fundamenta iuris naturae et gentium ex sensu communi deducta". Daraus ergab sich auch für ihn die strikte Unterscheidung zwischen dem durch die Vernunft zureichend begründeten Naturrecht und dem in der Bibel geoffenbarten göttlichen Recht. Während Thomasius die Glaubenskirche allein durch Liebe und Gnade regiert sah, unterstellte er die äußere, sichtbare Kirche der staatlichen Rechtsgewalt. Da die als Körperschaft innerhalb des Staates verstandene Kirche über keinerlei eigene Rechtshoheit verfügt, definierte sich nach Thomasius die selbst liturgische Belange einschließende juristische Zuständigkeit des Landesherrn für die Kirche

---

Bd. 1: Von Plato bis Hobbes, 2001, 209–225). – **48** Charles de Montesquieu hat das Modell der staatlichen Gewaltenteilung dann in die klassische Trias aus Legislative, Judikative und Exekutive erweitert. – **49** BRANDT, R.: John Locke (UeberwegPhilos 17, Bd. 3/2, 1988, 607–713); AYERS, M.: Locke, 2 Bde., 1991; YOLTON, J.W.: A Locke Dictionary, 1993; EUCHNER, W.: John Locke (1632–1704) (in: MAIER, H./DENZER, H. [Hg.]: Klassiker des politischen Denkens. Bd. 2: Von Locke bis Max Weber, 2001, 15–30). – **50** RABE, H.: Naturrecht und Kirche bei Samuel von Pufendorf. Eine Untersuchung der naturrechtlichen Einflüsse auf den Kirchenbegriff Pufendorfs als Studie zur Entstehung des modernen Denkens (SKRG 5), 1958; DENZER, H.: Moralphilosophie und Naturrecht bei Samuel Pufendorf, 1972; PALLADINI, P. (Hg.): Samuel Pufendorf und die europäische Frühaufklärung, 1996; DINGEL, I.: Recht und Konfession bei Samuel von Pufendorf (in: MEHLHAUSEN, J.: [Hg.]: Recht – Macht – Gerechtigkeit, 1998, 516–540); DÖRING, D.: Samuel Pufendorf (1632–1694) (in: MAIER, H./DENZER, H. [Hg.]: Klassiker des politischen Denkens. Bd. 2: Von Locke bis Max Weber, 2001, 31–40); DREITZEL, H.: Samuel Pufendorf (UeberwegPhilos 17, Bd. 4/2, 2001, 757–812).

nicht aus einem ihm von der Kirche übertragenen Leitungsmandat (Episkopalismus), sondern allein aus der ihm als Souverän zukommenden obrigkeitlichen Gewalt (Territorialismus) (s. § 41)[51].

Die neue Staatslehre blieb nicht auf die akademische Theoriedebatte beschränkt, sondern ist bald auch in der *Herrschaftspraxis* des aufgeklärten Absolutismus in Erscheinung getreten. Die herkömmlich auf Friedens- und Rechtswahrung beschränkten Staatszwecke schlossen nun auch modernere Güter wie allgemeine Wohlfahrt und (zeitliche) Glückseligkeit ein. Die mehr denn je in der Hand der Fürsten konzentrierte Staatsmacht wurde als notwendige Bedingung der *salus publica* weithin bejaht. Zumal die preußischen Könige vermochten den Staat als eine allgemeinverbindliche Rechtsordnung und infolgedessen sich selbst als „erste Diener des Staates" glaubwürdig zu präsentieren[52]. Und auch im konkreten politischen Handeln dominierte zunehmend ein aufgeklärter Rationalismus[53], der sich in der Finanz- und Wirtschaftspolitik ebenso niederschlug wie in der Ausbildung eines straff organisierten zentralstaatlichen Behördenapparats (s. § 6), auf den Feldern der Schul-, Bildungs- und Sozialpolitik ebenso wie namentlich in dem zielstrebigen Aufbau einer effizienten, staatsloyalen und kontrollierten Gerichtsbarkeit. Als Inbegriff einer aufklärerischen Justizreform galt das „Allgemeine Landrecht für die Preußischen Staaten" von 1794[54], das die Sammlung, Systematisierung und Vereinheitlichung aller im Lande geltenden Gesetze erstrebte und das, obschon es bestehende Provinzialrechte nicht außer Kraft setzte, sondern ergänzte, einen erheblichen Fortschritt an Einheitlichkeit und Rechtssicherheit bedeutete[55].

§ 8: Philosophie

CASSIRER, E.: Die Philosophie der Aufklärung, 1932, ND 1998. – HAZARD, P.: La philosophie européenne au 18ᵉ siècle, 1963. – HIRSCH Bd. 2, 7–91. – KONDYLIS, P.: Die Aufklärung im Rahmen des neuzeitlichen Rationalismus, 1981. – KOPPER, J.: Einführung in die Philosophie der Aufklärung, ²1990. – NADLER, S. (Hg.): A Companion to Early Modern Philoso-

---

51 SCHNEIDERS, W.: Christian Thomasius (Studien zum achtzehnten Jahrhundert 11), 1989; BÜHLER, CH.: Die Naturrechtslehre und Christian Thomasius, 1991; VOLLHARDT, F. (Hg.): Christian Thomasius (1655–1728). Neue Forschungen im Kontext der Frühaufklärung, 1997; KÜHNEL, M.: Das politische Denken von Christian Thomasius. Staat, Gesellschaft, Bürger (Beiträge zur Politischen Wissenschaft 120), 2001; JAUMANN, H.: Art. Thomasius, Christian (TRE 33, 2002, 483–487). – 52 SELLIN, V.: Friedrich der Große und der aufgeklärte Absolutismus (in: ENGELHARDT, U. u.a. [Hg.]: Soziale Bewegung und politische Verfassung. Beiträge zur Geschichte der modernen Welt, 1976, 83–112). – 53 NIEDHART, G.: Aufgeklärter Absolutismus oder Rationalisierung der Herrschaft (Zeitschrift für historische Forschung 6, 1979, 199–211); STOLLBERG-RILINGER, B.: Der Staat als Maschine. Zur politischen Metaphorik des absoluten Fürstenstaates, 1986; VIERHAUS, R. (Hg.): Das Volk als Objekt obrigkeitlichen Handelns, 1992. – 54 Allgemeines Landrecht für die Preußischen Staaten von 1794, mit einer Einführung von H. HATTENHAUER, ²1994. – 55 DÖLEMEYER, B./MOHNHAUPT, H. (Hg.): 200 Jahre Allgemeines Landrecht für die preußischen Staaten. Wirkungsgeschichte und internationaler Kontext (Studien zur Europäischen Rechtsgeschichte 75), 1995; EBEL, F. (Hg.): Gemeinwohl – Freiheit – Vernunft – Rechtsstaat. 200 Jahre Allgemeines Landrecht für die Preußischen Staaten, 1995; GOSE, W./WÜRTENBERGER, TH. (Hg.): Zur Ideen- und Rezeptionsgeschichte des Preußischen Allgemeinen Landrechts, 1999.

phy, 2002. – RÖD, W.: Die Philosophie der Neuzeit 1: Von Francis Bacon bis Spinoza, ²1999. – DERS.: Die Philosophie der Neuzeit 2: Von Newton bis Rousseau, 1984. – SCHILDKNECHT, Ch.: Philosophische Masken. Literarische Formen der Philosophie bei Platon, Descartes, Wolff und Lichtenberg, 1990. – SCHNEIDERS, W.: Hoffnung auf Vernunft. Aufklärungsphilosophie in Deutschland, 1990. – DERS.: Aufklärungsphilosophien (in: JÜTTNER, S./ SCHLOBACH, J. [Hg.]: Europäische Aufklärung[en]. Einheit und nationale Vielfalt [Studien zum achtzehnten Jahrhundert 14], 1992, 1–25). – SCHOBINGER, J.-P. (Hg.): Die Philosophie des 17. Jahrhunderts (Grundriß der Geschichte der Philosophie, begründet von F. UEBERWEG), Bd. 1ff, 1988ff. – WOLLGAST, S.: Philosophie in Deutschland zwischen Reformation und Aufklärung 1550–1650, ²1993. – WUNDT, M.: Die deutsche Schulphilosophie im Zeitalter der Aufklärung, 1945, ND 1964.

Bereits von Zeitgenossen ist die Zeit der Aufklärung „das philosophische Jahrhundert" genannt worden; als Selbstbezeichnung der französischen Aufklärer wurde der Terminus „philosophes" rasch populär. Gemeinsam ist der Philosophie der frühen Neuzeit die emanzipatorische Kritik an der überkommenen christlich-aristotelischen Metaphysik, deren Plausibilität durch den mit der Kopernikanischen Wende (s. § 7)[56] ausgelösten europäischen Wissenschaftsfortschritt nachhaltig erschüttert worden war. Die Frage, wie dem menschlichen Erkenntnisvermögen eine neue, unumstößliche und rational evidente Basis zu geben sei, wurde zu einem Kernproblem der Aufklärungsphilosophie. Als ihre beiden Pole sind dabei die Hauptströmungen des französischen Rationalismus und des englischen Empirismus auseinandergetreten. In Deutschland hat sich die Aufklärungsphilosophie erst mit einer gewissen Verzögerung durchgesetzt, in Kant ist sie hier dann auch zu ihrer kulminativen Vollendung gelangt.

Die Geschichte des modernen, die philosophische Souveränität der Vernunft postulierenden Rationalismus beginnt mit *René Descartes* (1596–1650). Die Grundlinien seines Denkens entfaltete er in seiner Methodenlehre (Discours de la méthode [...], 1637), vor allem aber in den „Meditationes de prima philosophia, in qua Dei existentia et animae immortalitas demonstrantur" (1641). Um für die Wahrheitserkenntnis einen sicheren, irrtumsresistenten Grund zu gewinnen, wählt er den Weg des radikalen methodischen Zweifels. Unumstößliche Gewißheit findet er dabei zuletzt allein in dem Wissen des zweifelnden Denken um sich selbst: „Cogito ergo sum". Die darin entdeckte *res cogitans* wird für Descartes zum archimedischen Punkt aller Erkenntnis. Unter den apriorischen Vorstellungen des Denkens (ideae innatae) stößt Descartes auch auf die Gottesidee. Diese aber kann, da sie die vollkommenste Realität in sich schließt, nur von Gott selbst herrühren. Die moralische Vollkommenheit, die dem in seiner Existenz apriorisch erkannten Gott notwendig zukommt, garantiert für Descartes dann auch die Wahrheit aller anderen außerhalb des eigenen Denkens liegenden Gegenstände (res extensae), sofern sie nur „clare et distincte" erkannt werden[57]. Dieses Verfahren, durch deduktive Ent-

---

56 KANT hat diese Wende unübertrefflich so charakterisiert: „Kopernikus [...], der, nachdem es mit der Erklärung der Himmelsbewegungen nicht gut fort wollte, wenn er annahm, das ganze Sternenheer drehe sich um den Zuschauer, versuchte, ob es nicht besser gelingen möchte, wenn er den Zuschauer sich drehen, und dagegen die Sterne in Ruhe ließ" (KrV B XVI). – 57 RÖD, W.: Descartes. Die Genese des cartesianischen Rationalismus, ²1982; COTTINGHAM, J. (Hg.): The Cambridge Companion to Descartes, 1992; RODIS-LEWIS, G.: René Descartes (UeberwegPhilos 17, Bd. 2/1, 1993, 273–348); DERS.: Descartes. Biographie, 1995; KEMMERLING, A.: Ideen des Ichs. Studien zu Descartes' Philosophie, 1996; PERLER, D.:

faltung von erfahrungsunabhängig gewonnenen Prämissen, also allein durch die selbstexplikative Betätigung der Vernunft zu materialen Gewißheiten zu gelangen, ist kennzeichnend für den philosophischen Rationalismus.

Der ontologische Dualismus, den Descartes durch die kategoriale Unterscheidung von *res cogitans* und *res extensa* erzeugt hat, wirkt, auch in seiner Problemlast, bis in die Gegenwart fort. Schwierigkeiten bereitete das cartesische Konzept insbesondere in der Frage, wie sich beim Menschen ein Zusammenwirken von Vernunft bzw. Seele und Körper noch erklären lasse, wenn doch beide ontologisch derart disparat gedacht werden sollen. Nicolas de Malebranche (1638–1715) und andere sog. Okkasionisten suchten den cartesischen Dualismus dadurch zu retten, daß sie die psychophysischen Wechselwirkungen mit dem unmittelbaren Eingreifen Gottes erklärten, durch das bei einem bestimmten seelischen Vorgang die ihm jeweils entsprechende Körperbewegung ausgelöst wird.

Dagegen postulierte *Baruch de Spinoza* (1632–1677) die ontologische Einheit alles Wirklichen. In Abgrenzung vom cartesischen Dualismus gibt es für ihn nur noch eine einzige Substanz, die, ob nun „Gott" oder „Natur" genannt („deus sive natura"), dadurch qualifiziert ist, daß sie durch sich selbst existiert und begriffen wird („quod in se est et per se concipitur"). Diese unendliche Gott-Natur begegnet in unzähligen endlichen Erscheinungsformen. Dadurch hat Spinoza auch das cartesische Problem der Wechselwirkung von Seele und Körper, die für ihn einen intrasubstantiellen Vorgang darstellt, ontologisch entschärft. Mit der Unterscheidung von Wesen und Erscheinungsformen der einzigen Substanz korrespondiert die Unterscheidung von *natura naturans* und *natura naturata*, d. h. von hervorbringender und hervorgebrachter Natur. Damit hat Spinoza aus dem Gottesgedanken jeden Anthropomorphismus entfernt: Gott ist nicht Person, sondern Substanz, und die Modi, in denen diese Substanz in Erscheinung tritt, sind deren notwendige Folge. Indem der Mensch dieser göttlichen Determination inne wird, beginnt er Gott auf vernünftige Weise zu lieben („amor intellectualis Dei")[58].

Gleichermaßen gegen den cartesischen Dualismus wie gegen den Monismus Spinozas gerichtet, setzt *Gottfried Wilhelm Leibniz* (1646–1716) in seiner „Monadologie" (1720) eine unendliche Fülle sich selbst bestimmender individueller Substanzen („Monaden"). Sie sind die nicht mehr teilbaren Elemente der Wirklichkeit, die als immaterielle Einheiten ihre unablässigen Veränderungen aus eigener Kraft vollziehen. Dabei ergibt sich aus dem Deutlichkeitsgrad ihrer Vorstellungen eine graduelle Abstufung der Monaden: von den verworrenen Perzeptionen über die mit (Selbst-)Bewußtsein sich vollziehende Apperzeption der Geistmonaden bis hin zur Urmonade „Gott", der allein eine uneingeschränkt klare und deutliche Perzeption zukommt. Gemäß der Theorie der „prästabilierten Harmonie" hat Gott die Entfaltungsgesetze der Monaden zu einer vollkommenen universalen Ordnung bestimmt. Besondere Bedeutung für den optimistischen Grundzug der Aufklärung erlangte der von Leibniz in seiner „Theodizee" (1705/10) entfaltete Gedanke, daß Gott die bestehende Welt, unbeschadet aller wirklichen Übel in ihr, als die beste aller möglichen Welten auserwählt hat[59].

René Descartes, 1998. – 58 GUEROULT, M.: Spinoza, 2 Bde., 1968/74; BARTUSCHAT, W.: Spinozas Theorie des Menschen, 1992; DERS.: Baruch de Spinoza (UeberwegPhilos 17, Bd. 2/2, 1993, 893–969); RÖD, W.: Benedictus de Spinoza. Eine Einführung, 2002. – 59 COUDERT, A.P. u.a. (Hg.): Leibniz, Mysticism and Religion, 1998; MÜLLER, K./HEINE-

Für diese und andere Spielarten des philosophischen Rationalismus war der Gottesgedanke und darum auch der vernünftige Gottesbeweis von konstitutiver Bedeutung: Nur so schien die entscheidende Prämisse, durch die Erkenntnisgewißheit erst möglich wurde, zureichend begründet zu sein.

Demgegenüber war die *englische Aufklärungsphilosophie* wesentlich durch Empirismus und Sensualismus bestimmt. Anders als in der von Descartes gebahnten Denkspur sollte hier alle Wissenschaft und überdies alle Lebenspraxis nicht durch Freilegung der mittels des Gottesgedankens garantierten Erkenntnisfähigkeit der Vernunft begründet, sondern allein aus der sinnlichen Erfahrung abgeleitet werden. In Anknüpfung an F. Bacon hielt es J. Locke (s. § 7.2) für untunlich, philosophische Sachfragen zu erörtern, ohne zuvor die Verläßlichkeit und Reichweite des menschlichen Erkenntnisvermögens erkundet zu haben. Für ihn war das Bewußtsein eine durch keinerlei eingeborene Ideen bestimmte *tabula rasa*, die allererst durch Erfahrung (experience) zu ihren Inhalten, welche sich allein der sinnlichen Wahrnehmung äußerer Gegenstände (sensation) oder intramentaler Gegebenheiten (reflection) verdanken, gelangt. Die Verstandestätigkeit vollzieht sich nach Locke in der Kombination der Erfahrungsgehalte; andere Kriterien für die Wahrheit realitätshaltiger Urteile läßt er neben der Erfahrung nicht gelten. Immerhin hat er auch das Vorhandensein gewisser intuitiver Einsichten (dispositions of the mind) eingeräumt.

Für *David Hume* (1711–1776) vollzieht sich das Denken ebenfalls als Kombinatorik der empirischen Gehalte. Daß die menschliche Erkenntnis allerdings nicht zwingend auf den Bereich der unmittelbaren sinnlichen Erfahrung beschränkt ist, hat er v. a. am Beispiel des Kausalitätsprinzips offengelegt: Während sich aus der Erfahrung zwar die Erkenntnis einer zeitlich gestuften Abfolge, nicht aber deren Verknüpfung zu Ursache und Wirkung gewinnen läßt, ist die Nötigung, den Erfahrungsdaten das Kausalitätsmuster zu unterlegen, augenscheinlich doch nicht zu umgehen. Freilich sind, was die Kausalschlüsse als Konklusionen vollziehen, keine mechanische, sondern nur statistische Gesetze, die nicht notwendige Verbindungen, nur regelmäßige Zusammenhänge freilegen können. Aufgrund solcher Überlegungen hat sich der Empirismus bei Hume in philosophischen Skeptizismus verwandelt[60]. In der französischen Aufklärungsphilosophie sind die Impulse des englischen Empirismus v. a. im Kreis der Enzyklopädisten (D. Diderot, d'Alembert), bei Montesquieu und Voltaire (s. § 15), erst recht aber in der Pariser Philosophenbewegung der Materialisten (J.O. LaMettrie, C.A. Helvétius, P.H. d'Holbach) produktiv rezipiert worden.

Anders als in Frankreich und England manifestierte sich die *deutsche Aufklärungsphilosophie* fast ausschließlich als Schul- bzw. Universitätsphilosophie. Thomasius (s. § 7.2), der erstmals Vorlesungen in deutscher Sprache abhielt (beginnend unter dem symbolträchtigen Datum des 31. Oktober 1688), war in theoretischer Hinsicht wenig originell; seine Interessen zielten vornehmlich auf Fragen der praktischen Philosophie. Einflußreich wurde Thomasius' Methode einer tradi-

KAMP, A. (Hg.): Leibniz-Bibliographie, 2 Bde., 1983/1996; HOLZHEY, H. u.a.: Gottfried Wilhelm Leibniz (UeberwegPhilos 17, Bd. 4/2, 2001, 995–1139). – 60 GASKIN, J.C.A.: Humes Philosophy of Religion, 1978; KULENKAMPFF, J.: David Hume, ²2003; NORTON, D.F. (Hg.): The Cambridge Companion to Hume, 1993; KULENKAMPFF, J. (Hg.): David Hume. Eine Untersuchung über den menschlichen Verstand, 1997.

tions-, autoritäts- und vorurteilskritischen Eklektik. Dagegen hat *Christian Wolff* (1679–1754) das ganze 18. Jahrhundert philosophisch entscheidend geprägt. Seine Bedeutung lag v. a. in der konsequenten Systematisierung des auch von ihm eklektisch rezipierten Denkens der Zeit. Indem Wolff die mathematisch-syllogistische Methode allgemein verbindlich zu machen suchte, wollte er allem Wissen die gleiche formale Sicherheit geben und so ein allgemeines System des menschlichen Wissens entwickeln; Kant hat ihn später als den „größten unter allen dogmatischen Philosophen" gewürdigt (KrV B XXXVI). Die immense Wirkung Wolffs (s. § 19) erklärt sich ebenso aus dem akademischen Erfolg seiner Schüler (Wolffianismus) wie aus seinem prägenden Einfluß auf die zeitgenössische deutsche Popularphilosophie.

Ihren Höhe- und Endpunkt erreichte die Philosophie der Aufklärung in *Immanuel Kant* (1724–1804) (s. § 34). Er hat die beiden philosophischen Hauptströmungen seines Zeitalters, Rationalismus und Empirismus, gleichermaßen kritisch rezipiert. Beiden attestierte er einen unkritischen Gebrauch der Vernunft: Während der Rationalismus außer Acht lasse, daß Begriffe, sofern ihre Anwendung über den Bereich möglicher Erfahrung hinausgreift, ihre epistemische Tragfähigkeit einbüßen, übersehe der Empirismus, daß Erfahrung ohne hinzutretende Verstandeskategorien gar nicht zustande kommen könne. Den innovativen Charakter seiner eigenen, kritischen Transzendentalphilosophie verglich Kant mit der Kopernikanischen Wende: Die Erkenntnis richtet sich nicht mehr nach ihren Gegenständen, vielmehr die Gegenstände nach den Erkenntnisstrukturen. Metaphysik ist demnach nur noch in kritischer Ausrichtung möglich: als Wissenschaft von den Quellen sowie von Umfang und Geltung vernünftiger Erkenntnis. Anhand der vier Leitfragen „Was kann ich wissen? Was soll ich tun? Was darf ich hoffen? Was ist der Mensch?" (Logik A 25) entwickelt Kant eine Philosophie der sich in ihren Grenzen und Möglichkeiten durchschauenden Vernunft. Diese ist sowohl theoretisch als auch praktisch autonom, jedoch, da auf Erfahrung angewiesen, nicht absolut, sondern endlich. Als „die Wissenschaft der Beziehung alles Erkenntnisses und Vernunftgebrauchs auf den Endzweck der menschlichen Vernunft" (ebd.) vollzieht sich die kritische Philosophie Kants[61] als eine *teleologia rationis humanae*.

§ 9: Literatur

ALT, P.-A.: Aufklärung, ²2001. – BROWNING, R.M.: German poetry in the age of enlightenment, 1978. – BÜRGER, Ch. u.a. (Hg.): Aufklärung und literarische Öffentlichkeit, 1980. – GUTJAHR, O. u.a. (Hg.): Gesellige Vernunft. Zur Kultur der literarischen Aufklärung, 1993. – JACOBS, J.: Prosa der Aufklärung. Kommentar zu einer Epoche, 1976. – JØRGENSEN, S.A. u.a.: Aufklärung, Sturm und Drang, frühe Klassik (1740–1789), 1990. – KAISER, G.: Aufklärung, Empfindsamkeit, Sturm und Drang, ²1976. – DERS.: Von der Aufklärung bis zum Sturm und Drang 1730–1785, ³1979. – KEMPER, H.-G.: Deutsche Lyrik der frühen Neuzeit, 6 Bde., 1987ff. – KIESEL, H./MÜNCH, P.: Gesellschaft und Literatur im 18. Jahrhundert.

---

61 CASSIRER, E.: Kants Leben und Lehre, ²1921, ND 1971; HÖFFE, O.: Immanuel Kant, 1983; GERHARDT, V./KAULBACH, F.: Immanuel Kant, ²1985; GUYER, P. (Hg.): The Cambridge Companion to Kant, 1992; RECKI, B.: Art. Kant, Immanuel (RGG⁴ 4, 2002, 779–784).

Voraussetzungen und Entstehung des literarischen Marktes in Deutschland, 1977. – W. KIL-
LY, W./ PERELS, Ch. (Hg.): Die deutsche Literatur. Texte und Zeugnisse. Bd. 4/1: 18. Jahr-
hundert, 1983. – KOHLSCHMIDT, W.: Vom Barock bis zur Klassik. Geschichte der deutschen
Literatur, 1965. – KORFF, H.A.: Geist der Goethezeit, 4 Bde., 1923–1953. – MARTENS, W.:
Literatur und Frömmigkeit in der Zeit der frühen Aufklärung, 1989. – MÜLLENBROCK, H.-
J.: Literatur des 18. Jahrhunderts, 1977. – PÜTZ, P.: Die deutsche Aufklärung (EdF 81),
⁴1991. – SEE, K.v. (Hg.): Neues Handbuch der Literaturwissenschaft. Bd. 11–13: Europäische Aufklärung, 1974ff. – ZIMMERMANN, H.: Aufklärung und Erfahrungswandel. Studien
zur deutschen Literaturgeschichte des späten 18. Jahrhunderts, 1999.

Neben der Philosophie (s. § 8) hat die Literatur als der eigentliche intellektuelle
Motor der Aufklärungsbewegung zu gelten. Stärker als die anderen Künste ist sie
für den pädagogisch-popularisierenden Impetus der Epoche zu einem bevorzugten
Medium geworden, in dem die ästhetische, moralische, weltanschauliche und religiöse Autonomie des Menschen erfolgreich und breitenwirksam propagiert werden konnte.

In *England* traten, zumal nach der Erklärung der Pressefreiheit (1693), die führenden Denker der Zeit zugleich als gewandte Literaten und Essayisten hervor.
Daneben hat sich, beginnend mit den seit 1708 erscheinenden „moral weeklies",
eine ausgedehnte moralische Literatur (F. Hutcheson, A. Ferguson) etabliert, die
auch in Deutschland intensiv rezipiert und fortgeführt worden ist (s. § 23). Der
Siegeszug des Romans als neuer Hauptgattung der Literatur[62] begann ebenfalls in
England, zumal in der Sonderform des psychologischen sowie des komischen bzw.
humoristischen Romans (H. Fielding, T.G. Smallett, L. Sterne). Erhebliche Bedeutung erlangte zudem der Romantyp der Robinsonade[63], der nach mannigfachen,
in Ansätzen bis ins 13. Jahrhundert zurückreichenden Vor- und Frühformen in D.
Defoes „Robinson Crusoe" (1719) seine klassische, epochenprägende Gestalt gefunden hat. Das Motiv eines gestrandeten Helden, der, in den menschlichen Urzu-
stand zurückversetzt, die kulturelle und religiöse Entwicklung der Menschheit erneut aus sich hervorbringt, wurde bald auch in Deutschland nachahmend fortgeschrieben, besonders erfolgreich mit J.G. Schnabels „Die Insel Felsenburg" (4 Bde.,
1731–43)[64] und J.H. Campes „Robinson der Jüngere" (1779/80).

In *Frankreich* äußerten sich die Repräsentanten der philosophischen Aufklärung ebenfalls in literarischen Formen. Diderot und – mehr noch – Voltaire waren
darin von einer unübertroffenen Vielseitigkeit: In Dramen, Gedichten, Erzählungen, Romanen, Flugschriften, philosophischen Essays, Wörterbüchern und Enzy-

---

62 SCHÖNERT, J.: Roman und Satire im 18. Jahrhundert. Ein Beitrag zur Poetik, 1969;
HERZOG, U.: Der deutsche Roman des 17. Jahrhunderts. Eine Einführung, 1976; WAHREN-
BURG, F.: Funktionswandel des Romans und ästhetische Norm. Die Entwicklung seiner
Theorie in Deutschland bis zur Mitte des 18. Jahrhunderts, 1976; KIMPEL, D.: Der Roman
der Aufklärung, ²1976; KOOPMANN, H. (Hg.): Handbuch des deutschen Romans, 1983;
ENGEL, M.: Der Roman der Goethezeit. Bd. 1: Anfänge in Klassik und Frühromantik, 1993.
– 63 BARTSCH, K.: Die Robinsonade im 18. Jahrhundert, 1984; STACH, R.: Robinson und
Robinsonaden in der deutschsprachigen Literatur, 1991; DERS.: Robinsonaden, 1996. –
64 Der Titel „Die Insel Felsenburg" verdankt sich erst der Neuausgabe durch L. Tieck
(1828); der ursprüngliche Titel lautete: „Wunderliche Fata Einiger See-Fahrer, absonderlich
Alberti Julii, eines gebohrenen Sachsens, welcher in seinem 18den Jahre zu Schiffe gegangen,
durch Schiff-Bruch selbte an eine grausame Klippe geworffen worden [...], entworfen von
dessen Bruders-Sohnes-Sohnes-Sohne, Mons. Eberhard Julio, Curieusen Lesern aber zum
vermuthlichen Gemüths-Vergnügen ausgefertiget [...] von Gisandern".

klopädien suchten sie ihr Gedankengut zu verbreiten. Als für die Aufklärung besonders nützliche literarische Gattungen erwiesen sich die Komödie (Molière [J.B. Poquelin], P.-A.C. de Beaumarchais) sowie der Brief (z.B. Montesquieu: Lettres persanes, 1721) bzw. der Briefroman (z.B. J.-J. Rousseau: La Nouvelle Héloïse, 1761).

Die *deutsche Literaturgeschichte* hat im Zeitalter der Aufklärung mannigfaltige, teils ausgesprochen disparate Ausprägungen erlebt. Die damit verbundenen Gattungs- und Periodisierungsprobleme[65] sind entsprechend verzwickt: Obschon die zu unterscheidenden Hauptrichtungen selbstverständlich in einer gewissen diachronen Ordnung erscheinen, haben sie einander nicht einfach abgelöst, sondern sich formal, motivisch, chronologisch und oft auch personell vielfältig überlagert. Dabei markiert die im engeren Sinn als aufklärerisch qualifizierte Literatur nur einen vergleichsweise kleinen Ausschnitt der von der Mitte des 17. bis zum Ende des 18. Jahrhunderts sich erstreckenden Entwicklung. Andererseits sind in der Literaturgeschichte dieser Zeit durchgehend aufklärerische Motive und Formen zur Geltung gekommen, wenn auch in unterschiedlichster, oft komplementärer Gewichtung und Wirksamkeit.

Die nach dem Dreißigjährigen Krieg noch vorherrschende spätbarocke Literatur gab für die wenig später einsetzende literarische Aufklärung die unmittelbare geschichtliche Folie ab. Dabei war die poetologische Debatte von dem Bestreben geprägt, das Deutsche als eine den antiken Vorbildern und westeuropäischen Kulturen ebenbürtige Literatursprache zu etablieren. Diesem Ziel waren die florierenden Sprachgesellschaften[66] – allen voran die 1617 in Weimar gegründete „Fruchtbringende Gesellschaft" – ebenso verpflichtet wie M. Opitz' epochales, bis zu J.Ch. Gottsched in gleichsam kanonischer Geltung stehendes „Buch von der deutschen Poeterey" (1624), das geläuterte sprachliche Reinheit, Klarheit, Vielfalt, Eleganz sowie die Koinzidenz von natürlichem und metrischem Akzent einforderte. Die dichterischen Werke blieben von barocker Antithetik bestimmt, die in der reich aufblühenden (geistlichen) Lyrik und im protestantischen Kirchenlied gleichermaßen hervortrat wie in der dramatischen und epischen Gattung. Als einen Höhe- und Endpunkt des spätbarocken Romans wird man J.J.Ch.v. Grimmelshausens „Der Abentheurliche Simplicissimus Teutsch" (1668) ansprechen dürfen, der einen einfältigen eltern- und heimatlosen Bauernjungen die Welt des Dreißigjährigen Krieges als einen Tummelplatz von Zufall und Eitelkeit erleben und sich schließlich in einsiedlerische Hinwendung zu Gott zurückziehen läßt[67].

Die im engeren Sinn der Aufklärung zuzurechnende Literatur trat in Deutschland zunächst weniger mit beispielgebenden Dichtungen als mit *poetologischen Reflexionen* hervor. In schroffer Abkehr vom barocken Stilideal forderte Gottsched eine Dichtkunst, die alles Wunderbare und Unwahrscheinliche meidet und deren Stilideal er als „deutlich, artig, ungezwungen, vernünftig, natürlich, edel, wohlgefaßt, ausführlich, wohlverknüpft und wohlabgetheilet" bestimmte[68]. Gott-

---

65 KEMPER, Bd.1, 11–57. – 66 OTTO, K.F.: Deutsche Sprachgesellschaften des 17. Jahrhunderts, 1972; STOLL, CH.: Sprachgesellschaften im Deutschland des 17. Jahrhunderts, 1973; ENGELS, H.: Deutsche Sprachgesellschaften des 17. Jahrhunderts, 1983. – 67 BEUTEL, A.: Gespiegelte Wirklichkeit. Religion, Konfession und geistliches Amt in Grimmelshausens „Simplicissimus" (in: DERS.: Protestantische Konkretionen. Studien zur Kirchengeschichte, 1998, 140–160). – 68 GOTTSCHED, J.CH.: Ausführliche Redekunst, 1736, 326; Versuch einer critischen Dichtkunst, 1730.

sched riet einstweilen zur Nachahmung der großen französischen Dramatiker J.B. Racine und P. Corneille und hat mit seinem Drama „Sterbender Cato" (1732) auch selbst ein Beispiel zu geben versucht. Bedeutsam war Gottsched indessen vor allem als Literaturreformer und -organisator.

Mit den Schweizern J.J. Bodmer und J.J. Breitinger kam es zu einer heftigen poetologischen Fehde. Gegen Gottsched propagierten sie, darin wirkungsgeschichtlich ungleich erfolgreicher, die poetologische Aufwertung von Phantasie und Gefühl und erklärten die Einwirkung aufs Gemüt als ein wesentliches Ziel der Literatur[69]; als literarisches Vorbild diente ihnen J. Miltons „Paradise lost" (1667).

Die *literarische Produktion* der deutschen Aufklärung blieb daneben vergleichsweise bescheiden. In der Lyrik florierten moralisch-erbauliche Lehrdichtung[70] und teleologische Naturbetrachtung[71] (s. § 16). Große Popularität genoß Ch.F. Gellert, der in Dramen, moralischen Vorlesungen, Lehrgedichten, Fabeln und geistlichen Liedern die ihm eigene Verbindung von Rationalismus und Innerlichkeit artikulierte. Ch.M. Wieland zeigte in seinem Erziehungs- und Bildungsroman „Geschichte des Agathon" (1766/67), wie Gefühl und Sinnlichkeit in einer natürlichen, vernünftigen Humanität zu harmonischem Ausgleich gelangen.

In *G.E. Lessing* (s. § 30) fand die Literatur der deutschen Aufklärung einen herausragenden, überaus vielseitigen Repräsentanten. Sein Werk ist in dichterischer und poetologischer ebenso wie in theologischer und philosophischer Hinsicht bedeutsam. Mit „Miß Sara Sampson" (1755) schuf er das erste deutsche bürgerliche Trauerspiel, mit „Minna von Barnhelm" (1763) das Musterbeispiel einer Charakterkomödie. Von 1774 an edierte er die deistischen Reimarus-Fragmente (s. § 24.2), wodurch er sich trotz ausdrücklicher Distanzierung von der dort vertretenen Betrugstheorie alsbald in literarische Händel verstrickt sah, allen zuvor mit dem Hamburger Hauptpastor J.M. Goeze (s. § 49). Nach dem 1778 erzwungenen Abbruch des Fragmentenstreits setzte er die Fehde auf der Schaubühne fort: mit dem Toleranzdrama „Nathan der Weise" (1779). Hier zeigte er anhand der von G. Boccaccio entlehnten, jedoch spezifisch variierten Ringparabel, daß echte Religiosität unabhängig von jeder positiven Religionsgestalt allein aus vorurteilsloser Humanität zu erwachsen vermag. In seiner geschichtsphilosophischen Spätschrift konstruierte er drei Phasen der göttlichen „Erziehung des Menschengeschlechts" (1780), die über die Stadien des Alten und Neuen Testament in eine Zeit der Vollendung führe, von biblischem Offenbarungsglauben zu autonomer Humanitätsreligion. Indem Lessing nicht nur für die Menschheit insgesamt, sondern auch für jeden einzelnen Menschen eine intellektuelle und sittliche Vervollkommnung reklamierte, wurde ihm der Gedanke der Seelenwanderung zu einem unentbehrlichen geschichtstheologischen Konstrukt.

Neben und nach der im engeren Sinn aufklärerischen Literatur machten sich zunehmend komplementäre, den Aufklärungsprozeß dynamisierende Tendenzen bemerkbar, die gegen rationalistische Dominanzen den Primat der *Empfindsam-*

---

[69] BODMER, J.J.: Critische Abhandlung von dem Wunderbaren in der Poesie, 1740; BREITINGER, J.J.: Critische Dichtkunst, 1740. – [70] BROCKES, B.H.: Irdisches Vergnügen in Gott bestehend in verschiedenen aus der Natur und Sitten-Lehre hergenommenen Gedichten, 9 Bde., 1721–48. – [71] HALLER, A.v.: Die Alpen, 1732.

keit[72] eingeklagt und eingebracht haben. Ein religiös-säkulares Naturgefühl, bisweilen überschwenglich, ja tränenselig[73] zelebriert, verband sich mit schwärmerischem Freundschaftskult und feinsinnig-sentimentaler Selbstanalyse. Unter pietistischem sowie englischem Einfluß (Milton) faßte der von I.J. Pyra und S.G. Lange 1733 als Freundschaftsbund gegründete ältere Hallesche Dichterkreis religiöse und erhabene Stoffe in reimlose Odenform. Demgegenüber wurde der vom französischen Rokoko beeinflußte jüngere Hallesche Dichterkreis (J.W.L. Gleim, J.P. Uz, J.N. Götz u. a.) zu einem Zentrum der Anakreontik[74]: Im Zeichen des zum sokratischen Weisen stilisierten griechischen Dichters Anakreon entstanden Lieder von weltlich-heiterer Sinnlichkeit; bahnbrechend wirkte Gleims „Versuch in Scherzhaften Liedern" (2 Teile, 1744/45), die als unstrophische, reimlose Vierheber, dem Genre entsprechend, vor allem Wein, Freundschaft und Liebe besangen. Der 1772 als Freundschaftsbund junger Dichter gegründete „Göttinger Hain" beschwor in seiner empfindsamen, volks- und naturnahen Lyrik vornehmlich patriotische, religiöse und sittliche Ideale[75]. Zur Hauptgattung der Empfindsamkeit entwickelte sich neben der Lyrik der (Seelen-)Roman, der, zumal in den bevorzugten Spielarten des Brief- und Reiseromans, die erzählte Handlung zum bloßen Rahmen gefühlvoller Betrachtungen werden ließ, kulminierend in Goethes Briefroman „Die Leiden des jungen Werthers" (1774)[76]. Eine vergleichbare literarische Breitenwirkung erlebte die empfindsame Dichtung F.G. Klopstocks[77] und zumal dessen monumentales Epos „Der Meßias", das, durch Miltons „Paradise lost" inspiriert und nach jahrzehntelanger Arbeit 1772 vollendet, die Leidensgeschichte Jesu bis zur Himmelfahrt nacherzählt und den formvollendet durchgebildeten Hexameter in die deutsche Epik eingebracht hat[78].

---

72 KRÜGER, R.: Das Zeitalter der Empfindsamkeit, 1973; MOG, P.: Ratio und Gefühlskultur, 1976; HOHLENDAHL, P.U.: Der europäische Roman der Empfindsamkeit, 1977; WEGMANN, N.: Diskurse der Empfindsamkeit. Zur Geschichte eines Gefühls in der Literatur des 18. Jahrhunderts, 1988; BAASNER, R.: Der Begriff sensibilité im 18. Jahrhundert, 1988; HANSEN, K.P. (Hg.): Empfindsamkeiten, 1990; VOSSKAMP, W.: Erzählte Subjektivität. Zur Geschichte des empfindsamen Romans im 18. Jahrhundert in Deutschland (in: GUTJAHR, O. u.a. [Hg.]: Gesellige Vernunft. Zur Kultur der literarischen Aufklärung, 1993, 339–352). – 73 Das weinende Saeculum. Colloquium der Arbeitsstelle 18. Jahrhundert (Beiträge zur Geschichte der Literatur und Kunst des 18. Jahrhunderts 7), 1983. – 74 ZEMAN, H.: Die deutsche anakreontische Dichtung. Ein Versuch zur Erfassung ihrer ästhetischen und literaturhistorischen Erscheinungsformen im 18. Jahrhundert, 1972; VERWEYEN, TH.: „Halle, die Hochburg des Pietismus, die Wiege der Anakreontik". Über das Konfliktpotential der anakreontischen Poesie als Kunst der „sinnlichen Erkenntnis" (in: HINSKE, N. [Hg.]: Zentren der Aufklärung I. Halle. Aufklärung und Pietismus [WSA 15], 1989, 209–238); BEETZ, M./ KERTSCHER, H.-J. (Hg.): Anakreontische Aufklärung (HBEA 28), 2005. – 75 KELLETAT, A. (Hg.): Der Göttinger Hain, 1984. – 76 MATTENKLOTT, G.: Die Leiden des jungen Werthers (in: Goethe-Handbuch. Bd. 3: Prosaschriften, hg.v. B. WITTE u.a., 1997, 51–101 [Lit.]). Die ungeheure Wirkung, die Goethes „Werther" sogleich auslöste, schließt selbstverständlich auch massive Gegnerschaft ein, die beispielsweise den Berliner Aufklärer F. NICOLAI zu der Satire „Freuden des jungen Werthers, Leiden und Freuden Werthers des Mannes" (1775) veranlaßt hat. – 77 KAISER, G.: Klopstock. Religion und Dichtung, 1975; ARNOLD, H.L. (Hg.): Friedrich Gottlieb Klopstock, 1981; KOHL, K.: Friedrich Gottlieb Klopstock, 2000. – 78 SPARN, W.: „Der Messias". Klopstocks protestantische Ilias (in: ROHLS, J./WENZ, G. [Hg.]: Protestantismus und deutsche Literatur [Münchener Theologische Forschungen 2], 2004, 55–80).

Aus dem Boden der Empfindsamkeit erwuchs, unter hymnischer Beschwörung W. Shakespeares[79], die heroisch-tragische Dichtung des *Sturm und Drang*[80]. Eine trennscharfe Abgrenzung von der Literatur der Empfindsamkeit dürfte kaum möglich sein, doch blieb, anders als diese, der Sturm und Drang auf eine ausschließlich literarische, allein im deutschen Sprachgebiet begegnende Erscheinung beschränkt. In rauschhaft-eindringlichem Geniekult verherrlichte er, etwa in der mythologischen Figur des Prometheus, das Urbild des höheren Menschen und Künstlers[81], der im Konflikt mit der herrschenden Kultur und Gesellschaft zerrieben wird. In der bevorzugten Gattung des Dramas[82] inszenierten die Dichter des Sturm und Drang den Kampf um politische[83] und gesellschaftliche Freiheit[84], um die Aufhebung ständischer Schranken[85] und das Recht der Leidenschaft[86]. Aber nicht allein in den komplementären Erscheinungsformen der rationalistischen und empfindsamen Dichtung versinnlichte sich die Dialektik der Aufklärung. Deren geistiges Erbe lebte auch in den literarischen Metamorphosen, die am Ende des 18. Jahrhunderts das Zeitalter der Aufklärung antiquierten, noch fort, namentlich in der Weimarer Klassik, der Frühromantik (s. § 36) sowie der kaum rubrizierbaren Dichtung eines Jean Paul, Friedrich Hölderlin oder Heinrich von Kleist.

§ 10: Religion

AGETHEN, M.: Geheimbund und Utopie, 1987. – HARTMANN, P.C. (Hg.): Religion und Kultur im Europa des 17. und 18. Jahrhunderts (Mainzer Studien zur Neueren Geschichte 12), 2004. – HECKEL, M.: Deutschland im konfessionellen Zeitalter, ²2001. – KAUFMANN, Th.: Art. Westfälischer Friede (TRE 35, 2003, 679–686). – LEHMANN, H.: Das Zeitalter des Absolutismus. Gottesgnadentum und Kriegsnot, 1980. – LUDZ, Ch. (Hg.): Geheime Gesellschaften (WSA 5/1), 1979. – MAURER, M.: Kirche, Staat und Gesellschaft im 17. und 18. Jahrhundert, 1999. – MÜLLER, W. u.a.: Die Kirche im Zeitalter des Absolutismus und der Aufklärung (HKG[J] 5), 1985. – REINALTER, H. (Hg.): Freimaurer und Geheimbünde im 18. Jahrhundert in Mitteleuropa, 1983. – DERS. (Hg.): Aufklärung und Geheimgesellschaften, 1989. – SCHNEIDER, B.Ch.: Ius reformandi. Die Entwicklung eines Staatskirchenrechts von seinen Anfängen bis zum Ende des Alten Reiches (JusEcc 68), 2001. – WALLMANN, J.: Kirchengeschichte Deutschlands seit der Reformation, ⁵2000, 88–171.

Die mit dem *Westfälischen Frieden* (1648) gesteckten religionspolitischen Rahmenbedingungen hatten bis zum Ende des Alten Reiches Bestand. Reichsrechtlich

---

[79] HERDER, J.G.: Shakespear (in: DERS.: Von deutscher Art und Kunst. Einige fliegende Blätter, 1773); GOETHE, J.W.v.: Zum Schäkespears Tag, 1771. – [80] Die Periodenbezeichnung geht auf F.M.v. Klingers Drama „Sturm und Drang" (1776) zurück. HUYSSEN, A.: Drama des Sturm und Drang, 1980; HINCK, W. (Hg.): Sturm und Drang, ²1989; LUSERKE, M.: Sturm und Drang. Autoren – Texte – Themen, 2003; SAUDER, G.: Theorie der Empfindsamkeit und des Sturm und Drang, 2003. – [81] GOETHE, J.W.v.: Prometheus, 1773; Ganymed, 1774. – [82] MEYER, R.: Das deutsche Trauerspiel des 18. Jahrhunderts, 1977; KOOPMANN, H.: Drama der Aufklärung. Kommentar zu einer Epoche, 1979; HUYSSEN, A.: Drama des Sturm und Drang. Kommentar zu einer Epoche, 1980. – [83] SCHILLER, F.: Die Verschwörung des Fiesco zu Genua. Ein republikanisches Trauerspiel, 1783. – [84] GOETHE, J.W.v.: Götz von Berlichingen mit der eisernen Hand, 1773; SCHILLER, F.: Die Räuber, 1781. – [85] LENZ, J.M.R.: Die Soldaten, 1776; SCHILLER, F.: Kabale und Liebe, 1784. – [86] GOETHE, J.W.v.: Clavigo, 1774; Stella. Ein Schauspiel für Liebende, 1776; KLINGER, F.M.: Das leidende Weib, 1775.

war dieses epochale Vertragswerk vor allem als ein Religionsfrieden in Erscheinung getreten, indem er zugunsten der politischen Funktionsfähigkeit des Reiches die theologische Wahrheitsfrage einstweilen sistierte und die Gewaltanwendung zwischen den Konfessionsparteien dauerhaft untersagte. Während der Augsburger Religionsfriede (1555) lediglich die „alte Religion" und die „Augsburger Religionsverwandten" als prinzipiell gleichberechtigt anerkannt hatte, sind nun auch die Reformierten in den Religionsfrieden einbezogen worden, um damit eine Entwicklung, die schon länger die faktische Koexistenz dreier christlicher Kirchen heraufgeführt hatte, reichsrechtlich zu sanktionieren. Detaillierte Paritätsregelungen sicherten für die Besetzung von Reichsdeputationen, -kommissionen und im Reichskammergericht die konfessionelle Gleichberechtigung, die sich verfassungsrechtlich insbesondere darin niederschlug, daß in allen Religionsangelegenheiten die das Mehrheitsprinzip außer Kraft setzende *itio in partes*, also die paritätische Beratungs- und Entscheidungsbefugnis von Corpus Evangelicorum und Corpus Catholicorum[87], verfahrenstechnisch fixiert wurde.

Die *Normaljahrsregelung*, derzufolge die am 1. Januar 1624 herrschenden Konfessionsverhältnisse dauerhafte Gültigkeit haben und gegebenenfalls restituiert werden sollten, hat die religiöse Landkarte in Deutschland für anderthalb Jahrhunderte grundsätzlich festgeschrieben, dabei allerdings drei erhebliche Modifikationen zur Geltung gebracht. Zum einen wurde die Normaljahrsregelung auch auf die reichsunmittelbaren Bistümer und Abteien angewandt, wodurch sich die in protestantischen Territorien großenteils vollzogene Säkularisation von Kirchengut rückwirkend als hinfällig erwies. Zum andern setzten Sonderbestimmungen die Normaljahrsregelung für die habsburgischen Territorien Schlesien und Niederösterreich außer Kraft, wodurch die dortige evangelische Religionsausübung empfindlich eingeschränkt und zugleich die reichsrechtliche Basis einer nachhaltigen Rekatholisierungspolitik bereitgestellt worden ist. Außerdem wurden für die bikonfessionellen Reichsstädte Augsburg, Biberach, Dinkelsbühl und Ravensburg detaillierte verwaltungs- und entscheidungstechnische Paritätsregelungen getroffen.

Gegenüber dem Augsburger Religionsfrieden hat das Vertragswerk von Münster und Osnabrück noch weitere tiefgreifende Modifikationen festgeschrieben. Nun durften Untertanen, die sich zu einer vom territorialen Konfessionsstand abweichenden Glaubensrichtung bekannten, das *ius emigrandi* zwar nach wie vor in Anspruch nehmen, aber nicht länger dazu gezwungen werden. Und der Bekenntniswechsel von herrschenden Fürsten oder Dynastien setzte fortan das *ius reformandi* insofern außer Kraft, als daraus keine bindenden Konsequenzen für die Bevölkerung mehr erwuchsen, der Bekenntnisstand eines Territoriums vielmehr selbst im Falle einer obrigkeitlichen Konversion gewahrt bleiben sollte. Wie bei der Anerkennung einer trikonfessionellen Gleichberechtigung, so hatte der Westfälische Friede auch damit lediglich einen Zustand reichsrechtlich legalisiert, der faktisch bereits gegeben war oder sich doch wenigstens abzuzeichnen begann: Als sich der brandenburgische Kurfürst Johann Sigismund 1613 dem Calvinismus zu-

---

87 WOLFF, F.: Corpus Evangelicorum und Corpus Catholicorum auf dem Westfälischen Friedenskongreß, 1966; HECKEL, M.: Itio in partes (in: DERS.: Gesammelte Schriften, Bd. 2, 1989, 636–736); SCHLAICH, K.: Maioritas – itio in partes – Corpus Evangelicorum (ZSRG.K 63, 1977, 264–299; 64, 1978, 139–179).

gewandt hatte, war der lutherische Bekenntnisstand seiner Bevölkerung unangetastet geblieben[88], obschon das brandenburg-preußische Luthertum durch den konfessionellen Sonderweg seines Herrscherhauses und namentlich der sozial privilegierten reformierten Hofprediger- und Beamtenschicht durchaus beschwert worden ist[89].

Und die Reihe der obrigkeitlichen *Konversionen* setzte sich fort. Der Übertritt des kurpfälzischen Herrscherhauses zur katholischen Kirche (1685) hat die Rekatholisierung in Südwest- und Westdeutschland nachhaltig begünstigt, zumal durch die Beteiligung Johann Wilhelms an der Rijswijker Klausel (1697), die, den Bestimmungen des Westfälischen Friedens zuwider, den an der Westgrenze des Reiches durch die Truppen Ludwigs XIV. gewaltsam hergestellten *status religionis* festschreiben wollte. Der sächsische Kurfürst August (der Starke) konvertierte im Zusammenhang seiner Bewerbung um die polnische Krone 1697 zum Katholizismus und hat die Leitung der lutherischen Kirche in Sachsen, deren oberster Bischof er nominell blieb, fortan dem Generalkonsistorium überlassen. 1705 nahmen Herzog Christian August von Holstein, 1710 Herzog Anton Ulrich von Braunschweig-Lüneburg das katholische Bekenntnis an, ohne dadurch den Konfessionsstand ihrer Länder zu modifizieren. Und Karl Alexander von Württemberg, der 1721 in Wien als Offizier des kaiserlichen Heeres katholisch geworden war, garantierte in seinen „Religionsreversalien" den Schutz des württembergischen Luthertums, das unter der von 1733 bis 1797 andauernden katholischen Regentschaft niemals ernstlich bedrängt worden ist.

Im *katholischen Deutschland* hat die von den Landesherren, die die konfessionelle Uniformität als eine entscheidende Voraussetzung ihrer obrigkeitlichen Souveränität und als vorzügliches Mittel politisch-sozialer Disziplinierung erkannten, ins Werk gesetzte oder zumindest massiv begünstigte Gegenreformation die Affinität der hierarchischen Kirche zum absolutistischen Herrschertum nachhaltig verstärkt. Der dadurch zementierte Hiatus zwischen den kirchlichen Leitungsträgern und dem niederen Klerus sowie die damit einhergehende Vernachlässigung der dörflichen Seelsorge prägen den deutschen Katholizismus bis weit ins 18. Jahrhundert; erst die Katholische Aufklärung (s. Kap. 7) hat in dieser Hinsicht einen wirksamen Strukturwandel herbeizuführen vermocht. Allerdings läßt sich bereits der in Frankreich entstandene, auch nach Deutschland ausstrahlende Jansenismus[90] als eine vom absolutistischen Herrschaftsgebahren der Kirche mit provozierte religiöse Erneuerungsbewegung begreifen.

Das *evangelische Deutschland* war seinerseits von dem strukturellen Wechselspiel zwischen absolutistischem Herrschertum und landeskirchlicher Konfessionalisierung bestimmt. Während die evangelischen Dorfpfarrer, zumeist selbst in kümmerlichen sozialen Verhältnissen lebend, vor Ort immer auch als Repräsen-

---

88 BEINTKER, M.: Vom Bekenntniswechsel Johann Sigismunds bis zum Edikt von Potsdam (in: WIRTH, G. [Hg.]: Beiträge zur Berliner Kirchengeschichte, 1987, 44–62). – 89 Der in Brandenburg-Preußen im Prinzip seit 1613 und verstärkt nach dem Zuzug französischer Glaubensflüchtlinge, die durch das Edikt von Fontainebleau (1685), das die im Edikt von Nantes (1598) bedingt garantierte religiöse Toleranz revozierte, aus ihrem Land getrieben wurden, beherzigte Grundsatz, wonach die staatliche Kirchenhoheit sich über alle Konfessionen erstreckte und deshalb deren friedliche Koexistenz ermöglichen und gewährleisten mußte, ist auch auf die katholischen Bevölkerungsteile (zumal nach dem Hinzutritt Schlesiens) angewandt worden. – 90 HERSCHE, P.: Art. Jansenismus (RGG^4 4, 2001, 369–372).

tanten der Obrigkeit rezipiert wurden, sind sie zugleich, wie ihre Gemeinden, zu Objekten einer vor allem durch Visitationen ausgeübten kirchenleitenden Regulierung geworden[91]. Indessen war von Anfang an nicht nur ein Ermüden der kontroverstheologischen Leidenschaft, sondern auch die Ausbildung frömmigkeitspraktischer Reformbestrebungen zu beobachten, die der die Orthodoxie teilweise ablösende Pietismus (s. §§ 13.2 u. 17) nicht etwa hervorgebracht hat[92], aber doch erstmals sozial zu formieren verstand.

Mit dem Westfälischen Frieden wurde die *konfessionelle Koexistenz* auf Reichsebene festgeschrieben und der Sinn für die ökonomische und politische Nützlichkeit des Toleranzpostulats[93] nachhaltig geschärft. Beides hat sich mittelbar als ein bedeutender Faktor der gesellschaftlichen Befriedung sowie des kulturellen Fortschritts erwiesen. Während die konfessionelle Prägung eines Territoriums als politische Konfliktursache entschärft wurde, entfaltete sie andererseits differenzbildende, mentalitätsprägende Kräfte, die sich im Bildungs- und Sozialwesen ebenso niederschlugen wie in den Ausprägungen geistig-musischer Individuation, in den Formen des öffentlichen und kirchlichen Lebens ebenso wie in den konfessionsspezifischen Reaktionen auf die intellektuellen Herausforderungen der Aufklärungszeit.

Im gesellschaftlichen Leben gewann die Koexistenz der Konfessionen immer mehr den Charakter fragloser Normalität. Dementsprechend verlor die kontroverstheologische Polemik zusehends an intellektuellem Reiz und obrigkeitlicher Akzeptanz[94]. Allerdings sind die mannigfachen innerprotestantischen sowie katholisch-evangelischen Reunionsbestrebungen[95], die nur zu einem geringen Teil durch das im Westfälischen Frieden verankerte Gebot einer kirchlichen Wiedervereinigung motiviert waren, trotz erheblicher Anstrengungen und namhafter Protagonisten (Ch. Rojas y Spinola, G.W. Molanus, Leibniz, D.E. Jablonski u.a.) am Ende allesamt erfolglos geblieben.

Die 1648 reichsrechtlich verankerte Friedenspflicht der Konfessionen erstreckte sich nicht auf *christliche Sekten und Juden*. Die soziale Randstellung des deutschen Judentums (s. § 6) blieb im Zeitalter der Aufklärung unvermindert bestehen; einzelne Ausnahmen sowie die im späteren 18. Jahrhundert intensivierte Debatte um das Verhältnis von Christentum und Judentum haben daran im wesentlichen nichts zu ändern vermocht. Erst recht ungemütlich wurde es für dissentierende

---

[91] LANG, P.TH.: Die Bedeutung der Kirchenvisitation für die Geschichte der Frühen Neuzeit (RoJKG 3, 184, 207–212); ZEEDEN, E.W.: Visitationsforschung und Kirchengeschichtsschreibung (ThRv 87, 1991, 353–366); PETERS, CH.: Art. Visitation I. Kirchengeschichtlich (TRE 35, 2003, 151–163). – [92] WALLMANN, J.: Pietas contra Pietismus. Zum Frömmigkeitsverständnis der lutherischen Orthodoxie (in: STRÄTER, U. [Hg.]: Pietas in der Lutherischen Orthodoxie, 1998, 6–18). – [93] LUTZ, H. (Hg.): Zur Geschichte der Toleranz und Religionsfreiheit, 1977; GROSSMAN, W.: Religious Toleration in Germany, 1648–1750 (Studies on Voltaire and the eighteenth century 201, 1982, 115–141); SCHREINER, H./BESIER, G.: Art. Toleranz (GGB 6, 1990, 445–605); GRELL, O./PORTER, R. (Hg.): Toleration in Enlightenment Europe, 1999. – [94] KLUETING, H. (Hg.): Irenik und Antikonfessionalismus im 17. und 18. Jahrhundert, 2003. – [95] SCHÄUFELE, W.-F.: Christoph Matthäus Pfaff und die Kirchenunionsbestrebungen des Corpus Evangelicorum, 1998; OTTE, H./SCHENK, R. (Hg.): Die Reunionsgespräche im Niedersachsen des 17. Jahrhunderts. Rojas y Spinola – Molan – Leibniz, 1999; DUCHHARDT, H./MAY, G. (Hg.): Union – Konversion – Toleranz. Dimensionen der Annäherung zwischen den christlichen Konfessionen im 17. und 18. Jahrhundert (VIEG.B 50), 2000.

christliche Sondergruppen (z.B. Täufer, Spiritualisten, Sozinianer [s. § 14]), die nur in Einzelfällen, so die Mennoniten an Weichsel und Memel oder am Niederrhein, obrigkeitliche Duldung erfuhren. Als einzige außer- bzw. überkonfessionelle Gruppe vermochte lediglich die von N.L. Graf von Zinzendorf begründete Herrnhuter Brüdergemeine, namentlich in Sachsen, Preußen und Westdeutschland, eine gewisse politische Anerkennung und organisatorische Selbständigkeit zu erreichen, übrigens bei erheblicher geistig-religiöser Präge- und Ausstrahlungskraft, wofür F. Schleiermacher[96] und der junge Goethe[97] nur die bekanntesten von ungezählt vielen Beispielen sind.

Seit der Mitte des 18. Jahrhunderts haben auch parareligiöse *Geheimgesellschaften* eine beträchtliche Rolle gespielt. Sie erfaßten in erster Linie die Angehörigen der politischen und intellektuellen Elite, während Frauen, niedere Schichten und Juden ausgesperrt blieben. Am weitesten verbreitet war das betont international und kosmopolitisch angelegte Freimaurertum[98], das im anverwandelnden Rückgriff auf Symbole und Traditionen der mittelalterlichen Bauhütten eine humanistisch-aufklärerische Neuinterpretation des christlichen Erbes erstrebte. Im Fortgang durch die Grade „Lehrling", „Geselle" und „Meister" sollten die Freimaurer zur sittlichen Erneuerung der Menschheit gerüstet werden. Unter englischem Einfluß ist 1737 in Hamburg die erste Freimaurerloge auf deutschem Boden entstanden[99]. Von dem 1738 erfolgten Beitritt des preußischen Kronprinzen Friedrich scheint eine beträchtliche Signalwirkung ausgegangen zu sein[100]. In den 1780er Jahren war Deutschland mit einem dichten Netz von Logen und Großlogen überzogen; zwischen 1737 und 1789 soll die Freimaurerei etwa 27.000 Mitglieder umfaßt haben, wenn auch die meisten nur für kurze Zeit. Ihr Einfluß auf Politik (z.B. Kaiser Franz I.), Literatur (z.B. Lessing, Goethe) und Kunst (z.B. Mozart) ist schwer zu ermessen, dürfte aber beträchtlich gewesen sein. Als die in Deutschland vorherrschende „strenge Observanz" der Freimaurer infolge der auf dem Wilhelmsbader Konvent 1782 ausgebrochenen Streitigkeiten[101] zugrunde ging, wandten sich vor allem die rationalistisch orientierten Mitglieder dem 1776 gegründeten radikal-aufklärerischen Illuminatenbund[102] zu. Nach dessen Aufhe-

---

96 SEIBERT, D.: Auf dem Weg zum „Herrnhuter höherer Ordnung"? Schleiermacher und Herrnhut (EvTh 56, 1996, 395–414). – 97 RAABE, P.: Separatisten, Pietisten, Herrnhuter. Goethe und die Stillen im Lande, 1999; KEMPER, H.-G./ SCHNEIDER, H. (Hg.): Goethe und der Pietismus, 2001. – 98 RUNKEL, F.: Geschichte der Freimaurerei in Deutschland, 3 Bde., 1931/32; VIERHAUS, R.: Aufklärung und Freimaurerei in Deutschland (in: DERS.: Deutschland im 18. Jahrhundert. Politische Verfassung, soziales Gefüge, geistige Bewegungen. Ausgewählte Aufsätze, 1987, 110–125); DOTZAUER, W.: Art. Freimaurer (RGG⁴ 3, 2000, 329–333). – 99 Allerdings könnte es möglicherweise schon zehn Jahre vorher in Mannheim eine „fliegende" Loge gegeben haben (DOTZAUER, W.: Art. Freimaurer [in: SCHNEIDERS, W. [Hg.]: Lexikon der Aufklärung. Deutschland und Europa, 1995, 137–139]). – 100 Friedrich der Große blieb dem Freimaurertum zeitlebens verbunden. Sein Schwager Markgraf Friedrich von Brandenburg-Bayreuth rief 1741 eine „Schloßloge" ins Leben. Auch am österreichischen Hof haben reformfreudige Freimaurer unter Maria Theresia erheblichen Einfluß erlangt. – 101 HAMMERMAYER, L.: Der Wilhelmsbader Freimaurer-Konvent von 1782 (WSA 5/2), 1980. – 102 DÜLMEN, R. van: Der Geheimbund der Illuminaten, ²1977; SCHÜTTLER, H.: Die Mitglieder des Illuminatenordens 1776–1787/93, 1991; REINALTER, H. (Hg.): Der Illuminatenorden, 1997; BOIS, P.-A.: Illuminatismus als Schritt in die Modernität (in: Europa in der Frühen Neuzeit. FS Günter Mühlpfordt, Bd. 4, hg.v. E. DONNERT, 1997, 549–556); HIPPCHEN, CH.: Zwischen Verschwörung und Verbot. Der Illuminatenorden im Spiegel deutscher Publizistik (1776–1800), 1998.

bung 1785 hat die Zielsetzung der Illuminaten, eine geistig-sittliche Elite zu subversiver Einflußnahme auf Staat und Kirche auszurüsten, in der von C.F. Bahrdt (s. § 24.2) 1786/87 gegründeten radikalen „Deutschen Union" eine gewisse Fortsetzung gefunden.

Konkurrenz erfuhren die aufklärerischen Geheimgesellschaften durch die Bruderschaft der Rosenkreuzer[103]. Diese berief sich auf eine mit J.V. Andreae einsetzende clandestine Tradition des 17. Jahrhunderts, die durch die Versöhnung von Wissenschaft und Christentum eine Weltreformation initiieren wollte. Als Ahnherr des Ordens erfand man die fiktive Gestalt des Christian Rosencreutz, der im 15. Jahrhundert kirchenreformerisch gewirkt haben soll. Friedrich Wilhelm II., der als Neffe und Nachfolger Friedrichs des Großen seit 1786 das Königreich Preußen regiert, ist noch als Kronprinz durch seinen nachmaligen Staatsminister J.Ch. Woellner (s. § 51) in den Bannkreis der Rosenkreuzer geraten.

Insgesamt haben Geheimgesellschaften in den aufklärerischen Führungsschichten des mittleren und späten 18. Jahrhunderts durchaus namhafte Bedeutung erlangt. Allerdings ist bis heute nicht zureichend geklärt, wie weit und auf welche Weise das Ziel, durch Rekrutierung und Schulung einer der Arkandisziplin unterworfenen Elite auf Gesellschaft und Kultur in Deutschland reformerischen Einfluß zu nehmen, tatsächlich erreicht worden ist.

Kapitel 3: Voraussetzungen

§ 11: Renaissance und Humanismus

BÖHME, G.: Bildungsgeschichte des europäischen Humanismus, 1986. – DERS.: Wirkungsgeschichte des Humanismus im Zeitalter des Rationalismus, 1988. – FABER, R./RUDOLPH, E. (Hg.): Humanismus in Geschichte und Gegenwart (RuA 10), 2002. – KÖPF, U. u.a.: Art. Renaissance (RGG⁴ 7, 2004, 431–446). – NOE, A. u.a.: Art. Humanismus (HWRh 4, 1998, 1–79). – OTTO, S. (Hg.): Renaissance und frühe Neuzeit (Geschichte der Philosophie in Text und Darstellung 3), 1986. – RABIL, A. (Hg.): Renaissance Humanism, 3 Bde., 1988. – RUDOLPH, E.: Die Entdeckung des Individuums in der Philosophie der Renaissance. Ein Dialog mit Ernst Cassirer über Cusanus, Pico della Mirandola und Pomponatius (in: VIETTA, S. [Hg.]: Romantik und Renaissance. Die Rezeption der italienischen Renaissance in der deutschen Romantik, 1994, 15–32). – DERS. (Hg.): Die Renaissance und die Entdeckung des Individuums in der Kunst (RuA 2), 1998. – TOELLNER, R. (Hg.): Aufklärung und Humanismus (WSA 6), 1980.

Die Kulturbewegung der spätmittelalterlichen Renaissance und die mit ihr korrespondierende intellektuelle Ausdrucksform des Humanismus haben für das Zeit-

---

[103] STEINER, G.: Freimaurer und Rosenkreuzer. Georg Forsters Weg durch Geheimbünde, 1985; MCINTOSH, C.: The Rose Cross and the Age of Reason, 1992; EDIGHOFFER, R.: Die Rosenkreuzer, ²2002; KÜHLMANN, W.: Sozietät als Tagtraum. Rosenkreuzerbewegung und zweite Reformation (in: GARBER, K. [Hg.]: Europäische Sozietätsbewegung und demokratische Tradition, 1996, 1124–1151); DERS.: Art. Rosenkreuzer (TRE 29, 1998, 407–413).

alter der Aufklärung entscheidende geschichtliche Voraussetzungen geschaffen. Nicht zufällig waren es Vertreter der (namentlich französischen) Aufklärung, die im 18. Jahrhundert die Bedeutung der Renaissance wiederentdeckten und darin Züge ihres eigenen Selbstverständnisses präfiguriert fanden[1]. In ihrem distinkten, programmatischen und reflektierten Epochenbewußtsein unterscheiden sich Renaissancehumanismus und Aufklärung von allen anderen Abschnitten der europäischen Geschichte.

So augenfällig sich in der Aufklärung die vitale Präsenz humanistischer Traditionen auch darstellt, so wenig sind diese strukturellen und materialen Kontinuitäten bislang in ihren präzisen genetischen Zusammenhängen erhellt und aufgearbeitet worden. Immerhin lassen sich für Renaissance und Humanismus einige Hauptmerkmale benennen, denen in der Aufklärungsbewegung durchaus analoge, wenn auch in ihrem Abhängigkeitsverhältnis nicht immer eindeutig bestimmbare Erscheinungsformen entsprechen.

Bereits in der Physiognomie der Bewegungen tritt diese Strukturanalogie unübersehbar zutage. Als universalhistorische Periodisierungsbegriffe sind Renaissance und Humanismus schwerlich geeignet. Vielmehr bezeichnen sie eine kulturelle und intellektuelle Elitenbewegung, die weder eine homogene soziale Formation aufweist noch eine übereinstimmende Weltanschauung hervorgebracht hat, auch wenn ihre künstlerischen und wissenschaftlichen, auf die *studia humanitatis* fokussierten Lebensäußerungen durchaus eine gesamtgesellschaftliche Prägewirkung intendierten und teilweise – bis hin zu entsprechenden staatstheoretischen und herrschaftspraktischen Konsequenzen[2] – auch geschichtlich zu realisieren vermochten. Beide Bewegungen, Humanismus wie Renaissance, basierten in erheblichem Maße auf einem freundschaftlichen Beziehungsgeflecht, ihre Korrespondenznetze erstreckten sich über weite Teile Europas. Vor Ort kam es vielfach zur Bildung gelehrter Zirkel (sodalitates), die den geistigen Austausch pflegen und intensivieren sollten, bisweilen auch, die Schule Platons imitierend, zu der lockeren Organisationsform der Akademie. Brief, Dialog und Autobiographie avancierten zu den bevorzugten Medien der Kommunikation, weil diese Gattungen einer Erkenntnishaltung, die die Wahrheit weniger durch logische Beweisführung erzwingen als vielmehr durch rhetorische Überzeugungskraft ausbreiten wollte, besonders entgegenkamen.

Dementsprechend zielte das humanistische *Bildungskonzept* auf die Erziehung des Menschen zur *humanitas*[3]. Die erkenntnisleitende Neugier dynamisierte und ergänzte die überkommenen Traditionsbestände und führte zu einem schleichenden, aber effizienten Umbau des philosophischen Wissenssystems: Die klassischen Fächer der *septem artes liberales* veränderten teilweise ihre Bedeutung und Funktion, neue Disziplinen (v.a. Poetik, Moralphilosophie, Geschichtswissenschaft) bereicherten zusehends das Feld. Indem der Humanismus die herkömmliche Struktur der Universität, zu der die humanistische Akademie niemals in institutionelle Konkurrenz treten wollte, tiefgreifend reformierte, hat er, zumal im Verein mit dem *Gymnasium illustre*, eine bildungs- und institutionengeschichtliche Kontinui-

---

1 KÖRNER, E.: Das Renaissancebild der Aufklärung (TOELLNER, 23–33). – 2 MARGOLIN, J.-C.: Art. Renaissance (TRE 29, 1998, 74–87), 77–79. – 3 Zur Differenz zwischen humanistischem und aufklärerischem Verständnis von *humanitas* vgl. DRESDEN, S.: Erasmianische Humanitas und aufklärerische Humanität (TOELLNER, 147–165).

tät begründet, die in Deutschland bis zum Ende des 18. Jahrhunderts im wesentlichen Bestand haben sollte[4]. Mit der humanistischen Bildungsreform war der Fortschrittsgedanke untrennbar verbunden. Die in Renaissance und Humanismus programmatisch kultivierte Hochschätzung der Antike schloß keinesfalls aus, daß man der eigenen künstlerischen und wissenschaftlichen Leistung grundsätzlich zutraute, das von den Alten definierte Niveau erneut erreichen oder sogar übertreffen zu können. Allerdings scheint der aufklärerische Perfektibilitätsglaube (s. § 47) dem humanistischen Fortschrittsoptimismus noch fremd gewesen zu sein.

Eine weitere Strukturanalogie zwischen Renaissancehumanismus und Aufklärung liegt in der selbstbewußten Inanspruchnahme autonomer Urteils- und Berufungsinstanzen. Das distinkte *Epochenbewußtsein* des Humanismus ist darin besonders kenntlich geworden, daß dieser nicht einfach das Arsenal der Tradition um neue Quellen erweiterte, sondern die Geschichte selbst zur maßgeblichen Autorität erhob: als *magistra vitae* und epistemologische Leitdisziplin. Indem der Humanismus der geschichtlichen Überlieferung bindende Autorität zuerkannte und dieser durch die Ausbildung und Anwendung philologischer Kompetenz zu entsprechen suchte, vermochte er alle Ansprüche metaphysischer Autoritäten folgenreich zu relativieren. Insofern läßt sich die programmatische Selbstbescheidung, die der Humanismus gegenüber der Autorität der Geschichte vollzog, zugleich als Ausdruck seiner „Selbstsouveränisierung" verstehen[5]. Es wäre freilich kurzschlüssig zu meinen, die Aufklärung habe die Geschichte, die dem Humanismus eine *norma normans* war, auf eine *norma normata* reduziert und statt dessen Vernunft und Kritik als verbindliches Urteilskriterium installiert[6]. Daß die Dinge um einiges komplizierter und übrigens auch sehr viel näher beieinander liegen, zeigt schon der affirmative Rückgriff aufklärerischer Historiographie auf Geschichtsschreibung und -verständnis des Humanismus[7]. Außerdem war bereits für den Humanismus die aus dem Bewußtsein historischer Distanz genährte, durch Vernunft und Erfahrung ermächtigte Traditionskritik ein basaler Konstitutionsfaktor seines emanzipatorischen Selbstverständnisses. Der von L. Valla 1440 geführte Nachweis, daß die sog. Konstantinische Schenkung, die die Übertragung von Herrschaftsrechten durch Kaiser Konstantin an Papst Silvester I. berichtete, eine Fälschung sei[8], ist dafür nicht das einzige, nur das berühmteste Beispiel. Die Maxime, von seinem eigenen Verstand kritischen Gebrauch zu machen, ist keine Erfindung des 18. Jahrhunderts. Bereits ein Vierteljahrtausend vor Kant[9] hatte sich Ph. Melanchthon in seiner Wittenberger Antrittsrede (29.8.1518) das Horaz-Wort „sapere audete" zu eigen gemacht[10].

---

4 LIEBING, H.: Die Ausgänge des europäischen Humanismus (in: DERS.: Humanismus – Reformation – Konfession. Beiträge zur Kirchengeschichte, hg.v. W. BIENERT/W. HAGE [MThSt 20], 1986, 147–162); SCHINDLING, A.: Bildungsreformen im Reich der Frühen Neuzeit – Vom Humanismus zur Aufklärung (in: KOHNLE, A./ENGEHAUSEN, F. [Hg.]: Zwischen Wissenschaft und Politik. Studien zur deutschen Universitätsgeschichte, 2001, 11–25). – **5** RUDOLPH, E.: Der Renaissance-Humanismus als Epochenstifter (FABER/RUDOLPH, 3–16), 13. – **6** Gegen TOELLNER, R.: Zur Einführung (TOELLNER, 11–19), 13. – **7** MUHLACK, U.: Geschichtswissenschaft im Humanismus und in der Aufklärung. Die Vorgeschichte des Historismus, 1991. – **8** VALLA, L.: De falsa credita et ementita Constantini donatione, 1440 (gedruckt 1506). – **9** „Sapere aude! Habe Mut, dich deines *eigenen* Verstandes zu bedienen! ist also der Wahlspruch der Aufklärung" (KANT, I.: Beantwortung der Frage: Was ist Aufklärung?, Werke in sechs Bänden, hg.v. W. WEISCHEDEL, Bd. 6, 1964, 51–61, 53). – **10** De corrigendis adolescentiae studiis (1518) (Melanchthons Werke in Auswahl,

Materialen Niederschlag fand der vom Renaissancehumanismus getragene, die Aufklärung präludierende Strukturwandel zumal in einer handfesten *Anthropozentrik*. In ihrem „Gespür für das Individuelle" sah J. Burckhardt ein Hauptkennzeichen der Renaissance. Von paradigmatischer Bedeutung waren insbesondere die bei Alberti, Pacioli und Leonardo vorbereitete, von Brunelleschi und Masaccio erstmals angewandte zentralperspektivische Bildkonstruktion sowie die produktionsästhetische Bevorzugung von Portrait und Denkmal, in denen sich die individuelle „virtù" eines Menschen am unmittelbarsten ausdrücken ließ. Auch der philosophische Diskurs jener Zeit war von dem neuartigen Interesse am Menschen – seiner Freiheit, Würde und der Unsterblichkeit seiner Seele – bestimmt[11]. Humanistische Anthropologie verstand die Willensfreiheit des Menschen als souveränen Ausdruck der Güte Gottes, durch die der Schöpfer sein Ebenbild dem Risiko undeterminierten Handelns ausgesetzt, eben dadurch aber auch zu verantwortlicher Selbstbestimmung und schöpferischer Dynamik ermächtigt habe.

Die Aufklärungstheologie machte sich die ihr Zeitalter bestimmenden humanistischen *Kontinuitäten* uneingeschränkt zu eigen. Auch sie trat als eine von kirchlichen und wissenschaftlichen Eliten getragene, gruppenspezifisch vernetzte, diskursorientierte Bewegung hervor. Desgleichen teilte sie das auf die Erziehung des Menschen zur Humanität zielende Bildungs- und Popularisierungskonzept. Wie das Verhältnis von Vernunfterkenntnis und Offenbarungswahrheit sachgemäß zu bestimmen sei, zählte zu ihren konstitutiven Problemen. Und für die Schlüsselbedeutung, die sie der theologischen Anthropologie beimaß, braucht nur an J.J. Spaldings Erfolgsbuch „Die Bestimmung des Menschen" (1748, [11]1794), das „eine[r] Basisidee der deutschen Aufklärung" maßgebende Gestalt verliehen hat (s. §§ 21.3 u. 47), erinnert zu werden.

Für den theologischen Traditionsstrang waren insbesondere Erasmus von Rotterdam und andere, bisweilen mit dem nicht sehr glücklichen Ausdruck „Bibelhumanisten" belegte Vertreter von ausschlaggebender Bedeutung. Ihr Erbe ist nicht allein im Späthumanismus, etwa von S. Castellio, M. Servet oder J. Bodin, fortgeführt worden, sondern parallel dazu auch in den konfessionskirchlichen Theologien und namentlich von Melanchthon, der auch als Theologe tief von humanistischem Denken geprägt war. Nach der Ausstoßung des Melanchthonianismus in der zweiten Hälfte des 16. Jahrhunderts ist die Universität Helmstedt, die G. Calixt zu einem Zentrum späthumanistischer Theologie ausbaute, der wichtigste Traditionsträger geworden[12]. Am Beispiel des Hallenser Aufklärungstheologen J.S. Semler (s. § 22.1) hat eine paradigmatische Fallstudie unlängst gezeigt, wie nachhaltig die Wirkung und Rezeption humanistischer Impulse unter den fortschrittlichen Gottesgelehrten des 18. Jahrhunderts gewesen ist[13].

Neben den genannten Themenfeldern war es vor allem die kritische Fortführung des aus dem hellenistischen Stoizismus herrührenden Gedankens einer *natürlichen Religion*, die den Humanismus zu einer wesentlichen Voraussetzung auf-

---

Bd. 3, hg.v. R. NÜRNBERGER, [2]1969, 29–42, 42). – **11** Z.B. VALLA, L.: De libero arbitrio, 1442; PICO DELLA MIRANDOLA, G.: De hominis dignitate, 1486 (gedruckt 1496); POMPONAZZI, P.: Tractatus de immortalitate animae, 1516. – **12** WALLMANN, J.: Zwischen Reformation und Humanismus. Eigenart und Wirkungen Helmstedter Theologie unter Berücksichtigung Georg Calixts (in: DERS.: Theologie und Frömmigkeit im Zeitalter des Barock. Gesammelte Aufsätze, 1995, 61–86). – **13** DERS.: Johann Salomo Semler und der Humanismus (TOELLNER, 201–217).

klärerischer Theologie werden ließ. Für Erasmus stand fest, daß auch die alten Heiden vom Geist Christi berührt waren und die Gemeinde der Heiligen im kirchlichen Heiligenkatalog nur ganz unvollständig erfaßt ist[14]; seine Invokation „Sancte Sokrates, ora pro nobis" war weder zynisch noch blasphemisch gemeint[15]. Auch wenn die Kritik an kirchlichen Mißständen und Aberglauben im Humanismus weit verbreitet war, dürften radikale religions- bzw. kirchenkritische Zuspitzungen wie etwa G. Vallées Schrift „La Béatitude des Chrétiens [...]" (1573) insgesamt ein Randphänomen geblieben sein. Der Versuch, den im 18. Jahrhundert weit verbreiteten clandestinen Traktat „De tribus impostoribus", der die drei Religionsstifter Mose, Jesus und Mohammed als Betrüger diffamiert und wahrscheinlich von dem Hamburger Juristen J.J. Müller 1688 verfaßt worden ist, im Umkreis von J. Calvin zu lozieren[16], ist unlängst stichhaltig falsifiziert worden[17].

§ 12: Reformation

GUGGISBERG, K.: Das Zwinglibild des Protestantismus im Wandel der Zeiten (QASRG 8), 1934. – HOFFMANN, H.: Der neuere Protestantismus und die Reformation (SGNP 11), 1919. – MEHNERT, V.: Protestantismus und radikale Spätaufklärung. Die Beurteilung Luthers und der Reformation durch aufgeklärte deutsche Schriftsteller zur Zeit der Französischen Revolution, 1982. – MOELLER, B. (Hg.): Kirchengeschichte. Deutsche Texte 1699–1927, 1994. – MÜHLEN, K.-H. zur: Die von Luther herkommende Komponente der Aufklärung in Deutschland (in: DERS.: Reformatorisches Profil. Studien zum Werk Martin Luthers und der Reformation, 1995, 343–361). – STEPHAN, H.: Luther in den Wandlungen seiner Kirche, ²1951. – VÖLKER, K.: Die Kirchengeschichtsschreibung der Aufklärung, 1921. – ZEEDEN, E.W.: Martin Luther und die Reformation im Urteil des deutschen Luthertums, 2 Bde., 1950/52. – ZSCHARNACK, L.: Reformation und Humanismus im Urteil der deutschen Aufklärung (PrM 12, 1908, 81–103. 153–171).

Auch die Reformation, dem Humanismus benachbart und vielfältig mit ihm verwandt, hat der Aufklärung in Deutschland die Wege bereitet. Freilich rezipierte das aufklärerische Pathos, die geschichtliche Bestimmung der Reformation fortführen und vollenden zu wollen, vornehmlich deren emanzipatorische Züge, während viele der genuin religiösen und theologischen Motive, die zu Beginn des 16. Jahrhunderts die Konfessionalisierung des Christentums in Gang gesetzt hatten, kaum wahrgenommen oder als der Zeit geschuldet relativiert wurden. Andererseits mag sich eben dadurch erklären lassen, daß erstmals in der Aufklärung die Reformation als eine nicht nur kirchen-, sondern auch geistesgeschichtliche Schlüsselepoche erkannt und gewürdigt worden ist. „Die Reformation", urteilte

---

14 „Profanum dici non debet, quicquid pium est, et ad bonos mores conducens. Sacris quidem literis ubique prima debetur auctoritas; sed tamen ego nonnunquam offendo quaedam vel dicta a veteribus, vel scripta ab ethnicis, etiam poetis, tam caste, tam sancte, tam divinitus, ut mihi non possim persuadere, quin pectus illorum, quum illa scriberent, numen aliquod bonum agitaverit. Et fortasse latius se fundit spiritus Christi, quam nos interpretamur. Et multi sunt in consortio sanctorum, qui non sunt apud nos in catalogo" (ERASMUS VON ROTTERDAM: Colloquia familiaria. Convivium religiosum [1516] [Ausgewählte Schriften, hg.v. W. WELZIG, Bd. 6, 1967, 20–123, 76–78]). – **15** Ebd., 86. – **16** GERICKE, W.: Das Buch „De tribus impostoribus", 1982. – **17** [MÜLLER, J.J.]: De imposturis religionum (De tribus impostoribus), kritisch hg. u. kommentiert v. W. SCHRÖDER (Philosophische Clandestina der deutschen Aufklärung I/6), 1999.

Friedrich der Große, „war ein Segen für die Welt und allgemein für den Fortschritt des menschlichen Geistes"[18]. Lichtenberg hat in seinen „Goettinger Taschen Calender[n]" das jeweilige Jahr „nach Luthers Religionsverbesserung" datiert und war im übrigen unbefangen genug, selbst dem jüdischen Aufklärer Moses Mendelssohn „wahre[n] Protestantismus" zu attestieren[19].

Auch die Theologen der Aufklärungszeit erkannten in der Reformation die konstitutive Voraussetzung ihres eigenen geschichtlichen Auftrags und würdigten sie übereinstimmend als eine wesentliche Entwicklungsstufe des christlichen Freiheitsbewußtseins, ja der gesamten modernen Kultur. Das Urteil, in dem der Helmstedter Rationalist H.Ph.K. Henke (s. § 24.2) die Bedeutung der Reformation zusammengefaßt hatte, formulierte den aufklärerischen Basiskonsens: „Durch die Kirchenverbesserung wurde vielen groben Irrtümern und vielem Verderblichen der Abschied zubereitet, die bürgerliche Gesellschaft von einer ungereimten und drückenden Knechtschaft befreit, der menschliche Geist von einer unberufenen, eigennützigen und betrügerischen Vormundschaft entbunden und in das Recht eigener Prüfung der Wahrheit eingesetzt"[20].

Bereits *J.L.v. Mosheim* (s. § 18.4) sah in der Reformation das nach der Geburt Jesu wichtigste Ereignis der Kirchengeschichte, das nicht allein das religiöse und kirchliche Leben tiefgreifend erneuert, sondern auch in ganz Europa die zur Aufklärung führenden bürgerlichen und sittlichen Veränderungen ausgelöst habe. Insbesondere würdigte er das *theologische* Reformpotential der Reformation: Sie habe der Schriftauslegung zu neuer Beweiskraft verholfen, indem sie die biblische Wort- und Sachkenntnis vertiefte, die Glaubenslehren angemessen zur Darstellung brachte und damit die scholastische Lehrart durch eine „gesündere" theologische Redeweise abzulösen vermochte. Allerdings bestritt Mosheim einen monokausalen Zusammenhang zwischen Aufklärung und Reformation[21].

Der (Kirchen-)Historiker und Mosheim-Schüler *Johann Matthäus Schroeckh* (1733–1808) deutete die Reformation als den großen Anfang, der zum Umsturz des politischen Religionsmißbrauchs und „zur Wiederherstellung des Christenthums [...] gemacht worden ist". Die Reformation habe zwar Trennungen der Christen ausgelöst und sich dem Verdacht, Religionskriege verursacht zu haben, ausgesetzt, andererseits aber „Menschenliebe, Freyheit und Gelehrsamkeit" nachhaltig befördert. In der Freiheit zur selbstverantwortlichen „Beurtheilung und Ausübung der Religion" erkannte Schroeckh den einheitsstiftenden Geist der Reformation. Dessen „kräftiger Einfluß" auf Kultus, Glaube und Sitte, auf theologische Gelehrsamkeit, bürgerliche Verfassung und gesellschaftliches Leben sei denn auch unbestreitbar: „Nichts von allem diesem, und noch mehreres, läßt sich hinlänglich verstehen, erklären und beurtheilen, wenn man nicht auf die Geschichte der Reformation zurückgeht"[22].

Demgegenüber hat *J.S. Semler* (s. § 22.1) die humanistische Traditionsspur (s. § 11) auch in seiner Einschätzung der Reformation zur Geltung gebracht. Uneinge-

---

18 Zit. nach ZEEDEN, Bd. 2, 337. – 19 An F. Nicolai, 21.4.1786 (LICHTENBERG, G.CH.: Briefwechsel, hg.v. U. JOOST/A. SCHÖNE, Bd. 3, 1990, 201f). – 20 HENKE, H.PH.K.: Allgemeine Geschichte der christlichen Kirche nach der Zeitfolge, Theil 3, ⁴1806, 7f. – 21 MOSHEIM, J.L.v.: Institutionum historiae ecclesiasticae antiquae et recentioris libri quatuor, 1755, 644. 690f. – 22 SCHROECKH, J.M.: Christliche Kirchengeschichte, Erster Theil, 1768, 50–54. 307f; Christliche Kirchengeschichte seit der Reformation, Erster Theil, 1804, 9f.

schränkt würdigte er die Gewährung der Gewissensfreiheit, das ungebundene Erkenntniswachstum und die heilsame Unterscheidung von „öffentliche[r] Religionsübung" und „der innern und volkommenern Religion"[23], welche die Reformation befördert habe; daß darüber hinaus „positive nicht noch viel mehr Gutes geschehen ist", erklärte und entschuldigte er aus den politischen Bedingungen, denen die Reformation unausweichlich unterworfen war. Doch „der Same zu dieser Revolution" habe „fast hundert Jahre lang schon überall gekeimet". Die Reformkonzilien von Konstanz (1414–1418) und Basel (1431–1449), das Kritik provozierende Gebahren des Papsttums, die Erfindung des Buchdrucks und die daraus resultierende „große Erweiterung der alten Gelehrsamkeit" sowie namentlich die Wahrheitsliebe der Humanisten galten Semler als die eigentlichen Triebkräfte der Reformation, wogegen „weder Zwingli noch Luther einen einzigen ganz neuen Satz oder Hauptbegriff, entdeckt und zuerst gefunden haben"[24].

Die eklektische Inanspruchnahme der Reformation als Wegbereiterin der Aufklärungstheologie bestimmte auch die Würdigung der reformatorischen Protagonisten. Zumal auf *Luther* haben sich die Aufklärer häufig berufen, freilich weniger hinsichtlich seiner theologischen Einsichten und Schriften als auf seinen Charakter und seine reformatorische Tat. In monotoner Einseitigkeit wurde an ihm gerühmt, was aufklärerischem Denken als anschlußfähig erschien: Luther als Vorkämpfer für Gewissens- und Glaubensfreiheit, als lauterer, wißbegieriger und verstandeskräftiger Theologe[25], als tapferer Streiter gegen religiöse Heteronomie und für ein entklerikalisiertes Christentum. Insbesondere waren es die tiefe innere Frömmigkeit und der Sinn für die praktische Abzweckung der Religion, die den Aufklärern aller Konfessionen an Luther imponierten und die ihn auf katholischer Seite mitunter als einen Vorläufer Josephs II. erscheinen ließen[26]. „Unser Luther war ein ganz vortrefflicher Mann, ein wahrer Schutzengel für die Rechte der Vernunft, der Menschheit und christlichen Gewissensfreiheit"[27]. Die der Aufklärung gegenläufigen Züge – Luthers anthropologischer Pessimismus, die Lehre vom unfreien Willen, seine Erfahrung der Verborgenheit Gottes oder seine Bestreitung der Möglichkeit rationaler Gotteserkenntnis – blieben demgegenüber weithin außer acht.

Große Mühen wurden auf eine Verbesserung der Lutherkenntnis verwandt. J.G. Walch (s. § 18.2) edierte eine 24bändige deutschsprachige Werkausgabe (1740–1753), die bis tief ins 19. Jahrhundert von grundlegender Bedeutung geblieben ist. Zahlreiche, oft ausführliche biographische Darstellungen beförderten die Popularisierung, zeittypische Anthologien suchten das Erbe des Reformators handlich und „nutzbar" zu portionieren[28].

---

23 SEMLER, J.S.: Versuch einer freiern theologischen Lehrart [...], 1777, 83. – **24** Zit. nach MOELLER, 218. 210f. – **25** Als „Wahrheitsfreund" habe Luther „die Religionsbegriffe aufgeklärt", urteilte Mosheim (STEPHAN, 46). – **26** BORNKAMM, H.: Luther im Spiegel der deutschen Geistesgeschichte. Mit ausgewählten Texten von Lessing bis zur Gegenwart, ²1970, 19. – **27** LÜDKE, F.G.: Ueber Toleranz und Gewissensfreiheit, 1774, 204. – **28** Z.B. LINDNER, B.: Das Nutzbareste aus denen gesamten Erbaulichen Schrifften des seligen Hrn. D. Martini Lutheri, 1752; MOTZ, J.F.W.: Kern- und Kraftstellen über wichtige Gegenstände, aus D. Martin Luthers Schriften gezogen und alphabetisch geordnet. Ein lehrreiches Lesebuch für die Verehrer dieses großen freymüthigen Mannes, ²1804; BRETSCHNEIDER, K.G.: Luther an unsere Zeit, oder Worte Luthers, welche von unserm Zeitalter besonders beherzigt zu werden verdienen, 1817. Vgl. STEPHAN, 36–41.

Interessant ist das Bild, das sich die Aufklärung von Luther gemacht hat, zumal in seinen Ambivalenzen. Zwar ist die ästhetische Aburteilung der Luthersprache, die Gottsched, Bodmer und Adelung als barbarisch empfanden[29], schon bald in ihr Gegenteil umgeschlagen: Luther habe, so das Urteil J.G. Herders, „die deutsche Sprache, einen schlafenden Riesen, aufgewecket und losgebunden"[30]. Doch was sich durchhielt, war die Kritik an Luthers ungebührlicher Heftigkeit sowie die Relativierung seiner etwa im Vergleich mit Erasmus doch nur mittelmäßigen Bildung und Gelehrsamkeit.

In besonderer Eindringlichkeit hat Semler die Ambivalenzen Luthers akzentuiert. Unzweifelhaft waren auch für ihn die Verdienste, die sich der Reformator im Kampf gegen die „bischöflichen Plakereien" und für die Freiheit des Glaubens und Gewissens erworben habe. Doch dürfe man die geschichtliche Bedeutung Luthers nicht überschätzen; selbst wenn er 1521 zu Tode gekommen wäre, hätte die Reformation ihren guten Fortgang genommen. Was Semler an Luther für tadelnswert hielt, war dessen fehlender Sinn für politische Diplomatie. Andere Defizite seien in den Auseinandersetzungen, die Luther in unduldsamem Starrsinn geführt habe, zutage getreten: seine Beschränktheit im Streit mit Erasmus, seine Eigenliebe im Konflikt mit Zwingli, seine Selbstherrlichkeit im literarischen Feldzug gegen das Papsttum. Dagegen rühmte Semler das Eintreten für privatreligiöse Autonomie – „Luther hat [...] diesem Geiste christlicher Freiheit viel Platz gelassen" –, Luthers „Kenntnis und Übung der innern Religion" und vor allem dessen nachahmenswerten „wahren Umgang mit Gott". Während die Schriften Luthers vieles enthielten, was einem heutigen Prediger unnütz oder gar schädlich sein könne, legte Semler den Zeitgenossen die lautere Frömmigkeit und die Gebetspraxis des Reformators ans Herz[31].

Größere innere Nähe als zu Luther hat eine Mehrzahl der Aufklärer zu *Melanchthon* verspürt. Sie gründete vornehmlich in dessen humanistischer Prägung, die ihn beispielsweise dazu bewog, in der Letztfassung seiner *Loci communes* (1559) die „notitia naturalis" als legitime Erkenntnis- und Beweisquelle des Daseins Gottes anzuerkennen, sowie in Melanchthons kontroverstheologischer Friedfertigkeit. Semler verglich das Verhältnis von Melanchthon und Luther mit dem von Paulus und Petrus[32]. Auch *Zwingli*, der ungleich stärker als Luther humanistisch geprägt war, schätzten die Aufklärer als Vorläufer aus ihrem Geist. Dessen vertraute Wertschätzung der Antike war ihnen ebenso sympathisch wie die Nüchternheit und Praxisorientiertheit seines theologischen Denkens und insbesondere sein Agieren im Abendmahlsstreit: Zwingli sei seinem Kontrahenten in bedachtsamer, respektvoller Mäßigung begegnet und in der Sache von einer der christlichen Freiheit angemesseneren Auffassung geleitet gewesen, während Luther in seine Erklärung des Abendmahls nach Henkes Urteil „ein gewisses hohes Dunkel hineinbrachte"[33]. Am wenigsten vermochten sich die Aufklärer für *Calvin* zu erwärmen. Zwar rühmte Mosheim die Begabung, Tapferkeit und Arbeitsleistung des Genfer Reformators. Doch insgesamt dominierten die finsteren Züge, die in Prädestinationslehre, Kirchenzucht und der Hinrichtung Servets besonders verdichtet erschienen, das Calvin-Bild der Aufklärung.

---

29 STEPHAN, 36. – **30** Zit. nach BORNKAMM (s. Anm. 230), 205. – **31** Zit. nach MOELLER, 213–221. – **32** STEPHAN, 42. – **33** VÖLKER, 73.

Die Wertschätzung Melanchthons und Zwinglis implizierte den Widerspruch gegen den Tadel, der diesen im Zeitalter des Konfessionalismus zuteil geworden war. Erst recht hat die Theologie der Aufklärung die frühorthodoxen Lehrstreitigkeiten mißbilligt: Durch sie seien die Reformatoren um die Früchte des von ihnen ausgestreuten Samens betrogen und die Gegner der wahren Aufklärung zum Sieg geführt worden. Diese Einschätzung konkretisierte sich in der Beurteilung der symbolischen Bücher. Wenn auch die Bekenntnisschriften viel Gutes enthielten, seien sie doch – wie übrigens auch die Dordrechter Synode – weithin als Zuchtinstrumente gegen die Glaubens- und Gewissensfreiheit mißbraucht worden[34].

Aber nicht erst dieser dialektische Umschwung, sondern bereits die in der ersten reformatorischen Generation auszumachenden Ambivalenzen ließen mit der Würdigung jener „Revolution" zugleich die Frage, wieweit diese hinter den von ihr geweckten Erwartungen zurückgeblieben sei, untrennbar verbunden sein. Dadurch wurde der ideengeschichtliche Kontinuitätserweis für die Aufklärungstheologen zur Grundlage ihrer Identitätsvergewisserung und zum Motor der eigenen geschichtlichen Gestaltungsaufgaben. Im Rückgang auf die Ursprünge des Protestantismus fand sich die theologische Aufklärung zum *Testamentsvollstrecker* ermächtigt: „Nicht lange mehr, so wird das himmlische Licht, das Luther nur noch im Traume sehen konnte, uns lieblich umströmen!"[35]

Demgemäß hat sich Lessing im Widerspruch gegen einen von ihm als Bibliolatrie gebrandmarkten lutherischen Traditionalismus gerade auf den Geist Luthers berufen: „Du hast uns von dem Joche der Tradition erlöset: wer erlöset uns von dem unerträglichern Joche des Buchstabens! Wer bringt uns endlich ein Christentum, wie du es *itzt* lehren würdest; wie es Christus selbst lehren würde!"[36] Und Lichtenberg konnte den Reformator sogar gegen eine verflachte Aufklärungstheologie als Zeugen ins Feld führen: „Wir Protestanten glauben nunmehr in sehr aufgeklärten Zeiten in Absicht auf unsere Religion zu leben. Wie wenn nun ein neuer Luther aufstünde?"[37]

Spalding (s. § 21.3) sah in dem Auftrag, die Reformation zu vollenden, das ausdrückliche Vermächtnis jener Epoche. Die Reformatoren hätten sich um die christliche Welt unsterbliche Verdienste erworben, indem sie sich „aus der langen unnatürlichen Verstandessklaverey" herauszureißen begannen und das Recht auf eigene freie Wahrheitsforschung in der Bibel einklagten. Freilich mußte die damit bezeichnete Aufgabe die Möglichkeiten des Reformationszeitalters übersteigen. „Die Beßten der ehemaligen Verbesserer des Glaubens und der Kirche" hätten die geschichtliche Grenze, die ihnen gesteckt war, erkannt und darum „ihren Nachkommen ein weiteres Fortgehen nach gleichen Grundsätzen eigentlich und dringend empfohlen"[38]. Das machte die Aufklärung für Spalding zu „der neuen Reformation"[39].

---

34 Ebd., 76f. – **35** Zit. nach STEPHAN, 43. – **36** LESSING, G.E.: Eine Parabel (Werke, Bd. 8, 1979, 126). – **37** LICHTENBERG, G.Ch.: Schriften und Briefe, Bd. 1, 1968, 184. – **38** SPALDING, J.J.: Ueber die Nutzbarkeit des Predigtamtes und deren Beförderung (^{1}1772–^{3}1794), hg.v. T. JERSAK (SpKA I/3), 2002, 217, 38f. – **39** DERS.: Vertraute Briefe, die Religion betreffend (^{1}1784–^{3}1788), hg.v. A. BEUTEL/D. PRAUSE (SpKA I/4), 2004, 164,10f.

§ 13: Konfessionelles Zeitalter und Pietismus

BARTH, H. M.: Atheismus und Orthodoxie. Analysen und Modelle christlicher Apologetik im 17. Jahrhundert (FSÖTh 26), 1971. – BREUER, D. (Hg.): Frömmigkeit in der frühen Neuzeit. Studien zur religiösen Literatur des 17. Jahrhunderts in Deutschland, 1984. – HIRSCH Bd. 2, 91–317. – LEHMANN, H. (Hg.): Glaubenswelt und Lebenswelten (GdP 4), 2004. – LEUBE, H.: Die Reformideen in der deutschen lutherischen Kirche zur Zeit der Orthodoxie, 1924. – SCHUBERT, A.: Das Ende der Sünde. Anthropologie und Erbsünde zwischen Reformation und Aufklärung (FKDG 84), 2002. – STRÄTER, U.: Meditation und Kirchenreform in der lutherischen Kirche des 17. Jahrhunderts (BHTh 91), 1995. – WALLMANN, J.: Der Pietismus (KIG O1), 1990. – DERS.: Theologie und Frömmigkeit im Zeitalter des Barock. Gesammelte Aufsätze, 1995.

In der Theologie und Frömmigkeit des konfessionellen Zeitalters sowie der im späten 17. Jahrhundert entstandenen religiösen Reformbewegung des Pietismus sind entscheidende Konstitutionsfaktoren der Aufklärungstheologie bereitgestellt worden. Eine unkritische Übernahme des aufklärerischen Selbst- und Feindbildes, das die eigenen Ziele und Errungenschaften zu einer radikal-antithetischen Abkehr von der geistigen Welt der Väter zu stilisieren beliebte, hat den Blick auf diese komplexe, aber unentbehrliche Vorgeschichte nicht selten getrübt.

1. Konfessionelles Zeitalter

Grob simplifizierend, lassen sich im Zeitalter der altprotestantischen Orthodoxie drei wesentliche Voraussetzungen aufklärerischer Religionswahrnehmung unterscheiden. Zu ihnen zählt die in behutsamer Konsequenz sich vollziehende erkenntnistheoretische Restitution der *Vernunft*. Seit der zweiten Hälfte des 16. Jahrhunderts war die protestantische Dogmatik von der – durch Melanchthon begünstigten – Rückwendung zu einem christlich purifizierten Aristotelismus geprägt, die eine prinzipielle Kompatibilität von aristotelischem Weltwissen und biblischer Offenbarungswahrheit voraussetzte. Die stoisch beeinflußte Annahme eines *lumen naturale* ließ sich insofern dem christlichen Wahrheitsbewußtsein organisch einfügen, als der göttliche Ursprung aller Vernunfterkenntnis fraglos gewährleistet und darum ein Widerspruch zwischen Vernunft und Offenbarung gar nicht denkbar erschien[40]. Freilich setzte diese noetische Kooperation zunächst noch voraus, daß die Vernunft ihrer natürlichen, durch den Sündenfall einschneidend enger gezogenen Grenzen bewußt blieb und sich darum als „theologiae [...] pedissequa"[41] dem Primat der Offenbarung unterstellte. Folgenträchtig war dabei insbesondere das Postulat einer *duplex dei cognitio*, die – gemäß den beiden buchmetaphorisch unterschiedenen Erkenntnisquellen (liber naturae, liber scripturae) – in eine *cognitio dei naturalis* und eine *cognitio dei revelata* auseinandertrat. Die auch bei heidnischen Autoren anzutreffenden Wahrheitsspolien ließen sich dadurch nicht allein bruchlos erklären, sondern zugleich als offenbarungstheologische Anknüpfungspunkte nostrifizieren. Indessen blieb die natürliche Gotteserkenntnis in materialer und qualitativer Hinsicht beschränkt: Sie erstreckte sich allenfalls auf das Dasein

---

40 CALOV, A.: Systema Locorum Theologicorum, Bd. 1, 1655, 68. – 41 HOLLAZ, D.: Examen theologicum acroamaticum [...], 1701, ND 1971, 102.

und einige Eigenschaften Gottes und konnte selbst hier die unerschütterliche Gewißheit der Offenbarungserkenntnis niemals erreichen[42]. Namentlich in der apologetischen Plausibilisierung der Dogmatik[43] sind dann aber die rationalistischen Elemente einer sich naturrechtlichem Denken öffnenden *theologia naturalis* zusehends gestärkt, mitunter sogar verselbständigt worden[44]. In dieser Hinsicht stehen Übergangstheologie (s. § 18) und Wolffianismus (s. § 19) in einer deutlichen, aus der altprotestantischen Prinzipienlehre herkommenden Traditionsspur. Insofern dürfte es sachgemäß sein, nicht allein reformierte[45], sondern auch lutherische Systemtheologen aus der Spätphase des Konfessionalismus als Vertreter einer „vernünftigen Orthodoxie" anzusprechen[46].

Auch in materialdogmatischer Hinsicht hält das Selbstverständnis der Aufklärungstheologie, demgemäß diese sich von der vorausgehenden Phase durch einen epochalen Umbruch getrennt habe, der kritischen Nachprüfung nicht immer stand. Vielmehr lassen sich zugleich epochenübergreifende Kontinuitätslinien ausmachen, am augenfälligsten zweifellos auf dem Feld der in der theologischen und philosophischen Theoriebildung des 18. Jahrhunderts zum zentralen Thema avancierten *Anthropologie* (s. § 47). Reformierte und arminianische Einflüsse haben dabei die konfessionstheologischen Schranken durchbrochen und auch in der lutherischen Lehre vom Menschen einen aufklärerische Positionen vorbereitenden Umformungsprozeß ausgelöst. Wirksam wurde zumal das durch die reformierte Föderaltheologie genährte Vertrauen in die prinzipielle Erfüllbarkeit der mit dem Gnadenbund korrespondierenden moralischen Verpflichtung, das „ein dynamisch-prozessuales und ethisch orientiertes Bild von Gottesebenbildlichkeit" entstehen ließ[47] und mit dieser Anbahnung des heilsgeschichtlichen Entwicklungsgedankens nicht allein eine tiefgreifende Umbildung der altprotestantischen Urstandslehre in Gang setzte[48], sondern auch die mit dem Glauben an die Gerechtigkeit Gottes in Konflikt gebrachte augustinisch-reformatorische (Erb-)Sündenlehre folgenreich unterminierte[49].

Schließlich hat die das konfessionelle Zeitalter insgesamt durchziehende Sorge um eine der rechten Lehre entsprechende Lebenspraxis zukunftsweisende Innovationskraft entfaltet. Die Kultivierung einer glaubensgemäßen *praxis pietatis*[50] se-

---

42 SCHMID, H.: Die Dogmatik der evangelisch-lutherischen Kirche [...], hg.v. H.G. PÖHLMANN, ⁹1979, 80–84. – 43 Knapp und präzise NÜSSEL, F.: Art. Apologetik (EdN 1, 2005, 498–501). – 44 BARTH; BIZER, E.: Frühorthodoxie und Rationalismus (ThSt[B] 71), 1963; WEBER, H.E.: Reformation, Orthodoxie und Rationalismus, 3 Bde. (BFChTh II, 35/45/51), 1937/40/51, ND 1966. – 45 Den Terminus „vernünftige Orthodoxie" als Bezeichnung für den „Ausgang des alt-reformierten Christentums" dürfte P. WERNLE (Der schweizerische Protestantismus im XVIII. Jahrhundert. Bd. 1: Das reformierte Staatskirchentum und seine Ausläufer [Pietismus und vernünftige Orthodoxie], 1923) eingeführt haben; DELLSPERGER, R.: Der Beitrag der „vernünftigen Orthodoxie" zur innerprotestantischen Ökumene [...] (in: DUCHHARDT, H./MAY, G. [Hg.]: Union – Konversion – Toleranz. Dimensionen der Annäherung zwischen den christlichen Konfessionen im 17. und 18. Jahrhundert [VIEG.B 50], 2000, 289–300). – 46 WALLMANN, J.: Art. Orthodoxie II.2.a (RGG⁴ 6, 2003, 696–702), 700. – 47 SCHUBERT, 227. – 48 OLEARIUS, CH.K.R.: Die Umbildung der altprotestantischen Urstandslehre durch die Aufklärungstheologie, Diss. masch., o.J. [1970]. – 49 Vgl. dazu die gelehrte Untersuchung von SCHUBERT, deren Verdienste allein dadurch geschmälert werden, daß sie die durch eine latente Moralisierung des Sündenverständnisses gekennzeichnete Hamartiologie des Pietismus merkwürdigerweise gänzlich unberücksichtigt läßt. – 50 WALLMANN, J.: Pietas contra Pietismus. Zum Frömmigkeitsverständnis in der lutheri-

parierte sich nicht etwa von der orthodoxen Lehrbildung, sondern ist als ein integrativer Bestandteil der hochtheologische Theoriebildung und frömmigkeitspraktische Individualisierung umschließenden religiösen Identitätsbildung jener Zeit zu verstehen[51]. War schon die kompendienhafte Darbietung des Lehrbestands von einem Gefälle zum lebenspraktischen *usus* der *doctrina* geprägt[52], so dominierte in dem komplementären, seit der Wende zum 17. Jahrhundert breit anschwellenden Strom der Erbauungsliteratur[53] erst recht das Interesse an einer persönlichen Ausbildung und Pflege der die kirchliche Lehre mit Leben erfüllenden religiösen Subjektivität. Bevorzugte Medien dieser – zumeist konfessionsindifferenten – Intensivierung persönlicher Frömmigkeit waren Postillen, Andachts- und Erbauungsschriften, Gebetbücher, Meditationshilfen und nicht zuletzt die im Zeitalter des Barock kulminierende protestantische Kirchenlieddichtung, die das religiöse Ich mit kaum überschätzbarer Nachhaltigkeit sprach- und dialogfähig zu machen versuchte[54]. Ohne die religiöse Individualisierungsarbeit des konfessionellen Zeitalters wäre die von der Aufklärungstheologie betriebene Privatisierung der Religion weder denkbar noch möglich geworden.

2. Pietismus

Der in Deutschland von Anfang an pluriform hervortretende Pietismus markiert einen wichtigen Übergang aus dem konfessionellen Zeitalter in das Zeitalter der Aufklärung. Teilweise sind dabei ältere Impulse variierend fortgeschrieben, teilweise bereits frühaufklärerische Denk- und Motivstrukturen ausgeformt worden (s. § 17).

Insgesamt hat der Pietismus das schon im konfessionellen Zeitalter auflebende Interesse an der Ausbildung und Pflege *religiöser Subjektivität* nachhaltig verstärkt. Ph.J. Spener konnte die Summe seines Reformbegehrens in die Erinnerung fassen, daß „unser gantzes Christenthum bestehet in dem innern oder neuen menschen"[55]. „Erbauung" wurde für den Pietismus zum Inbegriff der religiösen Kommunikation: Auf sie waren nicht allein die weiter aufblühende Frömmigkeitsliteratur, sondern auch Predigt, Seelsorge[56] und vor allem das Programm einer individuellen Lektüre und geistlichen Aneignung der Bibel, deren massenhafte Verbreitung namentlich durch die 1710 initiierte Cansteinsche Bibelanstalt ermöglicht wurde, zentriert. Die durch den Pietismus betriebene Kultivierung der Innerlich-

---

schen Orthodoxie (in: STRÄTER, U. [Hg.]: Pietas in der Lutherischen Orthodoxie, 1998, 6–18). – 51 BEUTEL, A.: Lehre und Leben in der Predigt der lutherischen Orthodoxie. Dargestellt am Beispiel des Tübinger Kontroverstheologen und Universitätskanzlers Tobias Wagner (1598-1680) (in: DERS.: Protestantische Konkretionen. Studien zur Kirchengeschichte, 1998, 161–191). – 52 JUNG, M.H.: „Coelestis doctrina" und „Praxis Christiana" in der altlutherischen Orthodoxie. Die Loci theologici Matthias Hafenreffers als Versuch praxisbezogener Theologie zwischen Reformation und Pietismus (BWKG 96, 1996, 30–58). – 53 WEISMAYER, J./BEUTEL, A.: Art. Erbauungsliteratur II. Neuzeit (RGG⁴ 2, 1999, 1388–1391). – 54 BEUTEL, A.: Art. Lied V. Kirchenlied (HWRh 5, 2001, 270–275). – 55 SPENER, PH.J.: Pia desideria [...] (in: Die Werke Philipp Jakob Speners. Studienausgabe, hg.v. K. ALAND, Bd. I/1, 1996, 55–407), 246. – 56 HAIZMANN, A.: Erbaulichkeit als Kriterium der Predigt bei Philipp Jakob Spener (in: ALBRECHT, Ch./WEEBER, M. [Hg.]: Klassiker der protestantischen Predigtlehre, 2002, 48–73); DERS.: Erbauung als Aufgabe der Seelsorge bei Philipp Jakob Spener (APTh 30), 1997.

keit hat die Wahrnehmung religiöser Mündigkeit nachhaltig gefördert und nicht allein die kirchliche Frömmigkeit, sondern auch kirchenkritisch-separatistische Tendenzen stimuliert und darüber hinaus weitreichende literarische[57], pädagogische[58] und psychologische Folgen[59] gezeitigt. Obschon die pietistische Frömmigkeitskultur nicht davor gefeit war, hier und da – massiv etwa im Umkreis des Hallischen Pietismus – in gesetzliche Seelenaufsicht umzuschlagen, ist die von ihr betriebene Nobilitierung des religiösen Gefühls, die in der Herrnhuter Brüdergemeine besonders originelle Blüten trieb, zu einem ponderablen, noch bei Schleiermacher nachwirkenden[60] kulturprägenden Faktor geworden.

In Abkehr vom aristotelischen Wissenschaftsbegriff verstand und betrieb der Pietismus die Theologie als eine durch religiöse *Erfahrung* konstituierte Glaubenslehre: Weil sich die Wahrheit des christlichen Glaubens allein im Medium subjektiver Gewißheit erweise, machte er diese zur unabdingbaren Voraussetzung aller Theologie. Die curricularen Konsequenzen, die das erfahrungsorientierte Theologiekonzept nach sich zog, haben sich auch noch im neologischen Forschungs- und Ausbildungsbetrieb prägend bemerkbar gemacht (s. Kap. 10). Sie ergaben vor allem eine Vorordnung der Bibelphilologie vor die konfessionelle Dogmatik und stellten damit für die kurz darauf entstehende historisch-kritische Exegese (s. § 38) eine unentbehrliche Möglichkeitsbedingung bereit. Demgegenüber reduzierte der Pietismus die systematischen Disziplinen, also die thetische und polemische Theologie, auf eine allein der religiösen Vergewisserung dienende, subsidiäre Funktion. Eine Zentrierung und Reduktion des dogmatischen Traditionsbestands auf das praktisch Notwendige ergab sich daraus wie von selbst: Die Theologie, schrieb Spener, solle sich allein um dasjenige kümmern, was sich am Ende auf die Praxis des Glaubens anwenden läßt[61]. Dieser allumfassende Praxisdruck hat bereits im Pietismus einer nachhaltigen Ethisierung des Christlichen Vorschub geleistet. Die Kontroverstheologie erklärte der Pietismus, auch darin auf neologische Positionen vorausweisend, zu einer die Religion allenfalls marginal tangierenden Angelegenheit theologischer Spezialisten und hat im Verein damit die normative Verbindlichkeit der Bekenntnisschriften insofern gelockert, als er deren abgeleiteter Autorität nur die Berufstheologen und nicht mehr die Kirche insgesamt unterstellt wissen wollte (s. § 50).

Schließlich barg, damit zusammenhängend, auch die *irenische Grundhaltung* des Pietismus zukunftsträchtiges Potential. Zwar konnte Spener für eine Annäherung der protestantischen Konfessionen lediglich skeptisches Wohlwollen empfinden[62] (s. § 48), während er protestantisch-katholische Reunionsbestrebungen so-

---

57 Greifbar etwa in der – puritanische Impulse aufgreifenden – Popularisierung der Tagebuch-, Viten- und Exempelliteratur (z.B. REITZ, J.H.: Historie der Wiedergebohrnen, 5 Teile, 1701–1717, fortgeführt 1730–1745, ND 1982; TERSTEEGEN, G.: Außerlesene Lebens-Beschreibungen Heiliger Seelen [...], 3 Bde., 1733–1753) sowie in der auch durch den Pietismus beeinflußten anakreontischen und empfindsamen Dichtung des 18. Jahrhunderts. – 58 NEUMANN, J.N./STRÄTER, U. (Hg.): Das Kind in Pietismus und Aufklärung (Hallesche Forschungen 5), 2000. – 59 Exemplarisch greifbar in dem von K.Ph. MORITZ hg. „Magazin zur Erfahrungsseelenkunde" (10 Bde., 1783–1793, ND 1978f) oder in dessen autobiographisch-individualpsychologische Analyse und sozialpsychologische Fallstudien vereinendem Fragment „Anton Reiser. Ein psychologischer Roman" (4 Teile, 1785–1790). – 60 SEIBERT, D.: Auf dem Weg zum „Herrnhuter höherer Ordnung"? Schleiermacher und Herrnhut (EvTh 56, 1996, 395–414). – 61 SPENER, PH.J.: Consilia et Iudicia Theologica Latina [...], Pars 1, 1709, ND 1989, 263. – 62 DELIUS, W.: Spener und die Reformierten (JBBKG 54,

gar rundweg für gefährlich und schädlich hielt[63]. In den auf ihn folgenden pietistischen Generationen begannen dann aber die Forderungen nach Toleranz und Glaubensfreiheit immer weiter um sich zu greifen, wobei die kirchlichen von den radikalen Spielarten des Pietismus noch deutlich überflügelt wurden[64].

§ 14: Sozinianismus

ANER, K.: Die Theologie der Lessingzeit, 1929, ND 1964, 32–60. – CANTIMORI, D.: Italienische Haeretiker der Spätrenaissance, 1949. – FOCK, O.: Der Socinianismus nach seiner Stellung in der Gesammtentwicklung des christlichen Geistes, nach seinem historischen Verlauf und nach seinem Lehrbegriff dargestellt, 1847. – OGONOWSKI, Z.: Der Sozinianismus (UeberwegPhilos 17, Bd. 4/2, 2001, 871–881.1265–1287). – SZCZUCKI, L. (Hg.): Socinianism and its Role in the Culture of XVIth to XVIIIth Centuries, 1983. – URBAN, W.: Art. Sozzini/Sozinianer (TRE 31, 2000, 598–604). – WALLMANN, J.: Pietismus und Sozinianismus. Zu Philipp Jakob Speners antisozinianischen Schriften (in: DERS.: Theologie und Frömmigkeit im Zeitalter des Barock. Gesammelte Aufsätze, 1995, 282–294).

Nicht nur für die altprotestantische Orthodoxie gehörte das Verdikt, ein Sozinianer zu sein, zu den am freigiebigsten verteilten Ketzerhüten. Auch das Woellnersche Religionsedikt von 1788 machte in seiner theologischen Zeitdiagnose davon in diffamierender Weise Gebrauch (s. § 51). Zwar scheint der Begriff im Verlauf des 18. Jahrhunderts zunehmend an denotativer Prägnanz verloren zu haben – Späthumanisten und Pietisten, Wolffianer und Neologen, Deisten und Rationalisten wurden damit gleichermaßen stigmatisiert. Zugleich sind aber genuin sozinianische Gedanken und Gruppen bis ins 18. Jahrhundert lebendig geblieben, und das außerordentlich umfangreiche, durchaus distinkt argumentierende antisozinianische Schrifttum jener Epoche läßt unschwer ermessen, wie schwerwiegend das kirchliche Christentum diese Herausforderung seinerzeit eingeschätzt hat.

Der Begriff Sozinianismus bezeichnet den von *Fausto Sozzini* (1539–1604) geprägten Hauptstrom der antitrinitarischen Bewegung. Der erstmals bei M. Servet greifbare humanistisch-frühneuzeitliche Unitarismus[65] ist von italienischen Humanisten wie B. Ochino oder L. Sozzini auf die Kritik anderer Dogmen ausgedehnt und von Fausto Sozzini zu einem einheitlichen Lehrsystem ausgebaut worden, für das die Doppelautorität von Schrift und Vernunft grundlegend ist: Die in der Bibel fixierte Offenbarung Gottes wird in materialer Hinsicht als exklusive Autorität anerkannt, ist aber in formaler Hinsicht durch die Autorität des gesunden Menschenverstandes zu ratifizieren. Dadurch konnte F. Sozzini nicht nur die Trinitäts- und Zweinaturenlehre, sondern auch die Lehre von der stellvertretenden Genugtuung Christi oder der Erbsünde als widervernünftig bestreiten[66]. Die Rechtfertigung des Menschen vollziehe sich in der gehorsamen Nachfolge Christi, die Sakra-

---

1983, 67–73). – **63** BEUTEL, A.: Spener und die Aufklärung (in: WENDEBOURG, D. [Hg.]: Philipp Jakob Spener. [...], 2006 [im Druck]). – **64** In dieser Hinsicht hat WALLMANN 1990, 80, den radikalen Pietismus zu Recht einen hervorstehenden „Wegbereiter der Aufklärung" genannt. – **65** SERVET, M.: De trinitatis erroribus, 1531; Dialogorum de trinitate libri II, 1532; Restitutio Christianismi, 1553. – **66** SOZZINI, F.: De auctoritate sacrae scripturae, 1568; De Jesu Christi salvatore, 1578.

mente gelten ihm als Adiaphora, d. h. als kirchlich eingeführte, aber nicht heilsnotwendige Bräuche.

Die Wortführer der Bewegung strömten aus Italien und Südfrankreich zunächst in die Schweiz, um schließlich, von Calvin hart bedrängt, in Polen und Siebenbürgen Zuflucht zu finden. Aus einer anfangs ganz heterogenen Lehrvielfalt vermochte F. Sozzini in Polen eine gemäßigte unitarische Bewegung zu formen, die für ein Jahrhundert die Kirche der „Polnischen Brüder" (Fratres Poloni), zu deren Kennzeichen u. a. größte liturgische Schlichtheit, ein radikaler Ikonoklasmus und konfessionelle Toleranz zählten, dargestellt hat. Im polnischen Raków, dem geistigen Zentrum der Bewegung, entstanden eine leistungsstarke Druckerei und 1603 ein eigenes, weit ausstrahlendes Gymnasium. Nur etwa 1% der Bevölkerung, aber bis zu 10% der polnischen Intellektuellen dürften der Bewegung angehört haben. Mit der 1638 vom Staat erzwungenen Schließung der Schule begann der Niedergang. Als die Sozinianer 1658 vor die Wahl gestellt wurden, entweder katholisch zu werden oder auszuwandern, emigrierten viele Familien nach Siebenbürgen, Schlesien oder in die Neumark, während in Amsterdam ein neues Editionszentrum entstand.

Durch persönliche Kontakte und ein breit gefächertes Schrifttum wurde der Sozinianismus auch nach Deutschland getragen. In Raków erschienen nicht nur eine deutsche Ausgabe des berühmten Raköwer Katechismus (1608; polnisch 1605, lateinisch 1609, holländisch und englisch 1652), sondern auch deutsche Übersetzungen und Originalausgaben sozinianischer Programmschriften. An etlichen deutschen Universitäten vermochte der Sozinianismus Fuß zu fassen, in Altdorf sogar ein heimliches Zentrum zu bilden; als der Altdorfer Kryptosozinianismus 1616 zerschlagen wurde, entstand in den gerichtlichen Untersuchungen ein umfangreiches Verzeichnis der dort rezipierten sozinianischen Literatur. Namhafte deutsche Vertreter waren der Altdorfer Gelehrte E. Soner (1572–1612), der die Lehre von der Ewigkeit der Höllenstrafen (s. § 50) als widervernünftig zurückwies, ferner Ch. Stegmann (1598[?]–1646), dessen Manuskript „Metaphysica repurgata" weite Verbreitung fand und von Leibniz eingehend widerlegt worden ist, und zuletzt S. Crell (1660–1746), der zur Integrationsgestalt der zersprengten ostdeutschen Gemeinden der Sozinianer wurde, einen ausgreifenden intellektuellen Austausch pflegte (u. a. mit Bayle, Newton und Leibniz) und Spener zu einer gründlichen Auseinandersetzung mit dem Sozinianismus veranlaßt hat.

Während für Spener die Sozinianer ebensowenig Christen waren wie etwa die Türken[67], urteilten die Vertreter der theologischen Aufklärung differenzierter[68]. Sie würdigten die exegetische Ernsthaftigkeit, Toleranz und Moralität der Sozinianer – Semler fand sie in ihrem tätigen Christentum sogar der Orthodoxie überlegen![69] –, problematisierten andererseits deren „gezwungene Auslegungen", die philosophische Unzulänglichkeit ihres Systems, bisweilen sogar deren intellektuelle Redlichkeit, vor allem aber den geschichtlichen Anspruch der Sozinianer, nicht nur eine Vorstufe der Aufklärung darzustellen, sondern ihrerseits die Reformation bereits vollendet zu haben[70].

---

67 WALLMANN, 285. – 68 ANER, 32–43. – 69 SEMLER, J.S.: Versuch eines fruchtbaren Auszugs der Kirchengeschichte, Bd. 2, 1774, 623. – 70 Dieses Selbstverständnis manifestierte sich etwa in dem viel zitierten Spruch: „Tota ruit Babylon: tecta destruxit Lutherus, muros Calvinus, sed fundamenta Socinus" (URBAN, 600).

Eine historische Zuordnung von Sozinianismus und theologischer Aufklärung wird vor allem dadurch erschwert, daß die konkreten Abhängigkeits- und Kommunikationsverhältnisse noch wenig erforscht sind. Die vielleicht augenfälligste Gemeinsamkeit liegt in dem beiderseitigen Eintreten für konfessionelle Toleranz, die von religiöser Indifferenz schon dadurch zutiefst geschieden war, daß die Duldung protestantischer Lehrdifferenzen gerade darauf abzielte, dem gemeinsamen katholischen Gegner geschlossen entgegentreten zu können. Komplizierter ist ein Vergleich der beiderseitig auszumachenden dogmenkritischen Tendenzen. Denn auch bei scheinbarer Übereinstimmung – etwa in der Problematisierung der Trinitäts-, Zweinaturen-, Erbsünden- oder Prädestinationslehre – blieben die dabei obwaltenden Motive zumeist heterogen: Während der Sozinianismus, grob vereinfacht, den überlieferten Lehrbestand dem Kriterium antimetaphysischer Rationalität unterwarf, neigten die Aufklärer, unbeschadet ihrer erheblichen materialen Differenzen, insgesamt dazu, die Legitimität einer theologisch-wissenschaftlichen Reflexion aller Lehrbildungen einzuräumen, jedoch deren religionspraktische Anwendung dem Kriterium der „Nutzbarkeit", also der moralisch-religiösen Relevanzprüfung zu unterwerfen. Das schloß nicht aus, daß beide Bewegungen in wichtigen dogmatischen Auffassungen, etwa dem Verständnis Jesu als eines von Gott besonders begnadeten Lehrers der Religion und der Bestreitung seiner aktiven Satisfaktionsleistung (s. § 50), erst recht aber in der Gesamttendenz zu einer Rationalisierung und Ethisierung des Christentums erhebliche Affinitäten aufwiesen.

Handgreifliche Unterschiede finden sich dagegen in der Ethik, im Schriftverständnis sowie im Reflexionsniveau. Der biblizistische Rigorismus der sozinianischen Einzelnormierung, in dem beispielsweise Kriegsdienst, Todesstrafe, Eid, Spiel und Luxus verworfen und die Übernahme politischer Ämter beargwöhnt wurden, hat die Aufklärer als Ausdruck einer „unbürgerlichen und gemeinschädlichen Denkart"[71] ebenso befremdet wie der ungeschichtliche, interessengeleitete Bibelgebrauch oder der naive, auf den „gesunden Menschenverstand" (ratio sana) beschränkte Vernunftbegriff der Sozinianer[72].

Den Unterschied beider Bewegungen hat K. Aner in die Formel verdichtet: „Der Sozinianismus seiner klassischen Epoche ist der im Sektentum untergegangene christliche Humanismus, die Aufklärung seine volkskirchliche Entfaltung"[73]. Diese Lösung dürfte kaum befriedigend sein – sie bleibt zu schematisch und in der historiographischen Anwendung der von E. Troeltsch übernommenen idealtypischen Deutungskategorien ganz unreflektiert. Doch mag sie ein Anreiz sein, das umfangreiche, noch kaum genutzte Quellenmaterial, in dem sich das Verhältnis von Sozinianismus und Aufklärung niedergeschlagen hat, eingehender historischer Forschung zu unterziehen.

§ 15: Westeuropäische Religionsphilosophie

Brown, S. (Hg.): British philosophy and the Age of Enlightenment, 1996. – Brumfitt, J. H.: The French Enlightenment, 1972. – Byrne, P. u.a.: Art. Deismus (RGG⁴ 2, 1999, 614–623). – Dierse, U. u.a.: Art. Religion (HWPh 8, 1992, 632–713). – Feiereis, K.: Die Umprä-

---

71 Henke, H.Ph.K.: Allgemeine Geschichte der christlichen Kirche nach der Zeitfolge, Theil 3, ⁴1806, 404. – 72 Aner, 52–57. – 73 Ebd., 57f.

gung der natürlichen Theologie in Religionsphilosophie. Ein Beitrag zur deutschen Geistesgeschichte des 18. Jahrhunderts, 1965. – GESTRICH, Ch.: Art. Deismus (TRE 8, 1981, 392–406). – HAAKONSSEN, K. (Hg.): Enlightenment and Religion. Rational dissent in eighteenth-century Britain, 1996. – HIRSCH Bd. 1, 225–271. 292–393, Bd. 3, 21–143. – JONES, P. (Hg.).: Philosophy and Science in the Scottish Enlightenment, 1988. – LAURENT, F.: La philosophie du XVIIIe siècle et le Christianisme, 1866, ND 1972. – LECHLER, G.V.: Geschichte des englischen Deismus, 1841, ND 1965. – REDWOOD, J.: Reason, Ridicule and Religion. The age of enlightenment in England 1660–1750, 1976. – SCHRÖDER, W.: Art. Religion/Theologie, natürliche/vernünftige (HWPh 8, 1992, 713–727). – WADE, I.O.: The Structure and Form of the French Enlightenment, 2 Bde., 1977. – YOUNG, B.W.: Religion and Enlightenment in Eighteenth-Century England. Theological Debate from Locke to Burke, 1998.

Mit dem Erwachen der westeuropäischen Aufklärung verbinden sich die Anfänge einer von christlicher Theologie unabhängigen Religionsphilosophie. Diese war, zumal in England, durch die vielgestaltige Ausformung und Bestreitung eines deistischen Religionskonzepts, aber auch durch neue Argumentationsstrategien einer christlichen Apologetik geprägt und hat der diskursiven Selbstexplikation der deutschen Aufklärungstheologie einen wesentlichen Referenzrahmen bereitgestellt.

Die Schwellensituation machte sich in den einschlägigen Schriften des niederländischen Laientheologen *H. Grotius* (s. § 7.2) deutlich bemerkbar. Dessen umfangreiche neu- und alttestamentliche „Annotationes" (1641/44) traktierten die biblischen Texte nach der Maßgabe humanistischer Philologie. Indem Grotius in seiner Exegese das dogmatische Vorverständnis des Altprotestantismus faktisch sistierte, vermochte er immer wieder den historischen Textsinn zu restituieren. Dabei alternierte Grotius zugleich die orthodoxe Inspirationslehre durch die bahnbrechende Einsicht, daß nicht der biblische Schriftenkanon, sondern die im Neuen Testament bezeugte Offenbarung mitsamt ihrer alttestamentlichen Vorgeschichte zur Grundlage des christlichen Glaubens geworden ist. Darin lag mehr als nur eine Wiederentdeckung der von der Orthodoxie verdrängten lutherischen Unterscheidung zwischen Wort Gottes und heiliger Schrift: Indem Grotius sein biblisches Offenbarungsverständnis in dogmatischer Ungebundenheit allein mit dem Instrumentarium humanistischer Philologie ausarbeitete, konnte es sich der bald darauf anhebenden historisch-kritischen Schriftauslegung (s. § 38) als anschlußfähig erweisen.

Für die Gattungsgeschichte der neuzeitlichen Apologetik kam der Schrift „De veritate religionis christianae" (1627) erhebliche Signalwirkung zu. Grotius verfaßte das aus einem Lehrgedicht hervorgegangene Werk für niederländische Seefahrer, um sie für die Begegnung mit anderen Religionen zu wappnen. In einer entsprechend elementaren Gedankenführung fragte Grotius, frei von jeder konfessionellen Einbindung, nach der Wahrheit der christlichen Religion. Rational-empirische Erwägungen und die verschiedensten religionsgeschichtlichen Zeugnisse ließen ihm die Existenz eines einzigen, unendlichen und vollkommenen Schöpfergottes, eine wunderbar waltende Vorsehung sowie die Vorstellung eines postmortalen Lebens als unabweisbar erscheinen. Als „religio vera" erwies sich für Grotius das Christentum durch seine geschichtliche Beharrungskraft, die Vorzüglichkeit seiner Stifterfiguren Christus und Mose (!), die Einzigartigkeit des christlichen Auferstehungsglaubens und die humane Erhabenheit christlicher Ethik. Der kirchliche Dogmenbestand wurde von Grotius nicht problematisiert, jedoch zur

Wesensbestimmung christlichen Glaubens auch nicht benötigt. Die Schrift erfuhr zahlreiche Auflagen und hat eine lang anhaltende, obgleich zumeist untergründige Wirkung entfaltet[74].

In *England* begann das Zeitalter der Aufklärung mit der Ausformung des *Deismus*. Damit ist eine rasch ausgreifende, vielschichtige religionsphilosophische Bewegung bezeichnet, die keine einheitliche Richtung verfolgt, erst recht nicht eine homogene Gruppe oder Schule dargestellt hat. Übergreifende Motive finden sich in der tiefen Skepsis[75] gegenüber dem christlichen Offenbarungsgedanken, der Inanspruchnahme der Vernunft als dem zureichenden Instrument religiöser Wahrheitserkenntnis sowie dem Versuch, eine die konfessionskirchlichen Deutungsansprüche alternierende vernünftig-natürliche Religion zu rekonstruieren. Dabei verbanden sich Impulse des v. a. in Frankreich lebendigen radikalen Späthumanismus mit der antik-altkirchlichen Tradition einer „theologia naturalis" und einem auf die zeitgenössischen Konfessionsstreitigkeiten reagierenden Toleranzpostulat. Bezeichnend ist überdies, daß die meisten Vertreter des englischen Deismus weder dem kirchlichen noch dem akademisch-theologischen Milieu angehörten.

Als erster bedeutender Vertreter des englischen Deismus trat *Edward Herbert of Cherbury* (1583–1648) hervor. In seinem Hauptwerk „De veritate, prout distinguitur a revelatione, a verisimili, a possibili, et a falso" (1624) unternahm er den Versuch, aus den geschichtlich ausgeformten Religionsgestalten das Substrat einer natürlichen Ur-Religion herauszufiltern, für die er fünf konstitutive Wahrheiten geltend machte: Gott existiert wirklich; ihm gebührt Verehrung; diese vollzieht sich weniger in kultischen Riten als vielmehr in Tugend und Frömmigkeit; Verfehlungen sollen bereut und wiedergutgemacht werden; Gott straft und lohnt in Zeit und Ewigkeit. Diesen zureichenden religiösen Wahrheitskatalog nannte Herbert „katholisch", weil er darin den vernünftigen Kern jeder positiven Religion bezeichnet sah. Alle darüber hinausgehenden, die vernünftige Religionswahrheit trübenden Lehr- und Kultformen waren für ihn als Hilfsmittel priesterlicher Machtausübung zu erklären. Hatte Herbert die Möglichkeit einer übernatürlichen Offenbarung auch nicht ausdrücklich bestritten, so glaubte er eine zuverlässige religiöse Wahrheitserkenntnis doch auf die den Menschen eingeborenen Ideen (ideae innatae) beschränkt[76]. In ausdrücklichem Widerspruch zu Herbert hielt *Thomas Hobbes* (1588–1679) die Natur des Menschen für sündig verdorben und darum auf die Gnade Gottes uneingeschränkt angewiesen; der Friede zwischen den Konfessionen, dem Herbert dienen wollte, sei nicht durch die Rückkehr zu einer vermeintlichen Ur-Religion, sondern allein durch die Ausbildung eines konsequenten Staatskirchentums, in dem der politische Souverän auch alle geistlichen Vollmachten in Händen hält, zu erreichen[77]. In Deutschland hat der Jenenser Theologe *Johannes Musaeus* (1613–1681) als einer der ersten gegen Herbert votiert. Zwar

---

74 HIRSCH, Bd. 1, 225–236; KROGH-TONNING, K.: Hugo Grotius und die religiösen Bewegungen im Protestantismus seiner Zeit, 1904; SCHLÜTER, J.: Die Theologie des Hugo Grotius, 1919. – **75** POPKIN, R.H./VANDERJAGT, A. (Hg.): Scepticism and Irreligion in the 17th and 18th Century, 1993. – **76** BEDFORD, R.D.: The Defence of Truth. Herbert of Cherbury and the Seventeenth Century, 1979; PAILIN, D.A.: Herbert von Cherbury (UeberwegPhilos 17, Bd. 3/1, 1988, 224–239). – **77** HOBBES, TH.: Elementorum philosophiae, sectio tertia: De cive, 1642; Leviathan, or the Matter, Forme, and Power of a Commonwealth, Ecclesiasticall and Civill, 1651. JACOBY, E.G. u.a.: Hobbes und sein Umkreis (UeberwegPhilos 17, Bd. 3/1, 1988, 91–185).

konnte er dessen Berufung auf eine natürliche Gotteserkenntnis im Rahmen der orthodoxen Prinzipienlehre durchaus verrechnen. Indessen habe Herbert das menschliche Unvermögen, sich durch vernünftig-sittliche Entschließung aus der Macht der Sünde zu lösen, und infolgedessen auch die Bedeutung der göttlichen Gnade und des Christusgeschehens verkannt. Die fünf Fundamentalwahrheiten, die Herbert rekonstruiert hatte, verhülfen keinem Menschen zum Heil[78].

Seit dem Beginn des 18. Jahrhunderts gewannen für den englischen Deismus die rationalistische Bibelkritik sowie die vernünftig-moralische Reinigung des Kirchenglaubens zunehmend an Interesse. Durch den Aufweis außerbiblischer Parallelen und Einflüsse suchte man den vernünftigen Kern der Bibel herauszuschälen. Daneben zielte die kritisch-exegetische Arbeit auf eine Destruktion der neutestamentlichen Weissagungsbeweise und Wunderberichte, ferner auf eine – teils frivol übersteigerte – moralische Kritik an biblischen Personen und Sachen. *John Toland* (1670–1722) propagierte ein geheimnis- und dogmenfreies Christentum, das darin ebenso der Vernunft wie der Bibel gemäß sei[79]. Der Sturm der Entrüstung, der sich alsbald gegen Toland erhob, konnte nicht verhindern, daß dessen Gedanken auch in Deutschland bisweilen auf fruchtbaren Boden fielen, so bei H.S. Reimarus (s. § 24.2) und Sophie Charlotte von Brandenburg-Preußen. *Anthony Collins* (1676–1729) erhob das Prinzip des „Free-Thinking" zum deistischen Programm: Daraus entstünden Wohltaten für den Staat, die Kirche und eine aus der Macht der Priester befreite, aufgeklärte Religion[80]. *Thomas Woolston* (1670–1733) entfaltete die merkwürdig anmutende Theorie, selbst in den Evangelien schildere das Neue Testament nicht geschichtliche Tatbestände, sondern allegorisiere nur alttestamentliche Geschichtswahrheiten[81]. In kompendienhafter Übersicht bot *Matthew Tindal* (ca. 1653–1733) eine Zusammenstellung aller philosophisch relevanten Argumente, die die These, das Christentum sei so alt wie die Schöpfung, zu belegen schienen[82].

Eine dezidiert anti-deistische Position bezog *John Locke* (s. § 8) in seinem religionsphilosophischen Hauptwerk „The Reasonableness of Christianity, as delivered in the Scriptures" (1695). Mit der titelgebenden Wendung propagierte er keineswegs die Zurücknahme der christlichen Religion in die Grenzen der bloßen Vernunft, sondern im Gegenteil die schlechthinnige Notwendigkeit einer aller menschlichen Philosophie überlegenen christlichen Offenbarung. Vernünftig erschien ihm das Christentum gerade darin, daß es die Unentbehrlichkeit einer die Grenzen der bloßen Vernunft überschreitenden Offenbarung erkennt. Während Herbert der Offenbarung lediglich einen vernunftgemäßen Inhalt zuerkannt hatte, ging sie für Locke in zweifacher Hinsicht darüber hinaus: Sie lehre den Auferstehungsglauben, während die Vernunft das Rätsel des Todes niemals aus eigener Kraft würde lösen können, und sie setze dem rationalen Vergeltungsdenken das milde

---

[78] MUSAEUS, J.: Dissertatio theologica de quaestione, an ductu luminis naturae & principiorum rationis homo ad salutem aeternam pertingere possit, 1667. – [79] TOLAND, J.: Christianity not Mysterious: Or, a Treatise Showing that There Is Nothing in the Gospel Contrary to Reason, nor above It: and that no Christian Doctrine Can Be Properly Call'd a Mystery, 1696. – [80] COLLINS, A.: A Discourse of Free-Thinking, Occasion'd by the Rise and Growth of a Sect Call'd Free-Thinkers, 1713. – [81] WOOLSTON, TH.: A Discourse on the miracles of our Saviour, in view of the present controversy between Infidels and Apostates, ^{4}1728. – [82] TINDAL, M.: Christianity as Old as the Creation: Or, the Gospel, a Republication of the Religion of Nature, 1730.

„law of faith" entgegen. Auferstehung und Nächstenliebe: Darin besteht für Locke der materiale Mehrwert christlicher Offenbarung[83]. Für Anthony Ashley Cooper Earl of Shaftesbury (1671–1713), der sich, von Locke erzogen, nur eingeschränkt dem Deismus zurechnen läßt, trägt jede gute Tat ihren Lohn in sich selbst, weshalb ihm der Gedanke einer jenseitigen Vergeltung als moralisch irrelevant, ja sogar schädlich erschien. Durch Übersetzungen seiner Hauptwerke (u. a. durch Spalding) ist Shaftesbury auch in Deutschland aufmerksam rezipiert worden[84].

Um die Mitte des 18. Jahrhunderts verlor der englische Deismus zusehends an intellektueller Anziehungskraft. Verschiedene Gründe flossen dabei zusammen: das Scheitern seiner kultischen Institutionalisierung[85], die maßvolle und teilweise ironische Apologetik der anglikanischen Kirche, der mit dem aufkommenden Methodismus sich abzeichnende religiöse Mentalitätswandel, schließlich auch der von David Hume in seiner „Natural History of Religion" (1757) anhand einer beachtlichen Materialfülle erbrachte Nachweis, der Polytheismus und nicht, wie vom Deismus behauptet, der Monotheismus sei die ursprüngliche Gestalt der Religion[86]. In Frankreich wurde der englische Deismus vornehmlich als Munitionslieferant im religionskritischen Kampf rezipiert. Dagegen sind in Deutschland die Äußerungen des englischen Deismus zwar über Jahrzehnte hinweg verfolgt, aber kaum substantiell diskutiert und schon gar nicht – bei der einzigen namhaften Ausnahme des Reimarus – positionell übernommen und fortgeführt worden. Allerdings dürfte das schreckenerregende Klischee, der Deismus habe in England ein breites literarisches Publikum vom Christentum abgeführt, die Ausbildung moderner, kirchlich-aufklärerischer Argumentations- und Publikationsstrategien in Deutschland spürbar befördert haben[87].

Auch in religiöser Hinsicht hat die Aufklärung in *Frankreich* ihre radikalste Ausprägung erfahren. Während das Ancien Régime die absolutistische Zentralisierung von Staat und Kirche zu einem konsequenten „Gallikanismus" ausbaute und

---

83 Die darin sich andeutende drastische Reduktion der christlichen Glaubenslehre weist eine deutliche anti-orthodoxe Stoßrichtung auf und erklärt, weshalb Locke, obwohl er das Konzept einer natürlichen Religion bestritt, auch von Deisten in Anspruch genommen werden konnte. Zu Locke s. § 7; ferner BRANDT, R.: John Locke (UeberwegPhilos 17, Bd. 3/2, 1988, 607–713). – 84 GREAN, S.: Shaftsbury's Philosophy of Religion and Ethics. A Study in Enthusiasm, 1967; VOITLE, R.: The Third Earl of Shaftesbury, 1671-1713, 1984. – 85 Der Versuch von D. Williams, 1776 in London einen deistischen Gottesdienst zu installieren, ist kläglich mißlungen, was G. Ch. LICHTENBERG zu dem trefflichen Kommentar veranlaßt hat: „Ein Sonntags-Collegium über theologiam naturalem hat zu wenig Anziehendes für den gemeinen Mann, und der Denker entbehrt es leicht. Herr Williams scheint ein vortrefflicher Mann und guter Kopf, allein seine Hauptabsicht verrät im ganzen doch grobe Unbekanntschaft mit der Natur des Menschen" (Schriften und Briefe, Bd. 3, 1972, 193). Bereits ein Jahr zuvor hatte J. B. Basedow in Dessau unter dem Einfluß F. Nicolais von einem entsprechenden Plan Abstand genommen (ANER, K.: Der Aufklärer Friedrich Nicolai, 1912, 77). – 86 Zu Hume s. § 8; FLEW, A.: Hume's Philosophy of Belief. A study of his first Inquiry, 1961; KRESS, H.: Das Ende des common sense. Zur Wunderkritik Humes (ZNThG 3, 1996, 1–38). – 87 VOIGT, CH.: Der englische Deismus in Deutschland. Eine Studie zur Rezeption englisch-deistischer Literatur in deutschen Zeitschriften und Kompendien des 18. Jahrhunderts (BHTh 121), 2003; DERS.: Der englische Deismus in Deutschland. Ein Beitrag zur „Umformung des Christlichen"? (in: BEUTEL, A./LEPPIN, V. [Hg.]: Religion und Aufklärung. Studien zur neuzeitlichen „Umformung des Christlichen" [AKThG 14], 2004, 33–41).

dabei jede Gefährdung der staatskirchlichen Autorität massiv bekämpfte – 1685 setzte mit der Revokation des Edikts von Nantes (1598) eine blutige Unterdrükkung der französischen Protestanten ein, kaum weniger hart wurde der Jansenismus verfolgt –, begann sich in breiten Schichten des Bürgertums eine ausgesprochen antiklerikale, bisweilen überhaupt antikirchliche Mentalität auszubilden. Nachdem bereits Pierre Bayle (1647–1706), noch unter Beibehaltung des Offenbarungsgedankens, an Lebensgestalt und Lehrbestand der französischen Kirche offen Kritik geäußert und weltanschauliche Toleranz eingefordert hatte[88], wurde Voltaire (1694–1778) zum wichtigsten Repräsentanten der religionskritischen französischen Aufklärung.

Voltaire hat die Ideen des englischen Deismus umfassend rezipiert und wirkungsvoll zu popularisieren vermocht. Seine Bibelkritik zielte auf den Offenbarungsanspruch christlicher Religion. Indem er deren Basisdokument einer aus historischen, geographischen, moralischen und logischen Kriterien bestückten Plausibilitätsprüfung unterzog, wollte er die Bibel nicht nur als ein ganz normales Buch behandelt wissen, sondern zugleich die ihr einwohnenden Inkohärenzen und Absurditäten, im religionsgeschichtlichen Vergleich zudem ihre Epigonalität demonstrieren. Während der christliche Lehr- und Traditionsbestand für Voltaire einen Ausbund menschlicher Unvernunft darstellte, hat er sich andererseits auch von dem aufkommenden neuzeitlichen Atheismus nachdrücklich distanziert. Für den historischen Jesus, diesen „Armen, der den Armen predigte", diesen „Sokrates aus Galiläa", empfand Voltaire hohe Wertschätzung. Nur müßte er dadurch aus den Verirrungen einer Religion, die er weder gewollt noch gestiftet hat, errettet werden, daß man endlich aufhörte, aus ihm zu machen, was er niemals zu sein beanspruchte oder gewesen ist: der Sohn Gottes. Indem Voltaire die Erhabenheit Gottes in der Unendlichkeit des Newtonschen Universums zu beschreiben nicht müde wurde, praktizierte er die einzige Form von Gottesverehrung, die ihm geboten und vernünftig erschien. Auch sein unbedingtes Toleranzpostulat war zugleich religiös und vernünftig grundiert. Während religiöse Intoleranz eben darin bestehe, daß der Mensch seine Natur verleugne und Gott zu vereinnahmen suche, um dadurch seine Mitmenschen zu unterdrücken, entspreche das Toleranzgebot der kosmischen Nichtigkeit des Menschen und bringe ihn dadurch in Einklang mit seiner Natur[89]. Als dem 1778 in Paris verstorbenen Voltaire die Totenmesse verweigert wurde, gab Friedrich der Große sogleich den Befehl, in der Berliner Hedwigskathedrale, unmittelbar am Forum Fridericianum gelegen, ein Seelenamt für den verstorbenen Gesprächspartner zu lesen[90].

---

88 BOST, H.: Pierre Bayle et la religion, 1994; KREIMENDAHL, L. (Hg.): Die Philosophie in Pierre Bayles *Dictionnaire historique et critique* (Aufklärung 16), 2004 (darin v.a. die Beiträge von W. SCHRÖDER, N. STRICKER, H. BOST und L. KREIMENDAHL); LABROUSSE, E.: Pierre Bayle (UeberwegPhilos 17, Bd. 2/2, 1993, 1025–1050); REX, W.E.: Essays on Pierre Bayle and Religious Controversy, 1965. – 89 BROCKMEIER, P. u. a. (Hg.): Voltaire und Deutschland, 1979; KNABE, P.-E.: Voltaire. Philosophie als Kritik an Aberglaube und Intoleranz (in: KREIMENDAHL, L. [Hg.]: Philosophen des 18. Jahrhunderts. Eine Einführung, 2000, 104–121); POMEAU, R.: La Religion de Voltaire, ²1974; SCHMIDT, G.R.: Art. Voltaire (TRE 35, 2003, 286–290). – 90 Pietätvolles Ehrengedächtnis, Respekt vor dem Geheimnis der Religion, gezielter Affront gegen Frankreich: Die Motive, die den preußischen König dazu bewogen haben könnten, sind zu einem unentwirrbaren Knäuel verknüpft.

Radikal-atheistische Religionskritik wurde vor allem im Kreis der Pariser *Materialisten* (J.O. de LaMettrie, P.H. d'Holbach, C.A. Helvétius) artikuliert. Sie suchten sich von allen metaphysisch-religiösen „Vorurteilen" zu lösen und sahen im christlichen Gottesglauben eine nicht zu denkende Absurdität. Die Religion, erklärte d'Holbach, sei die größte Feindin der natürlichen Moral; sein „Système de la nature" (1770) avancierte zur Programmschrift des französischen Materialismus[91]. Die große „Encyclopédie", als deren Hauptherausgeber d'Alembert und Diderot zeichneten, wurde, obschon sie, auch um der Zensur zu entgehen, in religionskritischer Hinsicht größere Zurückhaltung übte, zur Wegbereiterin einer freizügigen Geisteshaltung[92].

Demgegenüber hielt *Jean-Jacques Rousseau* (1712-1778) an Religionsausübung und Gottesglauben fest, sah diese aber weder in Vernunft noch Offenbarung begründet, sondern, beiden voraus, im natürlichen Gefühl. In seiner Auffassung, der Mensch sei, von Natur aus gut, allein durch den – unumkehrbaren – Vergesellschaftungsprozeß korrumpiert worden, hatte er sich von der biblisch-christlichen Anthropologie, näherhin deren (Erb-)Sündenlehre, aber auch von den Standards kirchlicher Versöhnungs- und Erlösungslehre deutlich entfernt. Mit seiner Unterscheidung von innerlich freier Herzens- und äußerlich reglementierender Zivilreligion, die das Gewissen zum unverfügbaren Garanten privatreligiöser Autonomie erklärte und dadurch kirchliches Lehramt und biblischen Offenbarungsglauben folgenreich relativierte, ist Rousseau, dem Urteil E. Hirschs zufolge, „der erste klare und entschiedne Vertreter des Neuprotestantismus" geworden[93]. Wie durch seine philosophischen und pädagogischen Auffassungen insgesamt übte Rousseau auch durch seine religiösen Anschauungen in Deutschland einen besonders nachhaltigen Einfluß aus[94].

---

91 Baruzzi, A. (Hg.): Aufklärung und Materialismus im Frankreich des 18. Jahrhunderts. La Mettrie, Helvétius, Diderot, Sade, 1968; Bloch, O. (Hg.): Le matérialisme du XVIIIe siècle et la littérature clandestine, 1982. – **92** Encyclopédie ou dictionnaire raisonné des sciences, des arts et des métiers, par une société de gens de lettres, 35 Bde., 1751-1780; Cislo, W.: Die Religionskritik der französischen Enzyklopädisten (EHS.T 722), 2001; Dieckmann, H.: Diderot und die Aufklärung. Aufsätze zur europäischen Literatur des 18. Jahrhunderts, 1972; Kafker, F.A./Kafker, S.L.: The Encyclopedists As Individuals, 1988; Kafker, F.A.: The Encyclopedists As a Group, 1996. – **93** Hirsch Bd. 3, 127. – **94** Forschner, M.: Rousseau, 1977, v.a. 168-206; Grimsley, R.: Rousseau and the Religious Quest, 1968; Herb, K.: Jean-Jacques Rousseau. Ein Moderner mit antiker Seele (in: Kreimendahl, L. [Hg.]: Philosophen des 18. Jahrhunderts. Eine Einführung, 2000, 141-156); Jaumann, H. (Hg.): Rousseau in Deutschland. Neue Beiträge zur Erforschung seiner Rezeption, 1995; Kronauer, U.: Gegenwelten der Aufklärung, 2003; Masson, P.-M.: La Religion de Jean-Jacques Rousseau, 3 Bde., 1916, ND 1970; Nowak, K.: Der umstrittene Bürger von Genf. Zur Wirkungsgeschichte Rousseaus im deutschen Protestantismus des 18. Jahrhunderts (1993) (in: Ders.: Kirchliche Zeitgeschichte interdisziplinär. Beiträge 1984-2001, hg. v. J.-Ch. Kaiser [KoGe 25], 2002, 1-28); Schmidt, G.R.: Art. Rousseau, Jean-Jacques (TRE 29, 1998, 441-446).

B. Erscheinungsformen

Kapitel 4: Frühformen

§ 16: Physikotheologie

BÜTTNER, M./RICHTER, F. (Hg.): Forschungen zur Physikotheologie im Aufbruch, 3 Bde., 1995–1997. – DEHMEL, G.: Die Arzneimittel in der Physikotheologie, 1996. – EHRHARDT-REIN, S.: Zwischen Glaubenslehre und Vernunftwahrheit. Natur und Schöpfung bei Hallischen Theologen des 18. Jahrhunderts, 1996. – KEMPER, H.-G.: Gottesebenbildlichkeit und Naturnachahmung im Säkularisierungsprozeß. Problemgeschichtliche Studien zur deutschen Lyrik in Barock und Aufklärung, 2 Bde., 1981. – DERS.: Deutsche Lyrik der frühen Neuzeit. Bd. 5/II: Frühaufklärung, 1991, 109–157. – KROLZIK, U.: Säkularisierung der Natur. Providentia-Dei-Lehre und Naturverständnis der Frühaufklärung, 1988. – DERS.: Art. Physikotheologie (TRE 26, 1996, 590–596). – PHILIPP, W.: Das Werden der Aufklärung in theologiegeschichtlicher Sicht (FSThR 3), 1957. – RICHTER, K.: Literatur und Naturwissenschaft. Eine Studie zur Lyrik der Aufklärung, 1972. – SPARN, W.: Art. Physikotheologie (EKL³ 3, 1992, 1211–1215).

Die Physikotheologie, eine Spielart der Frühaufklärung, repräsentiert eine um 1650 einsetzende, bis weit ins 18. Jahrhundert fortblühende theologisch-literarische Strömung, die neben dem Pietismus eine Zeitlang die am meisten breitenwirksame Gestalt des neueren Protestantismus dargestellt hat. Die neuartige Gattung der physikotheologischen Literatur zielte insgesamt darauf ab, durch die Betrachtung von geordnet, zweckmäßig oder schön erscheinenden Gegenständen, Strukturen oder Prozessen in der Natur auf das Dasein und die weltbezogenen Eigenschaften Gottes zu verweisen. Gegen Ende des 18. Jahrhunderts haben Hume und Kant mit großem Scharfsinn den physikotheologischen Gottesbeweis als unhaltbar kritisiert. Doch die physikotheologischen Schriften wollten, jedenfalls in ihrer überwiegenden Mehrzahl, Existenz und Eigenschaften Gottes gar nicht beweisen, sondern sie, als durch den *liber scripturae* längst bewiesen, im *liber naturae* sinnenfällig vor Augen führen.

Die Aufnahme antiker (theologia naturalis), biblischer (Röm 1,20) und augustinischer Motive (liber naturae) wurde von den Physikotheologen insofern in eine neue Gestalt der Naturfrömmigkeit transformiert, als sie in ihrem Erweis des allmächtigen und allweisen Weltbaumeisters die Erkenntnisse der zeitgenössischen Naturwissenschaft aufgriffen, um dadurch die lebensweltlichen Naturerfahrungen teleologisch zu deuten und zu vertiefen. Diese kompendienhafte Vermittlung naturwissenschaftlicher Erkenntnisse an das bildungsbürgerliche Lesepublikum hat, nachdem der durch die kopernikanische Wende ausgelöste Schock bereits abgeklungen war, den modernen Naturwissenschaften zu populärer Akzeptanz verholfen und zur Ausbildung des neuzeitlichen Naturverständnisses[1] wie überhaupt zum Durchbruch der Aufklärung wesentlich beigetragen.

Auch wenn die Physikotheologie unstreitig apologetische und erbauliche Züge aufwies, läßt sie sich diesen beiden Gattungen doch keineswegs subsumieren. Im Unterschied zum frühneuzeitlichen Typus der Apologie verfolgte sie nicht das Ziel, religions- oder konfessionskritische Einwände zu widerlegen, sondern wollte ihrer Begeisterung über die von der Naturwissenschaft geschärfte Lesbarkeit des *liber naturae* poetischen Ausdruck verleihen. Und im Unterschied zu herkömmlicher Erbauungsliteratur war sie weniger an der Ausarbeitung natursymbolischer Zusammenhänge als vielmehr an der frommen Popularisierung detaillierter naturwissenschaftlicher Erkenntnisse interessiert. Ihre teleologische Interpretation der Körperwelt und deren kausalmechanischer Verknüpfung diente „der anthropozentrischen Situierung des Menschen im Kosmos"[2] und lief, indem sie den Zweck der Schöpfung in der Verherrlichung Gottes erkannte, allemal auf eine doxologische Pointe hinaus.

In ganz Europa, vornehmlich in den protestantischen Ländern, trat die Physikotheologie mit weit über 1000 Titeln hervor. Ihre Anfänge lagen in England, wo sich in ihrem Widerspruch gegen den barocken apokalyptischen Pessimismus[3] ein der im deutschen Pietismus aufkeimenden „Hoffnung besserer Zeiten" (s. § 17) strukturell durchaus analoger natur- und menschheitsgeschichtlicher Betrachtungswandel abzuzeichnen begann. Ausstrahlende Bedeutung gewann der britische Theologe und Botaniker J. Ray (1627–1705), dessen „Three Physico-Theological Discourses" (1691/92) im Rückgriff auf die seit der Entdeckung des Blutkreislaufs (1628) verfügbare Einsicht, daß es in der Natur nicht nur Zerfalls-, sondern auch Regenerationsprozesse gibt, das Naturgeschehen als sinnvoll und zweckmäßig aufeinander abgestimmte Vorgänge darstellte, deren bewahrende Einheit er durch den göttlichen *concursus* gewährleistet sah. Sein Schüler W. Derham (1657–1735) präsentierte in seiner „Physico-Theology" (1713) alle einschlägigen Argumente, die er durch breite, kompendienhafte Zusammenstellung des naturwissenschaftlichen Erkenntnisstandes noch zusätzlich plausibilisierte. In eingehender Darstellung erwies er die *providentia dei* in der sinnvollen Einrichtung der Erde, der Tier- und Menschenwelt sowie der Botanik, um dadurch zu der Schlußfolgerung zu gelangen, angesichts der überreichen natürlichen Hinweise auf die Existenz eines Gottes sei der Unglaube schlechterdings widervernünftig. Zusammen mit der „Astro-Theology" (1715), die die Betrachtung auf den Bereich der Himmelskörper ausdehnte, hat Derhams „Physico-Theology" zur Popularisierung des neuen naturwissenschaftlichen Weltbildes einen kaum zu überschätzenden Beitrag geleistet.

Im deutschen Sprachraum wurde der sog. *Hamburger Kreis*, der sich um den Universalgelehrten J.A. Fabricius (1668–1736) gebildet hatte, ein Zentrum der

---

1 DIRLINGER, H.: Das Buch der Natur. Der Einfluß der Physikotheologie auf das neuzeitliche Naturverständnis und die ästhetische Wahrnehmung von Wildnis (in: WEINZIERL, M. [Hg.]: Individualisierung, Rationalisierung, Säkularisierung. Neue Wege der Religionsgeschichte [WBGN 22], 1997, 156–185). – **2** SPARN, 1213. – **3** Th. BURNET (1635–1715) hatte in seinem weit verbreiteten Werk „Telluris Theoria Sacra" (1681) den Verfallsprozeß in der Natur eingehend nachgewiesen.

Physikotheologie. Fabricius hat nicht nur die Werke Derhams ins Deutsche übersetzt und Vorreden zu zahlreichen physikotheologischen Schriften verfaßt, sondern die literarische Produktion auch mit eigenen Arbeiten zur Hydro-, Pyro- und Aerotheologie unterstützt. Am Beispiel des Wasserkreislaufs zeigte er, daß dieser lebenswichtige Rohstoff dank der *providentia dei* seit der Erschaffung der Welt in unerschöpflicher Kontinuität zur Verfügung steht, freilich nicht allein für den Menschen, sondern, den Vorwurf einer teleologischen Anthropozentrik schon im Vorgriff entkräftend, für das gesamte natürliche Leben. In der Kultivierung der auf Vollendung angelegten Natur erfüllte der Mensch für Fabricius eine göttliche Pflicht.

Unmittelbar von ihm beeinflußt sind u.a. die physikotheologischen Arbeiten von Reimarus (s. § 24.2) und *B.H. Brockes* (1680–1747), dessen im 18. Jahrhundert vielfach aufgelegtes „Irdisches Vergnügen in Gott bestehend in verschiedenen aus der Natur und Sitten-Lehre hergenommenen Gedichten" (9 Bde., 1721–1748) die Veranschaulichung und Verherrlichung der vollkommenen Schönheit und Zweckmäßigkeit der Natur als einen „vernünftigen und begreiflichen Gottesdienst" darstellen sollte: „Wer also jederzeit mit fröhlichem Gemüt / In allen Dingen Gott als gegenwärtig sieht, / Wird sich, wenn Seel und Leib sich durch die Sinne freuen, / Dem großen Geber ja zu widerstreben scheuen"[4]. Auch außerhalb Hamburgs und in der Schweiz[5] entstand eine Fülle physikotheologischer Literatur, die ihre meist hochgradig spezialisierten Betrachtungen in sprechenden Überschriften anzukündigen pflegte. F.Ch. Lesser verfaßte eine „Lithotheologie, das ist, natürliche Historie und geistliche Betrachtung derer Steine, also abgefaßt, daß daraus die Allmacht, Weisheit, Güte und Gerechtigkeit des großen Schöpfers gezeigt wird" (1735), J.Ch. Benemann schrieb über „Die Tulpe zum Ruhm ihres Schöpfers und Vergnügung edler Gemüther" (1741), N. Malm publizierte eine „Ichthyotheologie oder Betrachtungen über das feuchte Reich der Fische" (1751) – drei Beispiele nur für einstweilen ungezählt viele.

Physikotheologische Denkmuster sind im gesamten 18. Jahrhundert verbreitet geblieben und haben nicht allein die binnenkirchliche Religiosität, der sie als vielgebrauchte Predigthilfen vermittelt wurden[6], sondern auch die Gestalten konfessionell ungebundener Weltfrömmigkeit nachhaltig stimuliert: Sebaldus Nothanker, der Held des einst viel gelesenen Theologenromans von F. Nicolai, brach beim Geruch frischen Grases „in der Fülle seines Herzens [...] in ein lautes Lob des Allmächtigen aus, der, für seine geplagtesten Kreaturen, in den einfältigsten Genuß seiner Schöpfung Trost und Stärkung gelegt hat"[7] – zu schweigen von den Exaltationen empfindsamer Naturschwärmerei. In Königsberg gründete M. Knutzen 1748 eine physikotheologische Gesellschaft, der neben dem jungen Kant auch der noch jüngere Hamann angehörte.

Gleichwohl hatte sich die Bewegung seit der Mitte des 18. Jahrhunderts zusehends überlebt. Auf dem Hintergrund der fortgeschrittenen naturwissenschaftli-

---

4 Zit. nach: Kindlers Literatur Lexikon im dtv, Bd. 11, 1974, 4878. MARTENS, W.: Erbauliche Naturlyrik eines Aufklärers (in: DERS.: Literatur und Frömmigkeit in der Zeit der frühen Aufklärung [Studien und Texte zur Sozialgeschichte der Literatur 25], 1989, 261–275). – 5 Am bekanntesten HALLER, A.v.: Versuch Schweizerischer Gedichten (darin: Die Alpen), 1732. – 6 SCHÜTZ, W.: Die Kanzel als Katheder der Aufklärung (WSA 1, 1974, 137–171). – 7 NICOLAI, F.: Das Leben und die Meinungen des Herrn Magister Sebaldus Nothanker, Bd. 3, 1776, ND 1988, 48.

chen Theoriebildung erschien die physikotheologische Naturerklärung als trivial. Die Neologie (s. Kap. 5) hatte ihre Umformung der *theologia naturalis* auf die Kultivierung frommer Selbsterfahrung konzentriert und die äußere Natur in die Zuständigkeit der Fachwissenschaften entlassen. Ein naiver Schöpfungsoptimismus war gegenüber der Theodizeefrage, die seit dem verheerenden Erdbeben von Lissabon (1755) nicht mehr ein bloßes Philosophenproblem, sondern eine elementare Verunsicherung christlicher Frömmigkeit darstellte, unhaltbar geworden[8]. In der Gelehrtenrepublik regte sich zunehmend Kritik an dem anthropomorphen Gottesbild, der ethischen Inkompetenz und philosophischen Unzulänglichkeit der Physikotheologen. Bald waren sie nur noch der Gegenstand überlegenen Spotts. Lichtenberg, dem die Physiognomik Lavaters (s. § 32) die physikotheologische Naturbemächtigung in absurder Weise zu potenzieren schien, konterte mit der Parodie eines Mannes, der sich darüber entzückte, „daß den Katzen gerade an der Stelle zwei Löcher in den Pelz geschnitten wären, wo sie ihre Augen hätten"[9].

§ 17: Pietismus

BEUTEL, A.: Spener und die Aufklärung (in: WENDEBOURG, D. [Hg.]: Philipp Jakob Spener. [...], 2006 [im Druck]). – GEYER-KORDESCH, J.: Pietismus, Medizin und Aufklärung in Preußen im 18. Jahrhundert. Das Leben und Werk Georg Ernst Stahls (HBEA 13), 2000. – GIERL, M.: Pietismus und Aufklärung. Theologische Polemik und die Kommunikationsreform der Wissenschaft am Ende des 17. Jahrhunderts (VMPIG 129), 1997. – HINRICHS, C.: Preußentum und Pietismus. Der Pietismus in Brandenburg-Preußen als religiös-soziale Reformbewegung, 1971, 352–441. – KEMPER, H.-G.: Deutsche Lyrik der frühen Neuzeit. Bd. 5/I: Aufklärung und Pietismus, 1991. – MARTENS, D.: Literatur und Frömmigkeit in der Zeit der frühen Aufklärung (Studien und Texte zur Sozialgeschichte der Literatur 25), 1989. – MÜSING, H.-W.: Speners Pia Desideria und ihre Bezüge zur deutschen Aufklärung (PuN 3, 1976, 32–70). – NARR, D.: Berührung von Aufklärung und Pietismus in Württemberg des 18. Jahrhunderts. Eine Einführung in die Problematik (BWKG 66/67, 1966/67, 264–277). – NEUGEBAUER, W.: Absolutistischer Staat und Schulwirklichkeit in Brandenburg-Preußen (VHKB 62), 1985, v.a. 48–64. – SCHOLDER, K.: Grundzüge der theologischen Aufklärung in Deutschland (in: LIEBING, H./SCHOLDER, K. [Hg.]: Geist und Geschichte der Reformation. FS Hanns Rückert [AKG 38], 1966, 460–486). – STEPHAN, H.: Der Pietismus als Träger des Fortschritts in Kirche, Theologie und allgemeiner Geistesbildung (SGV 51), 1908.

Die Kirchengeschichtsschreibung neigt dazu, den Pietismus als Vorläufer, Bahnbrecher und Wegbereiter der Aufklärung zu würdigen[10] (s. § 13.2). Daneben gibt es einzelne andere Stimmen, die das Verhältnis der beiden Bewegungen als ein komplementäres „Ineinander und [...] Durcheinander"[11] verstehen, den Pietismus zu einem „Kind der Aufklärung"[12] oder, konträr dazu, die Aufklärungstheologie „zu einer parasitären Bewegung des Pietismus"[13] erklären. Freilich wird dabei stets auch

---

8 BREIDERT, W. (Hg.): Die Erschütterung der vollkommenen Welt. Die Wirkung des Erdbebens von Lissabon im Spiegel europäischer Zeitgenossen, 1994; LÖFFLER, U.: Lissabons Fall – Europas Schrecken. Die Deutung des Erdbebens von Lissabon im deutschsprachigen Protestantismus des 18. Jahrhunderts (AKG 70), 1999. – **9** Schriften und Briefe, Bd. 2, ²1975, 146. – **10** Vgl. die Übersicht bei MÜSING, 34–37. – **11** NARR, 269. – **12** KUPISCH, K.: Kirchengeschichte. Bd. 4: Das Zeitalter der Aufklärung, 1975, 140. – **13** So K. NOWAK (Vernünftiges Christentum? Über die Erforschung der Aufklärung in der evangelischen Theolo-

das gegenläufig Altprotestantische, das dem Pietismus ebenfalls eignet, in Rechnung gestellt und daran erinnert, daß die positionellen Konflikte, die er mit der erwachenden Aufklärung ausfocht, von praller Sachhaltigkeit waren. Bezeichnenderweise pflegt man Diskontinuitäten vornehmlich im Kontrast zu Rationalisten wie Reimarus zu illustrieren, Brückenfunktionen hingegen im Vergleich mit Vertretern der Neologie. Derart aber wird, so oder so, ein bestimmter Ausschnitt der Aufklärungstheologie unkritisch für das Ganze gesetzt. In dieser reduktionistischen Depravation des Aufklärungsbegriffs, die den intentionalen Fluchtpunkt eines ganzen Zeitalters auf einen bloßen Parteinamen verengt, dürfte das mit einer Verhältnisbestimmung von Pietismus und Aufklärung berührte Kernproblem liegen.

Auf der Ebene von Lehrsätzen und Sachpositionen lassen sich historiographische Periodisierungsfragen nicht zureichend klären. Sobald man den Pietismus jedoch in *struktur- und problemgeschichtlicher Perspektive* betrachtet, wird man ihn zwanglos als eine religiöse Spielart der Frühaufklärung wahrnehmen können. Die Literaturgeschichtsschreibung und andere historische Wissenschaften, die den Pietismus, anstatt ihn zum Inbegriff eines Zeitalters zu stilisieren, in kritischer Unbefangenheit als ein frühneuzeitliches Begleitphänomen wahrnehmen, sind von solchen hausgemachten Problemen verschont und stehen darum nicht an, Pietisten wie Ph.J. Spener, A.H. Francke oder G. Arnold als geistesgeschichtliche Repräsentanten der Frühaufklärung zu würdigen[14]. Mitunter können selbst Kirchenhistoriker daran erinnern, daß der Pietismus im „Zusammenhang einer das frühneuzeitliche Europa insgesamt erfassenden Bewegung" zu sehen ist[15]. Tatsächlich hat der Pietismus kaum etwas von alledem, was ihm in binnentheologischer Positionalität als Errungenschaft zugerechnet wird, ursächlich hervorgebracht, sondern war darin – ob in der „Hoffnung besserer Zeiten", dem Drängen auf lebenspraktische Relevanz aller Wissenschaft oder der Abkehr von intoleranter Verketzerung – nichts weiter als ein frühreifes Kind seiner Zeit.

Der von E. Troeltsch programmatisch zugespitzte Begriff des Neuprotestantismus[16] dürfte sich „unter der Voraussetzung seiner Entschlackung von polemischen Konnotationen"[17] nach wie vor als eine brauchbare Kategorie der Geschichtswahrnehmung empfehlen. In dieser strukturgeschichtlichen Perspektive läßt sich der frühaufklärerische Charakter des Pietismus konsensträchtig plausibilisieren. Das sei in fünffacher Hinsicht andeutend illustriert.

Seit der Pietismus als eine „sozial greifbare religiöse Erneuerungsbewegung"[18] in Erscheinung getreten war, partizipierte er an dem mit der Frühaufklärung einsetzenden *kommunikationsstrategischen Modernisierungsschub*, den er für sein Anliegen wirksam zu nutzen und zu gestalten verstand. Einerseits machte sich der Pietismus die identitätsbildende Funktion der Kanzelrede dadurch zu eigen, daß er die kontroverstheologische Polemik immer weniger auf den Streit der Konfessionen, dafür um so nachhaltiger auf die Unterscheidung von lebendigem Herzens- und totem Gewohnheitschristentum ausrichtete und damit eine innerhalb der ei-

---

gie Deutschlands seit 1945, 1999, 39) in polemisch pointiertem Referat von SCHOLDER, 485. – **14** Z.B. WINTER, E.: Frühaufklärung. Der Kampf gegen den Konfessionalismus in Mittel- und Osteuropa und die deutsch-slawische Begegnung, 1966, 53–78 u. passim; MÖLLER, H.: Vernunft und Kritik. Deutsche Aufklärung im 17. und 18. Jahrhundert, 1986, 19–36; KEMPER, 42 u. passim. – **15** WALLMANN, J.: Der Pietismus (KIG O1), 1990, 27. – **16** GRAF, F.W./WOLFES, M.: Art. Neuprotestantismus (RGG[4] 6, 2003, 239–241). – **17** NOWAK (s. Anm. 13), 64. – **18** WALLMANN (s. Anm. 15), 10.

genen Konfessionskirche sich vollziehende Gruppenbildung inaugurierte. Andererseits griff der Pietismus zugleich weitere, moderne Kommunikationsformen auf, die für den Kampf um die Gunst des Publikums erfolgversprechend erschienen. Traktate und Journale, Fußnoten und Register, aber auch „eine Vielzahl nichtöffentlicher Kommunikationspartikel, vom Brief über das Gespräch bis hin zum Gerücht"[19], wurden als Medien der Selbstdarstellung höchst effektiv in Anspruch genommen. Damit hat der Pietismus für den im Zeitalter der Aufklärung sich vollziehenden „Strukturwandel der Öffentlichkeit" konstitutive Bedeutung erlangt. Unter den Bedingungen des aufgeklärten Absolutismus mußte es keinen Widerspruch darstellen, wenn der Pietismus seinen (kirchen-)politischen Einfluß klug zu nutzen und zielstrebig auszubauen verstand und gleichzeitig das aufklärerische Konzept einer diskursiven Wahrheitsermittlung von Anfang an sich zu eigen machte[20]. Bereits Speners „Pia desideria" waren in der dezidierten Absicht an die Öffentlichkeit getreten, eine kritische Erörterung des eingebrachten Kirchenreformprogramms zu stimulieren; dem Leser, so Spener, stehe es frei, sich seine eigenen Gedanken zu machen und nur diejenigen Anregungen, „so er am gegründsten befindet", für sich zu übernehmen[21]. Mochte es dem pietistischen Selbstverständnis auch widersprechen, so sind dadurch doch faktisch „aus den Zeugen der Wahrheit [...] die Vertreter der eigenen Meinung geworden"[22]. Übrigens entsprach auch die Ausbildung pietistischer Sozietäten, Netzwerke und Freundschaftsbünde, in denen sich die neue Gruppenidentität etablierte[23], einem aufklärerischen Strukturmodell.

Trotz der programmatischen Abkehr von aristotelischem Wissenschaftsbetrieb und Schulphilosophie wäre es verfehlt, dem Pietismus eine grundsätzliche Verschlossenheit vor *philosophischem Denken* zu unterstellen. Spätestens mit der Erbauungsliteratur des 17. Jahrhunderts war die seit dem Spätmittelalter erhobene fromme Kritik an philosophischer Selbstinszenierung zu einem festen Topos geworden. Insofern hatte sich Spener in respektabler Gesellschaft befunden, als er feststellte, ein wenig talentierter, aber Gott herzlich liebender Mensch sei der Kirche nützlicher „als ein doppel-doctor-mässiger vanitätischer welt-narr / so zwar voller kunst steckte / aber von GOTT nicht gelehrt ist"[24]. Zudem lassen die Umstände, unter denen pietistische Theologen eine subsidiäre Inanspruchnahme der Philosophie durchaus für tunlich erklärten, eine überraschende Analogie zu dem um 1690 aufblühenden frühaufklärerischen Wissenskonzept der Eklektik[25] erkennen: Beiderseits war man darauf bedacht, die Weltweisheit autoritätsfrei, allein dem subjektiven Wahrheitsbewußtsein verpflichtet und an der praktischen Nützlichkeit orientiert zu gebrauchen[26]. Mit seiner epistemologischen Entscheidung, die Einheit der theologischen Wissenschaft nicht im System, sondern im Subjekt zu begründen, stand der Pietismus auf der Höhe der Zeit.

---

19 GIERL, 96f. – **20** Ebd., 93–192. – **21** SPENER, PH.J.: Pia desideria [...] (in: Die Werke Philipp Jakob Speners. Studienausgabe, hg.v. K. ALAND, Bd. I/1, 1996, 55–407), 96,25. – **22** GIERL, 576. – **23** KEMPER, 60–62. – **24** SPENER (s. Anm.21), 232,6–10. – **25** ALBRECHT, M.: Eklektik. Eine Begriffsgeschichte mit Hinweisen auf die Philosophie- und Wissenschaftsgeschichte, 1994. – **26** SPARN, W.: Philosophie (in: GdP, Bd. 4, 2004, 227–263); SCHMIDT-BIGGEMANN, W.: Pietismus, Platonismus und Aufklärung. Christian Thomasius' „Versuch von Wesen des Geistes" (in: GRUNERT, F./VOLLHARDT, F. [Hg.]: Aufklärung als praktische Philosophie, 1998, 83–98).

Die *optimistische Grundstimmung*, die nach dem Dreißigjährigen Krieg um sich zu greifen begann, hat der Pietismus in einer innovativen, von physikotheologischen oder radikal-chiliastischen Konzepten deutlich geschiedenen Variante zur Geltung gebracht: Er hoffte auf die bald anbrechende bessere Zukunft der Kirche. Gegen den Utopieverdacht pflegte man an die „güldenen zeiten" des Urchristentums zu erinnern und schöpfte daraus die Verpflichtung, durch tätige Mitarbeit am Bau des Reiches Gottes das, was einmal gewesen ist, erneuerte Wirklichkeit werden zu lassen. Mit dieser „Hoffnung künftiger besserer Zeiten"[27] nährte der durch Spener inspirierte Pietismus die Bereitschaft zu aktivem lebensweltlichem Engagement. Die Gewißheit, daß den erweckten Frommen die Möglichkeit eines gottgefälligen Lebens erschlossen sei, schuf die Erwartung einer handfesten religiösen, moralischen und sozialen Progression, die allerdings, da auf das weltgestaltende Glaubensleben der eigenen Kirche beschränkt, dezidiert ekklesiologisch qualifiziert blieb. Demgegenüber hat die Neologie das Perfektibilitätsmotiv aus seiner ekklesiologischen Engführung in anthropologische Universalität transformiert. Doch ist die neologische Idee einer individual- und menschheitsgeschichtlichen Vervollkommnung mit der optimistischen Eschatologie des Pietismus nicht allein motivisch und strukturell, sondern durchaus auch genetisch verbunden, was beispielsweise für den Perfektibilitätsgedanken bei Semler (s. § 22.1) bereits präzise gezeigt[28] und auch von diesem selbst so eingeschätzt worden ist: „Ganz und gar" gebe er „dem unsterblichen Spener und seinen so vielen Freunden recht in der Hoffnung besserer Zeiten für die Kirche oder ganze christliche Religion"[29].

Die *Kultivierung der Religion*, also die Ermöglichung, Pflege und fortschreitende Intensivierung einer individuellen, durch eigene religiöse Erfahrung autorisierten und in tätiger Weltgestaltung sich bewährenden Frömmigkeit, markiert einen weiteren aufklärerischen Grundzug des Pietismus. Dessen Leitmotiv, die Aneignung und Ausübung des Glaubens zu individualisieren, war ein energisches Plädoyer für religiöse Mündigkeit. Zu den Folgen, die diese nachhaltige Stärkung der religiösen Subjektivität zeitigte, gehören – abgesehen von dem Lobspruch L. Feuerbachs, Spener sei ein „religiöser Demokrat" gewesen[30] – nicht nur die aus der pietistischen Kultur der Selbstbeobachtung und Selbstbeurteilung entstandene Erfahrungsseelenkunde oder die Entfaltung einer empfindsamen Affektkultur wie überhaupt die um die Mitte des 18. Jahrhunderts einsetzende anthropologische Wende, sondern auch, mit alledem korrespondierend, der durch den Pietismus zwar nicht erstrebte, aber doch faktisch begünstigte Schwund des kirchlichen Bewußtseins, der im 18. Jahrhundert in weiten Teilen des evangelischen Bürgertums zu beobachten ist und an dessen ekklesiologischer Einholung die Aufklärungstheologie wohl insgesamt gescheitert sein dürfte[31].

---

27 KRAUTER-DIEROLF, H.: Die Eschatologie Philipp Jakob Speners. Der Streit mit der lutherischen Orthodoxie um die „Hoffnung besserer Zeiten" (BHTh 131), 2005. – 28 HORNIG, G.: Johann Salomo Semler. Studien zu Leben und Werk des Hallenser Aufklärungstheologen (HBEA 2), 1996, 200f; WALLMANN, J.: Johann Salomo Semler und der Humanismus (in: TOELLNER, R. [Hg.]: Aufklärung und Humanismus [WSA 6], 1980, 201–217), 213f. – 29 SEMLER, J.S.: Ausführliche Erklärung über einige neue theologische Aufgaben, Censuren und Klagen, 1777, Vorrede b3. – 30 FEUERBACH, L.: Sämmtliche Werke, neu hg.v. W. BOLIN/F. JODL, Bd. 10, 1911, 76. – 31 Vgl. die einschlägigen Beiträge in: BEUTEL, A. u.a. (Hg.): Christentum im Übergang. Neue Studien zu Kirche und Religion in der Aufklärungszeit (AKThG 20), 2006.

Schließlich wird auch die Entdeckung und konsequente Ausarbeitung der *Pastoraltheologie* zu den aufklärerischen Errungenschaften des Pietismus gezählt werden können. Ungeachtet aller politischen Schützenhilfe, deren sich die Pietisten zu versehen wußten, würdigten sie doch allein den Pfarrerstand als den eigentlichen Motor der kirchlichen und religiösen Modernisierung: „Der Prediger ampt [muß] in allen diesen dingen / die der Kirchen besserung betreffen / das allermeiste thun"[32]. Seit dem frühen Pietismus ist der Beruf des Pfarrers in der gesamten Aufklärungstheologie zu einem nicht nur eigenständigen, sondern auch zentrierenden theologischen Thema geworden. Indem sie die Professionalisierung des religiösen Berufs in den Mittelpunkt ihrer reformerischen Bemühungen rückte, hat die protestantische Aufklärungstheologie die von der Reformation vorgezeichnete Entsakralisierung der Amtsperson erst wirksam vollzogen. Aber auch auf katholischer Seite entwickelte sich die Pastoraltheologie seit dem späteren 18. Jahrhundert zu einer nachhaltig aufblühenden Disziplin.

Das Zeitalter der Aufklärung überführte die vom Altprotestantismus verfolgte institutionelle Normierung der Frömmigkeit in das Programm einer selbstverantworteten, mit den konkreten sozialen und kulturellen Bedingungen vermittelten Individualisierung der Religion. Zu dieser Epochenwende, in der sich der Neuprotestantismus zu formieren begann, hat der Pietismus einen substantiellen Beitrag geleistet.

§ 18: Übergangstheologie

HEUSSI, K.: Die Kirchengeschichtsschreibung Johann Lorenz von Mosheims, 1904. – HIRSCH Bd. 2, 318–390. – MEIJERING, E.P.: Die Geschichte der christlichen Theologie im Urteil J.L. von Mosheims, 1995. – MULSOW, M. u.a. (Hg.): Johann Lorenz Mosheim (1693–1755). Theologie im Spannungsfeld von Philosophie, Philologie und Geschichte (Wolfenbütteler Forschungen 77), 1997. – NÜSSEL, F.: Bund und Versöhnung. Zur Begründung der Dogmatik bei Johann Franz Buddeus (FSÖTh 77), 1996. – SCHÄUFELE, W.-F.: Christoph Matthäus Pfaff und die Kirchenunionsbestrebungen des Corpus Evangelicorum 1717–1726 (VIEG 172), 1998. – SPARN, W.: Auf dem Wege zur theologischen Aufklärung in Halle: Von Johann Franz Budde zu Siegmund Jakob Baumgarten (in: Zentren der Aufklärung I: Halle. Aufklärung und Pietismus, hg. v. N. HINSKE [WSA 15], 1989, 71–89). – STOLZENBURG, A.F.: Die Theologie des Jo. Franc. Buddeus und des Chr. Matth. Pfaff. Ein Beitrag zur Geschichte der Aufklärung in Deutschland (NSGTK 22), 1926, ND 1979.

1. Terminologische Verständigung

Der Begriff „Übergangstheologie" ist Ausdruck einer periodologischen Kalamität. Üblicherweise dient er als Sammelbezeichnung für eine Reihe von protestantischen Theologen des beginnenden 18. Jahrhunderts, die ganz heterogene theologische Impulse und Motive zu einer jeweils eigentümlichen Synthese verbanden und sich dadurch, „zwischen den Zeiten" stehend, jeder eindeutigen historiographischen Klassifizierung entziehen. Mit den Vertretern der Spätorthodoxie durch die konservative Grundrichtung ihres Denkens verbunden, suchten sie gleichwohl den

---

[32] SPENER (s. Anm. 21), 222,10 f.

altprotestantischen Systemzwang durch elementarisierende Konzentration des Lehrbestandes zu mildern und sich den neuen intellektuellen Herausforderungen ihrer Zeit unvoreingenommen zu stellen. Mit dem aufblühenden Pietismus teilten sie wesentliche Interessen – etwa das Drängen auf konfessionelle Irenik sowie auf die lebenspraktische Relevanz von Frömmigkeit und Theologie –, ohne sich doch als Parteigänger des rigoristischen Dualismus, den v. a. der hallische Pietismus alsbald kultivierte, vereinnahmen zu lassen. In Analogie zu dem auch in die Theologie erheblich einstrahlenden Wolffianismus (s. § 19) suchten sie die kooperative Harmonie von Vernunft und Offenbarung zu erweisen, andererseits jedoch auch die konstitutive Erfahrungsbezogenheit aller Theologie[33]. Unübersehbar sind schließlich einige die Neologie gleichsam präludierende Denkstrukturen, doch blieben sie durchweg mit retardierend-altprotestantischen Elementen durchsetzt. Wesentliche gemeinsame Interessen der sog. Übergangstheologen bildeten die Aufwertung der biblischen Exegese sowie die Aufnahme einer von dogmatischen und polemischen Zwecken gelösten, „pragmatischen" Kirchengeschichtsschreibung (s. § 39).

Der Ausdruck „Übergangstheologie" scheint 1793 von J.G. Eichhorn angeregt worden zu sein, der damit allerdings nur die Position S.J. Baumgartens charakterisierte[34]. In der Geschichtsschreibung des 19. Jahrhunderts kam es zu einer extremen terminologischen Divergenz: 1862 stellte W. Gaß die gesamteuropäische Theologie des frühen 18. Jahrhunderts, von der Spätorthodoxie V.E. Löschers bis zum englischen Deismus, als „Die Zeit des Uebergangs" dar[35], kurz darauf rubrizierte A. Tholuck, wesentlich distinkter, Ch.M. Pfaff und J.L.v. Mosheim sowie einige reformierte Sekundanten als „Übergangstheologen"[36], zwanzig Jahre später erklärte A. Ritschl den Terminus kurzerhand für historiographisch unbrauchbar[37]. Gleichwohl ist er im 20. Jahrhundert immer wieder bemüht worden. P. Wernle (1923) hielt es der „Theologie des Übergangs", in der er alle „führenden" Fachvertreter zu Beginn des 18. Jahrhunderts vereint wußte, zugute, daß „sich die Uebersiedlung des Christentums aus der alten in die neue Zeit beinahe reibungslos, jedenfalls ohne alle heftigen Stürme" vollzog: „Man wurde modern wie im Schlaf"[38]. Dieselbe Theologengruppe bereitete A.F. Stolzenburg (1926) das Vergnügen, „unter dem Zwang der Tradition dem ersten Flügelschlag eines neuen Geistes zu lauschen"[39]. Besonders einflußreich war die Darstellung E. Hirschs (1951), der die Übergangstheologie (Buddeus, Pfaff, Mosheim, Baumgarten, Turrettini) als den Aufbruch einer neuen Generation schilderte, die am orthodox-pietistischen Grabenkampf ihrer Väter den Geschmack verloren hatte und statt dessen einen eklektischen, weltoffenen und behutsam innovativen Denk- und Arbeits-

---

[33] Hauptvertreter des daraus entstehenden, die Erfahrungsabhängigkeit des menschlichen Erkennens betonenden Anti-Wolffianismus waren die Leipziger Gelehrten A. Rüdiger (1673–1731) und Ch.A. Crusius (1715–1775); letzterer vertrat eine aus J. Coccejus und J.A. Bengel schöpfende, durch biblizistisch-supranaturalistischen Rationalismus geprägte Reich-Gottes-Theologie (BEUTEL, A.: Art. Crusius, Christian August [RGG⁴ 2, 1999, 502]). – [34] EICHHORN, J.G.: Johann Salomo Semler (ABBL V/1, 1793, 1–183), 146f. – [35] GASS, W.: Geschichte der Protestantischen Dogmatik in ihrem Zusammenhange mit der Theologie überhaupt. Bd. 3: Die Zeit des Uebergangs, 1862. – [36] THOLUCK, F.A.G.: Geschichte des Rationalismus. Erste Abtheilung: Geschichte des Pietismus und des ersten Stadiums der Aufklärung, 1865, ND 1970, 147–166. – [37] RITSCHL, A.: Geschichte des Pietismus, Bd. 3, 1886, 42 Anm. 1. – [38] WERNLE, P.: Der schweizerische Protestantismus im XVIII. Jahrhundert. Bd. 1: Das reformierte Staatskirchentum und seine Ausläufer (Pietismus und vernünftige Orthodoxie), 1923, 468–470. – [39] STOLZENBURG, Vf.

stil ausprägte[40]. Ein wenig anders nuancierend, bezeichnete M. Schloemann (1974) die Schwelle zwischen Alt- und Neuprotestantismus als Übergangstheologie, der er „den gesamten Hauptstrang der theologischen Entwicklung in der ersten Hälfte des 18. Jahrhunderts, sofern sie sich auf dem Wege nach vorn bewegt", zurechnete, freilich weder die Vertreter der Spätorthodoxie noch des nachspenerschen Pietismus[41]. Zuletzt hat W.-F. Schäufele (1998) die historiographische Tauglichkeit des Terminus eingehend reflektiert: Der diffuse Sprachgebrauch, das ungeklärte Verhältnis zwischen Übergangstheologie und theologischem Wolffianismus sowie der übliche dekadenz- bzw. fortschrittstheoretische Zugriff, der weniger an der Eigenart als an der Wirkung der betreffenden Theologen interessiert sei, ließen ihm einen ersatzlosen Verzicht auf den Begriff „Übergangstheologie" als ratsam erscheinen[42].

Kein Zweifel: Der Ausdruck hat seine Tücken, und die von Schäufele rubrizierten Probleme ließen sich noch vermehren, etwa durch die (rhetorische) Frage, ob sich nicht auch in Spätorthodoxie und Pietismus transitorische Elemente aufweisen ließen. Doch der Vorschlag, den inkriminierten Begriff durch die Wendung „eklektische Theologie" zu ersetzen[43], löst die Schwierigkeiten nicht, sondern verschiebt sie nur: Eklektisch war, beispielsweise, der Pietismus (s. § 17) nicht minder!

Solange kein überzeugender, konsensfähiger Gegenvorschlag eingereicht ist, dürfte es, des heuristischen Charakters *jedes* Epochenbegriffs eingedenk, vielleicht ratsam sein, den nachstehend durch vier Hauptvertreter repräsentierten Personenkreis einstweilen unter der hergebrachten Kategorie zu verhandeln. Sie soll zur Kennzeichnung jener lockeren Gruppe von Theologen gebraucht sein, die zu Beginn des 18. Jahrhunderts, unabhängig von dominanten Schul- oder Parteibindungen, den überkommenen Lehrbestand eklektisch reaktivieren und für die Fragen der Zeit fruchtbar zu machen suchten. Die Unterscheidung der Übergangstheologie von Pietismus (s. § 17) und theologischem Wolffianismus (s. § 19) hat dabei vornehmlich ordnungspragmatische Gründe und soll keinesfalls eine historiographische Neuauflage des Universalienstreits provozieren.

2. Buddeus und Walch

Johann Franz Buddeus, 1667 in Anklam (Vorpommern) geboren, studierte von 1685 bis 1689 in Wittenberg (1687 M.A.). Nach philosophischer Lehrtätigkeit in Jena und einem kurzen Zwischenspiel als Gymnasialprofessor am Coburger Casimirianum wurde er 1693 Professor für Moralphilosophie an der neugegründeten Universität Halle. 1704 wechselte er dort auf einen theologischen Lehrstuhl, bereits im Folgejahr veränderte er sich als Theologieprofessor nach Jena, wo er bis zu seinem Tod 1729 außerordentlich vielseitig und wirkungsvoll tätig blieb. Seine mehrfach aufgelegten philosophischen und theologischen Standardwerke dokumentieren den akademischen Einfluß, den er sich alsbald erworben hatte. Auf dem Boden der lutherischen Lehrtradition stellte sich Buddeus den Herausforderungen der Zeit. Von Arndt und Spener war er beeindruckt, mit Francke und Zin-

---

40 HIRSCH Bd. 2, v.a. 318f. – **41** SCHLOEMANN, M.: Siegmund Jacob Baumgarten. System und Geschichte in der Theologie des Überganges zum Neuprotestantismus (FKDG 26), 1974, 12–19. – **42** SCHÄUFELE, 4–10. – **43** SPARN, 72.

zendorf sympathisierend verbunden, ohne sich doch selbst der pietistischen Partei zuzurechnen[44]; auch Männer wie Cyprian oder Löscher gehörten zu seinem vertrauten Korrespondentenkreis.

Die philosophischen Arbeiten standen, zumal mit ihrem eklektischen Wissenskonzept und der deutlichen anthropologischen sowie praktischen Akzentuierung, auf der Höhe der Zeit und haben den akademischen Unterricht vor Wolff weithin beherrscht[45]. Die mit Descartes einsetzende neue Philosophie war Buddeus vertraut. Die theologische Ausrichtung, die auch sein philosophisches Denken bestimmte, führte zu einer deutlichen Distanznahme gegenüber dem Spinozismus, den er unter Atheismusverdacht rückte[46], und nährte seine „Bedencken über die Wolffianische Philosophie [...]" (1724). Aufgeschlossen und anschlußwillig rezipierte er dagegen die naturrechtlichen Entwürfe von Grotius, Pufendorf und Thomasius[47].

Das theologische Hauptwerk des Buddeus, seine „Institutiones theologiae dogmaticae variis observationibus illustratae" (1723, ND 1999), mit dem die Bezeichnung „dogmatische Theologie" gebräuchlich geworden ist, transzendierte in formaler Hinsicht den Horizont der altlutherischen Dogmatik, indem es die Theologie als systematische Reflexion auf den für das Christentum zentralen Inhalt der Versöhnung organisierte und den gesamten Lehrbestand in dieser Zentrierung reformulierte. Auffallend war dabei, wie weit sich Buddeus dem Einfluß der reformierten Föderaltheologie zu öffnen vermochte. Erhebliche Veränderungen ergaben sich zumal in der Prinzipienlehre, die nun auf eine Erörterung der klassischen Loci „De verbo Dei" und „De lege et euangelio" verzichtete und statt dessen in apologetischer Abzweckung das Konzept einer natürlichen Religion entfaltete, deren vernünftige Gotteserkenntnis durch die biblische Offenbarung reaktiviert und harmonisch vervollständigt worden sei. Dem Interesse an einem durchgehenden Praxisbezug suchte Buddeus dadurch zu entsprechen, daß er für jedes Lehrstück gesondert aufzeigte, „quem in vitae christianae usum habeat doctrina". In Jena hat Buddeus nicht nur gern und häufig gepredigt, sondern auch, institutionengeschichtlich innovativ, ein katechetisches Seminar für Studierende installiert.

Das historische Bewußtsein neuzeitlicher Theologie verdankt Buddeus wesentliche Impulse. Von dessen stupender Gelehrsamkeit zeugen, neben zahlreichen Einzeluntersuchungen, der Abriß einer alttestamentlichen Religionsgeschichte[48], eine historisch-dogmatische Darstellung des apostolischen Zeitalters[49] und eine als Vorlesung konzipierte „Historische und theologische Einleitung in die vornehmsten Religions-Streitigkeiten" (1724), die J.G. Walch herausgegeben und fortgeführt hat (s.u.). Auch die theologische Enzyklopädie des Buddeus[50] war konsequent historisch orientiert: Sie rekonstruierte die geschichtliche Entwicklung jeder einzelnen Disziplin und erklärte das damit bereitgestellte Wissen zur Voraussetzung eines sachgemäßen Theologiestudiums.

---

[44] STOLZENBURG, 257f. – [45] WUNDT, M.: Die deutsche Schulphilosophie im Zeitalter der Aufklärung, 1945, ND 1964, 63–75. – [46] Theses theologicae de atheismo et superstitione [...], 1717, dt. 1717. – [47] Selecta iuris naturae et gentium, 1704. – [48] Historia ecclesiastica Veteris Testamenti ab orbe condito, usque ad Christum natum [...], 2 Bde., 1715/1718, ⁵1778. – [49] Ecclesia apostolica, sive de statu ecclesiae Christianae sub apostolis commentatio historico-dogmatica, 1729. – [50] Isagoge historico-theologica ad theologiam universam singulasque eius partes, 1727, ND 1999.

Die erstaunliche ökumenische Aufgeschlossenheit, die bei Buddeus zu bemerken ist, resultierte aus dessen geschichtlichem Verständnis der Konfessionsdifferenzen und hat sich beispielsweise in einer sehr wohlwollenden Vorrede zu der „Historia fratrum Bohemorum" des Comenius (1702) konkretisiert. Allerdings schien ihm eine protestantische Union einstweilen nicht realisierbar zu sein[51]. -

Johann Georg Walch hat das Lebenswerk seines Lehrers und Schwiegervaters Buddeus organisch fortgeführt. 1693 in Meiningen geboren, unterzog sich Walch ab 1710 in Leipzig einer breiten akademischen Ausbildung. 1718 wurde er Professor in Jena: erst für Philosophie und Altertümer, dann für Beredsamkeit (1719) und Poesie (1722), schließlich für Theologie (1724 ao. Prof., 1726 D. theol., 1728 Ordinarius). Nach einem intensiven Arbeitsleben ist er 1775 hochbetagt in Jena gestorben.

Die konfessionskundlichen Vorarbeiten des Buddeus erweiterte Walch zu einem fünfbändigen kontroverstheologischen Handbuch, das eine „Historische und theologische Einleitung in die Religionsstreitigkeiten außer der Evangelisch-Lutherischen Kirche" (1724–1736, ND 1972–1985) bot. Die ursprünglich nur auf ein Kapitel berechnete Darstellung der innerlutherischen Streitigkeiten wuchs sich unter der Fülle des Stoffes zu einem ebenfalls fünfbändigen Kompendium aus[52]. Diese Editionen, die in ihrer gewissenhaften historischen Umsicht ein bedeutsames Dokument für das Geschichtsbewußtsein der Frühaufklärung darstellen, sind wegen ihres unerreichten Materialreichtums bis heute nicht zu entbehren. Um den Reformator als autoritative Richtschnur innerhalb der lutherischen Lehrstreitigkeiten neu zur Geltung zu bringen, besorgte Walch eine 24 Bände umfassende, für mindestens drei Generationen maßgeblich gebliebene deutschsprachige Lutherausgabe (1740–1753), die ihre Textwelt in systematischer Anordnung präsentierte, um zahlreiche reformationsgeschichtliche Dokumente, darunter auch Schriften von Gegnern Luthers, ergänzte sowie durch ausführliche Einleitungen und vorzügliche Register erschloß.

In philosophischer Hinsicht kontinuierte Walch die von Buddeus begonnene Auseinandersetzung mit Wolff[53]. Berühmtheit erlangte er zumal mit seinem „Philosophische[n] Lexicon, darinn die in allen Theilen der Philosophie [...] fürkommende Materien und Kunst-Wörter erkläret und aus der Historie erläutert [...] werden" (1726, ⁴1775, ND 1992)[54]. Bereits während seiner Leipziger Studienzeit soll er daran gearbeitet haben. Walch präsentierte das einschlägige Material erstmals in deutscher Sprache und erweiterte es um traditionell randständige Themen wie Technik oder Naturgeschichte. Die theologischen Zentralartikel lassen erkennen, daß Walch auch in der Verhältnisbestimmung von Vernunft und Offenbarung ein treuer Schüler seines Schwiegervaters – und damit ein repräsentativer Vertreter der Übergangstheologie – geblieben ist[55].

---

51 Bedencken über die Religionsvereinigung der Protestanten (UnNachr 1722, 931–945). – 52 Historische und Theologische Einleitung in die Religions-Streitigkeiten der Evangelisch-Lutherischen Kirchen, von der Reformation an bis auf ietzige Zeiten ausgeführt [...], 1730–1739, ND 1972–1985. – 53 Bescheidene Antwort auf Hrn. Christian Wolffens Anmerckungen über das Buddeische Bedencken, dessen Philosophie betreffendt [...], 1724; Bescheidener Beweis, daß das Buddeische Bedencken noch fest stehe, 1725. – 54 WILLE, D.V.: Lessico filosofico della „Frühaufklärung": Christian Thomasius, Christian Wolff, Johann Georg Walch, 1991; KILLY, W.: Große deutsche Lexika und ihre Lexikographen 1711–1835, 1992. – 55 Reiche bibliographische Hinweise bei SCHMITT, CH.: Art. Walch,

3. Pfaff

Der glänzend begabte *Christoph Matthäus Pfaff*, 1686 in Stuttgart geboren, bezog zwölfjährig die Tübinger Universität. Nach dem 1704 abgelegten theologischen Examen wurde er Repetent am Tübinger Stift. Als Protegé des württembergischen Herzogs Eberhard Ludwig konnte Pfaff für ein ganzes Jahrzehnt (1706–1716) auf Reisen gehen, die ihn durch weite Teile Europas führten und ihm nicht nur das Vertrauen zahlreicher Gelehrter und Fürsten, sondern auch die Kenntnis der wichtigsten Universitäten und Bibliotheken einbrachten. Gegen den Willen von Fakultät und Senat avancierte er 1717 durch einen herzoglichen Octroi zum Tübinger theologischen Ordinarius; drei Jahre später stieg er dort zum Professor primarius und Universitätskanzler auf. 1731 wurde er Mitglied der Berliner Akademie der Wissenschaften. Pfaffs „schillernder Charakter"[56] vereitelte 1755 eine Berufung nach Göttingen, wo man ihn als Nachfolger Mosheims vorgesehen hatte – seine Gehaltsforderung war überzogen, sein Leumund zu schlecht. Unter dubiosen, niemals ganz erhellten Umständen hat Pfaff am 9. Februar 1756 seine Tübinger Wirkungsstätte fluchtartig verlassen; bis zu seinem Tod 1760 amtierte er dann als Theologieprofessor, Universitätskanzler und Generalsuperintendent in Gießen.

Ausdrücklich bekannte sich der polyhistorisch gebildete Pfaff zum Wissenskonzept der Eklektik. In Tübingen nahm er ebenso pietistische wie föderaltheologische Anregungen auf, Impulse der Frühaufklärung wirkten beispielsweise in seinem naturrechtlichen Denken und fortschrittsoptimistischen Toleranzpostulat fort. Die Schwerpunkte seines wissenschaftlichen Oeuvres[57] lagen auf den Feldern der historischen und systematischen Theologie sowie des Kirchenrechts. Das theologische Hauptwerk „Institutiones theologiae dogmaticae et moralis" (1720)[58] entsprach, bisweilen in antiquarische Vielwisserei ausschweifend, den Anliegen der auch von Pfaff verkörperten Übergangszeit. Es hielt die lutherische Lehrtradition grundsätzlich fest, suchte sie aber für nachorthodoxe Belange zu öffnen. In der Vernunft sah Pfaff das zuverlässige Instrument und Kriterium der Offenbarungserkenntnis. Durchgehend lag ihm an der praktischen Nutzanwendung des dogmatisch-ethischen Traditionsbestands, überdies ergänzten erbauliche Publikationen sein wissenschaftliches Werk[59].

Pfaff war ein namhafter Vordenker des Kollegialismus (s. § 41), den er auf der Basis des von Pufendorf und Thomasius vertretenen, naturrechtlich begründeten Territorialismus entwickelt hat[60]. Während dem Landesherrn eigentlich nur die äußeren Aufsichtsrechte über die Kirche (iura circa sacra) zustünden, habe ihm die Kirche die ihr als Gemeinschaft (collegium) wesenhaft zukommenden inneren Hoheitsrechte (iura in sacra) durch einen widerruflichen Übertragungsakt anvertraut.

Johann Georg (BBKL 13, 1998, 183–186). – 56 OHST, M.: Art. Pfaff, Christoph Matthäus (RGG⁴ 6, 2003, 1185 f). – 57 Schriftenverzeichnis bei SCHÄUFELE, 332–335. – 58 PFAFF ersetzte dieses Werk 1743 durch das neue, deutschsprachige Lehrbuch „Academische Reden über die Grund-Lehren der Christlichen Religion oder die Theologiam dogmaticam" (²1747). – 59 Z. B. Herzens-Catechismus oder Die erste Grund-Sätze der Christlichen Lehre durch Frag und Antwort der Jugend ja auch den Alten zum besten aus dem Grunde des inneren Christenthums hergeleitet, 1720, ⁴1727; Die Herrlichkeit, die Fürtreflichkeit, die Seeligkeit, die Lieblichkeit und Unvergleichlichkeit des Wahren Christenthums [!] und des Lebens in Gott, 1731, ²1741. – 60 De originibus juris ecclesiastici veraque ejusdem indole liber singularis, 1719, ²1720; Academische Reden über das so wohl allgemeine als auch teutsche Protestantische Kirchen-Recht, 1742, ²1747, ND 1963.

In Aufnahme schon bestehender Überlegungen (namentlich von Clericus und Turrettini) vertrat auch Pfaff eine Konzentration auf die fundamentalen Glaubensartikel, für die er drei Kriterien geltend machte: Sie müssen zur Seligkeit notwendig, in der Bibel ausdrücklich gekennzeichnet und der lebenspraktischen Frömmigkeit dienlich sein. Daraus ergaben sich nicht nur weitreichende religiöse Toleranzforderungen, sondern auch reunionistische Konsequenzen.

Die innerprotestantischen Streitpunkte deutete Pfaff teils als Mißverständnisse, teils als konfessionell variierte Lehrarten (tropoi paideias)[61], denen er keine kirchentrennende Bedeutung zumessen konnte. Damit verzichtete er indirekt auch auf den Anspruch, die wahre äußere Kirche mit dem Luthertum zu identifizieren. Allerdings hat Pfaff diese konfessionsirenischen Überlegungen zunächst nicht in konkrete Reunionsvorschläge (s. § 48) umgesetzt. Erst als das *Corpus Evangelicorum*, durch gegenreformatorische Maßnahmen in der Kurpfalz beunruhigt, die Möglichkeiten einer evangelischen Einigung ernstlich zu prüfen begann, wurde Pfaff durch eine Verkettung von Zufällen für wenige Jahre zu einem Ideengeber der protestantischen Union[62]. Freilich waren seine Ideen kaum originell, sondern ventilierten zumeist nur die Ansätze schweizerisch-reformierter Reunionisten wie Werenfels oder Turrettini[63]. Nicht zuletzt die von Cyprian organisierte Abwehr derartiger Bestrebungen[64] hat dafür gesorgt, daß Pfaff für den Inaugurator des vom *Corpus Evangelicorum* 1722 verabschiedeten *Vereinigungsconclusum* angesehen werden konnte. Immerhin dürften dessen ekklesiologische und unionstheologische Überlegungen[65] die Ausbildung eines „überkonfessionelle[n] protestantische[n] Wahrheitsbewußtsein[s]"[66] spürbar befördert haben.

Das Zwielicht, in dem seine Person bis heute erscheint, resultiert auch aus verschiedenen Täuschungen, deren Pfaff sich schuldig gemacht hat. Von seinem Briefwechsel mit Leibniz berichtete er in anmaßender Übertreibung. Für die Herzöge von Savoyen fälschte er eine Urkunde, die deren Anspruch auf das Königreich Cypern legitimieren sollte. Höchstwahrscheinlich waren auch die vier Fragmente des Irenäus, die Pfaff in Turin entdeckt haben wollte, fingiert[67].

4. Mosheim

Zu seinen Lebzeiten galt *Johann Lorenz von Mosheim* vielen als der bedeutendste Theologe der Zeit. Er wurde 1693 geboren, seine Herkunft ist nicht ganz geklärt.

---

61 Zinzendorf hat diesen für seine Theologie kennzeichnenden Begriff und Gedanken von Pfaff übernommen. – 62 Vgl. hierzu die vorzügliche Studie von SCHÄUFELE. – 63 DELLSPERGER, R.: Der Beitrag der „vernünftigen Orthodoxie" zur innerprotestantischen Ökumene. Samuel Werenfels, Jean-Frédéric Ostervald und Jean-Alphonse Turrettini als Unionstheologen (in: DUCHHARDT, H./MAY, G. [Hg.]: Union – Konversion – Toleranz. Dimensionen der Annäherung zwischen den christlichen Konfessionen im 17. und 18. Jahrhundert [VIEG.B 50], 2000, 289–300). – 64 SCHÄUFELE, W.-F.: Ernst Salomon Cyprian, Christoph Matthäus Pfaff und die Regensburger Kirchenunionsbestrebungen (in: KOCH, E./WALLMANN, J. [Hg.]: Ernst Salomon Cyprian [1673–1745] zwischen Orthodoxie, Pietismus und Frühaufklärung, 1996, 187–201). – 65 Letztere sind zusammengefaßt in: [...] Gesammelte Schrifften, so zur Vereinigung der Protestirenden Kirchen abzielen [...], 2 Bde., 1723. – 66 HIRSCH Bd. 2, 341. – 67 HARNACK, A.: Die Pfaff'schen Irenäus-Fragmente als Fälschungen Pfaffs nachgewiesen (TU N.F. V/3), 1900; vgl. dazu die Rezension von ACHELIS, H. (ThLZ 26, 1901, 266–270).

Adelige Gönner ermöglichten ihm ab 1716 das Studium in Kiel. 1723 wurde er als Professor für Kontroverstheologie nach Helmstedt berufen, zwei Jahre später übernahm er dort das Fach Kirchengeschichte. Kirchenleitende Ämter kamen alsbald hinzu: 1727 wurde er Abt von Marienthal und Michaelstein, 1729 auch noch Generalschulinspektor von Braunschweig-Wolfenbüttel. Im internationalen Gelehrtendiskurs genoß er hohe Wertschätzung, allenthalben rühmte man die sprachliche Eleganz seiner deutschen und lateinischen Schriften. 1732 wurde er Präsident der von Gottsched (s. § 19.2) gegründeten Deutschen Gesellschaft in Leipzig. Weil ihm die Obrigkeit 1726 die Selbstverpflichtung abverlangt hatte, Helmstedt nicht ohne deren Einwilligung zu verlassen, konnte Mosheim die von G.A.v. Münchhausen 1737 vollzogene Gründung der Universität Göttingen (s. § 22.5) zunächst nur von außen begleiten (u. a. verfaßte er die Statuten der theologischen Fakultät). Seit 1747 amtierte er als Theologieprofessor und Universitätskanzler in Göttingen. Dort ist er 1755 gestorben[68].

Mit stupender Gelehrsamkeit und einer atemberaubenden literarischen Schaffenskraft (weit über 100 selbständige Schriften!) war Mosheim in sämtlichen theologischen Disziplinen zuhause[69]. Prägende Impulse gab er zumal auf den Gebieten der Apologetik, Kirchengeschichte und Praktischen Theologie. Seine Streitschrift gegen den englischen Deisten J. Toland, in der er das Christentum als vernünftig erwies[70], hatte ihm die Berufung nach Helmstedt eingetragen. Dogmatische Theologie vollzog sich für Mosheim als vernünftige Darlegung der von Gott in der Bibel geoffenbarten seligmachenden Wahrheit. Um die Autorität der Bibel zu erweisen, beanspruchte er nicht mehr die (in Ansätzen schon von Pfaff distanzierte) orthodoxe Lehre der Verbalinspiration, sondern ersetzte sie durch die Theorie der Aktualinspiration, derzufolge Gott die Apostel für die Abfassung ihrer Schriften mit der Begabung irrtumsfreier Wahrheit ausgerüstet habe. Die bis auf Calixt zurückreichende Entstehung der für neuzeitliche Theologie konstitutiven Unterscheidung von Religion und Theologie wurde durch Mosheim nachhaltig befördert[71]. Die entscheidende Bedeutung, die ihm daneben in der Geschichte der kirchlichen Historiographie zukam, kann erst in ihrem Sachzusammenhang zureichend gewürdigt werden (s. § 39).

Den größten Ruhm, der ihm in seiner Zeit zuteil wurde, erwarb sich Mosheim als Kanzelredner[72]. In schlichter, auf die „Anwendung der vorgetragenen Wahrheiten auf die gegenwärtigen Zuhörer"[73] abzielender Disposition sollte die Predigt zur praktischen Glaubens- und Lebensaufklärung verhelfen. Je stärker es ihr gelinge, in der Beweisführung „gründlich" und in ihrem Aufbau durchsichtig zu sein,

---

68 MOELLER, B.: Johann Lorenz von Mosheim und die Gründung der Göttinger Universität (in: DERS. [Hg.]: Theologie in Göttingen. Eine Vorlesungsreihe [Göttinger Universitätsschriften A 1], 1987, 9–40). – 69 Z.B. Sitten-Lehre der Heiligen Schrift, 9 Bde., 1735-1753. – 70 Vindiciae antiquae Christianorum disciplinae adversus celeberrimi viri, Iohannis Tolandi, Hiberni, Nazarenum, 1720. Vgl. REVENTLOW, H. GRAF: Johann Lorenz Mosheims Auseinandersetzung mit John Toland (in: MULSOW, 93–110). – 71 Elementa theologiae dogmaticae [...], 2 Bde., postum 1758, ²1762. – 72 Heilige Reden über wichtige Wahrheiten der Lehre Jesu Christi, 6 Bde., 1725-1739. Vgl. die eindringende Studie von HAMMANN, K.: Mosheims Traupredigt für Friedrich (II.) von Preußen und Elisabeth Christine von Braunschweig-Bevern. Eine kirchengeschichtliche Miniatur (ZThK 98, 2001, 422–448). – 73 Pastoral-Theologie von denen Pflichten und Lehramt eines Dieners des Evangelii, 1954, ND 1991, 122.

desto eher werde sie das ihr gesetztes Ziel, „erbaulich zu predigen", auch erreichen[74]. *Ein* (nicht: *der*) über Orthodoxie und Pietismus hinausweisender „Bahnbrecher der modernen Predigt"[75] kann Mosheim auch insofern genannt werden, als er die pietistische Auffassung, die in der persönlichen Frömmigkeit die erste und wichtigste Voraussetzung für das Theologiestudium sah, durch die Forderung einer konsequent sach- und berufsbezogenen Ausbildung behutsam konterkarierte. Die Professionalisierung des Pfarrerberufs hat Mosheim programmatisch und faktisch beschleunigt.

§ 19: Christian Wolff und seine Schule

BEUTEL, A.: Causa Wolffiana. Die Vertreibung Christian Wolffs aus Preußen 1723 als Kulminationspunkt des theologisch-politischen Konflikts zwischen halleschem Pietismus und Aufklärungsphilosophie (in: Wissenschaftliche Theologie und Kirchenleitung. Beiträge zur Geschichte einer spannungsreichen Beziehung [...], hg.v. U. KÖPF, 2001, 159–202). – BISSINGER, A.: Die Struktur der Gotteserkenntnis. Studien zur Philosophie Christian Wolffs, 1970. – BUSCHMANN, C.: Wolffianismus in Berlin (in: FÖRSTER, W. [Hg.]: Aufklärung in Berlin, 1989, 73–101). – DÖRING, D.: Der Wolffianismus in Leipzig. Anhänger und Gegner (Aufklärung 12/2, 2001, 51–76). – ÉCOLE, J.: La métaphysique de Christian Wolff, 2 Bde., 1990. – GERLACH, H.-M. (Hg.): Christian Wolff – seine Schule und seine Gegner (Aufklärung 12/2), 2001. – DERS. u.a. (Hg.): Christian Wolff als Philosoph der Aufklärung in Deutschland, 1980. – HIRSCH Bd. 2, 48–91. 370–388. – RUDOLPH, O.-P./GOUBET, J.-F.: Die Psychologie Christian Wolffs. Systematische und historische Untersuchungen (HBEA 22), 2004. – SCHLOEMANN, M.: Siegmund Jacob Baumgarten. System und Geschichte in der Theologie des Überganges zum Neuprotestantismus (FKDG 26), 1974. – SCHNEIDERS, W.: Christian Wolff 1679–1754. Interpretationen zu seiner Philosophie und deren Wirkung (Studien zum achtzehnten Jahrhundert 4), ²1986. – SCHWAIGER, C.: Das Problem des Glücks im Denken Christian Wolffs. Eine quellen-, begriffs- und entwicklungsgeschichtliche Studie zu Schlüsselbegriffen seiner Ethik, 1995. – DERS.: Christian Wolff. Die zentrale Gestalt der deutschen Aufklärungsphilosophie (in: Philosophen des 18. Jahrhunderts. Eine Einführung, hg.v. L. KREIMENDAHL, 2000, 48–67). – STOLZENBERG, J.: Art. Wolff, Christian (RGG⁴ 8, 2005, 1682–1684). – WOLFF, Ch.: Gesammelte Werke, hg.v. J. ÉCOLE u.a., 1962ff [= GW]. – WUNDT, M.: Die deutsche Schulphilosophie im Zeitalter der Aufklärung, 1945, ND 1964, v.a. 122–199.

1. Wolff

Christian Wolff war „die zentrale Gestalt der deutschen Aufklärungsphilosophie"[76]. Mit exorbitantem Fleiß – sein Werk umfaßt rund 50.000 Druckseiten! – hat er den universalen Gegenstandsbereich des Faches erschlossen und auf der Grundlage mathematisch-exakter Methodik dessen Wissenschaftscharakter gesichert. Mit seinen deutschen Schriften prägte er die philosophische Begrifflichkeit, den gängigen lateinischen Termini gab er denotative Prägnanz. Sein zeitgenössischer Einfluß läßt sich kaum überschätzen: Als erster Vertreter seines Faches hat er in Deutschland eine regelrechte Schule begründet, um die Mitte des 18. Jahr-

---

[74] Anweisung erbaulich zu predigen [...], postum 1763, ND 1998. – [75] PETERS, M.: Der Bahnbrecher der modernen Predigt Johann Lorenz von Mosheim in seinen homiletischen Anschauungen dargestellt und gewürdigt, 1910. – [76] SCHWAIGER, 2000.

hunderts war die Mehrzahl der philosophischen Lehrstühle mit einem Wolffianer besetzt, an systematischer Kraft und stilbildender Ausstrahlung übertraf er sämtliche Gegenspieler, an denen es selbstverständlich nicht fehlte. Kant, der seinerseits auf dem Boden des Wolffianismus zu philosophieren begann, rühmte ihn als den „größten unter allen dogmatischen Philosophen" und als den „Urheber des bisher noch nicht erloschenen Geistes der Gründlichkeit in Deutschland" (KrV B XXXVI) – ein durchaus ernstgemeintes Kompliment.

Als Sohn eines evangelischen Handwerkers wurde Wolff 1679 im österreichischen Breslau geboren. Dem Wunsch des Vaters folgend, nahm er 1699 in Jena das Theologiestudium auf, doch seine Interessen trieben ihn vor allem zur Philosophie, Mathematik, Physik und Jurisprudenz. 1702 wechselte er an die Universität Leipzig, wo er nach Erlangung der Magisterwürde (1703) auch zu lehren begann. Zudem hat er in jenen Jahren mehrfach gepredigt, und dies offenbar auf eine durch gedankliche Klarheit derart ansprechende Weise, daß ihm alsbald die Stelle eines Dorfpfarrers angetragen wurde. Bereits der Titel seiner „Dissertatio de philosophia practica universalis mathematica methodo conscripta" (1703) vereinigte die beiden Grundmotive seiner Lebensarbeit: strengste wissenschaftliche Methodik sowie die Abzweckung auf eine umfassende philosophische Ethik. Leibniz, dem die Erstlingsschrift ohne Wolffs Wissen zugespielt wurde, war davon nachhaltig angetan und hat ihn an die kurz zuvor gegründete Universität Halle vermittelt. Dort übernahm Wolff 1706 eine Professur für Philosophie und Mathematik. Auf der Grundlage seiner deutschen Vorlesungen begann Wolff ein an Geschlossenheit und Breite einzigartiges philosophisches System zu entfalten. Die Serie seiner Lehrbücher, deren Titel durchgehend mit der Wendung „Vernünfftige Gedancken von ..." einsetzten, behandelten nacheinander die Felder der Logik (1713), Metaphysik (1719), Ethik (1720), Politik (1721), Physik (1723), Teleologie (1724) und Physiologie (1725); kurz darauf hat Wolff diese erste Schaffensphase mit einer „Ausführliche[n] Nachricht von seinen eigenen Schrifften, die er in deutscher Sprache von den verschiedenen Theilen der Welt-Weißheit heraus gegeben" (1726), selbst bilanziert.

Indessen war der zwischen Wolff und der pietistisch positionierten theologischen Fakultät Halle schon länger schwelende Konflikt 1721 zu offenem Ausbruch gekommen. Den äußeren Anlaß bot Wolffs Rektoratsrede „De Sinarum philosophia practica", die am Beispiel der Chinesen den Nachweis zu erbringen suchte, daß auch nichtchristliche Völker nach guten politischen und moralischen Maximen zu leben vermögen. Daraufhin brachen die Pietisten eine Auseinandersetzung vom Zaun, in der sich sachhaltige Gründe und wissenschaftspolitische Kabalen mannigfach ineinander verwoben. Am Ende wurde Wolff beim preußischen König als Atheist und Propagator eines staatsgefährdenden Determinismus denunziert, woraufhin Friedrich Wilhelm I. im November 1723 den Befehl ausgehen ließ, daß Wolff „binnen 48 Stunden nach Empfang dieser Ordre die Stadt Halle und alle unsere übrige Königl. Lande bey Strafe des Stranges räumen solle"[77].

Bereits im Juni 1723 hatte Wolff einen Ruf nach Marburg erhalten. Nun wurde er dort als ein Märtyrer der Aufklärung begeistert empfangen. Die lateinischen Lehrschriften, die er in Marburg verfaßte, wiederholten nicht einfach die Aussa-

---

77 Für Einzelnachweise, die komplizierte Vorgeschichte sowie die dicht gedrängten Begleitumstände dieser Ausweisung vgl. BEUTEL.

gen seiner deutschsprachigen Schriften, sondern haben die verschiedenen Gebiete der Philosophie aufs neue durchdrungen. Unmittelbar nach dem Regierungsantritt Friedrichs des Großen (1740) kehrte Wolff nach Halle zurück. Nun stand er auf dem Höhepunkt seiner Reputation, war Mitglied der Akademien von London, Paris, Bologna und Berlin, dazu Ehrenmitglied der Petersburger Akademie. Mochte es in den letzten Lebensjahren auch scheinen, als sei Wolff nur noch das in Ruhm erstarrte Denkmal seiner selbst, so war seine Breitenwirkung doch größer denn je. 1754 ist er in Halle gestorben.

Die beiden gängigsten Urteile, mit denen man Wolff zu fassen pflegt, sind Klischees von entstellender Einseitigkeit. Er war kein blanker Rationalist, sondern in seinem gesamten Denken um die Vermittlung von Vernunft und Erfahrung bemüht. Und bei aller sachlichen Nähe zu Leibniz war er wesentlich mehr als nur dessen systematisierender Popularisator: In wichtigen Sachfragen, der enzyklopädischen Rekonstruktion der Philosophie als der akademischen Leitwissenschaft und erst recht in seiner nachhaltigen Schärfung des Methodenbewußtseins ging er durchaus eigene Wege[78]. Bedeutsam war seine Philosophie zumal durch die Ausbildung eines wissenschaftlichen, auf begriffliche Präzision und argumentative Sorgfalt gestützten Erkenntnisverfahrens sowie durch das neuartige Konzept einer in das System der Philosophie integrierten, autonom-natürlichen Ethik: „Weil wir durch die Vernunfft erkennen, was das Gesetze der Natur haben will; so brauchet ein vernünftiger Mensch kein weiteres Gesetze, sondern vermittelst seiner Vernunfft ist er ihm selbst ein Gesetze"[79]. Seine Philosophie, resümierte Wolff, sei darin „pragmatisch", daß sie sich nicht allein für sämtliche Wissenschaften, sondern auch für das praktische Leben als nützlich erweise[80].

Der Atheismus-Vorwurf verletzte ihn tief. War doch, eigenem Bekunden zufolge, bereits sein frühes Interesse an der Mathematik dezidiert religiös motiviert. Die katholisch-lutherischen Konfessionsstreitigkeiten in seiner Heimatstadt hätten ihn zu der Frage gedrängt, ob es „nicht möglich sey, die Wahrheit in der Theologie so deutlich zu zeigen, daß sie keinen Wiederspruch leide". Deshalb habe er in Aufnahme der mathematischen Methode versucht, „die Theologie auf unwidersprechliche Gewißheit zu bringen"[81]. Dieses Grundmotiv seiner Lebensarbeit hat Wolff auch später noch mehrfach bezeugt. Daß sein ursprünglicher Vorsatz, „Gott im Predigtamte zu dienen", unerfüllt geblieben war, führte er rückblickend nicht etwa auf eigenen Sinneswandel, sondern auf göttliche Fügung zurück[82]. Das Verhältnis von Vernunft und Offenbarung bestimmte Wolff als komplementär: Indem die Philosophie die Erkenntnisse der natürlichen Religion als unmittelbar evident, zugleich freilich auch als unvollständig erweise, rüste sie die Theologie zum apologetischen Streit. Offenbarungswahrheiten konnten sich für Wolff allein auf solche Gegenstände beziehen, die philosophischer Erkenntnis nicht zugänglich sind. Insofern galten ihm die Inhalte der Offenbarung als über-, nicht jedoch als widervernünftig. Mit dieser Synthese, die religiösen Glauben als wissenschaftlich

---

78 ÉCOLE, J.: War Christian Wolff ein Leibnizianer? (Aufklärung 10/1, 1998, 29–46). – 79 Vernünfftige Gedanken von der Menschen Thun und Lassen, zu Beförderung ihrer Glückseeligkeit [Deutsche Ethik], ⁴1733 (= GW I.4), 18f. – 80 Der vernünftigen Gedanken von Gott, der Welt und der Seele des Menschen [...] Anderer Theil, ⁴1740 (= GW I.3), 70. – 81 Christian Wolffs eigene Lebensbeschreibung, hg.v. H. WUTTKE, 1841 (= GW I.10), 121. – 82 Ebd., 120.

zulässig erwies, hat Wolff die auf Überwindung des orthodoxen Systemdenkens und Stärkung einer individuellen, lebenspraktischen Frömmigkeit abzielende Tendenz der zeitgenössischen Theologie nachhaltig stabilisiert.

2. Theologischer Wolffianismus

Bereits während der Marburger Zeit erfuhr Wolff eine namhafte theologische Rezeption. Selbst der preußische König war seit der Mitte der 1730er Jahre um behutsames Einlenken bemüht. Angesichts der fortdauernden Polemik des halleschen Pietismus berief Friedrich Wilhelm I. 1736 eine Untersuchungskommission, welche die Berechtigung der gegen die Philosophie Wolffs erhobenen Vorwürfe abschließend prüfen sollte, und ließ sogar die Möglichkeiten einer Rückkehr des verbannten Denkers vorsichtig ausloten. Erst recht trug der spätorthodoxe Widerspruch gegen Wolff[83] die Züge eines theologiegeschichtlichen Nachhutgefechts. Seit der Rückkehr nach Halle 1740 wurde Wolff dann in ganz Deutschland breit rezipiert. Auch wenn der in diesen Jahren aufblühende theologische Wolffianismus insgesamt noch viel zu wenig erforscht ist, lassen sich dessen Umrisse doch andeutend skizzieren.

Eine der frühesten Spuren führte nach Württemberg. *Georg Bernhard Bilfinger* (1693–1750) war durch die mathematischen Lehrbücher Wolffs aufmerksam geworden und hatte daraufhin zwei Jahre bei ihm in Halle studiert. In Tübingen wurde er 1721 Professor der Philosophie, 1731 der Theologie; in beiden Fächern stand seine Lehre unter dem unverkennbaren Einfluß von Wolff[84], den er, seit 1735 als Mitglied des Geheimen Rates in Stuttgart und bald darauf als Präsident des Konsistoriums amtierend, auch kirchenpolitisch zur Geltung brachte. Nachhaltig unterstrich der Bilfinger-Schüler *Israel Gottlieb Canz* (1690–1753) die theologische Anschlußfähigkeit der Philosophie Wolffs[85]: Die göttliche Gnade widerspreche der Vernunftwahrheit nicht, sondern erweitere nur die natürlichen Erkenntniskräfte des Menschen.

Als erster unter den theologischen Wolffianern hat *Jakob Carpov* (1699–1768) die gesamte Dogmatik in strenger mathematisch-demonstrativer Lehrart entwickelt[86]. Während er in materialer Hinsicht unter ausdrücklichem Bekenntnis zu den symbolischen Büchern am orthodoxen Lehrbestand festhielt, wollte er mit der Anwendung der *methodus scientifica* die Wissenschaftlichkeit der Theologie sicherstellen. Mit Hilfe einer rationalen Offenbarungstheologie suchte er, mitunter formalistisch überspitzt, die logische Kohärenz der aus der Bibel abgeleiteten Glaubenssätze zu zeigen, wobei er den Inhalt der Offenbarung auf die den *ordo salutis* betreffenden Lehren beschränkte. *Johann Peter Reusch* (1691–1754) erwies daraus die Notwendigkeit einer Offenbarungsreligion, daß die natürliche Re-

---

83 Greifbar etwa in der von V.E. LÖSCHER 1735 veröffentlichten Artikelserie „Quo ruitis?". – 84 LIEBING, H.: Zwischen Orthodoxie und Aufklärung. Das philosophische und theologische Denken Georg Bernhard Bilfingers, 1961. – 85 Philosophiae Leibnitianae et Wolffianae usus in theologia, per praecipua fidei capita, 2 Bde., 1728/1732; Philosophiae Wolffianae [...] consensus cum theologia per praecipua fidei capita, 1737. Vgl. KOLB, CH.: Die Aufklärung in der Württembergischen Kirche, 1908, 21–34. – 86 Oeconomia salutis Novi Testamenti seu Theologia revelata dogmatica methodo scientifica adornata, 4 Bde., 1737–1765.

ligion eine Kenntnis der von Christus ins Werk gesetzten Versöhnung des Menschen mit Gott, in der er die Quelle der menschlichen Glückseligkeit sah, nicht zu eröffnen vermöge[87]. Von dem Grundsatz Wolffs ausgehend, wonach die Offenbarung der Vernunft nicht widersprechen dürfe, suchte er alle Lehren der Offenbarungsreligion, selbst die Trinitätslehre, als vernünftig zu erweisen.

Parallel zu der lutherischen entfaltete sich die reformierte Rezeption. Der in Franeker lehrende H.W. Bernsau (1717–1763) verfaßte eine „Theologia dogmatica, methodo scientifica pertractata [...]" (2 Bde., 1745/1747), zu der Wolff sogar eine Vorrede beisteuerte[88]. In der Schweiz traten die Theologen D. Wyttenbach (1706–1779)[89] und J.F. Stapfer (1708–1775)[90] als Vertreter eines an Wolff geschulten methodischen Denkens hervor.

Naturgemäß wurde Preußen zu einem Schwerpunkt des theologischen Wolffianismus. In Königsberg übernahmen M. Knutzen (1713–1751)[91] und F.A. Schultz (1692–1763) wichtige Mittlerfunktionen. Zur entscheidenden Figur avancierte indessen *J.G. Reinbeck* (1683–1741), der sich in Halle, sehr zum Leidwesen Franckes, aus pietistischem unter Wolffischen Einfluß begeben hatte; 1717 wurde er Propst, 1727 Konsistorialrat in Berlin. In seinen „Betrachtungen über die in der Augspurgischen Confession enthaltene und damit verknüpfte göttliche Wahrheiten" (4 Bde., 1731–1741) meinte er sogar das lutherische Bekenntnis als vernunftgemäß erweisen zu können. Friedrich Wilhelm I., der sich in kirchlichen Angelegenheiten von Reinbeck beraten ließ, machte die Anschaffung dieses Werkes allen preußischen Pfarrbibliotheken zur Pflicht. Der von Reinbeck verkörperte Wolffianismus prägte auch die berühmte Kabinettsordre von 1739, die den angehenden Pfarrern die Anwendung klarer Begriffe und vernünftiger Beweisgründe in der Predigt auferlegte, und den von J.Ch. Gottsched (1700–1766) gleichsam als Erläuterung jener Ordre verfaßten „Grund-Riß einer Lehr-Arth ordentlich und erbaulich zu predigen" (1740).

Zusammen mit dem vormaligen sächsischen Minister E.Ch. Graf von Manteuffel und dem Buchhändler A. Haude stiftete Reinbeck 1736 in Berlin die *Societas Alethophilorum*. Diese gelehrte Gesellschaft, die bald auch Tochtergründungen hervorbrachte (u.a. in Weißenfels, Leipzig und der Niederlausitz), gab sich das Ziel, die Wolffische Philosophie zu popularisieren; man verpflichtete sich, nur das als wahr anzuerkennen, wovon man durch zureichenden Grund überzeugt war. In Leipzig, seit 1740 der Hauptsitz der Alethophilen[92], wurde 1738 auch Gottsched gewonnen, dessen Einfluß auf die homiletische Theoriebildung seiner Zeit ganz beträchtlich war[93] und der seine Hinwendung zur Philosophie Wolffs als ein re-

---

87 Introductio in Theologiam revelatam [...], 1744. – 88 Vgl. ferner BERNSAU, H.W.: Compendium theologiae dogmaticae, methodo scientifica pertractata, 1755. – 89 Tentamen theologiae dogmaticae methodo scientifica pertractatae, 3 Bde., 1741–1749. – 90 Grundlegung zur wahren Religion, 12 Bde., 1746–1753. – 91 Philosophischer Beweiß von der Wahrheit der christlichen Religion: darinnen die Nothwendigkeit einer geoffenbarten Religion insgemein und die Wahrheit oder Gewißheit der christlichen insbesondere aus ungezweifelten Gründen der Vernunft nach mathematischer Lehr-Art dargethan und behauptet wird, 1740. – 92 Vgl. die grundgelehrte, auch die Berliner Anfänge einbeziehende Studie von DÖRING, D.: Beiträge zur Geschichte der Gesellschaft der Alethophilen in Leipzig (in: DERS./NOWAK, K. [Hg.]: Gelehrte Gesellschaften im mitteldeutschen Raum [1650–1820], Teil 1 [ASAW.PH 76/2], 2000, 95–150). – 93 GOTTSCHED, J.CH.: Ausführliche Redekunst [...], 1736, ⁵1759. STRASSBERGER, A.: Johann Christoph Gottsched und die „philosophische" Predigt. Studien zur aufklärerischen Transformation der Homiletik im Span-

gelrechtes Bekehrungserlebnis stilisiert hatte; 1755 veröffentlichte er die erste Biographie des im Vorjahr verstorbenen Schulhaupts[94].

Der theologische Wolffianismus hat sich weithin damit begnügt, die „scientifische" Methode auch auf Bibel und Glaubenslehre anzuwenden und damit die von Wolff für das Verhältnis von natürlicher und geoffenbarter Religion, von rationaler und suprarationaler Wahrheitserkenntnis postulierte Harmonie theologisch zu verifizieren. Die von den Wolffianern verbreitete Einsicht, daß es durchaus vernünftig sei, Religion zu haben, nahm auf das gebildete Publikum, das am überkommenen Kirchenglauben zunehmend den Geschmack verloren hatte, einen kaum zu überschätzenden Einfluß und dürfte für die Vermittlungsleistung der Neologie eine unentbehrliche Voraussetzung dargestellt haben. Freilich war damit zugleich der theologische Rationalisierungsprozeß spürbar beschleunigt worden, dem die wohltemperierte Synthese von Vernunft- und Glaubenswissen, die Wolff skizziert hatte, bald nicht mehr genügen sollte. Einstweilen aber blieben radikale theologische Wolffianer wie J.L. Schmidt (s. § 24.1) eine randständige Ausnahmeerscheinung.

3. Baumgarten

Siegmund Jacob Baumgarten war der selbständigste und bedeutendste unter den theologischen Schülern Christian Wolffs. Seine stupende Gelehrsamkeit erstreckte sich auf alle Gebiete der Theologie und reichte weit darüber hinaus; Voltaire, der ihn 1753 in Halle besuchte, soll ihn als „die Krone der deutschen Gelehrten" gerühmt haben. Die Vielseitigkeit seines Wirkens machte ihn zu der „theologiegeschichtlich am schwersten einzureihende[n] Gestalt" seiner Zeit[95] und entsprach der Heterogenität des ansehnlichen Schülerkreises, der ihm erwachsen war. Für die nachfolgende Theologengeneration dürfte Baumgarten der wichtigste Lehrer geworden sein: Nicht nur einige der namhaftesten Neologen waren von ihm geprägt (u.a. A.F. Büsching, G. Leß, F.G. Lüdke, J.A. Nösselt, J.S. Semler, J.J. Spalding[96], G.S. Steinbart, J.G. Toellner), sondern auch konservative Theologen wie J.M. Goeze, J.A. Urlsperger oder J.Ch. Woellner, dazu bedeutende Altertumskundler (J.J. Winckelmann), Germanisten (G.F. Meier) und Philosophen (A.G. Baumgarten, J.A. Eberhard).

1706 als Sohn eines Pastors geboren, kam Baumgarten 1722 an das pietistische Pädagogium in Halle. 1728 wurde er Predigt-, 1732 zudem Fakultätsadjunkt.

---

nungsfeld von Theologie, Philosophie und Rhetorik in der ersten Hälfte des 18. Jahrhunderts, Diss., Leipzig 2006. – 94 Historische Lobschrift des weiland hoch- und wohlgebohrnen Herrn Herrn Christians [...] Freyherrn von Wolf, 1755. – 95 HIRSCH Bd. 2, 370. – 96 Die in seiner „Lebensbeschreibung" 1757 notierte Erinnerung SPALDINGS an die 1745 zustandegekommene Begegnung ist von sublimer Ambivalenz: „Baumgarten [...] ward mein Held. Seine Art, im Umgange zu urteilen, die frey und munter und fast durchgehends etwas satyrisch war, nahm mich ein. Kein Theil der Gelehrsamkeit war ihm fremd, und es waren einige vergnügte Abende, die ich an seinem Tische und in seiner Gesellschaft zubrachte. Ich habe nach der Zeit mit dieser Gesinnung und Denkungsart eine gewisse öffentlich geäußerte Strenge nicht zusammen reimen können, die er gegen Personen und Lehrsätze, welche gleichsam nicht unter seinem Schutze gestanden, blicken lassen" (SpKA I/6-2, 2002, 127,24–128,5).

1734 übernahm er in Halle eine theologische Professur, die bis zu seinem Tod 1757 sein äußerlich kaum bewegtes, intensives Arbeitsleben bestimmte.

Als sich Baumgarten 1726 der Wolffischen Philosophie zu öffnen begann, wurde dadurch seine pietistische Prägung nicht etwa alterniert, sondern in eine moderne, organisch-eigenständige Gestalt von Theologie transformiert. Unter dem unverkennbaren Einfluß von Wolff hat Baumgarten den theologischen Lehrbetrieb konsequent verwissenschaftlicht und namentlich durch seine strenge „scientifische" Darstellungsweise die Studenten alsbald zu begeistern vermocht. Nachdem die von J. Lange angeführte pietistische Fraktion mit ihrem 1736 unternommenen Versuch, den Konkurrenten zu maßregeln, aufgrund königlicher Intervention gescheitert war, blieben die Stellung und Autorität, die sich Baumgarten in Halle erworben hatte, unangefochten. Seine nun entfalteten fakultäts- und theologiepolitischen Aktivitäten[97] lassen erkennen, daß Baumgarten den beträchtlichen Einfluß, über den er verfügte, durchaus zu nutzen verstand. Indessen erwies er sich nicht allein in methodischer Hinsicht, sondern auch in zahlreichen materialen Entscheidungen, etwa der für seine Lehrbildung konstitutiven Verknüpfung von religiöser Erfahrung und rationaler Erklärung, als „ein ganzer echter Schüler Wolffs"[98]. In zahlreichen Schriften, Vorreden und Artikeln entwickelte Baumgarten sein theologisches Denken, übrigens nunmehr erstmals durchgehend in deutscher Sprache; am erfolgreichsten dürfte die Darstellung der theologischen Ethik gewesen sein, die zu seinen Lebzeiten fünf Auflagen erreichte[99].

Zwei Hauptwerke Baumgartens wurden von dessen Meisterschüler Semler postum herausgegeben und mit ausführlichen Einleitungen versehen. Die als „Evangelische Glaubenslehre" firmierende Dogmatik[100] bewahrte im wesentlichen den überkommenen Lehrbestand, suchte ihn aber, ohne dabei auf die Bekenntnisschriften zu rekurrieren, wissenschaftlich-rational „erweislich" zu machen, wodurch bisweilen, zugespitzt in der Christologie, das wolffische Deduktionsverfahren ausgreifende Züge annehmen konnte. Die Harmonie von Vernunft und Offenbarung war Baumgarten nicht zweifelhaft, sah er doch bereits in der natürlichen Gotteserkenntnis den Gedanken an eine besondere, ihr kompatible und sie ergänzende Offenbarung angelegt. Anstatt die Bibel mit der göttlichen Offenbarung zu identifizieren, verstand sie Baumgarten als das Zeugnis der ihren Verfassern zuteil gewordenen Offenbarung und hat damit nicht allein für die neologische Akkomodationstheorie, sondern überhaupt für eine historische (und dann auch kritische) Bibelauslegung sowie eine entsprechende biblische Hermeneutik[101] entscheidende

---

[97] So war Baumgarten der theologische Hauptberater des in Halle ansässigen, einflußreichen Verlegers J.J. Gebauer, was aus dem noch nicht erschlossenen „Nachlaß Gebauer" (Stadtarchiv Halle) eindeutig hervorgeht. Vgl. KERTSCHER, H.-J.: Hallesche Verlagsanstalten der Aufklärungsepoche: Der Verleger Johann Justinus Gebauer […], 1998; BEUTEL, A.: Spalding und Goeze und „Die Bestimmung des Menschen". Frühe Kabalen um ein Erfolgsbuch der Aufklärungstheologie (ZThK 101, 2004, 426–449, v.a. 437–449). – [98] HIRSCH Bd. 2, 373; vgl. ebd., 370–388. – [99] Unterricht vom rechtmäßigen Verhalten eines Christen oder Theologische Moral zum academischen Vortrag ausgefertigt, 1738, ⁵1756. – [100] Evangelische Glaubenslehre. Mit einigen Anmerkungen, Vorrede und historischen Einleitung hg. v. J.S. SEMLER, 3 Bde., 1759/60. – [101] DANNEBERG, L.: Siegmund Jacob Baumgartens biblische Hermeneutik (in: BÜHLER, A. [Hg.]: Unzeitgemäße Hermeneutik. Verstehen und Interpretation im Denken der Aufklärung, 1994, 88–157); BARTH, U.: Hallesche Hermeneutik im 18. Jahrhundert. Stationen des Übergangs zwischen Pietismus und Aufklärung (in: BEETZ, M./CACCIATORE, G. [Hg.]: Die Hermeneutik im Zeitalter der Aufklärung

Vorarbeiten erbracht. Den dogmatischen Stoff entwickelte Baumgarten durchgehend unter Rückbezug auf die Bibel und in Ausrichtung auf den moralisch-praktischen Nutzen. In der Vereinigung des Menschen mit Gott erkannte er das Ziel der göttlichen Offenbarung. In sublimer Abkehr von einem Kernanliegen pietistischer Theologie hielt Baumgarten zwar an dem Bekehrungsgedanken fest, sah darin aber nicht mehr eine durch methodisierten Bußkampf zu seligmachendem Glauben durchbrechende, plötzliche (und deshalb datierbare) Neuwerdung des Menschen[102], sondern einen kontinuierlichen, durch Verstandesbelehrung genährten, auf ein glaubensgemäßes Leben abzielenden Willensbildungsprozeß.

Die ebenfalls von Semler aus Vorlesungsmanuskripten postum herausgegebene „Geschichte der Religionspartheyen" (1766, ND 1966) imponiert durch die gewaltige Fülle des darin verarbeiteten Materials. Zugleich läßt sie drei interessante Entscheidungen ihres Verfassers erkennen: Baumgarten faßte den Begriff der „Religionsparthey" denkbar weit und subsumierte ihm deshalb auch Freidenker, Heiden, Juden und „Muhammedaner". Augenfällig ist außerdem die Tendenz, die innerlutherischen Lehrkonflikte zu bloßen Nebenstreitigkeiten zu marginalisieren und den Pietismus nicht als eine innerkirchliche Parteibildung hervorzuheben, sondern ihn ganz in die lutherische Kirche zu integrieren.

Innovatives Potential barg darüber hinaus das von Baumgarten seit etwa 1740 extensiv verfolgte welt- und kirchengeschichtliche Interesse. Wenn er damit auch die apologetische Erwartung verband, eine vorurteilsfreie Untersuchung der Geschichte werde die eigenen theologischen Ansprüche verifizieren, ist damit doch zweifellos eine Historisierung der dogmatischen Theologie freigesetzt worden, die in den um die Mitte des 18. Jahrhunderts aufkommenden Ansätzen einer Dogmengeschichtsschreibung (und mithin einer Historisierung des christlichen Wahrheitsbewußtseins) ihre natürliche Fortsetzung fand (s. § 39). Eindrückliche Beispiele seines theologischen Geschichtsinteresses sind die beiden von Baumgarten herausgegebenen Literaturzeitschriften[103], in denen er das gebildete Publikum in Deutschland erstmals eingehend mit der englischen deistischen und antideistischen Literatur bekannt machte[104]. Sein apologetisches Leitmotiv war frei von jeder Berührungsangst: Der christliche Glaube könne nicht Schaden leiden, wenn er sich durch die unparteiisch-nüchterne Präsentation der religionsphilosophischen Debatte zu sorgfältiger Prüfung und Rechtfertigung seiner eigenen Lehre herausfordern lasse.[105]

[Collegium Hermeneuticum 3], 2000, 69–98). – **102** Vgl. die unter dem Präsidium von Baumgarten verteidigte „Disputatio theologica De conversione non instantanea" (1743). – **103** Nachrichten von einer hallischen Bibliothek [...], 8 Bde., 1748–1751; Nachrichten von merkwürdigen Büchern [...], 12 Bde., 1752–1758. – **104** VOIGT, CH.: Der englische Deismus in Deutschland. Eine Studie zur Rezeption englisch-deistischer Literatur in deutschen Zeitschriften und Kompendien des 18. Jahrhunderts (BHTh 121), 2003, 149–173. – **105** HIRSCH Bd. 2, 371 f.

Kapitel 5: Neologie

§ 20: Begriff und geschichtlicher Umriß

BIANCO, B.: „Vernünftiges Christentum". Aspects et problèmes d'interprétation de la néologie allemande du XVIIIe siècle (ArPh 46, 1983, 179–218). – HORNIG, G.: Art. Neologie (HWPh 6, 1984, 718–720). – DERS.: Neologie und Aufklärungstheologie (HDThG 3, ^{2}1998, 125–146). – KEMPER, H.-G.: Deutsche Lyrik der frühen Neuzeit. Bd. 6/I: Empfindsamkeit, 1997, 151–215. – KRAMER, O.: Art. Neologismus (HWRh 6, 2003, 210–217). – SPARN, W.: Vernünftiges Christentum. Über die geschichtliche Aufgabe der theologischen Aufklärung im 18. Jahrhundert in Deutschland (in: VIERHAUS, R. [Hg.]: Wissenschaften im Zeitalter der Aufklärung, 1985, 18–57). – DERS.: Art. Neologie (EKL^3 3, 1992, 662–664).

Der zu Beginn des 18. Jahrhunderts entstandene Ausdruck *Neologie* war seinerseits ein klassischer Neologismus. Er diente dazu, das Phänomen lexikalischer Kreativität, also der Bildung neuer Wörter (Neulexeme) und der Umdeutung schon bestehender Wörter (Neusememe), auf den Begriff zu bringen. Davon ausgehend, konnte der Begriff dann auch innovative Anschauungen und Lehrbildungen bezeichnen. Bekannt wurde er durch das „Dictionnaire néologique à l'usage des beaux esprits du siècle [...]" (1726, ^{7}1756), mit dem P.-F.G. Desfontaines die neologischen Bestrebungen der französischen Modernisten abzuwehren suchte. Gleichwohl führte der – infolge der Französischen Revolution noch verstärkte – Bedarf an Neologismen alsbald zu einer umfangreichen Lexikonliteratur, die sich der programmatischen Erweiterung des Sprachbestandes verschrieb[1]. Im deutschen Sprachraum begegnete der Begriff erstmals bei dem Gottsched-Schüler Ch.O. Frhr. v. Schönaich, dessen „Neologisches Wörterbuch"[2] wiederum kritisch gegen zeitgenössische Sprachreformer wie Bodmer, Gellert, Gleim oder Klopstock zu Felde zog: Mit unerlaubten Metaphern setze sich deren „neologische Dichtkunst" über das natürliche Sprachempfinden hinweg[3].

Im letzten Drittel des 18. Jahrhunderts drang der Ausdruck dann auch in die theologische Fachsprache ein: als Bezeichnung der den Diskurs dominierenden, neue Argumentations- und Anwendungsformen erprobenden Gestalt der protestantischen Aufklärungstheologie. Meist wurde er als Fremdbezeichnung und darum abschätzig verwandt, nur vereinzelt begegnen Beispiele einer vorbehaltlichen Selbstetikettierung. Erst im 20. Jahrhundert ist es üblich geworden, den Begriff *Neologie* als wertneutrale Bezeichnung für die reife Gestalt der Aufklärungstheologie zu gebrauchen, die sich in akademischer, kirchlicher und religiöser Hinsicht gleichermaßen bemerkbar machte. Auch wenn der Ausdruck kein epochenspezifisches Notat mit sich führt und darum im Grunde nichtssagend ist, dürfte es ratsam sein, ihn aus pragmatischen Gründen beizubehalten. Zu der damit verbunde-

---

1 Z.B. ALLETZ, P.A.: Dictionnaire des richesses de la langue française, et du néologisme qui s'y est introduit [...], 1770. – 2 Die ganze Aesthetik in einer Nuß oder neologisches Wörterbuch [...], 1754; mit Einleitung und Anmerkungen hg.v. A. KÖSTER, 1900, ND 1968. – 3 RICKEN, U.: Zur Neologie-Diskussion des 18. Jahrhunderts und ihrer Fortsetzung nach der Revolution (Linguistische Arbeitsberichte 18, 1977, 81–95); zum gegenwärtigen linguistischen Forschungsstand vgl. KRAMER sowie TEUBERT, W. (Hg.): Neologie und Korpus (Studien zur deutschen Sprache 11), 1998.

nen, jederzeit in Rechnung zu stellenden historiographischen Unschärfe gehört, daß die als Neologie angesprochenen kirchen- und theologiegeschichtlichen Phänomene weder zeitlich noch personell noch motivisch trennscharf abgegrenzt werden können.

Gleichwohl lassen sich einige identitätsstiftende Positionen und Tendenzen markieren. Zu ihnen gehört die Ablösung von der orthodoxen Dogmatik mitsamt deren metaphysisch-kosmologischem Bezugsrahmen, aber gleichermaßen auch von einer pietistischen Bekehrungs- und Heiligungsschematik sowie vom „scientifischen" Methodenpurismus der theologischen Wolffianer. Verbunden mit der zeittypischen Anglophilie (s. § 6 Anm. 19) kennzeichnet die Neologie zudem eine Aufnahme und Weiterführung der antideistischen Apologetik (Warburton, Butler), der von den Cambridge Platonists beeinflußten Moralphilosophie (Tillotson, Shaftesbury, Hutcheson) sowie der zumal in England und den Niederlanden praktizierten religiös-weltanschaulichen Toleranz. Das fundamentaltheologische Interesse verlagerte sich von der für den Wolffianismus zentralen, abstrakten Debatte um das Verhältnis von Vernunft und Offenbarung hin zu dem Programm einer konsequent propagierten und beförderten Individualisierung der Religion. Dabei betonten die Neologen, die Grenzen der Wolff-Schule transzendierend, die Kompatibilität von Verstand und Gefühl; erst in deren organischem Zusammenspiel konstituiere sich empirisch-religiöse Subjektivität: „Unsere Einsichten können nie anders etwas bey uns wirken [...] als in so ferne sie anschauend, lebhaft und folglich, in einem höheren oder geringeren Grade, Empfindungen werden"[4]. In der „aufgeklärte[n] Empfindung" sah nicht allein Spalding (s. § 21.3) die Basis des „Erfahrungschristenthums"[5].

Diesen Rekurs auf die religiöse Mündigkeit vollzog die Neologie unter der selbstverständlichen Voraussetzung, daß sich die fromme Empfindung auf eine Wirksamkeit des Wortes Gottes zurückführen lasse. Freilich erlaubte, ja erforderte das religiöse Individualisierungsprogramm zugleich eine kritische Prüfung traditioneller Autoritätsansprüche. Das bedeutete nicht nur eine (bereits im Pietismus angebahnte) Problematisierung der den symbolischen Büchern zugeschriebenen Normativität, sondern darüber hinaus eine Revision des überkommenen Schriftverständnisses: Mit der Anerkennung als verbalinspiriertem Kanon war es unwiderruflich vorbei. Verläßlicher Garant einer der Bibel zukommenden Verbindlichkeit blieb zumeist nur noch das als vorbildhaft geschätzte Leben und Sterben Jesu, der allerdings den Neologen, ausweislich des gern gebrauchten Beinamens „Sokrates aus Galiläa", nicht unbedingt mehr als analogielos erschien. Entscheidendes Kriterium einer traditionskritischen Prüfung war die moralische und religiöse Plausibilität, und den archimedischen Bezugspunkt der ethisch-praktisch orientierten Glaubenslehre bildete das nun erstmals kategorial erfaßte „Wesen des Christentums"[6], das alle traditionellen Verbindlichkeitsansprüche als historisch bedingt zu relativieren erlaubte.

4 SPALDING, J.J.: Gedanken über den Werth der Gefühle in dem Christenthum (^{1}1761–^{5}1784), hg.v. A. BEUTEL/T. JERSAK (SpKA I/2), 2005, 34,26–29. – 5 Ebd., 39,1. 35,2f. – 6 NÜSSEL, F.: Die Umformung des Christlichen im Spiegel der Rede vom Wesen des Christentums (in: BEUTEL, A./LEPPIN, V. [Hg.]: Religion und Aufklärung. Studien zur neuzeitlichen „Umformung des Christlichen" [AKThG 14], 2004, 15–32); SCHÄFER, R.: Welchen Sinn hat es, nach einem Wesen des Christentums zu suchen? (ZThK 65, 1968, 329–347); WAGENHAMMER, H.: Das Wesen des Christentums. Eine begriffsgeschichtliche Unter-

Historiographische Kenntlichkeit erhält die Neologie schließlich auch durch die Unterscheidung von Religion und Theologie, also von mündiger Frömmigkeitspraxis und professioneller Berufswahrnehmung, sowie, damit unmittelbar zusammenhängend, von öffentlicher und privater Religion, also von normativer Kirchenlehre und freier, individueller Religiosität. Diese Distinktionen, die Semler programmatisch zur Entfaltung brachte, waren der intentionale Gemeinbesitz aller Neologen und reichten in ihren Wurzeln weit zurück in orthodoxe Theologie. Im praktischen Vollzug dieser für neuzeitliche Theologie unhintergehbaren Unterscheidungslehren kamen die geschichtliche Leistung und Grenze der Neologie vielleicht am dichtesten zueinander. Denn obschon dadurch eine modernitätsfähige Vermittlung von religiöser Traditionstreue und Authentizität ermöglicht worden ist, dürfte die Neologie, aufs Ganze gesehen, nicht zureichend zur Geltung gebracht haben, daß die Kultivierung privatreligiöser Autonomie fortwährend der äußeren Vermittlung bedarf. Dieses womöglich ausschlaggebende, ekklesiologische Defizit wurde bereits von Zeitgenossen, besonders nachhaltig von Herder (s. § 33), kritisiert und ist erst durch den epochalen Neuansatz Schleiermachers (s. § 36) wirksam überwunden worden.

Auch in ihrer neologischen Kulminationsphase ist die deutsche Aufklärungsphilosophie eigentlich ohne Helden geblieben. Während sich andere Epochen der Kirchen- und Theologiegeschichte nicht selten in einzelnen Gründerfiguren oder herausragenden Schulhäuptern annähernd verkörpern, wird die Neologie, gleichermaßen auf lutherischer wie auf reformierter Seite vertreten, durch eine auf einige Zentren konzentrierte, aber nicht beschränkte Gruppe von kirchenleitenden (s. § 21) und akademischen Theologen (s. § 22) repräsentiert. Im kirchlichen Raum realisierte sich das Programm der Neologie vornehmlich in der apologetischen Selbstbehauptung eines modernitätswilligen Christentums, des weiteren in einem die individuelle Religiosität vergewissernden und stärkenden, auf individuelle Erbauung und praktische Nutzbarkeit abzielenden, populartheologischen Schrifttum, ferner in einer zeitgemäßen Revision von Agenden, Gebets- und Gesangbüchern, allem zuvor aber in der neologischen Predigt, welche „die Kanzel als Katheder der Aufklärung"[7] zu nutzen verstand: Aus dem biblisch-dogmatischen Themenbestand wurde als predigttauglich nur übernommen, was Verstand und Gefühl der Hörer zu berühren und deren religionspraktischen Lebensvollzug zu befördern vermochte. Dabei sollte man das appellative Pathos der Aufklärungspredigt nicht als Ausdruck einer platten Moralisierung des Christlichen mißdeuten: In der Perfektibilität des Menschen realisierte sich für die Neologen die in der Vorsehung Gottes begründete, zielführende „Erziehung des Menschengeschlechts".

An den theologischen Fakultäten konnte neologisches Gedankengut vor allem dort gedeihen, wo die gegebene Bekenntnisbildung am wenigsten tangiert schien: in der exegetischen und historischen Forschung. Dabei vertiefte sich das eklektisch-polyhistorische Interesse zur historischen Kritik aller überzeitlichen Geltungspostulate, und die konsequente Historisierung dogmatischer wie biblischer Absolutheitsansprüche ließ am Ende auch hier, indem die Lehre auf das praktisch Relevante vereinfacht (und darum zumeist um die herkömmliche Trinitäts-, Erb-

---

suchung (TTS 2), 1973, v.a. 167–252. – 7 SCHÜTZ, W.: Die Kanzel als Katheder der Aufklärung (WSA 1, 1974, 137–171).

sünden- und Genugtuungslehre ermäßigt) wurde, die Religion als eine „Führerin des wirklichen gewöhnlichen Lebens"[8] erscheinen. Nicht selten mutierte die Glaubenslehre dabei von einer Arkanwissenschaft zur Populartheologie (etwa bei Leß oder Nösselt). Auch außerhalb der theologischen Fakultäten fanden sich neologische Standpunkte vertreten (z.B. Michaelis, Eberhard). Erst recht aber sind sie dadurch breitenwirksam geworden, daß die Religionsdebatte als „eine Angelegenheit des Menschen" (Spalding) in die bürgerliche Öffentlichkeit getragen und durch die aufblühenden literarischen Periodika (Moralische Wochenschriften, Rezensionsorgane) vervielfältigt wurde (s. § 23). Selbst die zeitgenössische Dichtung war vielfach von direkten neologischen Prägungen bestimmt[9].

Über die zeitliche Erstreckung der Neologie herrscht inzwischen weitgehende Einigkeit. Unzureichend ist allerdings das bisweilen bemühte Schema einer linearen Epochenfolge, wonach die Neologie *nach* Übergangstheologie und Wolffianismus und *vor* dem theologischen Rationalismus die mittlere Phase der Aufklärung darstelle. In Wirklichkeit hat sie sich mit den erstgenannten Strömungen weithin überlappt, und der Rationalismus war weniger eine durch die Kant-Rezeption ausgelöste Dekadenzphase als vielmehr ein durchgehendes Strukturmoment der Aufklärungstheologie (s. Kap. 6). Wenn die Frage, seit wann die Neologie geschichtliche Konturen annahm, gewöhnlich mit dem Hinweis auf die Zeit um 1740 beantwortet wird, so scheint man sich an der mit dem Regierungsantritt Friedrichs des Großen und der triumphalen Rückkehr Christian Wolffs nach Halle verbundenen atmosphärischen Aufhellung zu orientieren. Indessen dürfte es präziser und jedenfalls aussagekräftiger sein, den materialen Auftakt in das Jahr 1748 zu datieren, das erstmals zwei epochenprägende Hauptwerke der Neologie hervorgebracht hat: Spaldings „Betrachtung über die Bestimmung des Menschen" (s. §§ 21.3 u. 47) und A.F.W. Sacks „Vertheidigter Glaube der Christen" (s. § 21.1). Und was ihre zeitliche Erstreckung betrifft, so verursachte das unter Friedrich Wilhelm II. 1788 erlassene Woellnersche Religionsedikt (s. § 51) zwar nicht das Ende der Neologie, fiel aber in seiner Geltungsdauer mit der Phase ihres geschichtlichen Erlahmens zusammen.

§ 21: Kirchliche Hauptvertreter

ANER, K.: Die Theologie der Lessingzeit, 1929, ND 1964. – BRINKMANN, F.Th.: Glaubhafte Wahrheit – erlebte Gewißheit. Zur Bedeutung der Erfahrung in der deutschen protestantischen Aufklärungstheologie (Arbeiten zur Theologiegeschichte 2), 1994. – HOFFMANN, E.: Anton Friedrich Büsching (1724–1793). Ein Leben im Zeitalter der Aufklärung, 2000. – GERICKE, W.: Von Friedrich II. zu Wöllner (in: WIRTH, G. [Hg.]: Beiträge zur Berliner Kirchengeschichte, 1987, 87–105). – GOLDENBAUM, U.: Der „Berolinismus". Die preußische Hauptstadt als ein Zentrum geistiger Kommunikation in Deutschland (in: FÖRSTER, W. [Hg.]: Aufklärung in Berlin, 1989, 339–362). – THADDEN, R.v.: Die Brandenburgisch-Preußischen Hofprediger im 17. und 18. Jahrhundert. Ein Beitrag zur Geschichte der absolutistischen

---

8 SPALDING, J.J.: Ueber die Nutzbarkeit des Predigtamtes und deren Beförderung (^{1}1772, ^{2}1773, ^{3}1791), hg. v. T. Jersak (SpKA I/3), 2002, 261,8f. – 9 Z.B. GOETHE, J.W.v.: Brief des Pastors zu *** an den neuen Pastor zu ***, 1773; NICOLAI, F.: Das Leben und die Meinungen des Herrn Magister Sebaldus Nothanker, 3 Bde., 1773–1776; LENZ, J.M.R.: Der Landprediger, 1776/77.

Staatsgesellschaft in Brandenburg-Preußen (AKG 32), 1959. – THEMEL, K.: Die Mitglieder und die Leitung des Berliner Konsistoriums vom Regierungsantritt des Kurfürsten Johann Sigismund 1608 bis zur Aufhebung des Königlich Preußischen Oberkonsistoriums 1908 (JBBKG 41, 1966, 52–111). – WENDLAND, W.: Die praktische Wirksamkeit Berliner Geistlicher im Zeitalter der Aufklärung (JBrKG 9/10, 1913, 320–376; 11/12, 1914, 233–303).

Die nachfolgend in chronologischer, an den Geburtsjahren orientierter Ordnung vorgeführten kirchlichen Vertreter der Neologie repräsentieren jeweils wesentliche Absichten, Sachentscheidungen und Handlungsformen ihrer Bewegung. Doch sollte ihre Auswahl nicht dahingehend mißverstanden werden, als hätten diese sechs Personen gleichsam die exklusive neologische Führungsriege gebildet. Vielmehr rangieren sie als exemplarische Stellvertreter eines weitaus breiteren Kreises, von dem auch die akademischen Vertreter der Neologie (s. § 22) nicht trennscharf zu unterscheiden sind. Daß sich die Wirksamkeit der portraitierten Kirchenmänner weithin auf Berlin und Preußen konzentrierte, entspricht den politischen und gesellschaftlichen Gegebenheiten der Zeit: In friderizianischem Klima konnte freier und deutlicher zur Entfaltung gebracht werden, was auch in anderen deutschen Territorien die modernen Kräfte des Protestantismus bewegte.

1. A.F.W. Sack

MÖLLER, H.: August Friedrich Wilhelm Sack (in: HEINRICH, G. [Hg.]: Berlinische Lebensbilder. Bd. 5: Theologen [EHKB 60], 1990, 129–146). – LOMMATZSCH, S.: Art. Sack, August Friedrich Wilhelm (ADB 37, 1894, ND 1971, 295–307). – POCKRANDT, M.: Biblische Aufklärung. Biographie und Theologie der Berliner Hofprediger August Friedrich Wilhelm Sack (1703–1786) und Friedrich Samuel Gottfried Sack (1738–1817) (AKG 86), 2003. – SACK, A.F.W.: Lebensbeschreibung nebst einigen von ihm hinterlassenen Briefen und Schriften, hg. v. F.S.G. SACK, 2 Bde., 1789. – SACK, K.H.: Art. Sack, August Friedrich Wilhelm (RE^3 17, 1906, 318–321).

Er gilt als „Nestor" der Neologie[10]. Zwar lagen seine Auffassungen noch ungleich näher bei Baumgarten (s. § 19.3) als bei den Vertretern der theologischen Spätaufklärung. Gleichwohl gab er der mit ihm einsetzenden Epoche wesentliche Impulse und reichte mit der von ihm begründeten Theologendynastie[11] weit über sie hinaus.

Als Bürgermeistersohn 1703 in Harzgerode geboren, erfuhr *August Friedrich Wilhelm Sack* eine deutliche konfessionell-reformierte Prägung. Nach dem in Frankfurt/O. absolvierten Theologiestudium (1722–1724) wurde er Hofmeister in Stettin und Holland. Aufgeschlossen rezipierte er das Denken der westeuropäischen Aufklärung; folgenreich waren namentlich die Begegnung mit dem niederländischen antiprädestinatianischen Arminianismus und dem reformierten Naturrechtler und Symbolzwang-Kritiker J. Barbeyrac (1674–1744), mit dem er in Groningen ein Jahr lang in täglichem Umgang und Austausch stand. 1728 berief ihn die Landgräfin von Hessen-Homburg zum Erzieher des siebenjährigen Erbprinzen. Drei Jahre später begann für Sack die kirchliche Laufbahn: 1731 wurde er dritter, 1737 erster Prediger der deutschen reformierten Gemeinde in Magdeburg,

---

10 ANER, 61. – 11 Eine Ahnentafel der Familie Sack bietet THADDEN, 1959.

1738 zudem Konsistorialrat und Inspektor der reformierten Kirchen im Herzogtum Magdeburg. Die von ihm initiierte Errichtung eines reformierten Armen- und Waisenhauses entsprach seinem Sinn für tätiges Christentum; nach dem Beispiel Halles wurde es teils durch Spenden, teils durch landesherrliche Unterstützung getragen. In Berlin hat Sack dann das Domhospital und Domleibrenthaus gegründet. Größte, weit über die eigenen Gemeindegrenzen hinausreichende Anerkennung erfuhr Sack als Kanzelredner[12]. Man schätzte seine natürliche, klare, auf die zentralen Glaubensthemen konzentrierte Predigtweise, mit der er die biblischen Sprach- und Denkformen in zeitgemäße religiöse Rede transformierte; für die aufklärerische Predigtreform wurde er auf reformierter Seite das dem Lutheraner Mosheim (s. § 18.4) durchaus ebenbürtige Pendant[13].

Nicht zuletzt seinem Ruhm als Prediger war es zu danken, daß Sack 1740 – übrigens, durch Reinbeck (s. § 19.2) vermittelt, noch unter Friedrich Wilhelm I. – in die preußische Hauptstadt berufen wurde. Er begann als dritter Hof- und Domprediger, stieg 1744 zum ersten Hofprediger auf und wurde ordentliches Mitglied in der Physikalischen Klasse der Berliner Akademie der Wissenschaften[14]. 1750 rückte Sack in das neuerrichtete Berliner Oberkonsistorium ein. Als Visitator des Joachimsthalschen Gymnasiums (1751–1766) votierte er für eine Modernisierung des Lehrbetriebs, den er auf die Fächer Naturgeschichte, Moral, englische Sprache und deutsche Literatur ausgedehnt wissen wollte. Der nachhaltige Einfluß, den Sack in Berlin ausüben konnte, erstreckte sich auch auf die theologische und seelsorgerliche Betreuung der Kandidaten beider evangelischen Konfessionen, die ihm später mit dem Zeugnis, er habe sie „zum Selbstdenken" erzogen[15], das höchste aufklärerische Lob zollten, und den Seelsorgedienst an der Hofgemeinde[16]. Die geistige Weite und Vielseitigkeit, die ihm eigen war, bezeugt der ausgedehnte Briefwechsel, den Sack nicht allein mit namhaften Kollegen wie Semler (s. § 22.1) oder Jerusalem (s. § 21.2) unterhielt, sondern ebenso mit Intellektuellen und Literaten wie Basedow, Breitinger, Gleim, Klopstock, Wieland oder J.J. Zimmermann.

Das literarische Hauptwerk Sacks, sein „Vertheidigter Glaube der Christen" (8 Stücke, 1748–1751)[17], war eine populartheologische Apologie. Ihr Plädoyer für religiöse Gedanken- und Gewissensfreiheit richtete sich gleichermaßen gegen konfessionalistischen Dogmatismus und Bekenntniszwang wie gegen die in Berlin um sich greifende Freigeisterei. Die rationale und affektive Evidenz des biblischen Offenbarungsglaubens könne sich einem „von allem Gewissens-Zwang befreyete[n] Protestanten", am besten dadurch erschließen, daß er „sein ganzes angenommenes Lehrgebäude [...] Stück vor Stück [zu] prüfen und selber [zu] durchdenken" unternimmt, weil sich auf diesem Weg der christliche Glaube am sichersten „zu sei-

---

[12] Zwischen 1735 und 1764 erschienen sechs Predigtbände, die mehrere Auflagen und (Teil-)Übersetzungen ins Niederländische, Englische und Französische erfuhren. – [13] SACK, K.H.: Geschichte der Predigt in der deutschen evangelischen Kirche von Mosheim bis auf die letzten Jahre von Schleiermacher und Menken, 1866, 35–48. – [14] Diese ehrende Auszeichnung galt seiner Persönlichkeit; in naturwissenschaftlicher Hinsicht hatte Sack zwar reges Interesse (u.a. Einrichtung eines Naturalienkabinetts) entfaltet, aber keine gelehrten Beiträge erbracht. – [15] SACK, A.F.W.: Lebensbeschreibung, 1789, Bd. 1, 76. – [16] So wurde Friedrich Wilhelm II. als Kronprinz von Sack unterrichtet und 1763 konfirmiert. – [17] 1773 erschien eine zweite Auflage, die Sack um Stellungnahmen zur aktuellen theologischen Debatte erweitert hatte; vgl. POCKRANDT, 403–410.

ner ursprünglichen Einfalt und Vernünftigkeit zurückbringen, und wider die verschiedenen Anfälle seiner Feinde vertheidigen" lasse[18]. In der Offenbarung sah er nicht einen Widerspruch, sondern eine Ergänzung zu der – ihrerseits von Gott erleuchteten – natürlichen Vernunft; als das „Fernrohr der Vernunft" lasse sie die religiösen Wahrheiten allererst deutlich erkennen. An dem uneingeschränkten Autoritätsanspruch der Bibel hielt Sack fest, gründete ihn aber nicht mehr auf das orthodoxe Inspirationspostulat, „sondern allein auf die Wucht ihres vernunftüberzeugenden und herzbezwingenden Inhalts"[19]. Den materialen Lehrbestand einschließlich der überkommenen Versöhnungs- und Trinitätslehre ließ Sack unberührt, nur für die Erbsündenlehre vermißte er einen zureichenden biblischen Grund[20].

Sacks Eintreten für gemäßigte religiöse Toleranz durchzog sein gesamtes kirchliches und theologisches Wirken. Wer alle diejenigen, „welche nicht die ganze Liste von Sätzen ihrer Parthey annehmen", sogleich zu Ketzern mache, verstoße „nicht allein wider die wahren Principia der Reformation, sondern auch schnur stracks wider den wahren Geist des Evangelii"[21]. Dieser aufklärerische Gestus bestimmte auch seine kleineren Schriften und Gutachten zu allerlei praktischen Themen, darunter ein im Mai 1763 ausgefertigtes, empfehlendes Gutachten „Wegen Anlegung einer Thora-Schule zu Frankfurt an der Oder"[22]. Sacks unionistischer Orientierung entsprach die von ihm 1764 besorgte Edition einer vom lutherischen Lehrbegriff abweichenden, exegetisch argumentierenden Abendmahlsschrift des kurz zuvor verstorbenen Göttinger Theologieprofessors Ch.A. Heumann[23], mit der, von Sack ungewollt, der große „Heumannsche Streit" entfacht worden ist[24]. Als Sack 1786 gestorben war, würdigte ihn die *Berlinische Monatsschrift* als einen „ehrwürdige[n] Greis", dem „sein Zeitalter viel zu danken hatte"[25].

2. Jerusalem

KLOEDEN, W.v.: Art. Jerusalem, Johann Friedrich Wilhelm (BBKL 3, 1992, 62–67). – MEYEN, F.: J.F.W. Jerusalem, Abt von Riddagshausen (1709–1789) (Braunschweigisches Jahrbuch 53, 1972, 159–182). – MÜLLER, W.E.: Johann Friedrich Wilhelm Jerusalem. Eine Untersuchung zur Theologie der „Betrachtungen über die vornehmsten Wahrheiten der Religion" (TBT 43), 1984a. – DERS.: Von der Eigenständigkeit der Neologie Jerusalems (NZSTh 26, 1984b, 289–309). – POLLMANN, K.E.: Abt Johann Friedrich Wilhelm Jerusalem (1709–1789). Beiträge zu einem Colloquium anläßlich seines 200. Todestages, 1991. – SOMMER, A.U.: Neologische Geschichtsphilosophie. Johann Friedrich Wilhelm Jerusalems „Betrachtungen über die vornehmsten Wahrheiten der Religion" (ZNThG 9, 2002, 169–217). –

---

18 SACK, A.F.W.: Vertheidigter Glaube, 8. Stück, 1751, 8 f. – **19** ANER, 63 f. – **20** Zu der einzigen bekannten Gegenschrift, die SACKS „Vertheidigter Glaube der Christen" provoziert hatte (KOCH, E.CH.: Vertheidigter Glaube der Christen von der heiligen Taufe und des Herrn Abendmal, 1754, ²1756), vgl. POCKRANDT, 342–363. – **21** SACK, A.F.W.: Vertheidigter Glaube, 8. Stück, 1751, 10. – **22** Vollständige, kommentierte Bibliographie der Schriften Sacks bei POCKRANDT, 563–583. – **23** D.C.A. HEUMANNS Erweiß, daß die Lehre der Reformirten Kirche von dem Heil. Abendmahle die rechte und wahre sey, 1764 (ironisch fingierte Druckorte: Eisleben und Wittenberg). – **24** Der Streit hat mindestens 64 Gegenschriften provoziert; vgl. dazu POCKRANDT, 371–387. – **25** TELLER, W.A.: Zum Andenken A.F.W. Sacks (Berlinische Monatsschrift 8, Juli 1786, 19–34), 19 f.

SPEHR, Ch.: Aufklärung und Ökumene. Reunionsversuche zwischen Katholiken und Protestanten im deutschsprachigen Raum des späteren 18. Jahrhunderts (BHTh 132), 2005.

„Zur Aufklärung legte er den ersten Grund". Die Inschrift, mit der sein Grabmal in der Klosterkirche zu Riddagshausen geziert ist, mag in ihrer Initialdatierung anfechtbar sein, reflektiert aber doch die Bedeutung, die der 1789 verstorbene *Johann Friedrich Wilhelm Jerusalem* zu Lebzeiten erlangt hatte. Er war einer der fruchtbarsten Ideenspender der Neologie und neben J.J. Spalding (s. § 21.3) wohl deren einflußreichster kirchlich-praktischer Repräsentant.

Jerusalem, 1709 in Osnabrück geboren, studierte von 1727 bis 1730 Philosophie, Theologie und orientalische Sprachen in Leipzig. Prägende Impulse empfing er von seinen Lehrern J.G. Carpzov und, mehr noch, J.Ch. Gottsched, mit dem er in regem brieflichen Austausch blieb und dem er rückblickend seine Befreiung aus dem orthodoxen Lehrschema zu verdanken meinte. Auf das in Wittenberg abgeschlossene Studium (1731 M.A.) folgten eine zweijährige Bildungsreise durch Holland und eine Tätigkeit als Hofmeister in Göttingen (1734–1737). Nach mehrjährigem Englandaufenthalt und einer Anstellung als Hauslehrer in Hannover (1740–1742) wurde Jerusalem als Prinzenerzieher am Hof Herzog Karls I. von Braunschweig und Hofprediger in Wolfenbüttel bestallt. Seine dort entfaltete Reformarbeit machte ihn u.a. zum maßgeblichen Mitbegründer und Direktor (1745–1770) des Braunschweiger Collegium Carolinum sowie zum Abt von Marienthal (1749–1752) und Riddagshausen (1752–1789), als welcher er fast vier Jahrzehnte lang die Pfarrerschaft seines Herzogtums prägte. Wesentliche Anstöße gab er für eine zeitgemäße Organisation des Armenwesens. 1771 wurde er zudem Vizepräsident des Wolfenbütteler Konsistoriums. Sein hohes Ansehen dokumentieren die zweifach verliehene theologische Ehrendoktorwürde (Helmstedt 1748, Göttingen 1787) und die – ausgeschlagenen – Berufungen zum Generalsuperintendenten von Magdeburg (1770) sowie zum Kanzler der Universität Göttingen (1787). Der 1772 eingetretene Freitod des einzigen Sohnes Karl Wilhelm Jerusalem ist von Goethe in dessen *Werther* verarbeitet worden.

Die meisten literarischen Vorhaben Jerusalems verfolgten bahnbrechende Impulse, blieben aber unausgeführt oder unvollendet. Dazu zählen die schon in England gefaßte Idee einer streng historisch – und also nicht dogmatisch präjudiziert – kommentierenden Paraphrase des Neuen Testaments, sein Projekt einer die Unterscheidung von allgemein gültigen Sätzen und geschichtlich bedingten Akkomodationsformen des Glauben ermöglichenden, kritischen Dogmengeschichte[26] oder die „Briefe über die Mosaischen Schriften und Philosophie" (1762, ³1783), in denen Jerusalem als einer der ersten in Deutschland die Urkundenhypothese vertrat. Unabgschlossen blieben auch seine als theologisches Hauptwerk firmierenden „Betrachtungen über die vornehmsten Wahrheiten der Religion", die zunächst eine von Leibniz und Wolff (s. § 19.1) inspirierte religionsphilosophische Reflexion auf die Wahrheit des christlichen Glaubens vortrugen (I 1768, ⁵1776)[27]. In

---

[26] ANER, K.: Die Historia dogmatum des Abtes Jerusalem (ZKG 47, 1928, 76–103). –
[27] Das insgesamt dreibändige Werk erfuhr neben seinen rechtmäßigen Auflagen mehrere Raubdrucke und wurde in verschiedene europäische Sprachen übersetzt; vgl. die kommentierte Bibliographie der Werke, Briefe und nachgelassenen Schriften Jerusalems bei MÜLLER 1984a, 238–246.

den „Fortgesetzte[n] Betrachtungen" (II 1772; III 1779) suchte Jerusalem eine dreiteilige Geschichte der Offenbarung zu rekonstruieren, die sich von der an alle Menschen ergangenen Uroffenbarung über die Moses- zur Christusoffenbarung vollende. Die aufklärungstheologische Pointe dieser – formal an Lessing (s. § 30) erinnernden – Konstruktion lag darin, daß Jerusalem die Unterscheidung von natürlicher und offenbarter Religion in den Versuch aufhob, *alle* Religion als Ausdruck der aus heilspädagogischen Gründen sukzessive erfolgten göttlichen Offenbarung zu verstehen. Die Ausführungen brechen mit der Darstellung der „Religion Mosis" ab, doch lassen sich die Umrisse seiner neologisch temperierten, jede metaphysisch-ontologische Fundierung verabschiedenden Christologie und Soteriologie aus den „Nachgelassene[n] Schriften" (2 Bde., 1792/93) erkennen. So deutete er Jesus als den größten göttlichen Gesandten, der als Vorbild und Lehrer eines Gott entsprechenden und durch dessen verzeihende Zuwendung begnadeten Lebens in seiner Auferstehung von Gott bestätigt worden sei. Die Selbstaufopferung Jesu erschien demgemäß als der höchste Ausdruck seiner moralischen Vollkommenheit und mithin soteriologisch depotenziert. Dadurch waren neben der Erbsünden- auch die herkömmliche Zweinaturen- und Trinitätslehre in Abgang geraten und die Gottessohnschaft Jesu Christi adoptianisch sowie die Vorstellung eines heiligen Geistes modalistisch entschärft. Mit seiner populartheologischen Apologie wollte Jerusalem die Grundwahrheiten der von akademischer Theologie kategorial unterschiedenen, aus platonisch-spekulativer Überwucherung in ihre ursprüngliche, praktische „Simplicität" zurückgeführten christlichen Religion als vernünftig nachvollziehbar und deren tröstliches und handlungsleitendes Potential als erfahrbar erweisen.

Wenn demgegenüber seine Predigten den orthodoxen Lehrgehalten ungleich stärker verpflichtet blieben, so indiziert dies weder theologische Inkonsequenz noch kirchliche Heuchelei, sondern ist Ausdruck einer funktionalen Differenzierung zwischen den verschiedenen Popularisierungsmedien der Religion[28]. Aber auch in der predigtpraktischen Akkomodation an den konservativen Glaubensstand seiner Gemeinde zielte er darauf ab, die eigene religiöse Erfahrung als den Ort, an dem die Wahrheit des Glaubens zur Gewißheit wird, freizulegen[29]. Im übrigen reichte der Interessenkreis Jerusalems über die Grenzen seines Faches hinaus, was sich etwa in einer gewichtigen sprach- und literaturtheoretischen Abhandlung niederschlug[30]. Seine 1772 mehrfach unautorisiert gedruckte Denkschrift „Von der Kirchenvereinigung" hat die evangelisch-katholische Reunionsdebatte nachhaltig stimuliert[31] (s. § 48).

---

28 Vgl. auch MÜLLER, W.E.: Zu den Divergenzen zwischen Predigten und Dogmatik bei J.F.W. Jerusalem (JGNKG 84, 1986, 145–156). – 29 Zu der theologisch konstitutiven Funktion der Erfahrung bei Jerusalem vgl. BRINKMANN, 219–248. – 30 Ueber die Teutsche Sprache und Litteratur, 1781 (ND 1785, 1963; französische Übersetzung 1781). Vgl. KÄSTNER, E.: Abt Jerusalems „Ueber die deutsche Sprache …" (in: DERS.: Friedrich der Große und die deutsche Literatur. Die Erwiderung auf seine Schrift „De la littérature allemande", 1972, 49–53). – 31 HORNIG, G.: Hindernisse auf dem Wege zur Kirchenvereinigung. Jerusalems Beitrag zum ökumenischen Gespräch der Aufklärungszeit (in: THEILEMANN, W. [Hg.]: 300 Jahre Predigerseminar 1690–1990. Riddagshausen – Wolfenbüttel – Braunschweig, 1990, 161–166); SPEHR, 53–84.

3. Spalding

ALBRECHT, M.: Zum Wortgebrauch von „Aufklärung" bei Johann Joachim Spalding (in: OBERHAUSEN, M. [Hg.]: Vernunftkritik und Aufklärung. Studien zur Philosophie Kants und seines Jahrhunderts, 2001, 11–40). – BEUTEL, A.: Johann Joachim Spalding. Populartheologie und Kirchenreform im Zeitalter der Aufklärung (in: WALTER, P./JUNG, M.H. [Hg.]: Theologen des 17. und 18. Jahrhunderts. Konfessionelles Zeitalter – Pietismus – Aufklärung, 2003, 226–243). – DERS.: „... zum Himmel tüchtig gemacht". Der Berliner Aufklärer und Kirchenfürst Johann Joachim Spalding (in: Der Himmel auf Erden. 1000 Jahre Christentum in Brandenburg, hg.v. Kulturland Brandenburg e.V., 2005, 77–82). – BOUREL, D.: La vie de Johann Joachim Spalding. Problèmes de la théologie allemande au XVIIIe siècle, 2 Bde. (masch.), 1978. – PÖTSCHKE, D.: Johann Joachim Spalding (in: Berlinische Lebensbilder. Bd. 5: Theologen, hg.v. G. HEINRICH, 1990, 147–159). – SCHOLLMEIER, J.: Johann Joachim Spalding. Ein Beitrag zur Theologie der Aufklärung, 1967. – SpKA.

Johann Joachim Spalding, 1714 im vorpommerschen Tribsees geboren, zählt zu den bedeutendsten lutherischen Theologen des 18. Jahrhunderts. Wegen seiner intellektuellen Redlichkeit, kirchlichen Modernität und menschlichen Integrität verehrten ihn nicht nur gleichgesinnte Zeitgenossen als den Patriarchen der Aufklärungstheologie. Seine der Praxis und Theorie christlicher Religion gewidmete Lebensarbeit machte ihn zu einem theologischen Bahnbrecher der Moderne.

Das Studium der Philosophie und Theologie absolvierte er in Rostock (1731–1733) und Greifswald (1736 Dr. phil.). Anschließend widmete er sich, abwechselnd als Hauslehrer und Adjunkt seines Vaters, der kontinuierlichen autodidaktischen Bildungsvertiefung. 1745 kam er als schwedischer Gesandtschaftssekretär nach Berlin, wodurch sich ein freundschaftlicher Umgang mit Repräsentanten der Berliner Aufklärung, aber auch mit Vertretern der Anakreontik (Gleim[32], E.v. Kleist) ergab. 1749 wurde er Pfarrer in Lassan, 1757 erster Prediger und Präpositus der Synode in Barth. In selbständiger Aufnahme von Motiven und Impulsen aus theologischem Wolffianismus (s. § 19), philosophischem Empirismus (D. Hume, A. Rüdiger), englischer Moralphilosophie, Übergangstheologie (s. § 18) und beginnender Neologie (A.F.W. Sack) formierte sich bei Spalding eine organische, zugleich traditionstreue und modernitätsfähige, philosophisch reflektierte und kirchlich orientierte, zur Reifegestalt der Aufklärung durchbrechende Theologie. Seine zwischen 1745 und 1756 erschienenen Übersetzungen einiger Hauptwerke der westeuropäischen Moral- und Religionsphilosophie (u.a. von Shaftesbury, Butler, Le Clerk) haben deren Rezeption in Deutschland maßgeblich gefördert.

Mit seinem genialen Jugendwerk „Die Bestimmung des Menschen" (1748, [11]1794, NA 2006)[33] gab Spalding einer „Basisidee der deutschen Aufklä-

---

[32] Gleim hat die „Briefe von Herrn Spalding an Herrn Gleim" 1772 unautorisiert, anonym und gekürzt publiziert. Eine aus den Handschriften ergänzte, kritische Ausgabe findet sich in SpKA I/6-2, 2002, 1–102. – [33] Hinzu kamen Übersetzungen in sechs Sprachen sowie mindestens sieben Raubdrucke. BEUTEL, A.: Spalding und Goeze und „Die Bestimmung des Menschen". Frühe Kabalen um ein Erfolgsbuch der Aufklärungstheologie (ZThK 101, 2004, 426–449); LORENZ, S.: Skeptizismus und natürliche Religion. Thomas Abbt und Moses Mendelssohn in ihrer Debatte um Johann Joachim Spaldings „Bestimmung des Menschen" (in: ALBRECHT, M. u.a. [Hg.]: Moses Mendelssohn und die Kreise seiner Wirksamkeit [WSA 19], 1994, 113–133); SCHWAIGER, C.: Zur Frage nach den Quellen von Spaldings ‚Bestimmung des Menschen'. Ein ungelöstes Rätsel der Aufklärungsforschung (in: HINSKE,

rung"³⁴ literarischen Ausdruck und trug zur Karriere der philosophischen Anthropologie im 18. Jahrhundert grundlegend bei (s. § 47). Diese popularphilosophische, auf rationale Evidenz zielende und darum offenbarungstheologisch voraussetzungslose Schrift hat in der Form eines inneren Monologs den Prozeß existentieller Selbstverständigung exemplarisch skizziert. In der religiösen Vertiefung des Moralitätsgedankens erschienen Gott und Unsterblichkeit für Spalding, darin auf seinen späteren Briefpartner I. Kant vorausweisend, als regulative Ideen³⁵: Erst der Begriff eines „ganzen Lebens" lasse erkennen, daß der Mensch in „diesem Leben" dazu bestimmt ist, „rechtschaffen, und in der Rechtschaffenheit glückselig zu seyn"³⁶.

Bedeutenden Einfluß erlangten auch Spaldings „Gedanken über den Werth der Gefühle in dem Christenthum" (1761, ⁵1784, NA 2005), in denen er – vor der latenten Gefährdung des Pietismus, in schwärmerischen Irrationalismus abzugleiten, nachhaltig warnend – eine theologische Kriteriologie des religiösen Gefühls einklagte und zugleich entwarf. Dabei überführte Spalding die scheinbare Antinomie von Rationalität und Emotionalität in den „Kopf und Herz"³⁷ organisch integrierenden Begriff des „ganzen Menschen"³⁸. Nachdem er zweimal eine theologische Professur in Greifswald ausgeschlagen hatte, wurde Spalding 1764 Propst und Oberkonsistorialrat sowie erster Pfarrer an der Nicolai- und Marienkirche in Berlin. Nach dem Woellnerschen Religionsedikt 1788 (s. § 51) demissionierte er von seinen Ämtern und zog sich in familiäre und literarische³⁹ Beschaulichkeit zurück. Fast neunzigjährig starb er 1804 in Berlin.

Die Schwerpunkte der kirchenleitenden Tätigkeit, die Spalding in der preußischen Hauptstadt ausübte, bildeten neben der Inspektion des Berliner Schulwesens einerseits die Seelsorge (u.a. war er der Beichtvater Elisabeth Christines von Preußen), andererseits die Gremienarbeit (u.a. tragende Beteiligung an der den kirchlichen Liedbestand modernisierenden neologischen Gesangbuchreform, mit der Spalding den Kirchgängern einen fortwährenden ästhetischen Weltenwechsel ersparen wollte), vor allem aber der als Zentrum seiner kirchlichen Arbeit wahrgenommene Kanzeldienst⁴⁰. Als einer der angesehensten Prediger seiner Zeit verfaßte er zugleich eine apologetisch orientierte homiletische Prinzipienlehre⁴¹, in

---

N. [Hg.]: Die Bestimmung des Menschen, 1999, 7–20); SOMMER, A.U.: Sinnstiftung durch Individualgeschichte. Johann Joachim Spaldings ‚Bestimmung des Menschen' (ZNThG 8, 2001, 163–200). – 34 HINSKE, N.: Eine antike Katechismusfrage. Zu einer Basisidee der deutschen Aufklärung (in: DERS. [Hg.]: Die Bestimmung des Menschen, 1999, 3–6). – 35 Diese Einsicht war Spalding so wichtig, „daß ich mich aufs möglichste hüten würde, sie falsch zu finden, wenn sie es auch seyn könnte. Es ist mir zu viel daran gelegen, daß sie wahr sey" (SpKA I/1, 2006, 24,20–22). – 36 Ebd., 25,1 f. – 37 Diese für aufklärerische Anthropologie insgesamt zentrale, bildhafte Wendung gebrauchte Spalding sehr oft. – 38 Z.B. SpKA I/2, 2005, 244,16. – 39 U.a. vervollständigte er seine nur für den Familien- und Freundeskreis gedachte, von seinem Sohn G.L. Spalding 1804 postum edierte „Lebensbeschreibung" (SpKA I/6-2, 2002, 105–240). – 40 Vier Predigtbände, dazu sehr viele Einzeldrucke. BEUTEL, A.: Aufklärung des Geistes. Beobachtungen zu Spaldings Pfingstpredigt „Der Glaube an Jesum als das Mittel zur Seeligkeit" (in: DERS. u.a. [Hg.]: Christentum im Übergang. Neue Studien zu Kirche und Religion in der Aufklärungszeit [AKThG 20], 2006, [im Druck]); NIPKOW, K.E.: Fromme Selbstaufklärung und Selbstvergewisserung. Zu einer Predigt Johann Joachim Spaldings (in: BEUTEL, A./DREHSEN, V. [Hg.]: Wegmarken protestantischer Predigtgeschichte. Homiletische Analysen, 1999, 60–70). – 41 Ueber die Nutzbarkeit des Predigtamtes und deren Beförderung, 1772, ³1791, NA 2002. BEUTEL, A.: „Ge-

der er die neuzeitliche Legitimität des Predigtamtes plausibilisierte und zu dessen sach- und zeitgemäßer Ausübung anleitete (s. § 44). Das neologische Pfarrerbild, das Spalding in dieser auf religiöse Mündigkeit der Hörer abzielenden pastoralen Dienstanleitung entwarf, hat trotz des von J.G. Herder (s. § 33) sogleich eingelegten harschen, Spalding vorsätzlich mißverstehenden Protests[42] eine ungemein breite kirchliche, theologische und auch literarische Wirkung[43] erzielt. In seinen „Vertraute[n] Briefe[n], die Religion betreffend" (1784, [3]1788, NA 2004) entwarf Spalding, zwischen den Extremen westeuropäischer Religionskritik und fundamentalistischer Irrationalität kritisch vermittelnd, das Profil einer die christliche Tradition sich zeitgemäß aneignenden, individuellen und damit neuzeitfähigen Privatreligion.

Das Alterswerk „Religion, eine Angelegenheit des Menschen" (1797, [4]1806, NA 2001) reklamierte, in sinngemäßem Vorgriff auf F. Schleiermacher, für die als „Anerkennung eines höchstvollkommenen Weltregierers in seiner Beziehung auf uns"[44] verstandene, autonom gedachte Religion „eine eigne Provinz im Gemüthe", rechnete ihr aber insofern zugleich ethische Relevanz zu, als sie die Moralität des Menschen in den durch die Gottesbeziehung gestifteten universalen Horizont des Menschseins einbette. Diese sein Lebensthema vermächtnishaft bilanzierende Schrift hat das Religionsverständnis der Neologie abschließend zusammengefaßt und sich als ein wesentliches religionstheoretisches Bindeglied zwischen Spätaufklärung und Frühromantik erwiesen[45]. Überhaupt wird der mit vielen namhaften Zeitgenossen, darunter Kant, J.C. Lavater, A.F.W. Sack, Schleiermacher und W.A. Teller, freundschaftlich oder respektvoll verbundene „König der Neologen"[46] als ein Gründungsvater neuzeitlicher Theologie zunehmend wieder entdeckt.

4. Lüdke

ANER, K.: Friedrich Germanus Lüdke. Streiflichter auf die Theologie und kirchliche Praxis der deutschen Aufklärung (JBrKG 11/12, 1914, 160–232). – LÜTCKE, K.-H.: Glaubwürdigkeit durch Bildung. Zum Pfarrerbild und zur Sicht der Theologenausbildung in der Neologie (besonders bei Spalding und Lüdke) (in: BESIER, G./GESTRICH, Ch. [Hg.]: 450 Jahre Evangelische Theologie in Berlin, 1989, 139–162).

Während seines in Halle absolvierten Theologiestudiums ist *Friedrich Germanus Lüdke* (1730–1792) zum Neologen geworden. Zunächst stand er dort unter dem Einfluß von Baumgarten (s. § 19.3). Nachdem er dann als Feldprediger am Siebenjährigen Krieg teilgenommen hatte, erfuhr er, wieder in Halle, unter der Anleitung J.A. Nösselts (s. § 22.1) einen theologischen Modernisierungsschub. Der gute

---

bessert und zum Himmel tüchtig gemacht". Die Theologie der Predigt nach Johann Joachim Spalding (in: ENGEMANN, W. [Hg.]: Theologie der Predigt. Grundlagen – Modelle – Konsequenzen [APTh 21], 2001, 161–187). – **42** An Prediger. Funfzehn Provinzialblätter, 1774. Vgl. die auch die Nachgeschichte des Streits aufarbeitende Studie von BEUTEL, A.: Herder und Spalding. Ein theologiegeschichtlicher Generationenkonflikt (JGNKG 100, 2002, 119–144). – **43** S. § 20 Anm.9. – **44** SpKA I/5, 2001, 24,26f. – **45** BEUTEL, A.: Aufklärer höherer Ordnung? Die Bestimmung der Religion bei Schleiermacher (1799) und Spalding (1797) (ZThK 96, 1999, 351–383). – **46** PHILIPP, W. (Hg.): Das Zeitalter der Aufklärung (KlProt 7), 1963, 174.

Eindruck, den er als Feldprediger hinterlassen hatte, ebnete ihm den Weg nach Berlin, wo er von 1765 bis zu seinem Tod ein Pfarramt an St. Nicolai versah. Mit seinen Veröffentlichungen und insbesondere als theologischer Hauptrezensent der „Allgemeine[n] deutsche[n] Bibliothek" (annähernd 1000 Beiträge) wurde Lüdke zu einem wichtigen Multiplikator der Neologie. Seine besondere Bedeutung hat K. Aner darin erkannt, daß er, theologisch mit seinem Vorgesetzten J.J. Spalding ganz übereinstimmend, „das Ideengut der Größeren in gangbare Münze umzuprägen" verstand[47].

Als erster unter den aufgeklärten Theologen in Deutschland hat Lüdke das Problem des Symbolzwangs (s. § 50) in Angriff genommen. Sein Essay „Vom falschen Religionseifer" (1767) löste eine breite Kontroverse über die Verbindlichkeit der Bekenntnisschriften aus, an der sich, neben vielen anderen, W.A. Teller (1768), J.G. Toellner (1769), J.M. Goeze (1770), A.F. Büsching (1770) und J.S. Semler (1775) beteiligten. Lüdke, der seine Auffassung in der Schrift „Über Toleranz und Gewissensfreiheit [...]" (1774) präzisierte, sah in den kirchlichen Symbolen lediglich zeitgebundene Manifestationen der evangelischen Wahrheit, die als bleibende autoritative Lehrverpflichtungen einen falschen, gesetzlichen „Religionseifer" nährten, dem Protestantismus einen katholisierenden, die Normativität der Bibel relativierenden Zug aufprägten und den kirchlich-theologischen Fortschritt hemmten. Seine Unterscheidung zwischen fundamentalen und nichtfundamentalen Glaubensartikeln bzw. zwischen den „wesentlichen Religionslehren" und bloßen „Meinungen" der „Dogmatisten" fand in der Relevanzprüfung für Gottseligkeit und weltgestaltende Frömmigkeit ihr ausschlaggebendes Kriterium.

Weil er den notwendigen Fortschritt nur aus einer behutsamen Vermittlung von theologischer Tradition und Innovation hervorgehen sah, mißbilligte Lüdke deren aggressive Polarisierung, wie sie ihm etwa in den Reimarus-Fragmenten gegeben schien. Statt polemischer Zuspitzung warb er für ein sorgsames Abwägen aller Standpunkte und bemühte sich auch gegenüber den Vertretern einer harten Spätorthodoxie um ein gerechtes, einfühlendes Urteil.

Die Lehre Jesu rühmte er als „vernunftvoll" und „weise" und hat überhaupt in der menschlichen Rationalität „die erste und die allgemeinste Offenbarung Gottes" erkannt[48]. Den Unterschied zwischen Vernunft und Offenbarung verstand Lüdke, ohne deren materiale Differenzen zu leugnen[49], vor allem funktional: Sie seien dadurch in einer fortdauernden, geschichtlich notwendigen Wechselwirkung begriffen, daß die Schwäche des menschlichen Geistes den „von Gott veranstaltete[n] Religionsunterricht"[50] unabdingbar sein lasse, dessen Offenbarungsgehalt dann aber durch die Vernunft eingeholt, plausibilisiert und in Reinheit erhalten werde. Die daraus resultierende Bildungsverpflichtung ließ es ihm als ratsam erscheinen, den Weg ins Pfarramt jederzeit über den Schuldienst zu führen.

Lüdkes „Gespräche über die Abschaffung des geistlichen Standes, nebst Untersuchung: Ob derselbe dem Staat entbehrlich, ja sogar schädlich sey" (1784) unterstrichen die konstitutive religiöse und infolgedessen dann auch die gesellschaftliche Bedeutung des Pfarrerberufs. Diese unterhaltsame Schrift – sie war in Dialog-

---

47 ANER, 160. – 48 Über Toleranz und Gewissensfreiheit [...], 1774, 339. 331f. – 49 Gegen ANER, 199, ist zu betonen, daß Lüdke etwa die Einsicht in den Sinn des moralisch Bösen und die Unsterblichkeit der Seele als exklusiven Offenbarungsgewinn ansah. – 50 AdB 39/1, 1779, 45.

form gestaltet und präsentierte in der Figur des *Polycarp* einen realistisch gezeichneten Musterpfarrer der Neologie – lag auf der von Spalding gezogenen pastoraltheologischen Linie, ging aber bisweilen, etwa mit detaillierten Erwägungen zu einer Pfarrerbesoldungsreform, über deren Themenbestand noch hinaus. Eingehend bedachte Lüdke die aus einer zeitgemäßen Frömmigkeitspraxis sich ergebenden liturgischen Konsequenzen, die er namentlich für die Abendmahlsfeier[51] und das aus dem Geist der Neologie geborene „Gesangbuch zum gottesdienstlichen Gebrauch in den Königlich Preußischen Landen" von 1780[52] konkretisierte (s. § 42).

5. Teller

BOLLACHER, M.: Wilhelm Abraham Teller. Ein Aufklärer der Theologie (in: BÖDEKER, H.E./HERRMANN, U. [Hg.]: Über den Prozeß der Aufklärung in Deutschland im 18. Jahrhundert [VMPIG 85], 1987, 39–52). – GABRIEL, P.: Die Theologie W.A. Tellers (SGNP 10), 1914. – HORNIG, G.: Wilhelm Abraham Tellers „Wörterbuch des Neuen Testaments" und Friedrich Christoph Oetingers „Emblematik" (Das achtzehnte Jahrhundert 22, 1998, 76–86). – NÜSSELER, A.: Dogmatik fürs Volk. Wilhelm Abraham Teller als populärer Aufklärungstheologe, 1999. – SCHUBERT, A.: Das Ende der Sünde. Anthropologie und Erbsünde zwischen Reformation und Aufklärung (FKDG 84), 2002, 169–172. 220–223.

Der sächsische Theologe *Romanus Teller* (1703–1750) verband den pastoralen Dienst, den er nach Leipzig (1723–1730) und Merseburg (1730–1737) wieder in Leipzig versah, von Anfang an mit einer exegetischen und homiletischen Lehrtätigkeit. 1740 übernahm er ein theologisches Ordinariat an der Universität Leipzig. Bedeutung erlangte er als ein überregional geschätzter Praktiker und Theoretiker der „Leipziger Predigtkunst"; seine Predigtlehre[53] stand, spätorthodoxe, pietistische und frühaufklärerische Motive verbindend, im Übergang zur Aufklärungshomiletik. Als Bearbeiter und erster Herausgeber des sog. Englischen Bibelwerks[54] beförderte er die Rezeption der englischen antideistischen Apologetik in Deutschland.

Sein Sohn *Wilhelm Abraham Teller*, 1734 in Leipzig geboren, prolongierte den theologischen Entwicklungsprozeß des Vaters in eine auf uneingeschränkte religiöse Mündigkeit abzielende und insofern zum Rationalismus tendierende Spielart der Neologie. Nach dem Studium der Philosophie und Theologie in Leipzig (1753 M.A.) wirkte er dort als Katechet bzw. Hilfsprediger und wurde 1761 zum Dr. theol. promoviert. Nachdem er 1758 die Einladung, sich als zweiter Universitätsprediger nach Göttingen zu verändern, ausgeschlagen hatte, folgte er 1761 der

---

51 Communionbuch, Enthaltend I. Eine kurze Anweisung zum würdigen, oder rechten und nützlichen Gebrauch des heiligen Abendmahls. II. Betrachtungen und Gebete für Communicanten vor, bei und nach der Haltung des heiligen Abendmahls. III. Einige Lieder für Communicanten. [Ab 2. Aufl.:] IV. Nöthige Vorstellung wider die Geringschätzung und den Misbrauch des heiligen Abendmahls, 1772, ⁵1804. – 52 Briefe an einen Landgeistlichen, das Gesangbuch zum gottesdienstlichen Gebrauch in den Königlich Preußischen Landen betreffend, von einem Weltmann in Berlin, 1781. – 53 Demonstrationes Homiletico-Theologicae [...], 1728, Institutiones Theologiae Homileticae Methodo Scientiis Sacris Digna Adornatae [...], 1741. – 54 Die Heilige Schrift [...] nebst einer vollständigen Erklärung derselben, welche aus den auserlesensten Anmerkungen verschiedener Engländischen Schriftsteller zusammengetragen [...], 19 Bde., 1749–1770.

durch Empfehlungen von J.A. Ernesti und J.F.W. Jerusalem angebahnten Berufung zum Theologieprofessor und Generalsuperintendenten in Helmstedt.

Mit seinem „Lehrbuch des christlichen Glaubens" (1764) hat er sogleich größtes Aufsehen erregt. Um angehende Religionspädagogen in der Glaubenslehre zu unterweisen, rekonstruierte er das „einfache" Evangelium, das damit in einen Gegensatz zur eingeführten Kirchenlehre gerückt wurde. Den dogmatischen Stoff disponierte Teller nicht mehr im herkömmlichen Lokalschema, sondern anhand der Adam-Christus-Typologie von Röm 5. Zugleich unterzog er ihn einer konsequent biblisch und aufklärerisch orientierten Umformung, durch die sich etwa die Erbsünden-, Zweinaturen- und Trinitätslehre, denen Teller keinerlei praktischen Erbauungseffekt, jedoch um so höheres Verwirrungs- und Konfliktpotential zuschrieb, als hinfällig erwiesen. Die dadurch ausgelöste Kritik war heftig – in Kursachsen wurde das Buch sogar indiziert – und teilweise, etwa in dem Vorwurf sozinianischer Häresie, ungerecht.

Dem Widerspruch, dem er auch in Helmstedt (namentlich durch J.B.V. Carpzov) ausgesetzt war, konnte Teller entgehen, als er 1767 als Oberkonsistorialrat und Propst nach Berlin-Cölln berufen wurde. Dort vermochte er, eingebettet in einen theologisch und menschlich harmonierenden Kollegenkreis (A.F.W. Sack, J.J. Spalding, J.S. Diterich, A.F. Büsching u.a.), sein aufklärerisches Denken fruchtbar zu machen. So hat er sich an der neologischen Predigt-, Gesangbuch- und Liturgiereform tatkräftig beteiligt und mit der von ihm entworfenen „Instruction für die Landschulmeister" (1773) an der Modernisierung des kurmärkischen Volksschulwesens maßgeblichen Anteil genommen. Rasch hatte er sich in dem Kreis der Berliner Aufklärer Rang und Namen erworben: als langjähriger Mitarbeiter der „Allgemeinen deutschen Bibliothek" (1765–1787), Gründungsmitglied der Berliner Mittwochsgesellschaft (1783) und Mitglied der Preußischen Akademie der Wissenschaften (1784).

Während Teller „durch seine physisch schwere Aussprache"[55] in der liturgischen Amtsausübung beeinträchtigt war, stießen seine gedruckten Predigten, die eine am Leitbegriff der Glückseligkeit orientierte religiöse Lebenshilfe sein wollten, und das von ihm herausgegebene „Neue Magazin für Prediger" (20 Bde., 1792–1802) auf breite Resonanz. Darüber hinaus publizierte Teller, oft in populartheologischer Ausrichtung, auf fast allen Gebieten der Theologie, legte aber auch andere, zum Beispiel sprachgeschichtliche Studien vor[56].

Mit seinem die Hauptbegriffe des Neuen Testaments in alphabetischer Folge erläuternden „Wörterbuch des Neuen Testaments zur Erklärung der christlichen Lehre" (1772, ⁶1805) wollte Teller in den „verschiedene[n] Lehrarten" der neutestamentlichen Schriftsteller „die unveränderliche Lehre des Evangeliums" freilegen und sie aus ihren zeitbedingten Akkommodationen, aber auch aus späteren kirchlich-theologischen Überformungen (etwa der orthodoxen Versöhnungslehre) lösen, um damit die Erkenntnisse der historisch-kritischen Bibelwissenschaft

---

55 SPALDING: Lebensbeschreibung (SpKA I/6-2, 2002, 164,13). Gleichzeitig rühmte Spalding jedoch den „vortrefflichen innerlichen Gehalt" der Predigten Tellers wie überhaupt dessen „vorzügliche gelehrte Kenntnisse, schnelle Urtheilskraft, leichte Arbeitsamkeit und zuverlässige Rechtschaffenheit" (ebd., 164,15–21). – 56 Vollständige Darstellung und Beurtheilung der deutschen Sprache in Luthers Bibelübersetzung, 2 Bde., 1794f. Zur Bibliographie Tellers vgl. NÜSSELER, 246–263.

für eine aufgeklärte Christentumspraxis fruchtbar zu machen. Die Umrisse einer kraft der Perfektibilität des Christentums erreichbaren modernen, das religiöse Überzeugungsgefühl in tätiger Weltgestaltung bewährenden Herzensfrömmigkeit skizzierte er als „Die Religion der Vollkommnern" (1792, ²1793), mit der er, ausweislich des Untertitels, einen „Beytrag zur reinen Philosophie des Christenthums" zu leisten gedachte.

Teller widersetzte sich der in Preußen unter Friedrich Wilhelm II. eingetretenen kirchenpolitischen Reaktion; aufgrund mißliebiger Äußerungen zu dem gegen den Pfarrer J.H. Schulz eingeleiteten Lehrzuchtverfahren wurde er 1792 kurzzeitig vom Dienst suspendiert. Umstritten war sein Vorschlag, konversionswilligen Juden nicht das Apostolikum, sondern das mit der Taufe verbundene Bekenntnis zu Christus als dem „Stifter der bessern moralischen Religion"[57] abzufordern. Teller verstarb 1804 in Berlin.

6. F.S.G. Sack

GOETERS, J.F.G./MAU, R. (Hg.): Die Geschichte der Evangelischen Kirche der Union. Bd. 1: Die Anfänge der Union unter landesherrlichem Kirchenregiment (1817–1850), 1992. – POCKRANDT (s. § 21.1) – WESSEL, K.: Religion und Christentum bei Friedrich Samuel Gottfried Sack (ThLZ 79, 1954, 421–426).

Friedrich Samuel Gottfried Sack ist dem theologischen Denken und kirchlichen Wirken seines Vaters (s. § 21.1) eng verbunden geblieben. Doch hat er sich stärker als dieser auf die religionspraktischen und kirchenleitenden Handlungsfelder konzentriert.

1738 in Magdeburg geboren, studierte Sack ab 1755 Theologie in Frankfurt/O. Danach war er Stipendiat in Holland und England (1758/59) und Erzieher im Haus des Grafen Finckenstein. Den Kirchendienst begann er 1769 als dritter Prediger der deutsch-reformierten Gemeinde in Magdeburg; 1777 wechselte er als fünfter Hof- und Domprediger nach Berlin, wo er nach dem Tod des Vaters 1786 in die erste Predigerstelle aufrückte. Allerlei kirchenleitende Ämter kamen alsbald hinzu: 1780 wurde er Mitglied des reformierten Kirchendirektoriums, 1786 – wiederum in der Nachfolge seines Vaters – reformiertes Mitglied im lutherischen Oberkonsistorium, dazu 1804 Oberschulrat und 1809 Mitglied des Kultusministeriums.

An dem Widerstand, den das restaurative Woellnersche Religionsedikt aus dem Oberkonsistorium erfuhr, war Sack als Verfasser eines „Promemoria" und (Mit-)Verfasser zweier Denkschriften maßgeblich beteiligt; von einer rigorosen Bindung der christlichen Lehre an die Bekenntnisschriften befürchtete er eine Beschädigung der evangelischen, allein der Bibel verpflichteten Freiheit[58] (s. § 51). Unverdrossen arbeitete er an einer moderaten Verbesserung des preußischen Schul- und Kirchenwesens, was sich beispielsweise in einem 1802 dem König unterbreiteten „Gutachten über die Verbesserung des Religionszustandes in den königlich preußischen Ländern" niederschlug. Insgesamt zielte Sack darauf ab, die evangelische

---

57 Beantwortung des Sendschreibens einiger Hausväter jüdischer Religion an mich den Probst Teller, 1799, 36. – 58 POCKRANDT, 460–485 (mit detaillierten Quellennachweisen).

Religionsausübung nicht als eine absolutistische Staatskirche, sondern als eine dem Schutz des Staates anvertraute selbständige Religionsgemeinschaft zu institutionalisieren.

Bisweilen trat er auch apologetisch hervor, so in einer literarischen Auseinandersetzung mit C.F. Bahrdt (s. § 24.2), den er des Naturalismus und Rationalismus verdächtigte[59]. Gegen den Deismus verwahrte er sich in einer Vorrede zu den von ihm übersetzten Predigten H. Blairs[60]. Und dem Verfasser der Reden „Über die Religion" gestand Sack freimütig ein, er könne dieses Buch „leider für nichts weiter erkennen, als für eine geistvolle Apologie des Pantheismus, für eine rednerische Darstellung des Spinosistischen Systems"[61]. Schleiermacher, der dem Hause Sack persönlich verbunden war, protestierte energisch gegen diese Deutung seines Jugendwerks und zeigte sich in seinem die eigene Auffassung eingehend rekapitulierenden Antwortschreiben „bitter gekränkt"; gleichwohl schloß er „mit der Versicherung, daß meine Gesinnungen gegen Sie noch immer dieselben sind"[62].

Eine evangelische Union in Preußen, an deren Zustandekommen er beharrlich arbeitete, lag Sack, der seit 1770 mit der Tochter des Lutheraners J.J. Spalding verheiratet war, auch aus familiären Gründen am Herzen. In einem gewichtigen Memorandum führte er aus, weshalb eine kirchliche Union keine „vollständige Uebereinstimmung in Nebenfragen", sondern nur in den „Grundwahrheiten des christlichen Glaubens" zur Voraussetzung habe[63]. Sein Unionsbemühen verband ihn mit Friedrich Wilhelm III., dessen Konfirmator er einst gewesen war und der ihn 1816, zusammen mit dem lutherischen Oberhofprediger E.L.v. Borowski, zum „Bischof der evangelischen Kirche" und 1817 zum Staatsrat ernannte. Sack starb 1817, nahezu zeitgleich mit dem Erlaß jener berühmten königlichen Kabinettsordre, die dann zur Gründungsurkunde der preußischen Union geworden ist.

§ 22: Akademische Hauptvertreter

ANER, K.: Die Theologie der Lessingzeit, 1929, ND 1964. – KOLB, Ch.: Die Aufklärung in der Württembergischen Kirche, 1908, v.a. 55–81. – LEDER, K.: Universität Altdorf. Zur Theologie der Aufklärung in Franken. Die theologische Fakultät in Altdorf 1750–1809, 1965. – MÜHLPFORDT, G.: Wittenberg und die Aufklärung. Zu seiner Bedeutung für die Kulturgeschichte der Frühneuzeit (in: OEHMIG, D. [Hg.]: 700 Jahre Wittenberg. Stadt – Universität – Reformation, 1995, 329–346). – SCHWARTZ, P.: Der erste Kulturkampf in Preußen um Kirche und Schule (1788–1798) (MGP 58), 1925. – SOMMER, W.: Aufklärung (in: MÜLLER, G. u.a. [Hg.]: Handbuch der Geschichte der Evangelischen Kirche in Bayern. Bd. 1: Von den Anfängen des Christentums bis zum Ende des 18. Jahrhunderts, 2002, 545–573).

Auch im akademischen Bereich erwuchsen seit der Mitte des 18. Jahrhunderts einige weit ausstrahlende Zentren und Multiplikatoren der Neologie. Die evange-

---

59 Schreiben an einen Freund in G. den Herrn Doctor Bahrdt und sein Glaubensbekenntniß betreffend, 1779. Vgl. die vollständige, kommentierte Bibliographie der Schriften Sacks bei POCKRANDT, 587–607. – 60 Hugo Blairs Predigten. Aus dem Englischen aufs neue übersetzt, Bd. 1, 1781. – 61 SCHLEIERMACHER (KGA V.5, 1999, 4,25–27). – 62 Ebd., 133,176f.182f; vgl. insgesamt ebd., 3–7. 129–134. – 63 Ueber die Vereinigung der beiden protestantischen Kirchenparteien in der Preußischen Monarchie [...], 1812, 33.31.

lisch-theologischen Fakultäten in Halle, Frankfurt/O., Leipzig, Jena und Göttingen spielten dabei zweifellos die entscheidenden Rollen. Allerdings zog die wissenschaftliche Ausformung der Neologie wesentlich breitere Kreise: Vertreter anderer Disziplinen – etwa der seit 1778 in Halle lehrende Philosoph J.A. Eberhard (1739–1809)[64] – waren an ihr ebenso beteiligt wie Theologieprofessoren an den Universitäten Altdorf (J.Ch. Döderlein [s. § 22.4], J.Ph. Gabler [s. § 22.4] Ch.G. Junge), Erlangen (Ch.F. Ammon [s. § 22.5], W.F. Hufnagel, G.F. Seiler), Helmstedt (H.Ph.K. Henke [s. § 24.2], W.A. Teller [s. § 21.5]) oder Tübingen (J.F. u. K.Ch. Flatt, G.Ch. Storr, F.G. Süskind). Wenn sich die Darstellung jetzt notgedrungen auf die Hauptlinien konzentriert, sei doch zumindest summarisch daran erinnert, daß erst die Einbeziehung der zahlreichen Nebenlinien, die es selbstverständlich gegeben hat, ein umfassendes und tiefscharfes Bild ermöglichen würde.

1. Halle (Semler, Nösselt, Gruner, Niemeyer)

FLEISCHER, D.: Johann Salomo Semler und die Verwissenschaftlichung des historischen Denkens (in: DERS. [Hg.]: J.S. Semler: Versuch den Gebrauch der Quellen in der Staats- und Kirchengeschichte der mitlern Zeiten zu erleichtern [1761], 1996, III–XLIII). – HINSKE, N. (Hg.): Zentren der Aufklärung I. Halle: Aufklärung und Pietismus (WSA 1), 1989. – HORNIG, G.: Johann Salomo Semler. Studien zu Leben und Werk des Hallenser Aufklärungstheologen (HBEA 2), 1996. – DERS.: Art. Semler, Johann Salomo (TRE 31, 2000, 142–148). – JEROUSCHEK, H./SAMES, A. (Hg.): Aufklärung und Erneuerung. Beiträge zur Geschichte der Universität Halle im ersten Jahrhundert ihres Bestehens (1694–1806), 1994. – KÄHLER, E.: Art. Halle, Universität (TRE 14, 1985, 388–392). – KLOSTERBERG, B. (Hg.): Licht und Schatten. August Hermann Niemeyer. Ein Leben an der Epochenwende um 1800, 2004. – LÜDER, A.: Historie und Dogmatik. Ein Beitrag zur Genese und Entfaltung von Johann Salomo Semlers Verständnis des Alten Testaments (BZAW 233), 1995. – MENNE, K.: August Hermann Niemeyer. Sein Leben und Wirken, ²1995. – NIEMEYER, A.H. (Hg.): Leben[,] Charakter und Verdienste Johann August Nösselts […]. Nebst einer Sammlung einiger zum Theil ungedruckten Aufsätze[,] Briefe und Fragmente, 2 Bde., 1809. – OPPERMANN, E.: Niemeyers Leben und pädagogische Werke, 1904. – SCHRADER, W.: Geschichte der Friedrichs-Universität zu Halle, Bd. 1, 1894. – SCHRÖTER, M.: August Hermann Niemeyer und die hallesche theologische Tradition (in: BARTH, R. u.a. [Hg.]: Protestantismus zwischen Aufklärung und Moderne. FS Ulrich Barth, 2005, 17–29).

An der 1694 eröffneten Universität Halle fand die Neologie besonders fruchtbaren Boden. Nachdem die dortige theologische Fakultät zunächst das Zentrum pietistischer Theologie gebildet hatte, setzte mit dem um 1730 – und damit zehn Jahre vor der Rückberufung Ch. Wolffs (s. § 19.1)! – sich vollziehenden Generationswechsel ein organisch und trotz einiger pietistischer Nachhutgefechte insgesamt bruchlos verlaufender Modernisierungsschub ein. Dessen maßgeblicher Träger war S.J. Baumgarten (s. § 19.3), der, pietistische und wolffische Impulse verbindend, ebenso nachhaltig wie erfolgreich um eine Verwissenschaftlichung der Theologie bemüht war und dadurch zumindest in Halle gleichsam der Vater der – in seinen Schülern Semler und Nösselt sich reif entfaltenden – Neologie geworden ist. Für ein halbes Jahrhundert blieb die Fakultät praktisch unangefochten neologisch dominiert. Die letzten akademischen Vertreter des Halleschen Pietismus

---

64 LUNGWITZ, K.: Die Religionsphilosophie Johann August Eberhards, 1910.

(G.A. Freylinghausen, J.G. u. G.Ch. Knapp, J.L. Schulze) verstanden sich mit der gewandelten Situation zu arrangieren, und der den anderen Flügel markierende theologische Rationalismus, der in C.F. Bahrdt einen höchst eigenwilligen und streitbaren Vertreter gefunden hatte (s. § 24.2), war einstweilen nicht mehr als ein intensiv befehdetes Randphänomen, bis er in nachkantischer Zeit mit W. Gesenius und J.A.L. Wegscheider, die beide seit 1810 in Halle amtierten, prägende akademische Bedeutung erlangte (s. § 25.2).

Während seines zwischen 1743 und 1750 in Halle absolvierten Theologiestudiums kam *Johann Salomo Semler* (1725–1791) unter den prägenden Einfluß von Baumgarten, dessen theologischer Nachlaßverwalter und Haupterbe er dann geworden ist. Nach kurzer Lehrtätigkeit am Coburger Gymnasium übernahm er 1751 in Altdorf die Professur für Geschichte und lateinische Poesie. Seit 1753 lehrte Semler an der theologischen Fakultät Halle, in der ihm nach dem Tod Baumgartens 1757 die führende Rolle zufiel. Wegweisend wurde die von ihm verfolgte Studienstrukturreform, die auf eine stärkere Einbeziehung nichttheologischer Disziplinen abzielte und das theologische Seminar, das ursprünglich zur Unterstützung bedürftiger Studenten installiert worden war, in eine Anstalt zur Vorbereitung auf das künftige Pfarr-, später auch Lehramt umwandelte. Semlers Arbeitsfeld erstreckte sich auf fast alle Disziplinen der Theologie einschließlich ihrer Hilfswissenschaften (v.a. Archäologie und Numismatik); gegen Ende seines Lebens zogen ihn überdies Naturwissenschaft, Alchemie und mystische Geheimlehren[65] in ihren Bann. Seine literarische Produktivität war atemberaubend, getragen von umfassender Quellenkenntnis, profunder Bildung und einem aufgeklärten Urteilsvermögen. Dabei blieben die Grundlinien seines Denkens weithin konstant, weshalb die Publikationen Semlers weniger eine innere Entwicklung als vielmehr rastlose Variationen seiner Theologie zur Darstellung brachten; schon früh hat man denn auch die „umständliche Belesenheit" und „ermüdende Gelehrsamkeit" seiner Schriften beklagt[66]. Die Kernanliegen seiner Theologie lassen sich anhand dreier Hauptwerke rasch erläutern.

Die „Abhandlung von freier Untersuchung des Canon" (4 Bde., 1771–1775, NA ²1980) ist ein bahnbrechendes Ursprungsdokument der historisch-kritischen Bibelwissenschaft sowie der in der Neologie programmatisch ausgearbeiteten Unterscheidung von Wort Gottes und heiliger Schrift. Semler rekonstruiert zunächst die kontingente Entstehungsgeschichte des neutestamentlichen Kanons, den er pragmatisch als das Verzeichnis der von der Kirche für den öffentlichen Unterricht zugelassenen Schriften versteht. Seine damit verbundene Kritik an der orthodoxen Verbalinspirationslehre weiß er im Einklang mit dem Selbstverständnis der biblischen Schriften, die den Lesern nirgendwo ihren Wortlaut, sondern immer nur die damit bezeichnete Lehre verbindlich gemacht hätten, so daß es dem Geist der Bibel gerade entspreche, den unter ihren Worten verborgenen Sinn zu suchen und zu erfassen[67]. Für Semler läßt es die Geschichtlichkeit des Kanons erlaubt, ja geboten sein, in historisch-kritischer Interpretation die Verschiedenheit der bibli-

---

65 SCHULZ, H.H.R.: Johann Salomo Semler als er dreizehn Grane Luftgold untertänigst einschickte (in: MÜLLER, W.E./DERS. [Hg.]: Theologie und Aufklärung, 1992, 179–204). – 66 SCHRADER, Bd. 1, 298.476. – 67 BAUMGARTEN, S.J.: Evangelische Glaubenslehre. Erster Band. Mit einigen Anmerkungen, Vorrede und historischen Einleitung hg.v. J.S. SEMLER, 1759, 83 (Einleitung).

schen Bücher und erst recht der beiden biblischen Testamente freizulegen. Erledigt hat sich damit zugleich das herkömmliche Verfahren, einzelne Schriftstellen aufgrund ihrer vermeintlichen Inspiriertheit zum Beweis dogmatischer Lehraussagen in Anspruch zu nehmen. Vielmehr zielte Semler auf eine konsequente Anwendung der schon bei Luther vollzogenen Unterscheidung von Textgestalt und Offenbarungsgehalt. Das biblische Wort Gottes und zumal die Botschaft Jesu und der Apostel hätten sich aus Rücksicht auf das Fassungsvermögen ihrer ursprünglichen Adressaten an deren jüdisch-apokalyptische Vorstellungsformen und Lehrarten akkommodiert. Infolgedessen müsse eine die „lokal" und „temporell" bedingten Akkommodationen durchschauende historisch-kritische Bibelinterpretation darauf abzielen, den geschichtlich konstanten religiösen Wesenskern der biblischen Offenbarung freizulegen[68]. Semlers „Abhandlung" setzte eine breite hermeneutische Debatte in Gang, löste teilweise auch heftigen Widerspruch aus und führte sogar zu einer – folgenlosen – Anzeige beim *Corpus Evangelicorum*.

Das systematisch-theologische Hauptwerk Semlers, seine „Institutio ad doctrinam christianam liberaliter discendam" (1774)[69], präsentiert – nach einleitenden Bemerkungen zu der von privatreligiöser Aneignung der christlichen Glaubensinhalte kategorial unterschiedenen, als Fachwissenschaft ausgewiesenen Theologie sowie zum jüdisch-urkirchlichen Ursprung christlicher Lehre und Frömmigkeit – den nach *loci* geordneten Lehrbestand der öffentlichen Religion. Das innovative Potential dieser Dogmatik liegt weniger in ihren einzelnen materialen Entscheidungen als in der dabei konsequent durchgeführten „freiern theologischen Lehrart", die, indem sie die Theologie als den Inbegriff derjenigen gelehrten Kenntnisse, die einem Lehrer der christlichen Religion unentbehrlich sind, definiert, ihren Gegenstand einer streng historisch-kritisch verfahrenden Darstellungsweise unterziehen kann, ohne dadurch die Grundwahrheiten der Religion zu gefährden. Diese Liberalisierung der theologischen Lehrart gründet für Semler in der im 17. Jahrhundert und dann zumal von Wolff vollzogenen Emanzipation der Philosophie vom mittelalterlichen und frühneuzeitlichen Aristotelismus. Die dadurch ermöglichte Erkenntnis des geschichtlichen Wandels, aber auch der Perfektibilität der theologischen Lehrgehalte könne die Entstehungsbedingungen der unterschiedlichen Religionsparteien verständlich machen und zu einer zeitgemäßen religiösen Unterweisung instandsetzen. Indem Semler die Unterscheidung von Theologie und Religion sowie von öffentlicher und privater Religion für den gesamten materialen Bestand der Dogmatik unter Einschluß seiner Entstehungs- und Entwicklungsgeschichte in Anwendung brachte, beförderte er die Professionalisierung einer nicht auf dogmatische Fixierung des Glaubens, sondern auf die Befähigung zu religionstheoretischer Urteilskraft abzielenden Theologie. Erst in der liberalen Theologie des 19. Jahrhunderts sind die damit freigesetzten Impulse dann uneingeschränkt wirksam geworden.

Die hermeneutischen Konsequenzen seiner exegetisch-historischen Arbeit und, damit verbunden, die Umrisse seiner theologischen Unterscheidungslehre hat

---

68 SCHULZ, H.H.R.: Johann Salomo Semlers Wesensbestimmung des Christentums. Ein Beitrag zur Erforschung der Theologie Semlers, 1988. – 69 Trotz abweichender Gliederungstechnik stimmt die deutsche Ausgabe mit der materialen Disposition weithin überein: Versuch einer freiern theologischen Lehrart, zur Bestätigung und Erläuterung seines lateinischen Buchs, 1777.

Semler in der populartheologischen Abhandlung „Ueber historische, geselschaftliche und moralische Religion der Christen" (1786) entfaltet. Kirchliche Dogmen und Bekenntnisse hätten, recht verstanden, nicht den Zweck, den Glauben des Einzelnen zu normieren, sondern dienten, indem sie eine gemeinsame äußere Kirchensprache bereitstellen, allein der Konstituierung und Konsolidierung der jeweiligen Religionspartei. Insofern seien zwar die Amtsträger einer Kirchengemeinschaft in ihren öffentlichen Äußerungen und Handlungen an die entsprechende äußere Religionssprache gebunden. Doch bleibe davon die dem Gewissen des Christen unterworfene Privatreligion, die sich in individueller privatsprachlicher Aneignung auf die Wahrheiten der christlichen Religion beziehe, unberührt. Indem für Semler die durch äußere Lehrformeln bestimmte öffentliche Religion der historischen Religion notwendig verhaftet bleibt, vermag erst die sich von sprachlichen Fixierungen lösende Privatreligion hinter der äußeren Historie von Jesus den Wesenskern der von diesem gelehrten moralisch-geistigen Wahrheiten zu entdecken. Da sich jedoch die privatreligiöse Anverwandlung der christlichen Wahrheit jeder allgemein verbindlichen Normierung entziehe und deshalb zwar kommunikabel, aber nicht gemeinschaftsbildend sein könne, müßten die öffentlichen Repräsentanten der Religion auf den Lehrbegriff ihrer Kirche zwingend verpflichtet bleiben. Während die in dieser Schrift erläuterte Unterscheidung von öffentlicher und privater Religion einen breiten Konsens der Neologen formulierte, hat die Konsequenz, die Semler zwei Jahre später daraus zog, indem er das Woellnersche Religionsedikt (s. § 51) ausdrücklich verteidigte, innerhalb der deutschen Aufklärungstheologie einen tiefgreifenden Dissens aufbrechen lassen.

In alledem war Semler ein bedeutender, wenn auch nicht einsam herausragender Vertreter der Neologie. Während er aufgrund der bisherigen, weithin auf ihn fixierten theologischen Aufklärungsforschung als ein vermeintlicher Solist in Erscheinung getreten ist, wird es für die künftige Forschungsarbeit darauf ankommen, ihn – unbeschadet aller innovativen Originalität, die ihm eigen war – als einen Sänger in dem vielstimmigen, harmonischen Chor der Neologen sachgemäß kenntlich zu machen.

Der neben Semler bedeutendste Neologe in Halle war *Johann August Nösselt* (1734–1807). An der Latina der Franckeschen Stiftungen erhielt er seine Schulbildung, ab 1751 studierte er, v. a. bei Baumgarten und Semler, Theologie. Nach ausgedehnten Studienreisen nahm er 1757 in Halle seine Lehrtätigkeit auf und verbesserte sich 1760 vom Magister artium zum ao., 1764 zum o. Professor der Theologie. Zeitlebens ist er seinem Lehrer Semler persönlich und theologisch eng verbunden geblieben, doch brachte er, anders als dieser, nur relativ wenige Schriften zum Druck. Als Exeget verfocht Nösselt eine streng grammatische und historische Bibelauslegung; die göttliche Abkunft eines Bibelworts bemaß sich für ihn nicht an dessen Aufnahme in den Kanon, sondern allein an seiner tröstenden und erbauenden Wirkung auf das menschliche Herz[70]. Unter dem Einfluß von Spalding beteiligte sich Nösselt seit den späten 1770er Jahren an einer populartheologischen Umformung der Glaubens-, insbesondere der Versöhnungs- und Erlösungslehre. Seine theologische Bücherkunde[71] zeugte von enormer Belesenheit

---

70 Vertheidigung der Wahrheit und Göttlichkeit der christlichen Religion, 1766, ^{5}1783, 415. – 71 Anweisung zur Kenntniß der besten allgemeinen Bücher in allen Theilen der Theologie, 1779, ^{4}1800.

und verläßlichem Urteil. Gehaltvoller und anregender waren indessen zwei andere, ebenfalls aus Vorlesungen erwachsene Publikationen: Nösselts neologische Apologie des Christentums[72] sowie seine ausführliche, an der Berufspraxis orientierte „Anweisung zur Bildung angehender Theologen" (3 Bde., 1785, ³1818/19). Diese materiale Enzyklopädie reflektierte den Kosmos der theologischen Wissenschaft unter Einschluß der studientechnischen und bildungspraktischen Fragen in origineller Disposition (s. § 37); inwieweit Schleiermacher, der seine eigenen enzyklopädischen Vorlesungen auch im Rückgriff auf Nösselt präpariert hatte[73], von diesem angeregt wurde und abhängig blieb, bezeichnet eine spannende, noch immer offene Frage der Aufklärungsforschung (s. § 36).

Großen Respekt erwarb sich Nösselt als Haupt des Widerstands, der sich 1794 gegen die von Woellner angeordnete, restaurative Maßregelung der theologischen Fakultät Halle organisiert hatte. Seine Wertschätzung der in Halle herrschenden Wissenschaftsfreiheit, die es ihm ermöglichte, „nach meiner Einsicht und Gewissen zu lehren und das wahre, schriftmäßige praktische Christentum von unnützen Spitzfindigkeiten, die uns weder Trost noch Besserung geben, absondern zu dürfen"[74], hatte ihn bereits 1771 einen Ruf nach Göttingen ausschlagen lassen. Die Bewunderung, die ihm G.E. Lessing entgegenbrachte – „Das ist doch noch ein Theologe wie er seyn soll!"[75] –, beruhte auf Gegenseitigkeit und ist durch Nösselts reservierte Haltung im Fragmentenstreit (s. § 49) nicht getrübt worden.

Den Geist der Halleschen Neologie vertrat auch *Johann Friedrich Gruner* (1723–1778), der seit 1767 mit einer Enkelin A.H. Franckes verheiratet war. Nach Studien in Jena und Leipzig (1742–1745) wirkte er ab 1747 als Gymnasialprofessor in Coburg, bis man ihn 1764 auf Betreiben Semlers als Theologieprofessor nach Halle berief. Bei großer theologischer Nähe zu Semler, dessen Unterscheidungslehren er übernahm – auch Gruner wollte die öffentliche Religion rechtlich geschützt, ihr aber jede Maßregelung der „interior religio" verwehrt wissen[76] –, entfaltete er sein neologisches Denken in ungebundener Selbständigkeit. Seine „Praktische Einleitung in die Religion der Heiligen Schrift" (1773) war an der erfahrbaren Wirksamkeit des Gottesgedankens orientiert, woraus sich einerseits die schroffe Absage an Deismus und Sozinianismus erklärte, andererseits aber auch der kritische Umgang mit der eigenen Lehrtradition. Gruners „Institutionum theologiae dogmaticae libri tres" (1777) boten im wesentlichen die fachwissenschaftliche Ausführung dessen, was er bereits in der „Praktische[n] Einleitung" populartheologisch dargelegt hatte. Während ihm die Trinitätslehre im Gemeindeunterricht als verwirrend, religiös akzidentell und darum entbehrlich erschien, suchte er sie theologisch dadurch zu retten, daß er den Gedanken der drei göttlichen Personen in die Vorstellung dreier „actus hypostatici" in einem Gott umformte[77]. Insgesamt zielte Gruner darauf ab, den platonisch-aristotelisch überformten Lehrbestand der Kirche durch „grammatikalisch-historische" Interpretation der Bibel auf seine „apostolische Einfachheit und Reinheit" – exemplarisch demonstriert an der Logoschristologie und Trinitätslehre – zurückzuführen. Weil Gruner die biblische Religion als vernünftig erkannte, konnte er die Existenz einer

---

72 Vertheidigung der Wahrheit und Göttlichkeit der christlichen Religion, 1766, ⁵1783. – 73 Fr. Schleiermacher's Briefwechsel mit J.Chr. Gaß, hg.v. W. Gass, 1852, 2. – 74 Zit. nach Aner, 88. – 75 Niemeyer, Bd.1, 187. – 76 De liberali doctoris S.S. provincia, 1766, VII. – 77 Schrader, Bd.1, 472f.

natürlichen Religion rundweg bestreiten – sie galt ihm lediglich als eine aus „Spolien" der biblischen Offenbarung zusammengestückelte philosophische Konstruktion.

Mit *August Hermann Niemeyer* (1754–1828) prolongierte sich die Hallesche Neologie bis weit ins 19. Jahrhundert hinein. Nach dem Studium der Philosophie, klassischen Philologie und Theologie in Halle wurde er 1777 Privatdozent, 1779 ao. und 1784 o. Professor der Theologie. Die von ihm zusätzlich wahrgenommenen pädagogischen Aufgaben (1784 Inspektor des Pädagogium Regium, 1787 Leiter des Pädagogischen Seminars, 1799 Direktor des Waisenhauses) und kirchenleitenden Ämter (1792 Konsistorialrat, 1804 Oberkonsistorial- und Schulrat) waren ein äußerliches Indiz dessen, daß Niemeyer die von seinen Lehrern Semler und Nössel übernommene Neologie vornehmlich in praktischer Hinsicht zu bewähren suchte. Seine literarische Produktion umfaßte historische[78] und erbauliche Schriften[79], Editionen griechischer Klassiker[80] und geistliche Dichtungen[81], doch im Zentrum standen, sachlich wie auch numerisch, die Beiträge zur (Religions-) Pädagogik, mit denen Niemeyer das Bildungsideal eines christlichen Humanismus im offenen Dialog mit der Theologie (Steffens, Schleiermacher), Philosophie (Kant) und Literatur seiner Zeit (Goethe, Schiller, Wieland, Herder) organisch fortschreiben wollte. Sein namentlich von Rousseau und Pestalozzi inspiriertes pädagogisches Hauptwerk[82] bot die erste systematische Gesamtdarstellung der Disziplin, und mit dem „Lehrbuch der Religion für die oberen Religionsclassen in Gelehrtenschulen" (1801, [18]1843) hat Niemeyer ein weit ausstrahlendes, fast ein halbes Jahrhundert lang benutztes Unterrichtswerk hinterlassen. Seine neologische Pädagogik war durchweg dem Ziel verpflichtet, die Individualität des Einzelnen zu achten und sie gleichzeitig dem sittlich-humanen Vollkommenheitsideal näherzubringen[83] (s. § 43).

2. Frankfurt/O. (Toellner, Steinbart)

ALBERTY, G.: Gotthilf Samuel Steinbart (1738–1809) und seine Stellung in der theologischen Aufklärung des 18. Jahrhunderts (ZKG 49, 1930, 1–44). – BRINKMANN, F.Th.: Glaubhafte Wahrheit – erlebte Gewißheit. Zur Bedeutung der Erfahrung in der deutschen protestantischen Aufklärungstheologie (Arbeiten zur Theologiegeschichte 2), 1994, 135–167. – HEINRICH, G.: Art. Frankfurt an der Oder, Universität (TRE 11, 1983, 335–342). – PFIZENMAIER, M.: Mit Vernunft glauben, fides ratione formata. Die Umformung der Rechtfertigungslehre in der Theologie der deutschen Aufklärung dargestellt am Werk Johann Gottlieb Töllners (1724–1774), 1986. – RHODE, S.: Studien zur Geschichte der theologischen Fakultät der Universität Frankfurt a.d. Oder, Diss., Berlin 1945. – WAGENHAMMER, H.: Das Wesen des Christentums. Eine begriffsgeschichtliche Untersuchung (TTS 2), 1973, 206–252. – WENZ,

---

78 Z.B. Übersicht über A.H. Franckens Leben und Verdienste, 1788. – 79 Z.B. Philotas, 3 Teile, 1779–1803; Timotheus, 2 Teile, 1783, 3 Teile [2]1789. – 80 Z.B. Originalstellen griechischer und römischer Classiker über die Theorie der Erziehung und des Unterrichts, 1813. – 81 Z.B. Geistliche Lieder, Oratorien und vermischte Gedichte, 1820. – 82 Grundsätze der Erziehung und des Unterrichts für Eltern, Hauslehrer und Erzieher, 1796; 3 Bde., [5]1806; zahlreiche weitere Auflagen und Übersetzungen, jüngster ND 1970. – 83 Eine Bibliographie der zahlreichen Schriften Niemeyers findet sich in DERS.: Grundsätze der Erziehung und des Unterrichts. Nachdruck der 1. Auflage von 1796, hg. v. H.-H. GROOTHOFF/ U. HERRMANN, 1970, 402–481.

G.: Geschichte der Versöhnungslehre in der evangelischen Theologie der Neuzeit, Bd. 1, 1984, 170–216.

Die 1506 in Frankfurt/O. eröffnete Viadrina war die letzte vorreformatorische Universitätsgründung in Deutschland. Nachdem das brandenburgische Herrscherhaus 1613 von der lutherischen zur reformierten Konfession übergetreten war, entwickelte sich die Landesuniversität zu einem „polykonfessionellen Geisteszentrum"[84]. Seit 1617 pflegte man die theologischen Lehrstühle paritätisch zu besetzen. Die dann aber unter dem Großen Kurfürsten (1640–1688) intensivierte Begünstigung des Reformiertentums zeitigte auch in Frankfurt die entsprechenden Folgen: Der Zustrom lutherischer Studenten ging spürbar zurück, Lehrstühle wurden nun in der Regel mit Reformierten besetzt. So entstand in Frankfurt ein Zentrum reformierter Theologie. Erst unter Friedrich Wilhelm I. sind vereinzelt auch wieder Lutheraner zu Theologieprofessoren ernannt worden. Durch den rasanten Aufschwung der Universität Halle sah sich die Viadrina bald in den Schatten gestellt, und die Woellnersche Religionspolitik hat die Zahl der Theologiestudenten noch einmal deutlich reduziert. In der zweiten Hälfte des 18. Jahrhunderts lehrten neben den bedeutenden Neologen Toellner und Steinbart auch Vertreter einer radikalen Aufklärung, so Ch.E. Wünsch, K.R. Hausen oder W.T. Krug. 1811 wurde die Viadrina zugunsten der Universitätsstandorte Berlin und Breslau geschlossen.

Johann Gottlieb Toellner (1724–1774) war ein bevorzugter Schüler Baumgartens. Nach dem Studium der Philosophie und Theologie in Halle (1741–1745) arbeitete er als Hauslehrer in Pommern und Berlin, seit 1748 dann als Feldprediger bei einem preußischen Regiment in Frankfurt/O., bis man ihn dort 1756 als ao., 1760 als o. Professor der Philosophie und Theologie installierte. Bei Toellner verbanden sich neologisches Denken und pädagogisches Engagement: Fürsorglich kümmerte er sich um das geistige, geistliche und sittliche Wohl der Studenten, denen er homiletische und katechetische Übungen sowie, nach dem Sonntagsgottesdienst, „ascetische Stunden" anbot. Mit pädagogischem Geschick organisierte er eine breit angelegte Vermittlung theologischer Kompetenz, die sich in einer Serie von theologischen Lehrbüchern niederschlug[85].

Die Eigenständigkeit seines neologischen Denkens erwies sich zumal in den monographischen Schriften. Überzeugt von der Vernünftigkeit des Glaubens und insbesondere von der soteriologischen Suffizienz der natürlichen Religion, vollzog Toellner den „Beweis, daß Gott die Menschen bereits durch seine Offenbarung in der Natur zur Seligkeit führt" (1766). Darüber hinaus brachte er die „Wahre[n] Gründe, warum Gott die Offenbarung nicht mit augenscheinlichern Beweisen versehen hat" (1764), zu ihrem Recht. Die kirchlichen Bekenntnisse respektierte Toellner als ein der Glaubenseinheit geschuldetes „notwendiges Übel"[86].

Mit seinem Hauptwerk „Der Thätige Gehorsam Jesu Christi untersucht" (1768) hat Toellner den bedeutendsten Beitrag der Aufklärungstheologie zur Ver-

---

[84] HEINRICH, 339. – [85] Grundriß der dogmatischen Theologie für seine Zuhörer, 1760; Grundriß der Moraltheologie für seine Zuhörer, nebst dessen Gedanken von der wahren Lehrart in derselben, 1762; Grundriß einer erwiesenen Hermeneutik der heiligen Schrift, 1765; Grundriß einer Anleitung zum Fleisse in der Gottesgelehrsamkeit für künftige Evangelische Lehrer, 1766; Grundriß einer erwiesenen Pastoraltheologie, 1767. – [86] ANER, 260.

söhnungslehre erbacht. Ausgehend von der orthodoxen Satisfaktionslehre, die für die stellvertretende Genugtuung einen durch die tätige Erfüllung des Gesetzes bewiesenen *aktiven* und den im Opfertod geleisteten *passiven* Gehorsam Jesu Christi unterschied, wollte Toellner die „unbiblische Beschaffenheit" des ersten Lehrpunktes aufdecken. Erkenntnisleitend war dabei sein Interesse, das *vere homo* des Gottessohns uneingeschränkt zur Geltung zu bringen. Aufgrund einer durch systematisch-theologische Erwägungen sekundierten, eingehenden Exegese der entsprechenden Bibelstellen zeigte Toellner, daß die durch Christus ins Werk gesetzte Versöhnung allein auf seinen im Leiden und Sterben bewiesenen passiven Gehorsam gegründet ist. Demgegenüber sei der aktive Gehorsam nicht ein Bestandteil, sondern lediglich eine „Mitursache" der Genugtuung Christi. Denn weil Christus hinsichtlich seiner menschlichen Natur als ein frei handelndes Subjekt gedacht werden müsse und als solches wie jeder Mensch zu tätigem Gehorsam gegen das Gebot Gottes verpflichtet sei, könne diesem keinesfalls ein zugleich satisfaktorischer Charakter zuerkannt werden. Im übrigen werde durch den allein satisfaktorisch wirksamen Leidenstod Christi in uns die Furcht vor der Sünde und das Vertrauen in die Verläßlichkeit der göttlichen Gnadenverheißung geweckt. Diese behutsame, biblisch argumentierende und der Sache nach an J. Piscator (1546–1625) anknüpfende Umformung der Versöhnungslehre entsprach dem aufklärerischen Interesse an einer Vorbild-Christologie. Die damit eingeleitete Kritik jenes für die orthodoxe Dogmatik grundlegenden Lehrstücks hat sich wenig später in der u.a. von J.A. Eberhard und W.A. Teller vollzogenen Bestreitung der gesamten herkömmlichen Satisfaktionslehre vollendet (s. § 50).

Bei dem Toellner-Schüler *Gotthilf Samuel Steinbart* (1738–1809) war der Generationenabstand deutlich zu spüren. Die pietistische Erziehung, die er im Kloster Bergen erhalten hatte, konterkarierte er durch die autodidaktische Rezeption westeuropäischer Aufklärungsphilosophie (v.a. J. Locke, J. Foster, Voltaire). Nach dem Studium in Halle (v.a. bei Baumgarten) und Frankfurt/O. war er zunächst Lehrer in Berlin und Züllichau. 1774 übernahm Steinbart die Direktion des Waisenhauses, 1788 auch die des angegliederten Lehrerseminars in Züllichau. Parallel dazu lehrte er seit 1774 als Professor der Philosophie und Theologie an der Viadrina. Für kurze Zeit wirkte er zudem als Schulrat und Mitglied des preußischen Oberschulkollegiums in Berlin (1787–1789).

Bekannt wurde Steinbart durch seine radikal-neologische Populardogmatik oder „Glückseligkeitslehre"[87]. Gemäß seiner „Gründe für die gänzliche Abschaffung der Schulsprache des theologischen Systems" (1782) propagierte er darin eine allgemeinverständlich artikulierte, den alttestamentlichen Gottesbegriff mitsamt der traditionellen Satisfaktionslehre verabschiedende, zugleich vernünftige und christliche Erkenntnis der von Jesus gelehrten Gottesliebe und der damit gesetzten Bestimmung des Menschen zur Glückseligkeit, welche er nicht platt eudämonistisch, sondern als den Inbegriff des Bewußtseins vom Überwiegen des irdisch Guten sowie der Hoffnung auf Unsterblichkeit verstand. Zur Verteidigung seiner „Glückseligkeitslehre", die alsbald prominente Fürsprecher (u.a. C.F. Bahrdt, J.G. Herder), aber auch Kritiker (v.a. J.G. Hamann, J.C. Lavater) auf den Plan gerufen

---

[87] System der reinen Philosophie oder Glückseligkeitslehre des Christenthums für die Bedürfnisse seiner aufgeklärten Landesleute und andrer die nach Weisheit fragen eingerichtet, 1778, ⁴1794.

hatte, verfaßte Steinbart „Philosophische Unterhaltungen zur weitern Aufklärung der Glückseligkeitslehre" (3 Hefte, 1782-1786). Bei aller Traditionskritik blieb er ein vom Rationalismus geschiedener Neologe: Im Rückgang auf die Bibel beschwor er den „Geist des Christentums", von dem er sich allerdings dazu ermächtigt sah, gegenüber den metaphysischen Überformungen des dogmatischen Lehrsystems das Recht auf die Freiheit eigenen Denkens geltend zu machen.

Beachtenswert ist auch die unionistische Zielrichtung der Steinbartschen Theologie. Mit seiner Dogmatik habe er „die Philosophie des Christentums und nicht des Luthertums" formuliert[88]. Und sein Vorschlag, daß „der Unterschied zwischen reformierten und lutherischen Fakultäten ganz aufgehoben und dafür eine protestantische Fakultät der Theologen eingeführt"[89] werde, erscheint wie ein Vorgriff auf die 1817 angeordnete Konfessionsgemeinschaft der preußischen Union. Bedeutsam war darüber hinaus der Beitrag Steinbarts zur Homiletik[90] sowie sein gegen die kirchliche Prädominanz des Bildungswesens aufbegehrender pädagogischer Reformimpuls[91]. Nach dem Ende der Ära Woellner, die ihm empfindliche Arbeitseinschränkungen auferlegt hatte, wurde Steinbart sogleich von Friedrich Wilhelm III. als kirchlicher und theologischer Berater in Anspruch genommen.

3. Leipzig (Ernesti)

DÖRING, D.: Die Universität Leipzig im Zeitalter der Aufklärung. Geschichte, Stand und Perspektiven der Forschung (HJ 122, 2002, 413-461). – DERS./MARTI, H. (Hg.): Die Universität Leipzig und ihr gelehrtes Umfeld 1680-1780, 2004. – GÖSSNER, A. (Hg.): Die Theologische Fakultät der Universität Leipzig. Personen, Profile und Perspektiven aus sechs Jahrhunderten Fakultätsgeschichte, 2005. – ILGNER, F.Ch.: Die neutestamentliche Auslegungslehre des Johann August Ernesti (1707-1781). Ein Beitrag zur Erforschung der Aufklärungshermeneutik, 2002. – MARTENS, W. (Hg.): Zentren der Aufklärung III. Leipzig: Aufklärung und Bürgerlichkeit (WSA 17), 1990. – PETZOLDT, M.: Zwischen Orthodoxie, Pietismus und Aufklärung. Überlegungen zum theologiegeschichtlichen Kontext Johann Sebastian Bachs (in: SZESKUS, R. [Hg.]: Johann Sebastian Bach und die Aufklärung, 1982, 66-108). – SEMLER, J.S.: Zusätze zu Herrn O.C.R. Tellers Schrift über Herrn D. Ernesti Verdienste, 1783. – TELLER, W.A.: Des Herrn Joh. August Ernesti [...] Verdienste um die Theologie und Religion. Ein Beytrag zur theologischen Litteraturgeschichte der neuern Zeit, 1783. – WARTENBERG, G.: Art. Leipzig, Universität (TRE 20, 1990, 721-729).

Leipzig war ein Zentrum der deutschen Aufklärung. Das trat in den Gelehrten Gesellschaften, in denen sich der Geist fortschrittlicher Bürgerlichkeit wirkungsvoll institutionalisierte[92], ebenso zutage wie in dem weit ausstrahlenden intellektuellen Profil seiner 1409 gegründeten Universität. Allerdings kam die Leipziger Theologie an den Glanz, den so illustre Namen wie Ch.G. Jöcher, J.Ch. Gottsched oder Ch.F. Gellert verkörperten, nicht heran. G.J. Zollikofer (1730-1788) war ein

---

88 Ebd., ²1788, XXXV. – 89 Zit. nach ALBERTY, 5. – 90 Anweisung zur Amtsberedsamkeit christlicher Lehrer unter einem aufgeklärten und gesitteten Volke, 1779, ²1784. – 91 Vorschläge zu einer allgemeinen Schulverbesserung in so fern sie nicht Sache der Kirche sondern des Staats ist, 1789. – 92 DÖRING, D./NOWAK, K. (Hg.): Gelehrte Gesellschaften im mitteldeutschen Raum (1650-1820), Teil 1 (ASAW.PH 76/2), 2000; DÖRING, D.: Die Geschichte der Deutschen Gesellschaft in Leipzig. Von der Gründung bis in die ersten Jahre des Seniorats Johann Christoph Gottscheds, 2002.

namhafter Aufklärungsprediger, aber kein Mitglied der theologischen Fakultät. Und der Supranaturalist H.G. Tzschirner (1778–1828) rangierte bereits in einer anderen Zeit. Im Grunde blieb die Leipziger Neologie auf den bahnbrechenden *Johann August Ernesti* (1707–1781) zentriert.

Nach dem Besuch der Fürstenschule Pforta begann Ernesti 1726 in Wittenberg mit dem Studium der Philosophie, Theologie und Mathematik, das er 1728 in Leipzig fortsetzte. 1731 wurde er Konrektor, 1734 Rektor der Leipziger Thomasschule (Konflikte mit J.S. Bach). Seine akademische Laufbahn führte über die Professuren für klassische Literatur (1742) und Eloquenz (1756) zur Theologie (1759). Daß Ernesti als ein ausgewiesener, wegen seines eleganten Lateins als „Germanorum Cicero" gerühmter Philologe in die erste Fakultät eintrat, ist für die Wirkung, die er in diesem Fach erzielt hat, bestimmend geworden. Meinungsbildenden Einfluß entfaltete er nicht zuletzt durch die von ihm herausgegebenen, weithin selbst belieferten Rezensionsorgane[93]. Die von Ernesti entworfenen Ordnungen für die drei kursächsischen Fürstenschulen und für die lateinischen Stadtschulen blieben bis zur Mitte des 19. Jahrhunderts in Kraft.

In seinem Religionsverständnis war er ein Repräsentant der frühen Neologie. Ernesti distanzierte sich von einem unkritisch-autoritätshörigen Bibelgebrauch, erst recht aber von einem ungeschichtlichen Naturalismus. Die der Vernunft zugängliche natürliche Gotteserkenntnis schien ihm durch die Offenbarung nicht beschnitten, sondern erweitert zu werden; Gott könne man weder das Recht noch das Vermögen absprechen, den Menschen auch auf übervernünftigen Wegen zur Glückseligkeit zu verhelfen[94]. Für sich entnahm er daraus die Verpflichtung, eine methodisch fundierte Auslegung der Offenbarungsurkunden sicherzustellen. In Aufnahme älterer hermeneutischer Überlegungen – etwa von S. Werenfels – wurde Ernesti damit zum Begründer der wissenschaftlichen, grammatisch-historischen Exegese.

Seine biblische Hermeneutik[95] war auf das Prinzip gegründet, die Auslegung der heiligen Schriften sei denselben Grundsätzen verpflichtet wie bei jedem anderen Buch. Die herkömmliche Auffassung, das Geheimnis der Bibel lasse sich nur aufgrund geistlicher Erleuchtung ergründen, hatte sich dadurch erledigt. Als nüchterner Philologe war sich Ernesti dessen gewiß, daß jede Stelle der Bibel eine klare, von ihrem Verfasser intendierte Bedeutung habe, die sich in grammatischer und historischer Auslegung eindeutig feststellen lasse. Daraus ergab sich ein dreigliedriges Interpretationsverfahren, das durch die Freilegung des „sensus grammaticus" und des „usus loquendi" sowie der geschichtlichen Einflüsse, die den jeweiligen Text prägten, die Aussageabsicht des biblischen Verfassers klar zu ermitteln vermochte. Allerdings erlaubte sich Ernesti gewisse methodische Inkonsequenzen. Während er etwa Worte und Redeweisen, die durch den üblichen Sprachgebrauch nicht gedeckt waren, bei profanen Texten ohne weiteres als Neologismen erklärte, riet er bei biblischen Stellen noch zur Annahme einer Inspiration durch den heili-

---

93 Neue theologische Bibliothek, darinnen von den neuesten theologischen Büchern und Schriften Nachricht gegeben wird, 10 Bde., 1760–1769; Neueste theologische Bibliothek [...], 4 Bde., 1771–1777. – 94 Vindiciae arbitrii divini in religione constituenda (in: Opuscula theologica, 1773 [²1792], 187ff). – 95 Institutio interpretis Novi Testamenti, 1761, ⁵1809.

gen Geist. Auch in dieser Hinsicht ist Ernesti ein Theologe „zwischen den Zeiten" geblieben.

Unbeschadet solcher Zögerlichkeiten, die die neologische Ernesti-Rezeption (Semler, Nösselt, Griesbach u.v.a.) rasch überwunden hat, zielte er insgesamt darauf ab, das Verhältnis von historischer und systematischer Methode in der Theologie sachgemäß neu zu bestimmen. Anstatt der biblischen Exegese nur Belegstellen für das dogmatische Lehrsystem abzufordern, verwies Ernesti die Dogmatiker auf die Quellenarbeit der exegetisch-historischen Theologie, deren methodisch gesicherte Ergebnisse sie unvoreingenommen ordnen und dienend anwenden sollten[96].

Diese Art der theologischen Erkenntnisbildung hat Ernesti an verschiedenen dogmatischen und kontroverstheologischen Streitfragen exemplifiziert, besonders einflußreich an der Lehre vom dreifachen Amt Christi[97]. Gemäß seiner biblischen Hermeneutik verwahrte er sich dagegen, die entsprechenden neutestamentlichen Ausdrücke, ohne deren grammatisch-historische Bedeutung hinreichend zu erheben, unvermittelt in dogmatische Begriffe zu überführen. Der gängigen orthodoxen Unterscheidung der christologischen Hoheitstitel ‚Prophet', ‚Hohepriester' und ‚König' hielt Ernesti entgegen, daß Amt und Beruf Christi im Neuen Testament als etwas durchaus Einheitliches aufgefaßt sei. Wenn der Prophetentitel die Würde Christi auch nicht erschöpfend zum Ausdruck bringe, sei damit doch, recht verstanden, die gesamte Wirksamkeit Christi bezeichnet. Dagegen seien der Hohepriester- und Königstitel erst durch metaphorisierende Umdeutung auf Christus bezogen worden. Zu den weitreichenden Folgen dieser Untersuchung gehört, daß sich die Theologie erst wieder im 19. Jahrhundert, beginnend mit Schleiermacher, an die Aufgabe wagte, eine – neu begründete – Lehre vom dreifachen Amt Christi auszuarbeiten.

In dem Einfluß, den er als spiritus rector der neologischen Exegese und Hermeneutik auf sein Zeitalter ausgeübt hat, ist Ernesti unübertroffen geblieben.

4. Jena (Griesbach, Eichhorn, Döderlein, Gabler)

DELLING, G.: Johann Jakob Griesbach. Seine Zeit, sein Leben, sein Werk (ThZ 33, 1977, 81–99). – DOHMEIER, H.-J.: Die Grundzüge der Theologie Johann Philipp Gablers, 1976. – HARTLICH, Ch./SACHS, W.: Der Ursprung des Mythosbegriffes in der modernen Bibelwissenschaft (SSEA 2), 1952. – HEUSSI, K.: Geschichte der theologischen Fakultät zu Jena, 1954. – JOHNSON, S.E.: The Griesbach Hypothesis and Redaction Criticism (SBL.MS 41), 1991. – KOCH, E.: Die Aufklärungsbewegung im Herzogtum Sachsen-Gotha (HerChr 27, 2003, 77–90). – KRAUS, H.-J.: Geschichte der historisch-kritischen Erforschung des Alten Testaments, ³1982, 133–151. – LEPPIN, V.: Art. Jena, Universität (RGG⁴ 4, 2001, 402–404). – MERK, O.: Biblische Theologie des Neuen Testaments in ihrer Anfangszeit. Ihre methodischen Probleme bei Johann Philipp Gabler und Georg Lorenz Bauer und deren Nachwirkungen (MThSt 9), 1972. – NIEBUHR, K.-W./BÖTTRICH, Ch. (Hg.): Johann Philipp Gabler 1753–1826 zum 250. Geburtstag, 2003. – REVENTLOW, H. Graf: Epochen der Bibelauslegung. Bd. 4: Von der Aufklärung bis zum 20. Jahrhundert, 2001, 200–226. – STEINMETZ, M. (Hg.): Geschichte der Universität Jena 1548/1558–1958, Bd. 1, 1958. – STUCKENBRUCK,

---

96 De theologiae historicae et dogmaticae conjungendae necessitate et modo universo (in: Opuscula theologica, 1773 [²1792], 565 ff). – 97 De officio Christi triplici (ebd., 411 ff).

L.T.: Johann Philipp Gabler and the Delineation of Biblical Theology (SJTh 52, 1999, 139–157).

Unter Herzog Karl August von Sachsen-Weimar, der 1775 die Regentschaft des Landes übernommen hatte, erfuhr die 1558 zur Universität erhobene „Hohe Schule" in Jena eine einzigartige Blüte. Schon mit dessen Mutter Anna Amalia, die in ihrem Geburtsort Wolfenbüttel eine Schülerin J.F.W. Jerusalems gewesen war und in Vertretung ihres minderjährigen Sohnes seit 1759 die Regierungsgeschäfte geführt hatte, war eine aufgeklärte, kunstsinnige und wissenschaftsfreundliche Atmosphäre entstanden. Dank der durch Karl August gesicherten Forschungs- und Lehrfreiheit konnte Jena als eine „Stapelstadt des Wissens und der Wissenschaft" (Goethe) gelten. Auch für die Jenenser theologische Fakultät brachte das Jahr 1775 einen Zeitenwechsel: Der Übergangstheologe J.G. Walch (s. § 18.2) war im Januar hochbetagt gestorben, wenige Monate später trafen mit Griesbach und Eichhorn zwei bedeutende Exegeten in der Stadt ein, deren neologische Bibelwissenschaft in Gabler eine organische Fortsetzung fand. Seit 1782 auch Döderlein nach Jena gekommen war, bildete Jena ein hochkarätiges Zentrum der Neologie.

Johann Jakob Griesbach (1745–1812) begab sich, nachdem er in Tübingen, Halle (v. a. bei Semler) und Leipzig Theologie studiert hatte, auf ausgedehnte Studienreisen durch Holland, England und Frankreich. Nach kurzer Lehrtätigkeit in Halle (1771–1775) entfaltete er in Jena wichtige bildungspolitische Aktivitäten (er war ein enger Berater Karl Augusts), vor allem aber ein epochales wissenschaftliches Lebenswerk. Bahnbrechend wirkte er zumal in der neutestamentlichen Textkritik: Auf der Grundlage einer umfangreichen Sammlung von Textvarianten, die er während seiner Reisen aus neutestamentlichen Handschriften, Kirchenväter-Zitaten und wenig bekannten Übersetzungen zusammengetragen hatte, publizierte er erstmals eine kritische, an über 350 Stellen vom „textus receptus" abweichende Ausgabe des Neuen Testaments[98]. Indem er bei unterschiedlichen Lesarten nicht mehr mechanisch-quantitativ, sondern qualitativ-kritisch entschied und das gesamte Quellenmaterial in drei sog. Rezensionen einteilte (alexandrinische bzw. orientalische, westliche, byzantinische Rezension), gab er der neutestamentlichen Textforschungsgeschichte weitreichende Entstehungsimpulse. Die Fachbegriffe „Synoptiker" und „Synopse" – den Text der ersten drei Evangelien bot Griesbach erstmals in Parallelkolumnen[99] – gehen auf ihn zurück, und die „Griesbachsche Hypothese", wonach sich Lk auf Mt gestützt habe und Mk lediglich ein unselbständiger Auszug aus Mt und Lk darstelle, hat die neutestamentliche Wissenschaft bis zu F.Ch. Baur geprägt. Daß Griesbach der von Ernesti gezogenen Denkspur verpflichtet war, zeigte sich nicht nur in der exegetischen Arbeit, sondern auch in der verhalten konservativen Tönung seiner Theologie[100], die ihn beispielsweise den Gedanken der Verbalinspiration modifizierend festhalten ließ[101].

---

98 Novum Testamentum Graece, 3 Bde., 1774–1777, ^{2}1796–1806, ^{3}1827. – **99** Synopsis Evangeliorum Matthaei, Marci et Lucae [...], 1776, ^{2}1797. – **100** Anleitung zum Studium der populären Dogmatik, besonders für künftige Religionslehrer [zunächst unter dem Titel: Anleitung zur gelehrten Kenntnis der populären Dogmatik, 1779], ^{2}1786, ^{4}1789. – **101** Stricturarum in locum de theopneustia librorum sacrorum particula, 5 Hefte, 1784–1788.

Johann Gottfried Eichhorn (1752–1827) wurde 1775 als Professor für orientalische Sprachen nach Jena berufen, 1788 übernahm er in Göttingen einen Lehrstuhl für Philosophie. Seine intensive, thematisch außerordentlich breite, bisweilen der „Vielschreiberei"[102] geziehene Publikationstätigkeit erstreckte sich bis auf die Felder der Welt-, Kultur- und Literaturgeschichte[103]. Nicolai schätzte ihn als einen verläßlich neologischen Beiträger der „Allgemeine[n] deutsche[n] Bibliothek". In der biblischen Exegese wurde Eichhorn zum Begründer der modernen Einleitungswissenschaft[104]: Da der Kanon eine geschichtliche, von Menschen erstellte Textsammlung sei, habe man dessen Schriften uneingeschränkt nach den Grundsätzen der philologischen Kritik zu behandeln und deren jeweilige Entstehungsgeschichte historisch zu rekonstruieren. Wegweisend war Eichhorn auch darin, daß er in den alttestamentlichen Texten verschiedene Quellenschichten unterschied – die pentateuchische Urkundenhypothese wurde von ihm stil- und sachkritisch stabilisiert – und den altphilologischen Mythosbegriff, den er von seinem Göttinger Lehrer Ch.G. Heyne übernommen hatte, in die Bibelwissenschaft einführte.

Mit *Johann Christoph Döderlein* (1746–1792), der 1772 in seinem Studienort Altdorf eine theologische Professur angetreten hatte, kam 1782 ein waschechter Neologe nach Jena. Er forderte eine geschichtliche Relativierung der Bekenntnisschriften und hat sich darum der 1777 anstehenden Jubelfeier der Konkordienformel widersetzt. Andererseits blieb er der einzige Neologe, der das breit empfundene Unbehagen an den von Lessing edierten „Fragmente[n] eines Ungenannten" (1774–1778) literarisch zum Ausdruck brachte[105]. Als akademischer Lehrer und Prediger genoß er hohe Wertschätzung, das von ihm geleitete „Predigerinstitut" bot an jedem Sonntagnachmittag eine wissenschaftliche Erörterung der Vormittagspredigt an. Der Titel seines dogmatischen Hauptwerks war zugleich Programm: „Institutio theologi christiani in capitibus religionis theoreticis nostris temporibus accommodata" (1780, ^{6}1797). Döderlein war darum bemüht, durch gründliche, von Ernesti[106] beeinflußte Exegese, (dogmen-)geschichtliche Betrachtungsweise und luzide Darstellungsart eine den intellektuellen Ansprüchen und religiösen Bedürfnissen der Zeit[107] Rechnung tragende Harmonie von Bibel und Vernunft zu erweisen. So konnte er in der Trinitätslehre, an Melanchthon erinnernd, die Verborgenheit der innertrinitarischen Verhältnisse respektieren und sich mit der Wahrnehmung der nach außen tretenden Wohltaten des dreieinigen Gottes begnügen. Weil sich für Döderlein die Dogmatik jederzeit an den stichhaltigen Erkenntnissen der Exegese zu orientieren hatte, lehnte er die herkömmliche Erbsündenlehre, für die es keinen biblischen Grund gebe, ab. Dagegen hielt er an dem Wunderbeweis, den die Auferstehung Jesu für dessen göttliche Sendung erbracht habe, ausdrücklich fest.

---

102 Heussi, 191. – **103** Bibliographische Nachweise bei Zobel, H.-J.: Art. Eichhorn, Johann Gottfried (TRE 9, 1982, 369–371). – **104** Einleitung in das Alte Testament, 3 Bde., 1780–1783; 5 Bde., ^{4}1823/24; Einleitung in die apokryphischen Schriften des Alten Testaments, 1795; Einleitung in das Neue Testament, 5 Bde., 1804–1827. – **105** Antifragmente, 1778/79, ^{4}1788. – **106** Mit den Zeitschriften „Auserlesene theologische Bibliothek [...]" (1780–1787/92) und „Theologisches Journal" (1792) setzte Döderlein die von Ernesti herausgegebenen Rezensionsorgane fort. – **107** Christlicher Religionsunterricht nach den Bedürfnissen unserer Zeit, 1785.

Mit *Johann Philipp Gabler* (1753–1826) verlängerte sich die neologische Phase in Jena bis weit ins 19. Jahrhundert. Er hatte bei Griesbach und Eichhorn studiert (1772–1778) und kam nach Lehrtätigkeiten in Dortmund (1783) und Altdorf (1785) an die Jenenser theologische Fakultät (1804). Seine Lebensarbeit folgte dem in der Altdorfer Antrittsrede[108] skizzierten Programm, das die methodische Trennung einer durch historisch-kritisches Erklären und Auslegen erworbenen, wissenschaftlich fundierten biblischen Theologie von der dem geschichtlichen Wandel ausgesetzten Dogmatik zum Grundprinzip aller theologischen Arbeit erhob. Auch die Predigt war für Gabler nur als „biblischer Unterricht" sachgemäß zu betreiben[109]. Die von der biblischen Theologie aufgezeigten normativen Grundwahrheiten vermochte Gabler dadurch religionspraktisch fruchtbar zu machen, daß er sie von den mythisch-kindlichen Denk- und Sprachformen der Bibel unterschied und mit dem Gedanken einer durch göttliche Erziehung gewährten menschheitlichen Perfektibilität sowie der ganz selbstverständlich gebrauchten Distinktion von Religion und Theologie in Zusammenhang brachte.

Während Gabler zeitlebens der neologisch temperierten Denkweise verbunden blieb, begann sich in Jena seit dem Aufzug von J.W. Schmid (1783) und H.E.G. Paulus (1793) ein von Kant beeinflußter theologischer Rationalismus zu etablieren (s. § 25).

5. Göttingen (Michaelis, Ch.W.F. Walch, Planck, Stäudlin)

HAMMANN, K.: Universitätsgottesdienst und Aufklärungspredigt. Die Göttinger Universitätskirche im 18. Jahrhundert und ihr Ort in der Geschichte des Universitätsgottesdienstes im deutschen Protestantismus (BHTh 116), 2000. – DERS.: Bekenntnis und Bekenntnisbildung in der Göttinger Theologie des ausgehenden 18. Jahrhunderts (JGNKG 99, 2001, 189–206). – LÖWENBRÜCK, A.-R.: Johann David Michaelis' Verdienst um die philologisch-kritische Bibelkritik (in: REVENTLOW, H. GRAF u.a. [Hg.]: Historische Kritik und biblischer Kanon in der deutschen Aufklärung [Wolfenbütteler Forschungen 41], 1988, 157–170). – DIES.: Judenfeindschaft im Zeitalter der Aufklärung. Eine Studie zur Vorgeschichte des modernen Antisemitismus am Beispiel des Göttinger Theologen und Orientalisten Johann David Michaelis (1717–1791) (EHS.G 662), 1995. – MEINHOLD, P.: Geschichte der kirchlichen Historiographie, Bd. 2, 1967. – MEYER, J.: Geschichte der Göttinger theologischen Fakultät (ZGNKG 42, 1937, 7–107). – MOELLER, B. (Hg.): Theologie in Göttingen. Eine Vorlesungsreihe, 1987. – SCHMIDT, J.: Art. Planck, Gottlieb Jacob (BBKL 7, 1994, 705–710). – SCHMITT, Ch.: Art. Walch, Christian Wilhelm Franz (BBKL 13, 1998, 179–183). – SMEND, R.: Art. Göttingen, Universität (RGG⁴ 3, 2000, 1233f). – WAGENMANN, J.A.: Art. Stäudlin, Karl Friedrich (RE³ 18, 1906, 741–744). – WESSELING, K.-G.: Art. Michaelis, Johann David (BBKL 5, 1993, 1473–1479).

Mit der 1737 in Göttingen gegründeten Georgia Augusta schuf sich das durch Personalunion mit England verbundene Kurfürstentum Hannover eine eigene Landesuniversität. Der hannoversche Minister *Gerlach Adolph Freiherr von Münchhausen* hat ihre Konzeption und Entwicklung bis zu seinem Tod 1770 maßgeblich bestimmt. Auch wenn der Universität Halle dabei eine gewisse Vorbildfunktion zukam, war Münchhausen darauf bedacht, in Göttingen jede philo-

---

108 De iusto discrimine theologiae biblicae et dogmaticae regundisque recte utriusque finibus, 1787; lat.-dt. NA in NIEBUHR/BÖTTRICH, 16–41. – **109** NThJ 16, 1800, 596 Anm.

sophisch-theologische Prädominanz zu vermeiden und einen ausgewogenen, unspektakulär vielseitigen Lehrbetrieb aufzubauen. Vor allem die Jurisprudenz, Geschichtswissenschaft, Philologie, Mathematik und Naturwissenschaft sowie die 1751 als Forschungsinstitut gegründete Societät (später: Gesellschaft) der Wissenschaften ließen Göttingen rasch zur führenden deutschen Universität aufsteigen, bis ihr die 1810 gegründete Berliner Universität diesen Rang streitig machte. Es entsprach der Modernität des Gründungskonzepts, daß der Göttinger theologischen Fakultät keine sachliche Vorrangstellung mehr eingeräumt wurde; ihre Statuten wie überhaupt ihren geistigen Zuschnitt verdankte sie vor allem dem pragmatischen Zugriff J.L.v. Mosheims (s. § 18.4). Die von Münchhausen erlassene Vorgabe, als Göttinger Theologieprofessoren kämen nur solche Männer in Betracht, die weder „zum Atheismo und Naturalismo leiten oder [...] den Enthusiasmum einführen" noch „ein evangelisches Pabsthum mitsamt der damit verbundenen intoleranten Beschneidung der Gewissensfreiheit aufrichten wollten"[110], liest sich wie ein Steckbrief der Neologie. Ihre Umsetzung hatte freilich zur Folge, daß exponierte Fachvertreter kaum zum Zug kamen, sondern weithin ein gediegenes „Mittelmaß"[111] herrschte. Im übrigen zeigten die Umstände der 1758 erfolgten Zwangsemeritierung von *Christoph August Heumann* (1681–1764)[112], daß der von Münchhausen geforderten „libertas conscientiae" durchaus Grenzen gezogen waren. Heumann, seit 1745 o. Theologieprofessor in Göttingen, war einer der gelehrtesten Theologen der Zeit; neben vielen anderen Schriften verfaßte er eine Übersetzung (1748, ²1750) sowie eine ausführliche „Erklärung des Neuen Testaments" (12 Bde., 1750–1760, Anmerkungsband postum 1764). Die unehrenhafte Entlassung war durch seine vom lutherischen Lehrbegriff abweichende Abendmahlsauffassung (s. § 21.1) provoziert worden, die Heumann auch unionistisch begründet hatte: Nur das Beharren der Lutheraner auf der Realpräsenz sowie der Reformierten auf der strengen Erwählungslehre („decretum absolutum") verhindere noch eine evangelische Union.

Johann David Michaelis (1717–1791) wurde 1745 von Münchhausen nach Göttingen geholt, wo er 1746 zum ao., 1750 zum o. Professor aufstieg – allerdings nicht in der theologischen, sondern, wie damals für Alttestamentler („Orientalisten") üblich, in der philosophischen Fakultät. Seine „Einleitung in die göttlichen Schriften des Neuen Bundes" (1750; 2 Bde., ⁴1787/88) sind ein frühes Dokument historisch-kritischer Exegese. Unter kundigem Ausgriff auf geographische, philologische und archäologische Erkenntnisse skizzierte Michaelis die Entstehung des Kanons in differenzierter geschichtlicher Rekonstruktion. In kritischer Abkehr von der Inspirationslehre band er die Dignität der neutestamentlichen Schriften an das Kriterium der Apostolizität; Jak, Jud und Hebr hielt er für Übersetzungen, die Synoptiker distanzierte er durch die Hypothese einer ihnen gemeinsamen, „apocryphischen" Evangelien-Grundschrift. Auf seinem engeren Arbeitsfeld veröffentlichte Michaelis mehrere Studien zur altorientalischen Sprach- und Kulturgeschichte sowie eine kommentierte Übersetzung des Alten Testaments[113]. Die

---

110 RÖSSLER, E.F.: Die Gründung der Universität Göttingen, 1855, 33f. – 111 SMEND, 1234. – 112 MÜHLPFORDT, G.: Ein kryptoradikaler Thomasianer: C.A. Heumann, der Thomasius von Göttingen (in: SCHNEIDERS, W. [Hg.]: Christian Thomasius 1655–1728. Interpretationen zu Werk und Wirkung [Studien zum achtzehnten Jahrhundert 11], 1989, 305–334). – 113 Deutsche Uebersetzung des Alten Testaments mit Anmerkungen für Unge-

„Gründliche Erklärung des mosaischen Rechts" (6 Teile, 1770–1775, ²1778–1780) hielt an der Mosaizität des Pentateuch fest und konnte, indem sie dessen geschichtlich-zeitgebundene Bedeutung freilegte, ebenso die deistische Fundamentalkritik wie den Anspruch auf christliche Verbindlichkeit abweisen. Die Fragment gebliebene „Einleitung in die Schriften des Alten Bundes" (1787) wurde durch die Arbeit seines Göttinger Nachfolgers Eichhorn (s. § 22.4) alsbald antiquiert. Michaelis trat auch als ein polyhistorisch gebildeter und interessierter Wissenschaftsorganisator[114] hervor, verlor aber, unbeschadet des Ruhms, den er wegen seiner Belesenheit und Eloquenz auf sich zog, zusehends an Einfluß und Wertschätzung. In einem siebenteiligen Briefwechsel mit seinem Göttinger Kollegen G.Ch. Lichtenberg erörterte Michaelis im Sommer 1783 unter Aufbietung höchster Gelehrsamkeit und grundiert von augenzwinkerndem Vergnügen die Frage, ob und, wenn ja, auf welche Weise der Jerusalemer Tempel während seines tausendjährigen Bestehens durch einen Blitzableiter geschützt gewesen sein mochte[115].

Die Göttinger Kirchengeschichtsforschung erlebte während der neologischen Ära eine besondere Blüte. *Christian Wilhelm Franz Walch* (1726–1784), der 1753 als o. Professor der Philosophie an die Georgia Augusta kam und dort 1754 zum ao., 1757 zum o. Professor der Theologie aufstieg, las praktisch sämtliche theologischen Disziplinen (einschließlich des Kirchenrechts)[116], konzentrierte sich aber, zumal in der Forschung, auf die von ihm weithin als „Protokollierung des Faktischen"[117] betriebene, durch intensive Editionstätigkeit unterstützte kirchliche Historiographie. Sein in der Darstellung des 9. Jahrhunderts abbrechender „Entwurf einer vollständigen Historie der Kezereien, Spaltungen und Religionsstreitigkeiten bis auf die Zeiten der Reformation" (11 Bde., 1762–1785, NA 2004ff) ist in seiner ereignisgeschichtlichen Stofffülle bis heute nicht übertroffen. Walchs Nachfolger *Gottlieb Jakob Planck* (1751–1833), der auch wichtige kirchenleitende Ämter wahrnahm[118], hat die mit der Aufklärung einsetzende „pragmatische" Geschichtsschreibung auf ihren Höhepunkt und zugleich an ihr Ende geführt: Er unterzog den geschichtlichen Stoff einer betont unparteilichen, gleichermaßen psychologisch, politisch und institutionengeschichtlich[119] interpretierenden, alle auf ihn gegründeten normativen Wahrheitsansprüche relativierenden Historisierung[120]. Indem Planck die kontroverstheologische Polemik durch eine komparative Symbolik[121] ablöste, suchte er zwischen den Konfessionen Frieden und Versöhnung zu stiften. Demgegenüber war es kein Widerspruch, sondern der konfessionstheologischen Ausrichtung der Neologie (s. § 48) durchaus gemäß, wenn Planck sowohl innerprotestantischen[122] als auch katholisch-evangelischen Reunionsplä-

---

lehrte, 13 Teile, 1769–1783. – **114** Z.B. als jahrzehntelanger Schriftleiter der „Göttingische[n] Anzeigen von Gelehrten Sachen" (1753–1770). – **115** BEUTEL, A.: Lichtenberg und die Religion. Aspekte einer vielschichtigen Konstellation (BHTh 93), 1996, 263f. – **116** Eine ausführliche Bibliographie bietet SCHMITT, 180–183. – **117** Ebd., 179. – **118** Z.B. 1791 Konsistorialrat, 1805 Generalsuperintendent des Fürstentums Göttingen, 1828–1833 Abt von Bursfelde, 1830 Oberkonsistorialrat. – **119** Geschichte der christlich-kirchlichen Gesellschafts-Verfassung, 5 Bde., 1803–1809. – **120** Geschichte der Entstehung, der Veränderungen und der Bildung unsers protestantischen Lehrbegriffs vom Anfang der Reformation bis zur Einführung der Concordienformel, 6 Bde., 1781–1800; Bde. 1–3/2, ²1791–1798; Fortsetzung: Geschichte der Protestantischen Theologie von der Concordienformel an bis in die Mitte des achtzehnten Jahrhunderts, 1831. – **121** Abriß einer historischen und vergleichenden Darstellung der dogmatischen Systeme unserer verschiedenen christlichen Hauptpartheyen […], 1796, ³1822. – **122** Ueber die Trennung und Wiederver-

nen[123] mit Skepsis begegnete, weil er als deren Konsequenz nicht eine Schlichtung, sondern im Gegenteil eine Verschärfung des Parteienstreits prognostizierte. Enzyklopädische Impulse gab er mit seinem auf die Erfordernisse der Zeit reagierenden theologischen Elementarisierungsprogramm[124]: Der biblische Offenbarungsanspruch sollte von der Apologetik begründet, von der Exegese material entfaltet und von der Dogmatik ordnend dargestellt werden; der – ihrerseits von der Kirchengeschichte unterstützten – Dogmengeschichte war dabei insofern eine theologisch konstitutive Zuarbeit angewiesen, als sie die geschichtliche Bedingtheit der verschiedenen Lehrsysteme und damit auch deren jeweilige Abweichungen von der biblischen Lehre aufzeigen sollte. Mit Planck wußte sich der 1790 nach Göttingen berufene *Karl Friedrich Stäudlin* (1761–1826) in dem Bestreben verbunden, die Geschichtlichkeit des Christentums konsequent und umfassend auszuarbeiten[125]. Indessen hatte Stäudlin das theologische Koordinatensystem der Neologie bereits transzendiert und suchte, zwischen den beiden Spielarten der theologischen Spätaufklärung changierend, die Inhalte der Vernunftreligion in der Form des Offenbarungsglaubens zu fassen: Ihm schien „das Christenthum nur als ein vereinigter Rationalismus und Supranaturalismus begründet und haltbar zu sein"[126].

Durch den Blick auf weitere theologische Lehrer gewinnt das Bild der Göttinger Neologie an Profil. *Anton Friedrich Büsching* (1724–1793), seit 1754 an der Georgia Augusta, suchte die Dogmatik zeitgemäß zu modernisieren[127]; 1761 ging er als Pfarrer nach St. Petersburg und wurde 1766, von Spalding hochgeschätzt, Oberkonsistorialrat in Berlin[128]. Als ein klassischer Neologe war *Gottfried Leß* (1736–1797), von 1763 bis 1791 in Göttingen lehrend, darum bemüht, gegenüber der radikalen westeuropäischen Religionskritik die selbständige Dignität des Christentums zu erweisen[129] und den tradierten Lehrbestand durch kritische Revision und populartheologische Transformation für die religiöse Lebenspraxis nutzbar zu machen. *Christoph Friedrich von Ammon* (1766–1850), der sich in Göttingen (1794–1804) als Neologe positionierte, vertrat eine Harmonie von biblischer Offenbarung und der gottgegebenen menschlichen Vernunft[130]; seine später mehrfach bewiesene positionelle Anpassungsfähigkeit – man fand ihn im Lager der Erweckten wie der Rationalisten – wurde nicht nur von Schleiermacher als lavierende Charakterlosigkeit empfunden[131]. Als neologischer Kanzelredner und Homile-

---

einigung der getrennten christlichen Haupt-Partheyen [...], 1803; Ueber den gegenwärtigen Zustand und die Bedürfnisse unserer protestantischen Kirche [...], 1817. – **123** Worte des Friedens an die katholische Kirche gegen ihre Vereinigung mit der protestantischen, 1809. – **124** Einleitung in die theologischen Wissenschaften, 2 Bde., 1794/95. – **125** Hauptwerke u.a.: Geschichte und Geist des Skepticismus, vorzüglich in Rücksicht auf Moral und Religion, 1794; Geschichte der Sittenlehre Jesu, 4 Bde., 1799–1823; Lehrbuch der Dogmatik und Dogmengeschichte, 1801, ⁴1822; Universalgeschichte der christlichen Kirche, 1806, ⁵1833. – **126** Geschichte des Rationalismus und Suprarationalismus vornehmlich in Beziehung auf das Christenthum [...], 1826, 468. – **127** Gedanken von der Beschaffenheit und dem Vorzug der biblisch-dogmatischen Theologie vor der alten und neuen scholastischen [...], 1758. – **128** HOFFMANN, P.: Anton Friedrich Büsching (1724–1793). Ein Leben im Zeitalter der Aufklärung, 2000. – **129** Beweiß der Wahrheit der Christlichen Religion, 1768, ⁵1785. – **130** Entwurf einer reinen biblischen Theologie, 1792; Handbuch der christlichen Sittenlehre, 3 Bde., 1795, ²1838; Summa theologiae christianae, 1803, ⁴1830. – **131** SCHMIDT, J.D.: Die theologischen Wandlungen des Christoph Friedrich von Ammon, Diss., Erlangen 1953.

tiker[132] hat *Johann Gottlob Marezoll* (1761–1828), der von 1789 bis 1794 als Universitätsprediger und ao. Professor der Theologie (1790) in Göttingen wirkte, großen Eindruck gemacht.

§ 23: Volksaufklärung

BÖNING, H.: Der „gemeine Mann" als Adressat aufklärerischen Gedankenguts. Ein Forschungsbericht zur Volksaufklärung (Das achtzehnte Jahrhundert 12, 1988, 52–80). – DERS.: Gemeinnützig-ökonomische Aufklärung und Volksaufklärung. Bemerkungen zum Selbstverständnis und zur Wirkung der praktisch-populären Aufklärung im deutschsprachigen Raum (in: JÜTTNER, S./SCHLOBACH, J. [Hg.]: Europäische Aufklärung[en]. Einheit und nationale Vielfalt, 1992, 218–248). – DERS.: Aufklärung auch für das Volk? Buchhandel, Verleger und Autoren des 18. Jahrhunderts entdecken den gemeinen Leser, 1998. – DERS./SIEGERT, R.: Volksaufklärung. Biobibliographisches Handbuch zur Popularisierung aufklärerischen Denkens im deutschen Sprachraum von den Anfängen bis 1850, 2 Bde., 1990/2001. – CONRAD, A. u.a. (Hg.): Das Volk im Visier der Aufklärung. Studien zur Popularisierung der Aufklärung im späten 18. Jahrhundert, 1998. – DREHSEN, V.: Theologia popularis. Notizen zur Geschichte und Bedeutung einer praktisch-theologischen Gattung (PTh 77, 1988, 2–20). – FISCHER, E. u.a. (Hg.): Von Almanach bis Zeitung. Ein Handbuch der Medien in Deutschland 1700–1800, 1999. – GRIMMINGER, R. (Hg.): Hansers Sozialgeschichte der deutschen Literatur. Bd. 3: Deutsche Aufklärung bis zur Französischen Revolution 1680–1789, ²1984. – KEMPF, Th.: Aufklärung als Disziplinierung. Studien zum Diskurs des Wissens in Intelligenzblättern und gelehrten Beilagen der zweiten Hälfte des 18. Jahrhunderts, 1991. – KUHN, Th.K.: Religion und neuzeitliche Gesellschaft. Studien zum sozialen und diakonischen Handeln in Pietismus, Aufklärung und Erweckungsbewegung (BHTh 122), 2003, 79–223. – MAAR, E.: Bildung durch Unterhaltung. Die Entdeckung des Infotainment in der Aufklärung; Hallenser und Wiener moralische Wochenschriften in der Blütezeit des Moraljournalismus 1748–1782, 1995. – MARTENS, W.: Die Botschaft der Tugend. Die Aufklärung im Spiegel der deutschen Moralischen Wochenschriften, 1968. – SIEGERT, R.: Volksbildung im 18. Jahrhundert (in: Handbuch der deutschen Bildungsgeschichte. Band II: 18. Jahrhundert. Vom späten 17. Jahrhundert bis zur Neuordnung Deutschlands um 1800, 2005, 443–483). – TÖLLE, U.: Rudolph Zacharias Becker. Versuche der Volksaufklärung im 18. Jahrhundert in Deutschland, 1994. – UEDING, G.: Art. Popularphilosophie (HWRh 6, 2003, 1541–1564). – WILKE, J.: Literarische Zeitschriften des 18. Jahrhunderts (1688–1789), 2 Bde., 1978.

Die Popularisierung ihrer philosophischen und fachwissenschaftlichen Errungenschaften gehört zum programmatischen Kernbestand der Aufklärung: In der Verbreitung ihres Gedankenguts verwirklichte sich ihr emanzipatorisches Potential. Sie erstrebte nicht eine intellektuelle Elitenbildung, sondern verstand sich als eine auf alle Gruppen und Schichten ausgreifende geistig-moralische Emanzipationsbewegung. „Höre, du bist ein Mensch, so gut als Newton, oder der Amtmann oder der Superintendent [...]. Habe Mut zu denken, nehme Besitz von deiner Stelle!"[133]

Als das vorzüglichste Medium ihrer Popularisierungsarbeit hat die Aufklärung die *Publizistik* (wieder-)entdeckt. Insofern besteht ein enger Zusammenhang zwischen der Aufklärungsbewegung und der Herausbildung eines neuen literarischen

---

[132] Ueber die Bestimmung des Canzelredners, 1793; zahlreiche Predigtpublikationen. –
[133] LICHTENBERG, G.Ch.: Schriften und Briefe, hg.v. W. PROMIES, Bd. 1, ²1973, 130.

Marktes. Die fortschreitende Alphabetisierung trug dazu ebenso bei wie die Etablierung neuer literarischer Institutionen (Leihbibliotheken, Lesegesellschaften, „Museen")[134]. So zeichneten sich bereits zur Mitte des 18. Jahrhunderts die Konturen eines „Strukturwandels der Öffentlichkeit" (Habermas) ab. Die dynamische Expansion des Buchmarktes – zwischen 1740 und 1800 hat sich die Zahl der jährlichen Neuerscheinungen mehr als verdoppelt – war zugleich von einer nachhaltigen „Enttheologisierung" begleitet: Von 1625 bis 1800 reduzierte sich der Marktanteil der religiösen bzw. theologischen Literatur von 45,8% auf 6%[135]. Die aufklärerische Publizistik zielte nicht allein auf die Gelehrtenrepublik, sondern auf das gesamte Bürgertum, dessen sozialer Emanzipationsprozeß in Deutschland eindeutig auf dem kulturellen Sektor begann. Auch der weibliche Teil des Publikums war nun, nicht selten ausdrücklich, im Blick. Im späteren 18. Jahrhundert wurde die Popularisierungsarbeit gezielt auf den bäuerlichen Bevölkerungsanteil ausgedehnt, der einerseits praktische Lebenshilfe erfahren, andererseits zu einer Modernisierung seines Bewußtseins instandgesetzt werden sollte (s. u.). Wie weit die politischen Verhältnisse in Deutschland einstweilen hinter diesen Intentionen zurückblieben, zeigte sich darin, daß nahezu alle führenden Literaten der Aufklärung in Konflikte mit Zensurbehörden verstrickt und fortwährend von Schreib- bzw. Publikationsverboten und anderen disziplinarischen Maßnahmen bedroht waren.

Der popularisierende Grundzug der Aufklärung hat sich in dem Typus der *Moralischen Wochenschriften* exemplarisch manifestiert. Die von R. Steele und J. Addison in England herausgegebenen „moral weeklies" – „The Tatler" (1709–1711), „The Spectator" (1711/12, 1714) und „The Guardian" (1713) – wurden zu Vorbildern der dann in fast ganz Europa aufkommenden, neuartigen Gattung. Die ersten deutschsprachigen Periodika dieser Art hießen „Der Vernünfftler" (Hamburg 1713/14), „Die Discourse der Mahlern" (Zürich 1721–1723), „Der Patriot" (Hamburg 1724–1726) und „Die Vernünftigen Tadlerinnen" (Halle/Leipzig 1725/26); ihnen folgte bald, kulminierend um die Mitte des Jahrhunderts, eine kaum überschaubare Vielzahl dieser meist kurzlebigen Magazine, die zeitweilig das breitenwirksamste Medium der Aufklärung waren. Ihre geschichtliche Funktion und Bedeutung lag zumal darin, daß sie „einem breiten Lesepublikum den Übergang von der intensiven Lektüre weniger Bücher zur extensiven Lektüre vieler Bücher" ermöglichten[136]. Auf eine zugleich unterhaltende und belehrende Verbreitung bürgerlicher Tugend und rationaler Humanität abzielend, waren sie allesamt von der Überzeugung getragen, daß jeder Mensch, sofern der dafür notwendigen Förderung teilhaftig, zu vernünftiger Tugend befähigt und zur Glückseligkeit als dem Lohn eines tugendhaften Lebens bestimmt sei. Die Palette der

---

134 DANN, O. (Hg.): Lesegesellschaften und bürgerliche Emanzipation. Ein europäischer Vergleich, 1981; BÖDEKER, H.E. (Hg.): Lesekulturen im 18. Jahrhundert, 1992. – 135 PÜTZ, P.: Die deutsche Aufklärung, [4]1991, 19. Der Aufschwung belletristischer Literatur, deren Marktanteil von 5,8% (1740) auf 21,5% (1800) anstieg, dürfte in erster Linie zu Lasten des traditionellen Erbauungsschrifttums erfolgt sein (JENTZSCH, R.: Der deutsch-lateinische Büchermarkt nach den Leipziger Ostermeßkatalogen von 1740, 1770 und 1800 in seiner Gliederung und Wandlung, 1912). – 136 WILD, R.: Stadtkultur, Bildungswesen und Aufklärungsgesellschaften (in: GRIMMINGER, 103–132, 119); Allerdings dürfte der Anteil der wirklich Lesekundigen kaum mehr als ein Viertel der Bevölkerung ausgemacht haben (SCHENDA, R.: Volk ohne Buch? Studien zur Sozialgeschichte der populären Lesestoffe 1770–1910, 1970, 443f).

erörterten Themen reichte anfangs von den Naturwissenschaften über moralische und religiöse Fragen bis hin zu pädagogischen und alltagspraktischen Problemen. Immer stärker war dann aber eine Tendenz zur thematischen Konzentration auf Gegenstände der Literatur und Philosophie, näherhin der Anthropologie, Psychologie und „Erfahrungsseelenkunde" (K. Ph. Moritz) zu verzeichnen.

Als *weitere Popularisierungsmedien* erlebten Lexika, Kompendien, Einführungswerke und – seit der Jahrhundertmitte – literarische sowie politische Zeitschriften eine Hochkonjunktur. Ohne jeden systematisch-theoretischen Originalitätsanspruch suchten sie das Wissen der Zeit möglichst umfassend und allgemeinverständlich zu kompilieren. Daneben erblühte die literarische Gattung des Romans[137], der dem aufklärerischen Interesse an autonomer Anthropologie insofern entsprach, als er in der präzisen Beschreibung von Einzelschicksalen seine Protagonisten bei ausgeklügelter Dramaturgie der Affekte im Spannungsfeld von Trieb und Sittlichkeit agieren ließ. Erst recht aber entsprach der aufklärerischen Popularisierungstendenz der signifikante Funktionswandel, den das Theater in ganz Europa vollzog: Aus einem Repräsentationsorgan der höfischen Gesellschaft wurde eine „Schule der moralischen Welt" (Lessing), die nun auch das Bürgertum bühnenfähig machte und damit die Leitideen der bürgerlichen Aufklärung anschaulich, plausibel und populär inszenierte.

Parallel zur Entfaltung einer breitenwirksamen Popularphilosophie entstand in der zweiten Hälfte des 18. Jahrhunderts das Genre der pädagogisch-philanthropischen Literatur (Basedow, Rochow, Campe) sowie nach 1760 die neue Gattung der Kinder- und Jugendliteratur (Salzmann, Schummel, Thieme)[138]. Indem sie eine unterhaltsame Vermittlung aufklärerischer Verhaltens- und Sittenlehre erstrebte, verfolgte die Pädagogik der Aufklärung ein zweifaches Ziel: die Erziehung zum Menschen und die Erziehung zum Bürger. Auf der Vorbildfunktion des Erziehers lag dabei das pädagogisch ausschlaggebende Gewicht. J.H. Campe hat das 18. Jahrhundert denn auch programmatisch das „pädagogische Jahrhundert" genannt (s. § 43).

Als Popularisator der deutschen Aufklärung war der Berliner Verlagsbuchhändler und Schriftsteller *Friedrich Nicolai* (1733–1811) von zentraler Bedeutung. Mit Lessing und Mendelssohn seit 1754 freundschaftlich verbunden, stand er mit fast allen geistigen Repräsentanten der Zeit in reger Verbindung. Als polemischer Verfechter und Multiplikator einer neologisch temperierten gesellschaftlich-politischen und moralisch-religiösen Aufklärung wurde Nicolai zum maßgeblichen Wegbereiter des öffentlichen Diskurses, zunächst durch die „Briefe über den itzigen Zustand der schönen Wissenschaften in Deutschland" (1755) und die zusammen mit Lessing herausgegebenen „Briefe, die neueste Litteratur betreffend" (24 Teile, 1759–1765), dann aber vor allem durch das gigantische Rezensionsunternehmen der von ihm organisierten „Allgemeinen deutschen Bibliothek" (1765–1805), die mit ihrer von 433 Mitarbeitern in 268 Bänden veröffentlichten Kritik von etwa 80.000 Neuerscheinungen bald das führende „Integrationsmedium der Gelehrtenrepublik"[139] und zugleich das wertvollste Dokument des damaligen öf-

---

137 Vgl. die in § 9 genannte Literatur; ferner GRIMMINGER, R.: Roman (GRIMMINGER, 635–715). – **138** PROMIES, W.: Kinderliteratur im späten 18. Jahrhundert (ebd., 765–831). – **139** SCHNEIDER, U.: Friedrich Nicolais Allgemeine Deutsche Bibliothek als Integrationsmedium der Gelehrtenrepublik, 1995.

fentlichen Meinungsbildungsprozesses geworden ist. Als literarisches Komplement dieser „Rezensionsfabrik" (Fichte) erschien Nicolais Bestseller-Roman „Das Leben und die Meinungen des Herrn Magister Sebaldus Nothanker" (3 Bde., 1773–1776), der, in polemischer Abgrenzung gegen orthodoxe, pietistische, empfindsame und genieästhetische Zeitströmungen, die bewegte Lebensgeschichte eines Landgeistlichen unterhaltsam erzählt, aber auch poetologisch (Vorrede!) und zeitdiagnostisch bemerkenswert ist. Erhebliche Aufmerksamkeit fanden daneben Nicolais ausführliche Reisebeschreibungen[140], die präzise, kultur- und sozialgeschichtlich wertvolle Beobachtungen enthalten, aber auch polemische Angriffe auf ihm mißliebige religiöse, literarische und politische Erscheinungen. Seine satirischen Feldzüge gegen Goethe[141], Kant[142], die Romantik[143] und andere Spielarten der neben- und nachaufklärerischen Geisteskultur ließen mitunter eine rechthaberische Beschränktheit des Urteils erkennen, trugen ihrem Verfasser zahlreiche Feindschaften ein und haben seine geschichtliche Bedeutung bis weit ins 20. Jahrhundert hinein verdunkelt[144].

Seit der Mitte des 18. Jahrhunderts erweiterte sich die aufklärerische Popularisierungsarbeit zur *Volksaufklärung*: Neben dem gebildeten Bürger rückte nun der Landmann in den Mittelpunkt des sozial- und mentalitätsreformerischen Interesses. Dabei repräsentierte das „Volk" gleichsam die Gegenwelt zum Gelehrtenstand. Unter dem Einfluß der Physiokratie (s. § 5) entstand ein breites philanthropisch, ökonomisch und kameralistisch orientiertes Schrifttum für die aufzuklärende Landbevölkerung[145]. Dieses Sozialengagement ist darin von besonderem kirchengeschichtlichen Interesse, daß die Geistlichkeit dabei eine durchaus tragende Rolle spielte: Sie unterstützte die Arbeit von landwirtschaftlichen, ökonomischen und patriotischen Gesellschaften und dürfte etwa die Hälfte aller populäraufklärerischen Schriften verfaßt haben (Katechismen, Kalender, Wochenblätter, Ratgeber, Unterhaltungsliteratur). Das Interesse an einer ganzheitlichen, also ökonomische, sittliche, religiöse und letztlich auch politische Reformanliegen verzahnenden Einwirkung auf das Volk konzentrierte sich mehr und mehr auf die moralisch-religiösen Belange. Zusehends trat an die Stelle der herkömmlichen Hausväter- bzw. Hausstandsliteratur ein von Pfarrern aller Konfessionen verfaßtes volksaufklärerisches Schrifttum, das sich ebenso wie das geistliche auch das handgreiflich inner-

---

140 Z.B.: Beschreibung einer Reise durch Deutschland und die Schweiz im Jahre 1781. Nebst Bemerkungen über Gelehrsamkeit, Industrie, Religion und Sitten, 2 Bde., 1783–1796. – 141 Freuden des jungen Werthers. Leiden und Freuden Werthers des Mannes. Voran und zuletzt ein Gespräch, 1775. – 142 Leben und Meinungen Sempronius Gundibert's eines deutschen Philosophen. Nebst zwey Urkunden der neuesten deutschen Philosophie, 1798. – 143 Vertraute Briefe von Adelheid B** an ihre Freundin Julie S**, 1799. – 144 Vgl. aber ANER, K.: Der Aufklärer Friedrich Nicolai, 1912; DERS.: Friedrich Nicolai als Zeuge des kirchlichen Lebens in Berlin (JBrKG 9/10, 1913, 244–267). Seit der gelehrten Studie von H. MÖLLER (Aufklärung in Preußen. Der Verleger, Publizist und Geschichtsschreiber Friedrich Nicolai, 1974) hat sich das kultur-, literatur- und kirchengeschichtliche Interesse an Nicolai nachhaltig verstärkt. Vgl. v.a. HABERSAAT, S.: Verteidigung der Aufklärung. Friedrich Nicolai in religiösen und politischen Debatten, 2 Bde., 2001; KIRSCHER, R.: Théologie et Lumières. Les théologiens „éclairés" autour de la revue de Friedrich Nicolai „Allgemeine deutsche Bibliothek" (1765–1792), 2001; BEUTEL, A.: Aufklärung und Pietismus auf dem Weg nach Berlin. Die Figur des „Frömmlings" in Friedrich Nicolais Roman „Sebaldus Nothanker" (ZThK 99, 2002, 262–277). – 145 Vgl. etwa PAUTLER, S.: Jakob Michael Reinhold Lenz. Pietistische Weltdeutung und bürgerliche Sozialreform im Sturm und Drang, 1999.

weltliche Wohl seiner Leser angelegen sein ließ. Innerhalb der Bildungsschicht kam dabei den Geistlichen insofern eine bevorzugte Rolle zu, als diese mit der Zielgruppe der Volksaufklärung von Berufs wegen den breitesten und unmittelbarsten Umgang hatten. Demgemäß wandelte sich seit der Mitte des 18. Jahrhunderts das Selbst- und Fremdbild des Pfarrers langsam, aber nachhaltig vom Amtsträger zum Volkslehrer und Menschenfreund. Es ist hohe Zeit, daß die kirchengeschichtliche Forschung auch diese sozialen und ökonomischen Motivlagen, durch die die religiöse Aufklärung überhaupt erst zureichend als eine praktische Reformbewegung[146] erkannt werden kann, in ihre Wahrnehmung einbezieht.

Neben der nicht zuletzt von Pfarrern getragenen Volksaufklärung entstand die literarische Gattung der *Populartheologie*. Noch bevor der Ausdruck als programmatische Titelwendung in Erscheinung trat[147], war das entsprechende Grundmuster der Sache nach ausgebildet. Schriften wie J.G. Albertis „Anleitung zum Gespräch über die Religion […]" (1772) oder J.J. Spaldings „Ueber die Nutzbarkeit des Predigtamtes und deren Beförderung" (^{1}1772) zielten bereits auf eine ganzheitliche religiöse Durchdringung der Lebenswelt, um die zumeist als Indifferentismus thematisierte außerkirchliche Religiosität in eine theologisch reflektierte, individualitätswahrende, sach- und zeitgemäße Praxis des Christentums einzuholen. In rascher Folge erschienen nun Schriften über das „Studium der populären Dogmatik"[148] und den „populären Kanzelvortrage"[149], über „populäre und praktische Theologie"[150] oder „zur Beförderung des praktischen Christenthumes und der populären Aufklärung"[151]. Darin konkretisierte sich die der Aufklärung selbstverständlich gewordene Einsicht in die Notwendigkeit einer kategorialen Unterscheidung von Religion und Theologie[152]. Überzeugt von der Legitimität einer aus kirchlicher Aufsicht emanzipierten christlichen Laienreligion, sollte die Populartheologie dazu instandsetzen, den „Unterschied zwischen der sogenannten scholastischen, akroamatischen oder gelehrten, und zwischen der populären oder katechetischen Theologie"[153] zu vollziehen. Dergestalt positionierte sie sich als eine Vermittlungsinstanz zwischen gelebter Frömmigkeit und theologischer Wissenschaft. Gegenüber der gelehrten Theologie machte sie sich zum Anwalt einer mündigen Religionspraxis, „deren Themen und Probleme, deren Orientierungsbedürfnisse und auch deren geistig-moralische Fassungskraft"[154] sie vertrat. Gleichzeitig suchte sie die Erscheinungsformen authentischer Religiosität durch einen

---

146 So bereits SCHOLDER, K.: Grundzüge der theologischen Aufklärung in Deutschland (in: LIEBING, H./SCHOLDER, K. [Hg.]: Geist und Geschichte der Reformation. FS Hanns Rückert [AKG 38], 1966, 460–486). – **147** Vermutlich erstmals bei MOSCHE, G.Ch.B.: Specimen inaugurale theologicum de theologia populari, 1773. – **148** GRIESBACH, J.J.: Anleitung zum Studium der populären Dogmatik, besonders für künftige Religionslehrer, (1779) ^{4}1789. – **149** SCHMID, J.W.: Anleitung zum populären Kanzelvortrage zum Gebrauch bei Vorlesungen, 3 Theile, 1787–1789; SCHUDEROFF, J.G.J.: Über die Popularität im Kanzelvortrage (in: DERS.: Beyträge zur Beförderung zweckmäßiger Kanzelvorträge, 1796, 31–60). – **150** NIEMEYER, A.H.: Populäre und praktische Theologie oder Methodik und Materialien des christlichen Volksunterrichts, (1792) ^{7}1829. – **151** ANDRES, B. (Hg.): Magazin für Prediger zur Beförderung des praktischen Christenthumes und der populären Aufklärung, 4 Bde., 1789–1793. – **152** Vgl. beispielhaft NÖBLING, J.A.Ch.: Über das Bedürfnis einer theoretisch praktischen Anleitung zur weisen und vorsichtigen Sonderung der zum christlichen Volks-Unterricht gehörigen Materialien von den Gegenständen der akroamatischen Theologie für angehende Lehrer des Christenthums, 1796. – **153** NÖSSELT, J.A.: Anweisung zur Bildung angehender Theologen, Bd. 2, (1789) ^{3}1818, 220. – **154** DREHSEN, 17.

auf Wahrhaftigkeit, intellektuelle Redlichkeit und begründete Einsicht verpflichteten Selbstverständigungsprozeß aufzuklären und damit die Religion „zu einer Führerin des wirklichen gewöhnlichen Lebens [zu] machen"[155]. Ihre genuinen Adressaten fand die Populartheologie deshalb in den Lehrern der Religion: Sie sollten dazu befähigt werden, „sich die Lehren der Religion so zu denken, und sie so vorzutragen, wie es der Zweck der populären Theologie erfordert"[156]. Allerdings drängte das popularisierende Verallgemeinerungsstreben bald darüber hinaus. G. Leß verfaßte seinen „Kursus der christlichen Religion" ausdrücklich für „die akademischen Jünglinge, welche sich nicht der Theologie, sondern anderen Wissenschaften widmen", und bezog überdies alle „in einem gewissen Grade kultivierten Menschen" mit ein[157]. Es lag in der Konsequenz dieser Abzweckung, daß auch die Populartheologie, indem sie mit der Religion die vornehmste „Angelegenheit des Menschen" zum Thema machte, den „unbefangene[n] Laye[n]"[158] als potentiellen Leser entdeckte. Die neologische Populartheologie hat den Religionsdiskurs programmatisch und folgenträchtig demokratisiert (s. § 46).

Kapitel 6: Rationalismus

§ 24: Vorkantischer Rationalismus

Der Ausdruck *Rationalismus* wird unterschiedlich gebraucht. Im weitesten Sinn steht er für alle antiskeptischen Positionen, die die Vernunft als die einzige Quelle gesicherter Erkenntnis ansehen und damit für andere Wahrnehmungsweisen wie Erfahrung, Gefühl, Offenbarung oder Glauben entsprechende Quellenfunktionen bestreiten. Im engeren Sinn bezeichnet Rationalismus die mit Descartes einsetzende und in Kant sich vollendende, vom ungefähr zeitgleichen englischen Empirismus unterschiedene Phase der kontinentaleuropäischen Philosophiegeschichte. Dagegen verwendet die Kirchengeschichtsschreibung den Ausdruck zur Kennzeichnung einer den Offenbarungsbegriff konsequent problematisierenden Spielart der (protestantischen) Aufklärungstheologie, die gleichwohl an dem durch den Akkommodationsgedanken entschärften Schriftprinzip festzuhalten und den Gottessohn als Inbegriff vernünftiger Moralität zu rezipieren vermochte. Wurde diese Spielart früher zumeist in die der Neologie folgende, um 1790 einsetzende Spätzeit der Aufklärung datiert, so scheint sich mehr und mehr die Einsicht durchzusetzen, daß der theologische Rationalismus weniger ein spezieller Abschnitt als ein durchgehendes Strukturmoment der Aufklärung gewesen ist, das sich in einzelnen Figuren dann auch verselbständigen konnte. Daß die kritische Philosophie Kants

---

[155] SPALDING, J.J.: Ueber die Nutzbarkeit des Predigtamtes und deren Beförderung (^{1}1772-^{3}1791), hg. v. T. JERSAK (SpKA I/3), 2002, 261. - [156] NÖSSELT (s. Anm. 153), 223. - [157] LESS, G.: Entwurf eines philosophischen Kursus der christlichen Religion. Hauptsächlich für die Nicht-Theologen unter den Studirenden, 1790, I.XV. - [158] SPALDING, J.J.: Kleinere Schriften 2: Briefe an Gleim - Lebensbeschreibung, hg.v. A. BEUTEL/T. JERSAK (SpKA I/6-2), 2002, 176.

den theologischen Rationalismus wesentlich stabilisiert hat, steht außer Frage. Doch seine Wurzeln reichen bis auf den Humanismus und englischen Deismus zurück. In der Verbindung mit radikalpietistischer oder durch Wolff (s. § 19) geschulter Denkungsart sind daraus, zumindest in einem Teil ihrer Lebenszeit, bereits vor Kant einige veritable Vertreter des theologischen Rationalismus erwachsen.

1. Erste Generation (Dippel, Edelmann, J.L. Schmidt)

BENDER, W.: Johann Konrad Dippel. Der Freigeist aus dem Pietismus. Ein Beitrag zur Entstehungsgeschichte der Aufklärung, 1882. – EDELMANN, J.Ch.: Sämtliche Schriften in Einzelausgaben, hg.v. W. GROSSMANN, 12 Bde., 1970–1987. – EHMER, H.: Die Wertheimer Bibel. Der Versuch einer rationalistischen Bibelübersetzung (JHKGV 43, 1992, 289–312). – GOLDENBAUM, U.: Der Skandal der *Wertheimer Bibel*. Die philosophisch-theologische Entscheidungsschlacht zwischen Pietisten und Wolffianern (in: DIES. [Hg.]: Appell an das Publikum. Die öffentliche Debatte in der deutschen Aufklärung 1687–1796, 2004, 175–508). – GOLDSCHMIDT, S.: Johann Konrad Dippel (1673–1734). Seine radikalpietistische Theologie und ihre Entstehung (AGP 39), 2001. – GROSSMANN, W.: J.C. Edelmann. From Orthodoxy to Enlightenment, 1976. – HIRSCH Bd. 2, 277–298. 411–438. – SCHAPER, A.: Ein langer Abschied vom Christentum. Johann Christian Edelmann (1698–1767) und die deutsche Frühaufklärung, 1996. – SCHRÖDER, W.: Aporien des theoretischen Liberalismus. Johann Lorenz Schmidts Plädoyer für „eine allgemeine Religions- und Gewissensfreyheit" (in: KREIMENDAHL, L. [Hg.]: Aufklärung und Skepsis. Studien zur Philosophie und Geistesgeschichte des 17. und 18. Jahrhunderts, 1995, 221–237). – SPALDING, P.S.: Seize the Book, Jail the Author. Johann Lorenz Schmidt and Censorship in Eighteenth-Century Germany, 1992. – VOSS, K.-L.: Christianus Democritus. Das Menschenbild bei Johann Conrad Dippel. Ein Beispiel christlicher Anthropologie zwischen Pietismus und Aufklärung (ZRGG.B 12), 1970.

Eine wirkungsreiche frühe Sonderform des theologischen Rationalismus vertrat der streitbare radikalpietistische Einzelgänger *Johann Konrad Dippel* (1673–1734)[1]. Während seines Theologiestudiums in Gießen und Straßburg wandte er sich, beeindruckt von der Lektüre Spenerscher Schriften und, mehr noch, der Begegnung mit G. Arnold, dem Pietismus zu, auf dessen separatistischem Flügel er sich alsbald lozierte. Mit Dippels „Höllenlehre der Orthodoxen"[2] begann 1697 die Serie seiner meist unter dem Pseudonym Christianus Democritus veröffentlichten, radikal kirchen- und theologiekritischen Kampfschriften, die eine breite publizistische Debatte entfachten und ihrem Verfasser lebenslange Verfolgung eintrugen. Selbst in den Niederlanden, wohin er nach seiner Entlassung aus der Berliner Haft 1707 geflohen war, stieß er aufgrund maßloser Schmähungen der orthodoxen Kirchlichkeit an die Grenzen der dort weit gesteckten obrigkeitlichen Toleranz. Seit 1714 hielt sich der Theologe, Arzt (1711 Dr. med.) und Alchemist Dippel im dänischen Altona auf. Nach der seit 1719 verbüßten dänischen Haft, aus der ihn 1726 die Fürsprache der Königin befreit hatte, wandte sich Dippel zunächst nach Schweden, wo sein Auftreten die Spaltung des dortigen Pietismus in einen kirchlichen und separatistischen Flügel provozierte, und kehrte anschließend nach

---

1 Umfangreiches Quellen- und Literaturverzeichnis bei GOLDSCHMIDT, 275–328. – **2** Orcodoxia [!] Orthodoxorum oder die verkehrte Wahrheit und warhaffte Lügen der unbesonnen-eyferigen so genannten Lutheraner […], 1697.

Deutschland zurück. Von 1729 bis zu seinem Tod 1734 lebte er zurückgezogen in Berleburg.

Dippels umfassende, radikale Kritik der orthodoxen Theologie und Kirche basierte auf der Verbindung eines mystischen Schriftverständnisses mit der durchgehend angewandten Methode rationaler Plausibilitätsprüfung. Die lutherische Sakramentenlehre schien ihm ebenso wie die Lehre von der Verbalinspiration oder vom stellvertretenden Sühnetod Christi[3] allen Gesetzen der Logik zu widersprechen: Nicht Gott müsse mit dem Menschen, sondern dieser mit seinem eigenen, sündlosen Urbild ausgesöhnt werden[4]. Dippel, dem es, mit Hirsch zu reden, „zweifelsfrei gelungen [ist], schlechthin in jedem einzelnen Lehrartikel heterodox zu sein"[5], vertrat aufgrund rationaler Erwägungen eine effektive Rechtfertigungslehre, ein optimistisch-perfektibles Menschenbild sowie die Forderung nach unbeschränkter Glaubens- und Gewissensfreiheit. Seine oft populären, polemisch-zynisch gewürzten Streitschriften, die gewisse Einflüsse des Hermetismus, dagegen kaum der (philosophischen) Frühaufklärung erkennen lassen und insgesamt für ein die dogmatische Orthodoxie alternierendes ethisches Christentum eintraten, haben die Ausbildung eines theologischen Rationalismus spürbar beeinflußt. Seine Schriften[6] zählten zum Kernbestand aufklärerischer Privatbibliotheken, und das von J.A. Trinius besorgte „Freydenker-Lexicon" hat Dippel den mit Abstand breitesten Personalartikel gewidmet[7].

In anderer Weise gehört der ebenfalls vom Pietismus beeinflußte *Johann Christian Edelmann* (1698–1767), der seinen „langen Abschied vom Christentum" (Schaper) auf dem Weg über den radikalpietistischen Separatismus in ein spinozistisch-aufklärerisches Freidenkertum vollzogen hat, in die Frühgeschichte des theologischen Rationalismus. Nach einem in Jena absolvierten, v.a. durch Buddeus und J.G. Walch geprägten Theologiestudium (1720–1724) wirkte Edelmann mehr als zehn Jahre lang als Hauslehrer an verschiedenen Orten. Auf der Suche nach einem wahren, unverfälschten Christentum vertiefte er sich seit 1731 in spiritualistische und rationalistische Schriften – G. Arnolds „Unpartheyische[r] Kirchen- und Ketzer-Historie" kam dabei eine wichtige Orientierungsfunktion zu –, suchte Verbindung zu Gichtelianern und anderen radikalpietistischen Gruppen und begab sich 1735 in die Herrnhuter Brüdergemeine. Seine ersten schriftstellerischen Versuche[8] handelten u.a. von unerbittlicher Wahrheitssuche und religiöser Toleranz; unter ihrem Eindruck lud J.H. Haug den Verfasser 1736 ein, in der fortlaufend mit mystisch-allegorischen Erklärungen versehenen „Berleburger Bibel" die neutestamentlichen Schriften 2Tim, Tit und Phlm zu betreuen.

Parallel dazu verfaßte Edelmann nun auch seine wichtigsten Schriften, deren in der Muttersprache vorgetragene freisinnige Kritik bahnbrechend war und die ihren Verfasser rasch in ganz Deutschland bekannt machten. Inspiriert durch Spino-

---

3 Vgl. WENZ, G.: Geschichte der Versöhnungslehre in der evangelischen Theologie der Neuzeit, Bd. 1, 1984, 158–169. – 4 Vera demonstratio evangelica, das ist, ein in der Natur und dem Wesen der Sachen selbst so wohl, als in heiliger Schrifft gegründeter Beweiß der Lehre und des Mittler-Amts JEsu CHristi [...], 1729. – 5 HIRSCH Bd. 2, 281. – 6 Postume Gesamtausgabe: Eröffneter Weg zum Frieden mit Gott und allen Creaturen, durch die Publication der sämtlichen Schrifften Christiani Democriti [...], hg.v. J.C. KANZ, 3 Bde., 1747. – 7 Freydenker-Lexicon, oder Einleitung in die Geschichte der neuern Freygeister, ihrer Schriften, und deren Widerlegungen [...], 1759, 182–242. – 8 Unschuldige Wahrheiten (...), 1.–4. Unterredung, 1735 (anonym).

zas „Tractatus theologico-politicus [...]" (1670), erwies er „Die Göttlichkeit der Vernunfft [...]" (1730–1740): Den johanneischen Logos (Joh 1,1) deutete Edelmann als Inbegriff der Vernunft[9], der jeglicher religiöse Offenbarungsanspruch zu unterwerfen sei. Ebenfalls durch Spinoza angeregt, unternahm Edelmann eine historisch-kritische Analyse des Alten Testaments sowie der orthodoxen Schrift- bzw. Inspirationslehre, gelangte darüber dann aber rasch zu einer ebenso radikalen wie umfassenden Kritik des gesamten christlichen Theismus sowie der von ihm spöttisch vorgeführten Irenik der Leibniz-Wolffischen Philosophie[10]. Nach der Trennung von Haug 1740 veränderte Edelmann mehrfach seinen Aufenthaltsort. Als ihm in Neuwied ein Prozeß wegen Gotteslästerung drohte[11], wanderte er 1746 über Braunschweig nach Altona. Mit der Genehmigung Friedrichs des Großen, an die allerdings ein striktes Publikationsverbot geknüpft war, konnte sich Edelmann 1749 endgültig in Berlin niederlassen.

Edelmann war ein glänzender Stilist – mit Einflüssen bis auf Lessing und Nietzsche – und sah sich mannigfachen Anfeindungen ausgesetzt[12]. Mit seiner ungebundenen Kritik an Lehre, Kultus und Ordnung der Kirche repräsentiert er einen Ausläufer des radikalen Pietismus und zugleich eine einflußreiche Variante der vorkantischen Theologie der Vernunft. In seiner eigenen Religiosität verband sich das (sogar sein äußeres Erscheinungsbild prägende) Pathos einer radikalen Jesusnachfolge mit einem von der Immanenzidee Spinozas bestimmten mystisch-pantheistischen Rationalismus.

Johann Lorenz Schmidt (1702–1749) wurde durch das von ihm verfaßte Fragment der „Wertheimer Bibel" bekannt, das, von seinen Gegnern erfolgreich befehdet, bis heute weit weniger studiert als geschmäht wird. Dabei würde eine unbefangene historische Würdigung dieses rationalistischen Übersetzungsprogramms durchaus nachvollziehbar machen, weshalb Schmidt von Hirsch „der erste klare und entschiedne Rationalist unter den deutschen Theologen"[13] genannt werden konnte.

Nach dem Studium der Philosophie und Theologie in Jena ging er als Erzieher an das gräflich-protestantische Haus Löwenstein-Wertheim. Als Theologe war Schmidt durchdrungen von den Grundsätzen der Wolffischen Philosophie: Mit ihrer Hilfe schien ihm der Gehalt der in der CA invariata verfaßten Lehrgrundlage des lutherischen Protestantismus unbeschadet in ein System vernünftiger Sätze überführbar zu sein. Dieser Aufgabe stellte er sich nicht in Gestalt eigener systematischer oder religionstheoretischer Entwürfe, sondern dort, „wo sie am schwersten war [...]: am Wortlaut des Bibelbuchs selbst"[14]. Als erster und einziger Teil seiner „Wertheimer Bibel" erschien 1735 die Übersetzung des Pentateuch[15]. Die Vorrede orientierte über die apologetische Zielsetzung des Unternehmens: Durch bildlose, begrifflich klare Wiedergabe des Textes sollte die bislang nicht zureichend begründete göttliche Autorität der Bibel als vernunftgemäß ausgewiesen

---

9 „Im Anfange war die Vernunfft / und die Vernunfft war bey GOtt / und GOtt war die Vernunfft" (ebd., I). – **10** Moses mit aufgedeckten Angesichte, 1740. – **11** Abgenöthigtes Jedoch Andern nicht wieder aufgenöthigtes Glaubens-Bekentniß, 1746. – **12** Seit 1740 sind über 160 Gegenschriften nachweisbar, zu Verbrennungen seiner Werke kam es u.a. in Frankfurt/M. – **13** HIRSCH Bd. 2, 418. – **14** Ebd., 419. – **15** Die göttlichen Schriften vor den Zeiten des Messie Jesus. Der erste Theil worinnen die Gesetze der Jisraelen enthalten sind nach einer freyen Übersetzung welche durch und durch mit Anmerkungen erläutert und bestätiget wird, 1735.

werden. Schmidt war ein versierter Hebraist: Der Wortsinn des biblischen Textes ist von ihm durchgehend getroffen. Anmerkungen erläuterten dem Leser fortlaufend die gefällten Übersetzungsentscheidungen. Alles Wunderhafte transformierte er in rationale Denk- und Ausdrucksformen[16], und die herkömmlich als christologische Weissagungen gedeuteten Stellen entkleidete er jeder prophetisch-allegorischen Konnotation. Daß das Neue Testament die Schriften des Alten Bundes gleichwohl auf Christus bezogen hatte, erklärte er als den Ausfluß einer mündlichen, erst jetzt verschriftlichten Tradition. Während die philologische Sorgfalt seiner Übersetzung, die andere Übersetzungen, insbesondere diejenige Luthers, keineswegs verdrängen sollte, außer Zweifel steht, ist deren zeitbedingte Grenze darin zu sehen, daß Schmidt ebensowenig wie irgendein anderer Zeitgenosse zu einer historischen, die Differenz der Weltbilder und Denkweisen einbeziehenden Würdigung der alten Texte imstande war und deshalb um der begrifflichen Deutlichkeit willen deren poetisch-literarischen Charakter weithin zerstörte.

Die unterdessen zur Regierung gelangten fürstlichen Zöglinge Schmidts ermöglichten die Publikation. In ganz Deutschland löste sie alsbald eine heftige öffentliche Debatte aus. Auf Betreiben des Halleschen Pietisten J. Lange, der bereits an der Vertreibung Wolffs maßgeblichen Anteil genommen hatte und nun offenbar ein Nachhutgefecht gegen die „naturalistische" Philosophie seines einstigen Gegners zu inszenieren gedachte, kam vor dem Reichskammergericht eine auf Religionsspötterei lautende Anklage in Gang. Schmidt, der sich freiwillig stellte[17], wurde 1737 inhaftiert, seine Übersetzung reichsweit verboten und konfisziert. Nach einem Jahr konnte er über die Niederlande nach Hamburg und Altona fliehen, wo er deistische Schriften – darunter M. Tindals „Christianity as Old as the Creation" (1696; dt. 1741) – und die Ethik Spinozas (1677; dt. 1744) erstmals ins Deutsche übertrug. 1747 kam er als Erzieher und Mathematiker an den Wolfenbütteler Hof und scheint bis zuletzt sein biblisches Übersetzungsprojekt weiter verfolgt zu haben. Der Streit um die „Wertheimer Bibel", der äußerlich damit endete, daß die christologische Deutung des Alten Testaments reichsrechtlich sanktioniert wurde, bildete eine wichtige Etappe auf dem Weg zu einer „freie[n] Untersuchung des Canon" (Semler).

2. Zweite Generation (Reimarus, Bahrdt, Henke)

BOEHART, W.: Politik und Religion. Studien zum Fragmentenstreit (Reimarus, Goeze, Lessing), 1988. – BULTMANN, Ch.: Langweiliges Wissen. Die Wahrheiten des Hermann Samuel Reimarus (in: BEUTEL, A./LEPPIN, V. [Hg.]: Religion und Aufklärung. Studien zur „Umformung des Christlichen" [AKThG 14], 2004, 81–91). – ERKER, B./SIEBERS, W.: Das *Bahrdt*-Pasquill. Ein publizistischer Streit zwischen Aufklärung und Gegenaufklärung 1790–1796 (in: GOLDENBAUM, U. [Hg.]: Appell an das Publikum. Die öffentliche Debatte in der deutschen Aufklärung 1687–1796, 2004, 897–939). – FLYGT, S.G.: The Notorious Dr. Bahrdt, 1963. – GAWLICK, G.: Hermann Samuel Reimarus (in: GRESCHAT, M. [Hg.]: Die Aufklärung

---

16 Vgl. die bei HIRSCH (Bd. 2, 422) genannten Beispiele, zu denen sich übrigens in der Schriftauslegung Luthers überraschende Analogien aufzeigen ließen. – 17 SCHMIDTs ruhige Art, auf die gegen ihn vorgebrachten Beschwerden zu reagieren, dokumentiert auch die von ihm 1738 herausgegebene „Samlung derienigen Schriften welche bey Gelegenheit des wertheimischen Bibelwerks für oder gegen dasselbe zum Vorschein gekommen sind".

[GK 8], 1983, 299–311). – KOPITZSCH, F.: Aufklärung in Hamburg. Grundzüge einer Sozialgeschichte der Aufklärung in Hamburg und Altona, 2 Bde., 1982/1990. – KUHN, Th.K.: Carl Friedrich Bahrdt. Provokativer Aufklärer und philanthropischer Pädagoge (in: WALTER, P./JUNG, M.H. [Hg.]: Theologen des 17. und 18. Jahrhunderts. Konfessionelles Zeitalter – Pietismus – Aufklärung, 2003, 204–225). – LÖTZSCH, F.: Was ist „Ökologie"? Hermann Samuel Reimarus. Ein Beitrag zur Geistesgeschichte des 18. Jahrhunderts, 1987. – LÜTKEHAUS, L.: Aufklärung über die Gegenaufklärung. Leben, Meinungen und Schicksale des „berüchtigten Dr. Bahrdt" (in: GUTJAHR, O. u.a. [Hg.]: Gesellige Vernunft. Zur Kultur der literarischen Aufklärung, 1993, 159–171). – REIMARUS, H.S.: Gesammelte Schriften, 1972 ff. – RÖWENSTRUNK, G.: Anfangsschwierigkeiten eines Rationalisten. Carl Friedrich Bahrdts orthodoxe und pietistische Phase (1756–1768), 1977. – SAUDER, G./WEISS, Ch. (Hg.): Carl Friedrich Bahrdt (1740–1792), 1992. – SCHMIDT-BIGGEMANN, W.: Hermann Samuel Reimarus. Handschriftenverzeichnis und Bibliographie, 1979. – SCHULTZE, H.: Art. Reimarus, Hermann Samuel (TRE 28, 1997, 470–474). – STEMMER, P.: Weissagung und Kritik. Eine Studie zur Hermeneutik bei Hermann Samuel Reimarus, 1983. – WALTER, W. (Hg.): Hermann Samuel Reimarus 1694–1768. Beiträge zur Reimarus-Renaissance in der Gegenwart, 1998. – DERS./BORINSKI, L. (Hg.): Logik im Zeitalter der Aufklärung. Studien zur „Vernunftlehre" von H.S. Reimarus, 1980.

Gegenüber Dippel, Edelmann und Schmidt zählen Bahrdt und Henke bereits zur nächsten Generation; auch Reimarus, obwohl er von ihnen der zweitälteste war, ist mit seinen Anschauungen erst im letzten Drittel des 18. Jahrhunderts wirksam geworden. Dieser Zeitenwandel machte sich nicht nur in den moderneren Einflüssen, die sie rezipierten, bemerkbar, sondern ebenso in dem Reflexionsniveau und der systematischen Durchformung ihres theologischen Rationalismus.

Hermann Samuel Reimarus (1694–1768), Sohn eines Hamburger Gymnasiallehrers, setzte das 1714 in Jena aufgenommene Studium der Philosophie, Philologie und Theologie 1716 in Wittenberg fort. Eine ausgedehnte Studienreise nach Leiden, Oxford und London (1720–1722) vermittelte ihm Impulse der westeuropäischen (Religions-)Philosophie. Nach kurzer Lehrtätigkeit in Wittenberg wurde er 1723 Rektor der Stadtschule Wismar, 1728 (nicht 1727) Professor für orientalische Sprachen am Akademischen Gymnasium Hamburg. Die Wertschätzung, die sich Reimarus alsbald erworben hatte, dokumentierte die Aufnahme in die Petersburger Akademie der Wissenschaften (1761) sowie ein – von ihm abgelehnter – Ruf auf den Lehrstuhl für Orientalistik an der Universität Göttingen.

In seiner wissenschaftlichen Arbeit widmete sich Reimarus zunächst der Philologie. Herausragende Bedeutung erlangten sein Kommentar zur kommentierten Hiob-Übersetzung J.A. Hoffmanns[18] sowie eine die Vorarbeiten seines Schwiegervaters J.A. Fabricius vollendende, mustergültige Edition des griechischen Historikers Cassius Dio[19]. Zunehmend interessierte ihn dann aber die Religionsphilosophie. Seine „Vernunftlehre"[20] gab dazu gleichsam das Propädeutikum ab. In doppelter, gegen französischen Materialismus und orthodoxen Kirchenglauben gerichteter Frontstellung suchte Reimarus das deistische Konzept einer natürlichen, humanen Religion rational zu plausibilisieren[21]. Mochten seine „Abhand-

---

18 Johann Adolf Hoffmanns neue Erklärung des Buches Hiob, darin das Buch selbst aus der Grund-Sprache mit dem darin liegenden Nachdruck ins Teutsche übersetzet [...], 1734. – 19 Cassii Dionis Cocceiani Historiae Romanae quae supersunt, 1751/52. – 20 Die Vernunftlehre, als eine Anweisung zum richtigen Gebrauche der Vernunft in dem Erkenntniß der Wahrheit, aus zwoen ganz natürlichen Regeln der Einstimmung und des Widerspruchs hergeleitet, 1756, ³1766, NA 1979. – 21 GAWLICK, G.: Reimarus und der englische Deismus

lungen von den vornehmsten Wahrheiten der natürlichen Religion [...]" (1754, ⁶1791, NA 1985) noch als Prolegomena einer Offenbarungstheologie gedeutet werden, so hätte die von Reimarus jahrzehntelang überarbeitete, aber zeitlebens zurückgehaltene „Apologie oder Schutzschrift für die vernünftigen Verehrer Gottes" (1736-1768)[22] ihren Verfasser als radikalen Kritiker des biblischen Offenbarungsglaubens enttarnt. Hier bestritt Reimarus den Offenbarungscharakter des Alten Testaments vornehmlich unter Hinweis auf die moralische Korruption der vermeintlichen Offenbarungsempfänger, die Vernunftwidrigkeit der Wundergeschichten sowie das Fehlen jedes eschatologischen Horizonts. Aber auch das Neue Testament, das er als Erfüllungserweis alttestamentlicher Verheißungen mißverstanden oder mißbraucht wähnte, unterzog Reimarus fundamentaler Kritik: Während Jesus eine natürliche, vernünftige, ethisch orientierte Religion verkündigt habe, jedoch in seiner Erwartung des nahen Gottesreiches sterbend desillusioniert worden sei, hätten die Jünger und Apostel den Leichnam Jesu gestohlen, dessen Auferstehung erdichtet (Betrugstheorie) und so das irdische Wirken Jesu zum Ausgangspunkt einer Erlösungsreligion verfälscht. Diese konsequente Zurückweisung jedes historisch-partikularen Offenbarungsanspruchs war von Reimarus nicht agnostisch-destruktiv gemeint, sondern als Wegbereitung einer universalen natürlich-humanen Vernunftreligion. Lessing (s. § 30), der nach Reimarus' Tod in den Besitz einer früheren Fassung der „Apologie" gelangt war, hat daraus diskret sieben „Fragmente eines Ungenannten" (1774-1778) veröffentlicht. Sie provozierten über 200 Gegenschriften und führten damit zu einer der größten literarischen Kontroversen des 18. Jahrhunderts, an der sich u.a. J.M. Goeze, J.S. Semler und G. Leß beteiligten. Die Fernwirkungen dieses sog. „Fragmentenstreits" waren noch in der kritischen Bibelwissenschaft des 19. Jahrhunderts und namentlich in der Leben-Jesu-Forschung zu spüren.

Das unablässig kolportierte Verdikt, er sei das „enfant terrible" der deutschen Aufklärung, hat nicht selten die Einsicht getrübt, daß *Carl Friedrich Bahrdt* (1740-1792)[23] zu den interessantesten, wenn auch eigenwilligsten Repräsentanten seiner Epoche gehört. Die ihn kennzeichnende Verbindung von genialischer Vielseitigkeit[24] und provozierend-verletzendem Hochmut erklärt den unruhigen, durch immer neue Verdächtigungen und Anklagen wegen Heterodoxie geprägten Lauf seines Lebens. Nach dem Studium der Philosophie und Theologie in Leipzig (v.a. bei Crusius und Ernesti) wirkte Bahrdt als Theologieprofessor in Leipzig (1766), Erfurt (1769) und Gießen (1771). 1775 übernahm er die Leitung des Philanthropinums in Marschlins (Graubünden), bereits im Folgejahr die Generalsuperintendentur von Dürkheim a. d. Haardt. Wiederum zwei Jahre später floh er aufgrund drohender Verhaftung nach Preußen. Weil mit dem Tod Friedrichs des Großen ein religionspolitischer Klimawandel eingetreten war und Semler, der die Berufung nach Gießen unterstützt hatte, ihn unterdessen heftig befehdete, mußte Bahrdt die 1778 angetretene, höchst publikumswirksame Dozentur in Halle auf-

---

(in: GRÜNDER, K./RENGSTORF, K.H. [Hg.]: Religionskritik und Religiosität in der deutschen Aufklärung, 1989, 43-54). - **22** Erste vollständige Ausgabe 1972. - **23** MÜHLPFORDT, G.: 1740, nicht 1741. Zu Bahrdts Geburtsjahr. Irrtum oder Manipulation? (in: SAUDER/WEISS, 291-305). - **24** Bahrdt veröffentlichte insgesamt 119 selbständige Schriften zu theologischen, philosophischen, altphilologischen, pädagogischen, juristischen und politischen Themen; vgl. JACOB, O./MAJEWSKI, I.: Karl Friedrich Bahrdt. Radikaler Deutscher Aufklärer (25.8.1740-23.4.1792). Bibliographie, 1992.

geben und eröffnete in einem vor der Stadt gelegenen Weinberg die Ausflugsgaststätte „Bahrdtsruhe", die zum Sitz der von ihm als Geheimbund gegründeten „Deutschen Union"[25] und „zu einer Art kulinarisch angereichertem alternativen Volksbildungszentrum"[26] geworden ist.

Bahrdts theologische Entwicklung vollzog sich als ein fortwährender, konsequenter Radikalisierungsprozeß. In Leipzig begann er als entschiedener Verfechter der lutherischen Orthodoxie; einschlägig ist, neben etlichen anderen Schriften, die antirationalistische, von rigoroser Christozentrik geprägte Überarbeitung, die er dem seinerzeit beliebten Erbauungsbuch „Der Christ in der Einsamkeit" von M. Crugot[27] zuteil werden ließ. Auf eine pietistische[28] folgte dann alsbald eine neologische Phase: Sein „Versuch eines biblischen Systems der Dogmatik" (1769) unterzog den herkömmlichen Lehrbestand einer aufklärerischen, an praktisch-religiöser Brauchbarkeit orientierten Revision. Der von ihm entwickelte Plan einer neologischen Zeitschrift hat dann allerdings nur das relativ bescheidene Resultat der „Toleranzbriefe" (1770/71)[29] erbracht.

Während der Gießener Zeit klärte sich das Denken Bahrdts zum theologischen Rationalismus. Großes Aufsehen erregte seine rationalistisch entmythologisierende Umschreibung des Neuen Testaments[30], die den Urtext nicht philologisch exakt wiedergab, sondern in eine allgemeinverständliche, rational nachvollziehbare Form überführte. Seine zahlreichen, oft massiven Veränderungen und Ergänzungen des Textes rechtfertigte Bahrdt mit dem Hinweis auf die unzureichende Bildung der neutestamentlichen Schriftsteller, deren eigentliche Absichten und Gedanken er zum Ausdruck gebracht habe. Goeze, der den orthodoxen Bahrdt einst lebhaft gelobt hatte, witterte nun „eine vorsetzliche Verfälschung und frevelhafte Schändung der Worte des lebendigen Gottes"[31]. In seiner „Apologie der Vernunft" (1781)[32] skizzierte Bahrdt eine rationalistische Soteriologie. Anhand philosophischer und exegetischer Überlegungen bestritt er die Vorstellung eines stellvertretenden Sühnetods Christi. Vielmehr realisiere sich die von diesem gepredigte Begnadigung des Menschen in dessen steter moralischer Vervollkommnung: „Christus kam, die Menschen aufzuklären und zu bessern"[33]. Schließlich radikalisierte Bahrdt sein Konzept einer „begreiflichen Religion"[34] in einen theologischen Naturalismus, der sich aus reiner Vernunfterkenntnis ergebe und darum frei von allen autoritativen religiösen Ansprüchen sei[35]. Die künftigen Pfarrer wollte er zu Volkslehrern erzogen wissen, die sich neben einer elementarisierten religiösen Bildung auch außertheologische, namentlich ökonomische und medizinische Kenntnisse aneignen sollten[36]. Während einer wegen Verspottung des Woellnerschen

---

25 MÜHLPFORDT, G.: Radikale Aufklärung und nationale Leseorganisation. Die deutsche Union von Karl Friedrich Bahrdt (in: DANN, O. [Hg.]: Lesegesellschaften und bürgerliche Emanzipation. Ein europäischer Vergleich, 1981, 103–122). – **26** LÜTKEHAUS, 167. – **27** Der Christ in der Einsamkeit, verbeßert und [...] vermehrt, 1763. – **28** Z.B.: Zwey Predigten von dem Zustande einer Seele, welche den Frieden Jesu genießt, 1765. – **29** Briefe über die systematische Theologie zur Beförderung der Toleranz, 2 Bde., 1770/71. – **30** Die Neuesten Offenbarungen Gottes in Briefen und Erzählungen, 4 Teile, 1773/74. – **31** Beweis, daß die Bahrdtische Verdeutschung des Neuen Testaments keine Uebersetzung, sondern eine vorsetzliche Verfälschung und frevelhafte Schändung der Worte des lebendigen Gottes sey [...], 1773. – **32** Apologie der Vernunft durch Gründe der Schrift unterstützt, in Bezug auf die christliche Versöhnungslehre, 1781. – **33** Ebd., 281. – **34** Ebd., 314. – **35** Würdigung der natürlichen Religion und des Naturalismus in Beziehung auf Staat und Menschenrechte, 1791. – **36** Ueber das theologische Studium auf Universitäten, 1785.

Religionsedikts[37] (s. § 51) verbüßten einjährigen Haftzeit verfaßte Bahrdt eine wirkungsvoll zur Selbstinszenierung genutzte Autobiographie[38].

In *Heinrich Philipp Konrad Henke* (1752–1809) dürfte der vorkantische theologische Rationalismus seinen bedeutendsten Vertreter gefunden haben. Unmittelbar nach dem in Helmstedt absolvierten Studium (1772–1776) wurde er dort Professor der Philosophie (1777), dann der Theologie (1778); zu seinen wichtigsten Schülern zählen J.A.L. Wegscheider (s. § 25.2) und W. Gesenius. Der ungebrochene kirchliche Geist, den Henke mit seinem Rationalismus zu vereinbaren wußte, äußerte sich auch in der Übernahme kirchlicher Ämter: Neben dem akademischen Lehramt versah er seit 1786 die Leitung des Predigerseminars Michaelstein (Harz) und wurde 1803 Abt von Königslutter sowie 1804 Vizepräsident des Konsistoriums und Ephorus des Collegium Carolinum in Braunschweig. Bahnbrechend trat der von Lessing (s. § 30) und Teller (s. § 21.5) beeinflußte Henke vor allem auf dem Gebiet der Kirchengeschichte und Dogmatik hervor[39].

Seine „Allgemeine Geschichte der christlichen Kirche nach der Zeitfolge" (8 Bde., 1788–1820) war darin methodisch innovativ, daß sie die Kirchengeschichtsschreibung endgültig aus der herkömmlichen, nach Zenturien gegliederten Ereignisaufzählung löste und das geschichtliche Material in organisch-pragmatischer Periodisierung entfaltete. Seine die Geschichtserzählung immer wieder durch reflektierende Teile ergänzende Darstellung suchte das Einzelne stets in seinem geschichtlichen Zusammenhang zu erfassen. Allerdings blieb Henke zumal in der vorreformatorischen Kirchengeschichte noch durchgehend einer die traditionelle Verfalls- und Verfälschungstheorie fortführenden, rationalistisch und moralisch urteilenden Deutung des Stoffes verhaftet.

In seinem Leitfaden der Dogmatik (1793)[40] war Henke darauf bedacht, die „evangelische Einfachheit" wiederzugewinnen. Zu diesem Zweck befreite er den traditionellen Lehrbestand von einem dreifachen „Aberglauben": Für sachwidrig erklärte die „Christolatrie", also die Übertragung der allein Gott gebührenden Verehrung auf Jesus, ferner die „Bibliolatrie", also die Verklärung des geschichtlich entstandenen Kanons zu einer dem historisch-kritischen Urteil entzogenen heiligen Schrift, und schließlich die „Onomatolatrie", also das starre Festhalten an veralteten, längst mißverständlich oder unbrauchbar gewordenen Lehrbegriffen. In der materialen Entfaltung seiner Dogmatik stellte Henke zu jedem Thema die biblischen Aussagen in kritischer Absicht der kirchlichen Lehrbildung gegenüber. Insbesondere für die Trinitäts-, Erbsünden-, Versöhnungs- und Abendmahlslehre ergaben sich daraus einschneidende, die orthodoxe Lehrgestalt in eine rationalistische Glaubenslehre umformende Konsequenzen. Die christliche Offenbarungsreligion wollte Henke dadurch zu einer vom Geist Jesu inspirierten Vernunftreligion läutern, daß die durch mannigfache metaphysische Eintragungen entstellte „Religion von Christus" (*in Christum religio*) wieder zu der einfachen *religio Christi* zurückgeführt wird[41].

---

[37] U.a.: Das Religions-Edikt. Ein Lustspiel [...], 1785. – [38] Geschichte seines Lebens, seiner Meinungen und Schicksale, 4 Bde., 1790/91, NA 1983. – [39] Eine vollständige Bibliographie seiner Schriften bieten BOLLMANN, G.K./WOLFF, H.W.J.: Heinrich Philipp Konrad Henke. Denkwürdigkeiten aus seinem Leben und dankbare Erinnerungen an seine Verdienste, 1816, 357ff. Es ist sehr zu bedauern und kaum zu begreifen, daß zu Henke keinerlei neuere Untersuchungen vorliegen. – [40] Lineamenta institutionum fidei christianae historico-criticarum, 1793, ²1795, dt. 1802. – [41] Ebd., Praefatio, 19.

§ 25: Nachkantischer Rationalismus

BAUMOTTE, M.: Theologie als politische Aufklärung. Studien zur neuzeitlichen Kategorie des Christentums (SEE 12), 1973. – HAZARD, P.: Die Herrschaft der Vernunft. Das europäische Denken im 18. Jahrhundert, 1949. – HIRSCH Bd. 5, 1–70. – RENDTORFF, T.: Christentum zwischen Revolution und Restauration. Politische Wirkungen neuzeitlicher Theologie, 1970. – ROSENBERG, H.: Theologischer Rationalismus und vormärzlicher Vulgärliberalismus (in: DERS.: Politische Denkströmungen im deutschen Vormärz, 1972, 18–50). – SCHLINGENSIEPEN-POGGE, A.: Das Sozialethos der lutherischen Aufklärungstheologie am Vorabend der Industriellen Revolution, 1967. – STÄUDLIN, K.F.: Geschichte des Rationalismus und Supranaturalismus, vornehmlich in Beziehung auf das Christenthum […], 1826. – WAGNER, F.: Art. Rationalismus II. Theologisch (TRE 28, 1997, 170–178).

Der nachkantische theologische Rationalismus ragt weit über die geschichtlichen Grenzen des Aufklärungszeitalters hinaus. Seine Positionierungen ergaben sich nicht mehr in der Auseinandersetzung mit Spätorthodoxie, Pietismus und Neologie, sondern in der Konkurrenz mit Schleiermacher, spekulativer Theologie, Supranaturalismus, Erweckungsbewegung und Neokonfessionalismus. Gleichwohl ist damit eine seit dem zweiten Drittel des 18. Jahrhunderts ausgebildete aufklärungstheologische Formation organisch fortgeführt worden.

Ausschlaggebende Impulse empfingen die späteren theologischen Rationalisten aus der Transzendentalphilosophie Kants (s. § 8). Aufgrund der dort freigelegten erkenntnistheoretischen Einsichten sah sich die rationalistische Theologie allein an die Begriffe der praktischen Vernunft gewiesen, mit deren Hilfe sie die vernünftig-natürliche Religion erfassen und dann auch die Gehalte der positiven christlichen Offenbarungsreligion rekonstruieren konnte.

Alle theologischen Rationalisten dieser Zeit besaßen ein ausgeprägtes kirchliches Interesse, nicht wenige ihrer Hauptvertreter versahen kirchenleitende Ämter. Aber die praktisch-ethische Ausrichtung ihrer Religionstheologie drängte doch über die Grenzen des dogmatisch gebundenen binnenkirchlichen Christentums hinaus. Die volkspädagogischen Impulse der Neologie und des älteren theologischen Rationalismus erweiterten sich jetzt in den politischen Raum. Tatsächlich hat der vormärzliche Frühliberalismus hier einen kräftigen Bundesgenossen gefunden, der das reformatorisch-protestantische Emanzipationspotential nun auch der frühliberalen Reformpolitik zuführen wollte. Erst recht hat der theologische Rationalismus die Kirchen- und Theologiegeschichte geprägt. Anstatt seine zeitgebundenen Problem*lösungen*, die bisweilen, etwa in der rationalistischen Entzauberung der neutestamentlichen Wunderberichte, fraglos überspitzte Formen annehmen konnten, der Lächerlichkeit preiszugeben, wäre vielmehr darauf zu achten, daß seine Problem*stellungen*, die sich namentlich aus der Bestreitung supranaturaler Offenbarungsansprüche ergaben, nach wie vor das die neuzeitliche Theologie konstituierende Problembewußtsein bestimmen.

1. Kirchliche Hauptvertreter (Bretschneider, Röhr)

BAUMOTTE, M.: Liberaler Spätrationalismus. Karl Gottlieb Bretschneider 1776–1848 (in: GRAF, F.W. [Hg.]: Profile des neuzeitlichen Protestantismus. Bd. 1: Aufklärung – Idealismus – Vormärz, 1990, 202–232). – MOFFATT, J.: Ninety years after. A survey of Bretschneider's „Probabilia" in the light of subsequent Johannine criticism (AJT 17, 1913, 368–376). – MÜLLER, W.E.: Radikale Reduktion der Dogmatik – Die „Briefe über den Rationalismus" von J.F. Röhr (in: DERS./SCHULZ, H.H.R. [Hg.]: Theologie und Aufklärung, 1992, 242–263). – SIEBERT, S.: Art. Röhr, Johann Friedrich (BBKL 8, 1994, 509–512).

Karl Gottlieb Bretschneider (1776–1848) erhielt seine philosophische und theologische Ausbildung an der Universität Leipzig (1794–1797). Nach mehrjähriger Hauslehrertätigkeit wurde er 1804 Adjunkt der Wittenberger philosophischen Fakultät. Drei Jahre später betrat er die kirchliche Laufbahn: als Oberpfarrer in Schneeberg, Superintendent der Ephorie Annaberg (1708), seit 1816 schließlich als Generalsuperintendent und Konsistorialpräsident in Gotha. Bretschneider war ein vielseitiger Gelehrter und Publizist, sogar religiöse Romane, darunter „Clementine oder die Frommen und Abergläubigen unserer Tage" (1841), hat er verfaßt[42]. Zur Frage der protestantischen Union[43] äußerte er sich ebenso wie zum Symbolzwang[44] oder zur politischen Relevanz des Protestantismus[45]. Erhebliches Aufsehen erregte seine Entdeckung, daß die johanneischen Schriften nicht apostolischen Ursprungs sind[46]. Große Verdienste erwarb er sich auch mit der von ihm angestoßenen Edition des „Corpus Reformatorum", in der er selbst die Herausgabe der Werke und Briefe Melanchthons betreute (15 Bde., 1834–1848).

Sein eigenes theologisches Denken dokumentiert sich am klarsten in Bretschneiders „Handbuch der Dogmatik"[47]. Aus ihm wird auch ersichtlich, weshalb Bretschneider von Hirsch zu den „Rationalisten vom halben Wege" gezählt werden konnte[48]. Die Lehre von den zwei Prinzipien des Protestantismus geht auf diese Dogmatik zurück[49]. Als Formalprinzip erkannte Bretschneider die Entscheidung, allein die Bibel als Erkenntnisquelle der göttlichen Offenbarung und als Norm des christlichen Glaubens und Lebens gelten zu lassen. Ihm war das materiale Prinzip untergeordnet, weil es ebenfalls allein aus der Bibel entsprang: die Lehre von der Rechtfertigung des Sünders allein durch den Glauben. Alle dogmatische Arbeit hatte für Bretschneider drei Kriterien zu genügen: Sie mußte in widerspruchsfreiem Zusammenhang entwickelt werden, biblisch begründet sein und mit den Vernunftwahrheiten in Einklang stehen. Vernunft und Offenbarung[50] waren für

---

[42] Zur Bibliographie vgl. BAUMOTTE, 222–228. – [43] Aphorismen über die Union der beiden evangelischen Kirchen in Deutschland, ihre gemeinschaftliche Abendmahlsfeier, und den Unterschied ihrer Lehre, 1819. – [44] Die Unzulässigkeit des Symbolzwangs in der evangelischen Kirche. Aus den symbolischen Büchern selbst und deren Beschaffenheit nachgewiesen für alle Freunde der Wahrheit, 1841. – [45] Die Theologie und die Revolution. Oder: Die theologischen Richtungen unserer Zeit in ihrem Einflusse auf den politischen und sittlichen Zustand der Völker, 1835. – [46] Probabilia de evangelii et epistolarum Ioannis, Apostoli, indole et origine, 1820. – [47] Handbuch der Dogmatik der evangelisch-lutherischen Kirche. Oder Versuch einer beurtheilenden Darstellung der Grundsätze, welche diese Kirche in ihren symbolischen Schriften über die christliche Glaubenslehre ausgesprochen hat, 2 Bde., 1814/1818, ⁴1838. – [48] HIRSCH Bd. 5, 63. – [49] Vgl. auch: Ueber die Grundprincipien der evangelischen Theologie und die ueber die Stufenfolge göttlicher Offenbarung in heiliger Schrift [...], 1832. – [50] Vgl. auch: Die religiöse Glaubenslehre nach der Vernunft und der Offenbarung für denkende Leser dargestellt, 1843, ⁴1846.

Bretschneider schon dadurch versöhnt, daß sie beide in Gott ihren Ursprung haben. In Aufnahme der von Lessing entwickelten Erziehungsidee sah er in der Offenbarung die geschichtlich fortschreitende, im Vernunftglauben sich vollendende Pädagogik Gottes am Werk. Insofern schien es ihm legitim, die subjektive Wahrnehmung eines Geschehens aufgrund der beschränkten Einsicht in die Vernunft Gottes als übernatürliche Offenbarung zu deuten, sofern daraus weder zu den Gesetzen der Logik noch zu der Praxis vernünftiger Sittlichkeit ein Widerspruch resultierte. Bretschneiders „Dogmatik" war eine auf Bibelwissenschaft und Vernunftgebrauch aufgebaute „Religionslehre für aufgeklärte und denkende Christen"[51]. Noch 1864 hat ihn das „Conversationslexikon" einen „der vorzüglichsten Theologen Deutschlands" genannt[52].

Im ersten Drittel des 19. Jahrhunderts war der theologische Rationalismus unter den evangelischen Pfarrern und darüber hinaus im gesamten Bildungsbürgertum weit verbreitet. Seine wichtigste populartheologische Programmschrift erhielt er aus der Feder von *Johann Friedrich Röhr* (1777–1848). Er hatte in Leipzig studiert und 1804 die Pfarrstelle in Ostrau (bei Zeitz) übernommen. Seit 1820 wirkte er als Oberpfarrer und Generalsuperintendent in Weimar; in dieser Funktion sprach er am 26. März 1832 die „Trauerworte bei v. Goethes Bestattung" (1832, ²1880). In zahlreichen Publikationen[53] und mehr noch in den von ihm herausgegebenen Zeitschriften – darunter v.a. die „Kritische Prediger Bibliothek" (29 Bde., 1820–1848) – positionierte sich Röhr in klarer, oft polemischer Abgrenzung von seinen Gegnern, die er in Erweckungsbewegung und Neokonfessionalismus ebenso fand wie in Schleiermacher und den theologischen Hegelianern.

Röhrs „Briefe über den Rationalismus" (1813, ND 1997)[54] erläutern in 18 Schreiben an einen fiktiven, supranaturalistisch erzogenen Gesprächspartner die Einsichten und Anliegen seiner Theologie. Dabei verurteilt Röhr den Glauben an eine übernatürliche Offenbarung keineswegs, sondern erklärt ihn als „der Denkart des menschlichen Geistes auf einer niedern Stufe der Cultur höchst angemessen" (58). Dagegen könne der kulturgeschichtlich höher entwickelte Rationalismus nur solche religiösen Sätze als wahr anerkennen, die sich als vernünftig ausweisen und „in unmittelbarer Verbindung mit dem höchsten Zwecke der Sittlichkeit" (17) stehen. Da Gott in der Welt nur mittelbar, nämlich als das „äußerste Glied aller Causalität" (47) wirksam werde, entbehre die Annahme einer übernatürlichen Offenbarung jeder Erfahrungsgrundlage. Deshalb erklärt Röhr die religiösen Überzeugungen als natürliche Objektivationen „einer immer höher ausgebildeten Menschenvernunft" (50)[55].

Das Neue Testament genießt seine höchste Wertschätzung: Nirgendwo fänden sich die ewigen Wahrheiten der Vernunftreligion deutlicher und würdiger zur Sprache gebracht (129). Ein hier und da in der Bibel aufscheinender Offenbarungsanspruch sei aus „der Denkweise eines ungebildeten Zeitalters" (107) zu erklären. Jesus, dieser „Heros der Menschheit" (26), habe alles gelehrt, was „meine eigene Vernunft zur Gründung eines zu ächter Sittlichkeit führenden Religionssy-

---

[51] Aus meinem Leben. Selbstbiographie, ²1852, 124. – [52] BAUMOTTE, 206. – [53] Zur Bibliographie vgl. SIEBERT, 510–512. – [54] Darauf beziehen sich die nachfolgenden Seitennachweise. – [55] Zusammen mit einem einschlägigen Bonmot G.Ch. Lichtenbergs stellt RÖHR fest: „Gott läßt sich nicht zum Menschen herab; der Mensch steigt zu ihm empor" (121).

stemes nöthig hat" (31)⁵⁶. Während Röhr die in den Evangelien berichteten Naturwunder Jesu als subjektive Wahrnehmungstäuschung erklärt, hält er die Heilungswunder für glaubwürdig, obschon er sie nicht vernünftig zu begründen vermag (202–221).

Die Wahrheiten der von Jesus gestifteten „Universalreligion" (402) beschränken sich nach Röhr auf die Lehren vom Dasein Gottes, der moralischen Vervollkommnung des Menschen und der Unsterblichkeit der Seele (439). Alle darüber hinausgehenden kirchlichen Lehrbildungen seien der Religion Jesu nicht mehr gemäß. An der positiven Gestalt des Christentums, welche „die Vernunftreligion Jesu" mit allerlei Gebräuchen angereichert habe, will Röhr gleichwohl festhalten, weil sie als Entwicklungshilfe „auf der Bahn sittlicher Vervollkommnung" einstweilen nicht zu entbehren sei: „Auch der gebildetste und aufgeklärteste Mensch bedarf sinnlicher Anregungen und Hülfsmittel, die Wahrheiten der Religion, die ihm durch ihre innere Vernunftmäßigkeit einleuchten, an seinem Herzen wirksam werden zu lassen" (427).

Röhrs klare, allgemeinverständliche Plausibilisierung des theologischen Rationalismus hat auf seine Zeit großen Eindruck gemacht, durch K.A.v. Hase dann allerdings eine souveräne, wissenschaftlich-kritische Überwindung erlebt⁵⁷.

2. Akademische Hauptvertreter (Paulus, Wegscheider)

BURCHARD, Ch.: H.E.G. Paulus in Heidelberg 1811–1851 (in: DOERR, W. [Hg.]: Semper Apertus. Sechshundert Jahre Ruprecht-Karls-Universität Heidelberg 1386–1986, 1985, Bd. 2, 222–297). – GRAF, F.W.: Frühliberaler Rationalismus. Heinrich Eberhard Gottlob Paulus 1761–1851 (in: DERS. [Hg.]: Profile des neuzeitlichen Protestantismus. Bd. 1: Aufklärung – Idealismus – Vormärz, 1990, 128–155). – OHST, M.: Denkglaube – zum Religionsbegriff der späten Aufklärung (H.E.G. Paulus) (in: BARTH, U./GRÄB, W. [Hg.]: Gott im Selbstbewußtsein der Moderne. Zum neuzeitlichen Begriff der Religion, 1993, 35–49). – REICHLIN-MELDEGG, K.A.v.: Heinrich Eberhard Gottlob Paulus und seine Zeit, nach dessen literarischem Nachlasse, bisher ungedrucktem Briefwechsel und mündlichen Mittheilungen dargestellt, 2 Bde., 1853. – REVENTLOW, H. GRAF: Epochen der Bibelauslegung. Bd. 4: Von der Aufklärung bis zum 20. Jahrhundert, 2001, 202–209. – SCHÄFER, R.: Schleiermachers Rezeption des Rationalismus (in: BEUTEL, A./LEPPIN, V. [Hg.]: Religion und Aufklärung. Studien zur neuzeitlichen „Umformung des Christlichen" [AKThG 14], 2004, 161–171). – SCHENK, W.: Art. Paulus, Heinrich Eberhard Gottlob (BBKL 7, 1994, 96–102). – VINCENT, J.M.: Leben und Werk des Hallenser Theologen Julius Wegscheider (1771–1849) mit unveröffentlichten Briefen an Eduard Reuss, 1997.

Die für den späteren theologischen Rationalismus bezeichnende Verknüpfung von vernünftiger Christlichkeit und politischem Frühliberalismus hat sich in *Heinrich Eberhard Gottlob Paulus* (1761–1851), der zeitweilig als der führende Neutestamentler Deutschlands angesehen wurde, exemplarisch konkretisiert. Nach dem Tübinger Theologiestudium führte ihn ein zweijähriges Reisestipendium durch

---

56 „Sein Religions- und Moralsystem ist, wenn bei ihm von einem Systeme die Rede seyn kann, das einfache Resultat eines schlichten Verstandes, das Produkt eines gesunden Herzens, dessen wissenschaftliche Bearbeitung er den Weisen der Schule überläßt" (148). –
57 HASE, K.A.v.: Anti-Röhr (1837) (in: DERS.: Gesammelte Werke, Bd. 8/1, 1892, 261–414).

Deutschland, Holland, England und Frankreich. In Jena begann 1789 seine akademische Laufbahn: erst als Professor der Orientalistik, dann seit 1793 der Theologie. 1803 wurde er an die Reformuniversität Würzburg berufen. Nachdem die Stadt 1807 an Habsburg gefallen war, entschädigte ihn die bayerische Regierung mit dem Amt des Kirchen- und Schulrats in Bamberg (1807), Nürnberg (1808) und Ansbach (1810). Seit 1811 lehrte Paulus als Theologieprofessor in Heidelberg.

Prägende Einflüsse empfing sein Denken von Spinoza und, mehr noch, von Kant. Mit dessen transzendentalphilosophischer Erkenntnistheorie suchte Paulus die unbedingte Glaubwürdigkeit der Bibel und namentlich der Evangelien sicherzustellen[58]. Hier sah er die Aufgabe des kritischen Exegeten darin, die durch eingetragene Kommentare und metaphysische Deutungsmuster sowie durch die beschränkte Verstehensmöglichkeiten der Augenzeugen verursachten Trübungen aufzuklären und so den zuverlässigen historischen Kern der Vernunftreligion Jesu freizulegen. In seiner Absicht, das Leben Jesu „reingeschichtlich" zu rekonstruieren, legte Paulus den größten Wert darauf, „daß auch das Wunderbare Thatsache war"[59]. Daß sich das Rezeptionsinteresse dann allerdings weithin auf die rationalistischen Wundererklärungen – bis hin zur Scheintod-Hypothese, mit der sich die Auferstehung Jesu erklärt sah – konzentrierte, hat Paulus nachhaltig bedauert, weil dadurch von seinem eigentlichen Interesse, „den Stoff der Evangelien als ganzen [zu] retten"[60], nur abgelenkt werde.

Erst recht suchte Paulus die vernünftige Religion Jesu aus den Verfälschungen, denen sie die kirchliche Lehr- und Traditionsbildung unterworfen hatte, zu befreien. Dergestalt erstrebte er „Die Versöhnung zwischen Wissen und Glauben durch [...] gründliche Aufklärung" (1843), die er in einer „moralischen Religiosität ohne Metaphysik"[61] erreicht sah. Christlicher Glaube war für ihn nicht die Einstimmung in ein konfessionell gebundenes Lehrgebäude, sondern die in der tätigen Realisierung der eigenen sittlichen Einsichten sich bewährende „Überzeugungstreue"[62]. Weil eine gesamtgesellschaftliche Wirkung des christlichen Glaubens dessen rationale Plausibilisierung voraussetze, konterkarierte Paulus den supranaturalistischen „Eingebungsglauben", dessen praktische Relevanz sich auf den Kreis der Offenbarungsgläubigen beschränke und der deshalb einem weltflüchtigen Quietismus Vorschub leiste, durch das Konzept einer vernünftigen, auch Politik und Kultur durchdringenden „Denkglaubigkeit"[63]. Für das „glaubensthätige Christenthum"[64] konnten nur solche Religionslehren relevant sein, die mit der individuellen moralischen Vervollkommnung zugleich auch eine Versittlichung der äußeren Welt herbeizuführen vermochten.

---

[58] Philologisch-kritischer und historischer Kommentar über das Neue Testament. Bd. 1–3: Die drey ersten Evangelien [...], 1800–1802; Das Leben Jesu als Grundlage einer reinen Geschichte des Urchristenthums [...], 2 Bde., 1828; Exegetisches Handbuch über die drei ersten Evangelien, 3 Bde., 1830–1833, ²1841/42. – [59] Exegetisches Handbuch über die drei ersten Evangelien, ²1841/42, XII–XV. – [60] Hirsch Bd. 5, 31. – [61] Aufklärende Beiträge zur Dogmen-, Kirchen- und Religions-Geschichte, 1830, IX. – [62] Skizzen aus meiner Bildungs- und Lebens-Geschichte [...], 1839, 99. – [63] Berichtigende Resultate aus dem neuesten Versuch des Supranaturalismus gegen den biblisch christlichen Rationalismus. Oder zeitgemäße Beleuchtung des Streits zwischen dem Eingebungsglauben und der urchristlichen Denkglaubigkeit, 1830. – [64] Skizzen, 112.

Paulus brachte ein breitgestreutes wissenschaftliches Schrifttum hervor, betrieb mehrere Zeitschriften- und Editionsprojekte und verfaßte Verteidigungsschriften für geistesverwandte Personen (D.F. Strauß, K. Gutzkow) und Gruppen (Deutschkatholiken, Lichtfreunde). Seit den ersten Heidelberger Jahren verlagerte sich sein publizistisches Interesse immer mehr auf die politischen Kontroversthemen der Zeit. Sein Kampf gegen den Symbolzwang und für eine synodale Kirchenverfassung sollte die kirchliche zum Schrittmacher der politischen Liberalisierung werden lassen. Nachhaltig votierte Paulus für eine in der Gewährung der bürgerlichen Grundrechte sich realisierende Demokratisierung. Aus seiner Überzeugung, daß „Intoleranz nicht toleriert werden"[65] dürfe, erklärt sich zugleich seine aggressive Polemik gegen die spätabsolutistische „Hoftheologie"[66], die „,apostolische' Junta" in Rom[67] oder die durch Schellings spekulative Religionsphilosophie beförderte Restauration. Im Sinne des praktischen Vernunftglaubens, zu dessen Verwirklichung der aufgeklärte Protestantismus privilegiert sei, verstand Paulus die Religion als „das Wissen und Wollen der würdigsten Verhältnisse des Menschen zur Gottheit"[68]. Zumal in Südwestdeutschland hat der vormärzliche Frühliberalismus in Paulus einen wichtigen Vordenker gefunden. Auch darin ist die Theologie der Aufklärung bis tief ins 19. Jahrhundert hinein wirksam geblieben.

Während Paulus letztmals eine umfassende Harmonie zwischen biblischem Text und dogmatischem Wahrheitsbewußtsein meinte erweisen zu können, hat *Julius August Ludwig Wegscheider* (1771–1849) den Widerspruch, der sich zwischen grammatisch-historischer Exegese und zeitgemäßer Glaubensrechenschaft auftun mußte, zu offenem Austrag gebracht. Nach dem Theologiestudium in Helmstedt (1791–1795), wo Henke (s. § 24.2) sein wichtigster Lehrer geworden war, verdingte er sich zehn Jahre lang als Hauslehrer in Hamburg und absolvierte daneben ein gründliches Kant-Studium. 1805 wurde er Repetent in Göttingen, ein Jahr später Professor der Philosophie und Theologie in Rinteln, 1810 schließlich Theologieprofessor in Halle. Zusammen mit dem Alttestamentler W. Gesenius und dem Philosophen J.H. Tieftrunk repräsentierte er dort die Hochburg des theologischen Spätrationalismus.

Wegscheiders „Unterricht in der Dogmatik" (1815, [8[!]]1844, dt. 1831)[69] wurde das klassische Lehrbuch seiner theologischen Richtung. Prägungen durch Kant, Semler und Henke finden sich hier zu authentisch-organischer Einheit verbunden. Die klare Disposition und kompetente Stoffdarbietung war dem Zweck geschuldet, den (zahlreichen) Hörern seiner Vorlesungen Orientierung zu bieten, und dürfte zugleich den ungewöhnlichen Erfolg erklären, der dem Buch beschieden war. Wegscheider folgte dem traditionellen heilsgeschichtlichen Aufriß. Jedes Kapitel bietet zunächst ein sorgfältiges Referat der seit etwa 1750 zu verzeichnenden Lehrbildung. Diese wird dann den drei Kriterien ausgesetzt, ob sie mit den Einsichten der wissenschaftlichen Bibelauslegung zu vereinbaren ist, im Verlauf der Kirchengeschichte namhafte Veränderungen erfahren hat und mit den Grundsätzen

---

65 Beurtheilende Anzeigen einiger Schriften, welche das neueste Betragen des römisch-päbstlichen Kirchenregiments [...] beleuchten, 1818, 3. – 66 Skizzen, 59. – 67 Rechtserforschungen für Juristen und Nicht-Juristen, Heft 3, 1825, 16. – 68 Kirchen-Beleuchtungen. Oder: Andeutungen, den gegenwärtigen Standpunct der römisch-päpstlichen, katholischen und evangelisch-protestantischen Kirchen richtiger zu kennen und zu beurtheilen, 1827, V. – 69 Institutiones theologiae christianae dogmaticae Scolis suis scripsit addita singulorum dogmatum historia et censura, 1815, [8]1844 (= ND 1981).

der „reineren", zu aufgeklärter Sittlichkeit anhaltenden christlichen Lehre in Einklang steht.

Durchgehend hebt Wegscheider hervor, das Neue Testament biete ganz unterschiedliche Lehrarten und habe zudem verschiedene Akkomodationen an den jüdischen Zeitgeist, die sich vor allem in einer supranaturalen Darstellungsweise manifestierten, vollzogen. Daraus entnimmt er die Aufgabe der Dogmatik, sich bei einer vernunftgemäßen Rezeption der Bibel vornehmlich an diejenigen Teile der Lehre Jesu zu halten, die sich als den von Gott uns eingepflanzten religiösen und moralischen Ideen gemäß erweisen. Dadurch rückt die Verkündigung des Reiches Gottes in den Mittelpunkt des dogmatischen Interesses: Jesus habe den Menschen den Weg und die Mittel eröffnet, durch unablässiges Streben nach dem „höchsten Gut" (Kant) moralische Vervollkommnung und Gottseligkeit zu erlangen.

Als Maßstab der „reineren" Lehre dient Wegscheider die „gesunde Vernunft" (sana ratio). Sie sei den Menschen naturhaft gegeben und werde durch eine besondere Fürsorge Gottes noch unterstützt. Bei rechtem Gebrauch erkenne sie Gott als den Inbegriff des Sittengesetzes[70]. Desgleichen ergäben sich aus ihrer Tätigkeit die vier Fundamentalartikel der christlichen Religion: Die Bibel, soweit sie der Vernunft nicht widerstreitet, ist die exklusive Erkenntnisquelle christlicher Wahrheit; Gott ist der allmächtige und allgütige Schöpfer und Lenker der Welt; Jesus ist Lehrer und Vorbild christlicher Moralität; ihr zustrebend erhält die unsterbliche Seele Anteil am ewigen Heil. Da es für Wegscheider, Kant folgend, ausgemacht war, daß Gott sich weder begrifflich erkennen noch in seiner Existenz beweisen lasse, hielt er anthropomorphe Gottesvorstellungen, soweit sie der praktischen Vernunft nicht widerstreiten, für unumgänglich.

In den Ergänzungen der späteren Auflagen seiner Dogmatik hat Wegscheider auf die Glaubenslehren von F. Schleiermacher (1821, ²1830) und D.F. Strauß (1840/41) ausführlich reagiert. Aufschlußreich ist dabei insbesondere das Verhältnis zu Schleiermacher. Zwar nimmt Wegscheider durchaus einzelne Abgrenzungen vor, doch seine ausdrücklichen Zustimmungen überwiegen bei weitem. Namentlich in den für seine Theologie zentralen Fragen des Offenbarungsverständnisses und des von allem Wunderhaften zu reinigenden Jesusbildes bestehen nicht allein in der Sicht Wegscheiders, sondern auch für die neueste Forschung „eigentümliche Parallelen"[71]. Dagegen hat Schleiermacher die Dogmatik Wegscheiders zwar ausgiebig benutzt[72], jedoch fast gar nicht zitiert. Sein häufigster Referenzpartner ist F.V. Reinhard, von dessen supranaturalistischer Dogmatik er die eigene Lehrbildung plastisch abheben konnte. Das bei Schleiermacher fortwirkende rationalistische Erbe dürfte um einiges reicher sein, als man gemeinhin vermutet – und allemal reicher, als er selbst, nach außen hin, zu gestehen bereit war[73].

§ 26: Supranaturalismus

HAUSER, L.: G.C. Storrs theologische Rezeption der Kritik der reinen Vernunft, ein Gelenkpunkt für das Verständnis des deutschen Idealismus (in: FUNKE, G. [Hg.]: Akten des 5. Internationalen Kant-Kongresses [...], 1981, 909–918). – HINFURTNER, K.-H.: Biblischer Su-

---

70 „Deus sanctus ipsa ea lex est" (ebd., ⁷1833, § 68). – 71 SCHÄFER, 167. – 72 Der Umgang mit mindestens drei Auflagen ist nachweisbar (ebd., 163). – 73 Ebd., 170f.

pranaturalismus. Gottlob Christian Storr 1746-1805 (in: GRAF, F.W. [Hg.]: Profile des neuzeitlichen Protestantismus. Bd.1: Aufklärung - Idealismus - Vormärz, 1990, 113-127). - HIRSCH Bd. 5, 70-144. - REICH, W.: Der Offenbarungsbegriff im Supranaturalismus. Eine überlieferungs- und wirkungsgeschichtliche Untersuchung, Diss., München 1974. - SCHOTT, Ch.-E.: Möglichkeiten und Grenzen der Aufklärungspredigt. Dargestellt am Beispiel Franz Volkmar Reinhards (APTh 16), 1978. - WEINHARDT, J.: Art. Supranaturalismus (TRE 32, 2001, 467-472).

Der Ausdruck *Supranaturalismus* wird bisweilen als Schlagwort für ein anachronistisches Festhalten am vorneuzeitlichen Weltbild gebraucht. In prägnantem Sinn bezeichnet er eine dem theologischen Spätrationalismus antithetisch gegenüberstehende, gleichwohl ihm strukturanaloge Position. Sie war keine organische Fortsetzung spätorthodoxer oder pietistischer Auffassungen, sondern konstituierte sich, wie der Spätrationalismus, durch eine explizite Kant-Rezeption, aufgrund deren sie, anders als der Rationalismus, die Annahme einer übernatürlichen Offenbarung als vernünftig begründet erwiesen sah. Während Kant mit seinem berühmten Satz „Ich mußte [...] das Wissen aufheben, um zum Glauben Platz zu bekommen" (KrV B XXX) den Bereich der Erfahrungsgegenstände transzendierenden Postulate der praktischen Vernunft legitimieren wollte, entnahm daraus der Supranaturalismus in mißdeutender Anknüpfung die Ermächtigung, den Wissens- und Wahrheitsanspruch des christlichen Glaubens auf eine übernatürliche, in der göttlich inspirierten Bibel tradierte, durch Wunder- und Weissagungsbeweise beglaubigte Offenbarung zu gründen. Da weder der theologische Rationalismus noch der Supranaturalismus die strukturelle Analogie ihrer Argumentationsweise zu erkennen vermochten, waren die zwischen ihnen ausgetragenen Konflikte so heftig wie der Streit unter Geschwistern. Sie kulminierten in der niederträchtigen Denunziation, die L.v. Gerlach 1830 unter dem Titel „Der Rationalismus auf der Universität Halle" in die Rubrik „Nachrichten" der Hengstenbergschen „Evangelischen Kirchenzeitung" hatte einrücken lassen[74]. Exponierte Ursprungsvertreter fand der Supranaturalismus in G.Ch. Storr und F.V. Reinhard. Indessen dürften gegenüber den „reinen" Gestalten eines theologischen Rationalismus bzw. Supranaturalismus die Mischformen deutlich überwogen haben.

Gottlob Christian Storr (1746-1805), Begründer und Haupt der älteren Tübinger Schule, lehrte seit 1775 als Professor der Philosophie, seit 1777 der Theologie in Tübingen. Nachdem die Universität 1792 seine Berufung in ein kirchenleitendes Amt noch hatte abwenden können, wurde er 1797 Oberhofprediger und Konsistorialrat in Stuttgart. Herausgefordert durch die neologische Bibelwissenschaft, die das ganze theologische Denken der Zeit mit „unbegrenzte[r] Zweifelssucht"[75] infiziert habe, suchte Storr unter Aufnahme der Kantischen Postulatenlehre in historisch-philologischem Verfahren die Offenbarungsautorität der Bibel rational zu erweisen und auf dieser Basis dann auch eine den Lehrbestand des Christentums gegen jede rationalistische Destruktion verteidigende Glaubenslehre zu errichten. Sein dogmatisches Hauptwerk (1793, dt. 1803)[76] ist 1802 in Württemberg zum offiziellen Kompendium erklärt worden und hat diesen Status bis 1841

---

[74] EKZ 4, 1830, 38-40.45-47. Vgl. dazu VINCENT, J.M.: Leben und Werk des Hallenser Theologen Julius Wegscheider (1771-1849) mit unveröffentlichten Briefen an Eduard Reuss, 1997, 237-262. - [75] Lehrbuch der Christlichen Dogmatik ins Deutsche übersetzt [...], 1803, XIX. - [76] Doctrinae christianae pars theoretica e sacris literis repetita.

bzw. 1849 genossen. Mit wissenschaftlichen Mitteln glaubte Storr die Evangelien als apostolisch und das gesamte Neue Testament als göttlich inspiriert und autorisiert ausweisen zu können, wodurch dann auch die von Jesus und den Aposteln als Offenbarungsurkunden approbierten Schriften des Alten Bundes zu kanonischer Geltung gelangten. Damit war für Storr die Verbindlichkeit der biblischen Offenbarung gesichert: „Die in der heiligen Schrift gefällten Urtheile [...] müssen wir als Richtschnur (Norm) unserer Urtheile ansehen"[77]. Mochte die Glaubwürdigkeit der Bibel in einzelnen Fällen auch durch Vernunft- und Erfahrungsurteile bestätigt werden, so lag darin für Storr ein zwar erfreulicher, aber keinesfalls notwendiger Evidenzweis, denn „auch beim Mangel solcher Gründe handeln wir doch vernünftig [!], wenn wir diese oder jene Lehre blos auf Auctorität der Schrift annehmen"[78].

Die eingehende Untersuchung der (Religions-)Philosophie Kants[79] führte Storr zu der Einsicht, daß eine sich darauf berufende Zurückweisung der biblischen Offenbarungsansprüche jeder Grundlage entbehre: Da Kant gezeigt habe, daß außerhalb der Erfahrungswelt liegende Gegenstände der Vernunft nicht erkennbar sind, entlarve sich der theologische Rationalismus, indem er die biblischen Offenbarungssätze dem Kriterium der Vernunft unterziehe, als unwissenschaftlich. Der namhafte Freundes- und Schülerkreis, der sich um Storr gesammelt hatte (F.G. Süskind, J.F. u. K.Ch. Flatt, E.G. Bengel, J.Ch.F. Steudel u.a.), multiplizierte den Einfluß dieses aufgeklärten Supranaturalismus. Zugleich hat Storr auch einschneidende philosophische Folgen gezeigt: Unter dem Eindruck seines Kantbuches entdeckten Hegel und Schelling die Anfälligkeit der Philosophie Kants für offenbarungstheologische Usurpation, weshalb sie dann mit ihren eigenen, idealistischen Konzepten auf den Nachweis abzielten, „daß die Vernunft absolut, in sich selbst vollendet ist" und ihre „unendliche Idee" nur in der Abwehr des „sich aufdrängenden Fremden, nicht durch eine Anbildung desselben vollendet werden kann"[80].

Nach kurzer Lehrtätigkeit an der Universität Wittenberg wurde *Franz Volkmar Reinhard* (1753–1812) 1784 Propst, 1792 Oberhofprediger und Konsistorialrat in Dresden. Zeitgenössische Berühmtheit hat er vornehmlich als Kanzelredner erlangt. Seine allsonntäglich von mehr als tausend Menschen besuchten Gottesdienste atmeten neologischen Geist: Aus dem Predigttext pflegte er ein allgemeines sittlich-religiöses Thema abzuleiten, in dessen Durchführung er die christliche Offenbarungstradition seinen Hörern als eine konkrete Lebenshilfe erschloß. Die menschliche Vernunft galt ihm als das von Gott gewährte Mittel, die Offenbarungsaussagen der Bibel zu erfassen und zur Geltung zu bringen. Dadurch elementarisierte sich seine Theologie, metaphysischer Spekulation (etwa in der Christologie oder Trinitätslehre) weithin abhold, zu einem „biblisch vereinfachten Luthertum"[81]. Zusehends entwickelte sich Reinhard dann aber vom Neologen zum Supranaturalisten. Seine Reformationspredigt von 1800, in der er das Abrücken vieler Theologen von dem Werk Luthers beklagte, erwies sich dabei als ein bedeutender Markstein. Die durch sie angestoßene, breit geführte Kontroverse hat das

---

[77] Lehrbuch, 226. – [78] Ebd., 231. – [79] Annotationes quaedam theologicae ad philosophicam Kantii de religione doctrinam, 1793, dt. 1794. – [80] HEGEL, G.W.F.: Die Positivität der christlichen Religion (1795/96). Zusätze (in: DERS.: Werke in zwanzig Bänden. Bd. 1: Frühe Schriften, 1971, 104–229), 196. – [81] HIRSCH Bd. 5, 81.

Auseinandertreten von Rationalismus und Suprarationalismus erstmals offenkundig gemacht. Rückblickend erläuterte Reinhard seine unterdessen dezidiert supranaturalistische Position: Die biblische Offenbarung enthalte zu viel Wahres, „als daß ich sie für Wahn und Täuschung hätte ansehen können"; anstatt seiner Vernunft zu glauben, glaube er lieber „dem Urheber der Vernunft"[82]. Wer zwischen Rationalismus und Supranaturalismus einen Mittelweg suche, sei ein „inconsequenter Synkretist"[83]. Der aufgebrochene Streit berührte für ihn die Grundsatzfrage der Theologie, aus der sich eine klare Alternative ergebe: „Einheit der Principien und folgerechtes Denken in der Religion finde nur Statt, wenn man sich entweder ganz an die Vernunft, oder ganz an die Schrift halte; wirklich consequent sey nur der Rationalist und der Supernaturalist"[84]. In diesem Sinn erarbeiteten dann beispielsweise der Leipziger Theologieprofessor *J.A.H. Tittmann* (1773–1831) oder der in Göttingen lehrende *K.F. Stäudlin* (1761–1826) eine systematische Vertiefung der supranaturalistischen Position. Den Angelpunkt ihrer Überlegungen bildete jeweils das durch Weissagungserfüllungen und Wunder ausgezeichnete Leben Jesu, das damit den Offenbarungscharakter seiner Sendung und Lehre unabweisbar gemacht habe[85].

Doch der Rigorismus, mit dem Reinhard die Theologie seiner Zeit vor die Entscheidung gestellt sah, entsprach nicht überall der geschichtlichen Wirklichkeit. Tatsächlich bildeten sich zwischen dem, was Kant idealtypisch als „reiner Rationalist" und „reine[r] Supranaturalist" unterschieden hatte[86], zahlreiche individuelle Mischformen aus. *K.L. Nitzsch* (1751–1831) suchte bei der Offenbarung die Übernatürlichkeit ihrer Form mit der Vernünftigkeit ihres Inhalts zu verbinden. Ähnlich sah *H.G. Tzschirner* (1778–1828) in der Bibel und zumal in der Sendung Jesu die übernatürliche Beglaubigung der Religionswahrheiten, deren materialer Gehalt auch der bloßen Vernunft durchaus zugänglich sei[87]. Mit einigem Recht hätte *Bretschneider* (s. § 25.1) ebenfalls unter die Mischformen gezählt werden können. Die strukturelle Verwandtschaft der beiden Strömungen macht eine saubere kategoriale Scheidung problematisch, und die bisweilen gebrauchten Vermittlungsbegriffe „rationaler Supranaturalismus" bzw. „supranaturaler Rationalismus" sind letzten Endes doch nur der Ausdruck einer nicht zu behebenden Verlegenheit.

---

82 Geständnisse seine Predigten und seine Bildung zum Prediger betreffend in Briefen an einen Freund, 1810 (^{2}1811), 100.104. – **83** Reinhard an Tzschirner, 7.6.1811 (zit. nach SCHOTT, 267). – **84** Geständnisse, 95. – **85** TITTMANN, J.A.H.: Ueber Supranaturalismus, Rationalismus und Atheismus, 1816; STÄUDLIN, K.F.: Jesus der göttliche Prophet. Ein Beitrag zur Apologetik, 1824. – **86** Die Religion innerhalb der Grenzen der bloßen Vernunft, (1793) ^{2}1794, 216–218. – **87** GECK, A.: Art. Tzschirner, Heinrich Gottlieb (BBKL 12, 1997, 788–796); SCHULZ, CH.: Spätaufklärung und Protestantismus. Heinrich Gottlieb Tzschirner (1778–1828). Studien zu Leben und Werk, 1999.

Kapitel 7: Katholische Aufklärung

HEGEL, E.: Die katholische Kirche Deutschlands unter dem Einfluß der Aufklärung des 18. Jahrhunderts (RhWAW.G 206), 1975. – KLUETING, H. (Hg.): Katholische Aufklärung – Aufklärung im katholischen Deutschland, 1993. – KOVÁCS, E. (Hg.): Katholische Aufklärung und Josephinismus, 1979. – MERKLE, S.: Die katholische Beurteilung des Aufklärungszeitalters, 1909. – SCHÄFER, Ph.: Literaturbericht zu „Katholische Aufklärung" (ThRv 92, 1996, 89–106). – DERS.: Aufsätze zur Aufklärung, 1999. – SCHNEIDER, B.: „Katholische Aufklärung": Zum Werden und Wert eines Forschungsbegriffs (RHE 93, 1998, 357–397). – DERS.: Katholische Aufklärung als Kommunikationsgeschehen. Überlegungen zur Entwicklung und Bedeutung der aufklärerischen Presse im frühen 19. Jahrhundert (in: BEUTEL, A./ LEPPIN, V. [Hg.]: Religion und Aufklärung. Studien zur neuzeitlichen „Umformung des Christlichen" [AKThG 14], 2004, 215–227). – SCHWAIGER, G.: Die Aufklärung in katholischer Sicht (Conc[D] 3, 1967, 559–566).

Bis heute hat die in den katholischen Territorien des Reiches wirksame Aufklärung keine bündelnde Gesamtdarstellung gefunden[1]. Das liegt nicht allein an der noch immer unzureichenden Erforschung der einschlägigen Phänomene, Motive und Strukturen, sondern ebenso an der nach wie vor kontrovers diskutierten Frage, ob darunter eher der Niederschlag epochenspezifischer Signaturen im katholischen Bereich („Aufklärung im katholischen Deutschland") oder eine genuine konfessionelle Anverwandlung und Ausformung der das Zeitalter prägenden Kräfte und Interessen („Katholische Aufklärung") zu verstehen sei. Unstrittig ist dabei allerdings, daß der aufklärerische Zeitgeist auch im katholischen Deutschland zu Buche schlug, obschon, verglichen mit den protestantischen Territorien und erst recht mit der westeuropäischen Entwicklung, in markanter zeitlicher Verschiebung: Aufklärerische Tendenzen begannen sich hier seit etwa 1730 zu regen, verstärkten sich nach dem Ende des Siebenjährigen Krieges (1763), erlangten nach 1800 ihre das gesamte kirchliche Leben prägende Blüte und haben bis zur Mitte des 19. Jahrhunderts noch eine erhebliche Fort- und Nachwirkung erlebt.

Die katholische Kirchengeschichtsschreibung des späteren 19. Jahrhunderts hat die Reformbemühungen des 18. Jahrhunderts meist als einen gefährlichen Irrweg perhorresziert und dadurch das ultramontane und antimodernistische Identitätsbewußtsein des sich formierenden konfessionskatholischen Milieus nicht unerheblich stabilisiert. Erstmals sprach sich der Würzburger Kirchenhistoriker S. Merkle für eine differenzierte, auf induktiver Quellenarbeit basierende „katholische Beurteilung des Aufklärungszeitalters" aus. Dessen 1908 gehaltener, im Folgejahr publizierter Vortrag, der, auch in apologetischer Absicht, die breit dokumentierte Reformtätigkeit der katholischen Kirche im Zeitalter der Aufklärung nachwies, hat zunächst eine heftige innerkatholische Kontroverse entfacht[2], mittelfristig dann aber eine immer differenziertere Wahrnehmung der „katholischen Aufklärung" angestoßen. In jüngster Zeit scheint sich darin ein gewisser Forschungskonsens abzuzeichnen, daß die Aufklärung in den katholischen Ländern kaum noch

---

1 Vgl. einstweilen KLUETING, H.: „Der Genius der Zeit hat sie unbrauchbar gemacht". Zum Thema *Katholische Aufklärung* – Oder: Aufklärung und Katholizismus im Deutschland des 18. Jahrhunderts. Eine Einleitung (KLUETING, 1–35). – 2 MAIER, H.: Die Katholiken und die Aufklärung. Ein Gang durch die Forschungsgeschichte (KLUETING, 40–53).

als ein „Fremdkörper"[3] oder „Meteoriteneinschlag", sondern als eine spezifische Konkretion jenes umfassenden geschichtlichen Prozesses aufgefaßt wird, deren inhaltliche und strukturelle Eigenheiten mit dem Epitheton „katholisch" durchaus sachgemäß zu bestimmen sind[4]. Als Wurzeln der katholischen Aufklärung sind einerseits der nachtridentinische Reformkatholizismus und die darin lebendige „Eigentradition an offenen Fragen"[5], andererseits die auch in Deutschland und zumal in Österreich wirksame Reformbewegung des Jansenismus zu erkennen. Zentrale Impulse ergingen daneben selbstverständlich aus den protestantischen Ländern in Mittel- und Norddeutschland, wobei der Reformuniversität Göttingen eine wichtige Vermittlerfunktion zukam. Nicht nur die Neologie, sondern auch die protestantische Aufklärungsphilosophie hat dabei, namentlich durch ihre Leitfiguren Wolff und Kant, einen nachhaltigen Modernisierungsschub angeregt. Wie offen und anschlußwillig diese Impulse auf katholischer Seite rezipiert wurden, zeigte beispielhaft der Fall des Würzburger Philosophieprofessors und Benediktiners M. Reuß, der von seinem Bischof 1792 mit einem Reisestipendium nach Königsberg versehen wurde und dann nach seiner Rückkehr in Würzburg zu einem wichtigen Multiplikator der Philosophie Kants geworden ist[6].

Die „verworrene und vielfältige Wesenheit" der katholischen Aufklärung[7] hat sich v. a. in der Ausbildung eines absolutistischen Staatskirchentums (§ 27), in mannigfachen, zumeist episkopalistisch grundierten kirchlichen Reformimpulsen (§ 28) und einer zeitgemäßen Umformung der katholischen Universitätstheologie manifestiert (§ 29).

§ 27: Staatskirchentum

ARETIN, K.O.v.: Katholische Aufklärung im Heiligen Römischen Reich (in: DERS.: Das Reich. Friedensgarantie und europäisches Gleichgewicht 1648-1806, 1986, 403-433). – BARTON, P.F. (Hg.): Im Zeichen (bzw.: Im Lichte) der Toleranz. Aufsätze zur Toleranzgesetzgebung des 18. Jahrhunderts in den Reichen Josephs II., ihren Voraussetzungen und ihren Folgen, 2 Bde., 1981. – BRADLER-ROTTMANN, E.: Die Reformen Kaiser Josephs II., ²1976. – HABENSCHADEN, K.: Die Kirchenpolitik Bayerns unter Kurfürst Karl Theodor und ihr Verhältnis zum Emser Kongreß (ZSRG.K 28, 1939, 333-417). – HERSCHE, P.: Der Spätjansenismus in Österreich, 1977. – KARNIEL, J.: Die Toleranzpolitik Kaiser Josephs II., 1986. – KLUETING, H. (Hg.): Der Josephinismus. Ausgewählte Quellen zur Geschichte der theresianisch-josephinischen Reformen, 1995. – DERS.: Josephinisches Staatskirchentum als rationaler Territorialismus (Der Staat 37, 1998, 417-434). – MAASS, F. (Hg.): Der Josephinismus. Quellen zu seiner Geschichte in Österreich 1760-1790, 5 Bde., 1951-1961. – O'BRIEN, Ch.H.: Ideas of Religious Toleration at the Time of Joseph II. A Study of the Enlightenment among Catholics in Austria, 1969. – REINALTER, H. (Hg.): Der Josephinismus. Bedeutung, Einflüsse und Wirkungen, 1993. – VALJAVEC, F.: Der Josephinismus. Zur geistigen Entwicklung Österreichs im 18. und 19. Jahrhundert, ²1945. – WINTER, E.: Der Josephinismus. Die Geschichte des österreichischen Reformkatholizismus 1740-1848, 1962.

---

3 HINSKE, N.: „Katholische Aufklärung – Aufklärung im katholischen Deutschland?" (KLUETING, 36-39), 39. – 4 SCHNEIDER, 390f. – 5 BREUER, D.: Katholische Aufklärung und Theologie (RoJKG 23, 2004, 75-90), 78. – 6 MOTSCH, K.E.: Matern Reuß. Ein Beitrag zur Geschichte des Frühkantianismus an katholischen Hochschulen, 1932. – 7 PLONGERON, B.: Was ist katholische Aufklärung? (KOVÁCS, 11-56), 13.

Das absolutistische Staatskirchentum blieb nicht auf das protestantische Deutschland beschränkt. Das landesherrliche Kirchenregiment, das die Reformatoren des 16. Jahrhunderts zunächst nur als einen durch die Widersetzlichkeit der altgläubigen Kirchenleitungen erzwungenen Hilfs- und Notdienst akzeptieren konnten, hatte alsbald eine für den Religionsfrieden unverzichtbare geschichtliche Beharrungskraft entfaltet. Dadurch oblag das *ius circa sacra*, also die Ordnungskompetenz in allen die äußere Kirchenhoheit belangenden Fragen, den Territorialfürsten bzw. den Reichsstädten sowie deren obrigkeitlichen Behörden, die nunmehr Rechtgläubigkeit und Kirchenvermögen, Armenpflege und Gottesdienstform, theologisches Ausbildungs- und kirchliches Anstellungswesen regulierend zu beaufsichtigen hatten[8].

Im letzten Drittel des 18. Jahrhunderts begann sich auch in den katholischen weltlichen Territorien ein zur protestantischen Kirchenverfassungsstruktur analoges, ja diese teilweise noch verschärfendes absolutistisches Staatskirchentum auszubilden, das in Bayern und Österreich als den beiden wichtigsten katholischen Staaten des Reiches besonders ausgeprägte Züge annahm. Wenn diese Reformmaßnahmen die Kirche in den weltlichen Fürstenstaat zu integrieren suchten, so war dies nicht allein dem verstärkten Autonomiestreben des frühneuzeitlichen Absolutismus, das in der Machtstellung der katholischen Kirche eine natürliche Konkurrenz vorfand, sondern ebenso auch dem geschärften volkswirtschaftlichen Pragmatismus, dem beispielsweise die hohe Zahl der Feiertage ein Ärgernis sein mußte, geschuldet. Indessen wären diese regulierenden Eingriffe kaum so konsequent und reibungsarm durchzuführen gewesen, wenn die unterdessen auch im Katholizismus erwachten aufklärerischen Reformbestrebungen, die sich in zahlreichen informellen Zirkeln, Sozietäten und Lesegesellschaften institutionalisierten[9], nicht gleichsam die Tore von innen entriegelt hätten.

In *Bayern* wurde die Ausbildung eines Staatskirchentums erheblich forciert, seit sich absehen ließ, daß die bayerische Linie des Hauses Wittelsbach, die bislang einen dominierenden Einfluß auf die Kirche genommen hatte, aussterben würde. Mit der Gründung von Landesbistümern suchte man den Zugriff der reichsunmittelbaren Bischöfe auf das Kirchenwesen in Bayern zu unterbinden. Die breite publizistische Propaganda, von der diese Maßnahme begleitet war, begründete den Herrschaftsanspruch des Staates bezeichnenderweise nicht mehr aus göttlichem, sondern aus natürlichem Recht. Auch die dem Klerus traditionell gewährte Immunität schien mit dem absolutistischen Staatsgedanken nicht mehr vereinbar zu sein. Die 1760er Jahre brachten eine ganze Serie entsprechender Gesetze und Mandate hervor. So wurden eine staatliche Genehmigungspflicht für kirchliche Erwerbungen verfügt (1764), die Belegungszahl der Klöster reguliert (1768), Ausländer von einheimischen geistlichen Pfründen ausgeschlossen (1768), eine kirchenunabhängige Zensurbehörde errichtet (1769) und kirchliche Verordnungen dem Vorbehalt eines staatlichen Plazet unterstellt (1770). Kurfürst Karl Theodor, der 1778 die Herrschaft in Bayern übernommen hatte, setzte den eingeleiteten staatskirchli-

---

8 LINK, CH.: Staat und Kirche in der neueren deutschen Geschichte. Fünf Abhandlungen, 2000. – 9 BREUER, D.: Aufgeklärte Sozietäten im katholischen Deutschland des 18. Jahrhunderts (in: GERBER, K./WISMANN, H. [Hg.]: Europäische Sozietätsbewegung und demokratische Tradition. Die europäischen Akademien der Frühen Neuzeit zwischen Frührenaissance und Spätaufklärung, 1996, Bd. 2, 1617–1636).

chen Strukturwandel fort, indem er – mit Reformbegehren der katholischen Aufklärung konvergierend – die Steuerfreiheit des Klerus beschnitt, Feiertage, Prozessionen und Wallfahrten einschränkte und die dem Zeitgeist anstößig gewordenen Passionsspiele in Oberammergau untersagte.

Die Ausbildung eines aufgeklärten Staatskirchentums in Österreich pflegt als *Josephinismus* angesprochen zu werden. Dieser auf die Regierungszeit Josephs II. (1780–1790) verweisende Terminus ist insofern nicht ganz glücklich, als die österreichische Staatskirchenpolitik bereits von Maria Theresia eingeleitet wurde und in ihren Wurzeln sogar bis in die Zeit Josephs I. zurückreichte („Prä- und Frühjosephinismus"). Zudem war die Kirchenfrage für Joseph II. nur ein – wenn auch wesentlicher – Teil des von ihm verfolgten umfassenden, die Gesellschaft insgesamt zentralisierenden Reformprogramms. Deshalb wäre es eigentlich treffender, das österreichische Staatskirchentum nicht als Josephinismus, sondern als den kirchlich-sektoralen Niederschlag der theresianisch-josephinischen Staatsreformen zu bezeichnen.

Auch in staatskirchlicher Hinsicht konnte Joseph II. an die von seiner Mutter geleistete Reformarbeit, welche die Kirche für die Volkserziehung zu instrumentalisieren und dem Staatsziel der allgemeinen Wohlfahrt dienstbar zu machen suchte, anknüpfen. Dabei hatte sich der seit 1758 amtierende, hochgebildete und aufklärerisch gesinnte Staatskanzler Wenzel Anton von Kaunitz (1711–1794) als der eigentliche Motor einer umfassenden, ebenso ökonomisch wie volkspädagogisch motivierten Kirchenreform erwiesen. So waren bereits 20 kirchliche Feiertage in Arbeitstage umgewandelt und mehrtägige Wallfahrten verboten worden, letzteres noch mit der – von Joseph II. 1783 annullierten – Ausnahme der Wallfahrt nach Mariazell. Seit 1780 wurden die Maßnahmen durch insgesamt 574 auf den kirchlichen Bereich zielende Grundverordnungen präzisiert und verschärft. Joseph II. untersagte jeden direkten Kontakt zwischen österreichischen Bischöfen und römischer Kurie sowie zwischen Landesklöstern und römischer Ordensleitung. Auch das Studium am römischen Collegium Germanicum war nunmehr verboten. Statt dessen zentralisierte man die Priesterausbildung in Generalseminaren, die der staatlichen Aufsicht unterstanden und die eine tiefgreifende, dem Geist der Aufklärung verpflichtete kurrikulare Umgestaltung erfuhren (z. B. Einführung der Disziplin Kirchengeschichte, in der mangels katholischer Lehrbücher zunächst nach dem eilig umgearbeiteten Kompendium des protestantischen Kirchenhistorikers J. M. Schroeckh unterrichtet wurde). Indem Joseph II. die Bistümer, Diözesen und Pfarreien, ohne sich mit der Kurie abzustimmen, den staatlichen Verwaltungsstrukturen entsprechend neu regulierte und die Zuständigkeit außerösterreichischer Bischöfe beseitigte, hat er die katholische Kirche Österreichs aus der Reichskirche gelöst; zu Lasten von Passau und Salzburg entstanden die neuen Landesbistümer Linz, St. Pölten, Gurk, Graz-Seckau und Lavant (1783/85). Ferner wurden unter Joseph II. bis zu 800 Klöster und Stifte aufgehoben bzw. zu Schulen und Krankenhäusern säkularisiert; vornehmlich die beschaulichen, also mit keinen „nutzbaren" Tätigkeiten wie Seelsorge oder Schulunterricht befaßten Orden waren davon betroffen. Das Ehepatent überwies die Ehescheidung an die staatlichen Gerichte. Die Gottesdienstreform regulierte exakt die Anzahl und Form der Messen; architektonische und liturgische Auswüchse der Barockfrömmigkeit wurden beseitigt, die Gottesdienste durch konsequente praktisch-pädagogische Orientierung modernisiert. Schließlich garantierten die politisch motivierten, auf Stabilisierung des Staatssystems zielenden Toleranzpatente für nichtkatholische Christen (Lutheraner, Reformierte, Orthodoxe) (1781) und Juden (1782) die bürgerliche Gleichstellung mit den Katholiken sowie neben der völligen Glaubens- auch eine beschränkte Kultusfreiheit.

Die Mission Papst Pius' VI., der 1782 eigens nach Wien gereist war, um Joseph II. von seinem nationalkirchlichen Reformkurs abzubringen, ist erfolglos geblieben. Und obschon der Kaiser aufgrund des vielfach auflodernden Widerstands 1790 etliche Reformen, etwa die 1784 ergangene Anordnung, in Säcken statt in Särgen zu bestatten, wieder zurücknehmen mußte, hat sich das josephinische Staatskirchentum bis ins Revolutionsjahr 1848 und im Grunde sogar bis zum Ende der Monarchie 1918 als prägend erwiesen.

§ 28: Episkopalistische Reformimpulse

BRAUN, K.H. (Hg.): Kirche und Aufklärung. Ignaz Heinrich von Wessenberg, 1989. – HAGEN, A.: Die kirchliche Aufklärung in der Diözese Rottenburg. Bildnisse aus einem Zeitalter des Übergangs, 1953. – HEILINGSETZER, G.: Die Benediktiner im 18. Jahrhundert. Wissenschaft und Gelehrsamkeit im süddeutsch-österreichischen Raum (KLUETING, 208–224). – HOEHLER, M.: Des kurtrierischen Rats Heinrich Aloys Arnoldi Tagebuch über die zu Ems gehaltene Zusammenkunft [...] 1786, 1915. – HOLLERWEGER, H.: Die Reform des Gottesdienstes zur Zeit des Josephinismus in Österreich (StPaLi 1), 1976. – DERS.: Tendenzen der liturgischen Reformen unter Maria Theresia und Joseph II. (KOVÁCS, 295–306). – JÄGER, H.-W.: Mönchskritik und Klostersatire in der deutschen Spätaufklärung (KLUETING, 192–207). – JANSON, E.: Das Kirchenverständnis des Febronius, 1979. – KOHLSCHEIN, F. (Hg.): Aufklärungskatholizismus und Liturgie. Reformentwürfe für die Feier von Taufe, Firmung, Buße, Trauung und Krankensalbung, 1989. – KRÖMER, U.: Johann Ignaz von Felbiger. Leben und Werk (UTS 22), 1966. – MÜLLER, W.: Wessenberg in heutiger Sicht (ZKG 58, 1964, 293–308). – DERS.: Der Jesuitenorden und die Aufklärung im süddeutsch-österreichischen Raum (KLUETING, 225–245). – PITZER, V.: Justinus Febronius. Das Ringen eines katholischen Irenikers um die Einheit der Kirche im Zeitalter der Aufklärung (KiKonf 20), 1976. – POPP, F.: Studien zu liturgischen Reformbemühungen im Zeitalter der Aufklärung (FDA 87, 1967, 3–495). – SCHREIBER, Ch.: Aufklärung und Frömmigkeit. Die katholische Predigt im deutschen Aufklärungszeitalter und ihre Stellung zur Frömmigkeit und zur Liturgie, 1940. – STEINRUCK, J.: Bemühungen um die Reform der Reichskirche auf dem Emser Kongreß (1786) (in: BÄUMER, R. [Hg.]: Reformatio ecclesiae. Beiträge zu kirchlichen Reformbemühungen von der Alten Kirche bis zur Neuzeit, 1980, 863–891). – VIERBACH, A.: Die liturgischen Anschauungen des Vitus Anton Winter. Ein Beitrag zur Geschichte der Aufklärung (MSHTh 9), 1929.

Neben der Ausbildung eines Staatskirchentums machte sich der aufklärerische Zeitgeist auch in den geistlichen Fürstentümern, am nachhaltigsten in den rheinischen Erzbistümern sowie in den Bistümern Würzburg, Bamberg, Salzburg und Münster, bemerkbar. Der Legitimationsdruck, unter dem sich gerade die geistlichen Staaten als reformwillig und reformfähig zu erweisen hatten, war unverkennbar. Impulse der katholischen Aufklärung manifestierten sich zumal in dem Wiederaufleben des Episkopalismus, dessen Ideengut das Papsttum bereits seit dem Mittelalter entgegengetreten war. Unter dem aus Frankreich einströmenden Einfluß gallikanisch-nationalkirchlicher Tendenzen und in Aufnahme älterer reichskirchlicher Traditionen verschärfte sich nun der Episkopalismus zu der kirchenpolitischen und staatskirchenrechtlichen katholischen Reformbewegung des sog. Febronianismus.

Deren Ausgangspunkt bildete das unter dem Pseudonym *Iustinus Febronius* 1763 erschienene Buch des Trierer Weihbischofs Johann Nikolaus von Hontheim (1701–1790) „De statu Ecclesiae et legitima potestate Romani Pontificis liber singularis, ad reuniendos dissidentes in Religione Christianos compositus", das, in teilweise verkürzender Rezeption der darin unterbreiteten Reformanliegen, zur Programmschrift des Febronianismus geworden ist. Der Titel des mehrfach nachgedruckten und übersetzten Werks war zugleich Programm: Hontheim plädierte für eine Restitution der ursprünglichen, seit den pseudoisidorischen Dekretalen des 9. Jahrhunderts kompromittierten Verfassung der Kirche, mit der zugleich eine Reunion der getrennten Konfessionen möglich gemacht werden sollte. Deren Haupthindernis erkannte Hontheim in dem vom Papsttum reklamierten Jurisdiktionsprimat. Indessen habe Christus die Kirche als eine Gemeinschaft von Klerikern und Laien gestiftet, zu deren Leitung die Bischöfe als Nachfolger der Apostel bestellt seien. Deshalb komme dem Papst weder eine Unfehlbarkeit in Glaubensentscheidungen noch eine gesamtkirchliche Jurisdiktionsgewalt, sondern lediglich das oberste kirchliche Wächteramt zur Reinerhaltung von Glaube, Sitte und Recht und somit gleichsam ein bloßer Ehrenvorrang zu. Damit waren beispielsweise die päpstlichen Rechte auf Ein- und Absetzung der Bischöfe sowie auf Einziehung der Annatenzahlungen bestritten. Hontheim appellierte an die Landesfürsten, zur Korrektur der inkriminierten Fehlentwicklungen alsbald Nationalkonzile einzuberufen und dadurch die bischöflichen Rechte gegen päpstliche Anmaßungen zu verteidigen. Der „Febronius" löste sogleich eine Fülle von Gegenschriften aus und wurde 1764 durch Papst Clemens XIII. indiziert. Unter massivem kurialen Druck anerkannte Hontheim 1778 zwar die erworbenen Rechte des Papstes als legitim, bestritt aber weiterhin den monarchischen Charakter des Amtes. Sein 1781 publizierter „Commentarius" kehrte dann wieder zu den ursprünglichen Auffassungen zurück.

Bedeutung erlangte der „Febronius" insbesondere dadurch, daß er zur Argumentationsgrundlage zweier episkopalistischer Reformkongresse geworden ist. Delegationen der rheinischen Erzbischöfe von Köln, Trier und Mainz traten 1769 in Koblenz zusammen und formulierten unter dem Vorsitz Hontheims die *Koblenzer Artikel*[10], in denen sie vom Kaiser den Freiheitsschutz der deutschen Kirche und die Abwehr der vom Papst usurpierten Rechte zur Exemption und Reservation erbaten. Allein Joseph II. war wenig geneigt, neben seinem staatskirchlichen Reformprogramm noch eine zweite antikuriale Front im Reich zu eröffnen.

Nachdem Rom 1785 in München eine päpstliche Nuntiatur für die wittelsbachischen Länder eröffnet hatte, kamen in Ems abermals Delegationen der rheinischen Metropoliten, jetzt vermehrt um Abgesandte des Erzbischofs von Salzburg, zusammen. Dieser Emser Kongreß (1786) verabschiedete eine Beschwerdeschrift (*Emser Punktation*)[11], die das 1769 dokumentierte Reformbegehren wiederholte und darüber hinaus die Abschaffung der Nuntiaturen, die Anerkennung der aus göttlichem Recht abgeleiteten bischöflichen Jurisdiktionsgewalt, an deren Plazet eine päpstliche oder kuriale Einwirkung auf das jeweilige Bistum gebunden sein

---

10 Zum Text der *Koblenzer Artikel* vgl. HOEHLER, 253–265. – 11 Zum Text der *Emser Punktation* vgl. ebd., 171–183.

sollte, und die Unterbindung päpstlicher Dispensreservierungen forderte. Eine scharfe päpstliche Verurteilung, die ausbleibende Unterstützung der katholischen weltlichen Fürstentümer und alsbald aufbrechende Differenzen unter den reformerischen Bischöfen entzogen der *Emser Punktation* dann aber jede Aussicht auf Verwirklichung.

Dagegen traf sich das ebenfalls auf dem Emser Kongreß verabschiedete *Reformdekret* mit dem kirchlichen Unbehagen vieler aufklärerisch gesinnter Katholiken und konnte deshalb die von der katholischen Aufklärung verfolgten praktischen Reformen wirksam beeinflussen. Die aufziehende antimonastische Stimmung spielte dabei eine bedeutende Rolle. In zahllosen Büchern, Broschüren und Miszellen artikulierte sich seit den 1760er Jahren, vornehmlich in Süddeutschland, eine massive klosterkritische Propaganda, deren Bandbreite sich von seriös argumentierenden Streitschriften über emsig kolportierte Skandalgeschichten bis zu hochpolemischen Satiren erstreckte. Die Angriffe zielten einerseits auf politische und ökonomische Defekte – also beispielsweise auf die als freiheitswidrig gebrandmarkten Klostergelübde, die der Staatsautorität widerstreitende geistliche Immunität oder die dem volkswirtschaftlichen Kreislauf entzogenen Vermögenswerte der sog. Toten Hand –, andererseits auf kirchliche Rechtsgestalten, die dem Geist der Zeit zu widerstreiten schienen und gegenüber denen man auf die Nichtigkeit von Ordensgelübden und das Verfügungsrecht der Landesherren über die Klosterbesitzungen pochte.

Insbesondere der Jesuitenorden hatte wegen seiner militärisch straffen Organisation und der ihm vielfach nachgesagten arglistigen Meinungs- und Charakterlosigkeit den geballten Zorn der Aufklärer auf sich gezogen, und als Papst Clemens XIV. unter dem Druck der politischen Mächte 1773 die Societas Jesu auflöste, gingen entsprechende Triumphgefühle durch das ganze aufgeklärte Europa: „Einer mächtigen und gefährlichen Ordens-Hydra" schien die Aufklärung „den Kopf zertreten" zu haben[12].

Hauptgegenstände der katholisch-aufklärerischen Reformarbeit waren die pastorale Seelsorge und die liturgisch-katechetische Volksunterweisung. Ausführlich befaßte sich das *Emser Reformdekret* mit diesen zentralen kirchlichen Handlungsfeldern. Pfarreien sollten möglichst an Weltgeistliche gegeben und Ordensgeistliche, die sich seelsorgerlich betätigten, der Zuständigkeit des Bischofs unterstellt werden. Für den Antritt eines Pfarramts sollten eine zweijährige Pastoralausbildung in einem deutschen Priesterseminar, eine mindestens zweijährige Praxiserfahrung als Hilfsgeistlicher und der Abschluß der vom Tridentinum vorgeschriebenen Pfarrkonkursprüfung verpflichtende Voraussetzung sein.

Im *gottesdienstlichen Leben* machten sich die Impulse der Aufklärung vor allem darin bemerkbar, daß die barock überbordende Kirchenmusik und Kirchenausstattung purifiziert, der muttersprachliche Gemeindegesang ausgebaut und die Sprachgestalt der liturgischen Beteiligung von Priester und Gemeinde einander angenähert wurden. In großer Zahl erschienen nun deutschsprachige Meßbücher, Ritualien, Gesangbücher und sogar ein deutsches Brevier. Führende katholische Liturgiereformer waren der in Ingolstadt und Landshut wirkende V.A. Winter (1754–1814) sowie I.H. Frhr.v. Wessenberg (1774–1860), der bleibende liturgisch-katechetische Anstöße gegeben und mit dem „Archiv für Pastoralkonferen-

---

12 LICHTENBERG, G.CH.: Schriften und Briefe, hg.v. W. PROMIES, Bd. 3, 1972, 63.

zen" (1804–1827) ein bedeutendes liturgiewissenschaftliches Forum bereitgestellt hat. Die Predigt avancierte zum Hauptmedium der religiös-moralischen Volksunterweisung; Winter gab ihr, zu den Konzepten der Neologie durchaus analog, das programmatische Ziel, „unsere Begriffe über Tugend zu wecken, zu berichtigen und zu erweitern, analoge Gefühle anzuregen und zu veredeln, unser Herz für gute Vorsätze empfänglich zu machen und so dem rein sittlichen Lebenswandel Vorschub zu tun"[13]. Die Tendenz der aufklärerischen katholischen Predigt war damit treffend beschrieben.

Neben dem Gottesdienst wurde der Religionsunterricht nachhaltig reformiert. Weil sich die herkömmliche Kinderkatechese als unzureichend erwiesen hatte, zielte man nun darauf ab, „Religion" als ordentliches Lehrfach an den Elementarschulen zu etablieren und zugleich die Seminarausbildung der Lehrer, aus der auch eine Stärkung ihrer gesellschaftlichen Reputation hervorgehen sollte, zu verbessern. Ihre Vorbilder fand die katholische Schulreform, die kaum noch konfessionelle Berührungsängste kannte, in protestantischen Leitfiguren wie dem brandenburgischen Schulreformer F.E.v. Rochow und dem Begründer der Berliner Realschule J.J. Hecker. Zu den bedeutendsten katholischen Pädagogen zählte J.I.v. Felbiger (1724–1788), der das katholische Volksschulwesen in Schlesien und Österreich einschneidend reformiert hat[14].

Seit Beginn des 19. Jahrhunderts und zumal im Kontext der beginnenden Romantik setzten dann allerdings bereits wieder restaurative Tendenzen ein, die dem reformerischen Aufbruch der katholischen Aufklärung einen weithin „transitorische[n] Charakter"[15] verliehen. In der 1814 verfügten Wiederzulassung des Jesuitenordens hat sich der geistige Umschwung, auch wenn er weder die Spätausformungen der katholischen Aufklärung verhindern noch deren dauerhaften Folgen ganz unterbinden konnte, symbolisch verdichtet.

§ 29: Universitätstheologie

BREUER, D. (Hg.): Die Aufklärung in den deutschsprachigen katholischen Ländern 1750–1800. Kulturelle Ausgleichsprozesse im Spiegel von Bibliotheken in Luzern, Eichstätt und Klosterneuburg, 2001. – DERS.: Katholische Aufklärung und Theologie (RoJKG 23, 2004, 75–90). – BRÜCK, A.Ph.: Die Mainzer Theologische Fakultät im 18. Jahrhundert, 1955. – DICKERHOF, H.: Die katholischen Universitäten im Heiligen Römischen Reich deutscher Nation des 18. Jahrhunderts (in: HAMMERSTEIN, N. [Hg.]: Universitäten und Aufklärung, 1995, 21–47). – HAASS, R.: Die geistige Haltung der katholischen Universitäten Deutschlands im 18. Jahrhundert. Ein Beitrag zur Geschichte der Aufklärung, 1952. – HAMMERSTEIN, N.: Aufklärung und katholisches Reich. Untersuchungen zur Universitätsreform und Politik katholischer Territorien des Heiligen Römischen Reichs deutscher Nation im 18. Jahrhundert, 1977. – KLOSTERMANN, F./MÜLLER, J. (Hg.): Pastoraltheologie: Ein entscheidender Teil der josephinischen Studienreform. Ein Beitrag zur Geschichte der praktischen Theologie, 1979. – LAUN, A.: Die Moraltheologie im 18. Jahrhundert unter dem Einfluß von Jansenismus und Aufklärung (KOVÁCS, 266–294). – LESCH, K.J.: Neuorientierung der Theologie im 18. Jahrhundert in Würzburg und Bamberg, 1978. – MENZEL, B.F.: Abt

---

[13] WINTER, V.A.: Erstes deutsches, critisches Meßbuch, 1810, 21. – [14] General-Landschul-Reglement für die römisch-katholischen Schulen, 1765; Plan einer neuen Schuleinrichtung, 1770; Allgemeine Schulordnung, 1774. Vgl. etwa auch OVERBERG, B.: Anweisung zum zweckmäßigen Schulunterricht, 1793. – [15] KLUETING, 10.

Franz Stephan Rautenstrauch von Brevnov-Braunau. Herkunft, Umwelt und Wirkungskreis, 1969. – SCHÄFER, Ph.: Kirche und Vernunft. Die Kirche in der Katholischen Theologie der Aufklärungszeit (MThS.S 42), 1974. – SCHINDLING, A.: Zwölf Thesen zum katholischen Bildungswesen vor der Säkularisation von 1803 (in: RÖDEL, W./SCHWERTFEGER, R.E. [Hg.]: Zerfall und Wiederbeginn. Vom Erzbistum zum Bistum Mainz [1792/97–1830] [BMKG 7], 2002, 83–86). – SEYFRIED, A.: Die Dogmatik im 18. Jahrhundert unter dem Einfluß von Aufklärung und Jansenismus (KOVÁCS, 241–265). – ZOTTL, A./ SCHNEIDER, W. (Hg.): Wege der Pastoraltheologie. Texte einer Bewußtwerdung, 3 Bde., 1987/88.

Von den 38 Universitäten, die am Ende des 18. Jahrhunderts im deutschen Sprachraum bestanden, lagen 18 in katholischen Ländern. Hinzu kamen sechs katholische Hochschulen, die lediglich eine philosophische und theologische Fakultät umfaßten. Allenthalben machte sich hier seit dem zweiten und verstärkt im letzten Drittel des Jahrhunderts aufklärerischer Einfluß bemerkbar, am deutlichsten in den nach 1773 gegründeten katholischen Universitäten (Breslau, Fulda, Münster, Bonn, Bamberg) und Akademien (Passau, Regensburg)[16]. Die Triebkräfte der katholisch-aufklärerischen Studienreform, die sich inhaltlich, aber auch strukturell an Halle und Göttingen als den beiden modernsten Universitäten des Reichs orientierte, resultierten einerseits aus dem Bestreben, den angehenden Seelsorgern eine bessere, nämlich zeitgemäße und praxisnahe Ausbildung zu ermöglichen. Andererseits nährten sie sich aus dem Unbehagen, welches das herkömmliche, durchweg jesuitisch dominierte Studien- und Unterrichtswesen, dessen barock-scholastische Ausrichtung die Herausforderungen der aktuellen philosophischen und theologischen Fragen zu ignorieren schien, zunehmend auslöste.

Die inhaltliche Neuordnung der katholisch-theologischen Fakultäten folgte fast überall dem „Entwurf einer besseren Einrichtung theologischer Schulen" (1774), den der Benediktiner und Direktor der Wiener Theologischen Fakultät *Franz Stephan Rautenstrauch* (1734–1785) vorgelegt hatte[17]. Als Mitglied der Geistlichen Hofkommission wurde er 1782 von Joseph II. mit der Errichtung der staatlichen Generalseminare betraut. Die Studienordnung Rautenstrauchs zielte insgesamt darauf ab, die Priesterausbildung durch einen praxisorientierten Studienplan zu verbessern. Die acht klassischen Lehrstühle, die er dafür vorsah (Altes Testament, Neues Testament, Patrologie, Apologetik und Dogmatik, Moraltheologie, Pastoraltheologie, Kirchengeschichte, Kirchenrecht), haben bis heute die Struktur der katholisch-theologischen Fakultäten bestimmt. Neu aufgenommen waren dabei die Fächer Kirchengeschichte und Pastoraltheologie, außerdem kamen hebräische und griechische Sprachunterweisung hinzu. In der Dogmatik wollte Rautenstrauch zwischen Dogmen und bloßen Schulmeinungen unterschieden, die scholastisch-dialektische durch eine biblisch-historische Verfahrensweise ersetzt und allenthalben anstelle der alten Diktiermethode zeitgemäße Lehr- und Handbücher eingeführt wissen. Gleichzeitig erlebten die Priesterseminarien einen namhaften Aufschwung, teils als Ordinandenseminare, die nach abgeschlossenem Hochschulstudium auf die pastorale Praxis vorbereiten sollten, teils auch als ein die theolo-

---

16 HEGEL, E.: Die Situation der deutschen Priesterausbildung um die Wende vom 18. zum 19. Jahrhundert (in: SCHWAIGER, G. [Hg.]: Kirche und Theologie im 19. Jahrhundert. Referate und Berichte des Arbeitskreises Katholische Theologie, 1975, 25–39). – **17** MÜLLER, J.: Der pastoraltheologisch-didaktische Ansatz in Franz Stephan Rautenstrauchs „Entwurf einer besseren Einrichtung theologischer Schulen", 1969.

gisch-theoretische und pastoral-praktische Ausbildung integrativ umfassender Studiengang. Allerdings hatte sich das zweite Modell, das z. B. in Wien und Trier erprobt worden war, wegen der damit aufbrechenden Konkurrenz zu den theologischen Fakultäten bereits nach wenigen Jahren als nicht realisierbar erwiesen, sofern es sich nicht, wie in Freiburg, dem akademischen Ausbildungsgang eingliedern ließ[18].

Die Aufhebung des Jesuitenordens 1773 kam der *katholischen Bildungsreform* vielfältig zugute. Die geistlichen Territorialfürsten konnten das ihnen zugefallene Jesuitenvermögen in aufklärerische Bildungspolitik investieren. Die veralteten jesuitischen Lehr- und Studienordnungen standen plötzlich zur Disposition. Der bislang ganz überwiegend mit Jesuiten besetzte Lehrkörper ließ sich nun durch modern gesinnte Kräfte regenerieren. Allerdings gelang es nur selten – nämlich in Wien, Fulda und Freiburg sowie vorübergehend in Mainz –, sämtliche Ex-Jesuiten von den Lehrstühlen zu entfernen. Insgesamt überwog der sukzessive Austausch des Lehrpersonals, der mancherorts noch dadurch erleichtert wurde, daß dort schon vor 1773 neben den Jesuiten auch Augustiner, Benediktiner und Dominikaner den akademischen Unterricht getragen hatten. Im übrigen waren dem Ansinnen, das jesuitische wie überhaupt das monastische Bildungsmonopol zu konterkarieren, schon dadurch Grenzen gezogen, daß längst nicht genügend zur akademischen Lehre befähigte Weltgeistliche zur Verfügung standen. Deshalb mußten auch die nach 1773 gegründeten katholischen Universitäten Bonn und Münster, bei denen sich die Jesuitenfrage naturgemäß gar nicht stellte, ihren Lehrkörper zunächst wenigstens teilweise aus Ordensgeistlichen rekrutieren[19].

Am Beispiel der katholischen *Universität Würzburg* lassen sich Absicht und Umsetzung der aufklärerischen Hochschulreform exemplarisch studieren. Dort war bereits 1720 unter Fürstbischof Johann Philipp Franz von Schönborn ein Lehrstuhl für Geschichte eingerichtet und der theologischen Fakultät inkorporiert worden. Mochte dadurch auch eine umfassende Historisierung der theologischen Disziplinen angemahnt und begünstigt worden sein, so blieb die Theologenausbildung, die seit der Gründung der Universität 1575 das Monopol der Jesuiten gewesen war, doch weiterhin davon beherrscht. Die 1599 kodifizierte „Ratio studiorum" war seitdem die Richtschnur der jesuitischen Ausbildungsweise geblieben. Sie war hinsichtlich der Lehrgegenstände aristotelisch bzw. thomistisch orientiert und vom gegenreformatorischen Geist des späten 16. Jahrhunderts durchdrungen. Nachdem der Würzburger Fürstbischof 1747 für philosophische und theologische Vorlesungen die Diktiermethode untersagt und statt dessen den Einsatz von Lehrbüchern verfügt hatte, kompilierten vier jesuitische Professoren aus ihren Vorlesungsmanuskripten die „Theologia Wirceburgensis" (14 Bde., 1766–1771)[20] – ein letztes, längst anachronistisches Dokument der mit der „Ratio studiorum" festgeschriebenen Unterrichtsweise, das noch immer von den kontroverstheologischen

---

18 HEGEL, E.: Organisationsformen der diözesanen Priesterausbildung in Deutschland. Grundlinien ihrer geschichtlichen Entwicklung (in: CORSTEN, W. u. a. [Hg.]: Die Kirche und ihre Ämter und Stände, 1960, 645–666). – 19 DERS.: Bonn und Münster. Zwei theologische Fakultäten im Zeitalter der Aufklärung. Ein Vergleich (in: GRONER, F. [Hg.]: Die Kirche im Wandel der Zeit, 1971, 135–148). – 20 So der Titel der Neuausgabe von 1852; der ursprüngliche Titel lautete „RR. Patrum Societatis Jesu Theologia dogmatica, polemica, scholastica et moralis, praelectionibus publicis in Alma Universitate Wirceburgensi accommodata".

Kampflinien der Reformationszeit bestimmt war und auf den mit der westeuropäischen Aufklärungsphilosophie eingetretenen apologetischen Situationswandel überhaupt nicht oder doch allenfalls marginal reagierte[21]. Der aufklärerisch gesinnte F. Oberthür, seit 1773 Professor für Dogmatik, Dogmengeschichte und Polemik in Würzburg, kritisierte die „Theologia Wirceburgensis" als „ein ganz nach der alten trockenen scholastischen Methode, ohne natürliche Ordnung, ohne Zusammenhang zusammengetragenes Machwerk"[22].

Nach der Ausschaltung der Jesuiten unterzog der Würzburger Fürstbischof das *theologische Studium* einer behutsam fortschreitenden, zwischen alter und neuer Richtung sorgfältig austarierten Reform. Als Leitlinie dient ihm dabei der 1773/74 verfaßte „Entwurf der Wirzburger Schulen Einrichtung" von M.I. Schmidt (1736–1794), in dem das neue Theologieverständnis der katholischen Aufklärung exemplarisch zur Geltung kam. Die Grundlage des gesamten Studiums sah Schmidt in der historisch arbeitenden Bibelwissenschaft, die während der gesamten vierjährigen Studiendauer gelehrt und deren professionelle Wahrnehmung durch die Einrichtung von hebräischen und griechischen Sprach- und Lektürekursen gesichert werden sollte. Wie riskant indessen eine konsequente Verwissenschaftlichung der Exegese einstweilen war oder sein konnte, zeigte das Beispiel des Mainzer Bibelwissenschaftlers J.L. Isenbiehl (1744–1818), der aufgrund seiner bibelkritischen Arbeiten, in denen er u.a. eine messianische Beziehung zwischen Jes 7,14 und Mt 1,22 bestritten und durch die er den sog. Isenbiehlschen Streit ausgelöst hatte, 1774 mit Amtsenthebung und späterer Klosterhaft bestraft worden ist[23].

Wie die Exegese erfuhr auch die Kirchengeschichte, deren sachgemäßes Zentrum Schmidt in der Geschichte der Schriftauslegung erkannte, nachhaltige Aufwertung. Dagegen sah sich die Dogmatik, seither die Leitdisziplin katholischer Theologie, in ihrem Umfang und Auftrag empfindlich beschnitten: Auf eine zweijährige Lehrzeit verkürzt, sollte sie nunmehr lediglich die von Exegese und Kirchengeschichte bereitgestellten Stoffe systematisch darstellen, die Vernunftgemäßheit der Offenbarung erweisen, auf den umständlichen Austrag positioneller Differenzen verzichten und ihre Wissensvermittlung insgesamt darauf abstellen, daß damit zugleich der persönliche Glaube fundiert und gestärkt wird. Eine eindrucksvolle, verhalten aufklärerische Synthese von Vernunft und Offenbarung vollzog beispielsweise die „Demonstratio catholica [...]" (1775)[24] des in Ingolstadt lehrenden Dogmatikers B. Stattler (1728–1797)[25], der später auch eine aus der Harmonie von Offenbarungsglauben und Vernunfterkenntnis abgeleitete „katholisch-christliche Sittenlehre"[26] vorlegte. Was das letztere angeht, so wollte

---

21 SCHILLING, K.: Die Kirchenlehre der Theologia Wirceburgensis, 1969. – **22** Zit. nach LESCH, 125. – **23** ISENBIEHL begründete seine Position am ausführlichsten in der Schrift „Neuer Versuch über die Weissagung vom Immanuel" (1778). – **24** Demonstratio catholica sive Ecclesiae catholicae sub ratione societatis legalis inaequalis lege fundamentali ab Jesu Christo Deo homine institutae genuinum systema secundum juris naturae socialis principia accurata methodo explicatum, 1775. – **25** RUHSTORFER, K.: Benedikt Stattler. Theologie als System der Vernunft (in: WALTER, P./JUNG, M.H. [Hg.]: Theologen des 17. und 18. Jahrhunderts. Konfessionelles Zeitalter – Pietismus – Aufklärung, 2003, 181–203). – **26** Allgemeine katholisch-christliche Sittenlehre oder wahre Glückseligkeitslehre aus hinreichenden Gründen der göttlichen Offenbarung und der Philosophie [...] verfasset, 2 Bde., 1790. SCHOLZ, F.: Benedikt Stattler und die Grundzüge seiner Sittlichkeitslehre unter beson-

Stattler die Moraltheologie nicht mehr als bloßen Appendix der Dogmatik gelehrt, sondern als eine gleichrangige, biblisch gegründete und lebensdienliche Disziplin des Theologiestudiums etabliert wissen. Schließlich plädierte sein „Entwurf" für eine zeitgemäße Aufwertung der Praktischen Theologie: Homiletik und Liturgik sollten einer aufgeklärten Frömmigkeitspraxis zuträglich sein, die Katechetik sich an der Lebens- und Erfahrungswelt ihrer jugendlichen Klientel orientieren, vor allem aber die Pastoraltheologie eine ganzheitliche Wahrnehmung des geistlichen Berufs, in dem der Seelsorger immer auch Volkslehrer war, eröffnen und einüben. Für den nachhaltigen, weit über die Zeit hinaus anhaltenden Aufschwung, den die katholische Pastoraltheologie seit dem letzten Drittel des 18. Jahrhunderts erlebte, dürfte der Ex-Jesuit und Stattler-Schüler J.M. Sailer (1751–1832), der zugleich wesentliche Impulse der katholischen Aufklärung an Romantik und Allgäuer Erweckungsbewegung vermittelte, von ausschlaggebender Bedeutung gewesen sein[27].

Nachdem die mit dem Reichsdeputationshauptschluß von 1803 vollzogene Säkularisation[28] nicht nur die meisten Klöster und Stifte aufgehoben, sondern auch das Institut der geistlichen Staaten aufgelöst hatte, war der katholischen Aufklärung ein wesentlicher Ermöglichungs- und Gestaltungsfaktor entzogen. Wenn damit auch die von der Aufklärung erstrebte Aufwertung des Weltgeistlichen als des eigentlichen Seelsorgers und der Pfarrei als der kirchlich basalen Institution festgeschrieben wurde, so war doch einem nationalkirchlichen Strukturwandel, wie ihn namentlich der Febronianismus (s. § 27) erstrebt hatte, jeder Boden entzogen. Und auch der im katholischen Bildungswesen nach 1773 erreichte maßvolle Aufbruch in die Moderne konnte im 19. Jahrhundert bald nur noch als eine Episode erscheinen.

Kapitel 8: Individuationen

§ 30: Lessing

ALLISON, H.: Lessing and the Enlightenment. His Philosophy of Religion and its Relation to Eighteenth-Century Thought, 1966. – BARNER, W. u.a.: Lessing. Epoche – Werk – Wirkung, [6]1998. – BOEHART, W.: Politik und Religion. Studien zum Fragmentenstreit (Reimarus, Goeze, Lessing), 1988. – BOTHE, B.: Glauben und Erkennen. Studie zur Religionsphilosophie Lessings (MPF 75), 1972. – CYRANKA, D.: Lessing im Reinkarnationsdiskurs. Eine Unter-

derer Berücksichtigung der Doktrin von der philosophischen Sünde, 1957. – **27** Vorlesungen aus der Pastoraltheologie, 3 Bde., 1788/89, [4]1820/21; Neue Beyträge zur Bildung des Geistlichen, 2 Bde., 1809/11. HOFMEIER, J.: Seelsorge und Seelsorger. Eine Untersuchung zur Pastoraltheologie Johann Michael Sailers, 1967; BAUMGARTNER, K. (Hg.): Von Aresing bis Regensburg. Festschrift zum 250. Geburtstag von Johann Michael Sailer [...], 2001; MEIER, B.: Johann Michael Sailer. Theologe und Seelsorger zwischen Aufklärung und Romantik (in: WALTER, P./JUNG, M.H. [Hg.]: Theologen des 17. und 18. Jahrhunderts. Konfessionelles Zeitalter – Pietismus – Aufklärung, 2003, 244–261). – **28** DECOT, R. (Hg.): Säkularisation der Reichskirche 1803. Aspekte kirchlichen Umbruchs, 2002.

chung zu Kontext und Wirkung von G. E. Lessings Texten zur Seelenwanderung (KKR 49), 2005. – DAUNICHT, R.: Lessing im Gespräch. Berichte und Urteile von Freunden und Zeitgenossen, 1971. – FICK, M.: Lessing-Handbuch. Leben – Werk – Wirkung, ²2004. – FREUND, G.: Theologie im Widerspruch. Die Lessing-Goeze-Kontroverse, 1989. – HIRSCH Bd. 4, 120–165. – LEPPIN, V.: Das Theater als Kanzel. Beobachtungen zu einer absichtsvollen Bemerkung Lessings (ZThK 96, 1999, 77–93). – LESSING, G.E.: Werke, hg.v. H.G. GÖPFERT, 8 Bde., 1970–1979. – DERS.: Werke und Briefe in 12 Bänden, hg.v. W. BARNER, 1985 ff. – LÜPKE, J.v.: Wege der Weisheit. Studien zu Lessings Theologiekritik (GTA 41), 1989. – PONS, G.: Gotthold Ephraim Lessing et le Christianisme, 1964. – RENGSTORF, K.H.: Lessings Ansatz in seiner theologischen Arbeit (in: GRÜNDER, K./RENGSTORF, K.H. [Hg.]: Religionskritik und Religiosität in der deutschen Aufklärung, 1989, 101–111). – SCHILSON, A.: Geschichte im Horizont der Vorsehung. G.E. Lessings Beitrag zu einer Theologie der Geschichte (TTS 3), 1974. – DERS.: Lessings Christentum, 1980. – SCHULTZE, H.: Lessings Toleranzbegriff, 1969. – DERS.: Lessing als Aufklärer der Theologie. Gotthold Ephraim Lessing und die Freiheit des Denkens (Tijdschrift voor de studie van de verlichting en van het vrije denken 10, 1982, 75–85). – THIELICKE, H.: Offenbarung, Vernunft und Existenz. Studien zur Religionsphilosophie Lessings, ⁵1967.

Die von der aufklärerischen Theologie programmatisch geforderte und beförderte Individualisierung der Religion hat sich bisweilen in ganz autarken Spielarten eines Privatchristentums bzw. einer Privatreligion verselbständigt. Diese manifestierten sich – man möchte sagen: natürlicherweise – zumal im literarischen Raum. Im Grunde finden sich bei allen deutschen Schriftstellern des 18. Jahrhunderts, die zu einem erheblichen Teil evangelischen Pfarrhäusern entstammten[1], zumindest Ansätze einer aufklärungsreligiösen Individuation. Auch die Vertreter der Weimarer Klassik haben sich zur (christlichen) Religion auf eigene, kaum noch kirchlich vermittelte Weise ins Verhältnis gesetzt, was sich anhand der humanistischen Weltfrömmigkeit Goethes[2] ebenso vorführen ließe wie an der ästhetisch-positionslosen Religiosität Schillers[3]. Ein Privatglaube, der seine Authentizität nur noch in der Negation aller positiven Religion zu behaupten vermochte, mußte zwar seine Kommunikations- und Tradierfähigkeit einbüßen, hat aber den Religionsdiskurs des 18. Jahrhunderts gleichwohl in erheblichem Maß stimuliert (s. § 46). Wie stark selbst noch solche konsequenten Individuationen des Christlichen an den Intentionen, Motiven und Formstrukturen der Aufklärung partizipierten, läßt sich ebensogut an zwei der bedeutendsten Aufklärungsschriftstellern (Lessing, Lichtenberg) wie an den literarischen Hauptvertretern eines religiösen Antirationalismus (Hamann, Lavater, Claudius) exemplifizieren.

Gotthold Ephraim Lessing (1729–1781) war die Kulminationsgestalt der deutschen literarischen Aufklärung (s. § 9). Als Pfarrerssohn im sächsischen Kamenz geboren, erhielt er den ersten Unterricht vom Vater, der ihn dann auf die städtische Lateinschule schickte. 1741 bezog er die Fürstenschule St. Afra in Meißen, deren exquisite Bildungschancen er begierig nutzte – „ein Pferd, das doppeltes Futter haben muß", war der Eindruck des Rektors[4]. Dagegen scheint Lessing das 1746 in

1 SCHÖNE, A.: Säkularisation als sprachbildende Kraft. Studien zur Dichtung deutscher Pfarrersöhne, 1968. – 2 BOLLACHER, M.: Art. Christentum (in: WITTE, B. u.a. [Hg.]: Goethe Handbuch, Bd. 4/1, 1998, 165–175); SCHINGS, H.-J.: Art. Religion/Religiosität (ebd., Bd. 4/2, 1998, 892–898); BORNKAMM, H.: Das Christentum im Denken Goethes (ZThK 96, 1999, 177–206); HOFMANN, P.: Goethes Theologie, 2001. – 3 SCHILLER, F.: Sämtliche Werke, Bd. 3, 1968, 299. Vgl. zuletzt SAFRANSKI, R.: Friedrich Schiller oder Die Erfindung des Deutschen Idealismus, ³2004, 471–489. – 4 DAUNICHT, 18.

Leipzig begonnene Studium der Philosophie und Theologie, später der Medizin nur halbherzig betrieben zu haben; sein Wunsch, „nun auch leben zu lernen"[5], zielte auf intensive Geselligkeit und auf die Welt des Theaters, die ihm in Gestalt der Neuberschen Truppe höchst anregende, freilich auch kostspielige Erfahrungen bot. Seit 1748 lebte er als freier Schriftsteller und Mitarbeiter der „Berlinische[n] privilegirte[n] Zeitung" in der preußischen Hauptstadt. Das „bürgerliche Trauerspiel" *Miß Sara Sampson* (1755) bekrönte die Schriften, Gedichte und Schauspiele der ersten Berliner Phase; aus der Freundschaft mit M. Mendelssohn und F. Nicolai erwuchsen der gemeinsame „Briefwechsel über das Trauerspiel" (1756/57) und die „Briefe, die neueste Litteratur betreffend" (1759–1765). Der Sekretärsdienst, den Lessing 1760 bei dem Kommandanten von Breslau, General von Tauentzien, antrat, beließ große zeitliche Spielräume (Laokoon: oder über die Grenzen der Malerei und Poesie, 1766; Minna von Barnhelm oder das Soldatenglück, 1767). Das Experiment, das Lessing 1767 als Dramaturg des neu gegründeten Nationaltheaters in Hamburg einging (Hamburgische Dramaturgie, 1769), ist alsbald gescheitert. Seit 1770 lebte er als Herzoglicher Bibliothekar in Wolfenbüttel (Emilia Galotti, 1772). Der an Weihnachten 1777 geborene Sohn Traugott überlebte nur wenige Stunden, kurz danach verstarb auch Eva König, mit der Lessing nach langer Verlobungszeit seit 1776 verheiratet war. Im Februar 1781 erlag er 52jährig einer Brustwasserkrankheit.

Die Auseinandersetzung mit theologischen und religiösen Fragen bildete einen integralen Bestandteil von Lessings gesamter literarischer Lebensarbeit, der sich in dessen letztem, Wolfenbütteler Jahrzehnt nur augenfällig verdichtet hat. Sein viel zitiertes Wort, er sei bloß „Liebhaber der Theologie und nicht Theolog"[6], verweist ebenso auf die institutionelle Ungebundenheit wie auf den dialogisch-situativen Charakter seiner Reflexion. Was er zum Ausdruck brachte, entsprang nicht systematisch durchgeformter Positionalität, sondern artikulierte einen rhapsodischen Reflex auf konkrete Provokationen. Die Art dieser „gymnastischen" Teilnahme am religiösen Diskurs faßte Lessings Bruder Karl in ein treffendes Bild: „Er spann gern philosophische und theologische Gewebe, aber fast keines aus"[7]. Auch darin war Lessing ein Aufklärer par excellence: Einem vernünftigen Humanitätsideal folgend, suchte er nach der Wahrheit, indem er Vorurteile bekämpfte, Toleranz einforderte und in alledem zu autonomem Selbstdenken anleiten wollte:

„Nicht die Wahrheit, in deren Besitz irgend ein Mensch ist, oder zu sein vermeinet, sondern die aufrichtige Mühe, die er angewandt hat, hinter die Wahrheit zu kommen, macht den Wert des Menschen. Denn nicht durch den Besitz, sondern durch die Nachforschung der Wahrheit erweitern sich seine Kräfte [...]. Wenn Gott in seiner Rechten alle Wahrheit, und in seiner Linken den einzigen immer regen Trieb nach Wahrheit, obschon mit dem Zusatze, mich immer und ewig zu irren, verschlossen hielte, und spräche zu mir: wähle! Ich fiele ihm mit Demut in seine Linke, und sagte: Vater, gib! Die reine Wahrheit ist ja doch nur für dich allein!"[8]

Diesem Pathos aufklärerischer Wahrheitssuche entsprach Lessings Hochschätzung der denkerischen und religiösen Subjektivität. Schon als Student hatte er den lutherisch-orthodox geprägten Vater wissen lassen, die christliche Religion sei

---

5 BARNER, Bd. 11/1, 15,37–16,1. – 6 GÖPFERT, Bd. 8, 130. – 7 DAUNICHT, 588. – 8 GÖPFERT, Bd. 8, 32 f.

„kein Werk, das man von seinen Eltern auf Treue und Glaube annehmen soll"[9]. Die orthodoxe Offenbarungstheologie galt ihm als schlechterdings widervernünftig, auch wenn er der stringenten Geschlossenheit ihres Systems den Respekt nicht versagte. Um so verhaßter war ihm dagegen die Neologie, die sich gegenüber der Orthodoxie nicht anders ausnehme „als Mistjauche gegen unreines Wasser". Deren auf die Versöhnung von Offenbarungsglauben und Vernunfterkenntnis abzielendes Programm verhöhnte er als ein „Flickwerk von Stümpern und Halbphilosophen", das die Menschen „unter dem Vorwande, uns zu vernünftigen Christen zu machen, zu höchst unvernünftigen Philosophen" mache[10].

Durch die Veröffentlichung der deistischen *Reimarus-Fragmente* (s. § 24.2) sah sich Lessing alsbald in heftige theologische Händel verstrickt. Nachdem der Plan, die „Apologie" des Reimarus bei Voß in Berlin vollständig zu veröffentlichen, nicht zustande gekommen war, gab Lessing, der für seine „Schätze der Herzoglichen Bibliothek zu Wolfenbüttel" von der Vorzensur befreit war, zwischen 1774 und 1778 insgesamt sieben Fragmente des „Ungenannten", dessen Identität von einzelnen schon rasch erraten, jedoch erst 1814 von den Nachfahren des Reimarus bestätigt wurde, an die Öffentlichkeit. Der Hamburger Hauptpastor J.M. Goeze (s. § 49), dessen Einsprüche Lessing mit insgesamt elf „Anti-Goeze"-Schriften quittierte, war dabei nicht der einzige, nur der hartnäckigste literarische Gegner. Im Zuge des Fragmentenstreits hat Lessing wichtige Beiträge zur neutestamentlichen Kanonforschung geliefert, darunter eine anregende Urevangeliumshypothese und die Erkenntnis, daß die Ausbildung der – von ihm fälschlich mit dem Apostolikum identifizierten – *regula fidei* dem Abschluß der neutestamentlichen Kanonbildung vorausgegangen ist. Durch seine kanonkritischen Erwägungen, die eine überraschende Nähe zu der exegetischen Arbeit der Neologie und insbesondere des Hallenser Theologen J.S. Semler (s. § 22.1) erkennen lassen[11], kam Lessing, deistische und sozinianische Einflüsse aufnehmend, zu der später v.a. durch H.Ph.K. Henke (s. § 24.2) ausgearbeiteten Unterscheidung von „Religion Christi" und „christlicher Religion"[12]: Während das Dogma der Gottheit und Auferstehung Jesu Christi erst im Verlauf der kirchlichen Lehrbildung entstanden sei, verehrte ihn Lessing „nur als einen von Gott erleuchteten Lehrer"[13], dessen Botschaft der testamentarische Satz des Johannes „Kinderchen, liebt euch!" zusammengefaßt habe[14], und als den „erste[n] zuverlässige[n], praktische[n] Lehrer der Unsterblichkeit der Seele"[15]. Weil die christliche Offenbarungsreligion schon vor Abschluß der Kanonbildung vollständig entwickelt war, sah Lessing die „Religion Christi" nicht notwendig an die Existenz der biblischen Bücher gebunden, gleichwie auch der lutherische Glaube selbst dann bewahrt werden könnte, wenn es kein einziges Exemplar des Kleinen Katechismus mehr gäbe[16]. Mit seiner Ablehnung aller Formen von „Bibliolatrie" suchte Lessing das von der Reformation begonnene geistige Befreiungswerk zu vollenden. Die innere Wahrheit und Evidenz des Christentums erwies sich für ihn allein durch die unmittelbare, das Gemüt erleuchtende Kraft seines Geistes. Dieser „Beweis des Geistes und der Kraft"[17] lasse

---

9 BARNER, Bd. 11/1, 26,19f. – 10 Ebd., Bd. 11/2, 615,17f. 615,19–616,7. – 11 SCHULTZE, H.: „Zufällige Geschichtswahrheiten". Lessing und Semler im Streit (ZThK 98, 2001, 449–463). – 12 GÖPFERT, Bd. 8, 711f. – 13 Ebd., Bd. 3, 686. – 14 Das Testament Johannis (ebd., Bd. 8, 15–20). – 15 Ebd., Bd. 8, 502. – 16 Ebd., Bd. 8, 143.145f. – 17 Über den Beweis des Geistes und der Kraft (ebd., Bd. 8, 9–14).

sich niemals durch geschichtliche Religionsdokumente ersetzen: „Zufällige Geschichtswahrheiten können der Beweis von notwendigen Vernunftwahrheiten nie werden"[18]. „Luther, du! – Großer, verkannter Mann! [...] Du hast uns von dem Joche der Tradition erlöset: wer erlöset uns von dem unerträglichern Joche des Buchstabens! Wer bringt uns endlich ein Christentum, wie du es *itzt* lehren würdest; wie es Christus selbst lehren würde!"[19]

Nachdem Herzog Karl von Braunschweig, um den weiteren Fortgang des Fragmentenstreits zu unterbinden, die seinem Bibliothekar gewährte Zensurfreiheit im Sommer 1778 revoziert hatte, unternahm Lessing bekanntermaßen den Versuch, „ob man mich auf meiner alten Kanzel, auf dem Theater wenigstens, noch ungestört will predigen lassen"[20]. Insofern hat F. Schlegel das Drama *Nathan der Weise* (1779) durchaus treffend die „Fortsetzung vom ‚Anti-Goeze', Numero zwölf" genannt. Dessen organisierendes Zentrum bildet die „Predigt" der *Ringparabel* (Nathan III.7)[21]. Die drei einander täuschend ähnlichen Ringe stehen für die christliche, jüdische und islamische Religion. Der von allen Religionen erhobene absolute Wahrheitsanspruch läßt sich, so die „Botschaft", nicht durch geschichtlich-äußerliche Gründe, sondern allein im Prozeß ihrer lebenspraktischen Bewährung erweisen. Damit aber erhalten die drei Offenbarungsreligionen die Chance, sich als eine legitime Durchgangsstufe zu der über ihnen allen stehenden reinen Vernunftreligion zu erweisen[22]. Deutlich wie kaum einmal hat sich Lessing im ersten Entwurf einer Vorrede zu der Weisheit seines Helden bekannt: „Nathans Gesinnung gegen alle positive Religion ist von jeher die meinige gewesen"[23].

Auch *Die Erziehung des Menschengeschlechts* (1777/1780) war eine Gelegenheitsschrift. Mit ihr griff Lessing in eine literarische Debatte ein, die Reimarus, den Offenbarungscharakter des Alten Testaments bestreitend, mit W. Warburton und über diesen mit Th. Morgan geführt hatte[24]. Die damit angedeutete Bezugnahme auf eine konkrete deistische Debatte über das Verhältnis von vernunftreligiöser Unsterblichkeitslehre und biblischer Offenbarung stellt zugleich klar, daß die den Gedanken der Seelenwanderung berührenden Schlußparagraphen der *Erziehungsschrift* nicht etwa an einem clandestinen Reinkarnationsdiskurs partizipieren, sondern die radikal-deistische Bibelkritik durch eine Religionsgeschichte des Christentums alternieren, in der natürliche, positive und vernünftige Religion einem Entwicklungsschema folgen, das seine Spitze in einer vernünftigen Vorstellung von Seelenwanderung findet. „Offenbarung ist Erziehung", hat Lessing als zielführende Erkenntnis des Schriftchens notiert (§ 2). Aus dem damit gesteckten Rahmen ergibt sich, daß die natürliche Religion keineswegs mit der Vernunftreligion übereinkommt, sondern erst im Entwicklungsgang der Offenbarungsgeschichte dorthin gelangt. Innerhalb dieses dreigestuften Religionsbegriffs[25] weist Lessing den religiösen Offenbarungsformen die geschichtliche Aufgabe zu, die natürliche Anlage des Menschen zur Religion in die Gestalt der vollendeten, vernünftigen Humanitätsreligion fortzuentwickeln, deren lebenspraktische Gestaltung sich nicht mehr durch den Glauben an innerweltliche (alttestamentlich-jüdi-

---

18 Ebd., Bd. 8, 12. – 19 Ebd., Bd. 8, 125 f. – 20 BARNER, Bd. 12, 193,9–11. – 21 Vgl. die erhellende Studie von LEPPIN. – 22 Vgl. HIRSCH Bd. 4, 165. – 23 GÖPFERT, Bd. 2, 748. – 24 Vgl. hierzu wie überhaupt zu Lessings *Erziehungsschrift* die vorzügliche Studie von CYRANKA, 253–405. – 25 Vgl. hierzu bahnbrechend ebd., 355–363.398.401 u. ö.

sche Offenbarungsstufe) oder jenseitige Vergeltung (neutestamentlich-christliche Offenbarungsstufe), sondern, darüber hinauswachsend, allein durch die Liebe zum Guten, das um seiner selbst willen getan wird, reguliert. In dieser Perspektive erweist sich das viel diskutierte Problem, wie der scheinbare Widerspruch zwischen der Auskunft, die Offenbarung gebe dem Menschengeschlecht nichts, worauf die Vernunft nicht auch von sich aus kommen würde (§ 4), und der Feststellung, auf die offenbarungsreligiösen Begriffe wäre „die menschliche Vernunft von selbst nimmermehr gekommen" (§ 77), zu erklären sei, als gegenstandslos. Denn obschon die offenbarungstheologischen Ausformungen der Trinitäts-, Erbsünden- und Versöhnungslehre, denen Lessing eine die Religionsgeschichte ungemein beschleunigende Funktion zuerkennt, aus der Vernunft des Menschen nicht deduzierbar sind (§ 77), lassen sie sich doch in spekulativer Umformung (§§ 73–76) als pädagogisch sinnvolle Metamorphosen von Vernunftwahrheiten erweisen (§ 4).

Es ist nicht auszuschließen, daß Lessing mit der Neologie auch deshalb so harsch ins Gericht ging, weil er ihren Motiven und Intentionen sehr viel näher stand, als dem privatreligiösen Autonomiestreben, das ihm eigen war, lieb sein konnte.

§ 31: Lichtenberg

BAASNER, R.: Georg Christoph Lichtenberg (EdF 278), 1992. – BEUTEL, A.: Lichtenberg und die Religion. Aspekte einer vielschichtigen Konstellation (BHTh 93), 1996. – DERS.: „Halb Affe und halb Engel". Der ‚ganze Mensch' als konstitutive Utopie der Anthropologie Georg Christoph Lichtenbergs (in: DREHSEN, V. u.a. [Hg.]: Der ‚ganze Mensch'. Perspektiven lebensgeschichtlicher Individualität, 1997, 19–36). – DERS.: Georg Christoph Lichtenberg. Aphoristik und Aufklärung (in: KREIMENDAHL, L. [Hg.]: Philosophen des 18. Jahrhunderts. Eine Einführung, 2000, 226–244). – KAUTHER, R.: Lichtenberg und Kant (Lichtenberg-Jahrbuch 1992, 56–77). – LICHTENBERG, G.Ch.: Schriften und Briefe, hg.v. W. PROMIES, 6 Bde., 1967–1992. – DERS.: Briefwechsel, hg.v. U. JOOST/A. SCHÖNE, 5 Bde., 1983–2004. – SCHILDKNECHT, Ch.: Philosophische Masken. Literarische Formen der Philosophie bei Platon, Descartes, Wolff und Lichtenberg, 1990. – SCHÖNE, A.: Aufklärung aus dem Geist der Experimentalphysik. Lichtenbergsche Konjunktive, ^{2}1983.

Georg Christoph Lichtenberg (1742–1799) war einer der aufgeklärtesten Köpfe seiner Epoche: witzig und originell, phantasievoll und geistreich, von frappierender Vielseitigkeit. Sein Brot verdiente er seit 1770 als Professor für Mathematik und Physik an der Göttinger Georgia Augusta. Den Zeitgenossen galt er als der bedeutendste deutsche Physiker des Jahrhunderts. Diese Wertschätzung gründete weniger in Lichtenbergs eigenen wissenschaftlichen Leistungen – von ihnen sind nur zwei, nämlich die Einführung der Zeichen (+) und (-) für die Pole der Elektrizität sowie die „Lichtenbergschen Figuren", die indirekt auch die Entwicklung des Xerokopie-Verfahrens vorbereiteten, im Gedächtnis der Wissenschaftsgeschichte geblieben – als vielmehr in dem Ansehen, das er sich als Experimentalphysiker erworben hatte. Sein vierstündiges Kolleg „Physica experimentalis", das er seit 1781 vortrug und in dem er insgesamt über 600 verschiedene Versuche gezeigt haben soll, etwa mit Elektrisiermaschinen, auffliegenden Schweine- und Kälberblasen oder Knallgasexplosionen, erfreute sich eines so großen Zulaufs, daß Lichtenberg die besten Versuche am Sonntagvormittag durch einen Assistenten wiederholen ließ, damit sie von allen Hörern gesehen werden konnten[26].

Auch in der Geistesgeschichte bekleidet Lichtenberg einen hervorgehobenen Rang. Die zeitgenössische literarische Öffentlichkeit kannte ihn als popularisierenden Aufklärungsschriftsteller, scharfzüngigen Kritiker, Hogarth-Interpret und Kalendermacher. Dagegen sind die Aphorismen und Fragmente seiner „Sudelbücher", die Lichtenbergs postumen Ruhm am stärksten geprägt haben, erst durch die Editionen von A. Leitzmann (1902–1908) und W. Promies (1968–1971) vollständig bekannt gemacht worden.

Er war ein Denker von Rang und Format. Die noetische Grundhaltung des Experimentalphysikers bestimmte auch dessen erkenntnistheoretische, sprachkritische und religionsphilosophische Reflexion. Daß er daneben, allem Anschein nach, eine intensive persönliche Frömmigkeit pflegte, unterstellte er strenger privatreligiöser Diskretion. Die tiefe Rührung, in die ihn Kirchenglocken und geistliche Lieder versetzten, seine zeitlebens anhaltende Gebetspraxis, die Penibilität, mit der er im Jahreskalender die „stellvertretenden" Kirchgänge seiner Ehefrau notierte, und nicht zuletzt auch die reiche, obschon zumeist subkutane religiöse Prägung seines Sprachgebrauchs[27] verwies er in „das Sorgenschränkchen, das Allerheiligste der innersten Seelen-Ökonomie, das nur des Nachts geöffnet wird": Sie waren ihm „gleichsam Vertrauens-Geheimnisse zwischen Gott und der Seele"[28].

So diskret er den eigenen Herzensglauben abschirmte, so freimütig hat er andererseits über Religion und Theologie räsoniert. Die zahllosen Äußerungen, die er dazu hinterließ, fügen sich zwanglos zu dem Gesamtbild einer reflektierten, eigenständigen Wahrnehmung der öffentlichen und kirchlichen Religion. Die nichtprotestantischen Religionsparteien, vornehmlich Judentum und Katholizismus, aber auch Pietismus und Methodismus galten ihm durchweg als Depravationsgestalten des Christlichen. Desgleichen attestierte er auch dem übrigen Protestantismus eine zumeist deformierte Lebensgestalt, und dies ebenso in dessen lebenspraktischen Ausprägungen, die er weithin als religiöse Heuchelei, also das Auseinandertreten von religiösem Anspruch und moralischer Wirklichkeit, erlebte, wie in der professionalisierten Vollzugsgestalt kirchlicher und akademischer Theologie. Näherhin galt Lichtenberg die (protestantische) Theologie in dreifacher Hinsicht als defizitär: Sie war ihm weltfremd („ohne Gemeinschaft mit der Welt wollen sie die Welt richten, die sie nur aus Büchern, meistens nur aus Büchern ihrer Brüder kennen"[29]), vernunftfeindlich („unsere Theologen wollen mit Gewalt aus der Bibel ein Buch machen, worin kein Menschen-Verstand ist"[30]) und in ihrem „geistlichen Despotismus"[31] letztlich sogar antireligiös.

Doch Lichtenberg beschränkte sich nicht auf die Kritik einzelner religiöser Erscheinungsformen, sondern vermochte sie durchaus von der in solchen Zerrbildern verborgenen Wahrheit der Religion zu unterscheiden. Dabei konzentrierte er sich vornehmlich auf vier thematische Schwerpunkte: erstens den Gottesgedanken, der ihm durch die unaufhebbare Spannung zwischen anthropomorpher Projektion und unmittelbarem Herzenszeugnis geprägt schien, zweitens die Lehre vom Menschen, den er, als „der Schöpfung Meisterstück"[32], durch die wiederum

---

26 Schöne, 52. – 27 Vgl. dazu Beutel 1996, 75–95. – 28 Promies, Bd. 1, 856.246. – 29 Aus Lichtenbergs Nachlaß. Aufsätze, Gedichte, Tagebuchblätter, Briefe, hg.v. A. Leitzmann, 1899, 25. – 30 Promies, Bd. 1, 694. – 31 Ebd., Bd. 1, 122. – 32 Ebd., Bd. 3, 689

unaufhebbare Spannung zwischen Gefühl und Verstand, zwischen Herz und Kopf – „halb Affe und halb Engel"[33] – konstituiert sah, drittens den als moralisches Handeln geschuldeten vernünftigen Gottesdienst sowie viertens den Gedanken einer gnädigen göttlichen „Führung der Welt"[34].

Lichtenbergs eigene religionstheologische Reflexion wurde durch die Diastase zwischen Vernunftreligion und Herzensglauben maßgeblich konstituiert. Das Postulat einer der Vernunft gemäßen natürlichen Religion wie das unmittelbar aus dem Herzen quellende religiöse Gefühl galten ihm als die beiden Pole des Religionsphänomens, die man wahrzunehmen und mit denen man durchgängig zu rechnen habe, auch wenn sie sich niemals in ein geschlossenes religionstheologisches System bruchlos würden verrechnen lassen.

In seinem Verständnis der Vernunftreligion war Lichtenberg stark von Spinoza (s. § 8) geprägt, in späteren Jahren dann von der kritischen Philosophie Kants. Allerdings verband sich damit nicht etwa ein religionsphilosophischer Paradigmenwechsel: Was er bei Kant gelernt hatte, alternierte nicht antithetisch seine vorausgegangene Spinozarezeption, sondern verband sich mit ihr zu einer individuellen Synthese. Die kritische Philosophie Kants wurde für Lichtenberg gleichsam zu einem transzendentalen Vorzeichen der von Spinoza entwickelten Religionsphilosophie. In diesem Sinn, nämlich als die transzendentale Relativierung eines durch die Erkenntnis der Naturgesetze rational begründeten pantheistischen Gottesglaubens, ist denn auch seine Rede vom „geläuterten Spinozismus", auf den die „sich selbst überlassene Vernunft" notwendig hinausführen werde[35], gemeint.

Doch bildete ein derart „geläuterter Spinozismus" für Lichtenberg einstweilen nichts weniger als eine geschichtlich verfügbare Option, vielmehr den durchaus idealischen Fluchtpunkt in der Geschichte der Religion. Um ihn zu erreichen, müsse die Welt „noch eine *unzählbare* Zahl von Jahren" bestehen[36]. Wenn denn wirklich „noch Jahrtausende"[37] vergehen werden, ehe die Menschheit einen kantisch geläuterten Spinozismus in toto erreicht haben wird, ist das geometrische Bild, in das Lichtenberg diese unendliche Annäherungsbewegung gefaßt hat, durchaus präzis: Seine Vision eines transzendental geläuterten Spinozismus sei gleichsam „die Asymptote, der sich alle christlichen Religionen am Ende nähern werden"[38].

Das Bild der Asymptote – also einer Geraden, der sich eine ins Unendliche verlaufende Kurve annähert, ohne sie zu erreichen – führt, indem es den Spinozismus als idealischen Fluchtpunkt der Religionsgeschichte ausweist, zugleich vor Augen, daß die positive Religion einstweilen, und das heißt: auf eine „unzählbare Zahl von Jahren" hinaus, nicht entbehrlich sein wird. Deshalb riet Lichtenberg auch, sich mit ihrer jeweils konkreten, kontingenten Gestalt dankbar bescheiden zu wollen. Als den besonderen Vorzug des Christentums hob er den *formalen* Charakter der Lehre Jesu hervor, in die man, „so lange die Welt steht das Beste wird hineintragen können". Insofern erschien ihm die christliche Religion schlechterdings unübertrefflich, und „die Lehre Christi" rühmte er als „das vollkommenste System [...], Ruhe und Glückseligkeit in der Welt am schnellsten, kräftigsten, sichersten und allgemeinsten zu befördern". Zwar sei dazu an sich auch ein kantisch geläu-

u.ö. – 33 Ebd., Bd. 1, 361. Vgl. dazu BEUTEL 1997. – 34 PROMIES, Bd. 3, 77. – 35 Ebd., Bd. 2, 197. – 36 Ebd. (Hervorhebung von mir). – 37 JOOST/SCHÖNE, Bd. 3, 234. – 38 PROMIES, Bd. 1, 800.

terter Spinozismus imstande, doch würde dieser, da er nicht allein „für geübte Denker", sondern „für die Menschen überhaupt" belangvoll sein müßte, gleichwohl genötigt sein, „die Lehre Christi für die Ausübung [zu] wählen". Selbstverständlich, meinte Lichtenberg, wäre ein Geist wie Christus ohne weiteres befähigt gewesen, statt seiner religiösen Lehren ein philosophisches System zu entwerfen, das allen Denkern als vollkommen hätte erscheinen müssen: „Aber wo sind die Menschen dazu?" Um derer willen, die noch nicht oder nicht nur transzendental geläuterte Pantheisten sein können, habe sich der Religionslehrer Christus „zugleich nach dem Stoff bequemt"[39].

In dieser Differenz gründet für ihn das Lebensrecht der positiven Religion. Sie präsentiere in gegenständlicher Objektivation, was der Mensch nicht oder nicht immer zu begreifen vermag, und leiste mit dieser bildhaften Vergegenwärtigung des Begriffs einen lebenserhaltenden Dienst. Ihm gegenüber verbat sich Lichtenberg jeden philosophischen Dünkel. Denn selbst wer über die gröberen religiösen Irrtümer lache, sei von den feineren in Wahrheit nicht frei[40]; auch wer den gröberen religiösen Bilderdienst als eine menschheitspädagogische Hilfsmaßnahme durchschaue, vermöge, wie Lichtenberg in seinem mutmaßlich letzten, sechs Tage vor seinem Tod an den Bruder Ludwig Christian abgefertigten Brief formulierte, dem Bilderzwang der Religion letztlich nicht zu entrinnen[41]. Wer ausgerechnet in der Ablehnung der äußeren, positiven Religion sein kritisches Bewußtsein zu demonstrieren suche, entlarve sich darin doch nur als ein äußerst schwacher Kopf. „Denn was ist wahr an diesen Dingen, das nicht sein Wahreres haben kann?"[42]

Auf den zeitgenössischen Religionsdiskurs haben Lichtenbergs Reflexionen praktisch keinen Einfluß genommen. Erst zu Beginn des 20. Jahrhunderts wurden sie bisweilen als eine veritable Individuation aufklärerischer Frömmigkeit rehabilitiert[43]. Doch das Bild der Epoche, die das Selbstdenken auch in rebus religionis zum Programm erhob, wäre unvollständig gezeichnet, wenn es die konsequenten Privatisierungen, denen die Religion bisweilen ausgesetzt war, nicht wenigstens andeuten würde. Lichtenberg hat einmal des unbedeutenden Kirschkerns gedacht, der, in die See geworfen, den Wasserstand der Weltmeere verändert[44]. Auch der Kirchengeschichtsschreibung steht die „Andacht zum Unbedeutenden"[45] gut zu Gesicht.

---

39 Ebd., Bd. 1, 687.698; vgl. ebd., 698 f. – **40** G.Ch. Lichtenberg's Vermischte Schriften, hg.v. L.Ch. LICHTENBERG/F. KRIES, 1800–1806, Bd. 8, 66 f. – **41** JOOST/SCHÖNE, Bd. 4, 1019. – **42** Ebd., Bd. 1, 695 f. – **43** So stellte D. BONHOEFFER kategorisch fest: „Hinter Lessing und Lichtenberg können wir nicht mehr zurück" (Ethik, hg.v. I. TÖDT u.a. [Dietrich Bonhoeffer Werke, Bd. 6], ²1998, 106). – **44** „Hätte ich zu Vardöhus einen Kirschkern in die See geworfen, so hätte der Tropfen Seewasser den Myn Heer am Kap von der Nase wischt nicht gnau an dem Ort gesessen" (Schriften und Briefe, Bd. 1, 239). – **45** Zur Herkunft diese geflügelten Wortes vgl. KANY, R.: Mnemosyne als Programm. Geschichte, Erinnerung und die Andacht zum Unbedeutenden im Werk von Usener, Warburg und Benjamin, 1987, 234 f.

§ 32: Religiöser Antirationalismus (Hamann, Lavater, Claudius)

BAYER, O.: Zeitgenosse im Widerspruch. Johann Georg Hamann als radikaler Aufklärer, 1988. – BERLIN, I.: Der Magus in Norden. J.G. Hamann und der Ursprung des modernen Irrationalismus, 1995. – BEUTEL, A.: „Jenseit des Monds ist alles unvergänglich". Das „Abendlied" von Matthias Claudius (in: DERS.: Protestantische Konkretionen. Studien zur Kirchengeschichte, 1998, 192–225). – CLAUDIUS, M.: Sämtliche Werke, hg.v. J. PERFAHL, [8]1996. – DEBUS, F. (Hg.): Matthias Claudius. 250 Jahre Werk und Wirkung, 1991. – EBELING, G.: Genie des Herzens unter dem genius saeculi. Johann Caspar Lavater als Theologe (in: DERS.: Theologie in den Gegensätzen des Lebens. Wort und Glaube, Bd. 4, 1995, 132–170). – FECHNER, J.-U. (Hg.): Matthias Claudius 1740–1815. Leben, Zeit, Werk, 1996. – GAJEK, B. (Hg.): Johann Georg Hamann und die Krise der Aufklärung, 1990. – DERS. (Hg.): Die Gegenwärtigkeit Johann Georg Hamanns, 2005. – GERMAN, T.J.: Hamann on language and religion, 1981. – HAMANN, J.G.: Sämtliche Werke, hg.v. J. NADLER, 6 Bde., 1949–1957, ND 1999. – DERS.: Briefwechsel, hg.v. W. ZIESEMER/A. HENKEL, 7 Bde., 1955–1979. – LAVATER, J.C.: Ausgewählte Werke in historisch-kritischer Ausgabe, 10 Bde., 2001 ff. – MENNECKE-HAUSTEIN, U.: Die Nordwestpassage entdecken. Zur religiösen Identität und Wirkungsabsicht von Matthias Claudius' Wandsbecker Bothen (PuN 26, 2000, 117–146). – PESTALOZZI, K./WEIGELT, H. (Hg.): Das Antlitz Gottes im Antlitz des Menschen. Zugänge zu Johann Kaspar Lavater (AGP 31), 1994. – SCHOBERTH, W.: Geschöpflichkeit in der Dialektik der Aufklärung. Zur Logik der Schöpfungstheologie bei Friedrich Christoph Oetinger und Johann Georg Hamann (Evangelium und Ethik 3), 1994. – WEIGELT, H.: Lavater und die Stillen im Lande – Distanz und Nähe. Die Beziehungen Lavaters zu Frömmigkeitsbewegungen im 18. Jahrhundert (AGP 25), 1988. – DERS.: Johann Kaspar Lavater. Leben, Werk und Wirkung, 1991.

Im letzten Drittel des 18. Jahrhunderts hat die religiöse und theologische Aufklärung im protestantischen Deutschland einige Gegenkräfte mobilisiert, deren materialer Widerspruch zwar zu namhaften Teilen noch in älterem, zumal lutherisch-reformatorischem sowie pietistischem Grund wurzelte, sich dabei aber der neuen, aufklärerischen Argumentations- und Kommunikationsstrukturen geschmeidig zu bedienen wußte und insgesamt, unbeschadet aller individuellen Divergenzen, auf das Postulat eines vermittlungsresistenten Primats des Glaubens vor den menschlichen Verstandeskräften hinauslief, welches dann in den Erweckungsbewegungen des 19. Jahrhunderts vielfältig fortwirken sollte. Der darin sich artikulierende religiöse Antirationalismus, dessen literarisch-öffentliche Popularisierungsarbeit nicht auf die Identitätsstiftung und -stärkung religiöser Sondergruppen, sondern auf einen allgemeinen Bewußtseinswandel abzielte, hat sich in den nun vorzuführenden drei Protagonisten jeweils exemplarisch manifestiert, wenn auch keineswegs schon erschöpft.

Johann Georg Hamann, als Sohn eines Wundarztes 1730 im ostpreußischen Königsberg geboren, war vielleicht der geistreichste und sicher der hermetischste unter den aufgeklärten Aufklärungskritikern. 1746 begann er in seiner Heimatstadt das Studium der Philosophie und Theologie, wechselte bald zu den Fächern Rechtswissenschaft und Ökonomie und widmete sich, ohne eine konkrete Berufsausbildung zu erstreben, zugleich der Philologie, Mathematik und Naturwissenschaft. Ab 1752 nutzte er die Tätigkeit als Hauslehrer auf verschiedenen baltischen Gütern zum Ausbau seiner polyhistorischen Gelehrsamkeit. Seine wirtschaftlichen Verhältnisse blieben kümmerlich: Ohne je ein akademisches Amt zu bekleiden, arbeitete er u. a. kurzzeitig als Redakteur einer Königsberger Zeitung, später, durch Kant vermittelt, als Übersetzer, schließlich als Packhofverwalter der preußischen Zollbehörde. Mit namhaften Gelehrten und Literaten seiner Zeit, darunter Herder (s. § 33), Lavater, F.H. Jacobi und Claudius, stand er in regem brieflichen Austausch. Seine Schriften stießen auf breites, mitunter enthusiastisches Interesse, so auch bei der in Münster residierenden katholischen Fürstin Amalie Gallitzin. Am Ende eines längeren Besuchs, den er ihr abstattete, ist Hamann dort 1788 gestorben.

Die rhapsodische, orakelnde Dunkelheit seiner Schriftsprache signalisierte schon formal die Abwendung von der Kultur der Aufklärung, deren auf Klarheit, Evidenz und Überzeugungskraft zielendes Stilideal sie antithetisch konterkarierte. Hamann wollte nicht argumentieren, sondern verkündigen, inszenierte sich nicht als Lehrer, sondern als Seher – auf Mt 2,1 anspielend, nannte er sich den „Magus in Norden"[46]. Während einer beruflich und persönlich deprimierenden Geschäftsreise nach London erlebte er, auch in der präzisen Datierung an das pietistische Bekehrungsmuster erinnernd, 1758 am „31. März des Abends"[47], in die Lektüre der Lutherbibel vertieft, eine Lebenswende, die ihm, am Ende seiner „Höllenfahrt der Selbsterkänntnis"[48] angelangt, den göttlichen Autor der Bibel zugleich als Autor seiner eigenen Lebensgeschichte zu verstehen gab.

Im Folgejahr verliehen die „Sokratische[n] Denkwürdigkeiten" seiner Kritik am Rationalismus Profil: Das sokratische Eingeständnis des Nichtwissens erschloß Hamann die Einsicht, „die hochgelobte Vernunft mit ihrer Allgemeinheit, Unfehlbarkeit, Überschwenglichkeit, Gewißheit und Evidenz" sei nur „ein Ölgötze, dem ein schreyender Aberglaube der Unvernunft göttliche Attribute andichtet"[49]. Gegen alle Tendenzen rationalistischer Selbstermächtigung verwies Hamann die Vernunft an ihre schöpfungsgemäße Funktion, der worthaften Selbstoffenbarung Gottes in Natur und Geschichte demütig nachzudenken, indem sie sich von der biblischen Christusoffenbarung die Offenbarungsbücher der Natur und der Geschichte entschlüsseln und dadurch die in der ganzen geschaffenen Welt fortwährend ergehende Anrede Gottes vernehmbar werden läßt. Die vorneuzeitliche Grundierung dieser Schöpfungstheologie war Hamann bewußt: Seine „ganze Autorschaft" habe „nichts als ein evangelisches Lutherthum in petto"[50]. Freilich erwuchsen daraus, namentlich in der Auseinandersetzung mit Kant, zugleich erhebliche aufklärungsfördernde Potentiale. Der „Sprachvergessenheit transzendentaler Vernunftkritik"[51] hielt er entgegen, mit ihrer abstrakten Trennung von Vernunft und Sinnlichkeit zerreiße sie die bipolare Einheit des Menschen, die sich in dessen Sprachlichkeit doch paradigmatisch bekunde: „Ohne Sprache hätten wir keine Vernunft, ohne Vernunft keine Religion, und ohne diese drey wesentliche Bestandtheile unserer Natur weder Geist noch Band der Gesellschaft"[52].

Insofern erweist sich auch die schroffe Aufklärungskritik Hamanns als eine bemerkenswerte aufklärerische Individuation. Erfreulicherweise hat nach der philosophischen und germanistischen in jüngerer Zeit auch die theologische Hamannforschung einen erheblichen Aufschwung genommen. Dies wird einer notwendigen Ausdifferenzierung des Epochenbildes um so zuträglicher sein, je weniger dabei pauschale neuzeitkritische Ressentiments und andere theologiepolitische Sekundärmotive das Erkenntnisinteresse bestimmen[53].

---

46 NADLER, Bd. 3, 35. – 47 Ebd., Bd. 2, 40. – 48 Ebd., Bd. 2, 164. – 49 Ebd., Bd. 3, 225. – 50 ZIESEMER/HENKEL, Bd. 6, 466. – 51 BAYER, O.: Art. Hamann, Johann Georg (TRE 14, 1985, 395-403), 400. – 52 NADLER, Bd. 3, 231. – 53 Vgl. NOWAK, K.: Vernünftiges Chri-

Durch die Aufnahme mystischer, spiritualistischer und theosophischer Motive, die er seinen pietistischen, aufklärerischen, empfindsamen und genieästhetischen Prägungen anverwandelte, repräsentierte *Johann Caspar Lavater* (1741–1801) einen weit ausstrahlenden, auf konsequenten Subjektivismus gegründeten Frömmigkeitstypus. Mit zahlreichen Schriften schuf er sich in Deutschland, der Schweiz und darüber hinaus in ganz Europa eine treue Lesergemeinde. Die auratische Kraft seiner Persönlichkeit, von der selbst Goethe zunächst vorbehaltlos fasziniert war, erschloß ihm unter den Literaten, Theologen und Wissenschaftlern der Zeit einen ansehnlichen, durch rege Korrespondenz und etliche größere Besuchsreisen gepflegten Bekannten- und Freundeskreis.

In Zürich, seiner Geburtsstadt, in der er studiert hatte, stand er seit 1769 im geistlichen Amt. Seine anfängliche Nähe zur Neologie, die ein mehrmonatiger Aufenthalt bei Spalding in Barth (1763/64) nachhaltig vertieft hatte, begann 1768 einer schwärmerischen Christusverehrung zu weichen, die sich durch die eigene subjektive Wahrheitsempfindung bereits zureichend verifiziert wußte und darum der diskursiven Konsistenzprüfung ebenso wie den Ansprüchen kirchlicher Lehrtradition gänzlich enthoben sah. Allein Christus bot für Lavater den Ermöglichungsgrund dafür, daß der Mensch mit dem schlechthin transzendenten Gott in spirituell wie auch materiell erfahrbare Verbindung zu treten vermag. Indem das gläubige Ergreifen Christi die in jedem Menschen angelegten Keime der Kraft, Erkenntnis und namentlich der Liebe Gottes zur Entfaltung bringt, kann bereits im irdischen Leben eine sichtbare Christusähnlichkeit entstehen, die das menschliche Subjekt von dem Gottmenschen Christus nur noch graduell verschieden sein läßt. Die in einem postmortalen Zwischenzustand ausreifende Vervollkommnung bürgt dafür, daß sich dieser Prozeß in der Auferstehung letztlich in allen Menschen, auch den zunächst verdammten, vollenden wird.

Größte Aufmerksamkeit erfuhren die in vier Bänden skizzierten „Aussichten in die Ewigkeit" (1768–1778). In der Form offener, an den Freund J.G. Zimmermann gerichteter Briefe bot Lavater eine ausführliche, höchst realistische Schilderung des jenseitigen Lebens, die, im Analogieschlußverfahren auf Naturbeobachtung und biblische Zeugnisse rekurrierend, einen mitunter geradezu grotesken Grad von Handgreiflichkeit erreichen konnte und breite Diskussionen auslöste. Doch selbst Lichtenbergs Sottise, Lavater habe „sich durch sein langes Gucken in die Ewigkeit die Augen ganz für den zeitlichen Horizont verdorben", und der beigefügten Empfehlung, der Zürcher Theologe möge zu seiner Genesung lieber „ein kühlendes weltliches Buch lesen", beispielsweise ein Handbuch zur Kegelschnittlehre[54], reflektierte noch die literarische Bedeutung, die jenes Werk rasch erlangt hatte.

Seine Auffassung von der durch Christus erschließbaren Gottebenbildlichkeit des Menschen konkretisierte Lavater in verschiedenen Arbeiten zur Physiognomik[55]. Ihm galt der menschliche Körper als der Spiegel der Seele, der ebenso wie diese zum Abbild Gottes bestimmt ist. Davon ausgehend, bemühte sich Lavater um ein Verfahren, die im Äußeren eines Menschen – seiner Mimik und Gestik, sei-

---

stentum? Über die Erforschung der Aufklärung in der evangelischen Theologie Deutschlands seit 1945, 1999, 76–78. – 54 LICHTENBERG, G.CH.: Schriften und Briefe, hg.v. W. PROMIES, Bd. 3, 1972, 232f. – 55 Von der Physiognomik, 1772; Physiognomische Fragmente zur Beförderung der Menschenkenntniß und Menschenliebe, 4 Bde., 1775–1778.

ner Motorik und Handschrift, seinem Schädel- und Knochenbau – aufgrund natürlicher Analogie die Beschaffenheit seiner Seele zu erkennen und an dem Grad der Schönheit zugleich den Grad der Christusähnlichkeit abzulesen erlaubt. Der dadurch ausgelöste „Physiognomenstreit" hat zwar kaum die populäre und künstlerische, wohl aber die wissenschaftliche Rezeption dieses Programms zu raschem Abschluß gebracht; vernichtend war beispielsweise die sarkastische Prognose Lichtenbergs: „Wenn die Physiognomik das wird, was Lavater von ihr erwartet, so wird man die Kinder aufhängen ehe sie die Taten getan haben, die den Galgen verdienen"[56].

Noch zu Lebzeiten ging das öffentliche Ansehen Lavaters spürbar zurück. Spätpietistische Sympathisanten stießen sich zunehmend an dessen unbekümmerter, vor allem in der Distanznahme zur orthodoxen Versöhnungslehre augenfällig hervortretender Heterodoxie. Die Neologie distanzierte sich von seinem wundersüchtigen Irrationalismus. Und auch wichtige persönliche Freundschaften, am prominentesten die mit Herder und Goethe, zerbrachen schließlich an Lavaters messianischem Sendungstrieb, seiner narzißtischen Selbstdarstellung und zerrüttenden Indiskretion. Inspirierende Nachwirkungen haben sich, nicht zuletzt unter dem Einfluß Jung-Stillings (s. § 49), in den Erweckungsbewegungen des frühen 19. Jahrhunderts ergeben.

In wiederum anderer Weise hat *Matthias Claudius* (1740–1815) für ein breites Lesepublikum die eigene, gemüthaft-authentische, die zeitgenössische Theologie zwar rezipierende, aber kaum bemühende Erlösungsfrömmigkeit zum Ausdruck gebracht. Nach einem abgebrochenen Theologiestudium veröffentlichte der dänisch-holsteinische Pfarrersohn 1763 seinen erfolglosen literarischen Erstling „Tändeleyen und Erzählungen". 1764/65 war er Sekretär des Grafen Holstein in Kopenhagen, dann arbeitete er als Redakteur eines Hamburger Wirtschaftsblatts (1768–1770) sowie des „Wandsbecker Bothen" (1770–1775). Nach kurzer, durch Herder vermittelter Tätigkeit am Darmstädter Hof wurde Claudius 1777 in Wandsbek seßhaft, um fortan, seit 1784 vom dänischen Kronprinzen unterstützt, in christlicher Beschaulichkeit als freier Schriftsteller, Vater einer rasch anwachsenden Familie und Glied eines breiten literarischen Freundeskreises[57] zu leben. Eine Auswahl bisheriger Journalbeiträge erschien 1775 als Teil I/II des „ASMUS omnia sua SECUM portans oder Sämmtliche Werke des Wandsbecker Bothen"; bis 1812 folgten sechs weitere Teile mit jeweils neu verfaßten Beiträgen.

Entsprechend der Poetik des Sturm und Drang fand dieses Mosaik aus poetischen und prosaischen Kurztexten der unterschiedlichsten Gattungen in der empfindsamen Person des Autors seine einheitsstiftende Mitte. Waren dabei religiöse Sinndeutungen anfangs eher subkutan eingewoben, so trat seit dem vierten Teil (1783) die fromme Redeabsicht – und, damit verbunden, die Abwehr rationalistischer, transzendentalphilosophischer und revolutionärer Positionen – zusehends deutlich hervor. Damit einher gingen der Rückzug mancher früherer Freunde (u.a. Herder, J.H. Voß) und sich intensivierende Kontakte zur Herrnhuter Brü-

---

56 LICHTENBERG (s. Anm. 54), Bd. 1, 532. – 57 Gegen manches Mißverständnis ist zu erinnern, daß HIRSCH (Bd. 4, 166–204) mit der Kapitelüberschrift „Die frommen Außenseiter" nicht eine soziale oder religiöse Isolation, sondern lediglich die *theologiegeschichtliche* Randstellung der dort verhandelten Personen (Oetinger, Hamann, Claudius, Lavater, J. J. Heß) anzeigen wollte.

dergemeine, zu Lavater und F. H. Jacobi sowie zu Romantikern wie Ph.O. Runge und F. Schlegel.

Nicht nur in der aufklärerischen Erkenntnis- und Darstellungshaltung war der „Wandsbecker Bothe" ein Kind seiner Zeit. Zwanglos verbanden sich damit Impulse eines schlichten, johanneischen[58], jedem Schulzwang abholden Luthertums – „der Geist der Religion wohnt nicht in den Schalen der Dogmatik"[59]. Von antirationalistischen Schroffheiten hielt sich Claudius fern: Der Vernunft traute er durchaus zu, die in jedem Menschen angelegten göttlichen Keime aufzuspüren und sichtbar zu machen, nur wußte er zu deren lebenspraktischer Vitalisierung allein den christlichen Glauben ermächtigt[60]. Das darin gründende Gottvertrauen erschloß Claudius nicht nur eine selbstgenügsame, in allerhand „Alltagsfesten" einfallsreich zelebrierte Daseinsfreude, sondern auch einen gelassenen Umgang mit der – im „Freund Hain" spielerisch versinnbildlichten – allgegenwärtigen Bedrohtheit des Lebens.

Die unprätentiöse Schlichtheit der im „Asmus" versammelten literarischen Miniaturen dupliziert nicht etwa nur die „Einfalt eines gläubigen Herzens"[61], sondern ist zugleich Ausdruck eines sorgfältig gestaltenden Stilwillens, der sich bisweilen, etwa im „Abendlied", zu einer fast zeitlos anmutenden Schönheit verdichtet.

Kapitel 9: Metamorphosen

§ 33: Herder

BEUTEL, A.: Herder und Spalding. Ein theologiegeschichtlicher Generationenkonflikt (JGNKG 100, 2002, 119–144). – BRUMMACK, J.: Herders Polemik gegen die „Aufklärung" (in: SCHMIDT, J. [Hg.]: Aufklärung und Gegenaufklärung in der europäischen Literatur, Philosophie und Politik von der Antike bis zur Gegenwart, 1989, 277–293). – BULTMANN, Ch.: Die biblische Urgeschichte in der Aufklärung. Johann Gottfried Herders Interpretation der Genesis als Antwort auf die Religionskritik David Humes (BHTh 116), 1999. – HAYM, R.: Herder nach seinem Leben und seinen Werken, 2 Bde., 1877/1885, ND 1978. – HERDER, J.G.: Sämtliche Werke, hg.v. B. SUPHAN, 33 Bde., 1877–1913, ND 1994. – DERS.: Theologische Schriften, hg.v. Ch. BULTMANN/Th. ZIPPERT (J.G. Herder: Werke in zehn Bänden, Bd. 9/1), 1994. – HERMS, E.: Art. Herder, Johann Gottfried von (TRE 15, 1986, 70–95). – KESSLER, M./LEPPIN, V. (Hg.): Johann Gottfried Herder. Aspekte seines Lebenswerkes (AKG 92), 2005. – LEPPIN, V.: Für „junge Lehrer der Religion". Theologische und religionsphilosophische Klarstellungen in Herders Schrift „Von Religion, Lehrmeinungen und Gebräuchen" (1798) (in: BEUTEL, A./LEPPIN, V. [Hg.]: Religion und Aufklärung. Studien zur neuzeitlichen „Umformung des Christlichen" [AKThG 14], 2004, 123–130). – MÖLLER, M.F.: Die ersten Freigelassenen der Schöpfung. Das Menschenbild Johann Gottfried Herders im Kontext von Theologie und Philosophie der Aufklärung, hg.v. U. KÜHN (Kontexte

---

[58] „Am liebsten les ich im Sankt Johannes" (CLAUDIUS, 18). – [59] Ebd., 67. – [60] „Wir sind nicht groß, und unser Glück ist, daß wir an etwas Größers und Bessers glauben können" (ebd., 256). – [61] WILPERT, G.v.: Deutsches Dichterlexikon. Biographisch-bibliographisches Handwörterbuch zur deutschen Literaturgeschichte, ³1988, 131.

26), 1998. – STEIGER, J.A.: Von Riga nach Weimar. Auf den Spuren von Johann Gottfried Herders theologischer und homiletischer Entwicklung (KuD 47, 2001, 308–335). – STEPHAN, H.: Herder in Bückeburg und seine Bedeutung für die Kirchengeschichte, 1905. – ZIPPERT, Th.: Bildung durch Offenbarung. Das Offenbarungsverständnis des jungen Herder als Grundmotiv seines theologisch-philosophisch-literarischen Lebenswerks (MThSt 39), 1994.

Im letzten Drittel des 18. Jahrhunderts hat die inzwischen breit rezipierte Aufklärungstheologie nicht nur einen positionellen Richtungsstreit (s. § 49) ausgelöst, sondern auch für die Ausbildung neuer, das Zeitalter transzendierender Formationen der Geistesgeschichte bedeutende katalysatorische Kräfte entfaltet. Insofern lassen sich etwa die philosophischen Ansätze von Kant (s. § 34) und Fichte (s. § 35), die literarisch-philosophisch-theologischen Umbrüche der Frühromantik (s. § 36) sowie das Lebenswerk Herders, der, den größten Teil seines Lebens als kirchlicher Amtsträger bestallt, zugleich erhebliche literarische und kulturphilosophische Impulse freisetzte, in gewisser Hinsicht auch als Metamorphosen der aufklärerischen theologischen Reflexion in Deutschland begreifen.

Als Sohn eines Kantors und Lehrers kam *Johann Gottfried Herder* 1744 im ostpreußischen Mohrungen zur Welt. In seiner religiösen Prägung verbanden sich lutherisch-orthodoxe, pietistische und neologische Einflüsse. Schon früh erwies sich Herder als ein extensiver Leser der Bibel, aber auch der antiken und modernen Literatur. 1762 begann er in Königsberg das Studium der Philosophie und Theologie. Als akademischer Lehrer faszinierte ihn vor allem I. Kant. Lebensprägende Impulse ergaben sich auch aus der 1764 geschlossenen Freundschaft mit J.G. Hamann, die bis zu dessen Tod 1788 unvermindert anhalten sollte. 1764 ging Herder als Lehrer an die Domschule zu Riga, 1767 wurde er dazu noch Hilfsprediger an den beiden Vorstadtkirchen. Daneben vermochte er eine intensive wissenschaftliche und literarische Produktivität zu entfalten. Überstürzt brach Herder am 23. Mai 1769 zu einer nach Frankreich führenden Seereise auf. Von Nantes aus besuchte er die westeuropäischen Zentren Paris, Brüssel, Antwerpen, Leiden, Amsterdam und Hamburg. Das Winterhalbjahr 1770/71 verbrachte er in Straßburg, wo sich die beiderseits höchst folgenreiche Begegnung mit dem jungen Goethe ergab[1]. Von 1771 bis 1776 wirkte Herder im Dienste des Grafen von Schaumburg-Lippe als Hofprediger und Generalsuperintendent in Bückeburg. Ein in dieser Zeit betriebener Wechsel als Theologieprofessor an die Universität Göttingen dürfte nicht zuletzt an der respektlosen Polemik, mit der Herder gegen zeitgenössische Gelehrte und Kirchenmänner zu Felde zog, gescheitert sein. Durch Goethes Vermittlung wurde er 1776 als Generalsuperintendent, Oberkonsistorialrat und Hofprediger nach Weimar berufen. Damit verband sich die Aufsicht über das Schulwesen und die Pfarrerausbildung im Herzogtum. Bis zu seinem Tod 1803 konnte Herder neben den kirchlichen Dienstpflichten ein reiches theologisches (v. a. bibelwissenschaftliches), historisches, kulturphilosophisches und poetisches Wirken entfalten.

Als junger Theologe in Riga wandelte sich Herder von einem lutherisch-konservativen zum neologischen Prediger. Rückblickend bilanzierte er, unter deutlichem Einfluß von Spalding[2], als Ziel seiner dortigen Amtstätigkeit, am Leitfaden von

---

[1] Zuletzt IRMSCHER, H.D.: Goethe und Herder – eine schwierige Freundschaft (in: KESSLER/LEPPIN, 233–270). – [2] STEIGER, 315.

Vernunft und Gewissen den Menschen zur Glückseligkeit zu verhelfen, die ihm, gut aufklärerisch, darin erreichbar erschien, daß „wir vor Gott und unserm Gewissen in allem Umfange unserer Bestimmung und Pflicht, mit aller Redlichkeit des Herzens und aller Wirksamkeit das sind, was wir seyn sollen"[3]. In der Rigaer Abschiedspredigt wurde Jesus als der menschliche Gesandte Gottes geschildert, der dazu hilft, die von Gott in der Natur des Menschen als Bestimmung angelegte „Glückseligkeit und Nutzbarkeit in der Welt"[4] freizulegen und zu verwirklichen. Nun faßte Herder den Entschluß, die Philosophie und Theologie der Aufklärung, namentlich die Schriften Shaftesburys, Lockes und Montesquieus sowie von Spalding, Jerusalem, Ernesti und Mendelssohn gründlich und planvoll zu studieren, um dadurch nicht nur in Livland ein aufgeklärter „zweiter Zwinglius, Calvin und Luther, dieser Provinz zu werden"[5], sondern die Aufklärung auch nach Rußland und in den gesamten europäischen Osten zu tragen. Seinen Aufbruch in diese ehrgeizige Mission stellte er unter die Maxime: „Suche [...] aus den Zeiten der Bibel nur Religion, und Tugend, und Vorbilder und Glückseligkeiten, die für uns sind: werde ein Prediger der Tugend deines Zeitalters!"[6] Die Antrittspredigt in Bückeburg ließ erkennen, daß sich die neologische Positionierung Herders unterdessen stabilisiert hatte. Das Verdienst Jesu erkannte er darin, den Menschen auf dem Weg zur gottgewollten Glückseligkeit das entscheidende Vorbild gegeben zu haben, während er die orthodoxe Lehre von der Göttlichkeit Jesu eben deshalb verwarf, weil sie den menschlichen Tugendlehrer in unerreichbare Fernen entrückt. Im Sinne der neologischen Pastoraltheologie bestimmte Herder die Aufgabe des Predigers dahin, daß er ein Abbild von Lehre und Wandel Jesu sein solle, um damit, als ein „Lehrer der Menschheit", „Aufklärung der Vernunft und [...] Bildung des Gewissens" zu stiften und so „in jedem einzelnen Menschen die Stimme der eignen Wahrheit" zu wecken[7].

Bald nach der Ankunft in Bückeburg war bei Herder ein Wandel seines theologischen Koordinatensystems zu bemerken, in seinem bis dahin neologisch geprägten Denken begannen sich die Interessen einer neuen Generation zu artikulieren: Die Vorbild-Jesulogie transformierte sich zur Urbild-Christologie, auf Bibel, Offenbarung und Geschichte fokussierte sich nun die theologische Aufmerksamkeit. Dieser Wandel hat sich bei Herder in der Revision seiner Einschätzung des prominenten Neologen J.J. Spalding erstmals bemerkbar gemacht[8]. Zuvor war Herder geradezu ein „Spaldingianer"[9] gewesen. Menschliche Verehrung und Hochachtung vor den Schriften und Predigten Spaldings kamen dabei nahtlos überein. Eine 1766/67 entstandene Würdigung rühmte die Verdienste des Berliner Theologen aufs höchste und verband damit die Hoffnung, es möge Spalding gelingen, „in die Theologie ein Denken einzuführen, das eben so wenig Deismus und Freigeisterei, als nachgebetete Formel ist"[10], und damit gleichsam der theologische Jahrhundertreformer zu werden. Spätestens seit 1771 hat Herder dann aber die Verwirklichung dieses Ziels als seine eigene geschichtliche Aufgabe entdeckt. Den öffentlichen Bruch mit Spalding vollzog er in der 1774 gedruckten Kampfschrift „An Pre-

---

3 J.G. HERDER's sämmtliche Werke. Zur Religion und Philosophie, 17 Bde., 1827–1830, Bd. 10, 287f. – **4** Ebd., 294. – **5** HERDER, J.G.: Journal meiner Reise im Jahr 1769, hg.v. K. MOMMSEN, 1976, 28. – **6** Ebd., 31. – **7** Herder's sämmtliche Werke, Bd. 8, 26.8.26. – **8** Vgl. hierzu eingehend BEUTEL 2002. – **9** HAYM, Bd. 1, 572. – **10** SUPHAN, Bd. 1, 223.

diger. Funfzehn Provinzialblätter"[11]. Schon in der Sprachgestalt erprobte Herder in diesem pastoraltheologischen Streit die extreme Alternative. Der Stil, in dem er dem besonnen argumentierenden Spalding entgegentrat, war genialisch und intuitiv, parteilich und leidenschaftlich, stürmend und drängend. Mit Spott, Ironie und Sarkasmus attackierte er dessen Position, in polemischer Gereiztheit übertrieb er graduelle Sachdifferenzen zu dramatischer Antithetik. Man wird diesen Konflikt als den Ausdruck eines theologischen Generationskonflikts auffassen können: Im Grunde rang der 30jährige Herder darin um die Anschlußfähigkeit der Neologie an die in ihm und seiner Generation aufbrechenden neuen Fragen und Themen. Nach 1774 war für Herder das Erbe der Aufklärungstheologie nicht etwa abgetan, sondern innovativ adaptiert. Nun empfand er die Predigten Spaldings wieder als „rund und klaßisch schön"[12]. Noch das Spätwerk „Von Religion, Lehrmeinungen und Gebräuchen" (1798) atmete unverkennbar neologischen Geist. Die Krise der frühen 1770er Jahre setzte ihn dazu instand, „die Linien der Aufklärung [...] selbständig weiterzuführen" und damit den „Reichtum, der in diesen Grundsätzen beschlossen liegt", erst wirklich auszumünzen[13].

Die Um- und Fortbildung aufklärungstheologischer Positionen läßt sich bei Herder vielschichtig aufweisen. So bestritt er in Auseinandersetzung mit F.H. Jacobi die theistische Vorstellung eines außerweltlichen persönlichen Gottes, ohne doch andererseits den Unterschied zwischen Gott und Welt spinozistisch zu leugnen. In Leibnizscher Denkspur verstand er Gott als die der Natur einwohnende lebendige Urkraft, deren Ausdruck und Darstellung die Erscheinungen der materiellen und geistigen Welt sind. Damit verband Herder den Gedanken einer sich fortwährend entwickelnden Natur- und Menschheitsgeschichte[14], in der die konkrete Individualität der einzelnen Menschen, Gruppen und Epochen als Schauplatz der göttlichen Offenbarung bleibende Bedeutung erhält. Nicht zuletzt in diesem Sinn für die Kontingenz der Geschichte, für den Selbstwert des Vergangenen, Fremden und Anderen, ist Herder über die Grenzen, die aufklärerischem Denken gesteckt waren, zukunftsweisend hinausgelangt.

Das Ziel der nicht linear, sondern antagonistisch verlaufenden Menschheitsgeschichte sah Herder in der Ausbildung von Humanität[15]. Der Sprache maß er dabei die entscheidende Entwicklungskraft bei: Als ein weltoffenes Mängelwesen sei der Mensch darin vom Tier unterschieden, daß er sich die Wirklichkeit sprachlich erschließen kann und in dieser reflexiven Distanznahme zugleich sich selbst als das Subjekt seiner zweckmäßigen, zielführenden Bildung begreift. Das Wirken der göttlichen Urkraft in Natur und Geschichte verstand Herder als Offenbarung, die existentielle Wahrnehmung dieses Wirkens als Religion. Die Debatte um den Offenbarungsstatus der Bibel hat Herder dadurch innovativ bereichert, daß er die Schöpfungsgeschichte wie überhaupt die biblischen Erzählungen als religiöse Mythendichtung erkannte, in der die göttliche Urkraft sich menschlich-poetisch ausgedrückt hat[16]. Programmatisch erklärte er gleich zu Beginn seiner „Briefe, das

---

11 BULTMANN/ZIPPERT, 67–138. – 12 HERDER, J.G.: Briefe. Gesamtausgabe 1763–1803, 10 Bde., 1984–1996, Bd. 3, 67. – 13 STEPHAN, 107. – 14 Vgl. bereits die sich von Kants Geschichtsphilosophie absetzende Schrift „Auch eine Philosophie der Geschichte der Menschheit" (1774). – 15 Ideen zur Philosophie der Geschichte der Menschheit, 1784–1791; Briefe zur Beförderung der Humanität, 1793–1797. – 16 Aelteste Urkunde des Menschengeschlechts, 1774/76; Vom Geist der Ebräischen Poesie. Eine Anleitung für die Liebhaber derselben und der ältesten Geschichte des menschlichen Geistes, 1782/83.

Studium der Theologie betreffend" (1780/81): „Menschlich muß man die Bibel lesen: denn sie ist ein Buch durch Menschen für Menschen geschrieben [...]. Sie können also sicher glauben, je humaner (im besten Sinne des Worts) Sie das Wort Gottes lesen, desto näher kommen Sie dem Zweck seines Urhebers"[17]. Die Humanität, die Jesus als der Urheber der christlichen Religion in seinem Leben bewiesen und sterbend bekräftigt hat, nahm für Herder das Ziel der Menschheitsgeschichte vorweg; das ihr verpflichtete Christentum schätzte er darum als die höchste Stufe in der Entwicklungsgeschichte der Religion.

§ 34: Kant

BECKMANN, K.: Berührungen Johann Joachim Spaldings mit Immanuel Kant in der Fassung seines Religionsbegriffes, 1913. – BEINTKER, M.: „... es ist moralisch nothwendig, das Dasein Gottes anzunehmen". Einige Erwägungen zu Kants moralischem Gottesbeweis (in: DALFERTH, I.U. u.a. [Hg.]: Denkwürdiges Geheimnis. Beiträge zur Gotteslehre, 2004, 23–39). – DIERKSMEIER, C.: Das Noumenon Religion. Eine Untersuchung zur Stellung der Religion im System der praktischen Philosophie Kants, 1998. – EMUNDTS, D. (Hg.): Immanuel Kant und die Berliner Aufklärung, 2000. – IRRLITZ, G.: Kant-Handbuch. Leben und Werk, 2002. – GERHARDT, V. u.a. (Hg.): Kant und die Berliner Aufklärung. Akten des IX. Internationalen Kant-Kongresses, 5 Bde., 2001. – KANT, I.: Die Religion innerhalb der Grenzen der bloßen Vernunft [1793], hg. v. K. VORLÄNDER, ^{9}1990. – LÖTZSCH, F.: Vernunft und Religion im Denken Kants. Lutherisches Erbe bei Immanuel Kant, 1976. – PICHT, G.: Kants Religionsphilosophie, ^{3}1998. – PIRILLO, N. (Hg.): Kant e la filosofia della religione, 2 Bde., 1996. – RICKEN, F./MARTY, F. (Hg.): Kant über Religion (MPhS.NF 7), 1992. – SPARN, W.: Die öffentliche Aufgabe der Theologie – im Sinne Immanuel Kants. Ein Hinweis auf die Rückseite der Wirkungsgeschichte Luthers (in: SLENCZKA, N./SPARN, W. [Hg.]: Luthers Erben. Studien zur Rezeptionsgeschichte der reformatorischen Theologie Luthers, 2005, 169–192). – WASCHKIES, H.-J.: Physik und Physikotheologie des jungen Kant. Die Vorgeschichte seiner allgemeinen Naturgeschichte und Theorie des Himmels (BSPh 8), 1987. – WINTER, A.: Der andere Kant. Zur philosophischen Theologie Immanuel Kants, 2000. – WOLFF, J.: Die Anverwandlung der Bibel in Kants Schrift „Die Religion innerhalb der Grenzen der bloßen Vernunft" von 1793 (in: BEUTEL, A./LEPPIN, V. [Hg.]: Religion und Aufklärung. Studien zur neuzeitlichen „Umformung des Christlichen" [AKThG 14], 2004, 107–122). – WOOD, A.W.: Kant's Rational Theology, ^{2}1988.

Auch bei *Immanuel Kant*, der Kulminationsgestalt der deutschen Aufklärungsphilosophie (s. § 8), lassen sich Spuren einer Metamorphose des neologischen Denkens nachweisen. Er wurde 1724 in Königsberg geboren. Die religiöse Atmosphäre eines lokalspezifisch gefärbten Pietismus prägte sowohl das Elternhaus wie auch das Collegium Fridericianum, das er seit 1732 besuchte. Im Herbst 1740 nahm er an der Universität Königsberg das Studium auf. Ähnlich wie F.A. Schultz[18], der Leiter des Collegium Fridericianum, verband auch M. Knutzen, der Kant unter allen akademischen Lehrern am stärksten beeindruckt hat, Ansätze wolffischen Denkens mit aufgeklärt-pietistischer Frömmigkeit. Nach dem Studium wirkte Kant als Hauslehrer in seiner Heimatstadt, 1770 übernahm er an der Albertus-Universität zu Königsberg den Lehrstuhl für Logik und Metaphysik. Die 1781 erschienene „Kritik der reinen Vernunft" eröffnete den Reigen seiner kritischen

---

17 BULTMANN/ZIPPERT, 145. – **18** FEHR, J.J.: „Ein wunderlicher nexus rerum". Aufklärung und Pietismus in Königsberg unter Franz Albert Schultz [...], 2005.

Schriften zur Philosophie[19]. Daneben entstand eine Vielzahl kleinerer, zumeist popularphilosophischer Abhandlungen. Aus gesundheitlichen Gründen mußte Kant 1796 seine akademische Lehrtätigkeit einstellen, nahm aber bis zu seinem Tod 1804 am philosophischen Diskurs der Zeit teil.

Die eingebürgerte Unterscheidung einer vorkritischen und einer kritischen Phase seines Philosophierens darf die Kontinuitätslinien, die gerade auch seine religionsphilosophische Reflexion aufweist, nicht überdecken. Von Anfang an verband sich bei Kant die Religionsthematik mit der Frage nach dem Endzweck des sittlichen Handelns[20]. Dabei kam namentlich der Verbindung zur Berliner Aufklärung eine wesentliche Bedeutung zu: Kant war regelmäßiger Beiträger der „Berlinische[n] Monatsschrift"[21], unterhielt intensive Kontakte zur Berliner Mittwochsgesellschaft[22] und stand mit nahezu allen Exponenten der Berliner Aufklärung in persönlichem Austausch. Unter seinen theologischen Korrespondenzpartnern bekleidete J.J. Spalding einen bevorzugten Rang: Seinen Studenten empfahl Kant die unerreichte Menschenkenntnis des Predigers Spalding[23], dessen Jahrhundertbuch „Die Bestimmung des Menschen" (^{1}1748) Kants Anthropologie und Geschichtsphilosophie nachweislich beeinflußt hat, wie umgekehrt Spalding in die letzte, abermals überarbeitete Ausgabe dieses Bestsellers (1794) eine deutliche Rezeption der Religionsphilosophie Kants einfließen ließ[24].

Demgegenüber mutet die Abständigkeit, in der Kant die zeitgenössische Aufklärungstheologie in seinen Schriften goutierte, ziemlich merkwürdig an, zumal er selbst ein „distanzierter Nutznießer der Neologie"[25] gewesen ist: Viele der Kämpfe, die die Neologie mit den Ausläufern von Orthodoxie und Pietismus bereits ausgefochten hatte, ebneten seiner Religionsphilosophie unbestreitbar den Weg[26]. Was ihn, jenseits aller persönlichen oder disziplinenspezifischen Ressentiments, von der Neologie schied, war deren religionstheologischer Rekurs auf Gefühl und Erfahrung, die er als Organe supranaturaler Wahrnehmung nicht akzeptieren konnte, sowie das neologische Bestreben, den „statuarischen Kirchenglauben" durch öffentlichen Diskurs zu einer mündigen, vernünftigen Religiosität fortzubilden – ein Bestreben, das Kant, dem offenbar der populartheologische Übergriff in philosophische Kompetenzen mißfiel, nur Aufruhr und „Anarchie" heraufzubeschwören schien[27].

Kants eigene religionsphilosophische Reflexion erwuchs aus der Postulatenlehre seiner Moralphilosophie. Dabei hätte die von Kant demonstrierte Autonomie des Sittengesetzes eine religionsphilosophische Abrundung keinesfalls nötig gehabt. Jedoch aus dem Umstand, daß das subjektive Verlangen nach Glückseligkeit zwar ethiktheoretisch entbehrlich, dagegen moralpraktisch unabweisbar ist, ergab sich

---

19 Kritik der praktischen Vernunft, 1788; Grundlegung zur Metaphysik der Sitten, 1788; Kritik der Urteilskraft, 1790; Metaphysik der Sitten, 1797. – **20** RICKEN/MARTY, 10. – **21** WEBER, P.: Kant und die „Berlinische Monatsschrift" (EMUNDTS, 60–79). – **22** HINSKE, N.: Kants Beziehungen zu den Schaltstellen der Berliner Aufklärung (ebd., 50–59). – **23** Eine Vorlesung Kants über Ethik im Auftrag der Kantgesellschaft hg.v. P. MENZER, 1924, 326. – **24** Vgl. dazu HINSKE, N.: Das stillschweigende Gespräch. Prinzipien der Anthropologie und Geschichtsphilosophie bei Mendelssohn und Kant (in: ALBRECHT, M. u.a. [Hg.]: Moses Mendelssohn und die Kreise seiner Wirksamkeit, 1994, 135–156); zuletzt IRRLITZ, 402.322 u.ö. Die Studie von BECKMANN sollte dringend auf den gegenwärtigen Forschungsstand fortgeschrieben werden. – **25** SPARN, 183. – **26** Vgl. ebd., 182–188. – **27** KANT: Der Streit der Fakultäten [1798], hg.v. K. REICH, 1959, 28f Anm.

für ihn das Problem, wie sich der innerweltlich nicht erkennbare Zusammenhang von Sittlichkeit und Glückseligkeit garantieren lasse. Dadurch gelangte Kant zu der Einsicht, daß die Postulate der Existenz Gottes und eines künftigen Lebens „zwei von der Verbindlichkeit, die uns reine Vernunft auferlegt, nach Prinzipien eben derselben Vernunft nicht zu trennende Voraussetzungen" (KrV B 839) darstellen. Kant, der die traditionellen Gottesbeweise souverän destruiert hatte, konnte diesbezüglich sogar von „dem moralischen Beweise des Daseins Gottes" (KU 418) sprechen, worunter er „keinen objektiv-gültigen Beweis" verstanden wissen wollte, sondern den Ausdruck des Umstands, daß ein Mensch, der „moralisch konsequent denken will, [...] die Annehmung dieses Satzes unter die Maximen seiner praktischen Vernunft aufnehmen müsse" (KU 424 Anm.)[28].

In der Religionsschrift von 1793 unterzog Kant den Vernunftgehalt der christlichen Offenbarungsreligion einer philosophischen Explikation. So deutete er die orthodoxe Hamartiologie als Hinweis auf die gemeinmenschliche Neigung zum Bösen, die, um moralisch qualifiziert zu werden, keine natürliche Anlage darstellen konnte, vielmehr als eine Bestimmung der freien Willkür des Menschen gedacht werden mußte. Radikal ist ihm dieser Hang zum Bösen insofern, als er die Sittlichkeit des Handelns schlechterdings untergräbt, indem er die Triebfedern der Selbstliebe zur subjektiven Bedingung der Befolgung des eigentlich autonomen Sittengesetzes erhebt. Diese radikale Bosheit läßt sich für Kant nur durch eine „Revolution der Denkungsart" überwinden, die nicht etwa aufgrund übernatürlicher Gnadenbegabung, sondern „durch eine einzige unwandelbare Entschließung"[29] das objektive Sittengesetz anstelle der Selbstliebe zum obersten Grund seiner Maximen erhebt[30].

Damit einher geht bei Kant die moralphilosophische Einholung der Christologie. Der Sohn Gottes ist ihm das Ideal der moralischen Vollkommenheit und ewiges Vorbild derjenigen Gesinnung, die uns das Sittengesetz abfordert. Wer durch die Entschließung zur Sittlichkeit „einen neuen Menschen anzieht"[31], der kann sich, auch wenn er den vollen Einklang mit dem moralischen Gesetz niemals erreichen wird, aufgrund seiner guten Gesinnung in seinem moralischen Fortschritt vor Gott als vollendet ansehen. Analog dazu hat Kant auch die orthodoxe Satisfaktionslehre moralphilosophisch transformiert: In den ihm widerfahrenden Übeln erträgt der in die Gesinnung des Sohnes Gottes einkehrende „neue Mensch" stellvertretend die der radikalen Bosheit des alten Menschen zugedachte Bestrafung.

Dem geschichtlichen Offenbarungsglauben, der sich den durch Bibel und Tradition vermittelten statuarischen göttlichen Gesetzen verpflichtet weiß, hat Kant gegenüber dem sich allein auf das Sittengesetz gründenden reinen Vernunftglauben, ähnlich wie Lessing (s. § 30), eine religionsgeschichtlich konstruktive, pädagogische Funktion zuerkannt: als sinnliches Hilfsmittel zur Beförderung der reinen moralischen Religion. In dem durch moralisch-vernünftige Interpretation herbei-

---

28 Vgl. hierzu die luzide Studie von BEINTKER 2004. – 29 KANT: Die Religion innerhalb der Grenzen der bloßen Vernunft, hg.v. K. VORLÄNDER, ⁹1990, 52. – 30 Bei Ch. Wolff (s. § 19.1) war es noch die heteronome Bestimmtheit durch die christliche Offenbarungsreligion, welche die „Verläßlichkeit und Stetigkeit des Willens" gewährleiste, indem sie „die Neigung, in der Pflichterfüllung gelegentlich sich Ausnahmen zu gestatten", konsequent unterbinde (zit. nach HIRSCH Bd. 3, 85). – 31 KANT, Religion, 52.

geführten „allmähliche[n] Übergang des Kirchenglaubens zur Alleinherrschaft des reinen Religionsglaubens" sah Kant nicht weniger als „die Annäherung des Reiches Gottes"[32]. Weil die reine Vernunftreligion den Offenbarungsglauben auslegend zu seiner Wahrheit führt, wäre der umgekehrte Versuch, den Offenbarungsglauben der Vernunftreligion vorzuordnen, eine sittenwidrige und „pfäffische"[33] Pervertierung der Religion. Denn „alles, was außer dem guten Lebenswandel der Mensch noch tun zu können vermeint, um Gott wohlgefällig zu werden, ist bloßer Religionswahn und Afterdienst Gottes"[34].

Die Religionsschrift brachte Kant alsbald in Konflikt mit der preußischen Zensurbehörde: Die unter Friedrich Wilhelm II. einsetzende Reaktion nötigte ihm die Verpflichtung ab, fortan alle öffentlichen Äußerungen über die Religion zu unterlassen. Nach der Aufhebung des Woellnerschen Religionsedikts (s. § 51) hat Kant im „Streit der Fakultäten" (1798) seine religionsphilosophischen Auffassungen unverändert wiederholt. Auch in der Kantischen Metamorphose ist das verwandelte Erbe der Neologie tief in die religionstheologische Reflexion des 19. und 20. Jahrhunderts eingedrungen.

§ 35: Fichte

BADER, G.: Mitteilung göttlichen Geistes als Aporie der Religionslehre Johann Gottlieb Fichtes (HUTh 15), 1975. – DE PASCALE, C. u. a. (Hg.): Fichte und die Aufklärung, 2004. – FICHTE, J.G.: Gesamtausgabe der Bayerischen Akademie der Wissenschaften, hg.v. R. LAUTH/H. JACOB, 1962 ff. – HIRSCH, E.: Fichtes Religionsphilosophie im Rahmen der philosophischen Gesamtentwicklung Fichtes, 1914. – DERS.: Christentum und Geschichte in Fichtes Philosophie, 1920. – KODALLE, K.-M./OHST, M. (Hg.): Fichtes Entlassung. Der Atheismusstreit vor 200 Jahren, 1999. – PREUL, R.: Reflexion und Gefühl. Die Theologie Fichtes in seiner vorkantischen Zeit (TBT 18), 1969. – RITZEL, W.: Fichtes Religionsphilosophie, 1956. – WAGNER, F.: Der Gedanke der Persönlichkeit Gottes bei Fichte und Hegel (FKGG.NF 5), 1971. – WINTER, H.: Die theologische und philosophische Auseinandersetzung im Protestantismus mit J.G. Fichtes Schrift *Versuch einer Kritik aller Offenbarung* von 1792. Kritische Rezeption und zeitgenössische Kontroverse als Vorphase zum sogenannten Atheismusstreit von 1798/99 (EHS.T 557), 1996.

An *Johann Gottlieb Fichte* läßt sich paradigmatisch studieren, inwiefern in dem von ihm ausgehenden Deutschen Idealismus auch Problemkonstellationen und Lösungsstrukturen der Aufklärungstheologie weitreichend transformiert worden sind.

Dank der Förderung des Patronatsherrn Ernst Haubold von Miltitz konnte der 1762 in Rammenau bei Bischofswerda geborene, aus einfachsten, auch ökonomisch beengten Verhältnissen stammende Fichte die Lateinschule in Meißen sowie ab 1774 die Fürstenschule Pforta bei Naumburg besuchen. Von 1780 bis 1784 studierte er in Jena, Leipzig und Wittenberg vornehmlich Theologie. Während der anschließenden, fast zehnjährigen Tätigkeit als Hauslehrer markiert das 1790 aufgenommene Studium der Kantischen Philosophie die entscheidende, seinen weiteren Denkweg prägende Zäsur. In der Nachfolge K.L. Reinholds übernahm Fichte 1794 die außerordentliche Professur für Kantische Philosophie an der Universität

---

32 Ebd., 126. – 33 Vgl. ebd., 197 ff. – 34 Ebd., 191.

Jena. Das glanzvolle akademische Wirken, das er dort alsbald entfaltete, fand ein abruptes Ende, als der sog. Atheismusstreit (1798/99) staatliche Zwangsmaßnahmen auslöste, die im März 1799 auch zu Fichtes Entlassung aus dem Jenaer Lehramt führten. Von 1800 bis zu seinem Tod 1814 lebte Fichte, unterbrochen durch das während der napoleonischen Besatzung 1806/07 vorgezogene Exil, in Berlin. Seine berühmt gewordenen „Reden an die deutsche Nation" (1807/08) entwarfen den Plan einer allgemeinen deutschen Nationalerziehung. An der Gründung der 1810 eröffneten Berliner Universität, zu deren Rektor er 1811 gewählt wurde, war Fichte maßgeblich beteiligt. Und von dem System einer idealistischen Identitätsphilosophie, das er v. a. in seiner mehrfach überarbeiteten „Wissenschaftslehre" (erstmals 1794/95) entwickelte, gingen zu Beginn des 19. Jahrhunderts die nachhaltigsten, über Schelling und Hegel, Hölderlin und Novalis, Schopenhauer und Kierkegaard bis zum Neukantianismus ausgreifenden Wirkungen aus.

Wichtige Elemente der Religionsphilosophie Fichtes, die freilich untrennbar in den Gesamtzusammenhang seines Denkens verwoben ist, lassen sich anhand dreier einschlägiger Schriften andeutend benennen. Durch wohlwollende Vermittlung Kants kam 1792 der „Versuch einer Kritik aller Offenbarung" zum Druck. Nachdem Kant selbst allenthalben als Autor der anonymen Publikation gehandelt wurde, gab dieser die tatsächliche Verfasserschaft preis. So wurde Fichte im Handumdrehen bekannt. In dieser gedanklich wie begrifflich noch unter dem unmittelbaren Eindruck seiner Kantrezeption stehenden Schrift bemühte sich Fichte um eine apriorische Ableitung des Offenbarungsbegriffs. Dazu sah er sich durch das Spannungsfeld herausgefordert, das zwischen der moralischen Vollkommenheit als dem sittlichen Zweck menschlichen Handelns und dem natürlichen Streben nach Glückseligkeit augenfällig bestand. Diese Spannung war für Fichte nur durch den Gedanken zu lösen, daß Gott in der Erfahrungswelt außernatürliche Wirkungen zeitigt, durch die er sich als den Geber des moralischen Gesetzes zu erkennen gibt. Da Gott nicht nur ein moralisches Wesen, sondern ebenso der Urheber der Natur sei, vermöge er auch in die Naturordnung eingreifende Offenbarungen zu bewirken. Und obgleich sich die Offenbarungsqualität bestimmter Erscheinungen niemals positiv beweisen lasse, sei doch die materiale und formale Übereinstimmung mit dem Sittengesetz als die notwendige Bedingung der Möglichkeit einer Offenbarung zu bestimmen: Was immer den Anspruch auf göttliche Erfahrung erhebe, dürfe weder etwas Unmoralisches darstellen noch auf unmoralische Weise zustande gekommen sein. Da nun aber die Offenbarung allein die göttliche Urheberschaft des Sittengesetzes zum Gegenstand habe, werde dadurch nicht etwa das theoretische Wissen erweitert, sondern nur das moralische Bedürfnis, die subjektiv erlittene Spannung zwischen Sittengesetz und Glückseligkeitsstreben zu lösen, gestillt.

Daß Fichte nicht allein den Kantischen Denkansatz fortführte, sondern auch Impulse der literarischen und theologischen Aufklärung umformend tradierte, zeigt – neben der noch nicht zureichend erforschten Nähe zu G.E. Lessing – wohl am besten seine popularphilosophische Schrift „Die Bestimmung des Menschen" (1800). Nicht nur der Titel, auch formale und materiale Strukturelemente, insbesondere der als innerer Monolog entwickelte Gedankengang sowie die Fokussierung auf den Gewissensbegriff, lassen unschwer die Patenschaft jenes Bestsellers erkennen, den J.J. Spalding ein halbes Jahrhundert zuvor unter derselben Überschrift hatte ausgehen lassen. Ausdrücklich erinnerte Fichte an den „ehrwürdige[n] Vater Spalding, dessen *Bestimmung des Menschen* es war, die den ersten Keim der höhern Speculation in meine jugendliche Seele warf und dessen Schriften alle, so wie die genannte, das Streben nach dem Uebersinnlichen und Unvergänglichen, so treflich charakterisiren"[35]. Fichtes eigene „Bestimmung des Menschen" schildert ein die Verfaßtheit seiner Existenz meditierendes Ich, das sich zusehends in theoretische Aporien verstrickt, weil es mit den Möglichkeiten herkömmlicher Philosophie die Vereinbarkeit seines subjektiven Freiheitsbewußtseins mit der Einsicht in die durchgängige natürliche Erklärbarkeit alles menschlichen Handelns nicht zu denken vermag. Den Durchbruch vom „Zweifel" zum „Wissen" vermittelt ihm sodann ein von außen hinzutretender „Geist", der ihm im Stile sokratisch-dialogischer Mäeutik die Struktur seiner eigenen, realitätsbegründenden Subjektivität aufklären hilft. Allerdings führt dieser transzendentalphilosophische Grundkurs alsbald in ein neues Dilemma, da der über sich selbst nachdenkende Mensch die Lösung seines Problems zwar theoretisch wahrnehmen, aber nicht praktisch vollziehen kann. Die existentielle Klärung wird erst erlangt, nachdem zu dem Wissen, das den Zweifel überwindet, der Glaube hinzutritt, der ihm das Handeln als den Endzweck des Wissens vermittelt. Die entscheidende Pointe setzt Fichte in der Erkenntnis, daß uns das Wissen um unsere Freiheit nur im Gewissen gegeben ist: Erst in der verantwortlichen Bestimmung des eigenen Handelns erschließt sich dem Menschen der tragende Grund seines Wissens. Das moralische Gewissen, das Fichte als den archimedischen Punkt der menschlichen Selbstvergewisserung sowie des praktischen Realitätsbewußtseins ausweist, begründet damit zugleich die Gewißheit eigener Unsterblichkeit.

Mit der Schrift „Die Anweisung zum seligen Leben" (1806) bot Fichte abermals einen allgemeinverständlichen Abriß seiner Religionsphilosophie. In deutlicher Anlehnung an johanneische Theologie hat er die Wahrheit, die das Leben wahrhaftig macht und auf die alles Wissen zielt, als Liebe bestimmt. Selig ist ihm darum ein Leben, in dem reflexive Erkenntnis und liebendes Handeln ineinanderfallen. Darin vollzieht sich für Fichte die unmittelbare Schau Gottes: Indem das moralische Handeln, das die Liebe zu Gott realisiert, zugleich die Selbstoffenbarung des liebenden Gottes darstellt, ist unsere Liebe zu Gott nichts anderes als die Liebe Gottes zu sich selbst. In der Einheit mit Gott, die sich als moralisches Handeln vollzieht, erkennt Fichte die eigentliche Bestimmung des Menschen. Auf dem Weg zu dieser Bestimmung unterscheidet Fichte fünf Stufen der Seligkeit, denen jeweils eine bestimmte, graduell gestufte Weltsicht zugrunde liegt. Auf der ersten Stufe wird die Realität der äußeren Welt als gegeben gedacht, auf der zweiten durch die subjektive Anerkennung des Sittengesetzes konstituiert, auf der dritten als Gestaltungsaufgabe des sich im sittlichen Handeln verwirklichenden Idealen gedeutet. Die vierte Stufe, die Gott als die alles bestimmende Wirklichkeit glaubt, steigert sich dadurch zur Religion. Darüber geht die fünfte Stufe nur noch insofern hinaus, als sie die im sittlichen Handeln sich realisierende Offenbarung des Absoluten nicht mehr nur glaubt, sondern schauend begreift.

Wie stark das Denken Fichtes durch Kant angeregt wurde, ist offenkundig. Die Metamorphosen aufklärerischer Theologie, die es daneben und dabei ausbildete, verdienten eingehender, sorgsamer Erhellung. Die Neologen des späten 18. Jahr-

---

[35] FICHTE, J.G.: Appellation an das Publikum (1799) (in: DERS.: Gesamtausgabe der Bayerischen Akademie der Wissenschaften. Bd. I.5: Werke 1798–1799, 1977, 413–453), 447.

hunderts dürften die Religionsphilosophie Fichtes, sofern sie davon überhaupt Kenntnis nahmen, weithin mit kopfschüttelnder Ratlosigkeit goutiert haben. Kein Mensch kann ermessen, wem die Arbeit seines Lebens einmal zur Vorarbeit wird.

§ 36: Frühromantik

ARNDT, A.: Schleiermacher und die englische Aufklärung (in: BARTH, U./OSTHÖVENER, C.-D. [Hg.]: 200 Jahre „Reden über die Religion". Akten des 1. Internationalen Kongresses der Schleiermacher-Gesellschaft [SchlAr 19], 2000, 181–193). – BEUTEL, A.: Aufklärer höherer Ordnung? Die Bestimmung der Religion bei Schleiermacher (1799) und Spalding (1797) (ZThK 96, 1999, 351–383). – DERS.: Kunst als Manifestation des Unendlichen. Wackenroders „Herzensergießungen eines kunstliebenden Klosterbruders" (1796/97) (ZThK 97, 2000, 210–237). – BRINKMANN, R. (Hg.): Romantik in Deutschland. Ein interdisziplinäres Symposion, 1978. – CROUTER, R.: Schleiermacher, Mendelssohn, and the Enlightenment: Comparing *On Religion* (1799) with *Jerusalem* (1783) (ZNThG 10, 2003, 165–195). – KEMPER, D.: Sprache der Dichtung. Wilhelm Heinrich Wackenroder im Kontext der Spätaufklärung, 1993. – LANGE, D.: Schleiermachers Christologie und die Aufklärung (in: BARTH, U./OSTHÖVENER, C.-D. [Hg.]: 200 Jahre „Reden über die Religion". Akten des 1. Internationalen Kongresses der Schleiermacher-Gesellschaft [SchlAr 19], 2000, 698–713). – MEDERER, W.: Romantik als Aufklärung der Aufklärung? Ein Beitrag zur Rekonstruktion politischer Theorie in der deutschen Romantik, 1987. – NOWAK, K.: Schleiermacher und die Frühromantik. Eine literaturgeschichtliche Studie zum romantischen Religionsverständnis und Menschenbild am Ende des 18. Jahrhunderts in Deutschland, 1986. – PIKULIK, L.: Frühromantik. Epoche – Werke – Wirkung, 1992. – SCHÄFER, R.: Schleiermachers Rezeption des Rationalismus (in: BEUTEL, A./LEPPIN, V. [Hg.]: Religion und Aufklärung. Studien zur neuzeitlichen „Umformung des Christlichen" [AKThG 14], 2004, 161–171). – SCHANZE, H.: Romantik und Aufklärung. Untersuchungen zu Friedrich Schlegel und Novalis, ²1976. – VIETTA, S.: Frühromantik und Aufklärung (in: DERS. [Hg.]: Die literarische Frühromantik, 1983, 7–84).

Die zu Beginn des 19. Jahrhunderts auftretende literatur-, kunst- und kulturgeschichtliche Bewegung der Romantik war ein gesamteuropäisches Phänomen. In Deutschland entstand zum Ende des 18. Jahrhunderts um die Zeitschrift „Athenäum" (1798–1800) ein Zentrum der literarischen Frühromantik. Auch wenn sich für die Disparatheit der romantischen Intentionen, Themen und Formen kein einheitlicher Brennpunkt ausmachen läßt, formulierte der von F. Schlegel geprägte Begriff der „progressive[n] Universalpoesie"[36] doch insofern ein identitätsstiftendes Motiv, als damit das Ziel einer Vereinigung aller Künste und Wissenschaften in einem universalen Einheitsprinzip programmatisch auf den Begriff gebracht war.

Namhafte Repräsentanten der Romantik verstanden oder inszenierten sich als regelrechte Antiaufklärer, und die ältere Forschung ist diesem Geschichtsbild weithin gefolgt. Dagegen hat sich seit zwei oder drei Jahrzehnten die Einsicht stabilisiert, daß die Romantiker in mancher Hinsicht auch als Erben, Fortsetzer und Verwandler der Aufklärung zu verstehen sind. Zumal bei den Vertretern der ersten romantischen Generation lassen sich deutliche Verbindungslinien zur Kultur des 18. Jahrhunderts erkennen: Die Frühromantiker waren allesamt von der geistigen

---

36 SCHLEGEL, F.: Athenäum-Fragment 116 (DERS.: Kritische Schriften und Fragmente. Studienausgabe in sechs Bänden, hg.v. E. BEHLER/H. EICHNER, Bd. 2, 1988, 114f).

Atmosphäre der Aufklärung geprägt und setzten sich mit ihr auseinander, mitunter tatsächlich in frontaler Opposition, vor allem jedoch in der radikalisierenden Fortschreibung aufklärerischer Interessen. Einig wußte man sich allerdings in der Ablehnung einer seichten, zu plattem Nützlichkeitsdenken und Spießbürgertum degenerierten Aufklärung; als ein „Virtuose der goldnen Mittelmäßigkeit"[37] avancierte der Berliner Verleger und Schriftsteller F. Nicolai (s. § 23) zur bevorzugten Zielscheibe frühromantischer Aufklärungskritik.

Im übrigen wurde vieles, was die Frühromantik dialektisch fortführte, zur aufklärungskritischen Antithese nur stilisiert. Deren vermeintliche Vernunftfeindschaft zielte in Wahrheit allein auf die Naivität einer aus der Tradition des Cartesianismus erwachsenen mechanistischen Weltwahrnehmung sowie auf rationalistischen Dogmatismus. Das romantische Interesse, vernünftiges Denken mit den Kräften der Phantasie in organischen Einklang zu bringen, intensivierte das aufklärerische Bemühen um einen Ausgleich von Rationalität und „Einbildungskraft"[38]. Die legitimatorische Diagnose A.W. Schlegels, die Aufklärung sei ihren Weg nicht konsequent genug gegangen[39], ließe sich vielfältig illustrieren, an dem romantisch entschränkten Gebrauch der Kritik ebenso wie an der Transformation der aufklärerisch-empfindsamen Gefühlskultur[40], an der Universalisierung des weltanschaulichen Toleranzpostulats ebenso wie an der reflexiven Ästhetisierung des Eintretens für moralische und religiöse Autonomie[41]. Und selbst den genuin aufklärerischen Gedanken menschlicher Perfektibilität hat sich die Frühromantik produktiv zu eigen gemacht: „Princip der Vervollkommnung in der Menschheit", hielt Novalis in seinen Fichte-Studien fest: „Die Menschheit wäre nicht Menschheit – wenn nicht ein tausendjähriges Reich kommen müßte". Und fügte, als wollte er Lessings Erziehungsschrift (s. § 30) fortschreiben, hinzu: „Träume der Zukunft – ist ein tausendjähriges Reich möglich – werden einst alle Laster exuliren? Wenn die Erziehung zur Vernunft vollendet seyn wird"[42].

Viele der angedeuteten Motive, die eine romantische Umformung aufklärerischer Intentionen zu erkennen geben, sind bereits in Wackenroders „Herzensergießungen eines kunstliebenden Klosterbruders" (1796/97), diesem literarischen Initiationsdokument der Frühromantik, keimhaft angelegt oder entfaltet. *Wilhelm Heinrich Wackenroder* (1773–1798), Sohn des Berliner Zweiten Bürgermeisters, war in Elternhaus und Schule mit dem Geist der Spätaufklärung vielfältig in Berührung gekommen[43]. Seine „Herzensergießungen" – übrigens ein im theologischen (z.B. Eichhorn, Spalding, Bahrdt) und literarischen Aufklärungsdiskurs (z.B. Herder, Bürger, Lavater) durchaus geläufiger Ausdruck[44] – wurden von Ludwig Tieck (1773–1853) um ein paar eigene Stücke vermehrt und anonym publiziert. Mit hochartifiziellem literarischen Gestaltungswillen opponierte Wackenroder stilistisch und sachlich gegen die von ihm als aporetisch erfahrene Kultur der Spätaufklärung. Indem er die normative Idealzeit der Kunst von der Antike

---

37 Ebd., Bd.1, 209. – **38** VIETTA, S.: Der Phantasiebegriff der Frühromantik und seine Voraussetzungen in der Aufklärung (in: DERS. [Hg.]: Die literarische Frühromantik, 1983, 208–220). – **39** PIKULIK, 23. – **40** SAUDER, G.: Empfindsamkeit und Frühromantik (in: VIETTA, S. [Hg.]: Die literarische Frühromantik, 1983, 85–111). – **41** Vgl. darüber hinaus etwa die von SCHANZE (114–150) eingehend rekonstruierte dynamische Kontinuität zwischen aufklärerischer und romantischer Enzyklopädistik. – **42** NOVALIS: Werke, Tagebücher und Briefe Friedrich von Hardenbergs, hg.v. H.-J. MÄHL/R. SAMUEL, Bd.2, 1978, 203.192. – **43** BEUTEL 2000, 211f. – **44** KEMPER, 150–156.

zur Renaissance hin verlagerte, erwiesen sich der „kunstliebende Klosterbruder" als der erste literarische Protagonist einer romantischen Verklärung des Mittelalters und die „Herzensergießungen" als eine in die Vergangenheit projizierte Utopie in gegenwartskritischer Absicht[45]. Die ästhetischen Produktionen des Mittelalters deutete Wackenroder als Manifestationen des Göttlichen, die Kunst als Epiphanie des Unendlichen im Endlichen, ihre Rezeption demgemäß als Kunstandacht und Gottesdienst.

In deutlicher Aufnahme des aufklärerischen Toleranzgedankens destruierte Wackenroder in theozentrischer Perspektive jeden ästhetischen Absolutheitsanspruch: „Ihm ist der gothische Tempel so wohlgefällig als der Tempel des Griechen; und die rohe Kriegsmusik der Wilden ist Ihm ein so lieblicher Klang, als kunstreiche Chöre und Kirchengesänge"[46]. Deshalb liege „in jeglichem Werke der Kunst, unter allen Zonen der Erde, die Spur von dem himmlischen Funken, der, von Ihm ausgegangen, durch die Brust des Menschen hindurch, in dessen kleine Schöpfungen überging, aus denen er dem großen Schöpfer wieder entgegenglimmt"[47]. Allerdings hat Wackenroder die Kunst noch keinesfalls zur Religion erhoben bzw. die Religion durch die Kunst beerbt und ersetzt. Zwar stimmten sie beide als Vermittlungsinstanzen des „Großen und Schönen" in ihrer medialen Funktion überein. Doch komme die Kunst erst dann zu ihrer Wahrheit, wenn sie, wie zu Zeiten der italienischen Renaissance, „zur treuen Dienerinn der Religion" gemacht werde[48]. Während in den von Tieck verfaßten Teilen die romantische Tendenz zur Ästhetisierung der Religion bereits eindeutig hervortrat, hielt Wackenroder unbeirrt am religiösen Erschließungscharakter der Kunstwerke und ihrer Rezeption fest. Für ihn war Religion das jeder kirchlichen und dogmatischen Bestimmtheit vorausliegende, unmittelbare Berührtsein des Menschen durch das Unendliche, das sich in der Sphäre des Künstlerischen bevorzugt ereigne. Der dazu notwendige „Kunstgeist" werde allerdings durch die zeitgenössische Kunstwissenschaft geradezu verhindert. Indem sie mit kalten, kritisierenden Blicken betrachte, anstatt andächtig zu verehren, leugne sie das Himmlische, ohne es zu empfinden, und zwänge statt dessen, was sie in seiner Individualität nicht zu fühlen vermöge, in ein starres System: „Wer ein System glaubt, hat die allgemeine Liebe aus seinem Herzen verdrängt! Erträglicher noch ist Intoleranz des Gefühls, als Intoleranz des Verstandes; – Aberglaube besser als Systemglaube"[49]. Gleichwie die Systemkritik ein zentrales Motiv der Aufklärungsphilosophie fortschreibt[50], steht auch die Unterscheidung zwischen dem unmittelbaren Kunstgefühl und einem abstrakten kunstwissenschaftlichen Systemdenken in unverkennbarer, polemisch akzentuierter Strukturanalogie zu der im Zeitalter der Aufklärung ausgearbeiteten Fundamentalunterscheidung von Religion und Theologie. Nicht nur bei Wackenroder blieb der romantische Gegenentwurf den Traditionen der Spätaufklärung, die er antithetisch alternieren sollte, vielfältig verhaftet.

Selbstverständlich hat das aufklärerische Denken auch in der Fachtheologie manche Metamorphosen erlebt. An *Friedrich Schleiermacher* (1768–1834) als dem personifizierten theologischen Neuaufbruch des 19. Jahrhunderts lassen sich

---

[45] BEUTEL 2000, 220. – [46] WACKENRODER, W.H.: Sämtliche Werke und Briefe. Historisch-kritische Ausgabe, hg.v. S. VIETTA/R. LITTLEJOHNS, 2 Bde., 1991, Bd.1, 87,14–17. – [47] Ebd., 87,11–14. – [48] Ebd., 128,6. – [49] Ebd., 89,1–3. – [50] Vgl. BEUTEL 2000, 235 Anm. 222.

diese gebrochenen Traditionslinien vielfältig aufweisen. Vermutlich schon als Zögling des herrnhutischen Pädagogiums in Barby, spätestens aber mit Beginn seines 1787 in Halle angetretenen Studiums wurde er mit dem neologischen Reformgeist bekannt. Als Schleiermacher im Frühjahr 1796 nach Berlin übersiedelte, ergab sich sogleich ein gesellschaftlicher Umgang mit den Familien Spalding und Sack. Namentlich J.J. Spalding war für den jungen Schleiermacher eine Autorität. Er verehrte ihn nicht allein als den maßgeblichen neologischen Theoretiker der Religion, sondern ebenso auch in menschlich-persönlicher Hinsicht: Er war ihm Vorbild für einen unbefangenen Umgang mit Juden, die Ruhrerkrankung des 83jährigen erschreckte ihn tief, und seiner Schwester Charlotte offenbarte er, daß er an der „echt patriarchalischen Eintracht und Pietät", die er im Hause Spalding erlebt hatte, sich „immer fast bis zum Entzüken" erfreue. Zumal die Predigtarbeit des jungen Schleiermacher war in eminenter Weise von der homiletischen Praxis und Theorie Spaldings bestimmt[51]. Dessen späte Religionsschrift las Schleiermacher unmittelbar nach ihrem Erscheinen 1797 und empfahl sie seinem Onkel Stubenrauch sogleich zur Lektüre. Mit seiner Rezension der in Spaldings Todesjahr 1804 erschienenen „Lebensbeschreibung" hat er dem „herrlichen Mann" ein warmherziges literarisches Denkmal errichtet[52].

Das geniale Jugendwerk Schleiermachers „Über die Religion. Reden an die Gebildeten unter ihren Verächtern" (1799) war eigener Art. Das schließt nicht aus, daß es sich in der Behandlung des Religionsthemas die unterschiedlichsten Traditionsstränge umformend zu eigen machte. Der eingehende Vergleich mit der Religionsschrift des greisen Spalding[53] hat erstaunliche Berührungen freigelegt. Bereits in der Argumentationsstrategie erweist sich eine partielle Strukturanalogie: Wenn Schleiermacher und Spalding auch hinsichtlich ihrer literarischen Zielgruppen differierten, kamen sie doch darin ganz überein, die Plausibilität der Religion nicht durch biblische, kirchliche oder theologische Argumente zu erweisen, sondern die Ursprungsintensität der Religion dadurch aufweisen zu wollen, daß sie, einem genuin aufklärerischen Impetus folgend, die entsprechenden Mißverständnisse und Verstehenshemmnisse ausräumten. Beide wählten dafür einen dezidiert anthropologischen, das empirische Selbstbewußtsein thematisierenden Ansatz.

Auch in der Auffassung, das Wesen der Religion sei als Gefühl zu bestimmen, stimmten sie überein. Dabei sahen sie beide das religiöse Gefühl von einem wahrnehmenden Element durchgängig begleitet. Schleiermacher sprach von „Anschauung und Gefühl", Spalding von „Vorstellung und Gemüt". Beide Formeln, obschon keinesfalls austauschbar, verfolgen insofern ein analoges Interesse, als sie die Religion als eine bipolare Einheit auffassen, der gemäß ihr zwei unterschiedliche Bewegungsrichtungen eigen sind: einerseits auf ihren Gegenstand („anschauen", „erkennen"), andererseits auf sich selbst („fühlen", „empfinden"). Die bekannten Wendungen Schleiermachers, Religion sei „Sinn und Geschmak fürs Unendliche" und erzeige sich in der „Richtung des Gemüths auf das Ewige", sind ebenfalls bereits von Spalding geprägt worden, nur daß dieser, als Indiz der eigentlichen Differenz, überall dort, wo Schleiermacher neospinozistisch vom Unendlichen und Ewigen redet, noch ganz unbefangen das Wort „Gott" gebraucht[54].

---

51 MEIER-DÖRKEN, CH.: Die Theologie der frühen Predigten Schleiermachers, 1988. – 52 Nachweise bei BEUTEL 1999, 361. – 53 BEUTEL 1999. – 54 Für weitere partielle Strukturanalogien, etwa hinsichtlich der Unterscheidung der Religion von Metaphysik und Mo-

Man wird sich allerdings hüten müssen, diese Traditionslinien monokausal zu verabsolutieren. Denn abgesehen davon, daß Schleiermacher die ihm aus der Neologie zufließenden Impulse tiefgreifend umgeformt hat, schöpfte er für die „Reden" aus ganz unterschiedlichen Traditionsbeständen, neben der Neologie auch aus herrnhutischer Frömmigkeit und Theologie, aus intensiver Spinoza-, Kant- und Jacobilektüre und nicht zuletzt aus der späten Religionsschrift Herders (s. § 33) sowie den Anregungen seines frühromantischen Freundeskreises.

Andererseits reichen die aufklärungstheologischen Fernwirkungen bei Schleiermacher weit über die „Reden" hinaus. Sie lassen sich in der Entstehungsgeschichte seiner Arbeiten zur Hermeneutik (s. § 38) und theologischen Enzyklopädie (s. § 37) ebenso ausweisen wie in der monumentalen „Glaubenslehre". Deren bekannte Definition, das Wesen der Frömmigkeit bestehe in dem Gefühl schlechthinniger Abhängigkeit des Menschen von Gott, war, unbeschadet aller intentionalen Differenzen, bereits von Spalding nahezu wortidentisch vorgebracht worden[55]. Auch Schleiermachers Urbild-Christologie ist tief in neologischem Mutterboden verwurzelt[56]. Die unlängst aufgespürten[57] erstaunlichen Wechselwirkungen, die zwischen Schleiermachers „Glaubenslehre" und zeitgenössischen Entwürfen einer rationalistischen Theologie zur Entfaltung kamen, wurden andernorts (s. § 25.2) schon erwähnt.

Ein Aufklärer im epochenspezifischen Sinn war er keineswegs. Doch ohne die von der Aufklärungstheologie ausgehenden Denk- und Sprachansätze würde Schleiermacher nicht geworden sein, was er ist.

---

ral, vgl. ebd., 372–375 u. passim. – 55 Ebd., 376–379. – 56 LANGE 2000; NÜSSEL, F.: Die Sühnevorstellung in der klassischen Dogmatik und ihre neuzeitliche Problematisierung (in: FREY, J./SCHRÖTER, J. [Hg.]: Deutungen des Todes Jesu im Neuen Testament, 2005, 73–94), 88. – 57 SCHÄFER.

C. Niederschläge

Kapitel 10: Theologie

§ 37: Enzyklopädie

FARLEY, E.: Theologia. The Fragmentation and Unity of Theological Education, ²1989. – HELL, L.: Entstehung und Entfaltung der theologischen Enzyklopädie (VIEG 176), 1999. – HUMMEL, G.: Art. Enzyklopädie, theologische (TRE 9, 1982, 716-742). – KRAMM, J.: Theologische Enzyklopädie und Studienordnung an der Universität Göttingen von 1734 bis 1830, 1998. – NOWAK, K.: Enzyklopädie. Zur Entstehung der Theologie als Wissenschaft im Zeitalter der Aufklärung (in: DERS.: Kirchliche Zeitgeschichte interdisziplinär. Beiträge 1984-2001, hg.v. J.-Ch. KAISER, 2002, 61-79). – NÜSSEL, F.: Bund und Versöhnung. Zur Begründung der Dogmatik bei Johann Franz Buddeus (FSÖTh 77), 1996, 34-86. – ZÖCKLER, O.: Handbuch der theologischen Wissenschaften in enzyklopädischer Darstellung mit besonderer Rücksicht auf die Entwicklungsgeschichte der einzelnen Disziplinen, Bd. 1, 1885, 87-111.

Das Lehnwort „Enzyklopädie" entstand um 1490 in der Wissenschaftskultur des Humanismus und diente zunächst als Inbegriff der *artes liberales* bzw. des Realienwissens überhaupt. Aus der im Zeitalter der Aufklärung fast sprunghaft sich dynamisierenden Ausweitung der Wissensbestände ergab sich alsbald das Bedürfnis, die fragmentierten Stoffmassen in teils universalen, teils fachwissenschaftlichen Enzyklopädien übersichtlich und einheitsstiftend zu organisieren. Dadurch erwuchs auch in der Theologie die literarische Gattung sowie, wenig später, die eigenständige Disziplin der „Theologischen Enzyklopädie"[1], die den genuin aufklärerischen Zweck verfolgte, die Einheit und Aufgabe der eigenen Wissenschaft in der Mehrzahl ihrer Haupt-, Neben- und Hilfsdisziplinen darzustellen und zu begründen.

Die ersten derartigen Versuche verbanden das enzyklopädische Interesse zumeist mit der Absicht, ein sinnvolles Studium, mitunter auch eine dem Fach gemäße Lebensführung anleitend zu erschließen. In seiner dreigliedrigen Schrift „De recte informando theologiae studio" (1556) behandelte A. Hyperius erst propädeutische Fragen, eröffnete dann einen Zugang zur Lektüre der biblischen Bücher, um schließlich die christliche Religionslehre anhand einzelner dogmatischer Loci, aus denen er die historischen und praktischen Problemfelder erschloß, zu entfalten. Die Abfolge von exegetischer und dogmatischer Arbeitsweise war dabei we-

---

[1] Der Terminus – nicht der Sachverhalt! – begegnete erstmals bei MURSINNA, S.: Primae lineae encyclopaediae theologicae in usum praelectionum ductae, 1764.

der vermittelt noch reflektiert². Erst seit der zweiten Hälfte des 18. Jahrhunderts zeichnete sich eine Ausdifferenzierung der verschiedenen theologischen Aufgabenfelder ab, die nun, in jeweils von der Bibelwissenschaft ausgehender, im übrigen aber variierender Abfolge und Zahl, dogmatische, moralische, polemische, didaktische, asketische, historische, kirchenrechtliche und kasuistische Theologie unterschied[3]. Allein der Helmstedter Theologe G. Calixt hatte diese Tradition bereits recht früh verlassen, indem er die Exegese nicht mehr vor, sondern nach der Dogmatik loziert und studiert wissen wollte[4].

Diese Entscheidung übernahm auch die erste klassische Enzyklopädie der Aufklärungstheologie, *J.F. Buddeus'* (s. § 18.2) „Isagoge historico-theologica ad theologiam universam singulasque eius partes" (1727). Sie ordnete die theologischen Disziplinen in zwei Sektionen: zunächst Dogmatik, Symbolik, Patristik und Moraltheologie, sodann Kirchenrecht, Kirchengeschichte, Polemik und schließlich Exegese. Dieses ungewöhnliche Ordnungsmuster hat Buddeus nicht erläutert und sich Diskussionen darüber sogar ausdrücklich verbeten. Gleichwohl ist die Sachlogik, der er folgte, aus der Durchführung leicht zu erkennen. Die erste Sektion versammelt die normativen, die kirchliche Lehre konstituierenden Disziplinen, die zweite hingegen die pragmatischen, auf die Erfordernisse der Kirchenleitung zurüstenden Fächer. In diese zweite Gruppe zählte Buddeus auch die durch ihre Endstellung rahmend hervorgehobene Exegese insofern, als ihm angesichts der generellen Klarheit der heiligen Schrift deren Dienst nur bei aktuellen Verstehensschwierigkeiten erforderlich schien[5].

Die Reformuniversitäten Halle (s. § 22.1) und Göttingen (s. § 22.5) erwiesen sich im 18. Jahrhundert bald als Zentren der theologischen Enzyklopädik. Bereits A.H. Francke hatte in seiner „Methodus studii theologici […]" (1723) die Einheit der wissenschaftlichen Theologie dahin bestimmt, daß sie in allen ihren Disziplinen (Exegese, Dogmatik, Ethik, Kasuistik, Polemik, Homiletik) auf die Bibel bezogen, im übrigen aber der Ausbildung und Ermöglichung einer geistlichen Existenz dienend verpflichtet sei. Nachdem J.J. Spalding das Berliner Konsistorium 1765 bewogen hatte, „wegen nützlicherer Einrichtung der theologischen Collegien auf den Universitäten" das regelmäßige Angebot einer Vorlesung „über die theologische Encyklopädie" vorzuschreiben[6], wurde daraus in Halle eine stehende Veranstaltung. Zunächst übernahm J.S. Semler, der bereits 1757 den literarischen „Versuch einer nähern Anleitung zu nützlichem Fleiße in der ganzen Gottesgelersamkeit für angehende Studiosos Theologiae" vorgelegt hatte, in kaum verhohlener Reserviertheit („ut mandato regio satisfiat") die obrigkeitlich insinuierte Verpflichtung. Ab dem Sommersemester 1769 trat *J.A. Nösselt* in diese Aufgabe ein. Aus seinem vielfach wiederholten Kolleg erwuchs die dreibändige theologisch-enzyklopädische „Anweisung zur Bildung angehender Theologen" (1786/1789, ³1818/19).

---

[2] Ähnlich beispielsweise auch GERHARD, J.: Methodus studii theologici, 1622. – [3] Z.B. CALOV, A.: Isagoges ad SS. Theologiam, 1652; KÖNIG, J.F.: Theologia positiva acroamatica, 1664; HOLLAZ, D.: Examen theologicum acroamaticum, 1707; PFAFF, CH.M.: Introductio in historiam theologiae litterariam, 1724–1726. – [4] CALIXT, G.: Apparatus sive introductio in studium et disciplinam Sanctae Theologiae, 1628–1656. – [5] NÜSSEL, 37–85. – [6] J.J. SPALDING's Lebensbeschreibung von ihm selbst aufgesetzt (in: DERS.: Kleinere Schriften 2: Briefe an Gleim – Lebensbeschreibung, hg.v. A. BEUTEL/T. JERSAK [SpKA I/6-2], 2002, 107–240), 162,29–163,10.

Diese auch in ihrer gattungsgeschichtlichen Bedeutung noch nicht zureichend erforschte Enzyklopädie umfaßt vier Teile. Zunächst stellt Nösselt die theologischen „Vorbereitungs- und Hülfswissenschaften" vor, denen er Philologie, Philosophie, Geschichte (einschließlich Literaturgeschichte) sowie die Schönen Wissenschaften zurechnet und die er als unentbehrliche Bestandteile eines theologischen Studiums ausweist[7]. Bei den „eigentlich theologischen Wissenschaften" unterscheidet er exegetische, historische, systematische und – nur noch randständig verhandelt – symbolische Theologie (Teil 2). Der dritte Teil gibt „Anweisung zur rechten Führung des Amtes eines Lehrers der Religion"; als „theologische Anwendungswissenschaften" dienen dabei Homiletik, Katechetik, Pastoraltheologie und Kirchenrecht. Schließlich handelt Nösselt „Von den Fähigkeiten eines künftigen Lehrers der Religion, und allgemeinen Anstalten und Uebungen, um sich dazu zu bilden" (Teil 4). Bereits dieser Aufbau, erst recht aber die Durchführung des Gesamtwerks lassen deutlich erkennen, daß Nösselt das organisierende Zentrum seiner Enzyklopädie in der Aufgabe sieht, zu einer professionellen Wahrnehmung des kirchlichen Amtes anzuleiten und instandzusetzen[8]. Demgemäß wird die als „der zusammenhängende Inbegriff gelehrter Kenntnisse von der Religion" definierte Theologie[9] dadurch konstituiert, daß sie den entscheidenden Teil des Nachweises erbringt, „was und wie viel zu einem würdigen Lehrer der Religion gehört"[10].

An der Universität *Göttingen* war 1756 der Auftrag an alle Fakultäten ergangen, enzyklopädisch-methodologische Einführungsvorlesungen zu installieren. Das Kolleg J.L.v. Mosheims erschien postum 1756 unter dem Titel „Kurze Anweisung, die Gottesgelahrtheit vernünftig zu erlernen". Bedeutender war indessen G.J. Plancks zweibändige „Einleitung in die Theologische [!] Wissenschaften" (1794/95)[11]. Seine enzyklopädische Rechenschaft sah sich durch den revolutionären Umbruch der theologischen Wissenschaft, dessen Ausmaß allenfalls von der Physik übertroffen werde, und andererseits durch den gravierenden Niveau- und Plausibilitätsverlust, den er hinsichtlich der Theologie zu erkennen meinte, provoziert. Beiden Herausforderungen begegnete Planck mit einer ausgreifenden, weithin konventionellen Funktionsbestimmung der exegetischen, historischen und dogmatischen Theologie, während er, durchaus symptomatisch für seine Zeit, die „angewandte" oder Praktische Theologie von den „eigentlichen theologischen Wissenschaften" kategorial unterschied[12].

Als literarischer Nachkömmling der in Halle betriebenen neologischen Enzyklopädik erschien *A.H. Niemeyers* um 1810 gehaltene Vorlesung „Theologische Encyclopädie und Methodologie" postum 1830. Für ihn gründete die Einheit der theologischen Disziplinen in dem gemeinsamen Bezug auf die vorgängige, natürliche Anlage des Menschen zur Religion[13]. Ebenfalls in Halle liegen die Wurzeln derjenigen theologischen Enzyklopädie, die sich bald als der gattungsgeschichtliche Kulminationspunkt erwies: F. Schleiermachers „Kurze Darstellung des theologischen Studiums zum Behuf einleitender Vorlesungen" (1811, ²1830) war aus dessen entsprechender, seit 1804 wahrgenommener Vorlesungstätigkeit erwach-

---

7 Nösselt, J.A.: Anweisung zur Bildung angehender Theologen, Bd. 2, ³1818, 4; gegen Nowak, 69. – 8 Insofern ist der Feststellung Nowaks, Nösselts „Anleitung" fehle ein „Kerngedanke" (Nowak, 69), zu widersprechen. – 9 Nösselt, Anweisung, 4. – 10 Ebd., Bd. 1, ³1818, 41. – 11 Vgl. Ders.: Grundriß der theologischen Enzyklopädie, 1813. – 12 Nowak, 71f. – 13 Ebd., 73–75.

sen. Der innovative Zuschnitt, den Schleiermacher namentlich durch die Anlage als formale Enzyklopädie und durch seine neuartige Unterscheidung von Philosophischer, Historischer (einschließlich Exegetischer und Systematischer) sowie Praktischer Theologie vornahm, kann nicht verdecken, daß er mit seiner Entscheidung, die Einheit der Theologie nicht über materiale Kategorien, sondern über die gemeinsame funktionale Ausrichtung auf die Wahrnehmung des kirchlichen Dienstes zu definieren, tief in der enzyklopädischen Tradition des 18. Jahrhunderts verankert ist (s. § 36). Ob und inwieweit Schleiermacher darüber hinaus weitere hallische Traditionsspuren in seiner Enzyklopädie umformend verarbeitet hat, harrt einstweilen noch der Erhellung.

§ 38: Exegese

BÜHLER, A./MADONNA, L.C. (Hg.): Hermeneutik der Aufklärung (Aufklärung 8/2), 1993. – HORNIG, G.: Die Anfänge der historisch-kritischen Theologie. Johann Salomo Semlers Schriftverständnis und seine Stellung zu Luther (FSThR 8), 1961. – KRAUS, H.-J.: Geschichte der historisch-kritischen Erforschung des Alten Testaments, ^{4}1988. – KÜMMEL, W.G.: Das Neue Testament. Geschichte der Erforschung seiner Probleme, ^{2}1970. – REVENTLOW, H. GRAF: Bibelautorität und Geist der Moderne. Die Bedeutung des Bibelverständnisses für die geistesgeschichtliche und politische Entwicklung in England von der Reformation bis zur Aufklärung (FKDG 30), 1980. – DERS. u.a. (Hg.): Historische Kritik und biblischer Kanon in der deutschen Aufklärung, 1988. – DERS.: Epochen der Bibelauslegung. Bd. 4: Von der Aufklärung bis zum 20. Jahrhundert, 2001. – SCHOLDER, K.: Ursprünge und Probleme der Bibelkritik im 17. Jahrhundert. Ein Beitrag zur Entstehung der historisch-kritischen Theologie (FGLP 10.33), 1966.

Die Bibelwissenschaften vollzogen im Zeitalter der Aufklärung den Durchbruch zur modernen, historisch-kritischen Exegese. Indem sie sich aus der Vormundschaft kirchlich-dogmatischer Richtlinienkompetenz lösten, avancierten sie zum Schrittmacher einer aufgeklärten, neuzeitfähigen Theologie.

Von dem wissenschaftsfreundlichen Klima, das Humanismus und Reformation zu Beginn des 16. Jahrhunderts erzeugt hatten, profitierte nicht zuletzt die klassische Philologie. Mit J. Reuchlins „Rudimenta linguae Hebraicae" (1506) entstand die erste hebräische Grammatik der Neuzeit. Dessen philologische Exegese hat, durch Melanchthon vermittelt, auch die Wittenberger Reformatoren geprägt. Die kritische Unbefangenheit, in der etwa Luther die Echtheit biblischer Schriften erörtern konnte, war ungewöhnlich für seine Zeit[14]. Allerdings haben die kontroverstheologischen Verkrustungen, die das Zeitalter der Orthodoxie ausbildete, die exegetische Freiheit wieder empfindlich beschränkt: Das römisch-katholische Traditionsprinzip radikal alternierend, identifizierten die Protestanten den Text der heiligen Schrift mit dem Wort Gottes, das sie insgesamt als inspiriert und darum jeder wissenschaftlichen Bearbeitung enthoben ansahen. Notgedrungen zog sich die bibelphilologische Arbeit auf die gelehrte Detailverwaltung einer „Critica sacra" zurück. Die ersten unmittelbaren Anstöße zu einer historisch-kritischen Bibelforschung ergaben sich zumeist außerhalb Deutschlands.

---

[14] BORNKAMM, H.: Luther und das Alte Testament, 1948; SICK, H.: Melanchthon als Ausleger des Alten Testaments, 1959.

Der sich rasant dynamisierende naturwissenschaftliche Erkenntnisprozeß, der in der Preisgabe des geozentrischen Weltbildes einen spektakulären Niederschlag fand, sowie geographische und historische Entdeckungen begannen die buchstäbliche Glaubwürdigkeit der heiligen Schrift zu erschüttern. Gleichzeitig untergrub die v. a. in England breit geführte Deismus-Debatte den biblischen Offenbarungsanspruch. In seinem „Leviathan" (1651) stellte Hobbes die Forderung auf, die Entstehungszeit der biblischen Bücher sei allein aus diesen selbst, keinesfalls aber aus tradierten Lehrmeinungen abzuleiten. Kurz darauf bestritt Spinozas „Tractatus theologico-politicus" (1670) die mosaische Verfasserschaft des Pentateuch und formulierte angesichts verschiedener sachlogischer und stilkritischer Probleme das methodische Prinzip, die Erforschung des Alten Testament habe sich weder an dem Postulat übernatürlicher Erleuchtung noch an äußeren Autoritätsansprüchen, sondern allein an den Maßgaben der natürlichen Vernunft zu orientieren. Die zukunftsweisende Bibelkritik, die der französische Oratorianer R. Simon (1638–1712) in seiner „Histoire critique du Vieux Testament" (1678, ND 1976) vortrug, war kontroverstheologisch legitimiert: Gegen das protestantische Prinzip des *sola scriptura* pochte er auf die Erkenntnis, der Bibeltext sei nur unzuverlässig überliefert und zudem nicht aus sich selbst eindeutig zu verstehen, sondern müsse, bei prinzipieller Anerkennung dogmatisch-lehramtlicher Vorgaben, in text- und literarkritischer Arbeit erst rekonstruiert werden. Ein Jahrhundert später ebnete J.S. Semler (s. § 22.1), die kategoriale Unterscheidung von Wort Gottes und heiliger Schrift selbstverständlich voraussetzend, einer konsequenten historischen und kritischen Interpretation der biblischen Texte endgültig die Bahn. Die erste regelrechte „Einleitung ins Alte Testament" (3 Bde., 1780–1783; 5 Bde., [4]1823/24) verfaßte J.G. Eichhorn (s. § 22.4), der auch mit seiner „Einleitung in das Neue Testament" (5 Bde., 1804–1827) und etlichen bahnbrechenden Einzelforschungen (z. B. Anwendung des Mythosbegriffs zur Erklärung der vorwissenschaftlichen alttestamentlichen Vorstellungswelt; Aufnahme der Urevangeliumshypothese) die Schriftauslegung durchgreifend modernisierte.

Am Beispiel der *Pentateuchforschung*[15] läßt sich der Fortgang, den die alttestamentliche Exegese im Zeitalter der Aufklärung nahm, illustrieren. Bereits im 16. Jahrhundert war die mosaische Verfasserschaft der fünf Bücher Mose bisweilen bestritten worden, so von A. Karlstadt und A. Masius. In Aufnahme von 2Kön 17,28 identifizierte der Arminianer J. Clericus 1685 einen aus der Verbannung nach Bethel zurückkehrenden Priester als Verfasser der Mosesbücher. Zu Beginn des 18. Jahrhunderts schloß der Hildesheimer Pfarrer H.B. Witter aus der zwischen Elohim und Jahwe (bzw. Jehova) wechselnden Gottesbezeichnung auf zwei parallellaufende Erzählstränge[16]. Während Witter kaum rezipiert wurde, gab J. Astruc der sog. älteren Urkundenhypothese 1753 ihre klassische Gestalt[17]: Eine elohistische und jahwistische Hauptquelle sowie zehn weitere, fragmentarisch erhaltene Quellen, welche Mose noch unterschieden habe, seien nachträglich zur überliefer-

---

15 Vgl. neuerdings SEIDEL, B.: Karl David Ilgen und die Pentateuchforschung im Umkreis der sogenannten älteren Urkundenhypothese. Studien zur Geschichte der exegetischen Hermeneutik in der späten Aufklärung, 1993. – 16 Jura Israelitarum in Palaestinam terram Chananaeam commentatione in Genesin perpetua demonstrata […], 1711. – 17 Conjectures sur les mémoires originaux dont il paroit que Moyse s'est servi pour composer le livre de la Genèse, 1753.

ten Textgestalt der Genesis zusammengefügt worden. Dieses Erklärungsmuster vertiefte Eichhorn in seiner alttestamentlichen Einleitung. Dagegen postulierte der englische katholische Theologe A. Geddes eine ganze Serie von Fragmenten, die, entsprechend der unterschiedlichen Gottesbezeichnungen, zwei verschiedenen Traditionskreisen entstammten und zur schließlichen Gestalt der Mosesbücher kompiliert worden seien. In Deutschland wurde diese sog. Fragmentenhypothese vornehmlich von J.S. Vater vertreten, der aufgrund der zwischen den verschiedenen Gesetzessammlungen auszumachenden historischen Differenzen eine sukzessive Entstehung des Pentateuch annahm[18].

Als ein basales Element neutestamentlicher Exegese erzeigte sich im Zeitalter der Aufklärung die Bemühung um einen möglichst ursprünglichen *biblischen Text*. Die griechische Ausgabe des „Novum Instrumentum" (1516), die Erasmus relativ sorglos nach meist minderwertigen Handschriften erstellt hatte, wurde im 16. Jahrhundert mehrfach nachgedruckt und galt seit 1633 als der göttlich inspirierte und darum unantastbare *textus receptus*. Der Fortgang der neutestamentlichen Textkritik wurde dadurch nicht verhindert, aber doch merklich verzögert. Anhand aller ihm erreichbaren Handschriften bemühte sich R. Simon um eine verbesserte Textbasis, deren überlieferte Varianten er zugleich geschichtlich zu erklären versuchte[19]. Die als Vorarbeit seines „Gnomon Novi Testamenti" (1742) von J.A. Bengel erstellte kritische Ausgabe des Neuen Testaments (1734) behielt zwar den *textus receptus* weitgehend bei, unterfütterte ihn aber mit einem textkritisch bewertenden Varianten- und Parallelenapparat. Demgegenüber ruhte die von J.J. Wettstein 1751/52 publizierte umfangreiche Neuausgabe des Neuen Testament nicht nur auf einer wesentlich breiteren handschriftlichen Basis, sondern versammelte auch zahlreiche zeitgeschichtliche Parallelstellen aus der griechischen, lateinischen und jüdischen Literatur. Die definitive Enttabuisierung des *textus receptus* vollzog das „Novum Testamentum Graece" (1774/77, ³1827) des in Halle und Jena lehrenden J.J. Griesbach (s. § 22.4), der damit sowie durch seine quellenkritischen Methoden und Entscheidungen zum Ahnherrn der modernen neutestamentlichen Textkritik wurde.

Parallel dazu vollzog sich der allmähliche Übergang zu einer *konsequent historischen Deutung* des neutestamentlichen Kanons. Bereits 1572 hatte J. Camerarius das methodische Postulat aufgestellt, die neutestamentlichen Schriftsteller aus ihrer Zeit heraus zu erklären und in Zweifelsfällen nicht mehr der autoritativen exegetischen Tradition, sondern der klassischen Sprach- und Textwelt Beachtung zu schenken. In dieser Spur standen die von H. Grotius verfaßten „Annotationes ad Novum Testamentum" (1641), die in reichem Ausgriff auf außerchristliche literarische Quellen die Erschließungskraft einer zeitgeschichtlichen Erklärung der neutestamentlichen Sprach- und Vorstellungswelt demonstrierten. Darüber hinaus vermochte Grotius offenkundige Verstehensprobleme durch die Annahme zu erklären, daß der überlieferte Text nicht mehr authentisch und die den neutestamentlichen Schriften herkömmlich zugewiesene Verfasserschaft und Entstehungszeit nicht immer historisch stichhaltig sei. Aus dem Zusammenfluß frühdeistischer, spinozistischer und vernünftig-orthodoxer Impulse stellte J.-A. Turrettini 1728 die Forderung auf, die Auslegung von biblischen und außerbiblischen Schrif-

---

18 Commentar über den Pentateuch [...], 3 Bde., 1802–1805. – **19** Histoire critique du texte du Nouveau Testament, 1689.

ten methodisch gleichzustellen und allein den Maßgaben der Vernunft zu unterziehen. Aufgrund der Einsicht in die geschichtliche Verschiedenheit der beiden biblischen Testamente plädierte J.A. Ernesti (s. § 22.3) für eine selbständige historische Untersuchung des Neuen Testaments, die auch durch kirchliche oder dogmatische Prämissen nicht beschränkt werden dürfe[20]. Insofern bedeutete die von J.Ph. Gabler (s.§ 22.4) 1787 angemahnte konsequente Unterscheidung von biblischer und dogmatischer Theologie nur eine Pointierung des allgemeinen aufklärungstheologischen Problembewußtseins. Weitere namhafte Vertreter der neutestamentlichen Exegese waren J.D. Michaelis (s. § 22.5), dessen „Einleitung in die göttlichen Schriften des Neuen Bundes" (1750, ^{4}1788) eine gattungsgeschichtliche Initialzündung darstellte, sowie der auch für die Problemgeschichte der „synoptischen Frage" ausschlaggebende J.J. Griesbach.

Einen Höhepunkt spätaufklärerischer Bibelwissenschaft markierte der in Altdorf und Heidelberg lehrende *Georg Lorenz Bauer* (1755–1806), der den Begriff der historisch-kritischen Forschung erstmals programmatisch gebrauchte[21]. Seine exegetische Arbeit verfolgte das Ziel, durch konsequente historische Kritik die stufenweise Entfaltung der biblischen Religion zu rekonstruieren. Besondere Bedeutung kam dabei der Arbeit an den biblischen Mythen zu, für die er Bestimmungskriterien und Auslegungsregeln entwickelte. Die einschlägigen Arbeiten von Ch.G. Heyne, Eichhorn und Gabler bündelte Bauer zu einer integrativen Darstellung der „Hebräische[n] Mythologie des alten und neuen Testaments, mit Parallelen aus der Mythologie anderer Völker vornemlich der Griechen und Römer" (1802). Im Zusammenhang seiner exegetischen Forschungen entwickelte Bauer die Umrisse einer modernitätsträchtigen biblischen Hermeneutik[22]. Grundlegende Bedeutung erhielt dabei die Unterscheidung von „Wortverstand" und „Sachverstand", also von grammatischer und historischer Interpretation. In seiner Reflexion des Verstehensproblems ist Bauer als ein über seine Zeitgenossen hinausreichender, auf Schleiermacher vorausweisender Theoretiker der Hermeneutik noch zu entdecken.

§ 39: Kirchengeschichte

ANER, K.: Die Historia dogmatum des Abtes Jerusalem (ZKG 47, 1928, 76–103). – BEUTEL, A.: Art. Kirchengeschichte/Kirchengeschichtsschreibung II. Entwicklung 3. Mittelalter und Neuzeit (RGG^4 4, 2001, 1183–1191). – BLANKE, W.H./FLEISCHER, D. (Hg.): Theoretiker der deutschen Aufklärungshistorie, 1990. – DIES.: Aufklärung und Historik. Aufsätze zur Entwicklung der Geschichtswissenschaft, Kirchengeschichte und Geschichtstheorie in der deutschen Aufklärung, 1991. – BÜHLER, A. (Hg.): Unzeitgemäße Hermeneutik. Verstehen und Interpretation im Denken der Aufklärung, 1994. – HAMMER, K./VOSS, J. (Hg.): Historische Forschung im 18. Jahrhundert. Organisation, Zielsetzung, Ergebnisse, 1976. – LIPPS, M.A.: Dogmengeschichte als Dogmenkritik. Die Anfänge der Dogmengeschichtsschreibung in der Zeit der Spätaufklärung (BSHST 48), 1983. – MEINHOLD, P.: Geschichte der kirchlichen Historiographie, 2 Bde., 1967. – MOELLER, B. (Hg.): Kirchengeschichte. Deutsche Texte 1699–1927, 1994. – MUHLACK, U.: Geschichtswissenschaft im Humanismus und in

---

20 Institutio Interpretis Novi Testamenti, 1761. – 21 Entwurf einer historisch-kritischen Einleitung in die Schriften des Alten Testaments, 1794, ^{3}1806. – 22 Entwurf einer Hermeneutik des Alten und Neuen Testaments, 1799.

der Aufklärung. Die Vorgeschichte des Historismus, 1991. – MULSOW, M. u. a. (Hg.): Johann Lorenz Mosheim (1693–1755). Theologie im Spannungsfeld von Philosophie, Philologie und Geschichte, 1997. – REILL, P.H.: The German Enlightenment and the Rise of Historicism, 1975. – SCHERER, E.C.: Geschichte und Kirchengeschichte an den deutschen Universitäten. Ihre Anfänge im Zeitalter des Humanismus und ihre Ausbildung zu selbständigen Disziplinen, 1927, ND 1975. -VÖLKER, K.: Die Kirchengeschichtsschreibung der Aufklärung, 1921. – VOIGT, Ch.: Dogmengeschichtsschreibung am Ende der Aufklärung (KuD 51, 2005, 207–216). – WETZEL, K.: Theologische Kirchengeschichtsschreibung im deutschen Protestantismus 1660–1760, 1983.

Auch in der Geschichte der kirchlichen Historiographie vollzog sich während der Frühen Neuzeit der entscheidende, modernitätsbegründende Prozeß der Verwissenschaftlichung. In konsequenter, wenn auch durch kontroverstheologische und andere Motive vielfältig retardierter Dynamik war die Kirchengeschichtsschreibung dieses Zeitraums darum bemüht, die von J. Bodin (1529/30–1596) in Fortführung der pragmatisch-pädagogischen Geschichtsauffassung des Humanismus programmatisch geleistete Überwindung des doppelten, *historia sacra* und *historia humana seu profana* unterscheidenden Geschichtsbegriffs historiographisch einzuholen und fruchtbar zu machen.

Aus der nachreformatorischen Periode des Konfessionellen Zeitalters ragt die historiographische Leistung des *Matthias Flacius* (1520–1575) als einzigartig hervor. Er hat die beiden geschichtstheologischen Impulse Luthers – das die geschichtliche Kontinuität der evangelischen Wahrheit beteuernde Traditionspostulat sowie das damit verbundene Dekadenzmodell – in ein gigantisches historisches Arbeitsprogramm überführt. Sein „Catalogus Testium Veritatis" (1556) und die von ihm initiierten „Magdeburger Centurien" hatten komplementäre Funktion: Sie sollten die geschichtliche Legitimität der Reformation nachweisen und darüber hinaus die Einheit des protestantischen Bekenntnisses herbeiführen.

Die „Magdeburger Centurien"[23] waren das Werk einer in Magdeburg, später in Jena, schließlich in Wismar arbeitenden Autorengemeinschaft, als deren Cheforganisator und tragender Mitarbeiter Flacius fungierte und die zur Quellenbeschaffung ein über ganz Europa gespanntes Netz von Mitarbeitern unterhielt. Ihre Darstellung ist nach Jahrhunderten gegliedert und erstreckt sich von der Geburt Christi bis ins Jahr 1299. Innerhalb der einzelnen Centurien wurde der Stoff – bei vorherrschendem Interesse an der kirchlichen Lehre und Verfassung – nach Sachgesichtspunkten geordnet. Nachdrucke dieses quellennahen, durch die kontroverstheologische Ausrichtung in seinem Wert nicht getrübten Geschichtswerks, aber auch des von L.I. Osiander besorgten Auszugs[24] erschienen bis ins 18. Jahrhundert[25].

Während des konfessionellen Zeitalters begann sich die Kirchengeschichte als eigene theologische Disziplin zu etablieren: In Frankfurt/Oder las A. Wencel 1583 erstmals ein kirchengeschichtliches Kolleg, seit 1650 gab es an der Universität Helmstedt einen eigenen Lehrstuhl für Kirchengeschichte. Das erste protestantische Kompendium der Kirchengeschichte verfaßte 1584 J. Pappus[26]. Ein bemerkenswertes Dokument kirchlicher Langzeit-Historiographie entstand mit dem von

---

23 Ecclesiastica Historia, integram Ecclesiae Christi ideam [...] secundum singulas centurias, 8 Bde., 1559–1574. – **24** Epitome historiae ecclesiasticae, 1592–1613. – **25** Letzte vollständige Ausgabe 1724. – **26** Epitome historiae ecclesiasticae, 1584.

Ernst dem Frommen (1601–1675) angeregten, von V.L.v. Seckendorf begonnenen, von J.H. Boecler fortgeschriebenen und sowohl pietistisch (A. Rechenberg, 1723) wie spätorthodox (E.S. Cyprian, 1723/35) vollendeten, centurial disponierten „Compendium historiae ecclesiasticae Gothanum". J.H. Hottingers gelehrte, föderaltheologisch ausgerichtete, die Geschichte des Christentums religionsgeschichtlich einbettende „Historia ecclesiastica Novi Testamenti" (1651–1657) war als reformiertes Pendant der „Magdeburger Centurien" konzipiert.

Die konfessionell geprägte Kirchengeschichtsschreibung des Altprotestantismus provozierte alsbald katholische Gegenreaktionen. Aufgrund umfassender Quellenstudien in der Vaticana verfaßte *C. Baronius* die bis 1198 reichenden „Annales ecclesiastici" (12 Bde., 1588–1607), die mit den „Magdeburger Centurien" zwar in der Auffassung übereinstimmten, Lehre und Verfassung der Kirche seien in den ersten fünf oder sechs Jahrhunderten unverdorbt geblieben, dann aber den weiteren Geschichtsverlauf nicht als Verfall, sondern als Bewahrung des Ursprünglichen darstellten. Weitere katholische Werke zur Geschichte der Jesuiten[27] und zur historischen Delegitimierung der Reformation[28], v.a. aber ein massives Bemühen um die Erschließung und Edition historischer Quellentexte, maßgeblich getragen von der wissenschaftlichen Arbeit der Bollandisten und Mauriner, führten zu einem einzigartigen Aufschwung der katholischen Kirchengeschichtsschreibung. Allerdings hat sich die Absicht C. Aquavivas, 1612 in München ein Forschungsinstitut für Kirchengeschichte zu errichten, nicht realisieren lassen.

Die prosopographische Tendenz, von der das geschichtliche Interesse des Pietismus geprägt war, trug unverkennbar aufklärerische Züge. Gleichwohl waren insbesondere Ph.J. Spener und A.H. Francke, die dem Studium der Kirchengeschichte vornehmlich erbaulichen Nutzen zuerkannten, an der im Zeitalter der Aufklärung sich vollziehenden Verwissenschaftlichung der Kirchengeschichtsschreibung nicht oder kaum partizipiert. Dadurch verstärkte sich noch die exzeptionelle Bedeutung, die *Gottfried Arnold* (1666–1714) als der überragende Historiograph des (Radikal-)Pietismus gewann. Sein aus eingehenden Quellenstudien hervorgegangenes Werk „Die erste Liebe der Gemeinden Jesu Christi" (1696) reagierte auf die 1694 erschienene deutsche Übersetzung von W. Caves „Primitive Christianity" (1672). Während Cave in der anglikanischen Kirche die treueste Sachwalterin der als papstlose Priester- und Bischofskirche gezeichneten frühen Christenheit sah, lieferte Arnold mit seiner Schilderung eines konsequent praktizierten Laienchristentums, dessen nichtkultische Religionspraxis er als den unmittelbaren Ausfluß authentischer Herzensfrömmigkeit deutete, ein nicht weniger apologetisch gefärbtes Idealbild der apostolischen Kirche. Arnolds opus magnum, die „Unpartheyische Kirchen- und Ketzer-Historie" (1699/1700, ³1740–1742), ist schematisch-konventionell nach Centurien, innerhalb der Jahrhunderte nach Loci gegliedert; während die Darstellung der Alten Kirche sowie des 17. Jahrhunderts auf eigener Quellenarbeit basierte, griff er für Mittelalter und Reformationszeit vielfach auf indirekte Quellen zurück. Das Titelwort „unpartheyisch" kennzeichnet den überkonfessionellen, kirchlich ungebundenen Standort des Verfassers und benennt zugleich das entscheidende Wahrheitskriterium: Weil Arnold alle Objektivationen des Glaubens (Kirche, Recht, Kultus, Dogma) als Verfallserscheinungen qualifi-

---

[27] U.a. GRETSER, J.: Epistola de historia ordinis Jesuitici, 1594; SACCHINI, F.: Historiae Societatis Jesu, 5 Bde., 1615–1759. – [28] MAIMBOURG, L.: Histoire du Luthéranisme, 1680.

zierte, galten ihm allein die weltabgewandt lebenden einzelnen Frommen als „Zeugen der Wahrheit".

Während Arnold, nicht zuletzt wegen des von ihm bereitgestellten kirchenkritischen Potentials, breit rezipiert worden ist, hat im 18. Jahrhundert zugleich die wissenschaftliche Kirchengeschichtsschreibung des Protestantismus einen entscheidenden Aufschwung erlebt. Dabei spielte die vorbehaltlose Anwendung der pragmatischen Methode ebenso eine Rolle wie die Übernahme des dreiteiligen profanhistorischen Gliederungsschemas (Altertum, Mittelalter, Neuzeit) sowie ein konsequenter historisch-kritischer Quellengebrauch.

Nicht ohne Grund wurde *J.L.v. Mosheim* (s. § 18.4) der „Vater der modernen Kirchengeschichtsschreibung" (F.Ch. Baur) genannt. Er hat der „pragmatischen", also nicht mehr dogmatisch-heilsgeschichtlich präjudizierten, sondern innerweltliche Kausalitätszusammenhänge rekonstruierenden Methode zum Durchbruch verholfen. Die Kirche galt ihm als eine dem Staat analoge, vereinsähnliche Gesellschaft („societas hominum, cui nomen est a Christo"), deren Geschichte sich pragmatisch-psychologisch darstellen ließ. In kritischer Anknüpfung an Arnold unternahm er den „Versuch einer unparteiischen und gründlichen Ketzergeschichte" (2 Bde., 1746/48, ND 1998/99). Indem er den Ketzerbegriff wertneutral zu gebrauchen suchte, konnte er dissentierende Personen und Gruppen wie etwa Karlstadt, Servet, die Waldenser oder Katharer vorurteilsfrei wahrnehmen; nur in der Beurteilung zeitgenössischer Randgruppen wie der Quäker war sein Objektivitätsideal an Grenzen gestoßen. Das kirchenhistorische Hauptwerk Mosheims, seine „Institutiones historiae ecclesiasticae antiquae et recentioris" (1755), wurde ein beispielloser Erfolg; bis 1892 hat man 71 Auflagen gezählt. Schon die Begrenzung der Kirchengeschichte auf die Zeit nach Christi Geburt indizierte den Verzicht auf einen universalistisch-heilsgeschichtlichen Rahmen. In der methodischen Durchführung folgte Mosheim noch der centurialen Disposition: Zu jedem Jahrhundert berichtete er erst die äußere, schematisch in günstige und widrige Begebenheiten aufgeteilte Geschichte, dann die eigentliche Kirchengeschichte, in der er jeweils Kapitel zur theologischen Literaturgeschichte, zu den Theologen und zur Kirchenleitung, zur Liturgiegeschichte sowie zu den Häresien unterschied. Allerdings hat Mosheim den centurialen Dispositionsformalismus bereits dadurch unterlaufen, daß er den gesamten Stoff einer an den geschichtlichen Hauptzäsuren (Konstantin, Karl der Große, Luther, Gegenwart) orientierten Aufteilung in vier Bücher unterzog. Indem Mosheim das Studium der Kirchengeschichte darin als nützlich ansah, daß es die Motive der geschichtlichen Veränderungen aufdecke und somit die menschliche Selbsterkenntnis vertiefe, partizipierte er an dem im Humanismus (s. § 11) vorbereiteten pädagogischen Zug aufklärerischer Historiographie.

Im spätkonfessionellen Luthertum manifestierte sich das historische Interesse überwiegend in monumentalen Kompilationen, so in *V.E. Löschers* Materialsammlung „Vollständige Reformations-Acta und Documenta" (3 Bde., 1720–1729) oder, alles überragend, in den Editionen, mit denen J.G. Walch (s. § 18.2) die „Religionsstreitigkeiten" innerhalb (5 Bde., 1730–1739) und außerhalb der evangelisch-lutherischen Kirche (5 Bde., 1733–1736), aber auch die Werke Martin Luthers (24 Bde., 1740–1753) neu zugänglich machte.

Für *J.S. Semler* lag die theologische Funktion der Kirchengeschichte in der Ausbildung eines kritischen Urteilsvermögens. Er bemühte sich v.a. um die konsequente Historisierung der für den älteren Protestantismus normativen Perioden der ersten Jahrhunderte und der Reformation. Die Geschichte des Christentums war für ihn auf zielführende Vervollkommnung angelegt, nicht auf die Repristination eines fiktiven anfänglichen Idealzustands. Der Mosheim-Schüler *J.M. Schroeckh* ersetzte in seiner voluminösen „Christliche[n] Kirchengeschichte" (35 Bde., 1768–1803) die centuriale Einteilung durch organische Periodisierung; die als Religionsgeschichte verstandene Kirchengeschichte war für ihn vornehmlich die Geschichte der persönlichen Frömmigkeit. *H.Ph.K. Henke* (s. § 24.2) unterbrach die pragmatisch disponierte und entwickelte Geschichtsdarstellung immer wieder durch reflektierende Teile[29]. *G.J. Planck* (s. § 22.5), der auch verschiedene mehrbändige Werke zur Theologiegeschichte verfaßte, schrieb seine Kirchengeschichte als „Geschichte der Entstehung und Ausbildung der christlich-kirchlichen Gesellschaftsverfassung" (5 Bde., 1803–1809). Zu Beginn des 19. Jahrhunderts wurde auch die kirchliche Historiographie von dem komplexen geistigen Umbruch jener Jahre erfaßt. Insbesondere das organologische Denken der Romantik, die spekulative Geschichtsphilosophie Hegels und das am Begriff des Lebens orientierte Christentumsverständnis Schleiermachers zeitigten auch in der Kirchengeschichtsschreibung prinzipielle, das pragmatische Geschichtsdenken der Aufklärung antiquierende Konsequenzen.

Gleichwohl machten sich auch epochenübergreifende Kontinuitätsfaktoren bemerkbar, nicht zuletzt in der Idee einer *Dogmengeschichtsschreibung*, also einer Historisierung des Wahrheitsanspruchs kirchlicher Lehre, die im Zeitalter der Aufklärung als eine sublime Form der Dogmenkritik konzipiert wurde und im 19. Jahrhundert zu konstruktiven Neubegründungen der Theologiegeschichtsschreibung führte. Der neologische Kirchenmann *J.F.W. Jerusalem* (s. § 21.2) entwickelte 1747 das – allerdings unausgeführte – Projekt einer Dogmengeschichte der ersten christlichen Jahrhunderte, die aus der Lehrtradition die Fehlentwicklungen, die namentlich aus der Hellenisierung des Christentums resultierten, aussondern und damit die ursprüngliche, einfache und allgemein gültige Lehre Jesu freilegen sollte. In der dogmengeschichtlichen Forschung Semlers, der mit dem Nachweis der geschichtlichen Bedingtheit der Dogmen deren Absolutheitsanspruch zu relativieren, dabei aber auch ihre Bedeutung historisch zu würdigen suchte, erlangte dieses Programm erstmals Konturen. Parallel zur Entstehung der historisch-kritischen Bibelwissenschaft (s. § 38) setzte im späten 18. Jahrhundert eine breite, kritisch motivierte Dogmengeschichtsschreibung ein[30], die den Wechsel der Lehrvorstellungen „pragmatisch", nämlich aus persönlichen Motiven und durch äußere Faktoren erklärte, ihn bisweilen sogar mit den „Moden der Frauenzimmer" verglich[31] und deren destruktive Intention in dem 1840 geäußerten Bonmot kulminierte: „Die wahre Kritik des Dogmas ist seine Geschichte"[32].

---

29 Allgemeine Geschichte der christlichen Kirche nach der Zeitfolge, 8 Bde., 1788–1818. – 30 Z.B. LANGE, S.G.: Ausführliche Geschichte der Dogmen oder der Glaubenslehren der christlichen Kirche, 1796; MÜNSCHER, W.: Handbuch der christlichen Dogmengeschichte, 4 Bde., 1797–1809; AUGUSTI, J.CH.W.: Lehrbuch der christlichen Dogmengeschichte, 1805, ⁴1835. – 31 MÜNSCHER (s. Anm. 30), Bd. 1, 46. – 32 STRAUSS, D.F.: Christliche Glaubenslehre [...], Bd. 1, 1840, 71.

§ 40: Dogmatik

FILSER, H.: Dogma, Dogmen, Dogmatik. Eine Untersuchung zur Begründung und zur Entstehungsgeschichte einer theologischen Disziplin von der Reformation bis zur Spätaufklärung (Studien zur systematischen Theologie und Ethik 28), 2001. – GASS, W.: Geschichte der Protestantischen Dogmatik in ihrem Zusammenhange mit der Theologie überhaupt, Bd. 4, 1867. – NITZSCH, F.A.B.: Lehrbuch der evangelischen Dogmatik, Bd. 1, ³1911, 21–36. – NÜSSEL, F.: Bund und Versöhnung. Zur Begründung der Dogmatik bei Johann Franz Buddeus (FSÖTh 77), 1996. – STEPHAN, H.: Die Bedeutung des achtzehnten Jahrhunderts für die systematische Theologie (ZThK 17, 1907, 270–291).

Im Unterschied zu den Bibelwissenschaften und zur Kirchengeschichtsschreibung erbrachte die theologische Dogmatik des 18. Jahrhunderts keinen einzigen wirklich innovativen Gesamtentwurf. Kaum einer der in dieser Zeit vorgelegten dogmatischen Systemkonzepte zeitigte eine epochenprägende oder auch nur über den Tag hinausreichende Wirkung. Auf den ersten Blick scheint „zwischen der Ausgestaltung der altprotestantischen Dogmatik und der Glaubenslehre Schleiermachers" tatsächlich „eine tiefe Kluft" zu liegen. Doch wäre es verfehlt, die dogmatische Disziplin deshalb kurzerhand zur „Schwäche des achtzehnten Jahrhunderts"[33] abzustempeln. Der in ihr zu greifende Niederschlag aufklärerischen Denkens hat sich hauptsächlich in einer durchgehenden Rationalisierung des Lehrbestands, in der einschneidenden Revision einzelner Loci sowie, allem zuvor, in der systematischen Einholung des Religionsthemas manifestiert.

Die Wendung „dogmatische Theologie" begegnet seit der ersten Hälfte des 17. Jahrhunderts[34] und zierte erstmals 1660 den Titel eines Lehrbuchs[35]. Im 18. Jahrhundert wurde er zunehmend gebräuchlich, ohne die anderen Bezeichnungen wie *theologia thetica*, *positiva*, *theoretica* oder *acroamatica* zu verdrängen. Daneben begann sich der von Ph.J. Spener geprägte Ausdruck „Glaubenslehre", der freilich bei ihm noch als Titelwort einer Postille firmiert hatte[36], als literarische und akademische Gattungsbezeichnung zu etablieren, erstmals greifbar bei S.J. Baumgarten (s. § 19.3)[37], von F. Schleiermacher[38] dann überragend besetzt[39].

Trotz zahlreicher und oft auch gewichtiger dogmatischer Einzelimpulse brachte der *Pietismus* zunächst keine richtungsspezifisch durchgestaltete Dogmatik hervor. Vielmehr begnügten sich Autoren wie J.J. Breithaupt, P. Anton oder J. Lange[40] mit der behutsamen Modifikation einzelner überlieferter Stoffe und Formen, allerdings unter durchgehend intensivierter Einbeziehung der heiligen Schrift.

---

33 STEPHAN, 270. – **34** RITSCHL, O.: Das Wort *dogmaticus* in der Geschichte des Sprachgebrauchs bis zum Aufkommen des Ausdrucks *theologia dogmatica* (in: Festgabe für D. Dr. Julius Kaftan [...], 1920, 260–272). – **35** REINHARD, L.F.: Theologiae christianae dogmaticae synopsis, 1660. – **36** Die Evangelische Glaubens-Lehre. In einem Jahrgang der Predigten [...], 1688. – **37** Evangelische Glaubenslehre, hg.v. J.S. SEMLER, 3 Bde., 1759/60. – **38** Der christliche Glaube nach den Grundsätzen der evangelischen Kirche im Zusammenhange dargestellt (1821, ²1830/31). Schleiermacher pflegte seine Dogmatik selbst abkürzend als „Glaubenslehre" zu bezeichnen und hatte bereits in Halle seine erste Dogmatikvorlesung für das Wintersemester 1805/06, gewiß auch der lokalen Tradition entsprechend, als „Glaubenslehre" angekündigt. – **39** LANGE, D.: Art. Glaubenslehre (RGG⁴ 3, 2000, 993f). – **40** BREITHAUPT, J.J.: Institutionum theologicarum libri duo [...], 1694; ANTON, P.: Collegium Anti-theticum universale fundamentale, 1732; LANGE, J.: Oeconomia salutis evangelica [...], 1728.

Auch bei pietistisch berührten Übergangstheologen wie J.F. Buddeus (s. § 18.1) und Ch.M. Pfaff (s. § 18.2) kamen diese Einflüsse allenfalls unterschwellig zur Geltung. Der klassische Pietismus hat den Fortgang des Faches in erster Linie dadurch stimuliert, daß er die Dominanz der altprotestantischen Systemdogmatik zu erschüttern und die Theologie für den systemkritischen Gebrauchswert von Bibel und religiöser Erfahrung zu sensibilisieren vermochte.

Die *aufklärerische Dogmatik* knüpfte zumeist unmittelbar an die (spät-)orthodoxe Systemarbeit an. Wahrscheinlich dürfte dabei J.W. Baiers „Compendium theologiae positivae" (1686, ^{12}1750) zunächst noch den bevorzugten Referenztext dargestellt haben[41]. Eine verstärkte Gewichtung der rationalen Elemente sowie, damit verbunden, der Interessen natürlicher Religion oder Theologie prägte die Entwürfe der Übergangstheologen[42], erst recht der theologischen Wolffianer wie I.G. Canz, G.B. Bilfinger und J. Carpov[43]. Der dadurch spürbar beschleunigte Rationalisierungsprozeß konkretisierte sich vorwiegend in dreifacher Hinsicht: Die einzelnen dogmatischen Loci hatten sich zunehmend an dem durch systemkritischen Bibelgebrauch stabilisierten Leitkriterium der rationalen Evidenz zu bewähren, die durch Glaubenserfahrung verifizierten Einsichten der natürlichen Religion gewannen zusehends an Gewicht, und die zeitgenössische Philosophie begann neben der formalen auch die materiale Gestalt der Dogmatik zu prägen.

Die neologische Dogmatik setzte diesen Weg fort, ohne daß daraus namhafte systematische Neuschöpfungen erwachsen wären. Bei der Bewertung dieses Umstands wird man auch die gerade auf dogmatischem Feld höchst sensible Wachsamkeit der obrigkeitlichen Zensur zu berücksichtigen haben: Noch 1758 hatte die konsistoriale Aufsicht die Veröffentlichung einer gegen die lutherische Abendmahlslehre votierenden Schrift Ch.A. Heumanns verhindert, noch 1764 wurde W.A. *Tellers „Lehrbuch des christlichen Glaubens"* (Werkbeschreibung s. § 21.5) von der kursächsischen Regierung beschlagnahmt. In diesem Buch, erst recht in Tellers Spätwerk „Die Religion der Vollkommnern" (1792, ^{2}1793) zeigte sich, daß die Neologie durchaus gewillt war, die Lokalmethode der orthodoxen Dogmatik zu antiquieren sowie einzelne Lehrbildungen durch rationale und historische Kritik zu verabschieden oder tiefgreifend umzuformen. Das betraf insbesondere die überkommene Inspirations-, Urstands-[44], Erbsünden-[45], Rechtfertigungs-[46], Versöhnungs-[47] (s. § 50) und Ämterlehre[48]. Diese religions- bzw. subjektivitätstheologischen Detailrevisionen der überkommenen Dogmatik sind im frühen 19. Jahrhundert wiederum zu organischen Gesamtentwürfen verarbeitet worden. Auch in

---

[41] Anders als bei Bibelwissenschaften und Kirchengeschichtsschreibung ist die Fachstruktur und Lehrentwicklung der dogmatischen Theologie im 18. Jahrhundert noch fast gar nicht erforscht. – [42] Prägnantes Beispiel ist das von J.F. BUDDEUS der Prinzipienlehre seiner Dogmatik (Institutiones theologiae dogmaticae variis observationibus illustratae, 1723) vorangestellte Kapitel „De religione et theologia". – [43] Theologia revelata dogmatica, methodo scientifica adornata, 4 Bde., 1737–1765. – [44] OLEARIUS, CH.K.R.: Die Umbildung der altprotestantischen Urstandslehre durch die Aufklärungstheologie, o.J. [1968/69]. – [45] SCHUBERT, A.: Das Ende der Sünde. Anthropologie und Erbsünde zwischen Reformation und Aufklärung, 2002. – [46] PFIZENMAIER, M.: Mit Vernunft glauben – fides ratione formata. Die Umformung der Rechtfertigungslehre in der Theologie der deutschen Aufklärung dargestellt am Werk Johann Gottlieb Töllners (1724–1774), 1986. – [47] TÖLLNER, J.G.: Der Thätige Gehorsam Jesu Christi untersucht, 1768; EBERHARD, J.A.: Neue Apologie des Sokrates oder Untersuchung der Lehre von der Seligkeit der Heiden, 1772. – [48] ERNESTI, J.A.: De officio Christi triplici, 1769.

dieser Hinsicht stellte die Aufklärungstheologie der neuprotestantischen Bewußtseinsfindung die unverzichtbare, über ihre Zeit hinausweisende Basisarbeit bereit.

Erst der nachkantische theologische *Rationalismus* hat, aufs Ganze gesehen, wieder die geschlossene Form einer zeit- und positionsgemäßen Dogmatik erreicht. Während die „Lineamenta institutionum fidei christianae historico-criticarum" (1793, ²1795) H.Ph.K. Henkes, in denen die meisten neologischen Lehrverbesserungen zusammenflossen, gegen alle anachronistisch gewordenen Systembildungen die schlichte Religion Jesu in rationalistischem Geist zu restituieren suchte (Werkbeschreibung s. § 24.2), verfaßte der Henke-Schüler J.A.L. Wegscheider mit seinen „Institutiones theologiae christianae dogmaticae" (1815, ⁸1844, dt. 1831) das klassische Lehrbuch der spätrationalistischen Dogmatik (s. § 25.2), das die von ihm rezipierten theologischen und philosophischen Impulse zu authentisch-organischer Einheit vermittelte. In den Ergänzungen der späteren Auflagen bemühte sich Wegscheider sogar noch um einen Ausgleich mit den Glaubenslehren von F. Schleiermacher (1821, ²1830/31) und D.F. Strauß (1840/41) (Werkbeschreibung s. § 25.2).

Der ebenfalls seit dem 17. Jahrhundert eingeführte Begriff *systematische Theologie* umschloß neben der Dogmatik die Moraltheologie und Apologetik, während die Disziplin der Kontroverstheologie (theologia polemica) seit Beginn des 18. Jahrhunderts immer mehr in Abgang geraten bzw. durch die Fächer der Symbolik (theologia symbolica) und Konfessionskunde ersetzt worden war. Größtes Ansehen auf dem Feld der theologischen Ethik erlangte J.L.v. Mosheims moderat aufklärerische „Sitten-Lehre der Heiligen Schrift" (9 Bde., 1735–1753). Im übrigen hatte die von der Aufklärungstheologie namentlich unter dem Eindruck der englischen Moralphilosophie (v. a. Hume, Shaftesbury, Hutcheson) vollzogene latente Ethisierung der Dogmatik dazu geführt, daß sich der Problemkreis der christlich-vernünftigen Sittlichkeit als heimliches Leitthema der meisten systematisch-theologischen, erst recht der populartheologischen Publikationen herauskristallisierte. Die aufklärerische Apologetik verzichtete zusehends auf autoritative Beweisführungen und brachte die Argumentationsstrategien der natürlichen Theologie zu reicher Entfaltung. In dieser Ausrichtung kamen die philosophischen[49] und theologischen Apologien des Christentums[50] nahtlos überein. Den Gipfelpunkt neologischer Apologetik markiert J.A. Nösselts (s. § 22.1) „Vertheidigung der Wahrheit und Göttlichkeit der christlichen Religion" (1766, ⁵1783). Das Buch war aus Nösselts mehrfach vorgetragenen „Lectiones pro religione Christiana apologeticae" erwachsen, welche ihrerseits dem von J.J. Spalding veranlaßten Auftrag des preußischen Königs entsprach, eine stehende Vorlesung „über die Wahrheit der Religion", die „auch den weltlich Studirenden zuträglich seyn könnte", zu installieren[51].

Die entscheidende Leistung aufklärerischer Dogmatik dürfte angesichts der beschriebenen Umstände darin bestehen, daß sie das Religionsthema zum Angel-

---

49 Z.B. KNUTZEN, M.: Philosophischer Beweiß von der Wahrheit der christlichen Religion [...], 1740, ⁵1763; MEIER, G.F.: Philosophische Betrachtungen über die christliche Religion, 8 Bde., 1761-1767. – **50** Z.B. LESS, G.: Beweiß der Wahrheit der Christlichen Religion, 1768, ⁶1786. – **51** SPALDING, J.J.: Lebensbeschreibung von ihm selbst aufgesetzt (in: DERS.: Kleinere Schriften 2: Briefe an Gleim – Lebensbeschreibung, hg.v. A. BEUTEL/T. JERSAK [SpKA I/6-2], 2002, 107-240), 162,29-163,10.

punkt ihrer systematischen Glaubensrechenschaft machte[52] und ihre kritisch-produktive Aneignung der Lehrtradition im Ausgleich mit der philosophischen und kulturellen Höhenlage ihrer Zeit zu vollziehen bestrebt war. Schon das allein, urteilte H. Stephan, „sind unschätzbare Verdienste"[53].

Kapitel 11: Kirche

§ 41: Verfassung

HAUSCHILD, W.-D.: Zur Geschichte des ephoralen Amtes im deutschen Luthertum vom 16. bis zum 20. Jahrhundert (in: WEYMANN, V./HAHN, U. [Hg.]: Die Superintendentur ist anders. Strukturwandel und Profil des ephoralen Amtes, 2005, 9–55). – KRUMWIEDE, H.-W.: Zur Entstehung des landesherrlichen Kirchenregiments in Kursachsen und Braunschweig-Wolfenbüttel (SKGNS 16), 1967. – DERS.: Art. Kirchenregiment, Landesherrliches (TRE 19, 1990, 59–68). – LANDAU, P.: Art. Kirchenverfassungen (TRE 19, 1990, 110–165). – LINK, Ch.: Christentum und moderner Staat. Zur Grundlegung eines freiheitlichen Staatskirchenrechts im Aufklärungszeitalter (in: DILCHER, G./STAFF, I. [Hg.]: Christentum und modernes Recht. Beiträge zum Problem der Säkularisation, 1984, 110–128). – OHST, M./WEITLAUFF, M.: Art. Kirchenverfassung IV. Neuzeit (RGG^4 4, 2001, 1327–1343). – RICHTER, A.L.: Geschichte der evangelischen Kirchenverfassung in Deutschland, 1851, ND 1970. – SCHLAICH, K.: Kollegialtheorie. Kirche, Recht und Staat in der Aufklärung (JusEcc 8), 1969. – SEHLING, E.: Geschichte der protestantischen Kirchenverfassung, ^{2}1914.

Im Zeitalter der Aufklärung wurde die Verfassung der *katholischen Kirche* zwar vielfältig optimiert und verfeinert, aber nicht grundlegend reformiert. Ihr strukturelles Hauptmerkmal blieb die vom Tridentinum machtvoll bekräftigte kuriale Zentrierung. Das in der deutschen Reichskirche geltende Recht der freien kanonischen Bischofswahl war seit dem Wiener Konkordat (1448) mit der Verpflichtung verbunden, nachträglich die päpstliche Konfirmation der Wahl einzuholen. Allerdings sind auch in Deutschland die nationalkirchlichen Tendenzen, die besonders im französischen Katholizismus zu erheblichen Sonderentwicklungen führten (Gallikanismus), spürbar geworden. So beanspruchten die Territorien ein am Staatswohl orientiertes, über die bisherigen Grenzen hinausführendes Aufsichtsrecht (ius inspiciendi), das beispielsweise ein staatliches Plazet für kirchliche Gesetze und Erlasse, erweiterte staatliche Appellationsmöglichkeiten (recursus ab abusu), das Ausschließungsrecht gegen unerwünschte kirchliche Ernennungen (ius exclusivae) oder die Verfügungsbefugnis bei kirchlicher Mißwirtschaft vorsah. Die im sog. Febronianismus ventilierten episkopalistischen Reformimpulse (s. § 28), die angesichts zunehmender staatlicher und kurialer Reglementierung die Autonomie der Einzelkirchen zu stärken suchten, blieben weithin erfolglos. Einschneidende Strukturreformen zeitigte allein das in Österreich (Josephinismus)

---

52 BEUTEL, A.: Religion zwischen Luther und Schleiermacher, Bemerkungen zur Semantik eines theologiegeschichtlichen Schlüsselbegriffs (in: HEUBACH, J. [Hg.]: Über die Religion. Schleiermacher und Luther [LAR 30], 2000, 35–68). – 53 STEPHAN, 290.

und Bayern etablierte absolutistische Staatskirchentum (s. § 27). Gleichwohl hat sich die Reichskirche, aufs Ganze gesehen, bis zuletzt als der eigentliche Träger der Reichsidee im 18. Jahrhundert erwiesen.

Auch die Verfassungsstruktur der *evangelischen Kirchen* blieb von der Aufklärung im Grunde unangetastet. Allerdings hat sie zu deren zeitgemäßer Begründung eine intensive Theoriearbeit entfaltet. Bereits in den späten 1520er Jahren hatte sich in lutherischen Territorien ein landesherrliches Kirchenregiment auszubilden begonnen. Als ein der Not gehorchendes Provisorium sollte diese Rechtsfigur die bischöfliche Kirchenleitungsfunktion übernehmen, von der freilich die kirchliche Lehrhoheit, die in lutherischer Tradition dem kirchlichen Amt zukam, ausgenommen blieb. Indem der Augsburger Religionsfriede (1555) die kirchliche Jurisdiktion der katholischen Bischöfe in den evangelischen Territorien und Reichsstädten suspendiert hatte, war die dauerhafte – bis 1918 anhaltende – Verwaltung der evangelischen Kirchentümer durch das landesherrliche Kirchenregiment reichsrechtlich sanktioniert. Nun oblag die kirchliche Personal- und Vermögensaufsicht den evangelischen Landesfürsten bzw. Stadträten. Auf lutherischer Seite entstand die behördliche Instanz des Konsistoriums, das, aus Theologen und Juristen kollegial zusammengesetzt, die kirchlichen Belange einschließlich der geistlichen Gerichtsbarkeit zu regeln hatte und rasch auch in reformierten Kirchen (zuerst Kurpfalz 1564) übernommen wurde. Während des 18. Jahrhunderts verloren die Konsistorien wichtige Kompetenzen und wandelten sich dadurch zu reinen Verwaltungsbehörden.

Zur Einrichtung von *Synoden* kam es zuerst in den reformierten Kirchen, die unter einer konfessionsfremden Landesherrschaft standen und deshalb nach dem Vorbild der reformierten Kirche Frankreichs überörtliche Zusammenschlüsse ausbilden mußten. Dadurch entstand ein dreistufiges System kollegialer beschließender Kirchenversammlungen: Die Presbyterien wählten die Mitglieder der Kreissynoden, von denen die Provinzialsynoden beschickt wurden und von diesen wiederum die Generalsynode. Das synodale Kirchenverfassungsorgan wurde teilweise auch von lutherischen Kirchen übernommen, die freilich zumeist andere übergemeindliche Aufsichtsinstanzen einsetzten, nämlich die Superintendenturen bzw. Dekanate, in größeren Landeskirchen außerdem noch die Generalsuperintendenturen bzw. Prälaturen. Die Besetzung von Pfarrstellen unterlag teilweise dem vom Protestantismus übernommenen Patronatsrecht, andernfalls entschieden darüber die lutherischen Superintendenten und Konsistorien oder die reformierten Kreissynoden, wogegen den betroffenen Gemeinden lediglich das Recht zu Gegenvorstellungen, also zur Ablehnung einer mißliebigen Personalzuweisung, eingeräumt wurde.

Zur Legitimation des landesherrlichen Kirchenregiments entwickelte das Zeitalter der Aufklärung nacheinander drei idealtypisch zu unterscheidende, faktisch aber auch in allerhand Mischformen auftretende staats- und kirchenrechtliche Theorien. Im Sinne Luthers, der die Kirchenaufsicht der weltlichen Obrigkeit nur als ein durch die Reformationsresistenz der Bischöfe erzwungenes Notrecht akzeptieren konnte, verstand der evangelische[1] *Episkopalismus* den lutherischen Landesherrn als einen Notbischof, der, als das vornehmste Glied seiner Kirche, in

---

[1] Zur unterschiedlichen evangelisch-katholischen Semantik des Wortes vgl. LINK, CH.: Art. Episkopalismus/Episkopalsystem (RGG⁴ 2, 1999, 1375–1377).

die Obliegenheiten des früheren Bischofsamtes eintreten mußte, allerdings unter Preisgabe der nun dem geistlichen Amt zukommenden Lehraufsicht. Gegen Ende des 17. Jahrhunderts stieß dieses zunächst dominierende Erklärungsmodell dadurch an seine Grenzen, daß es weder mit dem Selbstverständnis des aufgeklärten Absolutismus noch mit der namentlich in Brandenburg-Preußen und Sachsen eingetretenen konfessionellen Ungleichheit von Herrscherhaus und Bevölkerung zu vereinbaren war.

Anders als Luther hatte Melanchthon das landesherrliche Kirchenregiment nicht nur als Notrecht, sondern als Ausdruck des der christlichen Obrigkeit zukommenden Wächteramts für beide Tafeln des Dekalogs (custodia utriusque tabulae) aufgefaßt. In dieser Tradition entstand zu Beginn des 18. Jahrhunderts die naturrechtlich argumentierende Theorie des *Territorialismus*. Sie verstand die Kirche als eine Anstalt des öffentlichen Rechts und wies darum dem Inhaber der territorialen Obrigkeit nicht als Notbischof, sondern als Landesherr die oberste Kirchengewalt zu, die sich über alle Personal-, Vermögens- und Verwaltungsangelegenheiten bis zur liturgischen Aufsicht erstreckte und lediglich durch die Gewissensfreiheit der einzelnen Gemeindeglieder beschränkt blieb. Die wichtigsten Vordenker dieser das landesherrliche Kirchenregiment nicht mehr auf die *salus ecclesiae*, sondern auf die *salus reipublicae* ausrichtenden Theorie waren S. Frhr. v. Pufendorf und Ch. Thomasius (s. § 7.2). In klassischer Konsequenz hat das „Allgemeine Landrecht für die Preußischen Staaten" (1794) die kirchlichen Ordnungsfragen als Teil der staatlichen Gesetzgebung kodifiziert[2].

In Aufnahme staatsphilosophischer Vertragstheorien entwickelten Übergangstheologen wie Ch.M. Pfaff (s. § 18.3) und J.L.v. Mosheim (§ 18.4) das dritte Erklärungsmodell des *Kollegialismus*. Diese Theorie hat insofern eine „antiabsolutistische Spitze"[3], als sie die vom Territorialismus beanspruchte umfassende Zuständigkeit des Landesherrn für das Kirchenwesen zu beschränken suchte. Demzufolge verstand der Kollegialismus die Kirche als eine vom Staat prinzipiell unterschiedene Korporation. Die ihr zustehenden eigenen Gesellschaftsrechte (iura collegialia) seien der weltlichen Obrigkeit durch stillschweigende Übereinkunft der Kirchenmitglieder übertragen worden. Während dem Landesherrn diese inneren Hoheitsrechte der Kirche (iura in sacra) lediglich treuhänderisch – und damit theoretisch widerrufbar – anvertraut seien, beschränke sich seine natürliche Zuständigkeit auf die aus der Eigengewalt des Staates abgeleitete äußere Kirchenhoheit (iura circa sacra). Erst im 19. Jahrhundert hat die aufklärerische Legitimationstheorie des Kollegialismus ihre volle kirchenrechtliche Bedeutung entfaltet.

§ 42: Gottesdienst

EHRENSPERGER, A.: Die Theorie des Gottesdienstes in der späten deutschen Aufklärung (1770–1815) (SDGSTh 30), 1971. – GRAFF, P.: Geschichte der Auflösung der alten gottesdienstlichen Formen in der evangelischen Kirche Deutschlands, 2 Bde., ²1937/1939. – HAMMANN, K.: Universitätsgottesdienst und Aufklärungspredigt. Die Göttinger Universitätskir-

---

2 STRÄTZ, H.-W.: Das staatskirchenrechtliche System des preußischen Allgemeinen Landrechts (Civitas. Jahrbuch für Sozialwissenschaften 11, 1972, 156–183). – 3 LINK, CH.: Art. Kollegialismus (RGG⁴ 4, 2001, 1482f), 1482.

che im 18. Jahrhundert und ihr Ort in der Geschichte des Universitätsgottesdienstes im deutschen Protestantismus (BHTh 116), 2000. – KRAUSE, R.: Die Predigt in der späten deutschen Aufklärung (1770–1805) (AzTh II.5), 1965. – MAURER, Ch.: Aufgeklärte Gesangbücher und ‚gemeine Leute'. Äußerungen und Inhalte der Gesangbuchstreite des ausgehenden 18. Jahrhunderts im protestantischen Deutschland (in: BÖDEKER, H.E. u. a. [Hg.]: Le livre religieux et ses pratiques, 1991, 269–288). – NIEBERGALL, A.: Art. Agende 17. Orthodoxie, Pietismus und Aufklärung (TRE 2, 1978, 43–55). – SCHOTT, Ch.-E.: Möglichkeiten und Grenzen der Aufklärungspredigt. Dargestellt am Beispiel Franz Volkmar Reinhards (APTh 16), 1978. – DERS.: Akkomodation – Das homiletische Programm der Aufklärung (VB 3, 1981, 49–69). – SCHÜTZ, W.: Die Kanzel als Katheder der Aufklärung (WSA 1, 1974, 137–171). – STURM, P.: Das evangelische Gesangbuch der Aufklärung. Ein Beitrag zur deutschen Geistesgeschichte des 17. und 18. Jahrhunderts, 1923. – WEHRLE, P.: Orientierung am Hörer. Die Predigtlehre unter dem Einfluß des Aufklärungsprozesses (SPTh 8), 1975. – WÖLFEL, D.: Das zeitgemäße Christentum der protestantischen Spätaufklärung in Deutschland (ZBKG 61, 1992, 119–136).

Das im Zeitalter der Aufklärung ventilierte Interesse an Theorie und Praxis des Gottesdienstes war so ungewöhnlich intensiv, daß man tatsächlich von einer „liturgischen Bewegung"[4] zu sprechen Grund und Anlaß hat. Im letzten Drittel des 18. Jahrhunderts entstanden zahlreiche liturgiewissenschaftliche und -praktische Periodika, die Produktion neuer Kirchengesangbücher und Agenden kulminierte in einer weder zuvor noch danach wieder erreichten Dichte. Allerdings wird man sich hüten müssen, aus dieser atemberaubenden Fülle an liturgischen Reformimpulsen unkritisch auf eine entsprechend konsequente Umgestaltung der gottesdienstlichen Praxis zu schließen. Noch immer ist weithin ungeklärt, wie viele dieser Vorschläge teilweise oder sogar vollständig verwirklicht worden sind, zumal die Neologen in aller Regel bewußt darauf verzichteten, für die Umsetzung ihrer liturgischen Innovationen obrigkeitliche Autorität in Anspruch zu nehmen, und statt dessen – nicht selten vergebens – auf die autonome Überzeugungskraft ihrer Modernisierungsimpulse vertrauten. Außerdem sind gerade auch hinsichtlich der gottesdienstlichen Praxis in Deutschland erhebliche regionale, konfessionelle und religiöse Unterschiede in Rechnung zu stellen[5].

Besonders signifikant trat der aufklärerische Wandel in den *Gesangbüchern* zutage, die naturgemäß nicht nur für die liturgische Beteiligung der Gemeinde, sondern auch für die privatreligiöse Erbauung von zentraler Bedeutung waren. Deren tiefgreifende Umbildung diente im wesentlichen einem zweifachen Ziel. In formaler Hinsicht sollten die kirchlichen Gesänge der zeitgenössischen Poetik und Sprachgewohnheit angepaßt werden, um die Gottesdienstbesucher nicht länger den Zumutungen eines linguistischen Weltenwechsels auszusetzen, der längst schon den Spott der freigeistigen Bildungselite auf sich gezogen hatte; gemäß der aufklärerischen Einsicht in die konstitutive Bedeutung religiöser Subjektivität dominierte in den Kirchenliedern nun nicht mehr das kirchlich-kollektive „Wir", sondern das religiös-individuelle „Ich"[6]. Und in materialer Hinsicht zielte der hymnologische Reinigungsprozeß darauf ab, die aufklärungstheologischen Errungenschaften gemeindepädagogisch zu popularisieren: Schroffer Sündenpessimis-

---

[4] GRAFF, Bd. 2, 51; EHRENSPERGER, 11. – [5] Für den liturgischen Wandel in Württemberg vgl. noch immer KOLB, CH.: Die Aufklärung in der Württembergischen Kirche, 1908, 98–170. – [6] KRÜGER, R.: Das Zeitalter der Empfindsamkeit. Kunst und Kultur des späten 18. Jahrhunderts in Deutschland, 1972, 19 f.

mus, Blut- und Wundenfrömmigkeit und allzu naive Jenseitsvorstellungen traten zurück, statt dessen sollten die Kirchenlieder eine glaubensgemäße Lebenspraxis und christliche Zuversicht stimulieren. Zu diesem Zweck wurden die überkommenen Kirchengesänge entweder zeitgemäß umgedichtet oder durch neue, dem Geschmack der Gegenwart verpflichtete Lieder ersetzt.

Symptomatisch waren die beiden Gesangbuchrevisionen der Berliner Neologie. J.S. Diterich (1721–1797), seit 1754 Pfarrer an St. Marien und ab 1770 auch preußischer Konsistorialrat, legte 1765 das Manuskript eines neuen, aufklärerischen Gesangbuchs vor, das dann als „Anhang" des eingeführten, pietistisch temperierten Porstschen Gesangbuchs veröffentlicht wurde. Von den 236 Titeln dieser „Lieder für den öffentlichen Gottesdienst" waren 26 von Diterich umgearbeitet und 42 neu gedichtet worden. Zusammen mit seinen Berliner Amtskollegen W.A. Teller (s. § 21.5) und J.J. Spalding (s. § 21.3) gab Diterich 1780, einem „Spezial-Befehl" Friedrichs des Großen folgend, der damit „zur Beförderung wahrer christlicher Erbauung und zu mehrerer Gleichförmigkeit des Gottesdienstes"[7] beitragen wollte, das „Gesangbuch zum gottesdienstlichen Gebrauch in den Königlich Preußischen Landen" heraus. Dieses nach seinem Verleger, dem Berliner Buchhändler A. Mylius, als „das Myliussche" bezeichnete neue Kirchengesangbuch präsentierte 180 alte, durchweg modernisierte Kernlieder sowie 267 Neudichtungen, die größtenteils dem „Anhang" von 1765 entstammten. Waren die älteren Gesangbücher zumeist nach einem heilsgeschichtlichen Aufriß disponiert, so bot „das Myliussche" lediglich zwei Hauptabteilungen, indem es den gesamten Liedbestand unter die Überschriften „Lob Gottes" und „Bitten zu Gott" aufteilte.

Ähnlich, teilweise sogar noch tiefgreifender vollzog sich die hymnologische Modernisierung in anderen deutschen Territorien. Auf reformierter Seite stellte die „Sammlung geistlicher Lieder und Gesänge" (1767) des Leipziger Pfarrers G.J. Zollikofer[8] ein viel beachtetes Initiationsdokument dar. Obschon es in Berlin (1781) und etlichen anderen Orten zum Streit um die Einführung der neuen Gesangbücher gekommen war[9], ist die Zahl der bekannt gewordenen Konflikte insgesamt so gering, daß von einem breiten, flächendeckenden Protest, den die große Welle der Aufklärungsgesangbücher ausgelöst hätte, nicht die Rede sein kann. Der wohlfeile Spott, der seit dem 19. Jahrhundert über die neologischen Adaptionen der altehrwürdigen lutherischen Liedtradition ausgegossen wird, verkennt oder mißachtet zumeist das dabei waltende konstruktive Interesse, welches die kirchlichen Gesänge nicht als ästhetische Monumente archivieren, sondern als religiöse Gebrauchstexte der eigenen Zeit zu vermitteln bestrebt war.

Wie die Gesangbuchreform, so war auch die aufklärerische Erneuerung des *Gottesdienstes* darauf aus, eine gegenwartssprachliche, zugleich vernünftige und erbauliche, den Bedürfnissen religiöser Selbstverantwortung Rechnung tragende Kommunikationsform verfügbar zu machen. Die überkommene liturgische Praxis

---

7 BACHMANN, J.F.: Zur Geschichte der Berliner Gesangbücher. Ein hymnologischer Beitrag, 1856, 209. – 8 MIDDELL, K.: „… die größere Aufklärung gehöret also zu den Absichten Gottes". Der Prediger Georg Joachim Zollikofer (1730–1788) und die Aufklärung in Leipzig (in: SIEVERS, H.-J. [Hg.]: In der Mitte der Stadt. Die evangelisch-reformierte Kirche zu Leipzig von der Einwanderung der Hugenotten bis zur Friedlichen Revolution, 2000, 44–59). – 9 Zur Auseinandersetzung um „das Myliussche" vgl. WEBER, P.: Der Berliner Gesangbuchstreit 1781. Aporien der Aufklärung „von oben" (in: GOLDENBAUM, U./KOŠENINA, A. [Hg.]: Berliner Aufklärung. Kulturwissenschaftliche Studien, Bd. 1, 1999, 101–119).

empfand man einerseits als willkürlich, andererseits als in traditionalistischer Gleichförmigkeit erstarrt. Demgegenüber sollte der aufklärerische Gottesdienst lebendig, abwechslungsreich und, indem er gleichermaßen auf deutliche Begriffe und echte Empfindung gebaut ist, dem „ganzen Menschen" zuträglich sein. Für die liturgische Variabilität und Konkretionsfähigkeit, die in den aufklärerischen Agenden des deutschen Protestantismus[10] erstrebt wurde, lieferte G.F. Seilers Traktat „Über die Rechte und Freiheiten protestantischer Prediger in liturgischen Sachen" (1795) die programmatische Legitimation. So entfernte man nun die letzten lateinischen Stücke aus den Gottesdienstformularen und versah die verbleibenden Traditionselemente mit ausführlichen Erläuterungen. Auf das Absingen der Lesungen und Kollekten wurde verzichtet, die Form der lutherischen Messe ging weithin verloren. Besondere Sensibilität erforderte die Reform des Kirchengebets, für die Zollikofer eine zeitgemäße Zielführung vorgab: „Mehr Mannichfaltigkeit und Abwechslung; mehr Deutlichkeit und Richtigkeit im Vortrage: das allein, dünkt mich, kann das Gebet bey dem gemeinschaftlichen Gottesdienste zu der vernünftigen, edeln, den Geist erhebenden und das Herz bessernden Andachtsübung machen, die es seyn sollte und könnte, und die es doch bey der gegenwärtigen Einrichtung und Beschaffenheit dieses Theils des Gottesdienstes so selten ist"[11]. Die Forderung des freien Gebets machte bisweilen selbst vor dem Vaterunser nicht halt, für das manche Aufklärer, ganz im Sinne Luthers[12], eine freie Paraphrase vorschlugen, um eine gedankenlos-mechanische Rekapitulation zu vermeiden. Entsprechende Tendenzen einer pädagogisch orientierten persönlichen Glaubensaneignung prägten die neuen Abendmahlsliturgien sowie die kirchlichen Amtshandlungen der Taufe, Trauung und Bestattung, für die nun, ihrem kasuellen Charakter gemäß, unterschiedliche individuationsoffene Formulare zur Verfügung standen; symptomatisch für die aufklärerische Orientierung am seelsorgerlichen Einzelfall war beispielsweise, daß die herkömmliche „Leichenpredigt" zur „Trauerpredigt" avancierte[13]. Gesteigerte Aufmerksamkeit erfuhr die Konfirmation, deren feierliche Ausgestaltung in dem „Religionseid" der mündig gewordenen Christen ihren Mittelpunkt fand. Die aufklärerische Rationalisierung und Individualisierung des Gottesdienstes erstreckte sich auch auf die verstärkte liturgische Einbeziehung der Kirchenmusik, die – meist ökonomisch oder ästhetisch begründete – Abschaffung der Meßgewänder oder die Aufhellung der Kirchenräume: Kleine Fensteröffnungen wurden erweitert und mittelalterliche Freskenmalereien weiß übertüncht[14].

---

10 Zur Reform des katholischen Gottesdienstes s. § 28. – 11 ZOLLIKOFER, G.J.: Anreden und Gebete zum Gebrauch bey dem gemeinschaftlichen und auch dem häuslichen Gottesdienste, 1777, Vorrede. – 12 In seiner „Deutsche[n] Messe" (1526) hatte LUTHER vorgeschlagen, auf die Predigt „eyne offentliche paraphrasis des vater unsers" folgen zu lassen (WA 19; 95,19; vgl. 95,19–97,11); ähnlich z.B. WA 19; 125,21–23 (1518). WA 38; 362,37–363,6 (1535). – 13 HAMMANN, K.: Die Literaturgattung der Leichenpredigt in der Aufklärungszeit (in: BEUTEL, A./LEPPIN, V. [Hg.]: Religion und Aufklärung. Studien zur neuzeitlichen „Umformung des Christlichen" [AKThG 14], 2004, 243–264). Für die besser erforschte katholische Seite vgl. IGNATZI, H.-J.: Die Liturgie des Begräbnisses in der katholischen Aufklärung. Eine Untersuchung von Reformentwürfen im südlichen deutschen Sprachgebiet, 1994. – 14 KUMMER, S.: Katholischer Kirchenbau Europas im 17. und 18. Jahrhundert (in: HARTMANN, P.C. [Hg.]: Religion und Kultur im Europa des 17. und 18. Jahrhunderts, 2004, 291–325); HARASIMOWICZ, J.: Protestantischer Kirchenbau im Europa des 17. und 18. Jahrhunderts (ebd., 327–370).

In der aufklärerischen Vorliebe für den Kanzelaltar[15] war die Dominanz des Wortes über die Sakramente sinnenfällig zum Ausdruck gebracht. Das organisierende Zentrum des Gottesdienstes bildete die *Kanzelrede*, die, in Rücksicht auf die dabei obwaltende pädagogisch-popularisierende Ausrichtung, zurecht ein „Vortrag des Volkslehrers im Predigertalar"[16] genannt worden ist. Um diese Eigenart der Aufklärungspredigt recht zu verstehen, müssen freilich auch die geschichtliche Konstellation, aus der sie erwuchs, und die Intention, die sie verfolgte, berücksichtigt werden. Bereits im 17. Jahrhundert hatte die im Protestantismus aufblühende Erbauungs- und Meditationskultur das öffentliche religiöse Deutungsmonopol der Predigt folgenreich konterkariert[17]. Durch den entstehenden profanen Literaturmarkt sind ihr dann im 18. Jahrhundert erst recht mächtige Konkurrenzmedien erwachsen. Indem sich die Predigt der Aufklärung programmatisch um eine rationale, am Fassungsvermögen der Hörer orientierte Plausibilisierung der christlichen Grundwahrheiten sowie um deren zielgenaue Anwendung auf die konkrete Gemeindesituation und die andrängenden Zeitfragen bemühte, leistete sie einen kaum zu überschätzenden Beitrag „zur Versöhnung von Christentum und Kultur"[18]. Insofern läßt sich die Predigt des 18. Jahrhunderts, die „Die Kanzel als Katheder der Aufklärung" (Schütz) entdeckte und nutzte, als eine konstitutive Reformmaßnahme verstehen, durch die insbesondere das gebildete Bürgertum, das unter dem Einfluß der philosophisch-literarischen Zeitströmungen an der überkommenen Gestalt des Christentums, an reformatorischem Bibelglauben und konfessioneller Kirchlichkeit zunehmend den Geschmack verloren hatte, der christlichen Religion erhalten und einem Prozeß fortschreitender Entkirchlichung der deutschen Aufklärung gewehrt werden konnte.

Die Übergangstheologen bemühten sich um eine die Wolffsche Demonstriermethode homiletisch fruchtbar machende, klar disponierte und prägnant formulierte Predigt. Einer ihrer bedeutendsten Repräsentanten war – neben J.L.v. Mosheim (s. § 18.4) – der Berliner Propst und Kirchenrat J.G. Reinbeck (1683–1741), auf den die Kabinettsordre des preußischen Königs Friedrich Wilhelm I., die den Kandidaten die Anwendung klarer Begriffe und vernünftiger Beweisgründe in der Predigt auferlegte, zurückgehen dürfte. Reinbeck gab auch den „Grund-Riß einer Lehr-Arth ordentlich und erbaulich zu predigen" (1740) heraus, der jene Ordre homiletisch umsetzen sollte und von dem mit Reinbeck befreundeten J.Ch. Gottsched verfaßt war[19]. Gemäß der von der Aufklärung vollzogenen, programmatischen Unterscheidung von Religion und Theologie konzentrierte sich die Predigt der Neologie, die in A.F.W. Sack, J.F.W. Jerusalem und J.J. Spalding (s. § 21.1–3) drei ihrer exponiertesten Vertreter fand, auf diejenigen Lehren, die Verstand und Gefühl der Hörer zu berühren und deren praktische Religiosität zu befördern vermochten. Indem die neologische Kanzelrede alle nur „theoretischen Religionslehren" zurückstellte, um statt dessen die glaubensrelevanten Wahrheiten des Christentums in pädagogischer Akzentuierung, organischer, meist als Motto- oder

---

15 MAI, H.: Der evangelische Kanzelaltar. Geschichte und Bedeutung, 1969. – 16 STEPHAN, H./LEUBE, H.: Die Neuzeit (HKG 4), ²1931, 100. – 17 STRÄTER, U.: Meditation und Kirchenreform in der lutherischen Kirche des 17. Jahrhunderts (BHTh 91), 1995. – 18 NIEBERGALL, A.: Die Geschichte der christlichen Predigt (Leit. 2, 1955, 181–352), 313. – 19 Vgl. dazu die hervorragende Arbeit von STRASSBERGER, A.: Johann Christoph Gottsched und die „philosophische" Predigt. Studien zur aufklärerischen Transformation der Homiletik im Spannungsfeld von Theologie, Philosophie und Rhetorik, Diss., Leipzig 2006.

Themapredigt komponierter Darstellung und dem konkreten alltagspraktischen Beratungsbedarf sowie dem Rezeptionsvermögen der jeweiligen Hof-, Bürger- oder Landgemeinde angeglichener Höhenlage zu entfalten, leistete sie eine umfassende, religiös fundierte Lebensberatung. In der rationalistischen Predigt (z.B. J.G. Marezoll, Ch.F.v. Ammon, J.F. Röhr) verstärkte sich noch einmal der utilitaristische Zug, während die Predigt des aufgeklärten Supranaturalismus (z.B. F.V. Reinhard) den auf lebenspraktische „Nutzbarkeit" zielenden Unterricht mit dem positiven Kirchenglauben zu vereinen suchte. Die katholische Aufklärungspredigt in Deutschland rezipierte sowohl die Vorbilder des deutschen Protestantismus wie den in Frankreich bereits seit dem Ende des 17. Jahrhunderts sich anbahnenden Wandel der prunkvollen Barockpredigt zur schlichten, pragmatischen und moralischen, bisweilen sogar ausgesprochen sozialkritischen Kanzelrede. Dem im Übergang zum 19. Jahrhundert zu beobachtenden Revitalisierungsschub der deutschen katholischen Predigt hat J.M. Sailer (s. § 29) wesentliche Impulse vermittelt: Seine biblisch genährte, von tiefer Frömmigkeit getragene, in schlichter Gestalt auf die konkrete Lebenswirklichkeit zielende Predigt suchte und fand „den Weg in des andern Verstand durch sein Herz"[20]. Gegenüber den vielfältigen kirchlichen Erosionserscheinungen wurde die Predigt von der gesamten Aufklärungstheologie als das entscheidende religiöse Vergewisserungsmedium wirkungsvoll und folgenreich restituiert.

§ 43: Unterricht

FRAAS, H.-J.: Katechismustradition. Luthers kleiner Katechismus in Kirche und Schule (APTh 7), 1971. – GLANTSCHNIG, H.: Liebe als Dressur. Kindererziehung in der Aufklärung, 1987. – LACHMANN, R.: Die Religions-Pädagogik Christian Gotthilf Salzmanns. Ein Beitrag zur Religionspädagogik der Aufklärung und Gegenwart, [3]2005. – MEIERS, K.: Der Religionsunterricht bei Johann Bernhard Basedow. Seine Bedeutung für die Gegenwart, 1971. – NEUGEBAUER, W.: Absolutistischer Staat und Schulwirklichkeit in Brandenburg-Preußen, 1985. – NEUMANN, J.N./STRÄTER, U. (Hg.): Das Kind in Pietismus und Aufklärung (Hallesche Forschungen 5), 2000. – PAUL, E.: Geschichte der christlichen Erziehung. Bd. 2: Barock und Aufklärung, 1995. – SCHIAN, M.: Die Sokratik im Zeitalter der Aufklärung, 1900. – SCHMITT, J.: Der Kampf um den Katechismus in der Aufklärungsperiode Deutschlands, 1935. – SCHRADER, K.: Die Erziehungstheorie des Philanthropismus, 1928. – SCHWEITZER, F.: Die Religion des Kindes. Zur Problemgeschichte einer religionspädagogischen Grundfrage, 1992, 116–152.

Die Frage, wie sich das Zeitalter der Aufklärung im Bereich der kirchlichen Unterweisung niedergeschlagen hat, intendiert keine flächendeckende Rekonstruktion des häuslichen, katechetischen oder schulischen Religionsunterrichts, sondern zielt, weit bescheidener, lediglich auf die Markierung einiger zentraler Umbruchs- und Innovationsmomente. In dieser Hinsicht kommt dem Wandel des Katechismusunterrichts eine herausragende Bedeutung zu. Daß die Aufklärung die beiden klassischen Texte des Protestantismus, Luthers „Kleine[n] Katechismus" (1529) sowie den „Heidelberger Katechismus" (1563), zwar nicht als symbolische Bücher, aber als religionspädagogische Lehrmittel verabschiedete, war das Resultat einer

---

20 SAILER, J.M.: Sämtliche Werke, Bd. 19, [2]1839, 61.

seit dem 17. Jahrhundert sich abzeichnenden Entwicklung. Bereits im Konfessionellen Zeitalter war die Vitalisierung des Katechismusunterrichts darauf aus, neben der lehrhaften Identitätswahrung zugleich alltagstaugliche Lebenshilfe zu leisten. Das führte zu einer applikationsorientierten Ausweitung des katechetischen Stoffes sowie zur Ausbildung besonderer landeskirchlicher Traditionen. Unter dem Einfluß des Pietismus verstärkte sich noch einmal die glaubenspraktische Fokussierung des Katechismusunterrichts. Ph.J. Speners „Einfache Erklärung der christlichen Lehre nach der Ordnung des kleinen Katechismus Luthers in Fragen und Antworten verfaßt und mit nöthigen Zeugnissen der Schrift bewährt" (1677) war bereits als ein zeitgenössischer Ersatz des „Kleine[n] Katechismus" gedacht. Zugleich differenzierte sich die Gattung in themen- und adressatenspezifischer Hinsicht, indem das herkömmliche Volks- und Hausbuch um besondere Erbauungs-, Buß-, Trost- und Gebetskatechismen sowie um Katechismen für Kranke, Inhaftierte und ähnliche Sondergruppen erweitert wurde. Zwar ist den Aufklärern ebensowenig wie den Pietisten eine konsequente Ablösung der alten Unterweisungstexte geglückt. Dennoch entstanden im ausgehenden 18. Jahrhundert zahlreiche neue Katechismen, die als moderne Glaubens- und Lebenshelfer umfassende Anleitung boten, so in Pommern (1784), Schleswig-Holstein (1785) und Hannover (1791) oder in C.F. Bahrdts „Katechismus der natürlichen Religion, als Grundlage eines jeden Unterrichts in der Moral und Religion, zum Gebrauche für Eltern, Prediger, Lehrer und Zöglinge" (1790).

Epochenspezifische Kenntlichkeit erhielt die aufklärerische Religionspädagogik nicht zuletzt durch die von ihr entwickelte und erprobte Methode der *Sokratik*. Dieses für alle Schulfächer gedachte, jedoch vornehmlich in der religiösen Unterweisung praktizierte Unterrichtsverfahren folgte, auf der sokratischen Hebammenkunst (Mäeutik) basierend, dem Prinzip, daß man die Kinder und Jugendlichen, anstatt irgendwelche Wissensgegenstände, die sie noch nicht verstehen können, an sie heranzutragen, durch ein entwicklungspsychologisch geschultes, an der Lebenspraxis orientiertes Frage- und Dialogverfahren dazu bewegt, die in ihnen selbst keimhaft angelegten Einsichten oder auch ihre altersgemäßen Perzeptionen wahrzunehmen, auszudrücken und zu entfalten. Anstelle des hergebrachten, oft verständnislosen Memorierens und Rekapitulierens setzte darum die Sokratik auf eine Didaktik des erkenntnisfördernden Lehrgesprächs, wofür ihr neben Sokrates auch die entsprechende Dialogstrategie Jesu (z.B. in Lk 14,1-6) zum geschichtlichen Musterfall wurde. Die Lehrmethode der Sokratik war im späteren 18. Jahrhundert in transkonfessionellem Gebrauch[21], obschon sie vornehmlich auf protestantischer Seite paradigmatisch reflektiert und praktiziert worden ist.

Bereits J.L.v. Mosheim (s. § 18.4) hatte Sokrates als den „Erfinder und Urheber der Unterweisung, die fragweise geschicht"[22], modellhaft herausgestellt, dieses Verfahren allerdings gerade nicht als für Heranwachsende tauglich erachtet[23]. Die erste systematische Darstellung der „sokratischen Methode", welche in den Schülern selbständige, stufenweise fortschreitende Wahrnehmungen und Einsichten freisetzen sollte, bot C.F. Bahrdts „Philanthropinischer Erziehungsplan oder vollständige Nachricht von dem ersten wirklichen Philanthropin zu Marschlins" (1776). Schon vorher hatte die von *Johann Bernhard Basedow* (1724-1790) be-

---

21 Zur katholischen Sokratik vgl. PAUL, Bd. 2, 220-239. – 22 Sitten-Lehre der Heiligen Schrifft, Bd. 1, 1735, 471. – 23 Ebd., 482.

gründete, die pädagogischen Impulse von J.J. Rousseau und J. Locke kreativ fortschreibende philanthropische Bewegung, deren Zentrum das als „Werkstätte der Menschenfreundschaft" gegründete Philanthropinum in Dessau (1774–1793) bildete, das sokratische Programm zu realisieren begonnen. Basedow[24], der den bisherigen Religionsunterricht und namentlich dessen Prinzip des frühen Memorierens von kirchlichen Gebrauchstexten scharf kritisierte, konnte in der religiösen Offenbarungs- und Überlieferungsautorität keinen gewißheitsstiftenden Bezugspunkt erkennen. Vielmehr galt ihm der kindliche Verstand als eine tabula rasa, die sich erst durch den Unterricht allmählich füllen und stufenweise ausbauen lasse, indem den Heranwachsenden zunächst Vorkenntnisse in Physik und Moral, sodann die Erkenntnisse der natürlichen und schließlich der christlichen Religion verständig nahegebracht werden. Dabei zielte die von Basedow konzipierte religiöse Erziehung weniger auf eine Anverwandlung der konfessionskirchlichen Glaubenslehre als auf die Ausbildung einer im eigenständigen Urteil gründenden Privatreligion. Ähnliche Didaktikkonzepte vertraten auch andere Philanthropen wie J.H. Campe, F.E.v. Rochow oder Ch.G. Salzmann.

Christian Gotthilf Salzmann (1744–1811) zählt zu den bedeutendsten Pädagogen der Neologie[25]. Nach dem in Rohrborn und Erfurt wahrgenommenen Pfarrdienst wechselte er 1780 an das Dessauer Philanthropinum. 1784 gründete Salzmann die Erziehungsanstalt Schnepfenthal, die fortan den Rahmen seiner nachhaltigen pädagogischen, didaktischen und literarischen Wirkung abgab. Das religionspädagogische Konzept Salzmanns[26] basierte auf der Überzeugung, daß eine bloß geschichtliche oder dogmatische Belehrung die Natur des Kindes verfehle, weil das Kind schöpfungsgemäß darauf angelegt sei, daß es zuerst aus der Empfindung einen Begriffsvorrat erwerbe, aus dem es dann kraft eigener Verstandestätigkeit zu abstrakten Ideen gelange. Demgemäß entwarf Salzmann den Plan eines vierstufigen Religionsunterrichts, der zunächst zur Ausbildung einer guten Gesinnung verhilft, sodann – weniger belehrend als bestätigend – zur biblischen Offenbarung hinleitet, danach mit Hilfe dialogischer Sokratik die erworbenen Kenntnisse und Ideen in ihrem Zusammenhang denk- und sprachfähig werden läßt, um schließlich die Kinder mit den konfessionskirchlichen Glaubensprägungen und den tiefsten Geheimnissen des Christentums (Trinitäts-, Zweinaturen-, Erlösungslehre) vertraut zu machen. Allerdings präferierte Salzmann in späteren Jahren, von der Sokratik vorsichtig abrückend, die von ihm spezifisch ausgeformte Erzählmethode, durch die er im Unterschied zur Sokratik ein ganzheitliches existentielles Ansprechen der Kinder gewährleistet sah.

Auch außerhalb der philanthropischen Bewegung wurde das sokratische Verfahren zur Leitmethode des Religionsunterrichts. Die Zürcher *Ascetische Gesellschaft* veröffentlichte unter dem Titel „Fragen an Kinder. Eine Einleitung zum Unterricht in der Religion" (1772) ein Gründungsdokument dieser Lehrart, das jedoch entgegen der empiristischen Annahme, die Seele des Kindes sei anfangs ein

---

[24] Methodischer Unterricht der Jugend in der Religion und Sittenlehre der Vernunft nach dem in der Philalethie angegebenen Plane, 1764, III-LXII („Abhandlung von dem Unterrichte der Kinder in der Religion"); Das Methodenbuch für Väter und Mütter der Familien und Völker, 1770, ³1773. – [25] Zu Salzmanns neologischer Orientierung vgl. LACHMANN, 273-296. – [26] Ueber die wirksamsten Mittel, Kindern Religion beyzubringen, 1780, ³1809.

unbeschriebenes Blatt, davon ausging, „daß der Saame aller Erkenntniß schon in der Seele des Kindes eingepflanzt und verwahrt liege"[27] und darum im Unterricht nur noch zur Entfaltung gebracht werden müsse. Der Göttinger Theologieprofessor und Aufklärungspädagoge *Johann Peter Miller* (1725–1789) empfahl die „vertraulichste Unterredung" als die für eine stufenweise Entwicklung der persönlichen Religiosität am besten geeignete Methode, die bereits von Anfang an auf die christlichen Offenbarungswahrheiten ausgreifen sollte, weil den Kindern die positive Religion allemal begreiflicher und interessanter sei als die natürliche Religion. Weitere Hauptvertreter fand die Sokratik in J.F.Ch. Gräffe[28], C. Daub[29] und G.F. Dinter[30].

In der Aufklärungspädagogik vollzog sich, von westeuropäischen (Rousseau, Locke) und pietistischen Aufbrüchen beeinflußt, die *Entdeckung der Kindheit*: Im Sinne der sensualistischen Psychologie wurde ihr klar, daß das kindliche Erkennen und Lernen eigenen, von der Wissensbildung der Erwachsenen unterschiedenen Strukturbedingungen unterliegt und dabei von den einfachen Sinneseindrücken zu immer abstrakteren Begriffen und Ideen fortschreitet. Deshalb orientierte sich die Stufung ihres Unterrichts auch nicht an Umfang oder Komplexität des Lehrstoffes, sondern an den lernpsychologischen Entwicklungsgesetzen. Das Interesse, durch religiöse Bildungsarbeit eine individuelle, durch eigene Erfahrung und Erkenntnis begründete Glaubensweise zu ermöglichen, entsprach dabei ebenso dem aufklärerischen Zweifel an der Evidenz religiöser Überlieferung und Autorität wie der zeitdiagnostischen Einsicht, wonach den Herausforderungen der modernen Religionskritik nicht mit kirchlich statuierter, sondern nur mit autonom erworbener und begründeter Glaubensgewißheit aussichtsreich zu begegnen sei.

§ 44: Pfarrerstand

BEUTEL, A.: „Gebessert und zum Himmel tüchtig gemacht". Die Theologie der Predigt nach Johann Joachim Spalding (in: ENGEMANN, W. [Hg.]: Theologie der Predigt. Grundlagen – Modelle – Konsequenzen [APrTh 21], 2001, 161–187). – DREWS, P.: Der evangelische Geistliche in der deutschen Vergangenheit, ²1924. – GUGERLI, D.: Zwischen Pfrund und Predigt. Die protestantische Pfarrfamilie auf der Zürcher Landschaft im ausgehenden 18. Jahrhundert, 1988. – HASSELHORN, M.: Der altwürttembergische Pfarrerstand im 18. Jahrhundert, 1958. – KUHN, Th.K.: Religion und neuzeitliche Gesellschaft. Studien zum sozialen und diakonischen Handeln in Pietismus, Aufklärung und Erweckungsbewegung (BHTh 122), 2003, 79–223. – LÜTCKE, K.-H.: Glaubwürdigkeit durch Bildung. Zum Pfarrerbild und zur Sicht der Theologenausbildung in der Neologie (besonders bei Spalding und Lüdke) (in: BESIER, G./GESTRICH, Ch. [Hg.]: 450 Jahre Evangelische Theologie in Berlin, 1989, 139–162). – SCHMIDT, M.: Das Pfarrerbild der Aufklärung in der rheinischen Kirche (MEKGR 26, 1977, 61–97). – SCHORN-SCHÜTTE, L.: Evangelische Geistlichkeit in der Frühneuzeit. Deren Anteil an der Entfaltung frühmoderner Staatlichkeit und Gesellschaft. Dargestellt am Beispiel des Fürstentums Braunschweig-Wolfenbüttel, der Landgrafschaft Hessen-Kassel und der Stadt Braunschweig (QFRG 62), 1996. – DIES.: Zwischen ‚Amt' und ‚Beruf': Der Prediger als Wächter, ‚Seelenhirt' oder Volkslehrer. Evangelische Geistlichkeit im Alten Reich und in der

---

[27] Ebd., VIII. – [28] Die Sokratik nach ihrer ursprünglichen Beschaffenheit in katechetischer Rücksicht betrachtet, 1791, ³1798. – [29] Lehrbuch der Katechetik. Zum Behuf seiner Vorlesungen, 1801. – [30] Die vorzüglichsten Regeln der Katechetik, als Leitfaden beym Unterrichte künftiger Lehrer in Bürger- und Landschulen, 1802, ¹³1862.

schweizerischen Eidgenossenschaft im 18. Jahrhundert (in: DIES./SPARN, W. [Hg.]: Evangelische Pfarrer. Zur sozialen und politischen Rolle einer bürgerlichen Gruppe in der deutschen Gesellschaft des 18. bis 20. Jahrhunderts [KoGe 12], 1997, 1–35). – THADDEN, R.v.: Die brandenburgisch-preußischen Hofprediger im 17. und 18. Jahrhundert (AKG 32), 1959.

Eine der wichtigsten sozialgeschichtlichen Konsequenzen der Reformation bestand in der Ausbildung des evangelischen Pfarrhauses[31] sowie der evangelischen Geistlichkeit als neuartigen gesellschaftlichen Formationen. Zur Mitte des 17. Jahrhunderts dürften die sozialen Stabilisierungsprozesse, die den evangelischen Pfarrerstand zu einem Teil des frühneuzeitlichen Bürgertums machten, weithin abgeschlossen gewesen sein. Die Attraktivität des Pfarrerberufs resultierte nicht zuletzt aus den damit verbundenen sozialen Aufstiegspotentialen. Wenn auch etwa 40% aller Pfarrer im Zeitalter der Aufklärung aus Pfarrhäusern stammten, so rekrutierte sich deren Mehrzahl doch aus anderen Schichten, vornehmlich der mittleren Verwaltungsebene, dem städtischen Handwerk und Handel[32]. Etwa die Hälfte aller Pfarrerssöhne wandte sich wiederum anderen Berufszweigen, nun allerdings verstärkt den gesellschaftlich höher rangierenden Gruppen der Juristen, akademischen Lehrern und anderen bürgerlichen Funktionsträgerschaften zu. Damit verband sich eine bemerkenswerte lokale und akademische Mobilität, die freilich einer erheblichen gruppeninternen Differenzierung unterlag: Während die geistliche Führungsgruppe (Superintendenten, Hofprediger, Stadtpfarrer etc.) in der Regel mehrere Studienorte besucht und namhafte geographische Veränderungen vollzogen hatte, nahm die große Masse der Landgeistlichkeit gewöhnlich nach dem Besuch der jeweiligen Landesuniversität eine heimatnahe Amtsführung auf; die mittlere Geistlichkeit besetzte auch in ihrer Mobilität eine Mittelposition.

Hinsichtlich ihrer Versorgungslage blieben die Pfarrer bis ins 19. Jahrhundert eng in die wirtschaftlichen Lebensverhältnisse der mittleren Stände eingebunden. Von ihren Patronatsherren, bisweilen auch von der Gemeinde, wurden sie mit Naturalien, landwirtschaftlichen Nutzungsrechten und dürftigen finanziellen Bezügen alimentiert; gemeindliche Abgaben für den Vollzug der Amtshandlungen kamen jeweils hinzu. Das verständliche Interesse, die beschwerliche landwirtschaftliche Existenzsicherung, die gegenüber dem aufstrebenden Beamtentum eine zunehmende soziale Benachteiligung darstellte, durch pekuniäre Entschädigung zu ersetzen, führte nur sehr langsam zu einem Erfolg, und wenn sich die Pfarrer im 18. Jahrhundert vielfach neue, moderne Erwerbsquellen wie die Bienen- oder Seidenraupenzucht erschlossen, suchten sie darin weniger einen beschaulichen Ausgleich zu ihrer Geistes- und Sozialarbeit als eine notwendige Aufbesserung ihrer kargen Lebensverhältnisse.

Da das geistliche Amt eine aussichtsreiche Plattform für den Sozialaufstieg bot, war das Theologiestudium notorisch überfrequentiert und die individuelle Erfolgsaussicht entsprechend gering. Viele Aspiranten bezogen die Universität ohne zureichende Vorbildung, und weil der territorial ganz unterschiedlich regulierte Studienabschluß – im preußischen Luthertum etwa in Gestalt eines *examen pro licentia concionandi* – praktisch nicht zu verfehlen war, klafften die Kandidaten-

---

31 GREIFFENHAGEN, M. (Hg.): Das evangelische Pfarrhaus. Eine Kultur- und Sozialgeschichte, 1984. – **32** SCHORN-SCHÜTTE, 6–9.

und Pfarrstellenzahlen meist[33] weit auseinander. In der Regel war der Weg zum zweiten, mit der Einweisung in eine Pfarrstelle verbundenen *examen pro ministerio* mühsam und lang; er führte über zumeist vieljährige Tätigkeiten als Katechet, Informant, Lehrer, Erzieher oder Hilfsprediger.

Nach der Mitte des 18. Jahrhunderts wurde die Krise, in die der evangelische Pfarrerstand geraten war, evident. Die Klagen, die nun allenthalben geführt wurden, richteten sich vornehmlich auf ungenügende Aus- und Selbstbildung der Geistlichen, auf deren zunehmende „Weltseligkeit", die man an der zumal bei Stadtpfarrern zu beobachtenden Neigung zu modischer Kleidung und anderen weltlichen Vergnügungen wie Reiten, Spielen oder Theater festmachte, sowie auf das schwindende gesellschaftliche Ansehen des Standes. Bereits seit Beginn des Jahrhunderts hatten sich, übrigens in allen christlichen Konfessionen, die Studienreformbemühungen nachhaltig intensiviert: Pietistische, aufklärerische und strukturreformerische Modernisierungsinteressen kamen in dem Anliegen überein, das Theologiestudium nach der Maßgabe einer integrativen Praxisrelevanz neu zu organisieren. Indessen lag der Kern des Konflikts in dem Zusammenprall zweier kaum vereinbarer Funktionszuweisungen. Unter den Theologen war das geistliche Sonderbewußtsein, das die reformatorische Amtslehre hervorgebracht hatte, ungebrochen: Man wußte sich kraft der Anordnung Christi zum Dienst am Seelenheil seiner Gemeinde berufen, und der vitalen Kontinuität des lutherischen Amtsethos kam zweifellos zugute, daß gewiß die Mehrzahl der Pfarrer im 18. Jahrhundert noch aus einem voraufklärerischen Selbstverständnis lebte und wirkte[34]. Demgegenüber war der aufgeklärte Absolutismus zunehmend daran interessiert, den geistlichen Beruf für obrigkeitliche Zwecke zu funktionalisieren. Die Religion schien ihm vorzüglich dazu geeignet, bürgerliche Tugend und Botmäßigkeit zu stabilisieren, und so wurden die Pfarrer verstärkt dazu verpflichtet, staatliche Verordnungen von der Kanzel zu verlautbaren und die Einhaltung der Gesetze gleichsam polizeilich zu überwachen. Dieser obrigkeitliche Anspruch erschien den Aufklärungstheologen insofern durchaus legitim, als sie den aufklärerischen Staatszweck der „Glückseligkeit"[35] von ihrem geistlichen Auftrag umschlossen und die menschliche Wohlfahrt im Zusammenklang von bürgerlicher und moralischer Besserung garantiert sahen. Um so mehr bedurfte nun freilich das Selbstverständnis des Pfarrers, der als solcher zugleich Volkslehrer sein sollte, einer authentisch modernen, gleichermaßen sach- wie zeitgemäßen Rekonstruktion.

Die pastoraltheologische Positionierung, mit der *J.J. Spalding* (s. § 21.3) die Situation zu klären suchte, ist von klassischer Dignität. Seine Schrift *Ueber die Nutzbarkeit des Predigtamtes und deren Beförderung* (1772, ³1791, NA 2002) war, als eine prinzipielle Homiletik in apologetischer Absicht, die reifste Antwort der Neologie. Entgegen der grotesken Fehldeutung, er habe eine konsequente Säkularisierung des geistlichen Amtes betrieben[36], ging Spalding gerade dadurch ge-

---

33 Dagegen hat etwa das Konsistorium Hannover 1776 angesichts einer drohenden pastoralen Unterversorgung die Aufnahme eines Theologiestudiums ausdrücklich beworben; vgl. DREWS, 137. – **34** Für die retardierende Rezeption der aufklärerischen Neuansätze zumal unter der Landgeistlichkeit vgl. die exemplarische Fallstudie von KOCH, E.: Dorfpfarrer als Leser. Beobachtungen an Visitationsakten des 18. Jahrhunderts im Herzogtum Sachsen-Gotha (PuN 21, 1995, 274–298). – **35** PAHLOW, L.: Art. Glückseligkeit (EdN 4, 2006 [im Druck]). – **36** SCHORN-SCHÜTTE, 24; ähnlich etwa MAURER, M.: Die Biographie des Bürgers. Lebensweisen und Denkweisen in der formativen Phase des deutschen Bürgertums

schickt in die Offensive, daß er, die aktuelle Staatszweckdebatte aufgreifend, die Pflege der kirchlichen Religion als die unabdingbare Voraussetzung gelingender öffentlicher Wohlfahrt auswies. Programmatisch erörterte er zunächst die *theologische* Legitimität des Predigtamtes. Herausgefordert durch den fortschreitenden Verlust an gesellschaftlicher Autorität sowie durch die regressive Neigung, sich demgegenüber in ein katholisierendes Standesbewußtsein zurückzuziehen, hat er das reformatorische Amtsverständnis unter den Bedingungen seiner Zeit sachidentisch reformuliert, indem er das Predigtamt rein funktional konstituierte: Seine Bedeutung, ja sein Recht beziehe es allein aus dem Dienst, den es den Menschen in religiöser Hinsicht erbringt[37]. Neu war das Berufsbild, das Spalding entwarf, allerdings darin, daß er den Pfarrer als den treuesten Freund und Ratgeber seiner Gemeinde verstand: Es gereiche der Gemeinde zum Segen, „an einem verständigen und gewißenhaften Prediger einen vertrauten Freund zu haben, mit welchem man so über seine moralischen Angelegenheiten, wie mit einem Arzte über seinen Gesundheitszustand, zu Rathe gehen kann"[38].

Wenn Spalding sodann, die *politische* Legitimität des Pfarramts darlegend, dessen konstruktive gesellschaftliche Bedeutung aufwies, suchte er damit in erster Linie den Anspruch der Pfarrer auf sozialen und alimentären Respekt zu begründen. Der gängige, mit J.G. Herder (s. § 33) einsetzende Spott über die Wendung, die Geistlichen seien „noch immer die eigentlichen Depositairs der öffentlichen Moralität"[39], übersieht dabei notorisch, daß der Satz von Spalding nicht normativ, sondern deskriptiv gemeint war: als die Bestimmung der faktischen gesellschaftlichen Funktion des Pfarrers in seiner Zeit. Zugleich trat Spalding dem Eindruck, er wolle den Zweck des geistlichen Amtes auf dessen politische Nutzbarkeit reduzieren, energisch entgegen, indem er den Amtsträger nachhaltig ermahnte, er dürfe „über der Einschärfung der bürgerlichen Pflichten, nicht vergessen, daß er seine Zuhörer und Lehrlinge hauptsächlich zu Freunden Gottes und zu Erben des Himmels machen soll [...]; das ist unser Geschäft und unser Beruf; dazu sind wir bestellet; sonst bedürfte man unser nicht"[40]. Insofern sei es schlichtweg absurd, die Religion lediglich als eine Funktion des Staatszwecks zu kultivieren: „Es wäre, als wenn eine Maschine von tausend Pfund Kraft angesetzet würde, eine Last von einem Pfunde zu bewegen"[41]. Im zweiten, weitaus umfangreicheren Teil der Schrift gab Spalding einer aufklärerischen Wahrnehmung des geistlichen Amtes Profil und Kontur. Dabei trat der förderliche säkulare Nebeneffekt dann vollends zurück. Denn „am Ende stehen wir alle [...] vor dem Richterstuhle des Gottes der Wahrheit und der Liebe, wo die einzige Frage an uns, als Prediger, davon seyn wird, ob unsere Zuhörer durch uns, vermittelst der Religion Jesu Christi, gebessert und zum Himmel tüchtig gemacht worden"[42].

Während die Aufklärungstheologie die Krise des geistlichen Amtes zu meistern suchte, avancierte der Pfarrer zu einer teils sozialkritisch funktionalisierten, teils idyllisch verklärten literarischen Hauptfigur. Der „Brief des Pastors zu *** an den neuen Pastor zu ***" (1773) von J.W.v. Goethe, „Das Leben und die Meinungen des Herrn Magister Sebaldus Nothanker" (1773–1776) von F. Nicolai, „Der Landprediger" (1776/77) von J.M.R. Lenz oder J.H. Voß' „Luise" (1782–1794)

(1680–1815), 1996, 208 u.ö. – **37** BEUTEL, 163–167. – **38** SPALDING, J.J.: Ueber die Nutzbarkeit des Predigtamtes und deren Beförderung, hg.v. T. JERSAK (SpKA I/3), 2002, 64,1-5. – **39** Ebd., 70,5f. – **40** Ebd., 88,3-6; 122,14-16. – **41** Ebd., 90,7-9. – **42** Ebd., 277,22-27.

sind nur vier Beispiele von ungezählt vielen, in denen das von der Neologie und namentlich von Spalding gezeichnete, moderne Pfarrerbild literarischen Ausdruck gewann.

§ 45: Kirchliches Leben

ANER, K.: Das Luthervolk. Ein Gang durch die Geschichte seiner Frömmigkeit, 1917. – BRAUBACH, M.: Die kirchliche Aufklärung im katholischen Deutschland im Spiegel des „Journal von und für Deutschland" (1784–1792) (HJ 54, 1934, 1–220). – GRAFF, P.: Geschichte der Auflösung der alten gottesdienstlichen Formen in der evangelischen Kirche Deutschlands. Bd. 2: Die Zeit der Aufklärung und des Rationalismus, ²1939. – HÖLSCHER, L.: Geschichte der protestantischen Frömmigkeit in Deutschland, 2005. – MOLITOR, H./ SMOLINSKY, H. (Hg.): Volksfrömmigkeit in der Frühen Neuzeit, 1994. – STEPHAN, H./LEUBE, H.: Die Neuzeit (HKG 4), ²1931, 92–104. – VEIT, P.: Private Frömmigkeit, Lektüre und Gesang im protestantischen Deutschland der frühen Neuzeit. Das Modell der Leichenpredigten (in: VIERHAUS, R. [Hg.]: Frühe Neuzeit – Frühe Moderne? Forschungen zur Vielschichtigkeit von Übergangsprozessen [VMPIG 104], 1992, 271–295).

Unter dem Einfluß der Aufklärung wandelte sich das kirchliche Leben. Zwar wird man die Ausbildung einer aufklärerischen Laienfrömmigkeit auf den Einfluß der Moralischen Wochenschriften (s. § 23) kaum monokausal zurückführen können[43]. Aber die dort bevorzugt thematisierten religiösen Aspekte präludierten doch zweifellos den Geist der in der zweiten Hälfte des 18. Jahrhunderts zum Durchbruch kommenden Frömmigkeit: Nicht mehr Sündenangst, Bußfertigkeit und Erlösungshoffnung dominierten jetzt die Religiosität, sondern Schöpfungsglaube, Vertrauen in die gütige Vorsehung Gottes und Ergebung in seine weise Lenkung der Welt. Wie tief das aufklärerische Gottvertrauen gegründet war, zeigt das Beispiel des greisen Buchhändlers und Schriftstellers F. Nicolai (s. § 23), der, als die Berliner Petrikirche am 19. September 1809 in Flammen stand, während der Evakuierung seines nahegelegenen Hauses in ernster Gelassenheit sagte: „Meine Bibliothek und meinen Hausrat kann ich nicht retten. Wenn es Gottes Wille ist, daß sie verbrennen – immerhin. Ich bin darauf gefaßt"[44].

Für das Ziel einer selbständigen Wahrnehmung der Religion stellte das Zeitalter der Aufklärung vielfältige *Hilfs- und Erbauungsmittel* bereit. Neben dem Bemühen um verständlichere Bibelübersetzungen und -erklärungen, dem selbst noch die radikalen Umformungen J.L. Schmidts (s. § 24.1) oder C.F. Bahrdts (s. § 24.2) verpflichtet waren, kam den in großer Fülle gedruckten Predigt- und Andachtsbüchern hervorragende Bedeutung zu. Die exponiertesten Vertreter dieser zur Zeit der Neologie noch einmal kräftig aufblühenden Gattung waren „Der Christ in der Einsamkeit" (1761, ⁵1801) von M. Crugot und, mehr noch, die bis ins 20. Jahrhundert aufgelegte, alltagspraktisch orientierte Erbauungsschrift „Stunden der Andacht zur Beförderung wahren Christenthums und häuslicher Gottesverehrung" (1809–1816, ³⁷1903) von H. Zschokke. Aber auch zahlreiche Auswahlausgaben und Lebensdarstellungen Luthers sowie der quantitative, in seinen Spitzen auch qualitative Aufschwung einer aus konfessionskirchlicher Obhut ausbrechen-

---

43 Gegen ANER, 98–104. – 44 Zit. nach ANER, 113.

den geistlichen Lyrik[45] bewährten sich als Medien privatreligiöser Erbauungskultur.

Daß der *Gottesdienstbesuch* im Verlauf des 18. Jahrhunderts spürbar zurückging, dürfte insgesamt kaum zu bezweifeln sein, auch wenn dazu keine flächendeckenden statistischen Daten überliefert sind. Unterschiedliche Motive und Ursachen flossen zu dieser Entwicklung zusammen. Durch die stark expandierenden außerkirchlichen Unterhaltungs- und Bildungsangebote wurde der Gottesdienst aus seiner bis zum Ende des 17. Jahrhunderts praktisch unangefochtenen Monopolstellung als Zentrum der kommunalen Geselligkeits- und Kommunikationsstruktur endgültig verdrängt; selbst Gerichtstermine und öffentliche Arbeiten griffen nun zunehmend auf den Sonntagvormittag aus[46]. Mit dem Fall vieler Stadtmauern nach dem Siebenjährigen Krieg ließen sich auch die obrigkeitlichen Sperrstunden, die bis dahin die Gottesdienstzeiten geschützt hatten, nicht mehr aufrecht erhalten. Gleichzeitig wurde das Zwangsmittel der Kirchenzucht, das zuvor die Gottesdienstbeteiligung einigermaßen wirksam reguliert hatte, von den kirchlichen Institutionen zwar nicht juristisch, aber doch faktisch zunehmend suspendiert. Den Rückgang des Abendmahlbesuchs beschleunigte insbesondere der im Verlauf des 18. Jahrhunderts auf evangelischer Seite allenthalben, wenngleich in breiter zeitlicher Diversifikation – so in Berlin schon sehr früh, in Hannover dagegen erst 1791 – vollzogene Übergang von der individuellen Ohren- zur kollektiven öffentlichen Beichte. Bereits in den 1790er Jahren führte die systematische Auswertung von Kirchenregistern zu der Erkenntnis, daß die gottesdienstliche Frequentationsminderung schon zu Beginn des Jahrhunderts eingesetzt hatte[47]. Naturgemäß kam dabei den Städten eine Vorreiterrolle zu, obschon die liturgische Versorgung selbst in Berlin im letzten Drittel des Jahrhunderts noch immer als umfassend bezeichnet werden konnte[48]. Dort brachte die öffentliche Rezeption des Gottesdienstes zudem ein kurzlebiges Kuriosum hervor: Im ersten Quartal des Jahres 1783 erschien, nach Prager und Wiener Vorläufern, ein homiletisches Rezensionswochenblatt, das allerdings unter dem Druck der Zensur sein Erscheinen alsbald wieder einstellen mußte[49].

Daß der statistische Gottesdienstbesuch nur einen sehr problematischen Indikator gelebter Religiosität darstellen kann, sahen bereits die Aufklärungstheologen, die statt dessen in dem Fortschritt der sittlichen Besserung, den sie wahrnahmen, eine Intensivierung der Frömmigkeit meinten ablesen zu können. Insofern entsprach es dem gewandelten Zeitgeist durchaus, daß die herkömmlichen kirchlichen Veranstaltungsmuster durch neue religiöse Kommunikationsformen in Kunst und Literatur, in Wissenschaft und Naturgefühl erweitert und bisweilen auch alterniert wurden. Das aufklärerische Bemühen, zeitgemäß neue kirchliche Festformen zu etablieren, trieb manchmal wunderliche Blüten – so die Anregung eines dreitägigen Schöpfungsfestes[50] –, hat aber zumindest in der nun allgemein rezipierten Sitte des Weihnachtsbaums (zuerst in Straßburg Anfang des 17. Jahrhun-

---

45 KEMPER, H.-G.: Deutsche Lyrik der frühen Neuzeit, Bd. 5/I-6/II, 1991ff – **46** HÖLSCHER, 95–109. – **47** KRULL, J.H.: Etwas vom Ab- und Zunehmen der jährlichen Communicanten, nebst Nachrichten von dem Entstehen und der Bevölkerung des Neuen Landes im Kirchspiel Hammelwördern (Annalen der Braunschweigisch-Lüneburgischen Churlande 9, 1795, 81–90). – **48** Detaillierte Angaben bei ANER, 108. – **49** ZSCHARNACK, L.: „Berliner Predigtenkritik fürs Jahr 1783" (JBrKG 14, 1916, 169–205). – **50** HAUPT, J.TH.: Gerettete Ehre eines Schöpfungsfestes, 1754.

derts) und in der Einführung eines kirchlichen Totengedenktags[51] bleibende frömmigkeitspraktische Spuren hinterlassen.

Die Reduktion gottesdienstlicher Angebote und *kirchlicher Feiertage* war eine allgemeine, seit den josephinischen Reformen (s. §§ 27 f) auch im deutschsprachigen Katholizismus vollzogene Rationalisierungsmaßnahme der Aufklärung. Überhaupt geriet die konfessionelle Differenz, die im 17. Jahrhundert weithin in kontroverstheologischer Positionalität ausgetragen worden war, nun zunehmend unter den Leitgesichtspunkt der Kameralistik: Die volkswirtschaftlichen Kosten eines kirchlichen Feiertags wurden auf Heller und Pfennig berechnet, und die ökonomische Prosperität der protestantischen Länder ließ im Gegenzug das Negativstereotyp des wirtschaftshemmenden Katholizismus gedeihen, der durch sein müßiggängerisches Mönchtum, seine zeitraubende Frömmigkeitspraxis und den Abfluß namhafter Finanzmittel nach Rom einem kameralistischen Aufschwung im Wege stehe[52].

Der aufklärerische Protestantismus entzog der Aufgabe der äußeren Mission Gewicht und Interesse. Dagegen hat er sich durch die Modernisierung der kommunalen *Armenfürsorge und Sozialarbeit* namhafte Verdienste erworben. Hier vermochte die Gründung von Spitälern sowie Waisen-, Zucht- und Arbeitshäusern dem Bettelproblem wirksam zu steuern. Im württembergischen Göppingen entstand 1775 das erste Rettungshaus für verarmte Kinder. In Hamburg konnte der Pauperismus durch gezielte Strukturreformmaßnahmen innerhalb von zehn Jahren halbiert werden. Wenn an der Durchsetzung fast aller sozialpraktischen Verbesserungsmaßnahmen (z.B. Modernisierung von Viehzucht und Landwirtschaft [s. § 5], Einrichtung von Impfungen, Feuerversicherungen, Witwen- und Sparkassen) evangelische Geistliche maßgeblich beteiligt waren, so entsprach dies ebenso ihrer noch immer einzigartigen volkspädagogischen Vermittlungskompetenz wie ihrer aufklärerischen Amtsauffassung (s. § 44), die die Förderung der religiösen, moralischen und sozialen Wohlfahrt als ein untrennbar Ganzes verstand.

Kapitel 12: Debatten

Unter dem Einfluß der Aufklärung hat sich die theologische Debattenlage in Deutschland nachhaltig verändert. Das betraf nicht allein die in die breite Öffentlichkeit volkspädagogisch erweiterte Diskursstruktur (s. § 23), sondern manifestierte sich auch in neuen materialen Akzentuierungen des Themenspektrums. Selbstverständlich kann davon jetzt nur in repräsentativer Auswahl die Rede sein. Das Schlüsselthema der Aufklärungstheologie ist nicht bloß in dem Streit um eine sachgemäße Verhältnisbestimmung von Vernunft und Offenbarung[1], vielmehr in der gesamten, darüber weit hinausgreifenden religionstheologischen Fundamen-

---

51 GRAFF, Bd. 2, 82–87. – 52 Vgl. MÜNCH, P.: Die Kosten der Frömmigkeit. Katholizismus und Protestantismus im Visier von Kameralismus und Aufklärung (in: MOLITOR/SMOLINSKY, 107–119). – 1 So ANER, K.: Die Theologie der Lessingzeit, 1929, ND 1964, und ihm folgend noch GERICKE, W.: Theologie und Kirche im Zeitalter der Aufklärung (KGE III/2), 1989.

talreflexion zu entdecken (s. § 46). Daneben hat die zur Mitte des 18. Jahrhunderts einsetzende „anthropologische Wende" auch in der Theologie tiefe und folgenreiche Umformungen ausgelöst (s. § 47). Schließlich zog auch die Erörterung der Möglichkeit einer katholisch-protestantischen Reunion (s. § 48) namhafte Kräfte auf sich.

Demgegenüber kam der Verhältnisbestimmung zu religiösen Sonder- und Randgruppen wie den Juden, Mennoniten oder Herrnhutern innerhalb des aufklärungstheologischen Diskurses insgesamt keine zentrale Bedeutung zu. Zwar ist die Forschungslage zum deutschen Judentum des 18. Jahrhunderts durchaus günstig[2], doch in der Erkundung der Korrelation von Christen und Juden im Zeitalter der Aufklärung (s. §§ 6. 10. 51) sind, abgesehen von dem Kristallisationspunkt des jüdischen Religionsphilosophen M. Mendelssohn[3], die Aufgaben noch immer ungleich größer als die einstweilen erbrachten Resultate[4].

§ 46: Religionstheologie

AHLERS, B.: Die Unterscheidung von Theologie und Religion. Ein Beitrag zur Vorgeschichte der Praktischen Theologie im 18. Jahrhundert, 1980. – ALEXANDER, G./FRITSCHE, J.: „Religion" und „Religiosität" im 18. Jahrhundert. Eine Skizze zur Wortgeschichte (in: GRÜNDER, K./RENGSTORF, K.H. [Hg.]: Religionskritik und Religiosität in der deutschen Aufklärung [WSA 11], 1989, 11–24). – BEUTEL, A.: Religion zwischen Luther und Schleiermacher. Bemerkungen zur Semantik eines theologiegeschichtlichen Schlüsselbegriffs (in: HEUBACH, J. [Hg.]: Über die Religion. Schleiermacher und Luther [LAR 30], 2000, 35–68). – DIERSE, U. u.a.: Art. Religion (HWPh 8, 1992, 632–713). – FEIEREIS, K.: Die Umprägung der natürlichen Theologie in Religionsphilosophie. Ein Beitrag zur deutschen Geistesgeschichte des 18. Jahrhunderts (EThSt 18), 1965. – FEIL, E.: Religio. Bd. 1: Die Geschichte eines neuzeitlichen Grundbegriffs vom Frühchristentum bis zur Reformation (FKDG 36), 1986; Bd. 2: Die

---

[2] Vgl. zuletzt SCHULTE, CH.: Die jüdische Aufklärung. Philosophie, Religion, Geschichte, 2002. – [3] ALBRECHT, M. u.a. (Hg.): Moses Mendelssohn und die Kreise seiner Wirksamkeit, 1994; DERS.: Moses Mendelssohn. Judentum und Aufklärung (in: KREIMENDAHL, L. [Hg]: Philosophen des 18. Jahrhunderts, 2000, 209–225); DERS./ENGEL, E.J. (Hg.): Moses Mendelssohn im Spannungsfeld der Aufklärung, 2000; HINSKE, N. (Hg.): Ich handle mit Vernunft ... Moses Mendelssohn und die europäische Aufklärung, 1981; DORKIN, D.: Moses Mendelssohn and the Religious Enlightenment, 1996. – [4] Neben dem einschlägigen Forschungsbericht von K. NOWAK (Vernünftiges Christentum? Über die Erforschung der Aufklärung in der evangelischen Theologie Deutschlands seit 1945, 1999, 65–71) vgl. etwa BERGHAHN, K.L.: Grenzen der Toleranz. Juden und Christen im Zeitalter der Aufklärung, ²2001; HEINRICH, G.: „... man sollte itzt beständig das Publikum über diese Materie en haleine halten". Die Debatte um „bürgerliche Verbesserung" der Juden 1781–1786 (in: GOLDENBAUM, U. [Hg.]: Appell an das Publikum. Die öffentliche Debatte in der deutschen Aufklärung 1687–1796, 2004, 813–896); HORCH, O./DENKLER, H. (Hg.): Conditio Judaica. Judentum, Antisemitismus und deutschsprachige Literatur vom 18. Jahrhundert bis zum Ersten Weltkrieg, Teil 1, 1988; KATZ, J./RENGSTORF, K.H. (Hg.): Begegnungen von Deutschen und Juden in der Geistesgeschichte des 18. Jahrhunderts, 1994; KIRN, H.-M.: „Ihr Palästina ist sodann da, wo sie leben und edel wirken [...]". Juden und Judentum bei Johann Gottfried Herder (in: BEUTEL, A./LEPPIN, V. [Hg.]: Religion und Aufklärung. Studien zur neuzeitlichen „Umformung des Christlichen" [AKThG 14], 2004, 131–146); OBERDORFER, B.: Sind nur Christen gute Bürger? Ein Streit um die Einbürgerung der Juden am Ende des 18. Jahrhunderts: Verheißungsvoller Ansatz für ein friedliches Zusammenleben oder erster Schritt zu den Nürnberger Gesetzen? (KuD 44, 1998, 290–309).

Geschichte eines neuzeitlichen Grundbegriffs zwischen Reformation und Rationalismus (FKDG 70), 1997; Bd. 3: Die Geschichte eines neuzeitlichen Grundbegriffs im 17. und frühen 18. Jahrhundert (FKDG 79), 2001. – NÜSSEL, F.: Bund und Versöhnung. Zur Begründung der Dogmatik bei Johann Franz Buddeus (FSÖTh 77), 1996, 227–275. – WAGNER, F.: Was ist Religion? Studien zu ihrem Begriff und Thema in Geschichte und Gegenwart, ²1991.

Begriff und Thema der *Religion* haben weder in der Scholastik noch im spätmittelalterlichen Humanismus noch bei den Reformatoren eine tragende Rolle gespielt. Zwar kannte Calvin, humanistische Impulse aufgreifend, ein dem Menschen ins Herz gelegtes *semen religionis*[5]. Doch sah er diesen keimhaften „Hang zur Religion" durch den Sündenfall derart verderbt, daß er allein durch die in der Bibel niedergelegte göttliche Offenbarung restituiert werden könne[6]. Auch Luther sprach die dem Menschen naturhaft eingeborene Fähigkeit der Gotteserkenntnis als *religio* an[7], über deren Wahrheit freilich allein der christliche Gottesglaube entscheide: „Extra Christum omnes religiones sunt idola"[8]. Das um die Mitte des 16. Jahrhunderts auftretende deutsche Lehnwort *Religion* wurde als Äquivalent für „Christentum" sowie als Inbegriff aller christlichen wie außerchristlichen Glaubensweisen gebraucht, vornehmlich aber als Wechselbegriff für das Wort Konfession: „Religionsgesellschaften" und „Religionsparteien" waren stehende Ausdrücke für die christlichen Konfessionskirchen, als „Religionskriege" benannte man die militärisch ausgetragenen Streitigkeiten zwischen den Konfessionen, und „Religionsmengerei" bezeichnete den Tatbestand des konfessionellen Synkretismus.

In Fortführung humanistischer und reformatorischer Tendenzen verstand die altprotestantische *Orthodoxie* das natürliche Gottesbewußtsein des Menschen als Religion. Dabei kam nun auch eine graduell abgestufte Zuordnung von natürlicher und geoffenbarter *cognitio Dei* zur Geltung: Nach J. Musaeus verkörpert die aus angeborenen Ideen und Lebenserfahrung gespeiste *notitia Dei naturalis* nicht etwa eine Spielart der *religio falsa*, vielmehr eine durch den Sündenfall zwar beschädigte, aber nicht zerstörte Vorstufe der *notitia Dei revelata*[9]. Diese signifikante Annäherung an den in der Aufklärung zum Durchbruch geführten Allgemeinbegriff der Religion wurde allerdings durch die Auffassung wirkungsvoll retardiert, die Gotteserkenntnis der christlichen Religion, in der sich die *religio vera* vollende, sei allein auf die biblische Offenbarung gegründet. Erst in der frühaufklärerischen Dogmatik wurde der Religionsbegriff derart verselbständigt, daß die *religio naturalis* als die Basis aller Religion in Erscheinung trat. Der in Jena lehrende J.F. Buddeus (s. § 18.2) eröffnete seine „Institutiones theologiae dogmaticae" (1723) mit dem umfänglichen Kapitel „De religione et theologia". Dabei stellte er fest, die dem Menschen ins Herz eingeschriebene *religio naturalis* sei, obschon an sich unzureichend zur Erlangung des Heils, insofern doch unentbehrlich, als sie diejenigen Kenntnisse umfasse, die das Fundament aller Religionen darstellten. Deshalb setze die *religio naturalis* den Menschen überhaupt erst dazu instand, unter den verschiedenen Religionsgestalten die von Gott geoffenbarte Religion als *religio vera* identifizieren zu können. Diese Tendenz, die natürliche Reli-

---

5 Christianae religionis Institutio I.5.1. – 6 Ebd., I.3.2.; I.6.2. – 7 Z.B. WA 19; 206,12. – 8 WA 40,2; 110,10–111,1. Vgl. dazu BEUTEL, 42–44. – 9 MUSAEUS, J.: Introductio in Theologiam, 1679, 32.

gion als das Kriterium der geoffenbarten Religion zur Geltung zu bringen, hat Buddeus dann aber in der materialen Entfaltung seiner Dogmatik nicht weiter verfolgt. Andernfalls wäre die Konsequenz, die Theologie in Religionsphilosophie umzuformen, am Ende unausweichlich geworden. Die Aufklärungsphilosophie hat sich diesen Weg bekanntlich zu eigen gemacht. Daß die protestantische Theologie in Deutschland gleichwohl vor der fatalen Alternative bewahrt worden ist, sich entweder in Religionsphilosophie aufzulösen oder in anachronistischen Orthodoxien zu verkrusten, darin besteht die vielleicht bedeutendste geschichtliche Leistung der Neologie.

Nach dem vielgestaltigen Aufschwung der westeuropäischen Religionsphilosophie (s. § 15) wurde das Religionsthema auch in Deutschland zu einem zentralen Gesprächsgegenstand. Die Anzahl der aufklärerischen Publikationen, die nun das Wort *Religion* im Titel führten, läßt sich nicht annähernd ermessen. Der einschlägige Sprachbestand erweiterte sich um neue Wortbildungen (etwa *Religiosität*) und Wortverbindungen (etwa *Irreligion, Privatreligion, Volksreligion*). Und das Thema der Religion blieb nicht länger auf die wissenschaftlichen Fachdiskurse beschränkt, sondern wurde durch vielfältige volksaufklärerische Vermittlungsversuche, aber auch durch die eigenständige Aufnahme in andere Medien der entstehenden literarischen Öffentlichkeit zu einem Gegenstand des allgemeinen Interesses.

Innerhalb der deutschen Schulphilosophie gewann das Denken *Ch. Wolffs* (s. § 19.1) grundlegende Bedeutung. Er interpretierte das Konzept einer *religio naturalis* als die aus Vernunftprinzipen hervorgehende Weise, Gott zu verehren und ihm zu dienen. Dabei signalisierte das Epitheton *natürlich* nicht etwa, daß die *religio naturalis* dem Menschen von Natur aus eigen wäre, sondern daß sie der Natur des Menschen gemäß ist. Da ihre ungeteilte Wirksamkeit allein durch die den Menschen von Natur aus beherrschende Sinnlichkeit eingeschränkt werde, bedürfe es, um die natürliche Religion zur Geltung zu bringen, der vernünftigen Erziehung und Bildung und, wo diese an Grenzen stoßen, einer äußeren Autorität. Das Christentum verstand Wolff als eine von Vernunftbegriffen ausgehende Intensivierung der natürlichen Religion. Der materiale Bestand ihrer Sittenlehren sei weithin identisch. Jedoch steuere die christliche Offenbarungsreligion, zumal durch ihre jenseitige Lohn- und Straferwartung, für das moralische Handeln die reicheren Beweggründe bei und steigere zugleich die „Verläßlichkeit und Stetigkeit des Willens", indem sie „die Neigung, in der Pflichterfüllung gelegentlich sich Ausnahmen zu gestatten"[10], konsequent unterbinde[11].

Die religionstheologische Reflexion der Neologie bedeutete eine epochale, die überkommenen Gestalten des Christentums modernitätsfähig machende, in ihrer Wirkung bis weit ins 19. Jahrhundert ausstrahlende Umformungsarbeit. Unter vier Aspekten läßt sich ihre Eigenart kurz und exemplarisch umreißen.

Zum einen zielte das Interesse der Neologie auf eine Wiedergewinnung der *religio Christi*. Das Unbehagen, das die Vertreter der *religio naturalis* gegenüber den Spielarten einer *religio revelata* artikulierten, gründete nicht zuletzt darin, daß dort der religiöse Lehrbestand als objektiv gegeben behauptet und darum dessen identische Aneignung autoritativ gefordert wurde, während die *religio naturalis*

---

10 HIRSCH Bd. 2, 85; vgl. ebd., 83–87. – **11** Für den Fortgang der religionsphilosophischen Debatte vgl. insbesondere die Beiträge von G.E. Lessing (s. § 30), J.G. Herder (s. § 33), I. Kant (s. § 34) und J.G. Fichte (s. § 35).

auf religiöse Subjekte gemünzt war, die ihre Glaubenssätze selbsttätig aus sich hervorbringen und sich darin als autonom erfahren. Diesen Impuls machte sich die Neologie insoweit zu eigen, als sie zwischen der ursprünglichen Religion Jesu und den Lehrbildungen der kirchlich-dogmatischen Tradition kategorial unterschied: Nicht durch autoritative Zwangsmaßnahmen, sondern durch selbsttätige innere Einstimmung könne die Lehre Jesu den Menschen verbindlich gemacht werden. Im Mittelpunkt stand dabei die Betonung der religiösen Urbild-Funktion Jesu, die zu einer selbständigen Aneignung seines Gottesbewußtseins einladen und instandsetzen sollte.

Selbstverständlich hat die Neologie diese Akzentuierung der Religion Jesu nicht unisono, sondern in der ganzen Bandbreite, die ihr zu eigen war, zum Ausdruck gebracht. Im Sinne des theologischen Rationalismus suchte H.Ph.K. Henke (s. § 24.2) die „evangelische Einfachheit" der Glaubenslehre dadurch zu restituieren, daß er die überkommenen kirchlichen Lehrverkrustungen aufbrach und somit die *religio in Christum* zu der ursprünglichen, vernunftgemäßen *religio Christi* zurückführte. Andere, gemäßigte Stimmen opponierten hingegen mit allem Nachdruck gegen eine Gleichsetzung von natürlicher Religion und Religion Christi. So kritisierte J.F. Gruner (s. § 22.1) die natürliche Religion als ein aus „Spolien" der biblischen Offenbarung zusammengeflicktes Philosophenkonstrukt. Demgegenüber wollte er die ursprüngliche Religion Christi dadurch zur Geltung bringen, daß er den platonisch-aristotelisch überformten Lehrbestand der Kirche durch „grammatikalisch-historische" Interpretation der Bibel auf seine „apostolische Einfachheit und Reinheit" zurückführte.

Aber auch andere theologische Richtungen des 18. Jahrhunderts vermochten die Unterscheidung von *religio Christi* und *religio in Christum* fruchtbar zu machen. N.L.v. Zinzendorf würdigte in der siebten seiner „Londoner Reden" (1746) zwar das geschichtliche Recht der verschiedenen Konfessionen, betonte aber zugleich, daß der „Character eines Christen" nicht darin bestehe, Christus als seinen Lehrer, Propheten und Gesetzgeber und damit als den „Urheber [...] von unserer Religion" anzuerkennen, sondern allein darin, daß der Christ „in seinem Herzen gechristet" ist. Anstatt darum die Religion Christi in theologische Lehrsysteme zu fassen, müsse der Unterricht in der christlichen Religion darauf aus sein, „daß die Leute ein Gefühl von Jhm kriegen"[12].

Zum zweiten versuchte die Neologie die konstruktiven Impulse des Konzepts einer *religio naturalis* dadurch in die christliche Theologie einzuholen, daß sie die im Konfessionellen Zeitalter berührte[13], von Übergangstheologen wie Buddeus reflektierte und vom Pietismus praktizierte[14] Unterscheidung zwischen Religion und Theologie als ein fundamentaltheologisches Prinzip umfassend zur Geltung brachte. Die Unterscheidung zielt, kurz gesagt, darauf ab, daß Theologie als die wissenschaftlich professionalisierte Beschäftigung mit Religion verstanden wird, Religion hingegen als der vorwissenschaftliche und darum von Theologie unabhängige Lebensvollzug des religiösen Subjekts. Ein zweifach emanzipatorischer Effekt verbindet sich damit. Die als „eine Angelegenheit des Menschen" verstan-

---

12 ZINZENDORF, N.L.v.: Hauptschriften in sechs Bänden, hg.v. E. BEYREUTHER/G. MEYER, Bd. 6, 1963, 133–156. – 13 Z.B. CALIXT, G.: Epitome theologiae ex ore dictantis ante triennium excepta (1619), hg.v. G. TITIUS, 1661, 5–21. – 14 Nämlich durch seine Konzentration auf eine vor und in der Theologie selbständig zu übende *praxis pietatis*.

dene Religion¹⁵ vollzieht sich prinzipiell unabhängig von der jeweils gültigen kirchlich-dogmatischen Lehrgestalt und entgeht damit der Gefahr, mit jeder individuellen Glaubensäußerung sogleich dem Häresieverdacht zu verfallen. Die Theologie wiederum kann, wie von J.S. Semler programmatisch entfaltet¹⁶, eine „freiere" Lehrart ausbilden, die, indem sie die Theologie als den Inbegriff derjenigen gelehrten Kenntnisse, die einem Lehrer der christlichen Religion unentbehrlich sind, definiert, ihren Gegenstand einer streng historisch-kritisch verfahrenden Darstellungsweise zu unterziehen vermag, ohne dadurch die Grundwahrheiten der christlichen Religion zu gefährden. Mit der sein gesamtes theologisches Werk durchziehenden Explikation der Unterscheidung von Religion und Theologie hat Semler die Professionalisierung einer nicht auf dogmatische Fixierung des christlichen Glaubens, sondern auf die Befähigung zu religionstheologischer Urteilskraft abzielenden Glaubenslehre nachhaltig befördert.

Zum dritten vollzog die Neologie die Fundamentalunterscheidung von *privater und öffentlicher Religion*. Sie hängt darin eng mit der soeben dargestellten zusammen, daß der differenzbildende Leitgesichtspunkt, der dort zwischen Religion und Theologie unterscheiden ließ, nun gleichsam innerhalb des Religionsbegriffs zur Geltung gebracht wird. Das Stichwort *Privatreligion* steht dabei für die selbständige, individuelle Anverwandlung der Grundwahrheiten des Christentums. Mit der hierfür als konstitutiv gesetzten Gewissensverantwortung des religiösen Subjekts wollte Semler einerseits dem äußerlich bleibenden Gewohnheitschristentum seiner Zeit wehren, andererseits in modernisierter Form die von der Reformation betonte Unvertretbarkeit des einzelnen coram Deo in Erinnerung bringen. Demgegenüber erfülle die in der Verantwortung des landesherrlichen Kirchenregiments liegende *öffentliche Religion* eine kirchenerhaltende Funktion. Die kirchlichen Bekenntnisse und Lehrsätze hätten nicht den Zweck, das Privatchristentum des einzelnen zu normieren, sondern dienten, indem sie eine gemeinsame äußere Kirchensprache bereitstellen, allein der Konstituierung und Konsolidierung einer äußeren Kirchengemeinschaft. Insofern seien zwar deren Amtsträger in ihren öffentlichen Äußerungen und Handlungen an die entsprechende äußere Religionssprache gebunden. Doch bleibe davon die allein dem Gewissen des Christen unterworfene Privatreligion unberührt, die sich in individueller privatsprachlicher Aneignung auf die Grundwahrheiten des christlichen Glaubens beziehe. Da sich nun aber diese privatsprachliche Aneignung naturgemäß jeder allgemeinverbindlichen Normierung entziehe und deshalb wohl kommunikabel, nicht aber gemeinschaftsbildend sein könne, müßten die öffentlichen Repräsentanten der Religion auf den Lehrbegriff ihrer Konfession verpflichtet bleiben¹⁷.

Während für Semler das Privatchristentum nur in seiner disjunktiven Verbindung mit der öffentlichen Religion sinnvoll gedacht werden konnte, war es außerhalb von Kirche und Theologie einem Prozeß zunehmender Verselbständigung unterworfen. Das zeigte sich beispielhaft in der Erzählung „Der Landprediger"

---

15 SPALDING, J.J.: Religion, eine Angelegenheit des Menschen (¹1797–⁴1806), hg.v. T. JERSAK/ G.F. WAGNER (SpKA I/5), 2001. – **16** Institutio ad doctrinam christianam liberaliter discendam, 1774 (dt. 1777). Vgl. HORNIG, G.: Zur Begründung der Unterscheidung von Religion und Theologie (in: DERS.: Johann Salomo Semler. Studien zu Leben und Werk des Hallenser Aufklärungstheologen, 1996, 160–179). – **17** SEMLER, J.S.: Ueber historische, geselschaftliche [sic] und moralische Religion der Christen, 1786.

(1777) von J.M.R. Lenz. Während der dort auftretende alte Spezialsuperintendent das Wort *Religion* noch ganz selbstverständlich als Äquivalent für *Konfession* gebraucht, versteht der Held der Geschichte, der junge Landprediger Johannes Mannheim, das Wort *Religion* bereits als den Inbegriff seiner „Stimmung des Herzens": Er hatte „seine Religion nach seinem Herzen zusammengesetzt"[18].

Als einen Gipfel- und Endpunkt in dem Privatisierungsprozeß der Religion mag man die bekannten, „Mein Glaube" überschriebenen Verse F. Schillers ansehen: „Welche Religion ich bekenne? Keine von allen, / die du mir nennst! ‚Und warum keine?' Aus Religion"[19]. Ein Privatglaube, der seine Authentizität nur noch durch die Negation aller öffentlichen Religion zu behaupten vermag, hat seine Vermittlungsfähigkeit eingebüßt. Hätte sich die christliche Religion insgesamt auf diesen konsequenten Privatisierungsprozeß eingelassen, wäre sie alsbald nicht mehr tradierbar gewesen.

Zum vierten schließlich bestimmte bereits die Neologie – und also nicht erst der junge Schleiermacher – das Wesen der *Religion als Gefühl*. J.J. Spalding brachte dabei lediglich am pointiertesten zum Ausdruck, worin er mit der ganzen Aufklärungstheologie übereinkam. Sein Interesse war v.a. darauf gerichtet, das religiöse Gefühl gegen die säkularen und religiösen Spielarten einer schwärmerischen Empfindsamkeit zu profilieren. Das erste betreffend, stellte er in durchaus rhetorischer Absicht die Frage, ob denn wirklich „der zärtliche Blick eines Schooßhundes, oder das sanfte Geräusch eines Gartenbachs, oder das begeisternde Anstaunen eines Stücks Bildsäule und Gemählde, oder eine Unterredung mit dem Monde [...] alles das ersetzen [soll], was uns durch den Verlust des herrlichen Gefühls von einer anordnenden und segnenden Gottheit abgehet"[20]. Doch die Distanzierung von der zeitgenössischen Kultur der Empfindsamkeit hat ihn insgesamt nur am Rande bewegt. Ungleich stärker lag ihm die innerreligiöse Unterscheidung von einem schwülstigen, pietistisch gefärbten Gefühlskult am Herzen. Zwar hielt auch Spalding die Erfahrungsdimension für religiös konstitutiv[21]. Jedoch wollte er sicherstellen, daß es sich bei den religiösen Gefühlen nicht nur um „leere aufwallende Gemüthsbewegungen"[22] handelte. „Die Stärke und Lebhaftigkeit der Empfindung", so Spalding, „beweiset nicht ihren besonderen göttlichen Ursprung". Um seine religiösen Empfindungen von den dunklen Gefühlen unterscheiden zu können, müsse man „seine Rührungen aus den dabey zum Grunde liegenden Erkenntnissen zu erklären" wissen. Dafür gab Spalding zwei deutliche Kriterien aus: Ein Gefühl verdiene dann und nur dann religiös genannt zu werden, wenn es einerseits aus dem Wort Gottes entstanden sei und andererseits „auf eine rechtschaffene Richtung unserer Seele zu Gott" abziele. „Ich muß nicht [...] fragen: Wie sonderbar, wie übernatürlich ist mir zu Muthe? Als vielmehr: Wohin führt mich diese Regung? [...] Was wird aus mir, wenn ich ihr folge?"[23]

---

18 LENZ, J.M.R.: Der Landprediger (in: DERS.: Werke und Briefe in drei Bänden, hg.v. S. DAMM, Bd. 2, 1987, 413–463), 458 f. 415. – 19 SCHILLER, F.: Sämtliche Werke, Bd. 3, 1968, 299. – 20 SPALDING, J.J.: Vertraute Briefe, die Religion betreffend (^{1}1784–^{3}1788), hg.v. A. BEUTEL/D. PRAUSE (SpKA I/4), 2005, 21. – 21 BRINKMANN, F.TH.: Geglaubte Wahrheit – erlebte Gewißheit. Zur Bedeutung der Erfahrung in der deutschen protestantischen Aufklärungstheologie (Arbeiten zur Theologiegeschichte 2), 1994, v.a. 187–217. – 22 SPALDING: Religion, 196,1 f. – 23 DERS.: Gedanken über den Werth der Gefühle in dem Christenthum (^{1}1761–^{5}1784), hg.v. A. BEUTEL/T. JERSAK (SpKA I/2), 2005, VIII. 38,34 f. 120,9–21. 91,27–31.

Die Autonomie des religiösen Gefühls unterstrich Spalding durch den Hinweis, es verifiziere sich durch eine „eigene glückselige Erfahrung in dem Gemüthe" und gewähre „Empfindungen und Erfahrungen von noch anderer Art": „Von dem Allen weiß der [...] Weltling nichts"[24]. Dieses Proprium des religiösen Gefühls sah Spalding näherhin dadurch bestimmt, daß allein hier, in der Ausrichtung der Seele auf Gott, der Mensch ein lebendiges Gefühl dafür bekommt, was er an Gott hat und was er selbst vor ihm ist[25]. Insofern gab es für ihn „keine wünschenswürdigere Verfassung der Seele [...], als mit Zuversicht zu einer, Alles lenkenden und Alles segnenden, Gottheit hinauf sehen und von ihr auf jede weitere Dauer lauter Gutes erwarten zu können"[26]. Aus dieser Bestimmung zog Spalding eine wichtige Konsequenz. In einer häufig wortgenau wiederholten, formelhaften Verdichtung benannte er sie, auf Schleiermacher vorausweisend (s. § 36), als die Erkenntnis und Empfindung der „gänzliche[n] Abhängigkeit des Menschen von Gott"[27]. Es ist dies, wie Spalding in seiner Gedächtnispredigt auf Friedrich den Großen ausführte, „eine Empfindung, die eigentlich den Anfang und die Grundlage aller wirklichen Religion [...] in sich faßt"[28].

Man wird die opulente religionstheologische Reflexion des 19. und 20. Jahrhunderts[29] nicht zureichend würdigen können, solange man die neologische Basisarbeit, von der sie zehrte, nicht zureichend kennt.

§ 47: Menschenbild

Aufklärung und Anthropologie (Themenheft) (Aufklärung 14, 2002). – BAUM, R.: Denkformen der Aufklärung. ‚Universalität' und ‚Perfektibilität' (in: BACH, R. u.a. [Hg.]: Formen der Aufklärung und ihrer Rezeption, 1999, 425–440). – BENRATH, G.A.: Menschenbild und Seelsorge in der deutschen Spätaufklärung (in: HERMS, E. [Hg.]: Menschenbild und Menschenwürde, 2001, 201–212). – BEUTEL, A.: Halb Affe und halb Engel. Der „ganze Mensch" als konstitutive Utopie der Anthropologie Georg Christoph Lichtenbergs (in: DREHSEN, V. u.a. [Hg.]: Der ‚ganze Mensch'. Perspektiven lebensgeschichtlicher Individualität [APrTh 10], 1997, 19–36). – DERS.: Spalding und Goeze und „Die Bestimmung des Menschen". Frühe Kabalen um ein Erfolgsbuch der Aufklärungstheologie (ZThK 101, 2004, 426–449). – GARBER, J./THOMA, H. (Hg.): Zwischen Empirisierung und Konstruktionsleistung: Anthropologie im 18. Jahrhundert (HBEA 24), 2004. – GRUNERT, F.: Die Objektivität des Glücks. Aspekte der Eudämoniediskussion in der deutschen Aufklärung (in: DERS./VOLLHARDT, F. [Hg.]: Aufklärung als praktische Philosophie, 1998, 351–368). – HINSKE, N. (Hg.): Die Bestimmung des Menschen (Aufklärung 11,1), 1999. – HORNIG, G.: Perfektibilität (ABG 24, 1980, 221–257). – LEPENIES, W.: Kalte Vernunft und Gefühlskultur (in: Der Traum der Vernunft. Vom Elend der Aufklärung, 1985, 51–74). – NOWITZKI, H.-P.: Der wohltemperierte Mensch. Aufklärungsanthropologien im Widerstreit, 2003. – SCHINGS, H.-J. (Hg.): Der ganze Mensch. Anthropologie und Literatur im 18. Jahrhundert, 1994. – SCHÜTTE, H.-W.: Die Vorstellung von der Perfektibilität des Christentums im Denken der Aufklärung (in: BIRKNER, H.-J./RÖSSLER, D. [Hg.]: Beiträge zur Theorie des neuzeitlichen Christentums, 1968, 113–126). – SOMMER, A.U.: Sinnstiftung durch Individualgeschichte. Johann Joachim Spaldings „Bestimmung des Menschen" (ZNThG 8, 2001, 163–200). – VOVELLE, M. (Hg.): Der Mensch der Aufklärung, 1996. – ZELLE, C. (Hg.): Vernünftige Ärzte. Hallesche Psycho-

---

[24] DERS.: Religion, 171,24f. 194,18f.27f. – [25] DERS.: Neue Predigten, 1786, 174f. – [26] DERS.: Religion, 196,13–16. – [27] Z.B. DERS.: Werth der Gefühle, 51,9f. – [28] DERS.: Gedächtnißpredigt auf Friedrich den Zweyten, König von Preußen, 1786, 32. – [29] DREHSEN, V. u.a. (Hg.): Kompendium Religionstheorie, 2005.

mediziner und die Anfänge der Anthropologie in der deutschsprachigen Frühaufklärung, 2001.

In der um die Mitte des 18. Jahrhunderts einsetzenden „anthropologischen Wende" emanzipierte sich die neuzeitliche Subjektivität. Das Menschsein wurde nicht länger als ein Zustand, in den man hineingeboren wird, verstanden, sondern als eine Aufgabe, der jeder einzelne durch die erziehungsgeleitete und selbstbildnerische Entwicklung seiner Anlagen und Fähigkeiten zu genügen habe. Indessen steht für die philosophische, erst recht für die theologische Anthropologie der Aufklärung eine umfassende Bestandsaufnahme immer noch aus. Doch lassen sich wesentliche Züge des aufklärungstheologischen Menschenbildes anhand von J.J. Spaldings Erfolgsbuch *Die Bestimmung des Menschen*[30], in dem „eine Basisidee der deutschen Aufklärung" erstmals literarischen Ausdruck gefunden hatte[31], annähernd umreißen.

Das Büchlein wurde zum Bestseller: 1748 erschienen, kam es 1794 in elfter, beträchtlich erweiterter Auflage heraus, flankiert von zahlreichen Raubdrucken und Übersetzungen. Für ein halbes Jahrhundert prägte es in Deutschland das gelehrte Gespräch über den Menschen bis hin zu der 1800 unter derselben Überschrift von J.G. Fichte (s. § 35) veröffentlichten popularphilosophischen Schrift. Spalding traf auf breiteste Zustimmung, vereinzelt auch auf Kritik: Noch im Erscheinungsjahr der Erstauflage replizierte J.M. Goeze, philosophisch bedeutsam war v.a. die durch die 7. Auflage (1763) ausgelöste Kontroverse zwischen M. Mendelssohn und Th. Abbt[32].

Durch Shaftesbury angeregt, wählte Spalding die literarische Form des Selbstgesprächs: Mittels eines inneren Dialogs sollte ein „Ich" sich seiner Bestimmung vergewissern und damit zugleich den Leser zu aufgeklärtem Selbstdenken anregen. Auch der Gedankengang folgte zunächst einer von Shaftesbury vorgezeichneten Spur. Ausgehend von der Frage, „warum ich da bin, und was ich vernünftiger Weise seyn soll" (1,20f), rekurriert das Ich, über das Streben nach Reichtum und Ehre hinausgreifend, alsbald auf die Natur. Zwar findet es den „Trieb zum Vergnügen […] tief in meiner Seele" (2,30f), doch wird es zugleich der Endlichkeit alles sinnlichen Vergnügens gewahr. Selbst „ein ordentlicher Wollüstling" (5,18) erfahre seine sinnliche Befriedigung letztlich als defizitär.

Ein umfassenderes Wohlgefallen gewähre demgegenüber das Streben nach Vervollkommnung des eigenen Geistes. Defizitär erscheint jedoch auch dieses „Vergnügen" insofern, als der dabei verfolgte eigene Nutzen nicht den einzigen „Zweck […] meiner Sele" (7,11f) ausmachen kann. Die damit in den Blick rückkende Moralität erschließt dem sich selbst ergründenden Ich die „Triebe […] zu dem, was sich schickt" (8,17), die „Triebe des Rechts und der Güte" (9,24), als eine

---

30 SPALDING, J.J.: Die Bestimmung des Menschen (¹1748-¹¹1794), hg.v. A. BEUTEL u.a. (SpKA I/1), 2006. Die nachfolgend in den Text eingefügten Seiten- und Zeilennachweise beziehen sich auf diese Ausgabe. – 31 HINSKE, 3. – 32 ABBT, TH.: Zweifel über die Bestimmung des Menschen (in: MENDELSSOHN, M.: Gesammelte Schriften, hg.v. J. ALTMANN u.a., Bd.6/1, 1981, 9–18); MENDELSSOHN, M.: Orakel, die Bestimmung des Menschen betreffend (ebd., 19–25). Vgl. LORENZ, S.: Skeptizismus und natürliche Religion. Thomas Abbt und Moses Mendelssohn in ihrer Debatte um Johann Joachim Spaldings „Bestimmung des Menschen" (in: ALBRECHT, M. u.a. [Hg.]: Moses Mendelssohn und die Kreise seiner Wirksamkeit, 1994, 113–133).

„ursprüngliche Einrichtung meiner Natur" (11,1 f). In der dadurch freigesetzten Vorstellung eines vollkommenen Geistes „erweitert sich meine erstaunte Sele bis zum Unendlichen" (15,29 f). Die religiöse Wendung des Moralitätsgedankens macht das Gewissen als die Stimme Gottes kenntlich, „die sich ohne Unterlaß in dem innersten Grunde meiner Sele hören lässet" (17,11 f). Diese Einsicht erschließt dem Ich die sittliche Pflicht, nach Übereinstimmung seiner Natur „mit den Absichten der höchsten Regierung" (17,19) zu trachten, und zugleich die Beruhigung, sich in den verwirrenden Rätseln des Lebens „den Fügungen desjenigen überlassen" zu können, „der alles nach seinem Willen lenket, und dessen Wille immer gut ist" (19,5-7).

Bereits in dieser Verknüpfung – nicht Identifikation! – von Moralität und Religion vollzog Spalding eine die Denkspur Shaftesburys verlassende Anverwandlung von leibniz-wolffischen Ideen. Erst recht wählte er dann in der Begründung seines Unsterblichkeitspostulats einen eigenen, auf Kant vorausweisenden Weg. Zum einen lasse die in der Welt wahrzunehmende „Disharmonie" die Erwartung einer späteren „vollkommene[n] Zusammenstimmung" und „vollständige[n] Aufklärung" (20,20-27) unabweisbar erscheinen: „Es muß eine Zeit seyn, da ein jeder das erhält, was ihm zukömmt" (20,10 f). Zum andern transzendiere die Einsicht in die eigene moralische und geistige Perfektibilität die Grenzen der Endlichkeit: „Ich bin also für ein anderes Leben gemacht" (22,15). Bereits für Spalding dienten Gott und Unsterblichkeit gleichsam als regulative Ideen: Der Begriff eines „ganzen Lebens" mache „dieses Leben" erst wahrhaft schätzenswert, indem er dazu anhalte, „von einer jeden Sache immer so zu denken, wie ich einmal in der zukünftigen Welt und in den letzten Augenblicken des itzigen Lebens davon werde denken müssen" (23,17-20). Daß der Mensch dazu bestimmt ist, „rechtschaffen und in der Rechtschaffenheit glückselig zu seyn" (25,1 f), ist dem zu seiner Bestimmung vorgedrungenen Ich eine so wichtige Einsicht, „daß ich mich aufs möglichste hüten würde, sie falsch zu finden, wenn sie es auch seyn könnte. Es ist mir zu viel daran gelegen, daß sie wahr sey" (24,21 f).

Gegenüber der „Bestimmung des Menschen" brachte Abbt vornehmlich zwei elementare Einwände vor. Aufgrund der personalistischen Engführung Spaldings bleibe die Bestimmung des Menschen als Gattung ganz außer acht, weshalb auch die durch das „Ich" erlangte Selbstvergewisserung jeder Verallgemeinerungsfähigkeit entbehre. Und hinsichtlich des von Spalding erhobenen Unsterblichkeitspostulats wandte er ein, daß dem Wunsch, vermeintliches oder wirkliches Unrecht vergolten zu sehen, keine Beweiskraft zukomme; überhaupt lasse sich die Moralität des Menschen nicht durch transzendente Instanzen wie Gott oder Unsterblichkeit, sondern nur durch innerweltliche Evidenzen begründen.

Beide Problemkreise haben in der anthropologischen Debatte des 18. Jahrhunderts eine bedeutende Rolle gespielt. Dagegen blieb der von theologischer Seite verschiedentlich erhobene Einwand, die „Bestimmung des Menschen" habe die christologischen und soteriologischen Dimensionen ihres Themas notorisch unterschlagen, gegenstands- und verständnislos. In einem seit der 3. Auflage (1749) beigefügten „Anhang" stellte Spalding klar, daß der offenbarungstheologische Rahmen, den etwa Goeze eingeklagt hatte, für ihn die selbstverständliche, jedoch im popularphilosophischen Diskurs stillschweigende Voraussetzung war: „Die Geschichte der Empfindungen eines ehrlichen Mannes" (214,7 f), die er in seiner „Bestimmung des Menschen" erzählt habe, stehe nicht in Konkurrenz zur christlichen

Religion, sondern könne im Gegenteil jedermann „zu der aufrichtigsten und tiefsten Hochachtung gegen die Lehre Christi" bewegen (200,1 f)[33].

Innerhalb des damit abgesteckten Rahmens waren es insbesondere zwei Hauptmotive der aufklärerischen Anthropologie, die sich die Theologie jener Zeit anverwandelnd zu eigen machte. Das eine bestand in dem Postulat des *ganzen Menschen*. Entgegen einem bis heute nicht verstummenden Fehlurteil konterkarierten die Aufklärer die pietistische Gefühlskultur keineswegs durch ein einseitig rationalistisches Menschenbild, erstrebten vielmehr die integrative Vermittlung der bipolaren Wesensstruktur, indem sie Kopf und Herz, Seele und Leib, ethische Einsicht und moralisches Gefühl, theologische Reflexion und religiöse Empfindung in harmonischen Austausch und Einklang zu bringen suchten. Insofern bewährte sich der aufklärungstheologische Rationalismus gerade darin, daß er die ergänzungsbedürftige Partikularität der menschlichen Verstandeskräfte erkannte: „Es ist Bedürfniß der vernünftigen menschlichen Natur, nicht bloß zu erkennen, sondern auch zu empfinden; nicht bloß erleuchtet, sondern auch erwärmt zu werden"[34].

Daneben gewann der frühneuzeitliche *Fortschrittsoptimismus* zusehends eine Dynamik, die immer stärker aus der naturwissenschaftlichen in die politische, ethische und religiöse Theoriebildung ausstrahlte und die Idee der Perfektibilität, also der Fähigkeit und Verpflichtung zu prozessualer Vervollkommnung, als eine basale Denkform der Epoche auswies. Bereits Leibniz und Spener (s. § 17) hatten die „Hoffnung besserer Zeiten" zur Grundlage ihrer optimistischen Welt- und Religionswahrnehmung gemacht. Erst recht betonten dann die Neologen die moralische Perfektibilität des Menschen. Nicht in plattem innerweltlichen Eudämonismus, sondern gerade angesichts der allenthalben aufscheinenden „Disharmonie" ließ Spalding seinen „ehrlichen Mann" sagen: „Ich spüre Fähigkeiten in mir, die eines Wachsthums ins Unendliche fähig sind" (20,34–21,1). Und für W.A. Teller (s. § 21.5) bestand die „Perfektibilität der geoffenbarten Religion"[35] nicht etwa in der Verbesserung lehrhafter Systemfehler, sondern einzig in dem geschichtlich fortschreitenden religiösen Erkenntnisprozeß: „Nicht also die Religion selbst ist es, die verändert wird, wenn der in derselben erzogene Mensch aus dem einen Alter derselben in das andre übertritt; sondern ihre Erkenntnis in dem Menschen wird von Zeit zu Zeit deutlicher, richtiger, reiner und practischer. Sie bleibt immer, was sie ist, Verehrung Gottes, die da heiliget und selig macht. [...] Und dazu ist nun eben das Christenthum die herrlichste Veranstaltung, indem es von den ersten Anfangsgründen an immer zu höhern Einsichten und Übungen fortleitet"[36].

---

33 Vgl. BEUTEL, 444–449. – 34 SPALDING, J.J.: Vertraute Briefe, die Religion betreffend ([1]1784–[3]1788), hg.v. A. BEUTEL/D. PRAUSE (SpKA I/4), 2004, 152,16–19. – 35 [KRUG, W.T.]: Briefe über die Perfektibilität der Religion, 1795. – 36 TELLER, W.A.: Die Religion der Vollkommnern, [2]1793, 76.

§ 48: Unionsbestrebungen

BEYER, M. u.a.: Art. Unionen, Kirchliche (TRE 34, 2002, 311–331). – DELIUS, W.: Berliner kirchliche Unionsversuche im 17. und 18. Jahrhundert (JBBKG 45, 1970, 7–121). – DUCHHARDT, H./MAY, G. (Hg.): Union – Konversion – Toleranz. Dimensionen der Annäherung zwischen den christlichen Konfessionen im 17. und 18. Jahrhundert (VIEG.B 50), 2000. – HERING, C.W.: Geschichte der kirchlichen Unionsversuche seit der Reformation bis auf unsere Zeit, 2 Bde., 1836/1838. – HILTEBRANDT, Ph.: Die kirchlichen Reunionsverhandlungen in der zweiten Hälfte des 17. Jahrhunderts, 1922. – KLUETING, H. (Hg.): Irenik und Antikonfessionalismus im 17. und 18. Jahrhundert, 2003. – OTTE, H./SCHENK, R. (Hg.): Die Reunionsgespräche im Niedersachsen des 17. Jahrhunderts. Rojas y Spinola – Molan – Leibniz (SKGNS 37), 1999. – SCHÄUFELE, W.-F.: Christoph Matthäus Pfaff und die Kirchenunionsbestrebungen des Corpus Evangelicorum 1717–1726 (VIEG 172), 1998. – SCHWAIGER, G. (Hg.): Zwischen Polemik und Irenik. Untersuchungen zum Verhältnis der Konfessionen im späten 17. und frühen 18. Jahrhundert (SThGG 31), 1977. – SPEHR, Ch.: Aufklärung und Ökumene. Reunionsversuche zwischen Katholiken und Protestanten im deutschsprachigen Raum des späteren 18. Jahrhunderts (BHTh 132), 2005.

Seitdem die Konfessionsbildung des 16. Jahrhunderts die kirchliche Einheit aufgelöst hatte, gab es Bestrebungen zu deren Wiederherstellung. Diese verstärkten sich zu Beginn sowie gegen Ende der Aufklärungsepoche, während sie in der ersten Hälfte des 18. Jahrhunderts merklich zurücktraten. Nicht in den Unionsbestrebungen als solchen – sie waren den Reichsständen im Augsburger Religionsfrieden (1555) und im Westfälischen Frieden (1648) zur Pflicht gemacht worden –, wohl aber in den besonderen Argumenten und Strategien, welche die Befürworter und Gegner einer katholisch-protestantischen Reunion vorbrachten, manifestierte sich ein religionsspezifischer Niederschlag der Aufklärung.

Nachdem sich die Konzilspläne der Reformationszeit immer weiter verzogen, hatten sich die weltlichen Obrigkeiten um die Wiederherstellung der kirchlichen Einheit bemüht, teils in den vom Kaiser initiierten Reichsreligionsgesprächen[37], teils in landesherrlich anberaumten Kolloquien (z.B. Leipzig 1539). Auch nach dem Scheitern der Religionsgespräche dauerten die kaiserlichen Vermittlungsbemühungen an, bis in der gegenreformatorischen Ära die kompromißunwillige, namentlich von Jesuiten wie A. Contzen und J. Masen getragene Forderung nach bedingungsloser Rückkehr der Protestanten alle Verständigungsbemühungen zu vereiteln schien.

Erst die politische Neuordnung von 1648 setzte wieder frische Unionsenergien frei. So sammelte sich um den Mainzer Erzbischof J.Ph.v. Schönborn ein irenisch gesinnter Kreis, der mittels entsprechender Publikationen und Geheimverhandlungen sowie im brieflichen Austausch mit Professoren der philippistischen Helmstedter Schule einen Ausgleich der Konfessionen erstrebte. In Helmstedt entfaltete G. Calixt, Impulse von H. Grotius aufgreifend, den Gedanken, eine Union lasse sich am besten auf der Grundlage des *consensus antiquitatis* errichten: Während die Lehrentscheidungen der Alten Kirche den zureichenden Grund der kirchlichen Einheit gelegt hätten, seien die später, namentlich in der Reformationszeit aufgetretenen Lehrunterschiede nicht fundamental[38]. Demgemäß schlug etwa M. Prä-

---

[37] WAARDENBURG, J. u.a.: Art. Religionsgespräche (TRE 28, 1997, 631–681). – [38] BÖTTIGHEIMER, CH.: Zwischen Polemik und Irenik. Die Theologie der einen Kirche bei Georg Calixt, 1996.

torius[39] vor, die bestehenden konfessionellen Differenzen in Religionsgesprächen auszuräumen, die auf der Grundlage von Apostolikum und *consensus antiquitatis* zu führen seien und dem Papst einen Rangprimat einräumen sollten.

Besondere Bedeutung gewann der Spanier *Ch. de Rojas y Spinola*, der im Auftrag Kaiser Leopolds I. seit 1673 die deutschen Fürstenhöfe bereiste, um, neben anderen diplomatischen Aufgaben, die Möglichkeiten einer konfessionellen Annäherung zu erkunden. Dabei kam es 1683 in Hannover zu einer mehrmonatigen Konferenz u.a. mit G.W. Molanus[40]. Die dabei entwickelte Reunionsstrategie sah zunächst vor, die Protestanten gegen das Zugeständnis von Laienkelch, Priesterehe und landesfürstlichen Religionsrechten zur Eingliederung in die katholische Hierarchie zu bewegen; ein ökumenisches Konzil sollte dann die kirchliche Einheit vollenden. G.W. Leibniz, der seit 1688 in Kontakt mit Rojas stand, war ebenfalls nachhaltig um konfessionelle Versöhnung bemüht[41]: Die einzelnen Partikularkirchen verstand er gleichsam als Monaden, in denen sich, graduell abgestuft, die eine Universalkirche widerspiegelte. Nach dem Scheitern all dieser Pläne erfuhren die Reunionsbestrebungen erst wieder nach der Mitte des 18. Jahrhunderts einen namhaften Aufschwung.

Das unter dem Pseudonym *Iustinus Febronius* 1763 veröffentlichte episkopalistische Reformpapier J.N.v. Hontheims „De statu Ecclesiae…" avancierte, wie erwähnt (s. § 28), zur Programmschrift des Febronianismus. Während ihre katholisch-jesuitischen Kritiker v.a. eine Aufweichung der tridentinisch-hierarchischen Ekklesiologie monierten, beklagten konservative Protestanten die Ausblendung des dogmatischen und liturgischen Reformbedarfs.

Breite Aufmerksamkeit erregte die zunächst anonym gedruckte Broschüre „Von der Kirchenvereinigung" (1772) des Neologen *J.F.W. Jerusalem* (s. § 21.2). Den zentralen Trennungsgrund erkannte er in der vermittlungsresistenten Differenz zwischen katholischer und evangelischer Ekklesiologie. Überdies artikulierte Jerusalem die unter Neologen weit verbreitete Sorge, eine zwanghafte Einheit in Lehrbegriffen, Organisation und kirchlicher Politik werde religiösen Flurschaden anrichten, weil sie die natürliche Meinungsvielfalt gewaltsam unterbinden würde, anstatt zwischen den unterschiedlichen Konfessionsgestalten einen toleranten, liebevollen und gewissenhaften Austausch zu fördern und die endliche Vereinigung der Parteien getrost der göttlichen Vorsehung zu überlassen.

Apart war der von dem Donauwörther Benediktinerpater *Beda Mayr* 1778 anonym unterbreitete Reunionsplan[42]. Er regte die Installation konfessioneller „Unions-Akademien" an, die jeweils einen „Unionslehrer" anstellen und jährliche Preisfragen ausloben sollten, und regelte das zwischen den Akademien zu vollziehende, unter der Aufsicht des Landesherrn (und nicht mehr des Bischofs) stehende ökumenische Interpolationsverfahren. Dieses originelle, wenn auch ein wenig weltfremd anmutende Reunionsprojekt wurde 1783 indiziert und auch auf evangeli-

---

39 Tuba pacis, 1685. – 40 MASSER, K.: Christóbal de Gentil de Rojas y Spinola O.F.M. und der lutherische Abt Gerardus Wolterius Molanus, 2002. – 41 KIEFL, F.X.: Der Friedensplan des Leibniz zur Wiedervereinigung der getrennten christlichen Kirchen, 1903, ND 1975; CATSCH, R.: Die Bedeutung von Leibniz, Molanus und Jablonski bei den kirchlichen Unionsbestrebungen im 17. und 18. Jahrhundert (in: BESIER, G./GESTRICH, CH. [Hg.]: 450 Jahre Evangelische Theologie in Berlin, 1989, 105–123). – 42 Der erste Schritt zur künftigen Vereinigung der katholischen und der evangelischen Kirche, gewaget von – Fast wird man es nicht glauben, gewaget von einem Mönche, 1778, ²1779.

scher Seite eher verhalten rezipiert. Interessanterweise hat Mayr, auf innerkatholische Kritik reagierend, seine Reunionsstrategie später[43] nicht unerheblich modifiziert: Von Unionsakademien und -professoren war nicht mehr die Rede, statt dessen propagierte er nun die freiwillige Rückkehr der Protestanten zur katholischen Kirche.

Erfolglos blieb auch das von dem Katholiken P. Böhm und dem Protestanten J.R.A. Piderit seit 1776 geplante *reunionistische Sozietätsprojekt*, das umgehende Maßnahmen der kurialen Geheimdiplomatie auslöste. Der im wesentlichen von Piderit erarbeitete, 1781 anonym publizierte „Entwurf und Plan zum Versuche einer zwischen den streitigen Theilen im Römischen Reiche vorzunehmenden Religions-Vereinigung" sah detaillierte Maßnahmen zur konfessionellen Annäherung vor. Signifikant war dabei insbesondere die für die Lehrverständigung vorgesehene Methode, die den biblischen Urtext zur einzigen Norm erklärte, jedoch zur Beweisführung auch die Vulgata sowie die Kirchenväter als „Zeugen der Wahrheit" zulassen wollte. Insgesamt vertrat der „Entwurf" das konsensökumenische Modell einer „Kirche von Brüdern", das letztlich eine Fusion der evangelischen und katholischen Kirchentümer herbeiführen sollte. Daß Piderit die ökumenischen Konfliktpotentiale naiv unterschätzte, liegt auf der Hand. Interessant ist gleichwohl das dezidiert antiaufklärerische Hauptmotiv seiner reunionistischen Aktivitäten: Im Verein mit irenisch gesinnten Katholiken hoffte er die christliche Religion gegen die sich ausbreitende Neologie verteidigen und stärken zu können.

Überdies kam es im letzten Drittel des 18. Jahrhunderts zur Gründung *reunionistischer Zeitschriften*. Piderits „Beyträge zu den neuesten Religions-Vereinigungs-Schrifften" (6 Teile, 1782) sollten – als erste ökumenische Zeitschrift überhaupt! – ein unionistisches Kommunikationsnetz ausspannen und neben den drei christlichen Konfessionen selbst das Judentum in den Reunionsprozeß einbinden. Auch die in Prag und Wien erschienene katholische Zeitschrift „Religion und Priester" (1782–1784) fand in der Reunionsbemühung ihren thematischen Schwerpunkt, auch wenn die anfangs dominierende Euphorie alsbald in Bekundungen einer bloßen Reunionssympathie sowie einer ausgesprochenen Reunionsskepsis überging.

Seit den 1780er Jahren verstärkten sich wieder die reunionistischen *Dissonanzen*, die teils Ausdruck, teils auch Anlaß einer allgemeinen ökumenischen Desillusionierung gewesen sein dürften. Spektakulär waren die Kontroverspredigten des Augsburger Dompredigers A. Merz. Bei regem öffentlichen Interesse wurde in Augsburg viermal im Jahr, nämlich zu Weihnachten, Ostern, Pfingsten und Hilaria (12. August) – letzteres offenbar als kontroverstheologische Replik auf das im bikonfessionellen Augsburg am 8. August begangene evangelische Friedensfest – die Tradition einer ritualisierten kontroverstheologischen Polemik gepflegt. Im Laufe der 1780er Jahre erweiterte sich die antiprotestantische Polemik Merz' dann zusehends in den nun auch publizistisch ausgetragenen Kampf gegen die Aufklärung insgesamt, also auch gegen deren beginnende innerkatholische Rezeption.

Erst die jüngste Forschung hat den Nachweis geführt, daß *J.S. Semlers* „Freimütige Briefe über die Religionsvereinigung der dreien streitigen Theile im römi-

---

[43] Vertheidigung der natürlichen, christlichen, und katholischen Religion. Nach den Bedürfnissen unserer Zeiten, 3 Bde., 1787/1789.

schen Reiche" (1783) eine direkte und ausdrückliche Reaktion auf den Reunionsplan von Piderit waren[44]. Anders als noch Jerusalem hat Semler jenes Reunionsprojekt rundheraus abgelehnt und nicht einmal mehr Bedingungen der Möglichkeit einer konfessionellen Vereinigung formuliert: Die dem Wesen des Christentums gemäße privatreligiöse Individualität mache den Vereinigungsplan, ganz zu schweigen von dessen äußerer, zu einer inneren Unmöglichkeit. Auch das Argument Piderits, die vereinigten Kirchentümer könnten der Gefahr des Deismus ungleich wirkungsvoller begegnen, wies Semler zurück, weil sich geistige Konflikte niemals nur durch äußere Mittel entschärfen und klären ließen.

Gerade die spätaufklärerischen Reunionsversuche bildeten in der Geschichte der ökumenischen Bemühungen eine markante Etappe, zugleich freilich auch einen Wendepunkt im Verhältnis der Konfessionen im Reich. Sie scheiterten nicht allein an dem – höchst unterschiedlich motivierten – Widerstand des katholischen Konservatismus und der protestantischen Neologie, sondern durchaus auch an fehlendem politischen Rückhalt. In ihrem geschichtlichen Mißlingen dürften sich die konfessionalistischen Verhärtungen des 19. Jahrhunderts teilweise bereits angekündigt haben. Immerhin hatte der Unionsgedanke in den bi- bzw. trikonfessionellen Fakultäten von Würzburg (1803–1806) und Heidelberg (1803–1807) kurzzeitig universitätspolitische Gestalt angenommen.

Neben den katholisch-protestantischen Reunionsbestrebungen gab es im Zeitalter der Aufklärung auch zahlreiche Versuche, die beiden protestantischen Konfessionskirchen zu vereinen. Allerdings war den entsprechenden Religionsgesprächen, die der Landgraf von Hessen (1661), der brandenburgische Große Kurfürst (1662/63) und der preußische König Friedrich I. (1703) anberaumt hatten, ebensowenig Erfolg beschieden wie dem Bemühen des Tübinger Universitätskanzlers Ch.M. Pfaff (s. §18.3), die Delegierten des *Corpus Evangelicorum* beim Regensburger Reichstag für den innerprotestantischen Unionsgedanken zu gewinnen.

Doch unter dem Einfluß der Aufklärung schritt die ideelle *Annäherung der Evangelischen* allenthalben voran, und seit mit dem Ende des Alten Reichs (1806) sämtliche Hoheitsrechte in den Händen der Territorialherren lagen, waren auch die äußeren Voraussetzungen günstig wie nie zuvor. Nachdem es bereits mehrfach zu einer Verwaltungsunion der kirchlichen Zentralbehörden gekommen war, wurde die von Friedrich Wilhelm III. nachhaltig betriebene Planung und Einführung der preußischen Union (1817) zum Schrittmacher anderer landeskirchlicher Unionen, so in Nassau (1817), Kurhessen und der Pfalz (1818), in Waldeck-Pyrmont und Baden (1821), Rheinhessen (1822) und Anhalt (ab 1820).

---

44 SPEHR, 338–373.

Kapitel 13: Konflikte

§ 49: Richtungsstreit (Goeze, Jung-Stilling)

BENRATH, G.A.: Art. Jung-Stilling, Johann Heinrich (TRE 17, 1988, 467–470). – BOEHART, W.: Politik und Religion. Studien zum Fragmentenstreit (Reimarus, Goeze, Lessing), 1988. – FREUND, G.: Theologie im Widerspruch. Die Lessing-Goeze-Kontroverse, 1989. – GEIGER, M.: Aufklärung und Erweckung. Beiträge zur Erforschung Johann Heinrich Jung-Stillings und der Erweckungstheologie (BSHST 1), 1963. – GRESCHAT, M.: Zwischen Tradition und neuem Anfang. Valentin Ernst Löscher und der Ausgang der lutherischen Orthodoxie (UKG 5), 1971. – HAHN, O.W.: Jung-Stilling zwischen Pietismus und Aufklärung. Sein Leben und sein literarisches Werk 1778–1787 (EHS.T 344), 1988. – DERS.: „Selig sind, die das Heimweh haben". Johann Heinrich Jung-Stilling. Patriarch der Erweckung, 1999. – LEPPIN, V.: „Apologien für den Selbstmord". Johann Melchior Goeze im Streit um den „Werther" (AKuG 85, 2003, 303–316). – REINITZER, H. (Hg.): Johann Melchior Goeze 1717–1786, 1986. – DERS./SPARN, W. (Hg.): Verspätete Orthodoxie. Über D. Johann Melchior Goeze (1717–1786), 1989. – SCHULTZE, H.: Toleranz und Orthodoxie. Johan Melchior Goeze in seiner Auseinandersetzung mit der Theologie der Aufklärung (NZSTh 4, 1962, 197–219). – SCHWINGE, G.: Jung-Stilling als Erbauungsschriftsteller der Erweckung. Eine literatur- und frömmigkeitsgeschichtliche Untersuchung seiner periodischen Schriften 1795–1816 und ihres Umfelds (AGP 32), 1994. – VINKE, R.: Jung-Stilling und die Aufklärung. Die polemischen Schriften Johann Heinrich Jung-Stillings gegen Friedrich Nicolai (1775/76) (VIEG 129), 1987. – WIECKENBERG, E.-P.: Angst vor der Aufklärung? Der Hamburger Hauptpastor Goeze und die aufgeklärten Theologen (in: SCHMIDT-GLINTZER, H. [Hg.]: Aufklärung im 21. Jahrhundert, 2004, 107–153).

Niemals beherrschte die Aufklärungstheologie unangefochten das Feld. Vielmehr hatte sie sich fortwährend in der Konkurrenz ganz disparater theologischer Richtungen zu behaupten, unter denen sie wohl die modernste und auch, wie sich zeigen sollte, die innovativste, jedoch keineswegs eine sich in zwingender Evidenz kampflos durchsetzende Linie vertrat. Insbesondere die spätorthodoxe und spätpietistische Polemik, die nun jeweils anhand eines Hauptvertreters exemplarisch skizziert werden soll, verwickelten sie in breit rezipierte öffentliche Auseinandersetzungen und nötigten sie zur klärenden Ausgestaltung ihrer Konzepte. Da vorerst nicht absehbar ist, ob der – gut begründete – Vorschlag, die im 18. Jahrhundert agierenden theologischen Gegner von Pietismus und Aufklärung nicht mit dem polemisch gefärbten Begriff der Spätorthodoxie zu belegen, sondern neutraler als „kirchlich Konservative" anzusprechen[1], sich im fachwissenschaftlichen Sprachgebrauch durchsetzen wird, mag die problembewußte Verwendung der herkömmlichen Kategorien einstweilen statthaft bleiben.

Johan(n) Melchior Goeze war ein umfassend gebildeter Hauptvertreter der Spätorthodoxie, der gegenüber den verschiedenen Spielarten der theologischen Aufklärung den lutherisch-orthodoxen Lehrbegriff und namentlich dessen strenge Inspirationslehre streitbar verteidigte. Als Pfarrerssohn 1717 in Halberstadt geboren, nahm er 1734 in Jena das Studium der Theologie, Mathematik und Physik auf und setzte es zwei Jahre später in Halle fort. Mit einer von S.J. Baumgarten (s. § 19.3) betreuten Arbeit über den theologiegeschichtlichen Erfolg der Kirchen-

---

[1] FEHR, J.J.: „Ein wunderlicher nexus rerum". Aufklärung und Pietismus in Königsberg unter Franz Albert Schultz […], 2005, 68–75.

väter wurde er 1738 promoviert[2]. 1741 als Pfarrsubstitut nach Aschersleben berufen, übernahm Goeze im Folgejahr das Diakonat der dortigen Stephanskirche, an der sein Vater inzwischen amtierte. 1750 veränderte er sich nach Magdeburg, 1755 als Hauptpastor an St. Katharinen nach Hamburg, in welcher Stellung er bis zu seinem Tode 1786 verblieb. Das Seniorat der lutherischen Stadtgeistlichkeit, das ihm der Hamburger Senat 1760 verliehen hatte, legte er 1770 nieder, nachdem er sich in einer gegen J.G. Alberti eingeleiteten Disziplinarmaßnahme von Senat und Geistlichem Ministerium unzureichend unterstützt glaubte[3].

Als Prediger und gelehrter Theologe[4] war Goeze hoch geschätzt. Bleibende Bekanntheit erlangte er indessen durch sein streitbares Wesen, das ihn fast ununterbrochen in literarische Fehden verstrickt hielt. Bereits in Aschersleben hatte er sich in der polemischen Tonart geübt: 1746 focht er gegen die clandestine Schrift „Von den drei Betrügern"[5], 1748 zensierte er J.J. Spaldings Erstlingswerk „Die Bestimmung des Menschen"[6], 1750 präsentierte er die „Prüfung einiger Stellen aus dem bekanten [sic] Buche Les Moeurs oder die Sitten [...]". Die späteren Streitschriften blieben meist auf lokale Veranlassung und Bedeutung beschränkt, erregten mitunter aber auch größere Aufmerksamkeit. So engagierte er sich im zweiten Hamburger Theaterstreit gegen seinen Bergedorfer Kollegen J.L. Schlosser[7]. Andere Feldzüge galten den philanthropischen Bildungsgrundsätzen J.B. Basedows[8], der von C.F. Bahrdt (s. § 24.2) vorgelegten Übersetzung des Neuen Testaments[9] oder den „neuen und sonderbaren Meinungen" des Göttinger Neologen G. Leß (s. § 22.5)[10]. Mit J.S. Semler (s. § 22.1) stritt Goeze ausführlich, übrigens mit guten philologisch-textkritischen Gründen, um die Beurteilung der komplutensischen Bibel[11]. Gewichtig war auch der Einspruch gegen die von F.G. Lüdke (s. § 21.4)

2 Exercitatio historico theologica de patrum primitivae ecclesiae feliciori successu in profliganda gentium superstitione quam in confirmanda doctrina christiana [...], 1738. – 3 HURLEBUSCH, R.-M.: Pastor Julius Gustav Alberti. Ein Gegner Goezes in der eigenen Kirche (REINITZER, 75–95). – 4 Z.B. Versuch einer Historie der gedruckten Niedersächsischen Bibeln vom Jahr 1470 bis 1621, 1775. – 5 Wiederlegung eines Einwurfs, welchen der ungenannte Verfasser eines in französischer Sprache geschriebenen Buches, so den Titel führet: De trois imposteurs, wieder die Göttlichkeit der Sendung des Moses gemacht (Compendium historiae litterariae novissimae oder Erlangische Gelehrte Anmerkungen und Nachrichten 1, 1746, 281ff). – 6 Gedanken über die Betrachtung von der Bestimmung des Menschen, in einem Sendschreiben entworfen von G*** nebst dem Abdruck gedachter Betrachtung selbst, 1748. Vgl. dazu BEUTEL, A.: Spalding und Goeze und „Die Bestimmung des Menschen". Frühe Kabalen um ein Erfolgsbuch der Aufklärungstheologie (ZThK 101, 2004, 426–449). – 7 Theologische Untersuchung der Sittlichkeit der heutigen deutschen Schaubühne, überhaupt: wie auch der Fragen: Ob ein Geistlicher, insonderheit ein wirklich im Predigt-Amte stehender Mann, ohne ein schweres Aergernis zu geben, die Schaubühne besuchen, selbst Comödien schreiben, aufführen und drucken laßen, und die Schaubühne, so wie sie itzo ist, vertheidigen, und als einen Tempel der Tugend, als eine Schule der edlen Empfindungen, und der guten Sitten, anpreisen könne?, 1770. – 8 Erweis und Vertheidigung des einigen, wahren und richtigen Begrifs [sic] von der Auferstehung der Todten, nach der Schrift [...], 1764. – 9 Beweis, daß die Bahrdtische Verdeutschung des Neuen Testaments keine Uebersetzung, sondern eine vorsetzliche Verfälschung und frevelhafte Schändung der Worte des lebendigen Gottes sey [...], 1773. – 10 Prüfung einiger neuen und sonderbaren Meinungen des Hrn. Dr Leß [...], 1781. – 11 Vertheidigung der Complutensischen Bibel, insonderheit des neuen Testaments, gegen die Wetstenischen und Semlerischen Beschuldigungen [...], 1765. Die Fehde setzte sich bis 1769 fort. Vgl. dazu HORNIG, G.: Orthodoxie und Textkritik. Die Kontroverse zwischen Johann Melchior Goeze und Johann Salomo Semler (REINITZER/SPARN, 159–177).

geforderte Lockerung des Symbolzwangs: Dessen Traktat „Vom falschen Religionseifer" (1767) hielt Goeze entgegen, daß die kirchliche Glaubenslehre überhaupt keine heilsirrelevanten Wahrheiten enthalte und daß Lüdke anzuzeigen versäumt habe, welche konkreten Lehrbildungen ihn die Normativität der symbolischen Bücher bezweifeln ließen[12].

Vorurteilslose Würdigung verdient zumal Goezes Auseinandersetzung mit G.E. Lessing (s. § 30). Daß er sie fast von Anfang an mit der Forderung obrigkeitlichen Einschreitens flankierte, indizierte nicht notwendig die geistige Kapitulation des Unterlegenen, sondern bewegte sich in dem seit 1648 geltenden reichsrechtlichen Rahmen. Bekanntlich hatte Lessing aus H.S. Reimarus' nachgelassener „Apologie oder Schutzschrift für die vernünftigen Verehrer Gottes" (s. § 24.2) zwischen 1774 und 1777 sieben „Fragmente eines Ungenannten" veröffentlicht. In zwei Publikationen gab Goeze 1778 seine gegen Lessing gerichteten Einsprüche gesammelt zum Druck[13], der Angegriffene setzte sich in insgesamt 15 Schriften gegen Goeze, den er unter allen Kritikern der „Fragmente" für den bedeutendsten hielt, souverän, wenn auch nicht immer sachlich überlegen, zur Wehr. Dem lutherisch-orthodoxen Schriftverständnis verpflichtet, konnte Goeze die von Lessing betriebene Relativierung des biblischen Buchstabens nur verurteilen und die Unterscheidung von zufälligen Geschichts- und notwendigen Vernunftwahrheiten schlechterdings nicht nachvollziehen. Außerdem beklagte er nicht ohne Grund, Lessing sei die Auskunft schuldig geblieben, welche positive Gestalt der Religion er denn nun konkret kritisiere und zu welcher er sich selbst bekenne.

Lessings „Anti-Goeze" (1778) hat das geistesgeschichtliche Urteil über den Hamburger Hauptpastor, der, wie G.Ch. Lichtenberg spottete, „die Menschen an den Haaren nach dem Himmel schleppt"[14], nachhaltig geprägt. Indessen teilte Goeze längst nicht mehr die konfessionelle Unerbittlichkeit der klassischen lutherischen Orthodoxie. Zwar hatte er die Einführung eines öffentlichen reformierten Gottesdienstes in Hamburg 1766 zu verhindern und bis 1785 zu verzögern vermocht. Jedoch war er, anders als die Hochorthodoxie, durchaus bereit, zwischen fundamentalen und nebensächlichen dogmatischen Lehrsätzen zu unterscheiden und Pietisten wie Ph.J. Spener oder A.H. Francke, ja selbst dem Wolffianer J.G. Reinbeck (s. § 19.2) historische Gerechtigkeit widerfahren zu lassen[15].

Ein Hauptrepräsentant des spätpietistischen Widerspruchs gegen die Aufklärung war *Johann Heinrich Jung* (1740–1817), der sich nach Ps 35,20 den Beinamen *Stilling* gab und darum als Jung-Stilling firmiert. Seine umfangreiche, vom Grundgedanken der göttlichen Führung geleitete religiöse Autobiographie (5 Bde., 1777–1804)[16] machte ihn weithin bekannt. Als Sohn einer siegerländischen Kleinbauernfamilie geboren und im Geist des reformierten Pietismus erzogen, arbeitete Jung-Stilling zunächst als Handwerker und Verwalter. Während des in

---

12 Die gute Sache des wahren Religions-Eifers […], 1770. Vgl. dazu ANER, K.: Die Theologie der Lessingzeit, 1929, ND 1964, 254–259. – 13 Etwas Vorläufiges gegen des Herrn Hofraths Leßings mittelbare und unmittelbare feindselige Angriffe auf unsere allerheiligste Religion, und auf den einigen Lehrgrund derselben, die heilige Schrift, 1778; Leßings Schwächen, 1778. – 14 LICHTENBERG, G.CH.: Briefwechsel, Bd. 2, 1985, 185. – 15 Die gute Sache des wahren Religions-Eifers […], 1770. – 16 Henrich Stillings Jugend, 1777; Henrich Stillings Jünglings-Jahre, 1778; Henrich Stillings Wanderschaft, 1778; Henrich Stillings häusliches Leben, 1789; Heinrich Stillings Lehr-Jahre, 1804.

Straßburg absolvierten Medizinstudiums (1770–1772) ergab sich die Bekanntschaft mit J.W.v. Goethe und J.G. Herder. Nach unerfüllten Jahren ärztlicher Praxis in Elberfeld – als Spezialist für Staroperationen erlangte Jung-Stilling großen Ruhm – wurde er akademischer Lehrer der Kameralistik in Kaiserslautern, Heidelberg und Marburg (1787–1803), bis ihm Karl Friedrich von Baden ein freies Leben als Gesellschafter und religiöser Volksschriftsteller ermöglichte. Dabei wurde Jung-Stilling, der unentwegt die „alte christliche Glaubens- und Heilslehre" gegen die Aufklärung ins Feld führte, zum „Patriarchen der Erweckung".

Seinen ersten namhaften Angriff auf den neologischen Zeitgeist richtete Jung-Stilling gegen den satirischen Theologenroman „Das Leben und die Meinungen des Herrn Magister Sebaldus Nothanker" (3 Bde., 1773–1776) des Berliner Aufklärers F. Nicolai (s. § 23). Seine „Schleuder eines Hirtenknaben [...]" (1775) offenbarte einen prinzipiellen Dissens: Nicht religionstheologische Reflexion, sondern fromme Glaubens- und Erlösungsgewißheit galt ihm als der sachgemäße Modus christlicher Existenz. Deshalb sah er sich veranlaßt, den „boshafte[n] Spötter der Religion" zu maßregeln und die „Ehre der Religion gegen diesen hohnsprechenden Philister zu verteidigen"[17]. Insbesondere mißbilligte er Nicolais satirische Herabwürdigung des geistlichen Standes – er witterte „unergründliche Feindschaft auf das Predigtamt"[18] – sowie dessen sarkastische Karikatur eines „Frömmlings"[19]: „Einen wahren Pietisten lächerlich zu machen", sei „mehr als teuflisch"[20]. Indem sich Jung-Stilling die Position des von Nicolai gezeichneten Pietisten fortspinnend zu eigen machte, stellte er zugleich der aufklärerischen Religionsanschauung den umfassenden orthodoxen Lehrbestand sowie das Profil rechtgläubiger Frömmigkeitspraxis entgegen. Die theologischen Erwägungen Nicolais konterkarierte er mit biblischer Buchstabentreue: „Schämen müssen sie sich vor Gott und Menschen, daß sie so elend räsonnieren! Hören sie die erhabenen Lehrsätze der Apostel"[21]! Wie das Urteil des Jüngsten Gerichts über den frechen Aufklärer ausfallen würde, war Jung-Stilling gewiß: „Weiche von mir, du gehörst in mein Reich nicht"[22].

Aber noch wollte er die Aufklärung nicht schlechterdings alternieren, sondern christlich purifizieren: Er tadelte einen weltflüchtigen Pietismus[23] und empfahl statt dessen ein weltzugewandtes, aktives Christentum. Erst unter dem Eindruck der Französischen Revolution meinte er, der „große letzte Kampf zwischen Licht und Finsterniß" sei angebrochen[24], und trat als Erweckungstheologe[25] allen aufklärerischen Denk- und Glaubensweisen entgegen. Nun fand er Anschluß an die Basler Christentumsgesellschaft[26] sowie an die Herrnhuter Brüdergemeine und warb unermüdlich für die Rückkehr zum Glauben an die ungeschmälerten Heilswahrheiten des „altchristlichen, altevangelischen Systems". Diese konsequent aufklärungsfeindliche Positionierung, die sich ganz unbefangen der aufklärerischen Kommunikationsformen (Kleinschrifttum, Periodika, Lesegesellschaften) zu be-

---

17 Die Schleuder eines Hirtenknaben gegen den hohnsprechenden Philister den Verfasser des Sebaldus Nothanker, 1775, 4.13. – **18** Ebd., 77f. – **19** BEUTEL, A.: Aufklärung und Pietismus auf dem Weg nach Berlin. Die Figur des „Frömmlings" in Friedrich Nicolais Roman „Sebaldus Nothanker" (1773–1776) (ZThK 99, 2002, 262–277). – **20** JUNG-STILLING: Schleuder eines Hirtenknaben, 22. – **21** Ebd., 26. – **22** Ebd., 18. – **23** Theobald oder die Schwärmer. Eine wahre Geschichte, 2 Bde., 1784/85. – **24** Zit. nach BENRATH, 468,24f. – **25** Das Heimweh, 4 Bde., 1794–1796. – **26** SCHWINGE, G.: Jung-Stilling und seine Beziehungen zur Basler Christentumsgesellschaft (ThZ 44, 1988, 32–53).

dienen wußte, erlebte in den Erweckungsbewegungen des 19. Jahrhunderts ihre nahtlose Fortsetzung.

Die schroff antiaufklärerischen Richtungen, die einerseits in der – mit dem zeitgemäßen Pathos des Selbstdenkens[27] durchaus vereinbarten – spätorthodoxen Streittheologie Goezes, andererseits in Jung-Stillings spätpietistischen bzw. erwecklichen Bekennerchristentum repräsentativen Niederschlag fanden, bleiben unverzichtbare Teile der im 18. Jahrhundert sich neuzeitlich pluralisierenden Theologie.

§ 50: Lehrstreit

ANER, K.: Die Theologie der Lessingzeit, 1929, ND 1964, 234–295. – BAUR, J.: Salus christiana. Die Rechtfertigungslehre in der Geschichte des christlichen Heilsverständnisses. Bd. 1: Von der christlichen Antike bis zur Theologie der deutschen Aufklärung, 1968. – GASS, W.: Geschichte der Protestantischen Dogmatik in ihrem Zusammenhange mit der Theologie überhaupt, Bd. 4, 1867. – GÜNTHER, H.: Das Problem des Bösen in der Aufklärung (EHS.T 43), 1974. – HIRSCH Bd. 4, 89–119. – NÜSSEL, F.: Die Sühnevorstellung in der klassischen Dogmatik und ihre neuzeitliche Problematisierung (in: FREY, J./SCHRÖTER, J. [Hg.]: Deutungen des Todes Jesu im Neuen Testament [WUNT 181], 2005, 73–94). – SOMMER, W.: Der Untergang der Hölle. Zu den Wandlungen des theologischen Höllenbildes in der lutherischen Theologie des 17. und 18. Jahrhunderts (in: DERS.: Politik, Theologie und Frömmigkeit im Luthertum der Frühen Neuzeit [FKDG 74], 1999, 177–205). – WENZ, G.: Geschichte der Versöhnungslehre in der evangelischen Theologie der Neuzeit, Bd. 1 (MUS.MMHST 9), 1984.

Weder hatte die Aufklärungstheologie eine flächendeckende Lehrhoheit inne, noch vertrat sie auch nur in sich selbst eine homogene dogmatische Position. Vielmehr war sie in eine ganze Reihe externer sowie interner Lehrstreitigkeiten verwickelt, deren Verlauf und Ertrag die Arbeit der nachfolgenden Generationen jeweils spürbar prädisponiert hat. Die drei nun zu skizzierenden Streitfelder sind repräsentativ, geben aber längst noch kein vollständiges Bild.

Die Frage nach dem *Verbindlichkeitsstatus der Bekenntnisschriften* bezeichnet ein periodisch wiederkehrendes Problem protestantischer Kirchengeschichte. Auf reformierter Seite wurde es anfangs des 17. Jahrhunderts im Streit um den Arminianismus akut, erst recht war die Auseinandersetzung zwischen lutherischer Orthodoxie und Spenerschem Pietismus davon tangiert. Innerhalb der theologischen Aufklärung erneuerte sich die Debatte mit der Schrift „Vom falschen Religionseifer" (1767) des Berliner Neologen *F. G. Lüdke* (s. § 21.4). Zwar bestand dazu in Preußen, nachdem bereits 1713 unter Friedrich I. die eidliche Symbolverpflichtung aufgehoben worden war, kein unmittelbarer Anlaß. Aber ausländische, namentlich in England und den Niederlanden ausgetragene Konflikte um den Bekenntniszwang sowie Lehrzuchtmaßnahmen in Hamburg (etwa gegen J. B. Basedow 1773), Mecklenburg (etwa gegen J. A. Hermes 1773), Württemberg oder Bayreuth drängten auch die preußischen Aufklärer zu einer grundlegenden Klärung der Frage. So trat Lüdke nun dafür ein, das Pathos der reformatorischen, al-

---

[27] GOEZE, J.M.: Betrachtungen über den Zustand der Welt, und der Menschen, nach dem Jüngsten Gerichte […], 1753, Vorrede.

Konflikte 259

lein auf die Bibel verpflichteten Lehrfreiheit auch gegenüber den Bekenntnisfixierungen des 16. Jahrhunderts in Anschlag zu bringen, um nicht in ein katholisierendes Kirchenverständnis und destruktive Polemik zurückzufallen. Geistliche, die noch auf symbolische Bücher vereidigt würden, sollten darin nur eine bedingte Verpflichtung erkennen und sich, sofern sie einen Widerspruch zur biblischen Lehre empfänden, dazu ermächtigt wissen, den Konflikt, solange er für die Religionspraxis folgenlos blieb, stillschweigend auszuhalten, andernfalls aber dem Bekenntniszwang in unpolemischer Offenheit entgegenzutreten.

Neben J.M. Goeze (s. § 49) beteiligten sich viele andere Theologen an der damit losgetretenen Kontroverse. Der in Frankfurt/O. lehrende J.G. Toellner (s. § 22.2) empfahl einen Mittelweg: Jede menschliche Lehrvorschrift sei ein unbestreitbares, jedoch für den Erhalt einer Glaubens- und Kirchengemeinschaft notwendiges Übel. Darum sollten die Amtsträger die ihnen abverlangte Bekenntnisverpflichtung akzeptieren, sie aber nicht kasuistisch auf alle Einzelheiten, sondern allein auf die wesentliche religiöse Intention der symbolischen Schriften beziehen[28]. Dagegen unterzog der Berliner Oberkonsistorialrat A.F. Büsching[29] die Bekenntnisschriften einer streng historischen Interpretation, indem er ihre geschichtlichen Entstehungsbedingungen sowie die allmähliche Ausbildung ihres absoluten Normativitätsanspruchs rekonstruierte. Dadurch entlastet, benannte Büsching ganz offen die symbolischen Lehrbildungen – etwa in der Trinitäts-, Erbsünden- oder realpräsentischen Abendmahlslehre –, die er als unzeitgemäß nicht länger zu teilen vermochte[30]. In der dadurch erneut angeheizten Debatte präzisierte Lüdke seine neologische Position[31], und J.S. Semler (s. § 22.1) applizierte seine Unterscheidung von privater und öffentlicher Religion auf den konkreten Konflikt: Einerseits könne den menschlichen, zeitbedingten Lehrfixierungen keine innere Verbindlichkeit zuerkannt werden, weil sonst der theologische Erkenntnisfortschritt reformationswidrig gehemmt würde. Andererseits entspreche es aber durchaus dem legitimen Interesse der Territorialfürsten, zum Erhalt ihres Kirchentums eine äußere, den landeskirchlichen Amtsträgern auferlegte Verbindlichkeit von Bekenntnisschriften geltend zu machen[32].

In grober Simplifizierung lassen sich bei den aufklärerischen Symbolkritikern fünf wesentliche Sachmotive unterscheiden. Für menschliche Lehrbildungen eine unbedingte, überzeitliche Normativität zu reklamieren, behindere den Fortgang der theologischen Wissenschaft, bedeute eine katholisierende Verfälschung des reformatorischen Kirchenbegriffs, schüre eine längst anachronistisch gewordene religiöse Polemik, vereitle die geschichtlich überfällige Annäherung der protestantischen Konfessionsfamilien und ziele überhaupt an der aktuellen religiösen Bedürfnislage vorbei, der in Wirklichkeit allein mit der am praktischen Gebrauchswert orientierten Unterscheidung zwischen fundamentalen und nichtfundamentalen Glaubensartikeln sachgemäß zu entsprechen sei. An Schleiermachers Äußerungen

---

28 Unterricht von symbolischen Büchern überhaupt, 1769. – 29 HOFFMANN, P.: Anton Friedrich Büsching (1724–1793). Ein Leben im Zeitalter der Aufklärung, 2000. – 30 Allgemeine Anmerkungen über die symbolischen Schriften der evangelisch-lutherischen Kirche und besonders Erläuterung der augsburgischen Confession [...], 1770, ²1771. – 31 Über Toleranz und Gewissensfreiheit, insofern die rechtmäßige Religion sie befördert und die unrechtmäßige sie verhindert, 1774. – 32 Apparatus ad libris symbolicis ecclesiae Lutheranae, 1775.

zur Symbolfrage[33] ließe sich die katalysatorische Bedeutung, die jener aufklärungstheologischen Debatte im Fortgang des 19. Jahrhunderts zukam, aufschlußreich demonstrieren.

Ein anderer durch die Neologie provozierter oder jedenfalls geschürter Lehrstreit entbrannte um die orthodoxe Lehre von der *Ewigkeit der Höllenstrafen*. Auslösenden Anlaß fand er in dem didaktischen Roman „Bélisaire" des französischen Schriftstellers J.-F. Marmontel, der in seinem berühmten, von Voltaire enthusiastisch begrüßten 15. Kapitel die anstößige Hoffnung aussprach, im christlichen Himmel dereinst auch edle Heiden anzutreffen. Gegründet war diese Hoffnung auf die Gewißheit, jedes untrügliche Gefühl sei ein Abglanz der Offenbarung, und das Dogma der ewigen Verdammnis der Heiden widerstreite dem Begriff eines gütigen Gottes. Der Entrüstungssturm, der sich sogleich in Frankreich erhob, griff alsbald auf die Nachbarländer aus und konzentrierte sich zusehends auf die Person des Sokrates, genauer: auf dessen moralische und religiöse Erlösungswürdigkeit[34].

Die Auseinandersetzung kulminierte in dem gelehrten Werk des Hallenser Philosophen und Theologen J.A. *Eberhard* „Neue Apologie des Sokrates oder Untersuchung der Lehre von der Seligkeit der Heiden" (Bd. 1, 1772). Eberhard bestritt die augustinische Erbsündenlehre, wonach der Mensch im Sündenfall seine naturhafte Anlage zur Tugend verloren habe. Vielmehr sei der Mensch von Natur aus dazu bestimmt, sich zu einem moralischen Wesen emporzuentwickeln. Wenn darum die Heiden einer falschen Gottesvorstellung anhingen, sei darin lediglich ein nicht strafbarer Irrtum zu sehen, dem allein durch Verstandesaufklärung sachgemäß zu begegnen sei. Außerdem behindere die heidnische Religion keinesfalls die Ausbildung der moralischen Anlage des Menschen, was schon für sich genommen die Annahme, die Heiden würden aufgrund ihres Unvermögens zur Tugend mit den ewigen Höllenstrafen belegt werden, hinfällig mache. Ohnehin sei der Gedanke einer ewigen Verdammnis weder vernünftig noch christlich. Denn ein endlicher Mensch könne gar nicht unendliche Sündenschuld auf sich laden. Überdies verhänge Gott die Strafe lediglich als ein moralisches Besserungsmittel, also nicht zur Sühne seiner verletzten Ehre, sondern aus Liebe. Infolgedessen kann sich Eberhard die Höllenstrafen nur als zeitlich befristet denken: Ihr Ziel sei die moralische Genesung und damit die unendliche Glückseligkeit der Bestraften. Am Ende steht für ihn die vollkommene Wiederherstellung der Schöpfung zur ewigen Seligkeit aller. Ein unterhaltsamer Widerhall der Debatte, die Eberhard damit ausgelöst hatte, findet sich in F. Nicolais Roman „Sebaldus Nothanker" (s. § 23), dessen Held, ein biederer thüringischer Landpfarrer, von der Obrigkeit hartherzig verfolgt wird, weil er, als ein Liebhaber der Johannesapokalypse, aufgrund eigener, durch ausgreifende Fachlektüre genährter Urteilsbildung die Ewigkeit der Höllenstrafen bestreitet.

Daß sich aus Eberhards Allversöhnungslehre zugleich einschneidende Transformationen der *Satisfaktionslehre* ergeben mußten, lag auf der Hand. Bereits 1768 hatte Toellner in einer gründlichen Untersuchung die Lehre von der aktiven Genugtuung Christi als unbiblisch verworfen und nur noch dessen passivem Leidens-

---

33 An die Herren D.D.D. von Cölln und D. Schulz (1831) (KGA I.10, 1990, 397–426). – **34** BÖHM, B.: Sokrates im achtzehnten Jahrhundert. Studien zum Werdegange des modernen Persönlichkeitsbewußtseins, 1929, ²1966.

und Sterbensgehorsam satisfaktorische Relevanz zuerkannt (s. § 22.2). Nun zog Eberhard aus seinen Überlegungen die Konsequenz, die als Erziehungsmittel verstandene Strafe könne allein an dem Subjekt der göttlichen Erziehung vollzogen, keinesfalls aber auf einen Dritten übertragen werden. Damit war der Gedanke eines stellvertretenden Strafleidens Christi insgesamt hinfällig geworden. Die offenkundige Sühnopfer-Metaphorik des Neuen Testaments erklärte Eberhard als eine Akkomodation an die jüdische Vorstellungswelt. Die eigentliche Erlösungstat Christi lag für ihn darin, daß dieser aus falscher Gotteserkenntnis befreit und dem besserungswilligen Menschen die verzeihende Zuwendung Gottes gewiß gemacht habe. Analog dazu verwies *G.S. Steinbart* (s. § 22.2) die kirchliche Versöhnungslehre in die Reihe der die Glückseligkeit verhindernden „willkührlichen Hypothesen", die als bloße Privatmeinung Augustins mitsamt dem „ganzen afrikanischen Brast der willkührlichen Lehrbestimmungen"[35] aus der christlichen Dogmatik zu entfernen sei. Statt dessen belegte Steinbart den Begriff der göttlichen Strafe mit grundsätzlichen Distinktionen. Die *physischen* Folgen einer Handlung seien unmittelbar mit dieser selbst verbunden und darum der Strafdeutung entzogen. Was hingegen die *moralischen* Folgen einer Handlung angehe, so bestehe deren *natürlicher* Strafcharakter in dem durch das Bewußtsein eigenen Unrechts ausgelösten schlechten Gewissen, ihr *willkürlicher* Strafcharakter hingegen in einem von dem göttlichen Gesetzgeber verhängten Übel, das freilich jederzeit als ein Ausdruck der Güte Gottes zu denken sei, da doch Gott „nie ein einziges Geschöpf stärker strafen könne, als es zu desselben eignen Besserung nöthig ist"[36]. Das Erlösungswerk Christi reduzierte sich demgemäß auf die Befreiung aus einem falschen, in den Kategorien von Schuld und Strafe befangenen Gottesbewußtsein, das freilich allein den vorchristlichen Zustand charakterisiere: „Die Lehre vom Opfertode Jesu ist die Brücke für alle, welche da stehen, wo sich die Juden zur Zeit der Apostel befanden: unsre denkenden Christen wohnen schon disseits"[37].

Wie zuvor bereits die Arbeiten von Toellner und Eberhard, löste auch Steinbarts Destruktion der anselmischen Versöhnungslehre stürmische Zustimmung, aber auch energischen Widerspruch aus. Insbesondere der Erlanger Theologe G.F. Seiler bezog sorgfältig argumentierende Opposition[38]. Aber auch wenn er die Lehrbildung Anselms als unverzichtbares Kernelement christlichen Glaubens zu rehabilitieren suchte, variierte er die klassische Gestalt der Versöhnungslehre doch insofern, als er die Notwendigkeit des Strafleidens Christi nicht mehr aus der Heiligkeit und Gerechtigkeit Gottes, sondern mit dem zu wahrenden öffentlichen Ansehen der göttlichen Gesetze begründete. Außerdem kam er dem neologischen Zeitgeist soweit entgegen, daß er, ohne den unmittelbaren Heilswert des Todes Jesu Christi zu schmälern, die Wirksamkeit des Versöhnungswerks von der moralischen Besserung des Menschen abhängig machte. Nicht ohne Grund konnte Eberhard vergnügt konstatieren, die traditionelle Versöhnungslehre habe „selbst unter den Händen ihrer Vertheidiger eine bessere Gestalt angenommen"[39].

Der Höhepunkt der Debatte war damit erreicht. Ihr Fortgang zeitigte keine neuen Gesichtspunkte mehr, wohl aber einige polemische Popularisierungen – so

---

35 System der reinen Philosophie oder Glückseligkeitslehre des Christenthums für die Bedürfnisse seiner aufgeklärten Landesleute und anderer die nach Weisheit fragen eingerichtet, ²1780, 94.110. – 36 Ebd., 158. – 37 Ebd., 289. – 38 Ueber den Versöhnungstod Jesu Christi, 2 Bde., 1778/79. – 39 Neue Apologie des Sokrates [...], Bd. 2, 1778, 272.

von C.F. Bahrdt (s. § 24.2)⁴⁰ – und bündelnde Zusammenfassungen, für die neben W.A. Tellers (s. § 21.5) „Wörterbuch des Neuen Testaments" (1772) insbesondere auf die Arbeiten des Semler- und Nösseltschülers und Gothaer Generalsuperintendenten J.F.Ch. Löffler⁴¹ zu verweisen ist. Für ihn war die Lehre von der stellvertretenden Genugtuung Christi weder zureichend begründet noch von irgendeinem religiösen oder moralischen Nutzen, weshalb sie denn auch, selbst wenn sie in irgendeiner Hinsicht apostolisch sein sollte, doch „nie Inhalt eines gewöhnlichen kirchlichen Vortrags unter uns werden dürfe": „Für Christen, für Mitglieder der Kirche, als solche, ist Christus nicht gestorben, er ist für die nachherigen Christen gestorben, als diese noch Sünder [...] waren; aber für Sünden der Christen, für Sünden im christlichen Zustande begangen, giebt es kein Opfer"⁴².

Nicht allein mit ihrer Umformung der Prinzipien-, Ewigkeits- und Versöhnungslehre, sondern auch mit der Modifikation anderer zentraler Theologoumena wie der Trinitäts-, Abendmahls-, Teufels- oder Gnadenlehre hat die Aufklärungstheologie dafür gesorgt, daß der überkommene Lehrbestand zeitgemäß tradierfähig blieb und das neuzeitliche Christentum modernitätsfähig wurde. Die theologischen Fortschritte des 19. Jahrhunderts fielen nicht unvermittelt vom Himmel, sondern erwuchsen aus dem im 18. Jahrhundert reich und vielfältig bereiteten Wurzelgrund.

§ 51: Kirchenpolitischer Streit (Woellner)

HENKE, H.Ph.C.: Beurtheilung aller Schriften welche durch das Königlich Preußische Religionsedikt und durch andre damit zusammenhängende Religionsverfügungen veranlaßt sind, 1793, ND 1978. – KAROWSKI, W.: Die Bekenntnisfrage vor 150 Jahren. Neue aktenmäßige Untersuchungen zum Preußischen Religionsedikt von 1788. Abschnitt aus einer Geschichte des Bekenntnisproblems, 1939. – KEMPER, D. (Hg.): Mißbrauchte Aufklärung? Schriften zum preußischen Religionsedikt vom 9. Juli 1788 (Mikrofiches), 1996. – SACK, K.H.: Urkundliche Verhandlungen betreffend die Einführung des preußischen Religionsedikts v. J. 1788 (ZHTh 29, 1859, 3–48). – SCHWARTZ, P.: Der erste Kulturkampf in Preußen um Kirche und Schule (1788–1798) (MGP 58), 1925. – STANGE-FAYOS, Ch.: Lumières et obscurantisme en Prusse. Le débat autour des édits de religion et de censure (1788–1797), 2003. – THEISINGER, Th.: Die Irrlehrefrage im Wöllnerschen Religionsedikt und im System des Allgemeinen Landrechts für die Preußischen Staaten aus dem Jahre 1794. Eine rechtsgeschichtlich-rechtsdogmatische Untersuchung, Diss., Heidelberg 1975. – VALJAVEC, F.: Das Woellnersche Religionsedikt und seine geschichtliche Bedeutung (HJ 72, 1953, 386–400). – WIGGERMANN, U.: Woellner und das Religionsedikt. Kirchenpolitik und kirchliche Wirklichkeit im Preußen des späten 18. Jahrhunderts, 2009.

Mit dem Regierungsantritt Friedrich Wilhelms II. 1786 änderte sich das kirchenpolitische Klima in Preußen. Die restriktive Tendenz, die sich darin manifestierte, war anderwärts bereits früher zum Ausdruck gekommen. Der am Kasseler Collegium Carolinum lehrende J.R.A. Piderit hatte das *Corpus Evangelicorum* 1776 förmlich ersucht, dem umstürzlerischen Potential, das er dem neologischen Zeit-

---

[40] Apologie der Vernunft durch Gründe der Schrift unterstüzt, in Bezug auf die christliche Versöhnungslehre, 1781. – [41] Ueber die kirchliche Genugthuungslehre. Zwei Abhandlungen (in: DERS.: Kleine Schriften, Bd. 1, 1817, 242–375). Die beiden Abhandlungen waren zunächst in andere Sammelwerke eingerückt separat erschienen. – [42] Ebd., 286. 370.

geist zuschrieb, entgegenzutreten. Entsprechende Maßnahmen ergingen anfangs der 1780er Jahre in Württemberg, Brandenburg-Bayreuth und anderen Territorien. Insofern war der religionspolitische Kurswechsel in Preußen weder einzigartig noch originell. Allerdings mußte es hier in besonderem Maße erstaunlich erscheinen, daß die unter Friedrich Wilhelm I. und Friedrich dem Großen jahrzehntelang gepflegte Kultur der Aufklärung kraft obrigkeitlicher Anordnung nun kurzerhand alterniert werden sollte. Das Woellnersche Religionsedikt avancierte zum Inbegriff kirchenpolitischer Reaktion.

Der einem Pfarrhaus entstammende *Johann Christoph* (seit 1786: von) *Woellner* (1732–1800) zählt zu den umstrittensten, freilich auch interessantesten Religionspolitikern seiner Zeit. Nach dem in Halle absolvierten Studium der Theologie (1750–1753) wurde er Hauslehrer, bald darauf Patronatspfarrer der Familie von Itzenplitz auf deren märkischem Gut Groß-Behnitz. Nach dem Tod des Familienoberhaupts wechselte er die Profession: 1762 wurde er Pächter von Groß-Behnitz, heiratete 1766 – übrigens zum ausdrücklichen Mißfallen Friedrichs des Großen – die Gutstochter Amalie von Itzenplitz und erwarb sich fundierte Kenntnisse sowie fachlichen Respekt als Landwirt und Nationalökonom. Prinz Heinrich von Preußen holte ihn 1770 als Kammerrat nach Berlin. Seit 1765 war er Freimaurer, 1778 trat er dem mystisch-theosophischen Geheimbund der Rosenkreuzer bei und wurde dort für den preußischen Kronprinzen Friedrich Wilhelm, der sich dem Orden 1781 inkorporiert hatte, zum entscheidenden Mentor: Zwischen 1783 und 1786 hielt er ihm regelmäßig Vorträge über Staatswesen und Regierungskunst. Woellners ungedruckte „Abhandlung von der Religion" (1785) sollte den Prinzen über die von der Aufklärung substantiell bedrohte Lage des Christentums in den preußischen Staaten informieren und umriß bereits die Grundlinien des im Religionsedikt dann kodifizierten Programms. Gleich zu Beginn der Herrschaft Friedrich Wilhelms II. (1786–1797) wurde Woellner nobilitiert, zum Geheimen Oberfinanzrat und Chef des Baudepartements ernannt und mit der Aufsicht über die königliche Dispositionskasse betraut. Die Berufung zum Chef des geistlichen Departements in lutherischen und katholischen Angelegenheiten brachte ihn am 3. Juli 1788 ans Ziel seiner beruflichen Wünsche. Bereits sechs Tage später erging unter dem Titel „Die Religionsverfassung in den Preußischen Staaten betreffend" das von Woellner verfaßte und darum zu Recht nach ihm benannte Religionsedikt[43].

Als vermeintliches Schlüsseldokument antiaufklärerischer Reaktion wurde und wird es bis heute simplifiziert. Tatsächlich verband das *Woellnersche Religionsedikt* bemerkenswerte religiöse Toleranzgarantien mit scharf konturierten Anweisungen zum Schutz des konfessionskirchlichen Protestantismus. Das Edikt verfügt zunächst die verfassungsrechtliche Unversehrtheit der reformierten, lutherischen und römisch-katholischen Konfessionskirchen (§ 1) und versichert die „öffentlich geduldeten Secten" der Juden, Herrnhuter, Mennoniten und Böhmischen Brüder der „den Preußischen Staaten von jeher eigenthümlich gewesene[n] Toleranz", wie denn überhaupt im Rahmen staatsbürgerlicher Loyalität „Niemanden der mindeste Gewissenszwang zu keiner Zeit angethan werden" dürfe (§ 2). Das Recht auf freien Konfessionswechsel wird garantiert, amtskirchliche Proselytenmacherei

---

[43] Abdruck in HUBATSCH, W.: Geschichte der Evangelischen Kirche Ostpreußens. Bd. 3: Dokumente, 1968, 254–259. Die nachfolgenden Zitate folgen dieser Edition.

hingegen verboten (§§ 3 f), die in Preußen herrschende „gute Harmonie" zwischen den Konfessionen ausdrücklich gelobt (§ 5). Dann aber verschärft sich zusehends der Ton. In den Agenden der protestantischen Kirchen soll der „alte Lehrbegriff" sorgfältig bewahrt werden (§ 6). Diese Verpflichtung, die allenfalls sprachliche Modernisierungen tolerierte, erschien Woellner um so wichtiger, als er „die Grundsäulen des Glaubens der Christen" von der „Lehrart" der Aufklärungstheologie elementar bedroht sah: „Man entblödet sich nicht, die elenden, längst widerlegten Irrthümer der Socinianer, Deisten, Naturalisten und anderer Secten mehr wiederum aufzuwärmen, und solche mit vieler Dreistigkeit und Unverschämtheit durch den äußerst gemißbrauchten Namen: *Aufklärung*, unter das Volk auszubreiten". Demgegenüber seien „die Geheimniße der geoffenbarten Religion", insonderheit die orthodoxe Schrift- und Versöhnungslehre, „in ihrer ursprünglichen Reinigkeit, so wie sie in der Bibel gelehrt wird" und in den „Symbolischen Büchern einmal vestgesetzt ist, gegen alle Verfälschung zu schützen und aufrecht zu erhalten" (§ 7). Die privatreligiöse Gewissensfreiheit soll zwar gewahrt, hingegen die kirchliche Lehrverpflichtung kompromißlos realisiert werden, weshalb Woellner den evangelischen Amtsträger „bey unausbleiblicher Cassation und nach Befinden noch härterer Strafen" auf den antiaufklärerischen „Lehrbegriff seiner jedesmaligen Religions-Parthey" festlegt. „Lehret er etwas anders, so ist er schon nach bürgerlichen Gesetzen straffällig, und kann eigentlich seinen Posten nicht länger behalten" (§ 8). Einige konkrete Ausführungs- und Aufsichtsbestimmungen (§§ 9–14) vervollständigen das Edikt.

Die Bestimmungen des Religionsedikts über die Lehrpflicht sind mit denjenigen des am 1. Juni 1794 in Kraft getretenen Allgemeinen Landrechts für die preußischen Staaten (ALR) (s. § 7.2) nicht unvereinbar. Während das Edikt die Prediger und Lehrer eindeutig auf die symbolischen Bücher ihrer Kirche verpflichtet, sind die Vorschriften von ALR II 11 § 73 auslegungsbedürftig. Das ALR war als allgemeines Gesetz für mehrere Generationen bestimmt, so daß die inhaltliche Konkretion den Erfordernissen der jeweiligen Praxis überlassen werden sollte. Dagegen wandte sich das Religionsedikt gegen einen aktuell gewärtigten Mißstand.

Nicht allein die restriktiven Bestimmungen des Religionsedikts, die alle Errungenschaften der religiösen und theologischen Aufklärung zunichtezumachen drohten, sondern auch dessen autoritäres, auf jede kirchliche oder wissenschaftliche Abstimmung verzichtendes Zustandekommen und Gebaren provozierten einen Sturm der Entrüstung. Zahlreiche Stellungnahmen wurden in kürzester Zeit publiziert[44], größtenteils kritisch, vereinzelt auch in gewichtiger Affirmation[45]. Bedeutend war zumal der Widerstand, der sich im Berliner Oberkonsistorium sogleich formierte. Er war von fünf der sechs geistlichen Räte – nämlich von A.F. Büsching, J.S. Diterich, F.S.G. Sack (s. § 21.6), J.J. Spalding (s. § 21.3) und W.A. Teller (s. § 21.5) – getragen, allein J.E. Silberschlag verweigerte sich jeder Opposition. In einem von Sack verfaßten Promemoria (26.8.1788) sowie zwei „Vorstellungen" aus dem Oberkonsistorium (10.9./1.10.1788) artikulierte sich der aufklärungstheologische Einspruch, in dessen sachlichem Zentrum die Sorge, die kirchlichen Amtsträger würden in ihrer religiösen Gewissensfreiheit beschnitten und zur Heuchelei gezwungen, sowie der Protest gegen den absoluten, von Woellner sogar

---

44 Vgl. KEMPER. – **45** SEMLER, J.S.: Vertheidigung des Königl. Edikts vom 9ten Jul. 1788 wider die freimüthigen Betrachtungen eines Ungenannten, 1788.

auf die Bibel ausgedehnten Normativitätsanspruch der Bekenntnisschriften zu stehen kam. Ende November 1788 ließ der König mit einer scharfen Zurechtweisung die Debatte beenden. Spalding demissionierte von seinen kirchlichen Ämtern, weil er sich nicht der Gefahr aussetzen wollte, „noch in meinem Alter vor ein schikanirendes Inquisitionsgericht gezogen zu werden"[46]. Nur seine Stelle im Oberkonsistorium behielt er, um Schlimmeres zu verhüten, einstweilen bei.

Die Exekution des Religionsedikts zog eine Reihe weiterer Maßnahmen und Verordnungen nach sich. Das am 19. Dezember 1788 erlassene Zensuredikt versetzte der aufklärerischen Publizistik einen empfindlichen Schlag. Die lutherischen Schulen wurden auf einen von Woellner veranlaßten neuen Katechismus[47], die theologischen Fakultäten auf die „Epitome religionis christianae" (1789) des Leipziger Theologen S.F.N. Morus als Normaldogmatik verpflichtet. Das „Schema examinis candidatorum s.s. ministerii rite instituendi" (1790, ²1791) gab eine dem Geist des Religionsedikts gemäße theologische Prüfungsordnung vor. Im Mai 1791 installierte Woellner die ihm unterstellte Geistliche Immediat-Examinationskommission, deren Arbeit durch zwölf Provinzialkommissionen unterstützt wurde und der es oblag, die Einhaltung des Edikts zu überwachen sowie die Prüfungen der Kandidaten für Kirchen- und Schulämter, aber auch Kirchen- und Schulvisitationen vorzunehmen. Die von der Immediat-Examinationskommission im April 1794 erlassene „Umständliche Anweisung der Prediger zur gewissenhaften und zweckmäßigen Führung ihres Amts" verpflichtete die Geistlichen gegenüber dem Religionsedikt zu „unverbrüchlicher Treue".

Anders als die Berliner Oberkonsistorialräte und andere Kritiker verständlicherweise befürchtet hatten, setzte nach dem Erlaß keineswegs eine flächendeckende Kontrolle oder gar Auswechslung der Pfarrstelleninhaber ein. Vielmehr blieben die durch das Edikt veranlaßten Disziplinarmaßnahmen auf Einzelfälle beschränkt. So trug dem reformierten Prediger A. Riem die Publikation der „Fragmente über Aufklärung" (August 1788) einen Verweis, dem in Berlin anwesenden Hamburger Philosophen H. Würtzer, der „Bemerkungen über das Preußische Religionsedikt [...]" (1788) hatte ausgehen lassen, einen sechswöchigen Gefängnisarrest ein. Aus der zweijährigen Festungshaft, die er wegen eines das Religionsedikt verspottenden Lustspiels[48] verbüßen mußte, wurde C.F. Bahrdt (s. § 24.2) vorzeitig entlassen. Der Versuch, Schulwesen und Theologische Fakultät in Halle auf den Kurs des Edikts zu zwingen, scheiterte im studentischen Tumult und führte zu einer obrigkeitlichen Ehrenerklärung an die Fridericiana. Als einziger Pfarrer in Preußen verlor J.H. Schulz, der sich durch seine modische Haartracht den Beinamen „Zopfschulz" zugezogen hatte, aufgrund von Denunziation und nach einem verwickelten Religionsprozeß im September 1793 sein geistliches Amt[49]. Spätestens seit 1794 war das Verhältnis zwischen Woellner und Friedrich Wilhelm II., der seinen Minister zu härterem Vorgehen drängte, nachhaltig gestört.

---

46 SPALDING, J.J.: Lebensbeschreibung (in: DERS.: Kleinere Schriften 2: Briefe an Gleim – Lebensbeschreibung, hg.v. A. BEUTEL/T. JERSAK [SpKA I/6-2], 2002, 105–240), 181,1-3. – 47 Die christliche Lehre im Zusammenhang [...], 1792. – 48 BAHRDT, C.F.: Das Religionsedikt. Lustspiel in fünf Aufzügen. Eine Skizze. Von Nicolai dem Jüngern, 1789. – 49 TRADT, J.: Der Religionsprozeß gegen den Zopfschulzen (1791–1799). Ein Beitrag zur protestantischen Lehrpflicht und Lehrzucht in Brandenburg-Preußen gegen Ende des 18. Jahrhunderts, 1997.

Mit dem Tod des Königs am 16. November 1797 endete auch die kirchenpolitische Reaktion. Friedrich Wilhelm III. setzte die bisherigen Maßregeln alsbald außer Kraft: Die Geistliche Immediat-Examinationskommission wurde aufgelöst, das „Schema examinis candidatorum" abgeschafft, das Oberkonsistorium wieder in seine früheren Rechte eingesetzt, und das Religionsedikt galt fortan, ohne förmlich revoziert worden zu sein, als erledigt. Am 11. März 1798 entließ Friedrich Wilhelm III. den ohnehin nahezu völlig entmachteten Woellner. Weder war ihm eine vorherige Anhörung gewährt noch eine Pension ausgesetzt worden. Er zog sich auf sein Gut Groß-Rietz bei Beeskow zurück. Dort starb er am 10. September 1800. Mit ihm war nicht nur das Jahrhundert, sondern zugleich – jedenfalls in seiner vitalen Präsenz – das Zeitalter der Aufklärung zu Ende gegangen.

Personenregister

(erstellt von Christoph T. Beckmann)

Abbt, Thomas 247f
Addison, Joseph 147
Adelung, Johann Christoph 73
Adorno, Theodor Wiesengrund 20
Alberti, Leon Battista 69
Alberti, Julius Gustav 150, 255
Alembert, Jean Le Rond d' 18, 55, 87
Amalie Fürstin von Gallitzin 191
Amalie von Itzenplitz 263
Ammon, Christoph Friedrich von 129, 145, 230
Anakreon 60
Andreae, Johann Valentin 66
Aner, Karl 26, 31, 81, 124
Anna Amalia 140
Anton Ulrich von Braunschweig-Lüneburg 63
Anton, Paul 220
Aquaviva, Claudius 217
Aristoteles 18
Arndt, Johann 98
Arnold, Gottfried 93, 152f, 217
Astruc, Jean 213
August (der Starke) von Sachsen 35, 63
Augusti, Johann Christian Wilhelm 219
Augustin 261

Bach, Johann Sebastian 138
Bacon, Francis 55
Bahrdt, Carl Friedrich 66, 128, 130, 135f, 156-159, 205, 231, 237, 255, 262, 265
Baier, Johann Wilhelm 221
Barbeyrac, Jean 116
Baronius, Cesare 217
Basedow, Johann Bernhard 85, 117, 148, 231f, 255, 258
Bauer, Georg Lorenz 215

Baumgarten, Alexander Gottlieb 109
Baumgarten, Siegmund Jacob 97, 109-111, 116, 123, 129f, 132, 135f, 220, 254
Baumotte, Manfred 32
Baur, Ferdinand Christian 140, 218
Bayle, Pierre 80, 86
Beaumarchais, Pierre-Augustin Caron de 58
Benemann, Johann Christian 91
Bengel, Johann Albrecht 97, 214
Bengel, Ernst Gottlieb 168
Bernsau, Heinrich Wilhelm 108
Bilfinger, Georg Bernhard 107, 221
Blair, Hugh 128
Boccaccio, Giovanni 59
Bodin, Jean 50, 69, 216
Bodmer, Johann Jacob 59, 73, 112
Boecler, Johann Heinrich 217
Böhm, Peter 252
Bonhoeffer, Dietrich 189
Borowski, Ernst Ludwig von 128
Boyle, Robert 48
Brahe, Tycho 47
Breithaupt, Joachim Justus 220
Breitinger, Johann Jacob 59, 117
Bretschneider, Karl Gottlieb 161f, 169
Brockes, Barthold Heinrich 91
Brunelleschi, Filippo 19, 69
Bruno, Giordano 47
Buddeus, Johann Franz 97-100, 210, 221, 241-243
Burckhardt, Jacob 69
Bürger, Gottfried August 205
Burnet, Thomas 90
Büsching, Anton Friedrich 109, 124, 126, 145, 259, 264
Butler, Joseph 113, 121
Büttner, Manfred 32

Calixt, Georg 69, 103, 210, 250
Calvin, Johannes 70, 73, 80, 196, 241
Camerarius, Joachim 214
Campe, Joachim Heinrich 57, 148, 232
Canz, Israel Gottlieb 107, 221
Carpov, Jakob 107, 221
Carpzov, Johann Benedikt V. 126
Carpzov, Johann Gottlob 119
Cassius Dio 156
Castellio, Sebastian 69
Cave, William 217
Christian August von Holstein 63
Christus (s. Jesus Christus)
Claudius, Matthias 182, 191, 193 f
Clemens XIII. 175
Clemens XIV. 176
Clericus, Johannes 102, 213
Coccejus, Johannes 97
Collins, Anthony 84
Comenius, Johann Amos 100
Contzen, Adam 250
Corneille, Pierre 59
Crell, Samuel 80
Crugot, Martin 158, 237
Crusius, Christian August 97, 157
Cyprian, Ernst Salomo 25, 99, 102, 217

Dahrendorf, Ralf 20
Daub, Carl 233
Defoe, Daniel 57
Democritus, Christianus 152
Derham, William 90 f
Descartes, René 16, 53–55, 99
Desfontaines, Pierre-François Guyot 112
Diderot, Denis 55, 57, 87
Dinter, Gustav Friedrich 233
Dippel, Johann Konrad 152 f, 156
Diterich, Johann Samuel 126, 227, 264
Döderlein, Johann Christoph 129, 140 f
Dorner, Isaak August 30

Eberhard Ludwig von Württemberg 101
Eberhard, Johann August 109, 115, 129, 136, 260 f
Edelmann, Johann Christian 153 f, 156
Eichhorn, Johann Gottfried 97, 140–142, 144, 205, 213–215
Elisabeth Christine von Preußen 122
Engels, Friedrich 20
Erasmus von Rotterdam 69 f, 73, 214
Ernesti, Johann August 126, 137–141, 157, 196, 215
Ernst (der Fromme) von Sachsen-Gotha 217
Erxleben, Johann Christian Polykarp 49

Fabricius, Johann Albert 90 f, 156
Febronius, Iustinus (s. a. Hontheim, Johann Nikolaus von) 175, 251
Felbiger, Johann Ignaz von 177
Ferguson, Adam 57
Feuerbach, Ludwig 95
Fichte, Johann Gottlieb 149, 195, 201–205, 247
Fielding, Henry 57
Flacius, Matthias 216
Flatt, Johann Friedrich 129, 168
Flatt, Karl Christian 129, 168
Foster, John 136
Francke, August Hermann 25, 93, 98, 108, 132 f, 210, 217, 256
Frank, Gustav 30
Franz I. 65
Freylinghausen, Gottlieb Anastasius 130
Friedrich I. von Preußen 253, 258
Friedrich II. (der Große) von Preußen 17, 24, 37, 65 f, 71, 86, 106, 115, 157, 227, 263
Friedrich Wilhelm I. von Preußen 37, 105, 107 f, 117, 135, 229, 263
Friedrich Wilhelm II. von Preußen 66, 115, 117, 127, 201, 262 f, 265
Friedrich Wilhelm III. von Preußen 128, 137, 253, 263, 265 f

Gabler, Johann Philipp 129, 140, 142, 215
Galilei, Galileo 47 f
Gaß, Wilhelm 30, 97
Gebauer, Johann Justinus 110
Geddes, Alexander 214
Gellert, Christian Fürchtegott 59, 112, 137
Georg Ludwig von Hannover 35
Gerlach, Leopold von 167
Gesenius, Wilhelm 130, 159, 165
Gleim, Johann Wilhelm Ludwig 60, 112, 117, 121
Goethe, Johann Wolfgang von 15, 60, 65, 119, 134, 140, 149, 162, 182, 192 f, 195, 236, 257
Goeze, Johan(n) Melchior 25, 59, 109, 124, 157 f, 184, 247 f, 254–256, 258 f
Gottsched, Johann Christoph 58 f, 73, 103, 108, 112, 119, 137, 229
Götz, Johann Nikolaus 60
Graf, Friedrich Wilhelm 32
Gräffe, Johann Friedrich Christoph 233
Griesbach, Johann Jakob 139 f, 142, 214 f
Grimmelshausen, Johann Jacob Christoffel von 58
Grotius, Hugo 50 f, 82, 99, 214, 250
Gruner, Johann Friedrich 133 f

Gutzkow, Karl 165

Habermas, Jürgen 20, 147
Hamann, Johann Georg 91, 136, 182, 190f, 195
Hase, Karl August von 163
Haude, Albert 108
Haug, Johann Heinrich 153f
Hausen, Karl Renatus 135
Hecker, Johann Julius 177
Hegel, Georg Friedrich Wilhelm 17f, 20, 168, 202, 219
Heinrich von Preußen 263
Helvétius, Claude Adrien 55, 87
Henke, Heinrich Philipp Konrad 71, 73, 129, 156, 159, 165, 184, 219, 222, 243
Herbert of Cherbury, Edward 83f
Herder, Johann Gottfried 18, 73, 114, 123, 134, 136, 191, 193-198, 205, 208, 236, 257
Hermes, Johann August 258
Herms, Eilert 32
Heumann, Christoph August 118, 143, 221
Heyne, Christian Gottlob 141, 215
Hirsch, Emmanuel 31, 87, 97, 153f, 161
Hobbes, Thomas 50f, 83, 213
Hoffmann, Heinrich 31
Hoffmann, Johann Adolf 156
Hogarth, William 187
Holbach, Paul Heinrich Dietrich Baron d' 55, 87
Hölderlin, Friedrich 61, 202
Hontheim, Johann Nikolaus von (s.a. Febronius, Iustinus) 175, 251
Horaz 68
Horkheimer, Max 20
Hornig, Gottfried 32
Hottinger, Johann Heinrich 217
Hufnagel, Wilhelm Friedrich 129
Hume, David 55, 85, 89, 121, 222
Hutcheson, Francis 57, 113, 222
Hyperius, Andreas 209

Irenäus 102
Isenbiehl, Johann Lorenz 180

Jablonski, Daniel Ernst 64
Jacobi, Friedrich Heinrich 191, 194, 197, 208
Jerusalem, Johann Friedrich Wilhelm 117-120, 126, 140, 196, 219, 229, 251, 253
Jerusalem, Karl Wilhelm 119
Jesus Christus 23, 48, 60, 70f, 74, 79, 81f, 84, 86, 113, 120, 124, 126, 131f, 135f, 139, 141, 153-155, 157-159, 162-164, 166, 168f, 175, 184f, 188f, 192, 196, 198, 216-219, 222, 231, 235f, 242f, 249, 261f
Jöcher, Christian Gottlieb 137
Johann Sigismund von Brandenburg 62
Joseph I. 173
Joseph II. 37, 72, 173-175, 178
Jung(-Stilling), Johann Heinrich 193, 256-258
Jungius, Joachim 48

Kant, Immanuel 16f, 19f, 27, 53, 56, 68, 89, 91, 105, 115, 122f, 134, 142, 149, 151f, 160, 164-169, 171, 188, 190, 195, 198-203, 208, 248
Kantzenbach, Friedrich Wilhelm 32
Karl Alexander von Württemberg 63
Karl August von Sachsen-Weimar 140
Karl der Große 218
Karl Friedrich von Baden 257
Karl I. von Braunschweig 119, 185
Karl Theodor von der Pfalz 172
Karl VI. 37
Karlstadt, Andreas (Bodenstein) 213, 218
Kästner, Abraham Gotthelf 49
Kepler, Johannes 47
Kierkegaard, Søren 202
Kleist, Ewald von 121
Kleist, Heinrich von 61
Klopstock, Friedrich Gottlieb 60, 112, 117
Knapp, Georg Christian 130
Knapp, Johann Georg 130
Knutzen, Martin 91, 108, 198
König, Eva 183
Konstantin 68, 218
Kopernikus, Nikolaus 46f, 53

Lamarck, Jean-Baptiste 48
La Mettrie, Julien Offray de 55, 87
Lange, Joachim 110, 155, 220
Lange, Samuel Gotthold 60, 219
Lavater, Johann Caspar 92, 123, 136, 182, 191-194, 205
Le Clerk, Jean 121
Leibniz, Gottfried Wilhelm 16, 48, 54, 64, 80, 102, 105f, 119, 154, 197, 249, 251
Leitzmann, Albert 187
Lenz, Jakob Michael Reinhold 236, 245
Leonardo da Vinci 19, 69
Leopold I. 251
Leß, Gottfried 109, 115, 145, 151, 157, 255
Lesser, Friedrich Christian 91

Lessing, Gotthold Ephraim 20, 59, 65, 74, 141, 148, 154, 157, 159f, 162, 181–186, 200, 202, 205, 256
Lessing, Karl 183
Lessing, Traugott 183
Lichtenberg, Georg Christoph 15f, 20, 22, 49, 71, 85, 92, 144, 162, 182, 186–189, 192, 256
Lichtenberg, Ludwig Christian 189
Linné, Carl von 48
Locke, John 51, 55, 84f, 136, 196, 232f
Loewenich, Walther von 32
Löffler, Josias Friedrich Christian 262
Löscher, Valentin Ernst 25, 97, 99, 107, 218
Lüdke, Friedrich Germanus 109, 123–125, 255, 258f
Ludwig XIV. 38, 63
Luhmann, Niklas 20
Luther, Martin 47, 71–74, 100, 131, 168, 185, 196, 212, 216, 218, 224f, 228, 230f

Machiavelli, Niccolò 50
Malebranche, Nicolas de 54
Malm, Nikolaus 91
Mannheim, Johannes 245
Manteuffel, Ernst Christoph von 108
Marezoll, Johann Gottlob 146, 230
Maria Theresia 37, 173
Marmontel, Jean-François 260
Marx, Karl 20
Masaccio 69
Masen, Jakob 250
Masius, Andreas 213
Mayr, Beda 251f
Meckenstock, Günter 32
Meier, Georg Friedrich 109
Melanchthon, Philipp 19, 47, 68f, 73–75, 141, 161, 212, 225
Mendelssohn, Moses 16f, 20, 71, 148, 183, 196, 240, 247
Merkle, Sebastian 170
Merz, Alois 252
Michaelis, Johann David 115, 143f, 215
Miller, Johann, Peter 233
Miltitz, Ernst Haubold von 201
Milton, John 16, 59f
Mohammed 70
Molanus, Gerhard Wolter 64, 251
Montesquieu, Charles de 51, 55, 58, 196
Morgan, Thomas 185
Moritz, Karl Philipp 148
Morus, Samuel Friedrich Nathanael 265
Mose 70, 82, 119f, 213
Mosheim, Johann Lorenz von 71, 73, 97,

101–104, 117, 143, 211, 218f, 222, 225, 229, 231
Mozart, Wolfgang Amadeus 65
Müller, Johann Joachim 70
Münchhausen, Gerlach Adolph Freiherr von 103, 142f
Münscher, Wilhelm 219
Mursinna, Samuel 209
Musaeus, Johannes 83, 241
Mylius, August 227

Newton, Isaac 48, 80, 86, 146
Nicolai, Friedrich 60, 85, 91, 141, 148f, 183, 205, 236f, 257, 260
Niemeyer, August Hermann 134, 211
Nietzsche, Friedrich 20, 154
Nitzsch, Karl Ludwig 169
Nösselt, Johann August 109, 115, 123, 129, 132–134, 139, 210f, 222, 262
Novalis 202, 205
Nowak, Kurt 31f

Oberthür, Franz 180
Ochino, Bernardino 79
Opitz, Martin 58
Osiander, Andreas 46f
Osiander, Lukas I. 216

Pacioli, Luca 69
Pappus, Johannes 216
Paul, Jean 61
Paulus 73
Paulus, Heinrich Eberhard Gottlob 142, 163–165
Pestalozzi, Johann Heinrich 134
Petrus 73
Pfaff, Christoph Matthäus 97, 101–103, 221, 225, 253
Philipp von Anjou 36
Philipp, Wolfgang 26f, 32
Piderit, Johann Rudolf Anton 252f, 262
Piscator, Johann 136
Pius VI. 174
Planck, Gottlieb Jakob 144f, 211, 219
Platon 18, 67
Prätorius, Matthaeus 250f
Promies, Wolfgang 187
Protagoras 19
Pufendorf, Samuel Freiherr von 51, 99, 101, 225
Pyra, Immanel Jakob 60

Racine, Jean B. 59
Rautenstrauch, Franz Stephan 178
Ray, John 90

Rechenberg, Adam 217
Reimarus, Hermann Samuel 59, 84f, 91, 93, 124, 156f, 184f, 256
Reinbeck, Johann Gustav 108, 117, 229, 256
Reinhard, Franz Volkmar 166–169, 230
Reinhold, Karl Leonhard 201
Rendtorff, Trutz 32
Reuchlin, Johannes 212
Reusch, Johann Peter 107
Reuß, Maternus 171
Reventlow, Henning Graf 32
Riem, Andreas 265
Ritschl, Albrecht 97
Rochow, Friedrich Eberhard von 148, 177, 232
Röhr, Johann Friedrich 162f, 230
Rojas y Spinola, Christóbal de 64, 251
Rosencreutz, Christian 66
Rousseau, Jean-Jacques 58, 87, 134, 232f
Rüdiger, Andreas 97, 121
Runge, Philipp Otto 194

Sack, August Friedrich Wilhelm 115–118, 121, 123, 126, 207, 229
Sack, Friedrich Samuel Gottfried 127f, 264
Sailer, Johann Michael 181, 230
Salzmann, Christian Gotthilf 148, 232
Schäufele, Wolf-Friedrich 98
Schelling, Friedrich Wilhelm Joseph 165, 168, 202
Schiller, Friedrich 134, 182, 245
Schlegel, August Wilhelm 205
Schlegel, Friedrich 185, 194, 204
Schleiermacher, Charlotte 207
Schleiermacher, Friedrich 29, 32, 65, 78, 114, 123, 128, 133f, 139, 145, 160, 162, 166, 206–208, 211f, 215, 219f, 222, 245f, 259
Schloemann, Martin 98
Schlosser, Johann Ludwig 255
Schmid, Johann Wilhelm 142
Schmidt, Johann Lorenz 109, 154–156, 237
Schmidt, Kurt Dietrich 28
Schmidt, Michael Ignaz 180
Schnabel, Johann Gottfried 57
Schneiders, Werner 27
Scholder, Klaus 32
Schönaich, Christoph Otto Freiherr von 112
Schönborn, Johann Philipp Franz von 179, 250
Schopenhauer, Arthur 202

Schroeckh, Johann Matthäus 71, 173, 219
Schultz, Franz Albert 108, 198
Schulz, Johann Heinrich 127, 265
Schummel, Johann Gottlieb 148
Schütz, Werner 229
Seckendorf, Veit Ludwig von 217
Seiler, Georg Friedrich 129, 228, 261
Semler, Johann Salomo 69, 71–73, 80, 95, 109–111, 114, 117, 124, 129–134, 139f, 155, 157, 165, 184, 210, 213, 218f, 244, 252f, 255, 259, 262
Servet, Michel 69, 73, 79, 218
Shaftesbury, Anthony Ashley Cooper Earl of 85, 113, 121, 196, 222, 247f
Shakespeare, William 61
Silberschlag, Johann Esaias 264
Silvester I. 68
Simon, Richard 213f
Sokrates 18, 21, 70, 86, 113, 231, 260
Soner, Ernst 80
Sophie Charlotte von Brandenburg-Preußen 84
Sozzini, Fausto 79f
Sozzini, Lelio 79
Spalding, Johann Joachim 18, 69, 74, 85, 109, 113, 115, 119, 121–126, 128, 132, 150, 192, 195–197, 199, 202f, 205, 207f, 210, 222, 227, 229, 235–237, 245–249, 255, 264f
Spener, Philipp Jakob 25, 77f, 80, 93–95, 98, 152, 217, 220, 231, 249, 256, 258
Spinoza, Baruch de 54, 153–155, 164, 188, 208, 213
Stapfer, Johann Friedrich 108
Stattler, Benedikt 180f
Stäudlin, Karl Friedrich 145, 169
Steffens, Henrik 134
Stegmann, Christoph 80
Steinbart, Gotthilf Samuel 109, 135–137, 261
Steele, Richard 147
Stephan, Horst 31, 223
Sterne, Laurence 57
Steudel, Johann Christian Friedrich 168
Stolzenburg, Arnold F. 97
Storr, Gottlob Christian 129, 167f
Strauß, David Friedrich 165f, 222
Süskind, Friedrich Gottlieb 129, 168

Tauentzien, Bogislav Friedrich Emmanuel Graf 183
Teller, Romanus 125
Teller, Wilhelm Abraham 123–127, 129, 136, 159, 221, 227, 249, 262, 264
Tholuck, August 29f, 97

Thomasius, Christian 51, 55, 99, 101, 225
Tieck, Ludwig 205 f
Tieftrunk, Johann Heinrich 165
Tillotson, John 113
Tindal, Matthew 84, 155
Tittmann, Johann August Heinrich 169
Toellner, Johann Gottlieb 109, 124, 135 f, 259–261
Toland, John 84, 103
Trinius, Johann Anton 153
Troeltsch, Ernst 21, 30, 32, 81, 93
Turrettini, Jean-Alphonse 97, 102, 214
Tzschirner, Heinrich Gottlieb 138, 169

Urlsperger, Johann August 109
Uz, Johann Peter 60

Valla, Laurentius 68
Vallée, Geoffroy 70
Vater, Johann Severin 214
Voltaire 55, 57, 86, 109, 136, 260
Voß, Johann Heinrich 184, 193, 236

Wackenroder, Wilhelm Heinrich 205 f
Walch, Christian Wilhelm Franz 144
Walch, Johann Georg 72, 99 f, 140, 153, 218
Warburton, William 113, 185
Wegscheider, Julius August Ludwig 130, 159, 165 f, 222
Wencel, Andreas 216
Wenzel Anton von Kaunitz 173

Werenfels, Samuel 102, 138
Wernle, Pauls 97
Wessenberg, Ignaz Heinrich von 176
Wettstein, Johann Jakob 214
Wieland, Christoph Martin 16, 20, 59, 117, 134
Wilhelm, Johann 63
Williams, David 85
Winckelmann, Johann Joachim 109
Winter, Veit Anton 176
Witter, Henning Bernhard 213
Woellner, Johann Christoph (von) 66, 79, 109, 115, 122, 127, 132 f, 137, 158, 201, 262–266
Wolff, Christian 56, 99 f, 104–110, 113, 115, 119, 129, 131, 152, 154 f, 171, 229, 242
Woolston, Thomas 84
Wünsch, Christian Ernst 135
Würtzer, Heinrich 265
Wyttenbach, Daniel 108

Zimmermann, Johann Georg 192
Zimmermann, Johann Jakob 117
Zinzendorf, Nikolaus Ludwig Graf von 65, 98 f, 102, 243
Zoellner, Johann Friedrich 16
Zollikofer, Georg Joachim 137, 227 f
Zschokke, Heinrich 237
Zwingli, Ulrich 72–74, 196